MA BIBLIOTHÈQUE

FRANÇAISE

PARIS
HECTOR BOSSANGE ET FILS
QUAI VOLTAIRE, 25

1855

CATALOGUE

DE LA

BIBLIOTHÈQUE

FRANÇAISE

de _____

   4795

Ceci n'est pas un livre, ce n'est même pas un catalogue, c'est tout simplement un recueil de renseignements à l'usage de mes amis d'Amérique. Cette déclaration m'autorise à présenter quelques courtes explications préliminaires qui me paraissent utiles.

Les relations suivies que j'ai depuis tout à l'heure un tiers de siècle avec les États-Unis, les nombreux amis que j'y compte, les voyages que j'y ai faits, la bienveillance que j'y ai sans cesse rencontrée, ont fait de ce beau pays ma seconde patrie. Quand je suis en Amérique, mes pensées se reportent vers la France, quand je suis en France, elles se dirigent chaque jour vers l'Amérique. Cette préoccupation constante m'a amené à faire une petite découverte qui n'étonnera personne; j'ai constaté qu'aux États-Unis on se fait une grande et noble idée de la civilisation française, tandis qu'en France on entretient l'opinion la plus erronée sur la civilisation américaine.

On croit généralement de ce côté de l'Atlantique, qu'aux États-Unis on ne s'occupe que d'affaires matérielles. On se figure toujours un Américain derrière un comptoir ou sur le pont d'un navire marchand. J'en conclus que les Français qui se rendent en Amérique ne le font que dans le but de faire du négoce et de gagner de l'argent, ce qui n'est pas un mal; mais j'en conclus aussi que, consacrés tout entiers à la poursuite des relations commerciales, ils ont négligé d'étudier la société américaine, ce qui est un tort.

J'ai été moins indifférent ou plus heureux. Peu d'hommes ont contribué plus que moi à répandre les livres français sur tous les points de l'Amérique : la conséquence naturelle a été que, par la force de la situation, je me suis trouvé en rapport avec les amis de la littérature française. J'ai vu la société américaine dans ses moments de loisir, alors que pour se reposer de la fatigue des affaires, elle cherche les délassements de l'esprit, et j'y ai retrouvé la civilisation française avec ses goûts littéraires, son amour des beaux-arts et son admiration enthousiaste pour tous les talents, voire même pour les talents les plus futiles.

En Amérique, on forme de toutes parts des bibliothèques, et dans chaque bibliothèque une place est réservée aux livres français. J'ai été consulté bien souvent, de vive voix et par correspondance, sur des choix à faire pour former ou pour augmenter une collection de livres, et j'ai employé beaucoup de temps à donner des conseils très-incomplets.

M. Henry Stevens, agent littéraire à Londres du Smithsonian Institution, s'est trouvé dans le même embarras que moi (relativement aux livres anglais); pour en sortir, il a imaginé de publier une liste des ouvrages dont il conseille l'acquisition; il a imprimé d'avance les réponses aux questions qui ne lui étaient pas encore faites. Ses amis s'en sont bien trouvés. Je n'ai pas vu de raison pour ne pas suivre son exemple, et je ne sais pas pourquoi *ma Bibliothèque française* ne serait pas aussi utile que l'a été *sa Bibliothèque anglaise*[1].

Mais la tâche est plus difficile.

En donnant des renseignements sur les ouvrages anglais, M. Stevens parle aux Américains de leur propre littérature, car tous les auteurs qui ont écrit dans une langue appartiennent de droit au pays où se parle cette langue. Les Américains peuvent revendiquer à juste titre, comme leur appartenant, Shakspeare, Milton, Pope, Hume, Byron et tous les illustres écrivains de la vieille Angleterre, tout comme l'Angleterre s'est déjà emparée de Washington Irving, de Bancroft, de Pres-

---

1. My english library. — 1 vol. grand in-18.

cot, de Ticknor, de Longfellow et d'autres écrivains américains célèbres. Les romans de Fenimore Cooper sont aussi populaires en Angleterre que ceux de Walter Scott, et un tout petit livre plein d'une grande pensée, vient récemment de faire le tour des trois royaumes.

Je n'ai pas le même avantage que M. Stévens.

Pour les Américains, la littérature française est une littérature étrangère [1]. Les ouvrages français sont recherchés par la classe aisée, désireuse de s'instruire et d'occuper ses loisirs; mais ils n'en sont pas connus, et il ne suffit pas de les nommer pour les faire connaître.

Je ne veux pas médire des titres, je ne prétends pas qu'ils soient menteurs, mais toujours est-il qu'il est fort rare qu'ils indiquent la tendance et le but d'un livre.

Deux moyens se présentaient : l'un de joindre une note au titre de chaque ouvrage, l'autre de donner (*in extenso*) la table des matières.

J'ai préféré ce dernier moyen.

Je me suis souvenu qu'un homme célèbre, et qu'on appelait dans son temps le Nestor de la di-

---

[1]. Je n'ai pas l'intention d'être absolu, ce serait non-seulement une erreur, mais encore une injustice, car il y a aux États-Unis des érudits qui connaissent parfaitement la littérature française dans toutes ses branches, entre autres, mon savant ami M. J. G. Cogswell, superintendant de l'Astor Library à New-York.

plomatie, disait « *qu'il connaissait tous les livres et qu'il n'en avait jamais lu aucun.* » Il se contentait de lire la Préface et de parcourir la table des matières. Je ne conseille cette manière de lire à personne, mais je reconnais que la table des matières peut donner une idée assez exacte d'un livre pour juger si on peut y trouver ce qu'on cherche; à vrai dire, c'est faire parler le livre lui-même.

En faisant faire le choix que je présente dans ce petit volume, j'ai consulté une expérience déjà longue de trente années. Que de livres qui, dans dans cet espace de temps, ont brillé d'un grand éclat pour tomber ensuite dans l'oubli le plus profond, tandis que quelques autres, qui ont paru presque inaperçus, sont aujourd'hui au premier rang. J'ai fait noter soigneusement les ouvrages qui avaient surnagé dans l'océan littéraire après les tempêtes de la mode, de l'engouement et des circonstances.

De là ma réserve extrême.

D'ailleurs le cadre que je me suis tracé en commençant ne m'a pas permis d'admettre tous les ouvrages qui doivent trouver place dans une bibliothèque, et je reconnais volontiers que des omissions très-regrettables ont eu lieu[1].

---

1. Par exemple, un ouvrage fort estimé de mon frère, M. Adolphe Bossange, intitulé des Crimes et des Peines capitales. — 1 vol. in-8. Paris. 1832.

Quoique généralement j'aie éloigné les traductions, néanmoins j'ai cru devoir admettre celles qui constituent un travail tenant presque de la création, comme par exemple les œuvres de Platon, traduites du grec par M. Victor Cousin.

J'ai fait consulter avec soin les recueils publiés par des libraires ou des érudits devenus célèbres. On a mis largement à contribution la *France littéraire*[1] de mon savant et laborieux ami M. Quérard. Je ne dis pas cela pour m'excuser d'avoir fait commettre un plagiat, je le dis pour me vanter d'avoir fait puiser aux meilleures sources dans le but de conquérir à ce recueil la confiance des amateurs de livres.

Quelque petit que soit ce volume, il offre pourtant une nomenclature de plus de 1100 ouvrages formant environ 7,000 volumes. Le champ est encore assez vaste pour que mes amis puissent y faire une récolte abondante en attendant une seconde édition rectifiée et augmentée.

Je fais appel à tous les conseils. Je les recevrai avec reconnaissance.

Trois tables distinctes se trouvent à la fin du volume. Elles faciliteront les recherches.

1º Une table des matières par matière.

---

[1]. Ce livre si utile, qui a commencé la réputation de l'auteur, est décrit dans ce volume sous le numéro 923.

2º Une table des noms d'auteurs avec le numéro d'ordre.

3º Une table des noms des personnes citées dans l'ouvrage.

J'adresse et j'offre ce petit volume à tous mes amis d'Amérique ; j'ai la confiance qu'il leur sera utile.

Je n'ai pas d'autre but.

Hector Bossange.

MA BIBLIOTHÈQUE
FRANÇAISE

AGINCOURT (Jean-Baptiste, L.-G. Seroux d'), né en 1730, mort en 1814. Après avoir abandonné successivement la carrière militaire et la diplomatie, il entreprit de nombreux voyages en Italie, où il fit un long séjour. A la vue des chefs-d'œuvre de tout genre qui l'entouraient, son goût se développa rapidement, et il conçut le projet du livre qui a fait sa réputation. Quoique dépassé maintenant, Agincourt était un bon antiquaire, et son ouvrage est la meilleure expression de la science archéologique de son époque.

1. Histoire de l'art par les monuments, depuis sa décadence au ive siècle jusqu'à son renouvellement au xvie. 6 vol. gr. in-fol. Paris, 1823.

AGUESSEAU (Henri-François d'), né en 1668, mort en 1751. Avocat général au parlement de Paris à l'âge de 22 ans, procureur général à 28, il sut, malgré sa jeunesse, remplir dignement les hautes fonctions dont il était chargé. Type de cette magistrature savante, indépendante et énergique du xviie siècle, il eut souvent à combattre les idées du pouvoir, et fut victime de sa franchise et de sa loyauté. Nommé chancelier de France en 1717, on l'exila à cause de son opposition au système de Law. Rappelé quelque temps après, il subit de nouvelles rigueurs. Enfin, accablé du poids des années et des nombreux travaux qui avaient illustré sa carrière, il donna sa démission de chancelier et mourut peu de temps après.

2. Œuvres complètes du chancelier d'Agues-

SEAU. Nouvelle édition, augmentée de pièces échappées aux premiers éditeurs, et d'un discours préliminaire par M. Pardessus, professeur à la Faculté de Droit de Paris. 16 vol. in-8. Paris, 1819.

TOME I. Discours sur les ouvrages de d'Aguesseau, par PARDESSUS. — Eloge de d'Aguesseau, par Thomas, de l'Académie française. — Discours pour l'ouverture des audiences du Parlement. 1, Discours : Indépendance de l'avocat; 2, la connaissance de l'homme; 3, des causes de la décadence de l'éloquence. — Mercuriales : 1, mercuriale : L'amour de son état; 2, la censure publique; 3, la grandeur d'âme; 4, la dignité du magistrat; 5, l'amour de la simplicité; 6, les mœurs du magistrat; 7, de l'esprit de la science; 8, l'homme public, ou l'attachement du magistrat au service public; 9, l'autorité du magistrat et la soumission à l'autorité de la loi; 10, la justice du magistrat dans sa vie privée; 11, la vraie et fausse justice; 12, le magistrat doit se respecter lui-même; 13, la science du magistrat; 14, l'attention; 15, la fermeté; 16, l'emploi du temps; 17, la prévention; 18, de la discipline; 19, l'amour de la patrie. — Sept réquisitoires et discours. — Plaidoyers 1 à 8.

TOME II. Plaidoyers 9 à 32 (1691-1694).

TOME III. Plaidoyers 33 à 37 (1694-1698). — Observations.

TOME IV. Plaidoyers 38 à 50 (1696-1698).

TOME V. Plaidoyers 51 à 58 (1699-1700).

TOME VI. Requêtes 1 à 4.

TOME VII. Requêtes 5 à 20. — Dissertation sur les bâtards.

TOME VIII. Mémoires sur divers sujets.

TOME IX. Mémoires sur divers sujets.

TOME X. Mémoires sur divers sujets. — Lettres sur diverses matières de droit politique. — Lettre sur divers objets d'administration générale. — Lettres sur l'administration de la justice et la législation.

TOME XI. Lettres sur la procédure criminelle et la législation y relative.

TOME XII. Lettres sur la procédure civile et la législation y relative. — Lettres et ordonnances sur diverses matières de droit civil.

TOME XIII. Lettres et ordonnances sur diverses matières de droit civil. — Mémoires sur la justice et les finances.

TOME XIV. Dix méditations métaphysiques sur les vraies ou les fausses idées de la justice.

TOME XV. Cinq instructions sur les études propres à former un magistrat; un essai d'une institution au droit public; un discours sur la vie et la mort de d'Aguesseau, et des réflexions diverses sur Jésus-Christ.

TOME XVI. Lettres sur divers sujets. Épitaphe de Mme d'Aguesseau. — Epitaphe du chancelier d'Aguesseau. — Inscriptions.

— Avis. — Table analytique et raisonnée des matières. — Tableau chronologique des ordonnances, édits et déclarations dont il est parlé dans les Œuvres de d'Aguesseau. — Tableau des coutumes dont il est également parlé dans les œuvres. — Fac simile. — Notes des ouvrages qui ne se trouvent pas dans la collection en 13 volumes in-4, et qui forment de cette nouvelle édition la valeur de plus d'un volume.

ALEMBERT (Jean Le Rond d'), né en 1717, mort en 1783. Fils naturel de la célèbre madame de Tencin, fut un des littérateurs savants les plus remarquables du xviiie siècle. Son goût pour les mathématiques, et notamment pour la géométrie, ne l'empêcha point de se faire recevoir avocat, et d'étudier la médecine. Néanmoins il ne cessa de s'occuper de ses travaux favoris, et publia dans l'espace de quinze ans plusieurs traités qui firent faire de véritables progrès à la science. Son discours préliminaire à l'Encyclopédie est un chef-d'œuvre de style, et on y remarque toutes les qualités qui distinguent ses autres productions, particulièrement sa correspondance avec Voltaire et le roi de Prusse. L'édition des œuvres que nous citons ici, quoique la plus complète, laisse cependant beaucoup à désirer, et pour avoir la collection entière des œuvres de d'Alembert, il faut y joindre les deux volumes d'œuvres posthumes publiés par M. de Pougens, en 1799. M. Damiron vient de publier un mémoire fort intéressant sur d'Alembert.

3. Œuvres philosophiques, historiques et littéraires de d'Alembert. 18 vol. in-8. Paris, 1805.

Tome 1. Avis de l'éditeur. — Notice historique sur d'Alembert et ses ouvrages. — Mémoires de d'Alembert, par lui-même. — Portrait de l'auteur fait par lui-même. — Anecdotes particulières sur d'Alembert et sur Mlle de l'Espinasse. — Portrait historique et littéraire de d'Alembert (Extrait des fragments de la philosophie du xviiie siècle). — Portrait de Mlle de l'Espinasse. — Aux mânes de Mlle de l'Espinasse. — Sur la tombe de Mlle de l'Espinasse. — Eloge de d'Alembert par Marmontel. — Eloge de d'Alembert par Condorcet. — Discours de d'Alembert lu à l'Académie Française. — Réflexion sur l'élocution oratoire et sur le style en général. — Avertissement sur le discours préliminaire de l'Encyclopédie. — Discours préliminaire de l'Encyclopédie. — Explication détaillée du système des connaissances humaines — Observations sur la division des sciences, du chancelier Bacon. — Préface du 3e volume de l'Encyclopédie.

Tome II. Avertissement. — Tableau de l'esprit humain au milieu du xviiie siècle. — Dessein de cet ouvrage. — Objet et plan général. — Méthode générale qu'on doit suivre dans les éléments de philosophie. — Eclaircissement sur ce qui est dit du défaut d'enchaînement entre les vérités; sur ce qui est dit concernant les idées simples et les définitions; sur ce qui est dit concernant les vérités appelées principes; sur ce qui est dit concernant les principes du deuxième ordre, comparés à ceux que j'appelle premiers principes — Logique. — Eclaircissement sur ce qui est dit que l'art du raisonnement se réduit à la comparaison des idées; sur ce qui est dit de l'art de conjecturer. — Métaphysique. — Eclaircissement sur ce qui a été dit de l'analyse de nos sens, et de ce que chacun d'eux en particulier peut nous apprendre; sur ce qui est dit de la distinction de l'âme et du corps. — Morale. — Division de la morale. — Morale de l'homme; des législateurs; des Etats; du citoyen; du philosophe. — Grammaire. — Eclaircissement sur ce qui est dit des différents sens dont un même mot est susceptible; sur l'inversion, et à cette occasion sur ce qu'on appelle le génie des langues. — Mathématiques. — Algèbre. — Eclaircissement sur les éléments d'algèbre. — Géométrie. — Eclaircissement sur les éléments de la géométrie; sur l'application de l'algèbre à la géométrie; sur les principes métaphysiques du calcul infinitésimal; sur l'usage et sur l'abus de la métaphysique en géométrie, et en général dans les sciences mathématiques. — Mécanique. — Eclaircissement sur l'espace et sur le temps. — Astronomie. — Optique. — Hydrostatique et hydraulique. — Physique générale. — Conclusion.

Tome III. Discours prononcé à l'Académie des sciences en présence du roi de Danemark. — Essai sur la société des gens de lettres et des grands; sur la réputation sur les Mécènes, et sur les récompenses littéraires. — Sur l'harmonie des langues. — Sur la latinité des modernes. — Notes. — Mélanges littéraires. — Synonymes. — De la liberté de la musique. — Réflexions sur l'usage et sur l'abus de la philosophie en matière de goût.

Tome IV. Mémoires et réflexions sur Christine, reine de Suède. — Dialogue entre Descartes et Christine, aux Champs-Elysées. — Note sur la statue de Voltaire. — Réflexions sur la poésie, et l'ode en particulier. — Discours lus à l'Académie Française le 25 août 1771, et le 25 août 1772. — Dialogue entre la poésie et la philosophie. — Le joueur dans sa prison. — Réflexions sur l'histoire et sur les différentes manières de l'écrire. — Apologie de l'étude. — De l'abus de la critique en matière de religion. — Doutes et questions sur le calcul des probabilités. — Réflexions sur l'inoculation. — Calcul des partisans de l'inoculation; objection contre ce calcul, et examen de cette objection. — Principes et suppositions qui peuvent servir de fondement au nouveau calcul. — Qu'on ne meurt point de la petite-vérole inoculée : quand elle est donnée avec prudence. — Conclusion. — Extrait du Mémoire des commissaires de la Faculté de médecine, favorable à l'inoculation.

Tome V. Avertissement. — Lettres de Diderot à d'Alembert

sur le livre de la destruction des jésuites. — Sur la destruction des jésuites en France. — Formules de déclaration pour les religieux profès; pour les jésuites non profès; pour les ex-jésuites. — Première lettre à M***, conseiller au parlement de ***. — Deuxième lettre au même sur l'édit du roi d'Espagne pour l'expulsion des jésuites — Addition qui doit être mise à la fin de la deuxième lettre. — Description abrégée du gouvernement de Genève. — Avertissement sur la justification de l'article Genève, de l'Encyclopédie. — Extrait des registres de la vénérable compagnie des pasteurs et professeurs de l'église et de l'académie de Genève. — Extrait de la lettre de J.-J. Rousseau à d'Alembert sur l'article Genève, de l'Encyclopédie. — Extrait des lettres écrites de la Montagne par lui-même. — Extrait de l'ouvrage intitulé Nouveaux Mémoires, ou Observations sur l'Italie et sur les Italiens, par Grosley. — Lettres à J.-J. Rousseau. — Jugement sur la Nouvelle Héloïse; sur Emile; — Discussion relative à J.-J. Rousseau au sujet de la comédie des Philosophes, etc. — Lettres de d'Alembert à M. de Tressan en réponse à la sienne; à M. de Salignac; de J.-J. Rousseau à d'Alembert; de d'Alembert à M. de Tressan en réponse à sa lettre; de d'Amilaville à d'Alembert sur la lettre de Rousseau à l'archevêque de Paris; sur les parlements; de M M*** à d'Alembert sur milord Maréchal. — De M. Musell Stosh, sur le même.

Tome VI. Réflexions sur les éloges académiques — Préface. — Eloges de milord Maréchal. — De Bernoulli. — De Jean Terrasson. — De l'abbé Mallet. — De du Marsais. — De Montesquieu. — Analyse de l'Esprit des Lois. — Eloges de Lamotte, — de Rabutin, comte de Bussi.

Tome VII. Eloges de Massillon, — de Despréaux, — de Jean d'Estrées, — de Bossuet, — du président Rose, — de Sacy, — de La Chapelle, — de Fleuriau, — de Caumont, — d'Armand du Cambou; et de Pierre du Cambou, son fils.

Tome VIII. Eloges de Fénelon, — de l'abbé Choisy, — d'Antoine Portail, — de Nivelle de La Chaussée, — de Segrais, — de Campistron, — de Destouches, — de Boissy, — de La Faye, — de Crébillon, — de Fontenelle, — de Surian.

Tome IX. Eloges de Regnier Desmarais, — de La Monnoye, — de Poncet de La Rivière. — Apologie de Clermont-Tonnerre. — Eloges de Charles Perrault, — de Charles Boileau, — de Gaspard Abeille, — de Louis Verjus, — de Jean-Antoine de Mesmes, — de Jean Testu de Mauroy, — de Louis Cousin, — de Valon, — de Nicolas Gedoyn, — du cardinal d'Estrées, — du duc d'Estrées, — de la Trémouille, — de Genest, — de l'abbé Dubos, — de Callières, — de Vaux de Saint-Cyr, — de Vauréal.

Tome X. Eloges de Fleury, — de Jacques Adam, — de Séguy. — Article du cardinal Dubois. — Eloges de Roquette, — de Chamillart, — du duc de Villars, — de Houteville, — de Marivaux, — de Clerembault, — de Testu, — de Saint-Aulaire, — de Pouhier, — de Charpentier, — de Mongin.

Tome XI. Eloges de Fléchier, — de Nesmond, — de Languet de Gergy, — de l'abbé de Saint-Pierre, — de Mirabaud, — de Malet, — de Girard, — du cardinal de Soubise, — de Colbert, — de Huet, — de Fouquet, — d'Olivet, — de Trublet, — de Moncrif, — d'Alary. — Article du comte de Clermont. — Eloge de Dangeau.

Tome XI. Observations sur l'art de traduire en général, et sur cet essai de traduction en particulier. — Préface des Annales de Tacite, et fin de l'empire d'Auguste. — Commencements de Tibère, et jugements sur Auguste. — Séditions dans les armées. — Autre sédition. — Sédition dans l'armée de Germanicus. — Discours de Germanicus pour apaiser la sédition de ses soldats. — Plaintes contre Tibère. — Alliance de Segeste avec les Romains. — Conduite de Tibère. — Accusation de Marcellus par Cepio. — Politique de Tibère. — Soulèvement des Parthes. — Détails sur Germanicus. — Discours sur le luxe. — Discours au sénat et réponse de Tibère. — Projet hardi d'un esclave. — Triomphe de Germanicus. — Mort de Germanicus et ses suites. — Portrait de Tibère et mort d'Arminius. — Histoire abrégée des lois romaines. — Portrait de Salluste, neveu de l'historien. — Discours dans le sénat sur les lois militaires. — Lettres de Tibère au sénat. — Condamnation de Lutorius Priscus. — Lettre de Tibère au sénat sur les lois somptuaires. — Réflexions sur le luxe des Romains. — Parole de Tibère. — Mort de Junie. — Portrait de Séjan et mort de Drusus, fils de Tibère. — Disgrâce de Silius. — Éloge de Lépidus. — Réflexions sur Tibère et sur son règne. — Défense de Crémutius Cordus. — Discours de Tibère au sénat. — Lettres de Séjan à Tibère, et réponse de l'Empereur. — Commencement de la disgrâce d'Agrippine, femme de Germanicus. — Prédiction des devins au sujet de Tibère. — Supplice de Sabinus. — Débauches de Tibère. — Lettre remarquable de Tibère et mort de Livie. — Défense de Térentius. — Cruautés de Tibère et caractère de C. César. — Goût de Tibère pour l'astrologie, et réflexions sur cet objet. — Mort d'Asinus Gallus, de Drusus, fils de Germanicus et d'Agrippine. — Défense de Gétulicus. — Mort de Fulcinius Trion. — Fin de Tibère. — Mort de Messaline. — Beau mot d'un roi prisonnier. — Commencement de la disgrâce de Britannicus. — Discours de Caractacus à l'empereur Claude. — Suites de la mort de Britannicus. — Notes.

Tome XIII. Discours à Agrippine, accusée par Silana d'avoir voulu détrôner Néron. — Portrait de Poppée. — Meurtre d'Agrippine. — Détails sur Néron. — Assassinat de Pédanius Secundus. — Mort de Burrhus; entrevue de Sénèque et de Néron. — Discours de Thrasea contre Timarchus. — Conjuration de Pison et supplice des conjurés. — Supplices de Vetus, de Pétrone et de Thrasea. — Préface de l'histoire. — Portrait de Mucien. — Discours de Galba à Pison, en l'adoptant et en l'associant à l'empire. — Discours de Pison aux soldats qui voulaient détrôner Galba. — Discours d'Othon aux soldats. — Portrait de Galba, successeur de Néron. — Mort de Tigellinus. — Autre discours d'Othon aux soldats. — Mort d'Othon. —

Discours de Mucien à Vespasien, pour l'engager à enlever l'empire à Vitellius. — Mort de Vitellius. — Portrait d'Helvidius Priscus, gendre de Thrasea. — Dispute d'Helvidius et de Marcellus. — Discours de Montanus au sénat pour accuser Régulus. — Discours du général romain Vocula à ses soldats, qui voulaient se retirer en présence de l'ennemi. — Discours d'un député des Ténectères aux habitants de Cologne. — — Discours de Cérialis, général romain, aux ambassadeurs des ennemis. — Prétendu miracle de Vespasien. — Passages tirés des Mœurs des Germains. — Préface de la vie d'Agricola. — Discours de Galgacus à ses soldats. — Discours d'Agricola à son armée. — Fin de l'histoire d'Agricola. — Notes. — Avertissement. — Traduction des portraits de Tibère et de Séjan, par Velleius Paterculus. — Péroraison de Cicéron pour Milon. — Traduction de quelques scènes de la tragédie anglaise de Caton d'Utique. — Pensées de Sénèque sur Caton. — Traduction de quelques pensées du chancelier Bacon sur différents sujets. — De la vérité. — De la mort. — De l'adversité. — Du mariage et du célibat. — De la vengeance. — De l'amour. — De l'audace. — De la superstition. — De l'occasion. — De l'art de gouverner sa santé. — Des soupçons. — Du caractère et de l'habitude. — De la coutume et de l'éducation. — De la fortune. — De la louange. — De la vaine gloire. — De la colère. — De la vicissitude des choses. — Des dignités et des places. — Des séditions et des troubles. — Des voyages. — De la royauté. — De l'amour de soi-même. — Des innovations. — De l'amitié. — Des richesses.

Tome XIV. Introduction et analyse des trois parties composant les réflexions sur la cause générale des vents. — Introduction aux recherches sur la précession des équinoxes. — Discours préliminaire, ou analyse des recherches sur différents points importants du système du monde. — Exposition du traité de l'équilibre et du mouvement des fluides. — Introduction au traité de dynamique. — Correspondance particulière à M. de Condorcet sur Mme Geoffrin — De Mme de La Ferté-Imbault. — A M. de Laus de Boissy, en lui envoyant un exemplaire de sa première lettre à Condorcet sur la mort de Mme Geoffrin. — A Frédéric, roi de Prusse. — Du roi de Prusse. — Du marquis d'Argens, de la part du roi de Prusse. — Réponse. — Deuxième lettre du même. — Réponse. — Troisième lettre du même. — Réponse. — De l'impératrice de Russie. — Au comte de Fuentes, sur la mort de son fils. — A Mme du Deffand. — Au président Hénault. — Au marquis d'Argenson. — De Milord Maréchal. — De Beccaria. — De Caraccioli. — Portrait du marquis de Caraccioli. — De l'abbé Gagliani. — De Montesquieu. — De Mme du Deffand. — De M*** sur l'offre de l'impératrice de Russie.

Tomes XV et XVI. Correspondance de d'Alembert avec Voltaire.

Tomes XVII et XVIII. Correspondance de d'Alembert avec le roi de Prusse.

AMPÈRE (J.-J.), né en 1800. Ce philologue distingué est fils du célèbre mathématicien de ce nom. Il a écrit un grand nombre d'articles excellents dans *le National, la Revue française* et *la Revue des Deux Mondes*. Nous donnons ici les deux principaux ouvrages de ce savant, qui a été nommé membre de l'Académie des inscriptions et belles-lettres en 1842, et membre de l'Académie Française en 1847.

4. HISTOIRE LITTÉRAIRE DE LA FRANCE avant le XIIe siècle, par J.-J. Ampère. 3 vol. in-8.
Paris, 1839.

5. HISTOIRE de la formation de la langue française. 1 vol. in-8.
Paris, 1845.

ANDRIEUX (F.-G.-J.-S.), né en 1759, mort en 1833. Après de brillantes études au collége du cardinal Le Moine, il se fit recevoir avocat au parlement de Paris, et entra chez le duc d'Uzès en qualité de secrétaire. En 1789, il donna au théâtre sa comédie des *Étourdis*. A dater de cette époque, il occupa différents postes dans l'administration et la magistrature. Après avoir été successivement membre du conseil des Cinq-Cents et du Tribunat, dont il fut le président, il abandonna la carrière politique pour se livrer entièrement à la culture des belles-lettres, ce qui ne l'empêcha point pourtant d'être bibliothécaire du roi Joseph, puis du sénat, professeur de grammaire à l'École polytechnique, et enfin professeur de littérature au Collége de France. L'Académie Française l'avait admis au nombre de ses membres. et homme de talent, tour à tour jurisconsulte, législateur, professeur et littérateur, fut, sans avoir excellé dans aucune des branches des connaissances humaines, l'un des meilleurs représentants de la littérature de son époque.

6. ŒUVRES de François-Guillaume-Jean-Stanislas Andrieux, membre de l'Institut royal de France, Académie Française. 4 vol. in-8.
Paris, 1818.

TOME I. Anaximandre. — Les Étourdis. — Helvétius, ou la vengeance d'un sage. — La suite du Menteur, comédie en cinq actes. — Molière avec ses amis.

TOME II. Le Trésor. — Le Vieux Fat. — La Comédienne. — Quelques scènes impromptu. — Discours pour les funérailles de Collin d'Harleville. — Prologue des Deux Frères.

TOME III. La Jeune Créole, comédie en cinq actes, imitée

de l'anglais de Cumberland. — Contes, anecdotes, et fables en vers. — Poésies fugitives. — Changements proposés pour Polyeucte et Nicomède, tragédies de Corneille. — Mélanges en prose.

Tome IV. Notice sur la vie et les ouvrages de Collin d'Harleville. — Dissertation sur le Prométhée enchaîné d'Eschyle. — Dialogue entre Archimède et Cicéron. — Dissertation sur les langues. — Traduction de la préface du Dictionnaire de la langue anglaise, de S. Johnson. — Le Manteau, ou le Rêve supposé, comédie en deux actes et en vers. — Lénore, drame héroïque, en cinq actes et en vers, imité de la Belle Pénitente, de Rowe. — Notices historiques sur Louis XII, Guill. Budée et Henri IV.

ANNUAIRE des Sociétés savantes, etc... Malgré son titre, l'annuaire cité plus bas ne contient que la notice des sociétés littéraires et scientifiques établies en France.

7. ANNUAIRE des Sociétés savantes de la France et de l'étranger, publié sous les auspices du ministère de l'instruction publique. 1 vol. gr. in-8.
Paris, 1846.

ANNUAIRE HISTORIQUE, etc... La Société de l'Histoire de France, en dehors de ses publications que nous indiquons plus loin, fait paraître chaque année un volume, dans lequel on trouve des renseignements historiques qu'il serait fort difficile de rencontrer ailleurs. Le contenu de chaque volume prouvera, mieux que nous ne le pourrions faire, la valeur de ce recueil.

8. ANNUAIRES HISTORIQUES publiés par la Société de l'Histoire de France, depuis 1837 jusqu'à nos jours. 18 vol. in-18.
Paris, 1837 et ann. suiv.

Tome I. (Année 1837.) Liste chronologique des souverains de la France. — Provinces et pays de la France, par Guérard. — Poésies des troubadours dans les Xe, XIe, XIIe, XIVe et XVe siècles, par Raynouard. — Poésies des trouvères dans le XIIIe siècle, par Paulin Pâris. — Observations sur les cartes à jouer, par Duchesne aîné. — De la chanson musicale en France, par Bottée de Toulmon. — Sur les manuscrits historiques conservés à Limoges, par Allou. — Indication des principaux ouvrages propres à faciliter les travaux relatifs à l'histoire de France, par J. Desnoyers

Tome II (année 1838). Archevêchés et évêchés de France. Monastères de France — Anciennes divisions territoriales de la Normandie. — Charte française du XIIIe siècle. — Essai sur l'architecture religieuse du moyen âge, particulièrement en France.

Tome III (année 1839). Liste des grands fiefs de la couronne. — Pairies de France. — Parlements. — Conseils. — Chambre des comptes. — Cour des aides. — Instruments de musique en usage dans le moyen âge. — Fragments de Guillaume de Machault.

Tome IV (année 1840). Chronologie des États généraux, par le comte Beugnot. — Divisions financières de la France avant 1789, par de Fréville. — Notice sur les sceaux, par de Wailly. — Liste des théâtres, amphithéâtres et cirques romains, dont il existe des vestiges en France, avec l'indication des principaux ouvrages où ces monuments sont décrits, par Magnin.

Tome V (année 1841). Naissances et alliances des rois, reines, princes et princesses des différents états ou souverainetés. — Sociétés littéraires de la France. — Palais et maisons des rois de France. — Liste par ordre alphabétique des noms des lieux où l'on a battu monnaie, depuis l'invasion des Francs jusqu'à la mort de Charles le Chauve.

Tome VI (année 1842). Concordance chronologique. — Explications pour les tables et les calendriers. — Ephémérides de la révolution.

Tome VII (année 1843). Glossaire des dates. — Ephémérides de l'histoire de France, depuis l'Empire jusqu'à l'année 1842.

Tome VIII (année 1844). Gouvernements depuis 1793. — Chronologie ministérielle depuis François I. — Liste alphabétique des évêchés de la chrétienté anciens et modernes. — Fragment sur les religieux de Saint-Germain-des-Prés.

Tome IX (année 1845). Liste des archevêques et évêques de France, distribués par provinces ecclésiastiques. — Musée de Versailles. — Notice sur les cinq salles des croisades et sur les personnages dont les noms et les armes y figurent. — Embaumement du corps de Charles V.

Tome X (année 1846). Liste des archevêques et évêques de France, etc. (Suite). — Liste alphabétique des évêchés de la chrétienté anciens et modernes. Suite).

Tome XI (année 1847). Relevé du temps qu'il a fait à Paris, depuis dix-huit ans. — Catalogue alphabétique des saints et saintes, avec la date de leur mort et de leurs fêtes, ordinairement la même. — Liste des archevêques et évêques de France, distribués par provinces ecclésiastiques. (Suite). — Notice historique sur les anciens registres de l'état civil à Paris.

Tome XII (année 1848). Liste des archevêques et évêques de France, etc. (Suite). — Liste des ambassadeurs, envoyés, ministres et autres agents politiques de la cour de France près des puissances étrangères. — Plénipotentiaires respectifs de l'empereur d'Allemagne, de la France et des autres puissances européennes dans les congrès et les conférences tenus depuis le XVIe siècle.

Tome XIII (année 1849). Liste des archevêques et évêques de France, etc. (Suite). — Du nom de France et des différents pays auxquels il fut appliqué.

Tome XIV (année 1850). Liste des bailliages et sénéchaussées de France, distribués par provinces et par pays, conformément à un ancien tableau de la superficie du royaume. — Liste des ambassadeurs, envoyés, ministres et autres agents politiques des puissances étrangères en France. — Liste des ambassadeurs, envoyés extraordinaires, ministres plénipotentiaires, chargés d'affaires de France auprès des puissances étrangères, depuis juillet 1830 jusqu'au 24 février 1848. — Liste chronologique des ministres des affaires étrangères de France, depuis l'année 1547 jusqu'en 1848.

Tome XV (année 1851). Liste des archevêques et évêques de France, distribués par provinces ecclésiastiques. (Suite et fin).

Tome XVI (année 1852). Chronologie des papes. — Notice sur les pays d'Etat.

Tome XVII (année 1853). Généalogie des souverains de l'Europe. — Topographie ecclésiastique de la France, par M. J. Desnoyers.

Tome XVIII (année 1854). Topographie ecclésiastique de la France (suite).

ANNUAIRE du Bureau des Longitudes, etc. Le Bureau des Longitudes établi par une loi du 7 messidor an III (1794), est chargé par l'article 9 de son règlement, de rédiger chaque année un annuaire. Le célèbre Arago a publié dans le volume de 1851 la table des principales matières contenues dans la collection. Nous nous contentons de reproduire cet index, en y ajoutant celui des matières contenues dans les années postérieures à sa rédaction.

9. ANNUAIRE publié par le Bureau des Longitudes. 55 vol. in-18.   Paris, 1798 et ann. suiv.

(1798) Coucher du soleil à différents degrés de latitude dans toute l'étendue de la France, par Lalande. — Tableau du système du monde, par Lalande. — Table des différentes hauteurs. — Table des vitesses. — Table de différents nombres utiles et curieux, par Lalande. — Table de la durée moyenne de la vie à chaque âge, d'après les calculs de Duvillard. — Surface et population des principales parties de la terre. — Production et consommation de la France. — Tableau de la population des 88 départements de la France, par Prony. — Population des principales villes étrangères.

(1799) Tableau de la population des 98 départements de la France, par Camus.

(1800) Déclinaison de l'aiguille aimantée, par Bouvard.

(1801) Correspondance du calendrier républicain et du calendrier grégorien. — Population des 558 villes de France, par Lalande.

(1802) Mortalité des enfants, par Lalande. — Déclinaison de l'aiguille aimantée pour 1801, par Bouvard.

(1803) Déclinaison de l'aiguille aimantée pour 1802, par Bouvard. — Abrégé de chronologie, par Lalande.

(1804) Déclinaison de l'aiguille aimantée pour 1803, pa Bouvard.

(1805) Déclinaison de l'aiguille aimantée pour 1804, par Bouvard.

(1806) Rapports faits au sénat pour le retour au calendrier grégorien, par Regnaud Saint Jean-d'Angely et Laplace. — Déclinaison de l'aiguille aimantée pour 1805, par Bouvard. — Tables des marées, continuées depuis avec différentes améliorations

(1807) Notices sur les découvertes du capitaine Krusenstern dans les mers du Japon, par Lalande. — Valeurs des monnaies, d'après Bonneville. — Déclinaison de l'aiguille aimantée pour 1806, par Bouvard.

(1808) Notice sur les nouvelles planète et comète de 1807, par Lalande. — Déclinaison de l'aiguille aimantée pour 1807.

(1809) Exposé des résultats des grandes opérations géodésiques, faites en France et en Espagne, pour la mesure d'un arc du méridien, et la détermination du mètre définitif. — Notice sur les travaux des ponts et chaussées, par Prony. — Déclinaison de l'aiguille aimantée pour 1808.

(1810) Du change, par Garnier. — Notice sur les probabilités, par Laplace. — Notice sur le voyage du contre-amiral d'Entrecasteaux. — Déclinaison et inclinaison de l'aiguille aimantée pour 1809.

(1811) Du temps, de sa mesure, et du calendrier. — Extrait du système du monde, par Laplace. — De l'or et de l'argent, considérés comme marchandises, par Garnier. — Relevé de la population de l'empire, suivant les différentes langues que parlent ses habitants, les militaires non compris, par Coquebert Montbret. — Notice sur le système du monde, par Arago.

(1812) Population de l'Empire, du royaume de Naples et de la Confédération du Rhin. — Déclinaison et inclinaison de l'aiguille aimantée pour 1811, par Arago.

(1813) Table des longitudes et des latitudes des principales villes du globe, et de leurs plus courtes distances à Paris, par Bouvard. — Hauteurs des points les plus remarquables du globe — Déclinaison et inclinaison de l'aiguille aimantée pour 1812, par Arago.

(1814) Hauteurs des principales montagnes au-dessus de l'Océan. — Sur les phénomènes de l'aiguille aimantée, par Arago.

(1815) Sur la latitude et la longitude terrestre. (Extrait du système du monde, par Laplace). — Hauteurs de l'Observatoire par rapport aux zéros des échelles tracées sur les ponts de Paris, par de Prony.

(1816). Table des pesanteurs spécifiques des fluides élastiques, des liquides et des solides. — Table de la quantité moyenne d'eau qui tombe annuellement dans différentes villes. — Table de la force du vent.

(1817) Table pour calculer la hauteur des montagnes, d'après les observations barométriques, par Oltmans. — Table des dilatations linéaires suivant la température. — Table chronologique des principales découvertes en géographie et en astronomie, par Arago.

(1818) Sur l'application du calcul des probabilités à la philosophie naturelle, par Laplace. — Extrait d'un Mémoire sur les hauteurs de divers pics de l'Himalaya, par de Humboldt — Valeurs des monnaies étrangères; tableau fourni par l'administration des monnaies.

(1819) Histoire de l'expédition chargée, en 1816, d'explorer le fleuve Zaïre. — Sur les phénomènes que présentent les mers polaires, par Arago.

(1820) Extrait d'un mémoire de Humboldt sur la distribution de la chaleur à la surface de la terre. — Déclinaison et inclinaison magnétique pour 1819, par Arago.

(1821) Tableau de la chaleur moyenne des jours à Paris, par Bouvard. — De l'influence de la lune sur les saisons, par Olbers.

(1822) Considérations générales sur la population. — Déclinaison de l'aiguille aimantée pour 1821, par Arago.

(1823) Déclinaison de l'aiguille aimantée pour 1822, par Arago. — Expériences pour la détermination de la vitesse du son

(1824) Notices scientifiques, par Arago. — Sur le retour de la comète à courte période — Sur les pendules de Bréguet. — Quantités de pluie qui tombent à diverses hauteurs. — Liste des volcans actuellement enflammés. — Déclinaison et inclinaison de l'aiguille aimantée pour 1823, par Arago. — Voyage de Scoresby à la côte orientale du Groënland. — Des oscillations de l'atmosphère.

(1825) Notices scientifiques par Arago. — La quantité moyenne de pluie est-elle constante dans un lieu donné? — Sur l'état thermométrique du globe. — Températures extrêmes observées à Paris et dans d'autres lieux du globe. — Températures extrêmes de l'atmosphère en mer. — Maxima de la Température de la mer. — Température moyenne du pôle nord. — Sur la forme singulière de la comète de 1823. — Des températures et des pressions auxquelles certains gaz peuvent se liquéfier d'après Davy et Faraday. — Déclinaison et inclinaison de l'aiguille aimantée pour 1824, par Arago. — Comparaison des moyens de communication entre la capitale et la province en 1824, avec ceux qui y existaient il y a soixante ans, par Girard.

(1826) Nouveau catalogue des chutes de pierres ou de fer, suivant l'ordre chronologique, par Chladni. — Déclinaison et inclinaison de l'aiguille aimantée pour 1825, par Arago.

(1827) Notices scientifiques, par Arago. — Sur la lune rousse; sur la rosée; sur les températures des différentes espèces d'animaux, d'après John Davy, sur les mouvements de l'aiguille aimantée; nouveaux volcans des îles Sandwich.

(1828) Mesures anglaises comparées aux mesures françaises, par Mathieu. — Notices scientifiques, par Arago. — Sur le rayonnement nocturne. — Théorie de la rosée. — Sur la lune rousse. — Sur la formation de la glace au Bengale. — Sur les brouillards qui se forment après le coucher du soleil, quand le temps est calme, au bord des lacs et des rivières. — Comment la neige empêche la gelée de descendre profondément dans la terre qu'elle couvre. — De la congélation des rivières. — Sur la comète périodique de 3 ans, 3. — Déclinaison et inclinaison de l'aiguille aimantée pour 1827, par Arago. —

(1829) Note sur la durée des générations viriles dans la ville de Paris pendant le xviiie siècle, par Villot. — Notices scientifiques, par Arago. — Sur les machines à vapeur. — Déclinaison de l'aiguille aimantée pour 1828, par Arago.

(1830) Notices scientifiques, par Arago. — Sur les machines à vapeur. — Sur les explosions des machines à vapeur. — Sur l'ancienneté relative des différentes chaines de montagnes de l'Europe. — Table des forces élastiques de la vapeur d'eau et des températures correspondantes. — Déclinaison et inclinaison de l'aiguille aimantée pour 1829, par Arago.

(1831) Evaluations des mesures linéaires étrangères en mesures françaises, recueillies par de Prony. — Notices scientifiques, par Arago. — Sur la polarisation de la lumière. — Des interférences. — Des phares.

(1832) Notices scientifiques, par Arago. — Des comètes en général, et en particulier de la comète qui doit reparaître en 1832. — Déclinaison et inclinaison de l'aiguille aimantée pour 1831 et 1832, par Arago.

(1833) Note sur l'altération que les monnaies turques ont éprouvée depuis 1730 jusqu'à nos jours, par Amédée Jaubert. Notices scientifiques, par Arago. — La lune exerce-t-elle sur notre atmosphère une influence appréciable? — Sur les soulèvements des terrains.

(1834) Table des populations spécifiques des départements français, par de Prony. — Notices scientifiques, par Arago. — L'état thermométrique du globe terrestre a-t-il varié depuis les temps historiques? — Sur les étoiles multiples. — Notice historique sur la pile voltaïque. — Inclinaison et déclinaison de l'aiguille aimantée pour 1833, par Arago.

(1835) Notices scientifiques, par Arago. — Sur les puits forés, connus sous les noms de puits artésiens, de fontaines artésiennes, ou de fontaines jaillissantes. — Sur la comète qui doit passer au périhélie en 1835 (comète de Halley.)

(1836) Notices scientifiques par Arago. — Sur la dernière apparition de la comète de Halley. — Notice historique sur la première interprétation exacte qu'on ait donnée des hiéroglyphes. — Questions à résoudre concernant la météorologie, l'hydrographie et l'art nautique (tirées des instructions remises au navire la Bonite, par l'Académie des Sciences). — Déclinaison et inclinaison de l'aiguille aimantée pour 1835, par Arago.

(1837) Monnaies décimales de France ; valeur des monnaies étrangères. — Notices scientifiques, par Arago. — Notice historique sur les machines à vapeur. — Examen des observations critiques dont la notice précédente a été l'objet.

(1838) Notices scientifiques, par Arago. — Notice sur le tonnerre. — Ephémérides de la comète à courte période (dite comète de Pons ou d'Encke).

(1839) Notices scientifiques, par Arago. — Eloge historique de James Watt. — Rapport fait à l'Académie des Sciences concernant les observations de météorologie et de physique du globe qui pouvaient être recommandées aux expéditions scientifiques du Nord et de l'Algérie.

(1840) Tableau des coordonnées géographiques des chefs-lieux d'arrondissement des 86 départements, déterminées par les ingénieurs géographes. — Notices scientifiques, par Arago. — Rapport fait à l'Académie des Sciences sur les travaux scientifiques exécutés pendant le voyage de la Vénus, commandée par Du Petit-Thouars. — Discours prononcé sur la tombe de de Prony. — Discours prononcé aux funérailles de Poisson, par Arago.

(1841) De la distribution de la population en France : Table de la population spécifique, par Mathieu.

(1842) Notices scientifiques, par Arago. — Analyse historique et critique de la vie et des travaux de William Herschel. — Sur l'éclipse totale de soleil du 8 juillet 1842. — Indications des phénomènes qui devront plus particulièrement fixer l'attention des astronomes pendant cette future éclipse.

(1844) Notices scientifiques, par Arago. — Notice sur les principales découvertes astronomiques de Laplace. — Sur l'Observatoire de Paris. — Sur la grande comète de 1843. — Discours prononcé aux funérailles de Puissant. — Discours prononcé aux funérailles de Bouvard, par Arago.

(1846) Valeur en poids et mesures métriques des poids et mesures des pays étrangers, par Mathieu. — Table de corrections pour déduire des levers et couchers de la lune à Paris, les levers et couchers de cet astre dans toute la France; par Matthieu. — Notices scientifiques, par Arago. — Sur l'éclipse totale de soleil du 8 juillet 1842. — Sur les chaux, les mortiers et les ciments hydrauliques, sur les pouzzolanes naturelles et artificielles. — Rapport fait à l'Académie des sciences sur le voyage en Abyssinie de Galinier et Ferret. — Est-il possible, dans l'état actuel de nos connaissances, de prédire le temps qu'il fera à une époque et dans un lieu donné?

(1848) Tableau du système solaire, par Laugier.

(1849) Déclinaison et inclinaison de l'aiguille aimantée pour 1849, par Laugier et Goujon.

(1850) Notices scientifiques, par Arago. — Quel fut le fondateur de l'Ecole polytechnique? — Paroles d'adieu prononcées le 31 janvier 1847, aux funérailles de Gambey, membre du Bureau des Longitudes, par Arago. — Déclinaison et inclinaison de l'aiguille aimantée pour 1849, par Mauvais et Goujon.

(1851) Déclinaison et inclinaison de l'aiguille aimantée, par Laugier et Mauvais. — Notices scientifiques, par Arago. — Du calendrier.

(1852) De la distribution de la population en France, par Mathieu. — Notices scientifiques, par Arago. — Notice sur les observations qui ont fait connaître la constitution physique du soleil et celle de diverses étoiles. — Examen des conjectures des anciens philosophes et des données positives des astronomes modernes sur la place que doit prendre le soleil parmi le nombre prodigieux d'étoiles dont le firmament est parsemé. — Rapport fait à l'Assemblée nationale législative, au nom de la commission chargée d'examiner le projet de loi tendant à ouvrir au ministre de l'instruction publique un crédit de 90,000 francs pour la construction du pied parallatique de la grande lunette de l'Observatoire.

(1853) Biographie de J.-S. Bailly, par Arago.

(1854) Déclinaison et inclinaison de l'aiguille aimantée. — Discours de M. Flourens, prononcé aux funérailles d'Arago, le 5 octobre 1853.

ANSELME DE SAINTE-MARIE (Pierre de Guibours, connu sous le nom d'), né en 1625, mort en 1694. Cet augustin déchaussé a publié plusieurs ouvrages estimés. Celui qui a établi sa réputation, est son Histoire généalogique, d'une utilité incontestable pour ceux qui étudient à fond l'histoire de France.

10. Histoire généalogique et chronologique de la Maison royale de France, des pairs, grands officiers de la couronne et de la maison du roy et des anciens barons du royaume, avec les qualités, l'origine, le progrès et les armes de leurs familles; ensemble les statuts et le catalogue des chevaliers, commandeurs et officiers de l'ordre du Saint-Esprit; le tout dressé sur titres originaux, etc. par le P. Anselme, augustin déchaussé; continuée par M. Dufourny. 3e édition, revue, corrigée et augmentée par les soins du P. Ange et du P. Simplicien, augustins déchaussés. 9 vol. in-fol. Paris, 1726-33.

Tome I. Histoire généalogique et chronologique des rois de France; ducs d'Orléans et comtes d'Angoulême, rois de Naples et de Sicile de la 2e branche d'Anjou; derniers ducs de Bourgogne; ducs d'Alençon; comtes d'Evreux; rois de Navarre; ducs de Bourbon; comtes d'Artois, rois de Naples et de Sicile, de la 1re branche d'Anjou; comtes de Dreux; ducs de Bretagne; seigneurs de Courtenay et empereurs de Constantinople; derniers comtes de Vermandois; anciens ducs de Bourgogne; rois de Portugal.

Tome II-IV. Histoire généalogique et chronologique des pairs de France ecclésiastiques et laïcs.

Tome V. Histoire généalogique des pairs de France (fin); des duchés non pairies enregistrés; des duchés pairies et non pairies non enregistrés.

Tome VI. Histoire généalogique et chronologique des sénéchaux de France; des connétables de France; des chanceliers de France; des maréchaux de France.

Tome VII. Histoire généalogique et chronologique des maréchaux de France (suite); des amiraux; des généraux des galères.

Tome VIII. Histoire généalogique et chronologique des grands maîtres des arbalétriers de France; des grands maîtres de l'artillerie; des porte-oriflamme; des colonels généraux de l'infanterie; des grands aumôniers; des grands maîtres; des chambriers; des grands chambellans; des grands écuyers; des grands bouteillers et échansons; des grands panetiers; des grands veneurs; des grands fauconniers; des grands louvetiers; des grands queux; des grands maîtres des eaux et forêts.

Tome IX. Statuts et catalogue des chevaliers, commandeurs et officiers de l'ordre du Saint-Esprit. — Additions et corrections. — Table générale.

ARAGO (Fr.), né en 1786, mort en 1853. Ce savant astronome fut envoyé encore jeune en Espagne, avec Biot, pour achever la laborieuse opération géodésique qui nous a donné une mesure plus précise du globe. Il fut nommé, à l'âge de 23 ans, membre de l'Académie des Sciences, dont il devint plus tard secrétaire perpétuel. Ses découvertes sur la polarisation colorée, sur les rapports de l'aimantation et de l'électricité, et sur le magnétisme de rotation, en ouvrant de nouvelles voies à la science, lui ont valu une célébrité universelle. Il fut nommé astronome du Bureau des Longitudes à l'Observatoire, professeur d'analyse, de géodésie et d'arithmétique sociale à l'École polytechnique, et d'astronomie à l'Observatoire. Nous indiquons ici la nouvelle édition de ses œuvres, dont le premier volume vient de paraître.

11. Œuvres complètes de François Arago, secrétaire perpétuel de l'Académie des Sciences, publiées d'après son ordre et sous la direction de M. J.-A. Barral, ancien élève de l'École polytechnique. 12 vol. in-8. Paris, 1854.

Tome I. Introduction, par Alexandre de Humboldt. —

Histoire de ma jeunesse. —Notices biographiques sur Fresnel, Volta, Young, Fourier, Watt et Carnot.

Les volumes suivants, qui sont encore sous presse, contiendront : l'Astronomie populaire (2 vol.) ; les Notices scientifiques (4 vol.); les notices biographiques (3 vol.); rapports et mélanges (1 vol.).

ARCHIVES CURIEUSES, etc. Cet ouvrage est destiné à servir de complément aux collections Guizot, Buchon Petitot et Leber. Il reproduit un grand nombre de pièces historiques, précieuses et intéressantes, imprimées à l'époque de leur apparition, mais dont la rareté est si grande, qu'elles sont quelquefois plus difficiles à consulter que certains manuscrits. Les compilateurs de cette collection ont eu le soin, d'ailleurs, de n'y faire entrer que les documents les plus anciens et qui pourraient jeter quelque lumière sur l'histoire, la politique, les mœurs et les usages de nos ancêtres.

12. ARCHIVES CURIEUSES de l'Histoire de France, depuis Louis XI jusqu'à Louis XVIII, ou Collection de pièces rares et intéressantes, telles que chroniques, mémoires, pamphlets, lettres, vies, procès, testaments, exécutions, siéges, batailles, massacres, entrevues, fêtes, cérémonies funèbres, etc., etc. Publiées d'après les textes conservés à la Bibliothèque royale, et accompagnées de notices et d'éclaircissements, par Cimber et Danjou. 27 vol. in-8, en deux séries.   Paris, 1834-1840.

Ire SÉRIE. — TOME I. Le cabinet du roy Louis XI contenant plusieurs fragments, lettres missives, et secrètes intrigues du règne de ce monarque, etc. — Chronique sur le comte de Dammartin. — Extraits des comptes des dépenses de Louis XI. — Discours du siége de Beauvais, en 1472. — Procès criminel de Jean II, duc d'Alençon (1458 et 1474). — Mémoire touchant Charles VIII, les personnes principales de son temps et celles par lui eslevées, etc.   Relation du voyage du roy Charles VIII, pour la conqueste du royaume de Naples, par Pierre Desrey. — Journal de Jean Burchard, de Strasbourg (1494-1495). — Le Vergier d'honneur nouvellement imprimé à Paris. — De l'entreprinse et voyage de Naples, auquel est comprins comment le roy Charles VIII, passa et repassa de journée en journée depuis Lyon jusqu'à Naples, et de Naples jusqu'à Lyon, etc., par Octavien de Saint-Gelais.

TOME II. Procès-verbal de l'hommage fait par Philippe, archiduc d'Autriche comte de Flandres, à Louis XII. (1499).

— La conqueste de Gennes, etc. (1507). — Entreveue de Louis XII, roy de France, et de Ferdinand, roy d'Aragon, à Savonne, en 1507. — L'obsèque et enterrement du roy Louis XII. — Comptes des dépenses pour les obsèques et funérailles de feu le roy Louis XII (1514). — Les gestes ensemble la vie du preulx chevalier Bayard, etc. — Procès criminel de Charles, duc de Bourbon, connestable de France, et de ses complices (1523). — Procès de Jean de Poictiers, sieur de Saint-Vallier. — Procès de Bertrand Simon, dit Brion, et Antoine Desguières. — Procès de Emard de Prye et de Pierre Papillon. — La prinse et délivrance du roy François I, et recouvrement des enfants de France, par Sébastien Moreau, de Villefranche (1524-1530). — Traicté de la noblesse et ancienneté de la ville de Lyon.

Tome III. Du glorieux retour de l'empereur Charles V de Provence (1536). — Dicton prononcé à la condempnation de l'empoisonneur du dauphin (1536). — L'embouchement de nostre sainct père le pape, l'empereur et le roy, faict à Nice, avec les articles de la trefve, etc. — Extrait des mémoires manuscrits d'Archambaud de la Rivoire, au sujet de l'entrevue du roy François I et de l'empereur Charles V, à Aigues-Mortes. — Voyage du roy François I en sa ville de La Rochelle, en l'an 1542. — Discours de la bataille de Cérizolles. — Extraits des comptes de dépenses de François I. — Procès d'Oudart du Biez, mareschal de France, et de Jacques de Coucy, seigneur de Vervins, 1549. — Siége de Metz (1552). — Histoire de la bataille navalle, faicte par les Dieppois et Flamens, en 1555. — Discours sur la roupture de la trefve, en 1556. — Les propos qui ont esté tenuz entre l'arcevesque de Vienne et M. de Selve, ambassadeurs du roy à Romme (1547). — Discours de ce qu'a faict en France le héraut d'Angleterre, et de la responce que luy a faict le roy. — Discours de la téméraire entreprinse faicte contre la noble couronne de France, par Emanuel Philibert de Savoye. — Le discours de la prinse de Calais. — Discours du grand et magnifique triomphe faict au mariage de François de Vallois. — Le siége et prinse de Thionville, etc. — Histoire particulière de la court de Henry II. — Coppie de lettres envoyées à la royne mère par un sien serviteur, après la mort du feu roy Henry II. — Mélanges pour l'histoire de François I et de Henry II.

Tome IV. La reception faicte par les députés du roy d'Espaigne, de la royne, leur souveraine dame, à la délivrance qui leur en a esté faicte en la ville de Roncevaux (1559). — Histoire du tumulte d'Amboise. — Lettres du roy au connestable de Montmorency, etc. — Interrogatoire d'un des agents du prince de Condé. — Instruction au sieur de Pégan, député par Honorat de Savoye, comte de Villars, pour rendre compte au roy de l'état des affaires au pays de Languedoc. — Histoire véritable de la mutinerie, tumulte et sédition faicte par les prestres de Sainct-Médard, le samedy 27 décembre 1561. — Discours et procédures faites dans le parlement de Paris au sujet desdits tumultes. — Lettres du roy et de la reyne mère au sujet du tumulte arrivé à la porte Sainct-Anthoine. — Placards affichéz par les carrefours de la ville de Paris par ceux de la religion reformée, le 18 avril 1562. — Remonstrances faictes au roy par les catholiques manans et habitants en la ville de Paris, sur les placards attachéz le 18 d'avril. — Responce aux remonstrances, etc. — Arrest du parlement de Paris portant qu'il sera fait une procession générale pour l'expiation des sacriléges commis par les huguenots dans l'église Sainct-Médard. — Destruction et saccagement exercé cruellement par le duc de Guise et sa cohorte, en la ville de Vassy, le 1 mars 1562. — Plusieurs discours sur le même sujet. — Lettre de Catherine de Médicis au cardinal de Chastillon. — La prinse de Lyon par les fidèles, 1562. — Discours de ce qui a esté fait ès ville de Valence et de Lyon. — Lettre du baron des Adrets à la royne mère touchant la mort de La Motte-Gondrin. — La juste et saincte défense de la ville de Lyon. — Discours des premiers troubles advenus à Lyon. — Relation de l'émeute arrivée à Toulouse en mai 1562. — Discours sur le saccagement des églises catholiques par les hérétiques anciens et nouveaux calvinistes, en 1562. — Discours des guerres de Provence.

Tome V. — Brief discours de la bataille de Sainct-Gilles, advenue le 17 septembre 1562. — Histoire mémorable contenant le vain effort des huguenots au prieuré de Saint-Philibert, en Normandie, et comme ils en furent miraculeusement repoulsez (1562). — Mémoire envoyé au roy par le sieur de Matignon. — Lettres de M. de Rabodanges à M. de Matignon, sur l'état des affaires au pays d'Alençon. — Relation de la mort du roy de Navarre (17 novembre 1562) — Brief discours de ce qui est advenu en la bataille donnée près de la ville de Dreux, le 19 décembre 1562. — Lettres du roy par lesquelles il charge le maréchal de Dampville de la garde du prince de Condé. — La forme qui a été observée pour le traitement du prince de Condé. — Lettres de deux Espagnols contenant des relations de la bataille de Dreux. — Lettres de M. de Chaulnes sur la bataille de Dreux. — Discours de la bataille de Dreux, dicté par Fr. de Lorraine, duc de Guyse. — Advertissement sur la réformation de l'université, par P. Ramus. — Relation de la blessure et de la mort du duc de Guise. — Lettre de l'évêque de Riez sur le même sujet. — Sainct et pitoyable discours sur le même sujet. — Arrêt du parlement de Paris portant condamnation de mort contre Jehan Poltrot. — L'ordre des cérémonies et pompes funèbres tenues aux obsèques du duc de Guyse. — Avis. — Discours au roy de la réduction du Havre de Grâce (1563). — Avis donnez par Catherine de Médicis à Charles IX pour la police de sa cour et pour le gouvernement de son estat. — L'histoire en brief de la vie et mort de J. Calvin, par Th. de Bèze. — Testament de J. Calvin. — Histoire de la vie, mœurs, etc., doctrine, constance et mort de Calvin, par Hierosme Bolsec. — Remarques sur la vie de J. Calvin, par Desmay. — Lettre de Renée de France à Calvin.

— Extraits des registres et croniques du bureau de la ville de Paris (1560-1564).

Tome VI. Lettres, anecdotes écrites au cardinal Borromée, par Prosper de Sainte-Croix, nonce du pape Pie IV, près de Catherine de Médicis, depuis l'an 1561 jusqu'en 1565. — Brief discours et histoire d'un voyage de quelques François en Floride, et du massacre autant injustement que barbarement exécuté sur eux par les Hespagnols, en 1565, etc. — Requeste au roy faicte par les femmes, vefves, enfants orphelins, parens et amis de ses sujets qui ont été cruellement massacrez par les Hespagnols en la France antartique, nommée la Floride. — Lettre de M. Petremol, agent de France en Turquie. — Lettre de M. le maréchal de Montmorency à monseigneur le duc de Montpensier, au sujet de sa querelle avec le cardinal de Lorraine. — Réponse de monseigneur le duc de Montpensier à M. le maréchal de Montmorency. — Histoire du diable de Laon. — Articles respondus par le roy en son conseil privé, sur la requeste présentée par plusieurs habitans de Bourdeaux, sur le fait de la religion réformée (1565). — Récit d'une entreprise faite en l'an 1565 contre la reine de Navarre et messeigneurs ses enfans. — Horribles cruautés des huguenots en France (1562-1567). — Discours des troubles advenus en la ville de Pamier le 5 juin 1566, etc. — Le projet et calcul fait par le commandement du roy, de la grandeur, longueur et largeur de son royaume (1566). — Ordre de police que le roy entend estre doresnavant gardé et observé en la ville de Paris, pour la seureté et conservation d'icelle (1567). — Lettre escripte par le sieur de Dampierre, gentilhomme suivant M. le duc de Roannois, à madame la duchesse, sa femme, par laquelle il se voit la façon dont ledict duc a été pillé par ceux qui portent les armes contre le roy. — Le vray discours de la bataille donnée par Monsieur, le 13 mars 1569 entre Jarnac et Montcontour. — Arrest de la cour de parlement contre Gaspart de Coligny. — Articles accordez par le grant-seigneur, en faveur du roy et de ses sujets, à messire Claude du Bourg, pour la seureté du traficq, commerce et passage ès pays et mers du Levant. — Discours sur l'espouvantable et merveilleux débordement du Rosne dans et à l'entour la ville de Lyon. — Lettre de M. de Montluc, capitaine de 50 hommes d'armes, escrite au roy touchant le gouvernement de Guyenne. — Responce du roy à la lettre du sieur de Montluc. — Discours sur les causes de l'extrême cherté qui est aujourd'huy en France, et sur les moyens d'y remédier. — Discours du massacre fait à Orange par les catholiques, au mois de janvier 1571. — Mort de Lignerolles, grand mignon du duc d'Anjou. — Discours de ce qui advint touchant la croix de Gastines, l'an 1571, vers Noel.

Tome VII. Le tocsain contre les massacreurs et auteurs des confusions en France. — Relation du massacre de la Sainct Barthelemy. — Lettres du roy au gouverneur de Bourgogne, par lesquelles il charge ceux de Guyse du meurtre commis en la personne de monsieur l'admiral et de la sédition advenue à

Paris. — Lettres du roy aux officiers de Bourges. — Lettres du thrésorier des ligues, escrittes par commandement du roy. — Déclaration du roy de la cause et occasion de la mort de l'admiral et autres ses adhérents et complices. — Le réveil-matin des François et de leurs voisins, par Eusèbe Philadelphe. — Extraits des registres et chroniques du bureau de la ville de Paris (22 août au 1 septembre 1572). — Discours sur les causes de l'execution faicte ès personnes qui avoyent conjuré contre le roy et son estat. — Déluge des huguenotz, avec leur tumbeau et les noms des chefs et principaux punys, à Paris, le 24 août 1572, par Jacques Coppier de Vellay. — Massacre de ceux de la religion à Meaux, en Brie; à Troyes; à Orléans; à Bourges; à la Charité; à Lyon. — Mémoires et instructions envoyés par le roy au comte de Charny, son lieutenant-général au pays de Bourgogne. — Massacres de ceux de la religion à Saumur et à Angers. — Evènements de septembre et octobre 1572. — Massacre à Rouen. — Lettre du roy au duc de Guyse. — Massacre à Thoulouse. — Mémoire envoyé par le roy à tous les gouverneurs de ses provinces pour destituer tous ceux de la religion. — Forme d'abjuration, d'hérésie et confession de foy que doivent faire les desvoyez de la foy prétendans estre receus en l'Eglise. — Le stratagème ou la ruse de Charles IX contre les huguenots rebelles à Dieu et à luy, escrit par le seigneur Camille Capilogni. — Dissertations sur la journée de la Saint-Barthélemi, par l'abbé de Caveyrac.

Tome VIII. Lettre du seigneur de La Vieuville au roy. — Arrest mémorable de la cour du parlement de Dôle contre Gilles Garnier, pour avoir, en forme de loup garou, dévoré plusieurs enfants. — Voyage du maréchal de Retz en Angleterre. — Discours de la famine de Sancerre, par Jean de Lery. — Le tumulte de Bassigni, par Lebon, médecin du cardinal de Guyse. — Arrest contre Geoffroy Vallée. — Epistre narrative de la procession générale faicte à Paris le 7 juin 1573. — Discours de l'entreprise de Saint-Germain. — Discours sur l'emprisonnement du maréchal de Montmorency. — Procès criminel contre La Mole, Coconnas, etc. — La prinse du comte de Montgommery dedans le chasteau de son frère, par M. de Matignon, le 27 mai 1574. — Discours de la mort et exécution de Gabriel, comte de Montgommery. — Le trespas et obsèques du très chrestien roy de France Charles IX. — Histoire contenant un abrégé de la vie, mœurs et vertus du roy très chrestien Charles IX, par Sorbin, dit de Saincte-Foy, son prédicateur. — Histoire de Charles IX, par Papyré Masson. — Extraits des comptes de dépenses de Charles IX. — Dépenses faites à l'entrée de la royne à Paris, en 1571. — Extrait du trésor des chartes. — Lettres de grâce; lettres de légitimation; statuts de la communauté des maîtres paticiers, oublayers; statuts des maîtres couvreurs. — Bataille simulée. — Ordonnances de M. de Chastillon sur la discipline militaire. — Choses notables et qui semblent dignes de l'histoire, omises aux discours qui en ont escrits. — Des mines d'argent trouvées en France; ouvrage et police d'icelle, par Fr. Garrault.

Tome IX. Discours merveilleux de la vie, actions et déportemens de Catherine de Médicis. — Comptes des dépenses de Catherine de Médicis. — Lettres et exemples de la feue royne mère Catherine de Médicis, comme elle faisoit travailler aux manufactures, et fournissoit aux ouvriers de ses propres deniers, par Barthelemy de Laffemas. — Extrait des lettres d'un gentilhomme de la suyte de M. de Rambouillet, ambassadeur du roy de Pologne, à un seigneur de la court, touchant la légation dudit seigneur, et autres choses mémorables observées en son voyage (1573). — Couronnement de Henry, roy de Pologne. — La déclaration des seigneurs de Pologne, sur le retour du roy en France. — Brief discours touchant la surprise de la cité de Besançon par certains conspirateurs (1575). — Ample discours de la surprise de la ville de Concq, près Vannes, par ceux de la religion; etc. (1577). — Discours sur la contagion de peste qui a esté ceste présente année en la ville de Lyon, par Claude de Rubys (1577). — Coppie d'une lettre escrite par Emond de Panygroles, en laquelle est contenu le discours des estats provinciaux de Normandie tenus à Rouen en 1578. — Les cérémonies tenues et observées à l'ordre et milice du Sainct-Esprit, et les noms des chevaliers qui sont entrés en icelny (1579). — Le désastre merveilleux et effroyable d'un déluge advenu ès fauxbourgs Sainct-Marcellès-Paris, le 8 avril 1579. — Discours sur la maladie et derniers propos du mareschal de Montmorency (1579). — Copie d'une missive envoyée de Paris à Lyon, contenant nouvelle de la santé et du nombre des morts de la contagion audict lieu de Paris (1500). — Copie d'une lettre missive, envoyée au gouverneur de La Rochelle, pour les capitaines des galères de France, sur la victoire obtenue contre les Mores et sauvages, faisant voyage de Floride et du Brésil. — Traitté des finances de France, de l'institution d'icelles, de leurs sortes et espèces, etc. (1580). — La vie, mort et tombeau de Philippe de Strozzi, colonel général de l'infanterie françaiso, et depuis amiral en l'armée de mer, dressée par la royne Catherine de Médicis, en faveur du roy don Antoine de Portugal, par H. C. S. de Torsay.

Tome X. Déclaration et protestation du roy de Navarre sur les justes occasions qui l'ont meu de prendre les armes pour la défense et tuition des églises réformées de France (1580). — Lettres d'Auger de Guiselin, ambassadeur de l'empereur Rodolphe II auprès de Henri III (1582-85). — Discours tragique et véritable de Nicolas Salcedo sur l'empoisonnement par luy entrepris en la personne de monseigneur le duc de Braban, d'Anjou et d'Alençon, frère du roy (1582). — Copie de la deposicion de Salcedo. — Relation particulière de la mort de Salcedo. — Relation des ambassadeurs envoyés par le grand seigneur, vers Henri III, pour convier sa majesté d'assister à la circoncision de son fils ainé. — Relation du sieur de Germigy de sa charge et légation du Levant, présentée le 30 mars 1585. — Harangue faite au roy Henry III par M. de Pybrac, pour le roy de Navarre, lorsque la reine sa femme reçut un mauvais traitement au Bourg-la-Reine, près Paris. — Regret funèbre concernant les actions et derniers propos de M. le duc d'Anjou, frère du roy, par frère Jacques Berson. — Vie et mœurs de Pybrac, par Ch. Pascal. — Les réglements faicts par le roy, le 1 janvier 1585, pour l'ordre qu'il veut estre gardé en son conseil et en sa maison. — Vie de P. Ronsard, par Cl Binet. — Lettres de privilége pour l'élevement des eaux et autres belles inventions. — Comptes de dépenses de Henri III. —. Les statuts de la congrégation des Pénitents de l'association de Nostre-Dame.

TOME XI. Protestation des ligués, faicte en l'assemblée de Mildebourg (16 décembre 1584). — Déclaration des causes qui ont meu M. le cardinal de Bourbon et les princes, pairs prélats et autres, de s'opposer à ceux qui veulent subvertir la religion et l'Estat (1585). — Protestation des catholiques qui n'ont voulu signer la ligue. — Lettres écrites de Marseilles, contenant au vray les choses qui s'y sont passées les 8, 9 et 10 du mois d'avril dernier (1585). — Déclaration de N. S. P. le pape Sixte V à l'encontre de Henry de Bourbon, prétendu prince de Condé. — La saincte et très chrestienne résolution de M. le cardinal de Bourbon, pour maintenir l'église catholique et romaine, par Jacques Berson. — Discours du voyage de M. le duc de Joyeuse en Auvergne, Givodan et Rouergue (1586). — Responce que les seigneurs allemans estant de présent au service du roy font sur l'exhortation à eux faite par les reistres qui sont du party des rebelles (1586). — Advertissement des catholiques anglois aux catholiques françois, etc. — Lettre d'un gentilhomme catholique françois contenant brève response aux calomnies d'un certain prétendu anglois, par Du Plessis-Mornay. — Relation de la bataille de Coutras. — Sommaire discours de toutes les deffaictes des reistres qui ont esté depuis leur partement d'Allemaigne jusqu'au 9 décembre 1587. — Avertissement sur la mort de M. le prince de Condé (1588). — Procès-verbal d'un nommé Nicolas Poulain, qui contient l'histoire de la ligue, depuis le 2 janvier 1585 jusqu'au jour des barricades, le 12 may 1588. — Histoire très véritable de ce qui est advenu en ceste ville de Paris depuis le 7 may 1588 jusqu'au dernier jour de juin audit an. — Amplification des particularités qui se passèrent à Paris quand M. de Guyse s'en empara et que le roy en sortit; may 1588. — Histoire de la journée des barricades de Paris, du 12 may 1588. — Extrait des registres de l'Hostel de Ville de Paris. — Lettres du roy sur l'esmotion advenue à Paris. — Lettre écrite au roy par M. le duc de Guyse. — Les propos que le roy a tenus à Chartres.

TOME XII. Coppie d'une lettre escrite du Mans, en juin 1588, sur les dégats et désordres qui se font au pays du Mayne par les trouppes du duc d'Espernon. — Instruction adressée à M. de Guyse, par l'archevesque de Lyon, après la paix de juillet 1588. — Avertissemens sur les exploits d'armes faicts par le roy de Navarre, sur ceux de la ligue, en bas Poitou. —

Conspiration de ceux d'Angoulesme contre M. d'Espernon, et ses suites. — La descouverture des deniers salés, dédiée au roy et à messieurs des Estats, à Blois; etc. — Le martyre des deux frères, contenant au vray toutes les particularités plus notables des massacres et assassinats commis ès personnes de messieurs le cardinal et le duc de Guyse par Henry de Valoys. — Relation de la mort de MM. les duc et cardinal de Guyse, par Miron, médecin de Henry III. — Discours de ce qui est arrivé à Blois jusques à la mort du duc et du cardinal de Guyse. — Lettre du cardinal de Joyeuse au roy Henry III au sujet de la mort des Guyse. — Information faicte par Michon et Courtin, conseillers au parlement, pour raison des massacres commis à Blois ès personnes des duc et cardinal de Guyse. — Arrest de la cour souveraine des pairs de France contre les meurtriers de messieurs de Guyse. — Coppie des mémoires secrets, en forme de missive, envoyez de Bloys, avec la responce, contenant sommairement et au vray l'estat auquel sont les affaires du roy, etc. — Advertissement particulier et véritable de tout ce qui s'est passé à Thoulouse depuis les massacre et assassinat commis en la personne des princes catholiques (février 1589). — Déclaration des consuls et habitans de la ville de Lyon, sur l'occasion de la prise d'armes par eux faicte le 24 février 1589. — Le serment de la saincte-union pour la conservation de la religion catholique et de l'Estat. — Conseil salutaire d'un bon François aux Parisiens. — Advis et résolution de la faculté de théologie de Paris. — Discours aux François, avec l'histoire véritable de la mort de Henry de Valois, advenue à Sainct-Cloud-lès-Paris le 1 aoust 1589. — Certificat de plusieurs seigneurs de qualité, qui assistèrent le roy depuis qu'il fut blessé jusques à sa mort. — Lettres de de La Guesle, procureur général en la cour du parlement, sur la mort du roy. — Discours véritable de l'estrange et subitte mort de Henry de Valois advenue par permission divine. — Discours véritable des derniers propos qu'a tenus Henry de Valois à Jean d'Espernon. — Le martyre du frère Jacques Clément, de l'ordre de Saint-Dominique. — La vie et faicts notables de Henry de Valois, maintenant tout au long et sans rien requérir. — Les sorcelleries de Henry de Valois.

Tome XIII. Traité des causes et raisons de la prise des armes faite en janvier 1589, et des moyens pour appaiser nos présentes afflictions; par Louis de Gonzague, duc de Nevers (1560-1590). — Lettre du roy de Navarre aux seigneurs du sénat de Berne. — Arrest de la cour de parlement. — Brief discours des choses plus notables arrivées au siège mémorable de la renommée ville de Paris, par Pierre Corneio. — Brief traité des misères de la ville de Paris. — Autre discours sur le siége de Paris. — Discours véritable de la délivrance de M. le duc de Guyse. — Assemblée secrete de plusieurs bourgeois de la ville de Paris (1591). — Discours sur la mort de M. le président Brisson. — Arrest donné à l'encontre des vingt-six assassinateurs, et exécuté en effigie en la place de Grève. — Procès-verbal de la cérémonie de l'abjuration d'Henry IV. — Discours des cérémonies observées à la conversion d'Henri IV, etc. — Bref discours du procès criminel fait à Pierre Barrière, dit La Barre, accusé de l'horrible parricide par luy entrepris contre la personne du roy (août 1593). — Procédure faite contre Jehan Chastel pour le parricide par luy attenté sur la personne de Henry IV. — Exécution de Jehan Chastel. — L'ordre des cérémonies du sacre et couronnement de Henry IV, fait en l'église Notre-Dame de Chartres, le dimanche 27 février 1594. — Pompes et cérémonies faictes à l'acte solennel auquel le roy jura publiquement la paix, en la présence des députés d'Espagne, etc.

Tome XIV. De la religion catholique en France, par M. Lezeaux, conseiller d'Estat (1560-1604). — Histoire de la vie, conspiration, prison, jugement, testament et mort du mareschal de Biron (1602). — Discours d'une trahison attentée contre le roy Henri IV, descouverte en l'an 1604. — Récit véritable de la naissance de MM. les enfants de France, par Louyse Bourgeois, dite Boursier, sage-femme de la reyne-mère du roy. — Recueil présenté au roy de ce qui se passa en l'assemblée du commerce au palais, à Paris, fait par Laffemas, controlleur général dudict commerce. — Remarques d'estat et d'histoire sur la vie et les services de M. de Villeroy, par P. Mathieu. — Histoire des amours de Henry IV. — Histoire des années 1605, 1606, 1607 et 1608. — Histoire du commerce de France, par Is. de Laffemas. — Le nombre des ecclésiastiques de France, celuy des religieux et des religieuses, le temps de leur établissement, ce dont ils subsistent, et à quoy ils servent.

Tome XV. Histoire de la mort déplorable d'Henri IV, par P. Matthieu, 1610. — Procès de Ravaillac. — La mort d'Henry le Grand, découverte à Naples, en 1608, par Pierre du Jardin. — Le véritable manifeste sur la mort d'Henri le Grand, par la demoiselle d'Escoman. — Funérailles de Henri IV. — Histoire de la vie et trepas du prince Ch. de Lorraine, duc de Mayenne. — Mémoire concernant les pauvres qu'on appelle enfermés. — Statuts pour les hospitaux des pauvres enfermés, 1611. — Discours du voyage des François en Suède. — Testament et mort heureuse de Philippe de Mornay. — L'ordre et cérémonie observés tant en la descente de la châsse de madame saincte Geneviève qu'en la procession d'icelle. — Testament de M. du Vair, garde des sceaux. — Mémoires portans plusieurs avertissemens portez au roy, par le capitaine Fouques, capitaine de sa majesté en la marine du Ponant. — Relation dernière, de ce qui s'est passé au voyage du sieur de Poutrincourt en la Nouvelle-France. — Articles et capitulations faites entre le roy de France et l'empereur des Turcs. — Discours sur la vie et mort de Achille de Harlay.

2e SÉRIE. — Tome I. Relation de tout ce qui s'est passé aux États généraux convoqués en 1614. — Mémoire sur l'émotion arrivée en la ville de Nîmes, en 1613. — Les vraies cérémonies de l'obédience faite à N. S. P. le pape Paul V, de la part du roi très chrétien Louis XIII, par M. le chevalier de Vendôme. — Histoire journalière de tout ce qui s'est passé au voyage du roi, depuis le 17 août 1615 jusqu'au mois de janvier 1616. — Histoire véritable de ce qui s'est passé de nouveau entre les François et Portugais en l'île de Maragnan, au pays des Toupinambous. — Histoire de la troisième guerre civile (1616). Le portrait du roi Louis XIII, par M. de Bellemaure. — Avis au roi, des moyens de bannir le luxe du royaume, etc.

Tome II. Histoire tragique du marquis d'Ancre et de sa femme. — Récit véritable de ce qui s'est passé au Louvre depuis le 24 avril jusqu'au départ de la Reine, mère du roi. — L'histoire de l'incendie et embrasement du Palais de Paris. — Lettres-patentes du roi portant permission d'établir dans la ville de Paris et autres de ce royaume, des chaises à bras. — Ordonnance du prévôt de Paris contre les filles débauchées, vagabonds et autres gens de mauvaise vie. — Sentence donnée par le lieutenant civil pour le rabais des loyers des maisons, suivant la commission de la cour. — Sommation faite au duc d'Epernon, ensuite de la déclaration du roy. — Articles accordés au duc d'Epernon. — Extrait des raisons et plaintes que la reine, mère du roi, fait au roi son fils. — Audience donnée par le roi à la reine sa mère. — Le contadin provençal. — La voix publique au roi. — Histoire véritable du combat naval et de la déroute des capitaines Blanquet, Gaillard, et autres pirates et rebelles au roi. — Récit véritable de toutes les cérémonies observées dans la ville de Grenoble, à la protestation de foi de monseigneur le duc de Lediguière. — Véritable relation de ce qui s'est passé de jour en jour au voyage du roi, depuis son départ de Paris, 1620. — Histoire journalière de ce qui s'est fait et passé au voyage du roi, depuis son départ de Fontainebleau, 1621 et 1622. — La Piété royale, discours présenté au roi, par J.-B. Mathieu. — Articles accordés entre le roi de France et de Navarre et le roi de la Grande-Bretagne pour le commerce. — La chasse au vieux grognat de l'antiquité. — La réformation de ce royaume. — Extraits inédits des registres et croniques de l'hôtel de ville de Paris.

Tome III. Relation de tout ce qui s'est passé sur le fait et expédition de la Valteline. — Relation du siège de La Rochelle (1628). — Relation de la contagion de Lyon. — Discours sur les mœurs et humeurs de Servin, avocat général au parlement de Paris. — Arrêt du parlement, portant réglement pour les salaires des gens d'église. — Police générale du royaume de France, avec la façon de procéder en toutes sortes de juridictions. — Mémoire d'un favori de S. A. R. le duc d'Orléans. — Véritable récit de ce qui s'est passé en la maladie du roi, en la ville de Lyon, par le R. P. Souffrant, son confesseur ordinaire. — Article de la paix accordée entre le roi et le roi de Maroc. — Relation du voyage fait au Canada, pour la prise de possession du fort de Québec, par les Français. — Lettres du P. Charles l'Allemant, supérieur de la mission du Canada, au P. Jér. Lallemant, son frère. — Relation de la mort du maréchal de Marillac (1631). — Discours véritable de ce qui s'est passé entre les habitants de la ville de Metz et les peuples circonvoisins.

Tome IV. Mémoire de Henri, duc de Montmorenci. — Discours au vrai de tout ce qui s'est passé au voyage du sieur Sanson Nappolon, tant à Constantinople qu'à Tunis et Alger, pour le traité de la paix de Barbarie, etc. — Vie du P. Joseph, capucin nommé au cardinalat. — Premier, deuxième et troisième livre des dignités, magistrats et offices du royaume de France, etc., par Vincent de La Loupe. — Mémoires inédits touchant la révolte de Rouen.

Tome V. Journal de M. le cardinal de Richelieu, de 1630 à 1644. — Liste des noms de ceux qui ont été condamnés et suppliciés durant le ministère du cardinal de Richelieu. — Récit véritable de l'exécution du comte de Chalais. — Etablissement de l'Académie de Richelieu. — Récit véritable de tout de ce qui s'est passé depuis que le sieur de Saint-Preuil fut arrêté jusques à sa mort. — Testament de la reine, mère du roi. — Véritable relation des justes procédures observées au fait de la possession des Ursulines de Loudun, et au procès de Grandier, par le R. P. Tranquille. — Factum pour Urbain Grandier, curé de l'église Saint-Pierre du Marché de Loudun, etc. — Jugement rendu par les commissaires députés contre Urbain Grandier. — Lettre du sieur Grandier, accusé de magie, au roi. — Relation véritable de ce qui s'est passé à la mort du curé de Loudun, brûlé tout vif, le 18 août 1634. — Procès de Cinq-Mars et de Thou. — Particularités remarquées en la mort de Cinq-Mars et de Thou, à Lyon, le 12 septembre 1642. — Lettre à M. de Fontenay-Mareuil, sur le trépas du cardinal de Richelieu. — Testament du cardinal de Richelieu. — Journal de Louis XIII, par J. Hérouard, son premier médecin. — Mémoire fidèle des choses qui se sont passées à la mort de Louis XIII, fait par Dubois, l'un de ses valets de chambre.

Tome VI. Histoire de Tancrède de Rohan, par le P. Griffet. — Récit véritable de la vie et la mort du mareschal Gassion. — Mémoire inédit sur l'état des finances, depuis 1616 jusqu'en 1644. — Extrait des comptes de dépenses pour le ballet du roy. — Histoire de l'Académie Française depuis son établissement jusqu'à 1652. — Remonstrance très humble du chevalier Balthasar Gerbier et ses associés à monseigneur l'archevêque de Paris, touchant les monts-de-piété. — Exposition de Balthasar Gerbier, sur l'établissement des monts-de-piété. — Les consultations charitables pour les malades, par Théophraste Renaudot. — Ordonnance du roy contenant les articles accordés à Jacques Guyon et Guillaume Bouteroue, entrepreneurs du canal de Loire en Seine. — Etablissement des grands jours à Poitiers. — Embellissements de la ville de Paris. — Extraits du Mercure françois pour les années 1643 et 1644. — Révolte des croquans de Rouergue. — Extraits des registres de l'hôtel de ville de Paris. — Estat de la France, comme elle estoit gouvernée en l'an 1648 et 1649, où sont contenues diverses remarques et particularités de l'histoire de nostre temps.

Tome VII. Histoire du temps ou le véritable récit de ce qui s'est passé dans le parlement depuis le mois d'août 1647 jusques au mois de novembre 1648. — Extraits des registres de l'hôtel de ville (1648 et 1649). — Extraits du Courrier françois, de ce qui s'est passé depuis la mort de Louis XIII jusques à présent 1649. — Lettre d'un religieux contenant la vérité de la vie et mœurs du cardinal Mazarin, etc. — Entretien familier du roi et de la reine régente, sa mère, sur les affaires du temps (1649).

Tome VIII. Histoire du prince de Condé. — Relation véritable du combat du faubourg Saint-Antoine, juillet 1652. — Relation de la mort du marquis de Monaldeschi, grand écuyer de la reine Christine de Suède, par le P. Lebel (1657). — Lettre de Mathieu de Montreuil, contenant la relation du mariage du roi (1660). — Mémoire de Louis XIV, écrit par lui-même. — Les portraits de la cour.

Tome IX. Vie de J.-B. Colbert, ministre et secrétaire d'Etat. — Extraits tirés des registres de l'hôtel de ville de Paris (1646-1653).

Tome X. Relation de la conduite présente de la cour de France (1665). — Projet pour l'entreprise d'Alger. — Relation des voyages faits à Tunis par le sieur de Bricard, sous les ordres de Sa Majesté. — Relation de l'expédition de Gigery. — Vie de François Eudes, surnommé Mézeray. — La fête de Versailles, du 18 juillet 1668. — Dernières paroles de monseigneur le maréchal de Fabert, décédé à Sédan, le 17 mai 1662. — La vie de M. de Molière, par Le Gallois de Grimarest. — Relation de l'ambassade de M. le chevalier de Chaumont à la cour du roi de Siam.

Tome XI. Discours sur l'histoire des fondations et des établissements faits sous le règne de Louis-le-Grand. — Histoire de l'hôtel royal des Invalides. — Description de la nouvelle église de l'hôtel royal des Invalides. — Traduction d'une lettre italienne contenant une critique agréable de Paris. — Mémoires du marquis de Guiscard. — Réponse du marquis de Guiscard à une lettre écrite par M. de Chamillard, ministre du roi de France, à Cavalier, chef des Camisards, après sa retraite en Suisse (1704). — Histoire du fanatisme de notre temps, 1692. — Lettres de Fléchier. — Lettres de Fléchier sur les affaires politiques. — Lettre pastorale et mandement.

Tome XII. Factum pour MM. d'Aubray, marquise de Brinvilliers, accusée. — Arrêt de la cour du parlement contre la marquise de Brinvilliers. — Mémoire du procès extraordinaire contre la dame de Brinvilliers, accusée et exécutée le 17 juillet 1676. — Factum du procès extraordinaire fait à La Chaussée, valet de Sainte-Croix, pour raison des empoisonnements des sieurs d'Aubray. — Description du château de Marly. — Description de la machine de Marly. — Des baisers d'étiquette donnés par le roi, la reine et les filles de France, à propos de la réception de l'ambassade de Hollande. — De la soirée et du lendemain de la première nuit que le duc et la duchesse de Bourgogne ont passée ensemble. — Le détail de la

France, la cause de la diminution de ses biens et la facilité du remède (1695). — Journal de Verdun pendant l'année 1715. — Extraits inédits des registres de l'hôtel de ville de Paris (1700-1713). — Mort de Louis XIV (1715). — M. le duc d'Orléans, régent du royaume.

ARNAUD (Antoine), né en 1612, mort en 1694. Le plus illustre défenseur de la doctrine de Jansénius, attaqua successivement les jésuites, les calvinistes et les malebranchistes. Son talent était trop élevé pour ne point frapper au cœur les hommes ou les doctrines qu'il combattait, aussi fut-il en butte à des persécutions multipliées qui le forcèrent à s'exiler deux fois de sa patrie. Ces luttes continuelles n'interrompaient point ses travaux, et, en dehors des combats de doctrine qu'il eut à soutenir, il publia des ouvrages de premier ordre.

13. ŒUVRES de messire Antoine Arnauld, docteur de la maison et société de la Sorbonne. 42 vol. in-4. Paris et Lausanne, 1775-1781.

TOME I. Avertissement et avis de l'éditeur. — 295 lettres de 1637 à 1676.

TOME II. Lettres 296 à 624 (1677-1687).

TOME III. Lettres 625 à 1035 (1687-1694).

TOME IV. Lettres 1036 à 1095 (1694). — Supplément aux lettres, contenant celles qui ont été trouvées dans le cours de l'édition (13 lettres, de 1657 à 1690). — Appendice aux lettres, contenant celles qui lui ont été écrites, et dont on n'a point les réponses, et autres concernant sa personne et ses ouvrages (23 lettres, de 1680 à 1685). — Extrait de diverses lettres de Leibnitz. — Table générale des lettres.

TOME V. Préface historique et critique sur les ouvrages d'Arnauld, contenus dans ce volume. — Recueil des principales approbations et des suffrages les plus remarquables, en faveur de la personne et des ouvrages d'Arnauld. — Réflexions sur le psaume CXXXVI. — Historia et concordia evangelica, etc. — Indices quinque in historiam et concordiam evangelicam. — Remarques sur les principales erreurs d'un livre d'Arnauld intitulé : l'Ancienne Nouveauté de l'Écriture sainte, par Bonneval.

TOME VI. Préface historique et critique sur les ouvrages d'Arnauld. — Le Nouveau Testament de N. S. J.-C, avec les différences du grec et de la Vulgate. — Défense de la traduction du Nouveau Testament, imprimé à Mons, contre les sermons du P. Maimbourg, jésuite. — Abus et nullités de l'ordonnance subreptice de monseigneur l'archevêque de Paris, par laquelle il a défendu de lire et de débiter la traduction du Nouveau Testament imprimée à Mons.

TOME VII. Préface historique et critique. — Remarque sur

la requête présentée au roi par monseigneur l'archevêque d'Ambrun contre la traduction du Nouveau Testament imprimée à Mons — Requête contre Mallet. — Nouvelle défense de la traduction du Nouveau Testament contre le livre de Mallet.

Tome VIII. Préface historique et critique. — De la lecture de l'Ecriture sainte contre les paradoxes extravagants et impies de Mallet. — Défense des versions de l'Ecriture sainte, des offices de l'église, et des ouvrages des Pères, et en particulier de la nouvelle traduction du Bréviaire, etc. — Règles pour discerner les bonnes et mauvaises critiques des traductions de l'Ecriture sainte en français pour ce qui regarde la langue, avec des réflexions sur cette maxime, que l'usage est le tyran des langues vivantes. — Difficultés proposées à M. Steyaert, sur l'avis par lui donné à l'archevêque de Cambrai, pour lui rendre compte de sa commission, d'informer des bruits répandus contre la doctrine et la conduite des prêtres de l'Oratoire de Mons, en Hainaut.

Tome IX. Difficultés proposées à M. Steyaert (suite). — Dissertation critique touchant les exemplaires grecs sur lesquels M. Simon prétend que la Vulgate a été faite, et sur le jugement que l'on doit faire du fameux manuscrit de Bèze. — Réponses aux remarques du P. Annat sur l'impression et la publication du Nouveau Testament. — Breve Clementis IX, contra famosam versionem gallicam Novi Testamenti. — Memoire sur ce bref. — Réponse à la lettre d'un docteur en théologie à un de ses amis, sur la traduction du Nouveau Testament. — Requête présentée à NN. SS. de l'assemblée générale du clergé de France, au sujet de la traduction du Messel romain, par M. de Voisin. — Traduction et explication du Messel en langue vulgaire, autorisée par l'Ecriture sainte. — Eclaircissement sur ces mots que les Gentils profèrent dans l'évangile du dimanche de la Septuagésime, « nemo nos conduxit. » — Observations sur une sentence contre la traduction du Messel. — Les deux censures différentes, imprimées par Maturos contre le Messel.

Tome X. Préface historique et critique. — Theses theologicæ. — De la nécessité de la foi en Jésus-Christ pour être sauvé. — Examen d'une proposition. — Instruction sur la grâce ; sur l'accord de la grâce avec la liberté. — Remarque sur les contradictions du P. Thomassin. — Ecrits sur le système de la grâce générale. — Du pouvoir physique. — Défense abrégée de l'écrit géométrique. — Appendice aux écrits sur la grâce générale. — Ecrits sur la liberté ; sur les péchés d'ignorance ; sur l'amour naturel de Dieu ; sur les sacrements ; sur la hiérarchie ecclésiastique.

Tome XI. Eclaircissements sur l'autorité des conciles généraux et des papes. — Jugement équitable sur la censure faite par une partie de la faculté étroite de théologie de Louvain. — Défense du Jugement équitable. — Réponse aux positions ultérieures de M. Steyaert. — Traduction des livres de saint Augustin : 1. des mœurs de l'Eglise catholique ; 2. de la correction et de la grâce ; 3. de la véritable religion ; 4. de la foi, de l'espérance et de la charité.—Castigationes libri Confessionum sancti Augustini.

Tome XII. Préface historique et critique. — Table historique et chronologique des saints pères et des auteurs ecclésiastiques, dont les passages sont compris dans l'ouvrage intitulé : « Tradition de l'Eglise sur l'Eucharistie ». — Traité sur l'Eucharistie. — Réponse générale au nouveau livre de M. Claude. — Eclaircissements sur un passage de saint Augustin — Remarques sur une lettre de M. Spon, de la religion prétendue réformée. — Réflexions sur un livre intitulé : « Préservatif contre le changement de religion. »

Tome XIII. Le renversement de la morale de Jésus-Christ, par les erreurs des calvinistes, touchant la justification, en dix livres.

Tome XIV. L'impiété de la morale des calvinistes, pleinement découverte par le livre de M. Brugnier, ministre de Nimes, approuvée par Claude, ministre de Charenton. — Apologie pour les catholiques contre les faussetés et les calomnies d'un livre intitulé : « La politique du clergé de France. »

Tome XV. Le calvinisme convaincu de nouveau de dogmes impies, ou la justification du livre du Renversement de la morale, etc., contre ce qu'en ont écrit M. Le Fèvre et M. Le Blanc.

Tome XVI. Préface historique et critique. — Observations sur un fausse bulle. — Difficultés sur la bulle « In eminenti. » — Considérations sur une censure prétendue, de la faculté de théologie de Paris. — Première apologie pour Jansénius, év. d'Ypres.

Tome XVII. Seconde apologie pour Jansénius. — Traduction d'un écrit du pape Clément VIII. — Réflexions sur un décret de l'inquisition de Rome. — Catéchisme ou éclaircissement sur la matière de la grâce, par Feydeau.

Tome XVIII. Apologie pour les saints pères de l'Eglise, défenseurs de la grâce de Jésus-Christ contre les erreurs qui leur sont imposées. — Falsifications du P. Labbe, jésuite, dans un livre intitulé : Antitheses Corn. Jansenii et divi Augustini.

Tome XIX. Préface historique et critique. — Considérations, observations, lettres, mémoires, et réponses, relatifs au jansénisme.

Tome XX. Eclaircissements, réfutations et lettres relatifs au jansénisme.

Tome XXI. Préface historique et critique. — Ecrits sur les bulles d'Alexandre VII et les formulaires du clergé de France.

Tome XXII. Ecrits sur les bulles d'Alexandre VII (suite). — Disputes internes entre MM. de Port-Royal.

Tome XXIII. Préface historique et critique. — Réponse aux observations contre le saint-père. — De l'autorité des miracles. — Avis, mémoires et instructions pour les religieuses de Port-Royal.

Tome XXIV. Ecrits concernant les religieuses de Port-Royal. — Préface historique et critique. — Mémoire sur la cause des quatre évêques. — Requête des ecclésiastiques de Port-Royal.

— Réfutation du P. Bouhours à un mandement de l'évêque d'Alet. — Lettre des quatre évêques au roi. — Lettre des dix-neuf évêques au roi. — Mémoire pour le rétablissement des docteurs. — Préface historique et critique. — Fragments de la remontrance d'Arnauld au roi.

Tome XXV. Le fantôme du jansénisme ou justifications des prétendus jansénistes. — Difficultés proposées à M. Steyaert. — Procès de calomnies. — Mémoire pour les théologiens de Louvain. — Réflexions sur le décret du saint-office de 1694. — Lettres de Gondoin, archevêque de Sens, et de Henri Arnauld. — Deux mémoires pour le roi touchant les infractions de la paix de Clément IX. — Plan général de l'écrit d'Arnauld, intitulé : « Justification, » etc. — Décret du saint-office. — Deux brefs du pape Innocent XI.

Tome XXVI. Préface historique et critique. — Discours sur l'amour de Dieu. — Considérations pour une âme abattue par une crainte excessive. — Résolution de quelques difficultés. — Décision sur les pensées sales que le diable inspire à l'âme. — Décision d'un cas sur le sixième commandement. — Exercice pour une neuvaine. — Avis et règle de conduite pour le duc de Liancourt. — Instruction chrétienne pour une veuve. — Discours funèbre pour la mère Agnès, sœur d'Arnauld. — Eloge funèbre d'Arnauld d'Andilly. — Ecrit sur un mariage entre cousins germains. — Discours de mariage. — Cas de conscience touchant une promesse de mariage extorquée. — Décisions de quelques cas de conscience. — Difficultés sur le livre des éclaircissements sur le sacrement de pénitence, de l'évêque de Tournai.

Tome XXVII. Réponse à la lettre d'une personne de condition, touchant les règles de la conduite des saints Pères. — Dissertation selon la méthode des géomètres, pour la justification de ceux qui emploient en écrivant, dans certaines rencontres, des termes que le monde estime durs. — De la fréquente communion. — Réfutation des sermons du P. Nouet, sur le livre de la fréquente communion.

Tome XXVIII. Déclarations, lettres, sentiments, discours et défenses, relatifs au traité de la fréquente communion. — Lettres relatives au même sujet.

Tome XXIX. Préface historique et critique. — Extraits de quelques erreurs et impiétés contenues dans le livre intitulé : « la Défense de la Vertu, » par Sirmond. — Dissertation sur le commandement d'aimer Dieu. — Théologie morale des jésuites. — Apologie pour l'abbé de Saint-Cyran. — Lettre au sujet de l'apostasie du sieur Jean de Labadie. — Remontrances aux Pères jésuites. — Défense de la censure de l'archevêque de Paris contre le livre du P. Brisacier. — Trois lettres au sujet de ce livre.

Tome XXX. Préface historique et critique. — L'innocence et la vérité défendues. — Réfutation d'un écrit du P. Brisacier. — Quatre factums pour les neveux de Jansénius. — Avis aux jésuites sur leur procession de Luxembourg. — L'innocence opprimée par la calomnie.

Tome XXXI. Préface historique et critique. — Cinq dénonciations touchant le péché philosophique. — Les véritables sentiments des jésuites touchant le péché philosophique. — Plaintes d'Arnauld à l'évêque d'Arras; aux RR. PP. jésuites; à l'évêque de Liége. — Justification de la troisième plainte. — Requête d'Arnauld sur l'affaire de Douai. — Epistola continens explicationes theseas sancti Augustini. — La bonne foi d'Arnauld et la mauvaise foi des jésuites.

Tome XXXII. Préface historique et critique. — La morale pratique des jésuites.

Tome XXXIII. La morale pratique (suite). — Réponse au jugement sur le troisième volume de la Morale pratique. — Histoire de dom Jean de Palafox.

Tome XXXIV. La morale pratique (suite).

Tome XXXV. La morale pratique (fin).

Tome XXXVI. Préface historique et critique. — Avertissement pour Ragot, et autres écrits pour le même sujet. — Factum ou réplique pour Ragot.

Tome XXXVII. Projet d'une lettre pastorale de l'évêque d'Alet. — Conduite canonique de l'Eglise pour la réception des filles dans les monastères — Projet d'un mandement sur la nécessité des séminaires — Réponse à une consultation au sujet d'une pension sur un évêché, avec la réponse. — Mémoire instructif touchant la compétence des trois Etats de la souveraineté de Neuchâtel, et autres écrits sur ce sujet. — Lettres écrites à Des Lyons, doyen de Senlis — Lettres d'un chanoine à un évêque, au sujet de la régale. — Remarques sur le style de la lettre, proposées à MM. de l'Académie françoise. — Considérations sur les affaires de l'Eglise. — Sentiment d'Arnauld sur les vacances d'évêchés. — Mémoires envoyés à Rome sur différents sujets de réforme. — Le calomniateur de soi-même, ou le professeur Dubois convaincu de calomnie. — Le véritable portrait de Guillaume-Henri de Nassau. — Dissertation sur ce que raconte Hégésippe.

Tome XXXVIII. Préface historique et critique. — Conclusiones philosophicæ. — Objections contre Descartes. — Réponse de Descartes. — Deuxième lettre d'Arnauld à Descartes. — Réponse de Descartes. — Examen du Traité de l'essence du corps. — Des vraies et des fausses idées. — Dissertation sur les miracles de l'ancienne loi.

Tome XXXIX. Lettre d'Arnauld à Malebranche, sur les idées générales, la grâce et l'étendue intelligible. — Réflexions philosophiques et théologiques sur le nouveau système de la nature et de la grâce.

Tome XL. Avis à l'auteur des Nouvelles de la république des lettres, touchant les plaisirs des sens. — Dissertation sur le prétendu bonheur des plaisirs des sens. — Lettres d'Arnauld au P. Malebranche. — Dissertation latine sur la vue des vérités en Dieu. — Règles du bon sens.

Tome XLI. Préface historique et critique. — Grammaire générale et raisonnée. — Mémoires sur les règlements des études dans les lettres humaines. — La logique, ou l'art de penser.

Tome XLII. Nouveaux éléments de géométrie. — Réflexions sur l'éloquence des prédicateurs. — Poëme latin sur le Prince de Balzac. — Supplément aux œuvres et lettres.

ART (l') DE VÉRIFIER, etc. La chronologie et les différents systèmes qui ont été en vigueur dans l'antiquité et pendant toute la durée du moyen âge, est une cause d'erreurs fréquentes de la part des historiens, qui ne savent pas toujours établir les concordances du calendrier ancien avec notre système actuel. De plus, la fréquente habitude qu'avaient nos ancêtres de ne signer leurs actes qu'avec l'initial de leur nom, a fait naître une non moins grande quantité de fautes grossières. Grâce à ce gigantesque travail, que des bénédictins seuls pouvaient entreprendre, les recherches deviennent plus faciles et les erreurs moins nombreuses.

14. ART (L') de vérifier les dates des faits historiques, des inscriptions, des chroniques et autres anciens monuments avant l'ère chrétienne, par le moyen d'une table chronologique, où l'on trouve les années de la période julienne, les années du monde, les olympiades, les années de Rome, l'ère de Nabonassar, l'ère des Séleucides ou des Grecs, l'ère césaréenne d'Antioche, l'ère julienne, l'ère d'Espagne, l'ère actiaque, le cycle de xix ans, ou nombre d'or, etc., etc., et les chronologies des éclipses, etc., etc.; par un religieux de la congrégation de Saint-Maur. Imprimé pour la première fois sur les manuscrits des Bénédictins; mis en ordre par de Saint-Allais. 5 vol. in-8.   Paris, 1819.

Tome I. Discours préliminaire. — Table chronologique. — Chronologie des éclipses de soleil et de lune qui ont été visibles sur terre depuis le pôle boréal jusque vers l'équateur durant les dix siècles qui ont précédé l'ère chrétienne. — Suite chronologique des éclipses observées avant J.-C. — Dissertation sur l'année ancienne. — Remarques chronologiques sur la durée des deux premiers âges du monde. — Abrégé chronologique de l'histoire sainte.

Tome II. Suite de l'abrégé chronologique de l'histoire sainte. — Liste chronologique des grands-prêtres des Hébreux. — Gouverneurs de Syrie. — Précis du système de Fréret, sur la forme de l'année égyptienne. — Table des cycles sathiaques, ou caniculaires. — Rois d'Egypte. — De Tyr et de Sidon ou de

Phénicie. — Anciens rois de Syrie. — Rois séleucides de Syrie. — Rois de Babylone, d'Assyrie, de Médie et de Perse. — Des Parthes. — D'Arménie. — De la Médie Atrapatène. — De Bactrie. — D'Emèse. — D'Edesse. — D'Albanie, de Colchide. — D'Ibérie. — D'Adiabène. — De Cappadoce.

Tome III. Rois de Pont. — Du Bosphore cimmérien. — De Bithynie. — De Pergame. — De Lydie. — De Carie. — De Rhodes. — D'Epire. — De Thrace. — Précis de la forme de l'année attique. — Chronique des marbres de Paros. — Table des archontes d'Athènes. — Epoque de l'établissement des jeux et de la forme de l'année olympique. — Table des Olympiades et fastes de l'histoire grecque. — République d'Athènes et royaume de Macédoine. — Chronologie historique des Lacédémoniens. — Tyrans, rois, généraux ou magistrats de la Sicile. — République de Carthage. — Rois de Mauritanie — De Numidie. — Princes souverains d'Arabie.

Tome IV. Table des cycles chinois. — Empereurs de la Chine. — Discours sur les principes de la chronologie romaine. — Précis des calendriers en usage chez les Romains avant l'établissement de celui de Jules César. — Calendrier de Numa. — Calendrier de Numa depuis les décemvirs. — Glossaire des dates ou liste alphabétique des noms peu connus de certains jours du mois, pour l'intelligence des historiens romains. — Observations sur la table des années romaines. — Table du rapport du commencement de l'année romaine au jour correspondant de l'année julienne, avec les jours auxquels ont commencé les règnes des rois et les magistratures des consuls. — Abrégé chronologique de l'histoire romaine, contenant les preuves de la correspondance de l'année civile des Romains avec l'année julienne.

Tome V. Suite de l'abrégé chronologique de l'histoire romaine. — Avertissement des éditeurs sur les tables suivantes. — Table des néoménies métoniennes, selon Geminus. — Tables pour les années callipiques. — Table générale des matières contenues dans les cinq volumes.

ART (l'), etc. Cette partie est le complément de la précédente. C'est l'histoire universelle depuis la naissance de Jésus-Christ jusqu'en 1770.

15. Art (l') de vérifier les dates des faits historiques, des chartes, des chroniques, et autres anciens monuments, depuis la naissance de J.-C. 18 vol. in-8. Paris, 1819.

Tome I. Avertissement des éditeurs. — Préface. — Dissertation sur les dates des chartes, des chroniques, et des autres anciens monuments de l'histoire depuis J.-C. — Table chronologique contenant les olympiades; les années de J.-C.; l'ère julienne; les indictions; l'ère d'Alexandrie; l'ère mondaine d'Antioche, l'ère de Constantinople, etc., etc., depuis la naissance du Sauveur jusqu'en l'an 2000. — Discours préliminaires sur la chronologie des éclipses visibles en Europe, en Asie, et dans la partie de l'Afrique connue des Romains. — Chronologie des éclipses. — Calendrier lunaire perpétuel.

Tome II. Calendrier solaire perpétuel. — Glossaires des dates ou liste alphabétique des noms peu connus de certains jours de la semaine et du mois. — Catalogue alphabétique et chronologique des saints. — Précis historique de la forme de l'année chez les anciens Hébreux, et de l'établissement du calendrier chez les juifs modernes. — Gouverneurs de Syrie. — Grands prêtres des juifs. — Chronologie historique du Nouveau Testament. — Chronologie historique des conciles.

Tome III. Suite de la chronologie des conciles. — Chronologie historique des papes. — Chronologie historique des patriarches d'Alexandrie.

Tome IV. Chronologie des patriarches d'Antioche. — Des patriarches de Jérusalem, de Constantinople. — Des consuls romains. — Des empereurs romains — Des empereurs d'Occident. — Des empereurs d'Orient. — Des rois arsacides des Parthes. — Des rois sassanides des Perses. — Des chefs des Huns. — Des rois des Vandales. — Des rois barbares d'Italie. — Des ducs d'Italie. — Des rois lombards en Italie. — Table des conciles.

Tome V. Chronologie historique des ducs de Frioul. — De Spolette. — De Bénévent. — Des Bulgares. — Des rois de Jérusalem. — Des princes latins ou francs d'Antioche. — Des comtes latins ou Francs de Tripoli. — Des gouverneurs et rois chrétiens d'Arménie — Des rois latins ou francs de Chypre des califes. — Des califes fatimites d'Egypte. — Des sultans turcs d'Iconium ou de Roum. — Des sultans seldjoucides d'Alep et de Damas — Des sultans d'Egypte. — Des Genghizkanides de Perse. — Des empereurs ottomans. — Explication de quelques noms turcs. — Chronologie historique des rois de Perse. — Des grands maîtres de Saint-Jean-de-Jérusalem, dits aujourd'hui de Malte. — Des grands maîtres du Temple. — Des rois de France.

Tome VI. Suite de la chronologie historique des rois de France. — Des ducs d'Orléans. — Des princes de Condé. — Des princes de Conti. — Des comtes de Bourbon-Busset. — Chronologie historique des rois wisigoths d'Aquitaine, de la Gaule narbonnaise et d'Espagne. — Des rois wisigoths d'Espagne. — Des rois suèves en Espagne. — Des rois des Asturies, d'Oviedo et de Léon. — Des rois de Navarre. — Des rois d'Aragon. — Des rois de Castille et de Léon — Des rois d'Espagne de la maison de Bourbon.

Tome VII. Chronologie historique des rois de Portugal. — D'Angleterre. — D'Ecosse. — Des empereurs d'Occident et des rois de Germanie. — Des rois de Hongrie. — De Transylvanie.

Tome VIII. Chronologie historique des ducs, puis rois de Bohême. — Des ducs de Silésie. — Lignitz. — Glogaw. — Sagan. — Oels. — Schweidnitz. — Munsterberg. — Brieg. — Ratibor, Teschen, et Oppelen. — Teschen-Oswiezim. — Oppaw. — Pulogne. — Des rois de Pologne. — Des ducs de Curlande. — Des rois de Danemarck. — De Suède. — Des czars, puis empereurs de Russie. — Des empereurs de la Chine.

Tome IX. Chronologie historique des empereurs de la Chine (fin). — Des empereurs du Japon. — Discours préliminaire sur les grands fiefs de la couronne. — Chronologie des grands-ducs de France. — Des rois de Toulouse et d'Aquitaine. — Des comtes ou ducs de Gascogne. — Comtes et princes de Béarn. — Sires puis ducs d'Albret. — Comtes de Comminges — De Bigorre. — De Fezenzac. — D'Armagnac. — De Fezenzaguet. — Vicomtes de Lectoure et de Lomagne. — Comtes d'Astarac. — De Pardiac. — Comtes ou ducs de Toulouse. — Ducs et marquis de Septimanie. — Comtes de La Marche d'Espagne. — Comtes de Rouergue. — Comtes particuliers de Rodez. — Comtes de Carcassonne. — Comtes particuliers de Razez. — Comtes de Foix. — Vicomtes de Narbonne. — Comtes de Maguelonne, de Substantion et de Malgueil.

Tome X. Chronologie historique des seigneurs de Montpellier. — Des comtes de Roussillon. — De Cerdagne et de Besalu. — De Roussillon et de Cerdagne, de la maison d'Aragon, apanagés. — D'Ampurias. — D'Urgel. — Des comtes de Poitiers puis ducs d'Aquitaine et de Guienne. — Comtes d'Auvergne. — Dauphins d'Auvergne. — Comtes d'Angoulême. — De Périgord. — Princes de Chalais et de Talleyrand. — Des comtes de La Marche. — Des vicomtes de Limoges. — De Turenne. — Comtes et vicomtes de Bourges. — Comtes de Sancerre. — Sires ou barons de Bourbon. — Rois de Bourgogne. — Comtes de Provence. — De Forcalquier. — D'Orange. — De Viennois. — De Valentinois et de Diois. — De Lyonnais et de Forez. — Sires ou barons de Beaujolais.

Tome XI. Chronologie historique des seigneurs de Bresse. — Comtes de Mâcon. — Ducs de Bourgogne. — Comtes de Bourgogne. — Comtes de Châlon-sur-Saône. — Sires de Salins. — Comtes de Neuchatel. — De Montbéliard. — De Ferrette. — D'Auxerre. — De Tonnerre. — Barons de Donzi. — Comtes de Bar-sur-Seine. — De Sens. — De Joigni. — Sires, puis princes de Joinville. — Comtes de Champagne et de Blois. — Comtes et ducs de Rethel. — Comtes de Grand-Pré. — De Corbeil. — De Dammartin. — Barons, comtes, puis ducs d'Etampes. — Comtes de Dreux. — Barons et comtes de Montfort-l'Amauri. — Comtes de Vexin.

Tome XII. Chronologie historique des barons, puis ducs de Montmorenci. — Sires ou chatelains de Montlhéri. — Comtes de Meulent. — Vicomtes héréditaires de Meulent. — Comtes de Clermont en Beauvoisis. — Comtes de Vermandois et de Valois. — Sires ou barons de Couci. — Comtes de Soissons. — De Rouci. — Princes de Sedan, puis ducs de Bouillon. — Comtes de Ponthieu. — De Boulogne. — D'Artois. — D'Hesdin. — De Saint-Pol. — De Guines. — Comtes puis ducs d'Aumale. — Comtes d'Eu. — D'Evreux. — Comtes, puis ducs de Vendôme. — Sires de Beaugenci.

Tome XIII. Chronologie historique des ducs de Normandie.

— Comtes puis ducs d'Anjou. — Ducs de Touraine. — Comtes du Maine. — Sires, puis comtes de Laval. — Comtes, puis ducs d'Alençon. — Comtes du Perche. — Comtes et ducs de Bretagne. — Comtes, puis ducs de Penthièvre. — Barons de Fougères. — Comtes de Flandres. — De Hainaut. — Rois et ducs de Lorraine. — Comtes, puis ducs de Bar. — Comtes et vicomtes de Verdun. — Comtes de Vaudemont. — Anciens ducs d'Alsace et de Suabe. Landvagts d'Alsace.

Tome XIV. Chronologie historique des comtes du Sundgaw et landgraves de la haute Alsace. — Comtes du Nordgaw et landgraves de la basse Alsace. — Comtes d'Uzach et de Fribourg — Ducs de Lothier et de Brabant. — Comtes de Louvain ou de Bruxelles. — Comtes et marquis de Namur. — Comtes, puis ducs de Limbourg. — Evêques et princes de Liége. — Comtes de Loos. — Comtes de Chini. — Préfets, comtes et ducs de Gueldre. — Comtes de Juliers. — Seigneurs de Heinsberg. — De Fauquemont. — Comtes, puis ducs de Berg. — Comtes et ducs de Clèves. — Comtes de La Marck. — De Hollande. — Gouverneurs et gouvernantes des Pays-Bas. — Rois des Pays-Bas.

Tome XV. Chronologie historique des seigneurs et comtes d'Egmont. — Des comtes d'Egmont-Buren. — Comtes et princes d'Ost-Frise. — Evêques d'Utrecht. — Evêques, puis archevêques et électeurs de Mayence. — Archevêques et électeurs de Cologne. — De Trèves. — Ducs de la France rhénane et de Franconie. — Comtes palatins du Rhin. — Ducs de Simmeren. — De Deux-Ponts. — De Neubourg. — De Birkenfeld. — De Bischweiler. — De Lutzelstein. — De Sulzbach. — De Deux-Ponts-Clebourg — De Ravensberg. — De Velderg. — Ducs de Zeringen. — Margraves, puis grands-ducs de Bade. — Margraves d'Hochberg. — Landgraves de Thuringe et de Hesse.

Tome XVI. Chronologie historique des Landgraves de Hesse. — De Hesse-Cassel. — De Hesse-Philippsthal. — De Hesse-Philippsthal-Burchfeld. — Landgraves, puis grands ducs de Hesse-Darmstadt. — Landgraves de Hesse-Rhinfels-Rothenbourg. — De Hesse-Hombourg — Comtes, puis princes de Waldeck. — Comtes, ducs, puis rois de Wurtemberg. — Ducs, puis rois de Bavière. — Ducs de la basse Bavière. — Comtes de Scheyren et de Wittelsbach. — Ducs, électeurs, puis rois de Saxe. — Ducs, puis grands-ducs de Saxe-Weimar. — Ducs de Saxe-Gotha. — Saxe-Meinungen. — Saxe-Hildbourg-Hausen. — Saxe-Cobourg-Saalfeld. — Saxe-Lawenbourg. — Margraves de Misnie, ducs de Brunswick. — Brunswick-Wolfenbuttel. — Brunswick-Berern. — Brunswick-Lunebourg. — Electeurs d'Hanovre. — Ducs de Brunswick-Grubenhagen. — Brunswick-Gottingen. — Comtes et princes, puis ducs d'Anhalt. — Princes d'Anhalt-Bernbourg. — Anhalt-Zerbst-Dessau. — Anhalt-Coëthen. — Anhalt-Ploetzkau. — Anhalt-Pless. — Anhalt-Zerbst. — Anhalt-Bernbourg-Schaumbourg. — Comtes et ducs de Holstein-Gottorp. — Ducs d'Holstein-Eutin. — Grands ducs de Holstein-Oldenbourg. — Ducs d'Holstein-Sonderbourg. — Holstein-Augustenbourg. — Holstein-Beck. — Holstein-Ploen. — Holstein-Glucksbourg. —

Mecklenbourg. — Stargart. — Schwerin — Gustrow. — Ducs, puis grands-ducs de Mecklenbourg-Schwerin.—Mecklenbourg-Strelitz. — Ducs de Poméranie, de Walgast. — De Stettin. — Princes de Rugen. — Ducs de la Poméranie ultérieure, ou de la Pomérilie. — Burgraves de Nuremberg. — Margraves de Brandebourg, puis rois de Prusse. — Archevêques de Magdebourg. —Grands-maîtres de l'ordre Teutonique. — Maîtres de l'ordre du Christ. — Maîtres provinciaux de l'ordre Teutonique en Livonie.

Tome XVII. Chronologie historique des évêques et archevêques de Riga. — Margraves, ducs et archiducs d'Autriche. — Ducs de Carinthie.—Comtes de Tyrol. — De Goritz. — D'Andechs et ducs de Méranie. — Des Suisses et de leurs alliés. — Evêques et princes de Genève et comtes de Genevois.— Comtes de Maurienne, ensuite comtes, puis ducs de Savoie, enfin rois de Sardaigne. — Princes, puis ducs de Savoie-Carignan. — Marquis, puis ducs de Montferrat. — Seigneurs, puis ducs de Milan. — Ducs de Parme et de Plaisance. — Rois d'Etrurie. — Capitaines, marquis, et ensuite ducs de Mantoue. — Comtes et ducs de Guastalla et de Monte-Chiarugolo. — Seigneurs, puis ducs de Ferrare, de Modène et de Reggio. — Seigneurs, puis ducs de la Mirandole. — Doges de Venise.

Tome XVIII. Chronologie historique des doges de Gênes. — Princes de Monaco. — Ducs, marquis, gouverneurs et grands-ducs de Toscane.—Comtes et ducs d'Urbin. — Comtes et princes de Capoue. — Princes de Salerne. — Ducs de Naples. — Comtes, puis ducs de Pouille et de Calabre. — Comtes de Sicile. — Rois de Naples et de Sicile. — Comtes d'Arenberg. — Avis de l'éditeur. — Table générale.

ART (l'), etc. Cette dernière partie complète l'ouvrage des bénédictins, et renferme la chronologie historique de tous les pays d'Amérique. C'est le seul ouvrage français qui donne sur ce continent des détails aussi complets.

16. Art (l') de vérifier les dates depuis l'année 1770 jusqu'à nos jours; formant la continuation ou troisième partie de l'ouvrage publié, sous ce nom, par les religieux bénédictins de la congrégation de Saint-Maur. Rédigé par une Société de savants, et publié par le chevalier de Courcelles. 18 vol. in-8. Paris, 1821.

Tome I. Chronologie historique des rois de France. — Des rois d'Angleterre.

Tome II. Chronologie historique de la Hollande ou des Provinces-Unies. — Des Pays-Bas. — Des empereurs d'Allemagne. — Des électeurs de Mayence. — De Cologne. — De Trèves. — Des ducs de Deux-Ponts. — Des margraves de Bade.

— Des landgraves de Hesse-Cassel. — De Hesse-Philippsthal. — De Hesse-Darmstadt. — De Hesse-Rhinfels. — De Hesse-Hombourg. — Des princes de Waldeck. — Des ducs de Wurtemberg. — De Bavière. — De Saxe.—Brunswick-Wolfenbuttel. — Des princes d'Anhalt-Dessau. — D'Anhalt-Bernbourg. — Des ducs de Holstein-Beck. — Mecklenbourg.—Nassau.— Des rois de Prusse. — Des grands-maîtres de l'ordre Teutonique.— Des Suisses. — De la république de Genève. — De la république de Mulhausen. — Des Mores d'Espagne.

Tome III. Chronologie historique des Mores d'Espagne. — Des rois d'Espagne.— Des rois de Portugal. — Des rois de Sardaigne.

Tome IV. Chronologie historique de l'état de Gênes. — Du duché de Milan. — De la république Cisalpine. — Des ducs de Parme et de Plaisance. — Des ducs de Modène et de Reggio.— De l'Etat de Venise. — De la Toscane. — De la république de San-Marino. — Des papes. — Des rois de Naples et de Sicile. — De l'ordre de Malte. — Des empereurs de Russie. — Des rois de Danemark. — Des rois de Suède. —Additions et corrections.

Tome V. Concordance des calendriers grégorien et républicain. — Chronologie historique des rois de France.

Tome VI. Chronologie historique des rois de France (suite). — Des rois d'Angleterre.

Tome VII. Chronologie historique des rois d'Angleterre (suite). — De la Hollande ou des Provinces-Unies.— Des Pays-Bas. — Des empereurs d'Allemagne et du règne de François II. — Des grands-ducs de Bade.

Tome VIII. Chronologie historique des électeurs de Hesse-Cassel. —Hesse-Philippsthal. — Hesse-Philippsthal-Barchfeld. Des landgraves de Hesse-Rothenbourg. — Des landgraves, puis grands ducs de Hesse-Darmstadt. — Des landgraves de Hesse-Hombourg. — Des princes et comtes de Waldeck. — Des ducs, puis rois de Wurtemberg.— Des électeurs ducs de Bavière.— Des rois de Bavière. — Des électeurs, ducs, puis rois de Saxe. — Des ducs de Saxe-Weimar. — Des grands ducs de Weimar. — Des ducs de Saxe-Gotha. — Saxe-Meinengen. — Saxe-Hildburghausen. — Saxe-Cobourg-Saalfeld. — Des villes anséatiques. — De Hambourg. — De Francfort-sur-le-Mein. — De la commission centrale d'enquête établie à Mayence. — Des ducs de Brunswick. — Des princes d'Anhalt-Dessau. — Des ducs d'Anhalt Bernbourg.—De la branche collatérale d'Anhalt-Bernbourg-Schaumbourg-Hoym. — Des ducs d'Anhalt-Coethen. D'Anhalt-Pless. — De Holstein-Beck. — De Holstein-Sunderbourg-Augustenbourg.— De Holstein-Glucksbourg.— Holstein-Eutin. — Holstein-Oldenbourg. — Mecklenbourg-Schwerin — Mecklenbourg-Strelitz. — De la maison de Nassau. — De Nassau-Saarbruck. — De Nassau-Weilbourg. — De Nassau-Orange ou Dietz. — Des rois de Prusse. — Des Suisses.

Tome IX. Introduction à la Chronologie historique de l'Amérique. — La Floride. — Mexique ou Nouvelle-Espagne. — Mexique avant la conquête des Espagnols. — Nouveau

Mexique. — Royaume de Guatemala, actuellement provinces-unies de l'Amérique centrale. — Californie et côte du nord-ouest.

Tome X. Continuation de la Californie et de la côte du nord-ouest. — Le Pérou. — République de Bolivar. — Le Chili.

Tome XI. Continuation du Chili. — République Argentine.

Tome XII. République de Colombie.

Tome XIII. Chronologie historique du Brésil.

Tome XIV. Chronologie historique du Brésil (suite).

Tome XV. Chronologie historique de la Guiane française, hollandaise, anglaise, espagnole, portugaise. — Liste des principaux ouvrages consultés dans cette histoire.

Tome XVI. Chronologie historique des Antilles. — Cuba. — Jamaïque. — Martinique — Guadeloupe. — Marie-Galante. — Saintes. — Désirade. — Puerto-Rico. — Trinité. — Barbade.

Tome XVII. Chronologie historique de la Louisiane. — Virginie. — Massachusetts. — Maine.

Tome XVIII. Chronologie historique de New-York. — Pensylvanie. — Maryland. — Caroline du Sud. — Caroline du Nord. — Etat de Géorgie.

ARTAUD DE MONTOR (Al. Fr.), né en 1772, mort en 1850. Ce diplomate distingué a représenté longtemps le gouvernement français auprès du saint-siége. Nommé membre de l'Académie des Inscriptions et Belles-Lettres en 1830, il ne cessa depuis cette époque de produire des ouvrages qui sont assez recherchés. Sa traduction du Dante est fort estimée. L'ouvrage que nous citons ici est plein d'originalité et jette un grand jour sur l'histoire de l'Europe au xvie et au xviie siècle.

17. MACHIAVEL, son génie et ses erreurs. 2 vol. in-8. Paris, 1833.

ARTISTE (l'). Ce périodique, qui renferme un grand nombre de gravures recherchées, a été fondé en 1831, et s'est continué jusqu'à nos jours sans interruption.

18. ARTISTE (L'), Journal de la Littérature et des Beaux-Arts, Philosophie, Sciences, Voyages, Romans. Rédigé sous la direction de M. Arsène Houssaye. In-4. Paris, 1831 et années suivantes.

ATHENÆUM (l'). Ce journal s'est mis dès son apparition au premier rang des publications utiles. Nous avons cru nécessaire d'indiquer dans notre recueil ce périodique, qui est appelé à jouir d'une considération égale à celle de l'Athenæum de Londres.

19. ATHENÆUM FRANÇAIS (L'). Revue universelle de la Littérature, de la Science et des Beaux-Arts, paraissant tous les samedis; fondé et dirigé par MM. Édouard Delessert, Noël des Vergers, correspondant de l'Institut; Firmin Didot, Ad. de Longpérier, de l'Institut; Félix de Saulcy, de l'Institut, et Ludovic Lalanne, directeur-gérant. In-4. Paris, 1852 et années suivantes.

AUBIGNÉ (Théodore Agrippa d'), né en 1550, mort en 1630. Une des figures les plus originales du XVIe siècle, partageait son temps entre la plume et l'épée, et cela dès sa plus tendre enfance, car, à l'âge de six ans, il savait lire le latin, le grec et l'hébreu, et à treize ans se battait comme un lion au siège d'Orléans. Devenu plus tard l'ami intime de Henri IV, il charma la cour par son esprit et sa gaieté, mais sa franchise et son amour des épigrammes le forcèrent à s'exiler dans ses terres, où il écrivit l'Histoire de son Temps, histoire dont les exemplaires furent brûlés par ordre du parlement de Paris, et qui força l'auteur à se retirer à Genève, où il mourut. La Confession catholique du sieur de Sancy, composée contre un des favoris de Henri IV, est le pamphlet satirique qui caractérise parfaitement l'esprit mordant et hardi du grand-père de la célèbre madame de Maintenon.

20. MÉMOIRES D'AGRIPPA D'AUBIGNÉ. Édition unique d'après un manuscrit authentique, avec des notes et des éclaircissements, par Ludovic Lalanne, de l'École des Chartes. 1 vol. in-12. Paris, 1854.

Mémoires proprement dits d'après un manuscrit qui appartenait à madame de Maintenon. — Fragments de l'histoire universelle. — Testament inédit. — Lettres inédites, vers, etc.

AUDIN, né à Lyon en 1793, mort en 1851. Écrivain catholique estimé et qui a publié un assez grand nombre d'ouvrages. Ceux que nous indiquons ici ont contribué particulièrement à établir sa réputation.

21. HISTOIRE de la Vie, des Écrits et des Doctrines de Martin Luther. 5e édition. 3 vol. in-8. Paris, 1846.

22. HISTOIRE de la Vie, des Écrits et des Doctrines de Calvin. 2e édit. 2 vol. in-8. Paris, 1844.

23. Histoire de Léon X. 2 v. in-8. Paris, 1844.

AZAIS (P. Hyacinthe), né en 1766, mort en 1845. Successivement professeur, secrétaire de l'évêché d'Olerou, organiste d'un couvent, il fut forcé d'abandonner ce modeste emploi lors de la suppression des monastères en 1790, et de se cacher dans l'hôpital de Tarbes où il trouva un asile. C'est dans cette retraite qu'il conçut et écrivit son ouvrage des Compensations. En dehors de ce livre, la plus ingénieuse hypothèse de ce philosophe, on a de lui un grand nombre d'écrits philosophiques et politiques.

24. Des Compensations dans les Destinées humaines. 5e édition. 1 vol. in-12. Paris, 1846.

B

BAILLY (Jean-Sylvain), né en 1736, mort sur l'échafaud en 1793. Les travaux qui avaient valu à Bailly sa réputation, furent la cause de sa fin malheureuse. Distingué par ses concitoyens au commencement de la révolution, il fut nommé député de Paris aux États Généraux. Sa conduite à la fameuse séance du Jeu de Paume, qu'il présidait, le fit nommer quelque temps après maire de Paris. Malheureusement Bailly était comme Louis XVI, beaucoup plus apte à l'étude qu'à la politique, il ne put rester longtemps sans perdre sa popularité ; il donna sa démission et s'éloigna de Paris. Arrêté à Melun deux ans après, il fut condamné à mort, et exécuté. Bailly était de l'Académie française, de l'Académie des Sciences et de celle des Inscriptions et Belles-Lettres. L'Histoire de l'Astronomie, qui concourut à lui faire sa réputation, n'est pas exempte d'erreurs, mais est encore ce que nous avons de meilleur sur ce sujet. Il est bon de joindre à cet ouvrage, 1° l'Histoire abrégée de l'Astronomie de 1781 à 1802, que Lalande a donnée à la suite de sa Bibliographie astronomique ; 2° l'Histoire de l'Astronomie depuis 1781 jusqu'à 1811, par Voiron.

25. Histoire de l'Astronomie ancienne, depuis son origine jusqu'à l'établissement de l'École d'Alexandrie. 1 vol. in-4. Paris, 1781.

26. Histoire de l'Astronomie moderne jusqu'en 1781. 3 vol. in-4.   Paris, 1785.

27. Traité de l'Astronomie indienne et orientale. 1 vol. in-4.   Paris, 1787.

BALBI (Adrien), né à Venise en 1784, mort en 1848, était un des ethnographes les plus distingués de notre époque. Le succès que ses ouvrages avaient obtenu en France lui attira la protection du gouvernement autrichien, qui le nomma conseiller pour la géographie et la statistique M. Reybaud a publié dans la *Revue des Deux Mondes* (IV° série, t. XVII, 1839) des études littéraires sur ce savant, dont nous donnons ici les principaux ouvrages.

28. Atlas ethnographique du globe, ou Classification des peuples anciens et modernes, d'après leurs langues; précédé d'un discours sur l'utilité et l'importance de l'étude des langues, appliquée à plusieurs branches des connaissances humaines, etc., avec environ 700 vocabulaires des principaux idiomes connus. 1 vol. in-fol.
   Paris, 1826.

29. Abrégé de géographie, rédigé sur un nouveau plan, d'après les derniers traités de paix et les découvertes les plus récentes; par Adrien Balbi. 3ᵉ édition, revue, etc. Ouvrage adopté par l'Université. 1 vol. in-8.   Paris, 1844.

BALUZE (Étienne), né en 1630, mort en 1718. Ce savant fut le bibliothécaire du célèbre Colbert, et professeur de droit canon au Collége royal. Son Histoire généalogique de la maison d'Auvergne, qui renfermait des documents en faveur de la famille des Bouillon, disgraciée par Louis XIV dans la personne du cardinal de ce nom, fut cause de son infortune. Il fut exilé, et ne revint à Paris qu'après la paix d'Utrecht Baluze avait une bibliothèque de 12,000 volumes environ.

30. Capitularia Regum Francorum, rursus edita P. de Chiniac. 2 vol. in-fol. Parisiis, 1780.

BALZAC (Jean-Louis Guez, seigneur de), né en 1594, mort en 1655. Fort admiré par ses contemporains, malgré les critiques amères du P. Goulu, général des Feuillants, fut mis au dernier rang des écrivains par les littérateurs d'une génération postérieure qui lui devaient cependant d'avoir restauré la langue française, et donné par ses exemples le goût de la précision, de l'élégance et de la correction. Balzac était membre de l'Académie française. Nous indiquons ici l'édition complète de ses œuvres, et celle de ses œuvres choisies.

31. ŒUVRES COMPLÈTES de J.-L. de Guez, sieur de Balzac. 2 vol. in-fol. Paris, 1665.

TOME I. Discours préliminaire par l'abbé Cassagne. — Relation des derniers moments de M. de Balzac, par M. Moriscet, advocat au parlement. — Lettres.
TOME II. Le Prince. — Aristippe. — Socrate chrestien. — Dissertations morales et politiques.

32. ŒUVRES de Jean-Louis de Guez, sieur de Balzac, conseiller du roy en ses conseils, l'un des premiers académiciens (1594-1654), publiées sur les anciennes éditions par L. Moreau. 2 vol. in-12. Paris, 1854.

BALZAC (H. de), né en 1799, mort en 1850, a été un des plus éminents et des plus féconds romanciers des temps modernes. Il publia ses premières œuvres sous le pseudonyme d'Horace de Saint-Aubin et de lord R'hoone. Après avoir abandonné une imprimerie qu'il dirigeait depuis quelques années, donna, en 1829, sous son véritable nom, le *Dernier Chouan* et la *Physiologie du Mariage*, qui eurent un grand succès. Depuis lors, sa réputation ne fit qu'augmenter, et la mort le surprit au moment où il allait jouir des avantages que lui avait assurés son génie. Un talent de premier ordre, un caractère peu aimable, et surtout son inimitié contre les journalistes et quelques célébrités, dont il peignait avec trop de vérité les caractères dans ses romans, lui firent un grand nombre d'ennemis. Sa mort, en éteignant toutes les haines, a augmenté sa réputation et immortalisé son nom. M. Sainte-Beuve a consacré à Balzac quelques articles dans la *Revue des Deux Mondes* de 1834, et dans le *Constitutionnel* de 1850.

33. ŒUVRES COMPLÈTES de H. de Balzac. La Comédie humaine, nouvelle édition illustrée de 121 vignettes d'après Johannot, Meissonnier.

Gavarni, H. Monnier, Bertall, etc., et d'un portrait de l'auteur gravé sur acier. 17 vol. in-8.
Paris, 1850.

Tome I. La Maison du chat qui pelote — Le Bal de Sceaux. — La Bourse. — La Vendetta. — Madame Firmiani. — Une double Famille. — La Paix du Ménage. — La fausse Maîtresse. — Etude de femme. — Albert Savarus.

Tome II. Mémoires de deux jeunes Mariés. — Une Fille d'Eve. — La Femme abandonnée. — La Grenadière. — Le Message. — Gobseck. — Autre étude de femme.

Tome III. La Femme de trente ans. — Le Contrat de mariage. Béatrix.

Tome IV. La grande Bretèche. — Modeste Mignon. — Un Début dans la vie.

Tome V. Eugénie Grandet. — Ursule Mirouet. — Les Célibataires. — Pierrette.

Tome VI. Les Célibataires. — Le Curé de Tours. — Un Ménage de garçon. — Les Parisiens en province. — L'Illustre Gaudissart. — La Muse du Département.

Tome VII. La Vieille Fille. — Le Cabinet des antiques. — Le Lys dans la vallée.

Tome VIII. — Illusion perdue. — Les deux Poëtes. — Un grand Homme de province à Paris. — Eve et David Séchard.

Tome IX. Histoire des Treize. — Ferragus. — La Duchesse de Langeais. — La Fille aux yeux d'or. — Le Père Goriot.

Tome X. Le Colonel Chabert. — La Messe de l'Athée. — César Birotteau

Tome XI. La Maison Nucingen. — Pierre Grassou. — La Princesse de Cadignan. — La Femme supérieure. — Esther heureuse. — A combien l'amour revient.

Tome XII. Où mènent les mauvais chemins. — Un Prince de la Bohême. — Esquisse d'Hommes d'affaires. — Gaudissart II. — Les Comédiens sans le savoir. — Un Episode sous la terreur. — Une ténébreuse Affaire. — La Femme de soixante ans, etc.

Tome XIII. Les Chouans. — Une Passion dans le Désert. — Le Médecin de Campagne. — Le Curé de Village.

Tome XIV. La Peau de Chagrin. — Jésus-Christ en Flandre. — Le Chef-d'œuvre inconnu. — La Recherche de l'Absolu, etc.

Tome XV. Massimilla Doni. — L'Enfant maudit. — Un Drame au bord de la mer. — L'Auberge rouge. — L'Elixir de Longue Vie, etc.

Tome XVI. Confidence des Ruggieri. — Séraphita. — Physiologie du Mariage, etc.

Tome XVII. Les Parents pauvres.

BARANTE (A.-G. Prosper-Brugière de), né en 1782, a été ambassadeur de France en Sardaigne et en Russie. Avant 1848, il avait été nommé pair de France. Historien éminent, on trouve toujours dans ses ouvrages de grandes qualités de style. Peu d'auteurs ont su comme lui cacher l'aridité du sujet sous les formes les plus agréables et sans altérer la vérité. M. de Barante est membre de l'Académie Française depuis 1828.

34 HISTOIRE des Ducs de Bourgogne de la maison de Valois, par M. de Barante. 6e édition, 8 vol. in-8. Paris, 1842.

35. HISTOIRE de la Convention nationale (1792-1795), par M. de Barante, de l'Académie Française. 6 vol. in-8. Paris, 1851.

BARBAZAN (Etienne), né en 1696, mort en 1770. Ce savant, qui possédait une grande connaissance du vieux langage, avait conçu le projet de faire un dictionnaire étymologique de la langue française. Malheureusement, au moment où il fit paraître son prospectus, Lacurne de Sainte-Palaye annonça la prochaine publication de son Glossaire; ce qui le fit renoncer à son projet.

36. FABLIAUX ET CONTES des poëtes français des XIe, XIIe, XIIIe, XIVe et XVe siècles, tirés des meilleurs auteurs; publiés par Barbazan. Nouvelle édition, augmentée et revue sur les manuscrits de la Bibliothèque impériale, par Méon. 4 vol. in-8. Paris, 1808.

TOME I. Dissertation sur l'origine de la langue française, sur ses variations, et sur ses richesses, avec un projet de dictionnaire étymologique. — Contes et autres pièces. — Glossaires.

TOME II. Dissertation sur la langue des Celtes ou Gaulois. — Sur la langue des Suisses. — Nouvelles observations sur les étymologies. — Le Castoiement, ou Instruction d'un père à son fils. — Pièces historiques et morales du XIIIe siècle. — Glossaire.

TOME III. Fabliaux et Contes — Glossaire.

TOME IV. Fabliaux. — Contes. — Glossaire.

BARBIER (Antoine-Alexandre), né en 1765, mort en 1825. Ce célèbre bibliographe embrassa dans sa jeunesse l'état ecclésiastique, mais en 1793 il renonça à la prêtrise, et se maria. Après avoir été conservateur de la Bibliothèque du Directoire et du Conseil d'État, il fut nommé bibliothécaire particulier de l'empereur. En 1822, étant tombé dans la disgrâce, il fut forcé de renoncer à toutes les places qui lui avaient été données par le gouvernement.

Le dictionnaire des anonymes de Barbier est connu et estimé universellement; il est bon d'y joindre un volume publié par M. de Manne en 1834 et intitulé: Nouveau Recueil d'ouvrages anonymes et pseudonymes.

37. DICTIONNAIRE des ouvrages anonymes et pseudonymes composés, traduits ou publiés en français et en latin, avec les noms des auteurs, traducteurs et éditeurs; accompagné de notes historiques et critiques, par Barbier, 2e édition, revue, corrigée et considérablement augmentée. 4 vol. in-8. Paris, 1822-1825.

BARTHÉLEMY (J.-J.), né en 1716, mort en 1795. Ce savant archéologue remplaça en 1753 Gros de Boze dans sa place de garde du cabinet des médailles. Ses occupations ne l'empêchèrent point de voyager, et il visita plusieurs fois l'Italie, où il séjourna assez longtemps. Son Voyage du jeune Anacharsis, qui n'est autre chose que le tableau des mœurs et des coutumes de la Grèce au siècle de Périclès, eut un immense succès, et compte un grand nombre d'éditions. L'abbé Barthélemy était membre de l'Académie Française et de celle des Inscriptions et Belles-Lettres.

38. VOYAGE DU JEUNE ANACHARSIS EN GRÈCE, vers le milieu du ive siècle avant l'ère vulgaire; par Jean-Jacques Barthélemy. 4e édition. 7 vol. in-4 et un atlas in-folio.   Paris, an VII (1799).

BARTHÉLEMY (Auguste-Marseille), né en 1796. Poëte satirique aussi distingué que fécond, a chanté et critiqué tour à tour les gouvernements qui se sont succédé en France depuis Charles X. Ces changements soudains d'opinion, en lui donnant matière à d'admirables satires, fruits de son talent et non de sa conviction, lui ont aliéné l'esprit du public. Nous donnons ici son ouvrage le plus célèbre.

39. NÉMÉSIS. Satire hebdomadaire, par Barthélemy. 4e édition, conforme au texte original. 2 vol. in-8.   Paris, 1840.

BASTIAT (Frédéric), né en 1801, mort en 1850, un des collaborateurs les plus éminents du *Journal des Écono-*

mistes et du journal le *Libre-Échange*, fit un cours d'économie politique, qui fut suivi avec empressement. Il avait été élu membre correspondant de l'Académie des Sciences morales et politiques en 1846.

40. Œuvres complètes de Frédéric Bastiat. 6 vol. in-8. Paris, 1851.

Tome I. Notice biographique sur l'auteur, par M. Michel Chevalier. — Extrait de sa correspondance privée. — Opuscules antérieurs à 1844 et jusques à présent inédits — Articles publiés dans le Journal des Économistes, avec des morceaux inédits.

Tome II. Cobden et la Ligue ou l'Agitation anglaise pour la liberté des échanges, augmenté d'un appendice de plus de 100 pages, préparé par l'auteur.

Tome III. Considérations générales sur la liberté des échanges et l'association formée pour poursuivre ce but. — Question des subsistances et des intérêts agricoles. — Polémique contre divers journaux. — Discours prononcés en public à Paris, Lyon, Bordeaux et Marseille. — Sophismes économiques inédits.

Tome IV. Sophismes économiques, première et deuxième séries. — Les Pamphlets : Propriété et loi. — Justice et fraternité. — L'État. — La Loi. — Propriété et spoliation. — Baccalauréat et socialisme. — Protectionisme et communisme.

Tome V. Les pamphlets : Spoliation et loi. — Capital et rente. — Maudit argent. — Gratuité du crédit. — Ce qu'on voit et ce qu'on ne voit pas. — Paix et liberté ou le budget républicain. — Incompatibilités parlementaires. — Divers discours et opinions sur des questions débattues à l'Assemblée nationale. — Abondance, dernier écrit de l'auteur, destiné au Dictionnaire d'Économie politique.

Tome VI. Harmonies économiques.

BATISSIER (Louis), né en 1813. Cet archéologue a publié un grand nombre de travaux relatifs à l'histoire et aux beaux-arts dans plusieurs journaux de province, et dans l'*Artiste*. Nous indiquons ici ses deux meilleurs ouvrages.

41. Histoire de l'art monumental dans l'antiquité et au moyen âge, suivi d'un traité de la peinture sur verre, par L. Batissier. 1 vol. grand in-8. Paris, 1846.

42. Éléments d'archéologie nationale, précédés d'une histoire de l'art monumental chez les anciens ; par le docteur Louis Batissier. 1 vol. in-12. Paris, 1843.

BAUSSET (Louis-François, cardinal de), né en 1748, mort en 1824, entra encore jeune au séminaire de Saint-Sulpice, et fut nommé, en 1784, évêque d'Alais. Enfermé pendant la révolution, il sortit des prisons à la chute de Robespierre, et se retira à la campagne où il composa les deux ouvrages qui ont établi sa réputation. Pair de France, en 1816, membre de l'Académie Française la même année, cardinal en 1817; cet honorable ecclésiastique publia quelques notices historiques et prépara une histoire du cardinal de Fleury, qu'il ne put achever.

43. Histoire de Fénelon, archevêque de Cambrai; par le cardinal de Bausset. Nouvelle édition, revue, corrigée et augmentée, d'après les manuscrits de Fénelon et d'autres pièces authentiques. 4 vol. in-8. Paris, 1850.

44. Histoire de Bossuet, évêque de Meaux, composée sur les manuscrits originaux, par le cardinal de Bausset. 4 vol. in-8. Versailles. 1819.

BAYLE (Pierre,), né en 1647, mort en 1706. Ce célèbre critique fut primitivement professeur de philosophie à Sédan. Lors de la suppression des universités protestantes, il se retira en Hollande, où il fonda le journal littéraire intitulé : *Nouvelles de la république des Lettres*. Après la révocation de l'édit de Nantes, il attaqua la politique de Louis XIV, et par ses opinions avancées, fut privé d'une chaire de philosophie, qu'il occupait à Rotterdam. Pouvant alors disposer de tout son temps, il publia son dictionnaire historique, qui produisit une grande sensation, et établit sa réputation. L'édition de 1720, en 4 vol. in-folio, était regardée comme la meilleure avant l'apparition de celle de M. Beuchot.

45. Dictionnaire historique et critique de Bayle. Nouvelle édition augmentée de notes extraites de Chaufepié, Joly, La Monnoye, L.-J. Leclerc, Le Duchat, Prosper Marchand, etc. 16 vol. in-8. Paris, 1820.

BAZIN DE RAUCOU (Anaïs), né en 1797, mort en 1850. Cet historien a publié un assez grand nombre d'ouvrages consciencieusement élaborés. Nous citons celui que l'Académie a couronné en 1840.

46. Histoire de France sous Louis XIII et sous Mazarin, par Bazin. 4 vol. in-12. Paris, 1846.

BEAUMANOIR (Philippe de), né vers le milieu du xiiiᵉ siècle, mort en 1296, fut successivement bailli de Senlis, de Clermont en Beauvaisis, et du Vermandois. Son ouvrage, qui est le plus ancien monument de la législation coutumière, a été loué sans réserve, par nos jurisconsultes les plus éminents, et dernièrement encore, la Société de l'histoire de France en a ordonné une réimpression : c'est celle que nous indiquons ci-dessous.

47. Les coutumes du Beauvaisis, par Philippe de Beaumanoir, jurisconsulte français du xiiiᵉ siècle; nouvelle édition, publiée d'après les manuscrits de la Bibliothèque royale, par le comte Beugnot, de l'Académie des inscriptions et belles-lettres. 2 vol. in-8. Paris, 1842.

BEAUMARCHAIS (Pierre-Augustin-Caron de), né en 1732, mort en 1799. Fils d'un simple horloger, il fut dans sa jeunesse professeur de musique des filles de Louis XV, et profita de ses hautes relations pour faire sa fortune. Dans un procès qu'il soutint contre les héritiers du fameux banquier Pâris Duverney, il adressa des mémoires au Parlement, dans lesquels il montra la finesse, la logique et l'esprit satirique qui distinguèrent plus tard toutes ses œuvres. En 1775, il donna au théâtre le *Barbier de Séville*, qui fut suivi du *Mariage de Figaro*, son chef-d'œuvre. A la révolution, impliqué dans un second procès, il composa de nouveaux mémoires presque aussi remarquables que les premiers. Plusieurs entreprises, parmi lesquelles il faut citer sa fameuse édition des *Œuvres de Voltaire*, ne lui réussirent point, et il mourut après avoir perdu la plus grande partie de sa fortune. Plusieurs auteurs ont publié des Vies de Beaumarchais; nous ne citerons qu'un travail récent qui les résume tous et les complète. Nous voulons parler de l'ouvrage de M. de Loménie, professeur au Collége de France, ouvrage dont il a paru des extraits dans la *Revue des Deux Mondes*.

48. Œuvres complètes de P. Aug. Caron de Beaumarchais. 6 vol. in-8. Paris, 1826.

Tome I. Essai sur Beaumarchais. — Essai sur le genre dramatique sérieux. — Eugénie, drame. — Avertissement de l'auteur sur les Deux Amis. — Les Deux Amis ou le Négociant de Lyon. — Lettre modérée sur la chute et la critique du Barbier de Séville. — Le Barbier de Séville, ou la Précaution inutile, comédie.

Tome II. Préface du Mariage de Figaro. — La Folle Journée ou le Mariage de Figaro, comédie. — Un mot sur la Mère coupable. — L'autre Tartufe, ou la Mère coupable, drame en cinq actes. — Aux abonnés de l'Opéra. — Apologue à l'auteur de Tarare. — Epitre dédicatoire à M. Salieri. — Prologue de Tarare. — Tarare, opéra.

Tome III. Mémoire à consulter, pour P.-A. de Beaumarchais. — Supplément au Mémoire. — Addition au supplément du Mémoire. — Requête d'atténuation pour le sieur C. de Beaumarchais. — Quatrième Mémoire à consulter contre Goëzman, etc. — Avertissement de l'éditeur. — Requête du sieur de Beaumarchais.

Tome IV. Avertissement de Beaumarchais, servant de réponse au troisième procès du comte de La Blache, depuis son grand mémoire. — Mémoire à consulter et consultation pour C. de Beaumarchais. — Réponse au mémoire signifié du comte Alexandre J. de La Blache. — Réponse ingénue de C. de Beaumarchais à la consultation injurieuse que le comte de La Blache a répandue dans Aix. — Le Tartare à la légion. — Lettre de Beaumarchais aux gazetiers et journalistes. — Mémoire de Beaumarchais, en réponse au libelle diffamatoire signé Guill. Kornman. — Court mémoire en attendant l'autre, par C. de Beaumarchais, sur la plainte en diffamation qu'il vient de rendre d'un nouveau libelle qui parait contre lui. — Pièces à l'appui. — Troisième mémoire, ou dernier exposé des faits qui ont rapport à Beaumarchais, dans le procès du sieur Kornman contre sa femme. — Addition précipitée. — Arrêt de la cour du Parlement, etc.

Tome V. Observations sur le mémoire justificatif de la cour de Londres. — Requête à MM. les représentants de la commune de Paris. — Précis et jugement du procès de Caron de Beaumarchais. — Pétition à la Convention nationale. — Beaumarchais à Lecointre sur sa dénonciation. — Six époques des neuf mois les plus pénibles de ma vie.

Tome VI. Compte rendu de l'affaire des auteurs dramatiques. — Rapport fait aux auteurs dramatiques. — Pétition à l'Assemblée nationale au sujet de l'usurpation de la propriété des auteurs dramatiques. — Lettres, mélanges, vers et chansons.

BECQUEREL (Antoine-César), né en mars 1788. Les travaux remarquables dûs à ce célèbre physicien lui ont acquis une réputation universelle. Il a été nommé membre de l'Institut en 1829, et professeur de physique appliquée au Muséum d'histoire naturelle en 1838. Nous ne donnons ici que ses principaux ouvrages.

49. Traité d'électricité et de magnétisme, suivi d'un exposé de leurs rapports avec les actions chimiques et les phénomènes naturels, par M. Becquerel, membre de l'Institut, professeur au Muséum d'histoire naturelle. 7 vol. in-8 et atlas. Paris, 1834-1840.

50. Traité de Physique dans ses rapports avec la chimie et les sciences naturelles, par M. Becquerel. 2 vol. et atlas. Paris, 1842-1844.

51. Éléments d'électro-chimie appliquée aux sciences naturelles et aux arts, par M. Becquerel. 1 vol. in-8 et 3 planches. Paris, 1843.

52. Traité complet du Magnétisme. 1 vol. in-8 avec 18 planches. Paris, 18 .

53. Éléments de Physique terrestre et de Météorologie, par M. Becquerel et M. Edm. Becquerel. 1 fort vol avec planches. Paris, 1847.

BÉRANGER (Pierre-Jean de), né en 1780, fut dans sa jeunesse apprenti chez un imprimeur de Péronne. Venu à Paris à l'âge de dix sept ans, il serait peut-être mort de faim, sans l'aide de Lucien Bonaparte, qui avait deviné dans le poëte une des futures illustrations de la France. Nommé commis expéditionnaire au secrétariat de l'Université, en 1809, il fut forcé d'abandonner ce modeste emploi en 1821, pour avoir publié un recueil de chansons politiques qui eurent un grand et légitime succès. A dater de cette époque jusqu'en 1830, Béranger fut souvent victime de son esprit satirique, et eut à subir de nombreuses condamnations, qui, en alimentant son génie, ne servirent qu'à accroître sa réputation.

54. Œuvres complètes de P.-J. de Béranger, édition revue par l'auteur. Illustré de 52 belles gravures sur acier entièrement inédites. 2 vol. grand in-8. Paris, 1846.

BERGIER (Nicolas), né en 1567, mort en 1623. Ce savant antiquaire fut successivement avocat, professeur de droit et syndic de la ville de Nîmes. Son érudition lui valut l'amitié des savants de son temps, et le titre d'historiographe de France.

55. Histoire des grands chemins de l'empire romain. Nouvelle édition augmentée de remarques historiques. 2 vol. in-4. Bruxelles, 1728.

BERNARD (Pierre-Joseph, connu sous le nom de Gentil), né en 1710, mort en 1775. Ce poëte distingué fut clerc de procureur dans sa jeunesse. Ayant embrassé la carrière militaire, il devint secrétaire du maréchal de Coigny, puis secrétaire général des dragons, et profita des loisirs que lui laissait sa place pour faire des vers. Ceux qu'il adressa à Mme de Pompadour, plurent infiniment à la favorite, qui le récompensa en le nommant bibliothécaire de Choisy. En 1771, il perdit la raison et mourut cinq ans après.

56. Œuvres complètes de Gentil Bernard. 1 vol. grand in-4.   Paris, 1796.

BERNARD (Aug.), né en 1811, est employé à l'imprimerie impériale, et membre de la Société des Antiquaires de France. Il a publié de nombreux travaux historiques. Son histoire de l'Imprimerie, parue récemment, résume tous les travaux faits à ce sujet.

57. De l'origine et des débuts de l'imprimerie en Europe, par Aug. Bernard, membre de la société des Antiquaires de France. 2 vol. in-8.
Paris, impr. nat., 1853.

BERNIS (François Joachim de Pierres, comte de Lyon, et cardinal de), né en 1715, mort en 1794, fut, dans sa jeunesse, un des abbés galants les plus enjoués et les plus spirituels du xviiie siècle. La faveur de M^e d'Étioles, plus tard, marquise de Pompadour, le fit connaître de Louis XV, qui l'envoya comme ambassadeur à Venise. Les talents qu'il déploya dans cette occasion lui attirèrent de nouveau la faveur royale. Revenu en France, il fut nommé ministre des affaires étrangères, puis cardinal. Malheureusement l'alliance de la France et de l'Autriche, accomplie sous son ministère, et qui causa la malheureuse guerre de sept ans, lui fit perdre toute son influence, et il fut exilé pendant six ans. Nommé archevêque d'Alby en 1764, il fut envoyé en 1769 comme ambassadeur à Rome, où il demeura jusqu'à sa mort.

58. Œuvres du cardinal de Bernis collation-

nées sur les textes des premières éditions et classées dans un ordre méthodique. 1 vol. in-8.
Paris, 1825.

BERQUIN (Arnaud), né en 1749, mort en 1791, a publié un grand nombre de livres à l'usage de la jeunesse. L'*Ami des Enfants*, qui est un des plus recherchés, est un ouvrage utile, moral et excellent à donner en lecture à l'enfance.

59. ŒUVRES COMPLÈTES DE BERQUIN. 20 vol. in-18.
Paris, an XI (1803).

60. ŒUVRES COMPLÈTES DE BERQUIN, 4 vol. in-8, illustrées de 200 vignettes.
Paris, 1843.

TOME I. L'Ami des Enfants.
TOME II. L'Ami des Adolescents
TOME III. Le Livre de famille, etc
TOME IV. Sandford et Merton, etc.

BERTHOLLET (le comte Claude-Louis), né en 1748, mort en 1822. Reçu docteur en médecine à l'université de Turin, en 1770, arrivé à Paris en 1772, il fut, grâce à l'intervention du célèbre Tronchin, nommé médecin de Mme de Montesson. Cette position lui suffit, et il se consacra dès lors à l'étude de la chimie. Choisi, en 1784, à la place de Macquer, comme commissaire pour la direction des teintures, il produisit, en se servant du chlore, une révolution dans un art où tout n'était encore que tâtonnement et routine. Élu membre de l'Institut en 1795, l'empereur le nomma successivement comte de l'Empire, grand officier de la Légion d'honneur et sénateur. Louis XVIII le rappela à la chambre des pairs. Les découvertes de Berthollet ont eu un résultat pratique de la plus grande importance.

61. ÉLÉMENTS de l'art de la teinture, avec une description de l'art du blanchiment par l'acide muriatique oxygéné. 2e édition. 2 vol. in-8.
Paris, 1803.

62. ESSAI de statique chimique. 2 vol. in-8.
Paris, 1803.

BERTIN (Antoine), né en 1752, mort en 1790, l'un des poëtes légers les plus élégants du XVIIIe siècle, embrassa la carrière militaire, et fut nommé, encore jeune, capitaine de cavalerie et chevalier de Saint-Louis. En 1789, Bertin passa à Saint-Domingue pour se marier. Il tomba malade le jour même de la cérémonie, et mourut quelques jours après.

63. Œuvres complètes de Bertin, avec des notes et variantes, précédées d'une notice sur sa vie. 1 vol. in-8. Paris, 1824.

BESCHERELLE (Louis-Nicolas), né en 1802, bibliothécaire de la Bibliothèque du Louvre, a publié un grand nombre d'ouvrages sur la langue française. Le dictionnaire dont il est l'auteur, et que nous indiquons plus bas, est un des bons ouvrages faits sur cette matière.

64. Dictionnaire national ou Dictionnaire universel de la langue française, plus exact et plus complet que tous les dictionnaires qui existent, et dans lequel toutes les définitions, toutes les acceptions des mots et les nuances infinies qu'ils ont reçues du bon goût et de l'usage, sont justifiées par plus de quinze cent mille exemples choisis, fidèlement extraits de tous les écrivains, moralistes et poëtes, philosophes et historiens, politiques et savants, conteurs et romanciers dont l'autorité est généralement reconnue, etc.; par Bescherelle aîné. 2 vol. in-4. Paris, 1846.

BEUDANT (Fr.-Sulp.), né en 1787, mort en 1850. Ce minéralogiste distingué fut un des premiers élèves de l'École normale. En 1814, il rapporta en France le cabinet de minéralogie que Louis XVIII avait laissé en Angleterre, et fut nommé sous-directeur de cette collection. L'Institut lui ouvrit ses portes en 1824, et le gouvernement le nomma successivement professeur à la Faculté des sciences, inspecteur général de l'Université, et membre du conseil royal de l'instruction publique.

65. Traité élémentaire de Minéralogie, par Beudant. 2 vol. in-8. Paris, 1831.

66. Voyage minéralogique et géologique en Hongrie, pendant l'année 1818. 3 vol. in-4 et atlas. Paris, 1822.

BEUGNOT (Arthur, comte), né en 1797, ancien pair de France, membre du conseil supérieur de l'instruction publique, a publié des ouvrages d'érudition remarquables. L'Académie des Inscriptions l'a reçu dans son sein en 1832.

67. ESSAI sur les institutions de Saint Louis, par A. Beugnot; ouvrage couronné par l'Académie des Inscriptions et Belles-Lettres. 1 vol. in-8. Paris, 1811.

68. Les juifs d'Occident, ou Recherches sur l'état civil, le commerce et la littérature des juifs, en France, en Espagne et en Italie, pendant la durée du moyen âge, par A. Beugnot. 1 vol. in-8. Paris, 1824.

BEYLE (Henri), né en 1776, mort en 1849, a publié un grand nombre d'ouvrages sous le pseudonyme de Stendhal. Nommé par Napoléon inspecteur du mobilier des bâtiments de la couronne, il conserva cette place jusqu'à la chute de l'empire. Depuis cette époque, il fit plusieurs voyages en Italie, et s'adonna complétement à la littérature. En 1830, il fut envoyé en qualité de consul à Civita-Vecchia. Beyle est un des littérateurs éminents du XIXe siècle.

69. ŒUVRES COMPLÈTES de Stendhal (Henri Beyle), précédées d'un essai sur sa vie et ses ouvrages, par Prosper Mérimée, de l'Académie française. 18 vol. in-18. Paris, 1853.

TOME I. De l'Amour.
TOMES II et III. Promenades dans Rome.
TOME IV. La Chartreuse de Parme.
TOME V. Le Rouge et le Noir.
TOME VI. Histoire de la Peinture en Italie. — Romans et Nouvelles. — Armance. — Mina Wangel. — San Francesco à Ripa. — Philibert Lescale. — Souvenirs d'un gentilhomme italien.
TOME VII. Vie de Rossini. — Vies de Haydn, de Mozart et de Métastase.
TOME VIII. Rome, Naples et Florence.
TOME IX. Mémoires d'un touriste.
TOME X. Souvenirs de voyages.
TOME XI. Chroniques italiennes. — L'Abbesse de Castro. —

Les Cenci. — La Duchesse de Paliano. — Vittoria Accoramboni.
Tome XII. Nouvelles. — Vanina Vanini. — Le Philtre. — Le Coffre et le Revenant.
Tome XIII. Nouvelles inédites.
Tome XIV. Mélanges d'art et de littérature.
Tomes XV et XVI. Correspondance.

BIBLIOTHÈQUE DE L'ÉCOLE DES CHARTES, etc. — La Bibliothèque de l'École des Chartes est une revue d'érudition fondée et dirigée par les anciens élèves de cette école, réunis en société depuis 1839. Ce recueil embrasse tout ce qui regarde le moyen âge sous les points de vue les plus différents, et la variété des articles qui y sont renfermés provient de la variété même des études de l'école. Ainsi l'histoire, la philologie, l'archéologie, le droit, les institutions polititiques, la paléographie, qui sont enseignés à tous les élèves, deviennent plus tard pour eux l'objet d'études particulières dont ils enrichissent leur revue.

70. Bibliothèque de l'École des Chartes, revue d'érudition, consacrée principalement à l'étude du moyen âge. 15 vol. in-8.

Paris, 1839, et années suiv.

1re SÉRIE. — Tome I. Notice historique sur l'Ecole royale des Chartes, par Martial-Delpit. — Fragment inédit d'un versificateur latin ancien sur les figures de rhétorique. — Mémoire sur la mort d'Etienne Marcel, par Lacabane. — Requête en vers français adressée au parlement de Normandie par la basoche de Rouen, etc. — Histoire des Conards de Rouen, par Floquet. — Grammaires romanes du xiiie siècle. — Deux chartes inédites de Charles le Chauve. — Formule inédite. — Documents historiques inédits, tirés des archives de Poitiers. — Notice sur le Hortus deliciarum, encyclopédie manuscrite du xiie siècle, par l'abbesse Herrade de Landsberg. — Notice historique et biographique sur Jacques Brunier, chancelier d'Humbert II, dauphin de Viennois, par de Pétigny. — Cantique latin à la gloire d'Anne Musnier, héroïne du xive siècle, traduit par Fél. Bourquelot. — Vers inédits de Charlemagne. — Les marques de la magistrature de Langres. — Restitution d'un poëme barbare, relatif à des événements du règne de Childebert I, par Ch. Lenormant. — Des impositions publiques dans la Gaule, depuis l'origine de la monarchie des Francs jusqu'à la mort de Louis le Débonnaire, par Guérard. — Fragments d'un mémoire sur les invasions des Normands sur les bords et au midi de la Loire, par Paillard de Saint-Aiglan; — Chansons historiques des xiiie, xive, et xve siècles. — Lettre en langue vulgaire adressée en Egypte à Alphonse, comte de Poitiers. — Fragment d'un commentaire inédit de la loi salique, expliqué par Pardessus. — Essai sur l'histoire municipale de la ville de Strasbourg, par Bernhard. — Etudes sur la langue française: diplôme inédit de Charles, roi de Provence, annoté par de Mas Latrie. — Historique du glossaire de la basse latinité de Du Cange, par H. Géraud. — Fragment d'un comique inédit du viie siècle, annoté par Ch. Magnin. — Visite à la bibliothèque et aux archives d'Alençon, par H. Géraud. — Duel judiciaire entre des communautés religieuses, par Marchegay. — Lettre de rémission et de main-levée en faveur des enfants de Robert Etienne. — Bulletin bibliographique. — Chronique.

Tome II. Notice sur la vie et les écrits de Philippe de Navarre, par le comte Beugnot. — Notice sur la vie et les ouvrages de Richard de Fournival, par P. Paris. — Recherches sur les auteurs des grandes chroniques de France, dites de Saint-Denis, par Lacabane. — Chartes des viiie et ixe siècles. — Des juridictions privées ou patrimoniales sous les deux premières races, par Pardessus. — Fragments inédits de littérature latine. — Fragments inédits d'une chronique de Maillezais. — Document statistique inédit du xive siècle. — Critique des deux chartes de fondation du monastère de Saint-Guillem du Désert, par Thomassy. — Opuscule relatif à la peste de 1348, composé par un contemporain, et publié par Littré. — Notice historique et archéologique sur le prieuré de Saint-Loup de Naud, par Bourquelot. — Calendrier perpétuel portatif, dressé en 1381. — Combat de François I contre un sanglier. — Note sur l'édit de Paris de 1563. — Traité de l'office du podesta, composé par Brunetto Latini, publié par Ch. Lenormant. — Acte d'accusation contre Robert le Coq, évêque de Laon. — Chartes inédites relatives aux Etats de Bougie et de Bone. — Dialogue entre Philippe-Auguste et Pierre le Chantre. — Fragments inédits de deux romans grecs, publiés par Lebas. — De la formule : « Cum stipulatione subnixa », qui se trouve dans un grand nombre de chartes, par Pardessus. — Analyse du roman de Godefroid de Bouillon, par Leroux de Lincy. — Recherches sur le chroniqueur Jean Castel, par Quicherat. — Examen critique de l'histoire de la formation de la langue française, de M. Ampère, par Guessard. — De l'Organisation projetée des archives départementales, par Géraud. — Du système de Raynouard sur l'origine des langues romanes, par Fauriel. — Mémoire sur une tentative d'insurrection organisée dans le Mayne, de 1612 à 1619, au nom du duc de Nevers, par Berger de Xivrey. — Conséquences historiques d'une erreur de nom, par Lacabane. — Charte inédite du viie siècle. — Des travaux des Bollandistes et de la continuation des « Acta Sanctorum », par Martial Delpit. — Bulletin bibliographique. — Chronique.

Tome III. Dissertation sur l'histoire de France au xvie siècle, par Lacabane. — De Guillaume de Nangis et de ses continuateurs, par Géraud. — Notice sur Guillaume du Brueil, par Bordier. — Examen critique de l'histoire de la langue française d'Ampère, par Guessard. — La terre salique, par Guérard. — Les routiers au xiie siècle, par Géraud. — Notice historique sur l'inventaire des biens meubles de Gabrielle d'Estrées, par de Fréville. — Lettre inédite d'Abailard et d'Héloïse. — Relation de Jean de Chambres, envoyé de Charles VII, à Venise, en 1459. — Notice sur Daunou, par Guérard — Des grandes compagnies au xive siècle, par Fréville. —Testament d'un chevalier mourant sous les armes. — Tentative d'enlèvement sur la personne du prince Djim. — Thomas Basin, sa vie et ses écrits, par Quicherat. — Recherches sur l'histoire de la corporation des ménétriers, des joueurs d'instruments de la ville de Paris, par Bernhard. — Mercadier, Les routiers au xiiie siècle, par Géraud — Notice d'un Mystère par personnages, représenté à Troyes, vers la fin du xve siècle, par V. de Viriville. — Translation des reliques de saint Florent de Roye à Saumur. — Recherches sur Ogier le Danois, par Paulin-Pâris. — Recherches sur les opinions et la législation en matière de mort volontaire pendant le moyen âge, par Bourquelot — Insurrection des serfs du prince de Sainte-Milburge de Wenlock, vers 1163, par Eysenbach. — Arrêt du parlement de Paris, relatif à la fête des Innocents dans la ville de Tournay, en 1499. — Bulletin bibliographique. — Chronique.

Tome IV. Notices sur les manuscrits de formules relatives au droit observé dans l'empire des Francs, etc., par Pardessus. — De la poésie provinciale en Italie, par Fauriel. — La charte aux Normands, par Floquet. — Fragments inédits de G. Chastellain. — Sordello, par Fauriel. — Affaire du P. Saint-Ange, capucin, ou une épisode de la jeunesse de Pascal par Victor Cousin. — Etudes sur l'ancienne administration des villes de France, par M. Delpit. — Concours de l'Ecole des chartes. — De la poésie provençale-italienne, par Fauriel. — La vie et la mort de Saint-Thomas de Cantorbéry, par Garnier de Pont-Saint-Maxence, poëme analysé par Leroux de Lincy. — Recherches sur les opinions et la législation en matière de mort volontaire pendant le moyen âge, par F. Bourquelot. — Invocation à l'Eternel, traduite du grec par Tibérianus — Tancrède, par de Saulcy. — Lettres inédites ou restituées de Mme de Grignan et de l'abbé de Coulanges, par Vallet de Viriville. — Trois abbés pour une abbaye. — Extraits du Trésor des chartes, par Teulet. — Lettres inédites de madame de Longueville, sœur du grand Condé, publiées par V. Cousin. — Notice sur une collection de sceaux des rois et reines de France, par Nat. de Wailly. — Un épisode de la vie de Jeanne d'Arc, par A. Vallet de Viriville. — Recherches sur l'histoire de la corporation des ménétriers ou joueurs d'instruments de la ville de Paris, par Bernhard. — Notice sur l'abbaye de La Bussière, par Marion. — Ballade pour le cardinal Balue. — Séance annuelle de l'Académie des Inscriptions et Belles-Lettres. — Bulletin bibliographique. — Chronique

Tome V. Madame de Roannez, par Victor Cousin. — Le comte-évêque, par Géraud. — Notice d'un Mystère par personnages, inédit, du xve siècle, par A. V de Viriville. — La Bibliothèque de Ch. d'Orléans à son château de Blois en 1427, par Leroux de Lincy. — Sur l'authenticité d'une lettre de Thibaut, roi de Navarre, relative à la mort de saint Louis, par Letronne. — Notice sur les monnaies et les sceaux des rois de Chypre de la maison de Lusignan, par de Mas Latrie. — Pierre de Mornay, chancelier de France, par Fr. Guessard. — Examen critique de la vie de Saint-Louis, par Geoffroi de Beaulieu, par Nat. de Wailly. — Des grandes compagnies au xive siècle (suite), par de Fréville. — Recherches sur l'histoire de la corporation des ménétriers (suite et fin), par Bernhard. — Etienne de Mornay, chancelier de France sous Louis Hutin, par Fr. Guessard. — De l'apparition et de la disparition des Bohémiens en Europe, par P. Bataillard. — Titre relatif à la corporation des drapiers de Paris. — Emeute de l'Université de Paris en 1453. — Notice sur Hercule Géraud. — Inscription trouvée à Metz en 1522. — Procès-verbal des délibérations tenues à l'hôtel de ville de Paris pendant la captivité de François I. — Histoire de la publication des livres de Pierre du Puy sur les libertés de l'église gallicane, par G. Demante — Séance annuelle de l'Académie des Inscriptions et Belles-Lettres. — Bulletin bibliographique. — Chronique.

2e SÉRIE. — Tome I. Ingeburge de Danemark, reine de France (1193-1236), par H. Géraud. — De la poudre à canon et de son introduction en France au xive siècle, par Lacabane. — La charte de Méru, commentée par Douet d'Arcq. — Rodrigue de Villandrando, par Quicherat. — Nom donné à la Marne par un poëte du xiie siècle, par Lalanne. — Lettre inédite de Bossuet sur la mort d'Henriette A. d'Angleterre (juillet 1670). — Charte inédite de 1138, relative à l'histoire des vicomtes de Melun, dissertation par A. Duchalais. — Rapport adressé au roi sur les doléances du clergé, aux Etats Généraux de 1413, par J. Marion. — Des relations politiques et commerciales de l'Asie Mineure avec l'île de Chypre, etc., par de Mas Latrie. — Notice historique et archéologique sur le prieuré de Voulton, près Provins, par Bourquelot. — Ambassade de don Pèdre de Tolède en France, et satire sur l'entrée de ce seigneur à Fontainebleau, en 1609, par de Fréville. — Ballade inédite d'Eust. Deschamps sur la sédition des Maillotins en 1382. — Notice sur une chronique inédite du xiiie siècle, par Nat. de Wailly. — Commentaire sur un document inédit relatif à la coutume de Paris et à la jurisprudence du parlement au xive siècle, par Bordier. — Notice sur l'abbaye de Saint-Loup, près Tours, par Salmon. — L'abbé Vert. — Lettre inédite du maréchal de Montluc, datée de 1570 — Essai sur l'histoire municipale de Rennes depuis le xive siècle, par A. Dareste — Devis des travaux de peinture exécutés dans l'ancien château de Vaudreuil, en Normandie, en 1356. — Fourniture d'un habillement à Jeanne la Pucelle. — Séance publique annuelle de l'Académie des Inscriptions et Belles-Lettres. — Bulletin bibliographique. — Chronique.

Tome II. Des pèlerinages en Terre-Sainte avant les croisades, par Lud. Lalanne. — De la chute et de la reconstruction du pont Notre-Dame à Paris (1499-1510), par Leroux de Lincy. — Correspondance entre le corps municipal de Paris et celui de Noyon en 1413, par Bourquelot. — Deux chartes inédites des années 769 et 789. — Anciennes coutumes inédites d'Alais. — Des relations politiques et commerciales de l'Asie Mineure avec l'île de Chypre, etc. (2e article). — Histoire de Jeanne d'Arc, par Quicherat. — Examen critique de l'ouvrage de Génin, intitulé : « Des Variations du langage français depuis le xiie siècle », par Fr. Guessard. — Procès criminel intenté pour violation du droit d'asile dans la personne d'un alchimiste en 1456. — Documents relatifs au siége de Carcassonne, en 1240. — François de Bonivard, chroniqueur genevois du xvie siècle. — Vers d'Abeilard à son fils Astralabe. — Election du député de la prévôté de Paris aux Etats Généraux de 1588. — Notes d'un voyage archéologique en Orient, par de Mas Latrie. — Les Deux Fabres, par A. Barthélemy. — Notice sur les archives de Malte, par Eug. de Rozière. — Bulletin bibliographique. — Chronique.

Tome III. Notice sur Guill. Guiart, par N. de Wailly. — Rouen et son commerce maritime depuis Rollon jusqu'à la prise de la ville par Philippe-Auguste, par de Fréville. — Des chartes lapidaires en France, par Deloye. — Jugement lombard rendu en 762. — Titres concernant Raimond du Temple, architecte du roi Charles V. — Répression de désordres aux environs d'Agde, en 1470. — Epigramme de Jean Robertet contre un mauvais peintre, en 1498. — Les Vaudois du xve siècle, par Bourquelot. — Notices et extraits de chartes et de manuscrits appartenant au British Museum de Londres, par V. de Viriville. — Des erreurs de date contenues dans les registres du trésor des chartes, par de Basin. — Lettre adressée à la commune de Saint-Quentin, par Jean de Ribemont, clerc du Parlement. — Notes d'un voyage archéologique dans le sud-ouest de la France, par Marion. — Documents sur le commerce maritime du midi de la France, extraits de quelques archives d'Italie, par de Mas Latrie. — Chronique liégeoise pour les années 1117 à 1119. — Priviléges de l'église et de la ville de Tréguier. — Lettre sur la bataille de Castillon, en Périgord (1453). — Mémoire sur un opuscule anonyme intitulé : « Summaria brevis..... expeditionis guerrarum..... regni Francorum », par de Wailly. — Tentative de rapt commise à Paris par Regnaud d'Azincourt sur une épicière de la rue Saint-Denis, en 1405. — Jean Coste, peintre du château de Vaudreuil, en 1353. — Controverse à propos du feu grégeois. — Des monuments paléographiques concernant l'usage de prier pour les morts, par Delisle. — Chartes inédites du viiie siècle. — Documents relatifs à la peine du bannissement (xiiie et xive siècles). — Traités et droits de douane dans l'ancienne France, par C. Dareste. — Le clergé normand au xiiie siècle, par Delisle. — Chronique du siége d'Orléans et de l'établissement de la fête du 8 mai 1429, par Salmon. — Bulle de 1290, relative à la ville de Tlemcen en Algérie. — Bulletin bibliographique. — Chronique.

Tome IV. Fragments des mémoires inédits de Dubois, valet

de chambre de Louis XIII et de Louis XIV. — Notes d'un voyage archéologique dans le sud-ouest de la France (suite). — Notice sur Jean Boutillier, par A.-P. de Saint-Aiglan. — Notice sur les églises de Verneuil-sur-Seine et de Médan, par Marion. — Notes et documents pour servir à l'histoire de l'Ecole des Chartes, par V. de Viriville. — Des droits de justice et des droits de fief, par Bordier. — Le rat, employé comme symbole dans la sculpture du moyen âge, par Duchalais. — Charte de nolissement de 1264, pour un voyage de Pise à Bougie. — Extraits du Trésor des chartes. — De la juridiction exercée par la cour féodale du roi sur les grands vassaux de la couronne pendant les xie, xiie, et xiiie siècles, par Pardessus. — Inscriptions grecques et latines découvertes à Vaison. — Notice sur un traité inédit du xiie siècle, intitulé : « Miracula ecclesiæ Constantiensis », par Delisle. — Institutions et géographie de la France, par Guérard. — Lettres sur les sceaux de l'ordre du Temple et sur le temple de Jérusalem au temps des croisades, par de Mas Latrie. — Supplique d'un chevalier contre un déni de justice. — Inventaire des vieilles armes conservées dans le château d'Amboise, du temps de Louis XII. — Une lettre familière de Louis XI. — Gaulnet ou le sire de Gaules (1380-1423), par Guessard. — Le livre de Geta et de Birria, ou l'Amphytrionéide, poëme latin du xiiie siècle, de Vitalis.

TOME V. Mémoire sur l'arrêt de la Chambre des pairs de France, qui condamne Jean Sans Terre, roi d'Angleterre, par Beugnot. — Etudes sur l'iconologie du moyen âge, par Duchalais. — Les demandes que le roy fait des coutumes de fief à l'usage de France. — Revue de la garde féodale de Saint-Maur-des-Fossés, en 1274. — Rapport au grand conseil de Louis XI, sur les abus et les scandales de la Cour des Aides. — Henri Baude, poëte ignoré du temps de Louis XI, par J. Quicherat. — Documents relatifs à l'histoire de l'Afrique septentrionale pendant le moyen âge, par de Mas Latrie. — Liber domicilii, ou Compte des Dépenses de la table et de l'écurie du roi d'Ecosse Jacques V (1525-1533). — Des revenus de la Normandie au xiiie siècle, par Delisle. — Procès criminel intenté à Jacques de Brézé, au sujet du meurtre de Charlotte de France, sa femme (1477). — L'advis et devis des langues, Traité de Philologie composé en 1563, par Fr. de Bonivard. — Donation à l'abbaye de Cluny du monastère de Hiero Komio, près de Patras, en 1210. — Lettre du chancelier Séguier relative au poëte Adam Billaut, le menuisier de Nevers (1648). — Sur une charte inédite et secrète de la reine Isabelle de Bavière. — Requête de 1697 en faveur des bouquinistes. — Exécution faite à Marmande, en 1453, de douze femmes accusées de sorcellerie. — Des Edenates et de la ville de Seyne, par Deloye. — Mandement de Philippe le Long relatif aux juifs de Troyes, en 1329. — Bulletin bibliographique. — Chronique. — Table des 10 premiers volumes (1839-1849).

3e SÉRIE. — TOME I. Pensées inédites de Marcus Terentius Varro. — Nouvelles recherches sur l'apparition et la dispersion des Bohémiens en Europe, et sur l'origine de ce peuple, par Paul Bataillard (suite).— Deux chartes inédites du VIIIe siècle, relatives à l'abbaye de Saint-Maur-des-Fossés. — Vers composés par le roi Charles VIII. — Une quittance de Pierre Schoeffer.— L'abbaye de Moissac. — Notes d'un voyage archéologique dans le sud-ouest de la France, par Marion. — Détails sur la vie privée d'Anne de Bretagne, femme de Charles VIII et de Louis XII, par Leroux de Lincy. — Observations sur le journal de l'avocat Barbier. — Neptune volé par un pêcheur. — Déclaration en vers latins d'un écolier de la décadence. — Documents sur les livres et les bibliothèques au moyen âge, par Delisle. — Notice par Douet d'Arc sur un volume de compte des ducs de Bourgogne, publié par de Laborde. — Extraits des registres du Trésor des chartes. — Recherches historiques sur Agnès Sorel, par Vallet de Viriville.— Testament de François de Vendôme, vidame de Chartres. — Critique de deux diplômes commerciaux des villes de Marseille et de Trani, sur l'Adriatique, par de Mas Latrie. — Thèses soutenues par les élèves sortants de l'Ecole des Chartes. — Addition au Mémoire sur les tablettes de cire conservées au Trésor des chartes, par de Wailly. — Des revenus publics en Normandie au XIIe siècle, par Delisle. — Note sur l'origine de l'exécution parée, par Dareste. — Lettres d'Etienne Bernard, maire de Dijon, sur l'assemblée des états-généraux de la Ligue en 1593. — Bulletin bibliographique. — Chronique.

Tome II. De la formation de l'état social et administratif de la France, par Guérard. — Essai historique sur les archidiacres, par Adrien Gréa. — Protêt d'une lettre de change, fait à Gênes le 14 novembre 1384. — Mémoire sur les deux prétendues délivrances de Condom, en 1369 et 1374, par Léon Lacabane. — De la négation dans les langues romanes du Midi et du Nord de la France, par Alfred Schweighœuser. — Lettre écrite de la part du pape Clément XI à l'abbé Bossuet. — De la décadence carlovingienne, par Auguste Himly. — Loi de Beaumont (texte latin inédit), par d'Arbois de Jubainville. — Complainte sur la bataille de Poitiers. — Martin Cloistre et Benoît Barberault, sculpteurs du XVIe siècle. — Histoire du tombeau élevé à Guillaume de Montmorency et à sa femme Anne Cot, dans l'église Saint-Martin de Montmorency, par Anatole de Montaiglon. — La Chanson de Roland (éd. de F. Génin), par P. Paris. — Recherches sur l'insurrection communale de Vézelay, par L. de Bastard. — Recherches sur la minorité et ses effets dans le droit féodal français, par d'Arbois de Jubainville. — Précis de l'ancien droit coutumier français, par Giraud. — Formules inédites, publiées d'après un manuscrit de la bibliothèque de Strasbourg, par de Rozière.—Documents français de l'an 1254, émanant du sultan d'Alep, par de Mas Latrie.— Bibliographie. — Chronique.

Tome III. Précis de l'ancien droit coutumier français (suite), par Ch. Giraud.— Biographie de Robert de Fiesnes, connétable de France, par Garnier. — Inventaires des biens meubles et immeubles de la comtesse de Mahaut d'Artois, pillés par l'armée de son neveu en l'année 1313. — Des revenus publics en Normandie au XIIe siècle (suite), par Léop. Delisle. — Recherches sur la minorité et ses effets dans le droit féodal français (suite), par d'Arbois de Jubainville. — Quittance de Robert Estienne pour un à-compte en paiement des caractères dits les grecs du roi. — Une satire inédite de Boileau. — Relation d'une chasse du roi, pièce inédite de La Fontaine. — Fragment d'homélie en langue celtique. — De la négation dans les langues romanes du midi et du nord de la France (fin), par Alf. Schweighœuser. — Biographie de Jean de Montagu, grand maître de France, par Lucien Merlet. — Lettres inédites de Mlle de Vertus à Mme la marquise de Sablé, publiées par Cousin. — Lettres inédites de Pierre Corneille. — Chronique rimée de Guillaume Ledoyen, par Eugène de Certain. — Observations sur l'établissement de la coutume de Vézelay, par Bourquelot. — Documents inédits sur la construction de Saint-Ouen de Rouen. — Cartulaire de l'église du Saint-Sépulcre de Jérusalem, par Ad. Tardif. — Notice sur un parement d'autel en soie du temps de Charles V, provenant de la cathédrale de Narbonne, par de Montaiglon. — Bibliothèque du château de La Ferté en Ponthieu, au XIVe siècle, par Ch. de Beaurepaire. — Note sur l'origine des I pointés. — Bibliographie. — Chronique.

Tome IV. Fragment d'un tableau de l'ancienne France municipale, par Aug. Thierry. — Compte des dépenses de la chevalerie d'Alphonse, comte de Poitiers. — Ordonnances inédites de Philippe le Bel et de Philippe le Long sur la pêche fluviale. — Notice sur les attaches d'un sceau de Richard Cœur de Lion, par Delisle. — Lettres patentes accordées par Charles VIII à Jacques Sassenage. — Les crocodiles de l'hôtel de ville de Nîmes, par Montrond. — Du musée du Louvre, par Guérard. — Des appels en cour de Rome, par Ch. Grandmaison. — Sur les comptes des ducs de Bourgogne, publiés par de Laborde (fin), par Douet d'Arcq. — Corrections et additions à la correspondance de Mme de Sévigné, publiée par L. Lalanne. — Explication du Capitulaire de Villis, par Guérard. — Solution des problèmes proposés par Chosroës. — Traité inédit de Priscien le philosophe. — Essai sur les Neumes, par J. Tardif. — Essai sur l'asile religieux dans l'empire romain et la monarchie française, par Ch. de Beaurepaire. — Notice sur Simon de Quingey et sa captivité dans une cage de fer, par Salmon. — Arnoul, évêque d'Orléans, par L. de Certain. — Formules inédites. — Essai sur la langue de La Fontaine, par Ch. Marty-Laveaux. — Mémoire sur le régime des terres dans les principautés fondées en Syrie par les Francs à la suite des croisades, par le comte Beugnot. — Inscriptions chrétiennes du Vivarais, par Aug. Paradis. — Bibliographie. — Chronique.

Tome V. Robert d'Arbrissel et Geoffroy de Vendôme, par de Petigny. — Mémoire sur l'origine des terres dans les principautés fondées en Syrie par les Francs (suite). — Essai sur la langue de La Fontaine (fin). — Ancienne charte française. — Madame la comtesse de Maure et Mlle de Vandy, par Cousin.

— Essai sur l'asile religieux, etc. (fin). — Ordonnance somptuaire de Philippe le Hardi. — Lettre inédite de Robert d'Arbrissel à la comtesse Ermengarde. — Catalogue des livres de l'abbaye de Saint-Père de Chartres, au xie siècle. — Texte restitué de deux diplômes de Charles VII, relatifs à la Pucelle. — François Hotman et la conjuration d'Amboise, deux lettres inédites de Jean Sturm, par Rod. Dareste. — Note sur deux anciens registres du parlement de Paris. — Mémoire sur le régime des terres dans les principautés fondées en Syrie par les Francs à la suite des Croisades, par le comte Beugnot (fin). — Ancienne charte française. — Documents sur la Chartreuse de Durbon. — Correspondance entre Jean le Laboureur et A.-H. de Lorraine d'Harcourt, relativement à l'histoire de l'abbaye de Notre-Dame de Soissons. — M. Pardessus, sa vie et ses ouvrages, par Demante. — Chartes fausses de l'abbaye de Tiron. — Le droit de sépulture, charte de 1075. — Bibliographie. — Chronique.

BIBLIOTHÈQUE des Mémoires..... Cette collection, rassemblée et mise en ordre par M. Fr. Barrière, commence à la mort de Louis XIV et termine au Directoire, en 1795. Chaque mémoire est précédé d'éclaircissements et de résumés historiques, et accompagné de notes qui en facilitent la lecture.

71. BIBLIOTHÈQUE DES MÉMOIRES ANCIENS ET MODERNES, relatifs à l'histoire de France. 12 vol. in-12.   Paris, 1818.

TOME I. Madame de Staal-Delaunay. — M. d'Argenson. — Madame, mère du Régent. — Extraits de Saint-Simon.

TOME II. Mémoires de Duclos. — Mémoires secrets sur le règne de Louis XIV, la Régence et le règne de Louis XV.

TOME III. Mémoires de madame du Hausset, femme de chambre de madame de Pompadour. — Extraits des Mémoires historiques et littéraires de Bachaumont.

TOME IV. Mémoires de Besenval et Collé.

TOME V. Mémoires de Marmontel. — Mémoires d'un père pour servir à l'instruction de ses enfants.

TOME VI. Mémoires des comédiens Clairon, Lekain, Garrick, Goldoni, etc.

TOME VII. Mémoires de Weber.

TOME VIII. Mémoires de madame Rolland. — Notices historiques sur la révolution.

TOME IX. Histoire de la détention au Temple, par Cléry, par madame la duchesse d'Angoulême, par le duc de Montpensier et de Riouffe, etc.

TOME X. Mémoires de madame de Campan. — Mémoires sur la vie de Marie-Antoinette, suivis des souvenirs et anecdotes sur les règnes de Louis XIV, XV et XVI.

TOME XI. Mémoires de Dumouriez.

Tome XII. Mémoires de Louvet et Daunou, pour servir à l'histoire de la Convention nationale.

BICHAT (M.-Fr.-Xavier), né en 1771, mort en 1802. Élève et ami de Desault, fut médecin de l'Hôtel-Dieu à 29 ans. Ses découvertes comme anatomiste et son éloquence comme professeur avaient déjà illustré son nom, et il aurait encore rendu de grands services à la science, si une chute violente n'eût causé soudainement sa mort, à un âge où, dit Corvisart, personne, en si peu de temps, n'avait fait tant de choses et aussi bien.

72. Recherches physiologiques sur la vie et la mort. Nouvelle édition avec notes, par M. Magendie. 1 vol. in-8. Paris, 1832.

73. Anatomie générale appliquée à la physiologie et à la médecine. Nouvelle édition avec des additions, par P.-A. Béclard et Blandin. 4. vol. in-8. Paris, 1831.

BIOGRAPHIE PORTATIVE, etc. Cette biographie est un excellent résumé de tous les travaux du même genre. On y remarque même un grand nombre d'articles oubliés dans les autres. La partie bibliographique a été soigneusement faite, et le tableau chronologique qui termine cet ouvrage, en rend l'usage nécessaire et même indispensable.

74. Biographie portative universelle, suivie d'une table chronologique et alphabétique où se trouvent répartis en cinquante-quatre classes les noms mentionnés dans l'ouvrage par Lud. Lalanne, Léon Renier, Th. Bernard, J. Laumier, S. Choler, J. Mangin, E. Janin, A. Deloge, C. Friess. 1 vol. in-12. Paris, 1851.

BIOGRAPHIE UNIVERSELLE, etc. Cet ouvrage, connu généralement sous le nom de Biographie Michaud, est jusqu'à présent le meilleur qui ait encore été publié en France sur cette matière. Tous les articles sont soignés et consciencieusement écrits. On regrette toutefois d'y voir percer un esprit de parti trop arrêté et surtout trop acerbe.

75. Biographie universelle ancienne et mo-

derne ou histoire, par ordre alphabétique, de la vie publique et privée de tous les hommes qui se sont fait remarquer par leurs écrits, leurs actions, leurs talents, leurs vertus ou leurs crimes. Ouvrage entièrement neuf, rédigé par une société de gens de lettres et de savants. 52 vol. in-8, et supplément, volume 53 à 83.

Paris, 1811 et ann. suiv.

<small>Le volume 83 contient les noms Stack à Teyssieu. L'ouvrage se continue.</small>

BIOT (Jean-Baptiste), né en 1774, est un des plus profonds géomètres de notre époque. Sorti de l'Ecole polytechnique à l'âge de 22 ans, il fut envoyé immédiatement après Beauvais, comme professeur à l'Ecole centrale de cette ville. Le succès qu'il obtint, le fit nommer, en 1800, professeur au Collége de France. Trois ans plus tard, l'Académie des sciences lui ouvrit ses portes, et depuis cette époque, il n'a cessé de coopérer de la manière la plus active aux travaux de ce corps illustre.

76. TRAITÉ ÉLÉMENTAIRE D'ASTRONOMIE PHYSIQUE, par J.-B. Biot. 3e édition, entièrement refondue et considérablement augmentée. 6 vol. in-8 avec atlas. Paris, 1853.

77. ESSAI DE GÉOMÉTRIE ANALYTIQUE, appliquée aux courbes et aux surfaces du second degré. 9e édition. 1 vol. in-8. Paris, 1854.

78. TRAITÉ DE PHYSIQUE EXPÉRIMENTALE ET MATHÉMATIQUE. 1 vol. in-8. Paris, 1816.

BIOT (Édouard), né en 1803, mort en 1850, fils du précédent. Cet orientaliste distingué était professeur de chinois au Collége de France. Il avait été nommé membre de l'Institut en 1847.

79. LE TCHEOU-LI ou rites des Tcheou, traduit pour la première fois du chinois, par feu Édouard Biot, membre de l'Académie des Inscriptions et Belles-Lettres, etc., etc. 2 vol. in-8. Paris, 1850.

BLAINVILLE (H.-M. Ducrotay de), né en 1778, mort en 1850. Ce zoologiste éminent fut un des élèves de

Cuvier, qu'il remplaça en 1832 dans sa chaire d'anatomie comparée au Muséum d'histoire naturelle. Il était depuis longtemps professeur adjoint de zoologie, d'anatomie et de physiologie comparées à la Faculté des sciences. Professeur aussi éloquent qu'érudit, écrivain aussi consciencieux que fécond, Blainville a fait faire de grands progrès aux sciences naturelles. Il avait été nommé membre de l'Académie des sciences en 1825, à la place de Lacépède.

80. Manuel de Malacologie et de Conchyliologie, contenant : 1º une histoire abrégée de cette partie de la zoologie, des considérations générales sur les malacozaires; 2º des principes de conchyliologie, avec une histoire abrégée de cet art; 3º un système général de malacologie, tiré à la fois de l'animal et de sa coquille dans une dépendance réciproque, avec la figure d'une espèce de chaque genre. 2 vol. in-8. Paris, 1825-29.

81. Ostéographie ou Description iconographique comparée du squelette et du système dentaire des cinq classes d'animaux vertébrés, récents et fossiles, pour servir de base à la zoologie et à la géologie. 1 vol. in-4 avec atlas in-folio. Paris, 1839.

82. De l'organisation des animaux, ou Principes d'anatomie comparée. 4 vol. in-8.
Paris, 1822.

BLANC (Louis), né en 1813. Cet historien distingué est fils d'un inspecteur général des finances en Espagne. La révolution de 1830, en fondant une nouvelle dynastie, ruina sa famille qui était fort attachée aux Bourbons, et le mit dans la nécessité de travailler pour vivre. Successivement professeur de mathématiques, clerc d'avoué et précepteur, il trouva dans les lettres un adoucissement à ses peines. Sa réputation commença à Arras, et ne fit que grandir lors de sa collaboration aux journaux démocratiques de Paris. A la révolution de février, il fut un des membres du gouvernement provisoire.

83. Histoire de dix ans. 1830-1840. 5 vol. in-8. Paris, 1841.

84. Histoire de la Révolution française, par

M. Louis Blanc. 5 vol. in-8.   Paris, 1847.
L'ouvrage aura 10 volumes.

BLANC (Charles), frère cadet du précédent, s'est toujours occupé de la gravure. Artiste distingué, il a été nommé à la révolution de 1848, directeur des beaux-arts au ministère de l'intérieur. Il est auteur d'une très-belle publication digne de figurer dans la Bibliothèque d'un artiste, d'un amateur ou d'un homme du monde.

85. Histoire des Peintres de toutes les écoles, depuis la Renaissance jusqu'à nos jours, par M. Charles Blanc. Accompagnée du portrait des peintres, de la reproduction de leurs plus beaux tableaux et du fac-simile de leurs signatures, marques et monogrammes. En livraisons in-fol.   Paris, 1853 et ann. suiv.

BLANQUI (Jérôme-Adolphe), né en 1798, mort en 1854. Ce célèbre économiste commença par être professeur dans une institution de Paris. La connaissance qu'il fit du célèbre J.-B. Say, décida de son avenir. Il se mit à étudier avec ardeur les principes d'une science dans laquelle il devait s'illustrer, et quelque temps après obtint, grâce à son protecteur, la chaire d'histoire et d'économie industrielles à l'École spéciale du commerce. Les nombreux travaux dont il est l'auteur ne firent qu'augmenter sa réputation, il fut nommé professeur d'économie industrielle au Conservatoire royal des Arts et métiers en 1836, et membre de l'Académie des sciences morales et politiques en 1838. M. Blanqui a rempli de nombreuses missions dont la science a recueilli les fruits.

86. Histoire de l'économie politique, depuis les anciens jusqu'à nos jours, suivie d'une Bibliographie raisonnée de l'économie politique, par Blanqui, membre de l'Institut. 2ᵉ édition. 2 vol. in-8.   Paris, 1845.

BOILEAU DESPREAUX (Nicolas), né en 1636, mort en 1711, est l'un des grands poëtes du siècle de Louis XIV, dont la valeur littéraire a été longtemps disputée. Louis XIV le nomma son historiographe, et l'Académie française l'admit au nombre de ses membres en 1704.

87. Œuvres de Boileau, avec un nouveau

commentaire, par M. Amar. 4 vol. in-8°.
Paris, 1824.

Tome I. Préface de l'éditeur. — Notice sur Boileau. — Préfaces de Boileau. — Catalogue des Œuvres de Boileau, rédigé par lui-même. — Discours au roi. — Discours sur la satire. — Satires I-XII. — Epîtres I à XII.

Tome II. Préface de l'éditeur. — L'Art poétique. — Le Lutrin. — Essai analytique et critique sur les poëmes héroï-comiques qui ont précédé et suivi le Lutrin. — Avis au lecteur pour la première édition du Lutrin, en 1674. — Second avis au lecteur. — Argument. — Discours sur l'ode. — Lettre de Perrault en réponse au discours sur l'ode. — Ode sur la prise de Namur. — Ode contre les Anglais. — Poésies diverses. — Epigrammes. — Fragment d'un prologue d'opéra. — Chapelain décoiffé. — La Métamorphose de la Perruque, vers latins. — Traductions latines de l'ode sur la prise de Namur. — Ad Tabulum, veterum contemptorem, Hendecasyllabi.

Tome III. Préface de l'éditeur. — Préface de Boileau. — Abréviations des noms cités. — Traité du Sublime de Longin. — Réflexions critiques sur quelques passages de Longin. — Conclusion des neuf premières réflexions. — Lettre à Perrault. — Lettre de Huet au duc de Montausier — Réflexion ou Réfutation d'une dissertation de Leclerc contre Longin. — Pièces diverses. — Dissertation critique sur l'aventure de Joconde. — Avertissement mis à la tête des Œuvres posthumes de Gilles Boileau. — Arrêt burlesque. — Remerciement à MM. de l'Académie française. — Discours sur le style des inscriptions. — Epitaphe de Jean Racine. — Discours sur le dialogue des héros de roman. — Les héros de roman — Fragment d'un dialogue contre ceux qui font des vers latins.

Tome IV. 167 lettres de Boileau (1673-1711).

BOISTE (Pierre-Claude-Victoire), né en 1765, mort en 1824. Ce lexicographe a composé plusieurs ouvrages qui supposent une lecture et un travail immenses de sa part. Son dictionnaire est le plus célèbre, et malgré des inexactitudes inévitables dans de pareilles compositions, on peut le regarder comme l'un des meilleurs que l'on possède sur cette matière.

88. Dictionnaire universel de la langue française, avec le latin et les étymologies ; les termes propres aux sciences, arts, manufactures, métiers, etc.; extrait comparatif; concordance, critique et supplément de tous les dictionnaires français; Manuel encyclopédique de grammaire, d'orthographe, de vieux langage et de néologie;

suivi 1° d'un Dictionnaire des synonymes, 2° des difficultés de la langue, résolues par les bons grammairiens ; 3° des rimes ; 4° des homonymes et paronymes. — De traités, 1° de versification ; 2° de tropes ; 3° de ponctuation ; 4° des conjugaisons ; 5° de prononciation. — De Vocabulaires, 1° de mythologie ; 2° des personnages remarquables ; 3° de géographie ancienne et moderne avec le latin ; 4° d'une nomenclature complète d'histoire naturelle ; 5° d'un abrégé de grammaire en tableau ; 6° enfin des principes de grammaire d'après l'Académie Française, etc., par Boiste. Treizième édition, revue et augmentée par M. Charles Nodier, de l'Académie Française, et par MM. Barré, Landais, Lorain, professeurs de philosophie et de rhétorique à l'Université. 1 vol in-4. Paris, 1851.

BONALD (Louis-Gabriel-Ambroise, vicomte de), né en 1753, mort en 1840. Ce célèbre écrivain résida à l'étranger pendant la durée de la révolution française. A la Restauration, il fut nommé député, puis pair de France. En 1816, le roi Louis XVIII l'avait fait recevoir par ordonnance membre de l'Académie Française. En 1830, il abandonna complétement la politique.

89. Œuvres de M. de Bonald. 12 vol. in-8.
Paris, 1817-19.

Tome I. Essai analytique sur les lois naturelles de l'ordre social ou du pouvoir du ministre et du sujet dans la société.

Tome II. Législation primitive, considérée dans les derniers temps par les seules lumières de la raison.

Tome III. Législation primitive (suite). — Traité du ministère public.

Tome IV. De l'Education dans la société — IX Discours politiques sur l'état actuel de l'Europe. — Du Traité de Westphalie et de celui de Campo-Formio, et de leur rapport avec le système politique des puissances européennes, et particulièrement de la France.

Tome V. Du Divorce, considéré au XIX° siècle, relativement à l'état domestique et à l'état public de la société.

Tomes VI et VII. Pensées sur divers sujets et discours politiques.

Tomes VIII et IX. Recherches philosophiques sur les premiers objets des connaissances morales.

Tome X. Mélanges littéraires, politiques et philosophiques. — Des écrits de Voltaire. — Considérations philosophiques sur les principes et leur application. — Réflexions sur les questions de l'indépendance des gens de lettres, et de l'influence du théâtre sur les mœurs et le goût. — De la philosophie morale et politique du xviii° siècle. — Observations morales sur quelques pièces de théâtre. — De la politique et de la morale. — Réflexions sur l'esprit et le génie, — sur les éloges de Séguier et de Malesherbes. — Réflexions philosophiques sur la tolérance des opinions. — De l'unité religieuse en Europe. — Du style et de la littérature. — Considérations politiques sur l'argent et le prêt à intérêt.

Tome XI. Mélanges (suite). — Réflexions philosophiques sur le beau moral — Questions morales sur la tragédie. — Des sciences, des lettres et des arts. — Du tableau littéraire de la France au xviii° siècle. — De la manière d'écrire l'histoire. — Sur les juifs. — Sur l'esprit d'examen, — sur les langues, — sur la guerre des sciences et des lettres. — De l'éducation et de l'instruction. — Sur la décence dans les discours et les écrits. — De l'art dramatique et du spectacle. — Du poëme épique à l'occasion des Martyrs. — Si la philosophie est utile pour le gouvernement de la société. — Sur les ouvrages classiques. — Du perfectionnement de l'homme. — Des spectacles relativement au peuple. — Des lumières, de l'ignorance et de la simplicité. — La philosophie et la révolution. — Des progrès ou de la décadence des lettres. — Des lois et des mœurs considérées dans la société en général. — Des nations polies et des nations civilisées. — Sur les préjugés. — Des jeunes écrivains. — De la richesse des nations. — Sur la multiplicité des livres. — De l'alliance des gens de lettres et des gens du monde.

Tome XII. Observations sur l'ouvrage de madame de Staël.

BOSSUET (Jacques-Benigne), né en 1627, mort en 1704. Le plus éloquent prédicateur du siècle de Louis XIV, fut précepteur du dauphin et évêque de Meaux. Historien, philosophe, orateur, écrivain de premier ordre, tout concourut pour faire de Bossuet un des hommes les plus remarquables de ce siècle si fécond en génies. Sa querelle avec Fénelon, dans laquelle il montra si peu de cette charité qu'il enseignait aux autres, est une tache que ses panégyristes mêmes ont eu de la peine à effacer. On ajoute ordinairement à l'édition que nous citons ci-après la vie de Bossuet par M. de Bausset, 4 volumes in-8. L'édition de Versailles que nous donnons ici est considérée comme la plus complète; malheureusement les exemplaires en sont rares, mais elle peut être remplacée par une édition donnée en 1846 par Gaume, et qui n'en est, à vrai dire, que la reproduction.

90. Œuvres de Bossuet, évêque de Meaux,

revues sur les manuscrits originaux et les éditions les plus correctes. 43 vol. in-8.

Versailles, 1849.

Tome I. Préface, avertissement de l'éditeur. — Liber psalmorum et cantica cum notis, et le supplenda in psalmos.

Tome II. Libri Salomonis, Proverbia, ecclesiastes, canticum canticorum, sapientia, ecclesiasticus, cum notis.

Tome III. Explication de la prophétie d'Isaïe sur l'enfantement de la sainte Vierge, et du psaume xxi. — L'Apocalypse avec une explication et l'avertissement aux protestants sur leur prétendu accomplissement des prophéties.

Tome IV. De excidio Babylonis apud sanctum Joannem, demonstrationes. — Réflexions morales. — Lettres au sujet de la version du Nouveau Testament de Trévoux. — Instructions sur la version du Nouveau Testament de Trévoux.

Tome V. Défense de la tradition des SS. PP. — Instruction sur la lecture de l'Ecriture sainte.

Tome VI. Le premier et le second catéchisme. — Catéchisme des fêtes et autres solennités. — Prières ecclésiastiques. — Méditations pour le temps du jubilé, et instructions nécessaires pour le jubilé.

Tome VII. Statuts et ordonnances synodales. — Pièces concernant l'état de l'abbaye de Jouarre. — Cleri gallicani de ecclesiastica potestate declaratio, conventus generalis cleri gallicani, congregati anno 1700, in materiâ fidei et morum. — Mémoire au sujet de l'impression des ouvrages de doctrine composés par des évêques.

Tome VIII. Elévations à Dieu sur les mystères.

Tome IX. Méditations sur l'Evangile.

Tome X. Fin des Méditations sur l'Evangile. — Discours sur la vie cachée en Dieu. — Traité de la concupiscence. — Opuscules.

Tomes XI à XIV. Sermons. — Exhortations. — Instructions, etc., etc.

Tome XV. Suite des sermons. — Pensées chrétiennes et morales sur différents sujets.

Tome XVI. Panégyriques.

Tome XVII. Sermons pour les vêtures et professions religieuses. — Oraisons funèbres.

Tome XVIII. Exposition de la doctrine de l'Eglise catholique sur les matières de controverse. — Lettres relatives à l'Exposition, fragments sur diverses matières de controverse.

Tome XIX. Neuf livres de l'histoire des variations des églises protestantes.

Tome XX. Histoire des variations (fin).

Tome XXI. Avertissements aux protestants sur les lettres du ministre Jurieu contre l'histoire des variations, et défense de l'histoire des variations contre la réponse de H. Basnage, ministre de Rotterdam.

Tome XXII. Antiquité éclaircie sur l'immutabilité de l'Être divin, et sur l'égalité des trois personnes. — Etat présent des controverses et de la religion protestante contre les sixième et huitième lettres du tableau de M. Jurieu. — Sixième et dernier avertissement. — Extraits de quelques lettres de M. Burnet. — Dénombrement de quelques hérésies. — Instructions sur les promesses de l'Eglise.

Tome XXIII. Réfutation du catéchisme du sieur Paul Ferry. — Conférence avec M. Claude sur la matière de l'Eglise. — Réflexions sur un écrit de M. Claude. — Traité de la communion sous les deux espèces.

Tome XXIV. La tradition défendue sur la matière de la communion sous une espèce, contre les réponses de deux auteurs protestants. — Explication de quelques difficultés sur les prières de la messe à un nouveau catholique.

Tomes XXV et XXVI. Lettre pastorale aux nouveaux catholiques pour les exhorter à faire leurs pâques. — Règlement du séminaire des filles de la Propagation de la Foi. — Pièces concernant un projet de réunion des protestants de France à l'Eglise catholique. — Recueil de dissertations et de lettres composées dans la vue de réunir les protestants d'Allemagne de la confession d'Augsbourg à l'Eglise catholique.

Tome XXVII. Ordonnance et instruction pastorale de monseigneur l'évêque de Meaux sur les états d'oraison. — Actes de la condamnation des quiétistes.

Tome XXVIII. Tradition des nouveaux mystiques. — Divers écrits et mémoires sur le livre intitulé : Explication des maximes des Saints. — Préface sur l'instruction pastorale donnée à Cambrai le 15 septembre 1697.

Tome XXIX. Réponse à quatre lettres à M. l'archevêque de Cambrai. — De Novâ quæstione, tractatus tres (Mistici in tuto, schola in tuto, quietismus redivivus). — Relation sur le quiétisme.

Tome XXX. Remarques sur la réponse de M. l'archevêque de Cambrai à la relation sur le quiétisme. — Réponse d'un théologien à la première lettre de M. l'archevêque de Cambrai à M. l'évêque de Chartres. — Réponse aux préjugés décisifs pour M. l'archevêque de Cambrai. — Les passages éclaircis, ou réponse au livre intitulé : Les principales Propositions du livre des Maximes des Saints, justifiées par des expressions plus fortes des saints auteurs. — Mandement pour la publication de la constitution de N. S. P. le pape Innocent XII, du 12 mars 1699, portant condamnation et défense du livre intitulé : Explication des Maximes des Saints sur la vie intérieure. — Relation des actes et délibérations concernant le bref de N. S. P. le pape Innocent XII, portant condamnation du livre intitulé : Explication des Maximes des Saints. — Mémoire de ce qui est à corriger dans la Nouvelle Bibliothèque des auteurs ecclésiastiques de M. Dupin. — Remarques sur l'Histoire des conciles d'Ephèse et de Chalcédoine de M. Dupin. — Remarques sur un livre intitulé : La mystique cité de Dieu, etc. — Traité de l'usure. — Dissertatiunculæ quatuor adversus probabilitatem.

Tomes XXXI à XXXIII. Defensio declarationis conventus cleri gallicani anni 1682 de ecclesiasticâ potestate, suivie de l'appendix ad defensionem, etc. — Du mémoire présenté au roi contre le livre intitulé : De romani pontificis auctoritate, etc., par dom frère J.-T. de Roccaberti.

Tome XXXIV. De l'instruction de Mgr le dauphin, fils de Louis XIV. — Au pape Innocent XI. — De la connaissance de Dieu et de soi-même. — Traité du libre arbitre.

Tome XXXV. Discours sur l'Histoire universelle.

Tome XXXVI. Politique tirée des propres paroles de l'Écriture sainte.

Tomes XXXVII et XXXVIII. Lettres diverses. — Lettres de piété et de direction. — Lettres à la sœur Cornuau.

Tome XXXIX. Lettres (284) de piété et de direction. — Lettres (133) à l'abbesse et aux religieuses de l'abbaye de Jouarre.— Lettres (101) à des religieuses de différents monastères.

Tomes XL à XLII. Lettres (593) sur l'affaire du quiétisme, suivies de lettres (46) diverses.

Tome XLIII. Avertissements des éditeurs. — Mélanges, contenant les pièces suivantes : 1º Sur les trois Magdeleine ; 2º réponse à une consultation de Jacques II ; 3º sentiment sur deux questions (proposées par le roi Jacques II) ; 4º lettres au cardinal Janson ; 5º preuves du sentiment de l'évêque de Meaux sur la déclaration du roi d'Angleterre. — Discours de réception à l'Académie française. — Réponse de l'abbé Clérambauld. — Oraison funèbre de Bossuet, par le P. Delarue.

91. Œuvres de Bossuet, contenant le Discours sur l'Histoire universelle et les Oraisons funèbres. 1 vol. in-8. Paris, 1853.

BOUFFLERS (Stanislas, chevalier de), né en 1737, mort en 1815. Son nom, son esprit, et l'élégance de sa personne, lui firent obtenir les plus grands succès dans le monde. Il fut nommé successivement colonel de hussards en 1772, maréchal de camp en 1784, et gouverneur du Sénégal en 1785. De retour en France, l'Académie Française le reçut dans son sein. Élu député aux états généraux, il ne prit que très-peu de part aux grands événements qui se préparaient, et émigra à l'époque de la révolution. Il ne revint à Paris qu'en 1800.

92. Œuvres de Stanislas de Boufflers, membre de l'Institut et de la Légion d'honneur. Édition seule complète, ornée de 16 gravures et du portrait de l'auteur. 2 vol. in-8. Paris, 1813.

Tome I. Poésies diverses.— Chansons. — Discours académiques. — Discours de Boufflers lors de sa réception à l'Académie française. — Réponse au discours de réception de l'abbé Barthélemy à l'Académie française. — Eloge historique de l'abbé Barthélemy. — Traductions de Ceix et d'Alcione, une des métamorphoses d'Ovide; de l'histoire de Biblis; de différents morceaux de la tragédie d'Hippolyte, de Sénèque. — Voyage en Suisse. — Lettres à sa mère. — Lettre écrite des parages d'Afrique; de Malapone, en Haute-Silésie. — Fragment d'une relation d'un voyage de plaisir dans la Poméranie suédoise.

Tome II. Contes et nouvelles. — Mélanges sur l'erreur. — Sur la raison. — Pièces fugitives de plusieurs personnes de la famille de l'auteur.

BOUILLET (Marie-Nicolas), né en 1798. Ancien élève de l'Ecole normale, fut privé, en 1848, de sa place de proviseur au collège Bourbon. Il est actuellement inspecteur de l'Académie de la Seine. Quoique son ouvrage ne soit pas exempt d'erreurs, il n'en est pas moins d'une utilité incontestable.

93. Dictionnaire universel d'Histoire et de Géographie, contenant : 1° l'histoire proprement dite; 2° la biographie universelle; 3° la mythologie; 4° la géographie ancienne et moderne; par M.-N. Bouillet, proviseur du collège Bourbon, officier de la Légion d'honneur. 1 vol. grand in-8. 5e édition. Paris, 1847.

BOURDALOUE (Louis), né en 1632, mort en 1704. Jésuite aussi éloquent que profond théologien, il sut plaire à la cour malgré la sévérité de son langage et l'austérité de sa morale. Ses prédications eurent un succès immense, ce qui fit dire à Mme de Sévigné qu'elle n'avait jamais rien entendu de plus beau, de plus noble, de plus étonnant que ses sermons. Cet enthousiasme était partagé par Louis XIV, qui, par une faveur unique, le fit prêcher le Carême et l'Avent pendant dix ans de suite, en donnant pour raison qu'il aimait mieux entendre ses redites que les choses nouvelles d'un autre.

94. Sermons du père Bourdaloue, de la compagnie de Jésus, sur les mystères. 4e édition. 2 vol. in-12. Paris, imp. roy., 1726.

95. Sermons du père Bourdaloue, de la compagnie de Jésus, pour les dimanches. 4 vol. in-12. Paris, 1726.

96. Sermons du père Bourdaloue, de la compa-

gnie de Jésus, pour le caresme. Nouvelle édition. 3 vol. in-12. Paris, imp. roy., 1716.

97. EXHORTATIONS ET INSTRUCTIONS CHRÉTIENNES, par le père Bourdaloue, de la compagnie de Jésus. 2 vol. in-12. Paris, imp. roy., 1721-23.

98. SERMONS du père Bourdaloue, de la compagnie de Jésus, pour les fêtes des saints et pour des vestures et professions religieuses. 2 vol. in-12. Paris, 1747.

99. RETRAITE spirituelle à l'usage des communautés religieuses, par le père Bourdaloue de la compagnie de Jésus. 1 vol. in-12. Paris, 1747.

100. PENSÉES du père Bourdaloue, de la compagnie de Jésus, sur divers sujets de religion et de morale. 3e édition. 3 vol. in-12. Paris, 1758.

BOURGELAT (Cl.), né en 1712, mort en 1779, fondateur des écoles vétérinaires en France, commença par être avocat au parlement de Grenoble. Cette position ne lui convenant pas, il se fit mousquetaire, et profita des loisirs dont il pouvait disposer pour étudier à fond l'anatomie du cheval. Après avoir lu tous les ouvrages anciens et modernes relatifs à l'hippologie, il vit que tout était encore à faire, et ouvrit la première école vétérinaire à Lyon, en 1762, qui prit le titre d'école royale en 1764, et dont il fut le directeur jusqu'à sa mort. Le gouvernement avait nommé Bourgelat commissaire général des haras.

101. ÉLÉMENTS DE L'ART VÉTÉRINAIRE. Traité de la conformation extérieure du cheval; de sa beauté, de ses défauts, des considérations auxquelles il importe de s'arrêter dans le choix qu'on doit en faire pour les différents services; des soins qu'il exige pour le conserver en santé, de la nourriture, de la multiplication ou des haras, etc., par Cl. Bourgelat 8e édition, publiée avec des notes, par J.-B. Huzard. 1 vol. in-8. Paris, impr. royale, 1832.

BOUSSINGAULT (Jean-Baptiste-Joseph-Dieudonné), né en 1802, fut chargé, comme ancien élève de l'École des

Mines de Saint-Etienne, de diriger l'exploitation de quelques mines de l'Amérique méridionale. De retour en France, il fut nommé doyen de la Faculté des Sciences de Lyon, puis professeur suppléant de chimie à la Sorbonne. M. Boussingault, dont les travaux sont fort estimés, est membre de l'Institut depuis 1839.

102. ÉCONOMIE RURALE, considérée dans ses rapports avec la chimie, la physique et la météorologie; par J.-B. Boussingault, 2ᵉ édition. 2 vol. in-8. — Paris, 1850.

103. MÉMOIRES de chimie agricole et de physiologie, par Boussingault, membre de l'Institut. 1 vol. in-8. — Paris, 1854.

BOUTILLIER (Jean), né dans la seconde moitié du XIVᵉ siècle, mort au commencement du XVᵉ siècle, fut successivement bailli de Mortagne, et lieutenant du grand bailli de Tournai. M. Paillart de Saint-Aiglan a publié dans la bibliothèque de l'École des Chartes (2ᵉ série, tome IV) un mémoire fort intéressant sur ce jurisconsulte.

104. SOMME RURALE, ou le grand Coustumier général de practique civil et canon, composé par M. Jean Bouteiller, conseiller du roy en la cour de parlement. Reveu, corrigé sur l'exemplaire manuscript, illustré de commentaires et annotations, enrichies de plusieurs ordonnances royaux, arrests des cours souveraines, singulières antiquités, et notables décisions du droict romain, et autres observations, par Louys Charondas Le Caron, jurisconsulte parisien. Ensemble trois indices des titres ou rubriques, chapitres et matières traictées tant en ladite Somme, qu'en commentaires et annotations. 1 vol. in-4.
— Paris, 1603.

BOYER (le baron Alexis), né en 1760, mort en 1833. Élève et ami de Desault, ce célèbre chirurgien commença par être attaché à l'hôpital de la Charité. Un cours de médecine opératoire, puis de clinique externe, qu'il fit à l'École de santé, attira sur lui la bienveillance du gouvernement. L'empereur Napoléon I le nomma son premier chirurgien.

A la Restauration, Louis XVIII l'attira à lui, et il reçut le titre de chirurgien consultant, place qu'il a conservée auprès de Charles X et de Louis-Philippe. En 1825, il devint chirurgien en chef de la Charité et membre de l'Institut.

105. Traité des maladies chirurgicales et des opérations qui leur conviennent, par Boyer. 5° édition, publiée par son fils, le baron Philippe Boyer, chirurgien de l'Hôtel-Dieu, etc. 7 vol. in-8.   Paris, 1843-1853.

Tome I. Hygiène, pathologie et thérapeutique chirurgicales, anomalies, inflammation, abcès, gangrène, brûlure, congélation, plaies.

Tome II. Maladies de la peau et des membranes muqueuses, morve, tissu cellulaire et adipeux, maladies des artères, des veines, des vaisseaux et des ganglions lymphatiques, des nerfs, des muscles et des tendons, des cartilages et des fibro-cartilages, du système séreux, le squirrhe, le cancer, les tubercules, les calculs, les corps étrangers, l'ulcération et les ulcères, les fistules, les scrofules, la syphilis.

Tome III. Maladies des os.

Tome IV. Maladies des membres, amputations, maladies de la tête, des yeux.

Tome V. Maladies de l'oreille, du nez et des fosses nasales, de la bouche, du cou, de la poitrine, des parties génitales de la femme.

Tome VI. Les plaies de l'abdomen, les hernies, les maladies de l'anus et du rectum, et les maladies des organes génitaux de l'homme.

Tome VII. Des maladies des voies urinaires, des moyens anesthétiques. — Table alphabétique des matières.

BRANTOME (Pierre de Bourdeilles, seigneur de l'abbaye de), né vers 1527, mort en 1614. Gentilhomme de la chambre des rois Charles IX et Henri III, et chambellan du duc d'Alençon. Le seul écrivain de son époque dont les écrits aient conservé une renommée aussi universelle. Ses récits, dit M. de Barante, sont un tableau vivant et animé de tout son siècle. Sa curiosité et l'inquiétude de son caractère, l'avaient mêlé à toutes les affaires comme témoin, si ce n'est comme acteur. Enfin, ce qu'il rapporte, et peut-être la façon dont il le rapporte, nous fait vivre au milieu de ce siècle, où la chevalerie et les mœurs indépendantes avaient fini, tandis que les mœurs soumises et réglées des temps modernes n'étaient pas encore établies. On ajoute ordinairement à l'édition que nous citons ci-dessous les œuvres d'André de Bourdeilles, frère de Pierre, publiées en 1823, par M. de Monmerqué.

106. ŒUVRES COMPLÈTES du seigneur de Brantôme, accompagnées de remarques historiques et critiques. Nouvelle édition collationnée sur les manuscrits autographes de la Bibliothèque du Roi et augmentée de fragments inédits. 7 vol. in-8. Paris, 1822.

TOME 1. Notice sur Pierre de Bourdeilles, abbé et seigneur de Brantôme, et sur ses ouvrages, par Monmerqué. — Observations bibliographiques sur les ouvrages de Brantôme et sur les principales éditions qui en ont été publiées jusqu'à présent. — Pièces justificatives. — Lettres à la reine Marguerite. — Vies des hommes illustres et grands capitaines estrangers. — Discours 1 à 52.

TOME II. Vies des hommes illustres et grands capitaines français. — Discours 1 à 64.

TOME III. Discours 65 à 82 (suite).

TOME IV. Vies des hommes illustres (suite). — Discours 83 à 89.

TOME V. Dames illustres françaises et étrangères. — Discours 1 à 9. — Opuscules divers. — Arguments de ce que contiennent les dix livres de Lucain. — Commencement du premier livre de Lucain. — Epître dédicatoire à Marguerite de Valois sur les harangues militaires. — Harangue militaire et soldatesque de César avant la bataille de Pharsale. — Harangue de Pompée sur le point de la journée pharsalique. — Comparaison des deux harangues précédentes. — Epître dédicatoire à la reine Marguerite. — Harangue que fit la reine Cléopâtre à Jules César, lorsqu'il vint en Egypte poursuivant Pompée. — Fragment de la vie de François de Bourdeilles, père de Brantôme. — Oraison funèbre de madame de Bourdeilles. — Tombeau de madame de Bourdeilles. — Autre tombeau de la même. — Epitaphe ou tombeau de madame d'Aubeterre. — Autre tombeau de la même. — Nombre et roles de mes nepveux, petits nepveux, etc. — Combat. — Testament et codicille de F. de Bourdeilles. — Premier codicille, acte notarial pour ce testament. — Dernier codicille.

TOME VI. Mémoires touchant les duels. — Gentillesses et rodomontades espagnoles — A la reine Marguerite de France. — Avertissement. — Serments et jurements espagnols. — Belles retraites d'armées de diverses nations.

TOME VIII. Vies des dames galantes. — Discours 1 à 7.

BREQUIGNY (Louis-Georges Oudard Fendrix de), né en 1716, mort en 1795. Cet érudit infatigable a rendu de grands services aux études historiques. Il visita, en 1764, les archives de Londres, où il recueillit une grande quantité de matériaux, négligés par Campden, Rymer, et les autres historiens anglais. Bréquigny était membre de l'Académie Française et de l'Académie des Inscriptions et Belles-Lettres. Les deux ouvrages que nous enregistrons ici sont les compléments indispensables du Recueil des historiens de France, et de la collection des ordonnances.

107. DIPLOMATA, Chartæ, epistolæ, et alia documenta, ad res francicas spectantia, ex diversis regni, exterarumque regionum Archivis ac Bibliothecis, jussu regis christianissimi, multorum eruditorum curis, plurimum ad id conferente congregatione S. Mauri, eruta, notis illustrarunt, et ediderunt L.-G.-O. Feudrix de Bréquigny et F. S. G. La Porte du Theil. 3 vol. in-folio. Paris, 1791.

TOME I. Diplomata, chartas et instrumenta ætatis merovengicæ exhibens (475-721).
TOME II. Gesta Innocentii papæ III (1198-1208). — Index chronologicus.
TOME III. Innocentii papæ III epistolæ (1200-1215).

108. TABLE CHRONOLOGIQUE des diplômes, chartes, titres et actes imprimés, concernant l'histoire de France, par M. de Bréquigny, de l'Académie royale des Inscriptions et Belles-Lettres. 6 vol. in-folio.   Paris, imp. roy., 1769-1850.

TOME I. Diplômes et chartes de 142 à 1031.
TOME II. 1032-1136.
TOME III. 1137-1179.
TOME IV. 1180-1213.
TOME V. 1214-1239.
TOME VI. 1240-1270.

BRILLAT-SAVARIN (Anthelme), né en 1755, mort en 1826. Ce spirituel épicurien était député à l'Assemblée constituante, et membre du tribunal de cassation. Traduit devant le comité révolutionnaire comme fédéraliste, il échappa à la proscription et se retira en Amérique de 1793 à 1796. Rentré en France, il fut nommé commissaire du Directoire près le tribunal criminel de Versailles, puis juge du tribunal de cassation, place qu'il conserva jusqu'à sa mort. Son livre, dont la réputation est universelle, a été mis au rang des classiques de la table.

109. Physiologie du gout, ou Méditations de gastromie transcendante, par Brillat-Savarin, 4e édition. 2 vol. in-8. Paris, 1834.

BRONGNIART (Alexandre), né en 1770, mort en 1847. Ce minéralogiste avait été nommé successivement ingénieur des mines en 1794, professeur d'histoire naturelle à l'École des Quatre-Nations en 1796, professeur de minéralogie au Muséum en 1822, et enfin directeur de la manufacture de porcelaine de Sèvres. Dans cette dernière position, il fit faire de grands progrès à la science, perfectionna l'industrie de la peinture sur verre et créa le musée céramique. Il avait été nommé membre de l'Institut en 1815. Il est bon de joindre à son Traité des arts céramiques la description du musée céramique, rédigée par lui et Riocreux, et qui forme deux volumes in-4.

110. Traité élémentaire de minéralogie, avec des applications aux arts, ouvrage destiné à l'enseignement dans les lycées nationaux, par Alex. Brongniart. 2 vol. in-8. Paris, 1807.

111. Traité des arts céramiques, ou des Poteries considérées dans leur histoire, leur pratique et leur théorie, par Alex. Brongniart, membre de l'Institut, etc., etc. 2 vol. in-8 et un atlas.
Paris, 1844.

BRONGNIART (Adolphe-Théodore), né en 1801, s'est occupé spécialement de phytologie antédiluvienne et de physiologie botanique. L'Académie des Sciences l'a admis au nombre de ses membres en 1834. M. Brongniart est professeur de botanique au Jardin des Plantes de Paris.

112. Histoire des végétaux fossiles, ou Recherches botaniques et géologiques sur les végétaux renfermés dans les diverses couches du globe. 2 vol. gr. in-4. Paris, 1828, et ann. suiv.

BROUSSAIS (F.-J.-V.), né en 1772, mort en 1838. Ce célèbre chef de l'école physiologique commença par exercer la médecine au milieu des camps. A la révolution de

1830, la réputation dont il jouissait était à son apogée, et le gouvernement le nomma professeur de pathologie et de thérapeutique générales à la Faculté de Paris. Broussais était membre de l'Académie des Sciences morales et politiques, depuis 1829. Il est bon de réunir à ses principaux ouvrages celui de Coste, intitulé : *Histoire critique de la doctrine physiologique de Broussais*.

113. EXAMEN DES DOCTRINES MÉDICALES et des systèmes de nosologie, précédé de propositions renfermant la substance de la médecine physiologique. 3ᵉ édition. 4 vol. in-8. Paris, 1829-34.

114. HISTOIRE DES PHLEGMASIES ou Inflammations chroniques, fondées sur de nouvelles observations de clinique et d'anatomie pathologique. 5ᵉ édition. 3 vol. in-8. Paris, 1838.

115. DE L'IRRITATION ET DE LA FOLIE, ouvrage dans lequel les rapports du physique et du moral sont établies sur les bases de la médecine physiologique. 2ᵉ édition. 2 vol. in-8. Paris, 1839.

BRUNET (Jacques-Charles), né en 1780. On doit à ce bibliographe distingué un livre excellent, et qui jouit d'une réputation trop universelle pour qu'il soit besoin d'en faire ici l'éloge. Ajoutons néanmoins que, s'il est bon à consulter pour le mérite des éditions, il n'est presque d'aucun secours pour en fixer la valeur.

116. MANUEL DU LIBRAIRE ET DE L'AMATEUR DE LIVRES, contenant 1° un nouveau Dictionnaire bibliographique, dans lequel sont décrits les livres rares, précieux, singuliers, et aussi les ouvrages les plus estimés, etc.; 2° une table en forme de catalogue raisonné, par Jacq.-Charles Brunet. 4ᵉ édition. 5 vol. in-8. Paris, 1842.

BRUSSEL (Nicolas), mort en 1750. Conseiller du roi. Son livre est indispensable pour l'étude de la jurisprudence au moyen âge.

117. NOUVEL EXAMEN de l'usage général des Fiefs en France pendant les xıᵉ, xııᵉ, xıııᵉ et xıvᵉ siècles. 2 vol. in-4. Paris, 1727.

BUCHON (Jean-Alexandre), né en 1791, mort en 1846. Cet érudit, nommé inspecteur général des bibliothèques en 1828, fut destitué sous le ministère Polignac, en raison de ses opinions avancées. En dehors des collections de chroniques et du Panthéon littéraire, qu'il a édités, il est auteur de publications historiques fort estimées.

118. Recherches historiques sur la principauté française de Morée et ses hautes baronnies. Le livre de la Conqueste, de la princée de la Morée, publié pour la première fois d'après un manuscrit de la bibliothèque des ducs de Bourgogne à Bruxelles, avec notes et éclaircissements, par Buchon. 2 vol. in-8. Paris, 1845.

<small>Tome 1. Première époque. — Conquête et établissement féodal, de l'an 1205 à l'an 1333.

Tome II. Βιβλίον της Κουγκεστας et autre poëme grec inédit suivi du code diplomatique de la princée de Morée.</small>

119. Nouvelles Recherches historiques sur la principauté française de Morée et ses hautes baronnies à la suite de la quatrième croisade, faisant suite aux Éclaircissements historiques, généalogiques et numismatiques sur la principauté française de Morée, 2 vol. in-8 et atlas.

Paris, 1843.

BUFFON (Georges-Louis-Leclerc, comte de), né en 1707. mort en 1788. Ce célèbre naturaliste s'adonna dans sa jeunesse à l'étude des sciences mathématiques, physiques et naturelles. Différents mémoires qu'il publia le firent nommer membre de l'Académie des Sciences dès 1733. Appelé à la place d'intendant du Jardin du Roi, il étudia plus particulièrement la zoologie, et avec l'aide de son ami d'enfance, Daubenton, il publia les quinze premiers volumes de son Histoire naturelle, qu'il continua avec la collaboration de Gueneau de Montbelliard et de l'abbé Bexon, jusqu'au trente-deuxième volume. Nous indiquons ici les deux meilleures éditions de Buffon, la première est l'édition originale la plus recherchée ; la seconde, actuellement en cours de publication, semble répondre aux exigences de la science actuelle. Il est nécessaire de joindre à l'histoire naturelle de Buffon l'ouvrage de M. Flourens, intitulé : *Buffon, Histoire de ses travaux et de ses idées*, 1 volume in-12, 1844.

120. HISTOIRE GÉNÉRALE et particulière, avec la description du Cabinet du roy. 44 vol. in-4.
Paris, imp. roy., 1749-1804.

TOME I. Premier discours : de la manière d'étudier et de traiter l'histoire naturelle. — Second discours : histoire et théorie de la terre.

TOMES II et III. Histoire générale des animaux. — Histoire naturelle de l'homme.

TOME IV. Lettre de MM. les députés et syndic de la Faculté de théologie à M. de Buffon. — Réponse de Buffon. — Seconde lettre des députés. — Discours sur la nature des animaux. — Quadrupèdes.

TOMES V à XV. Quadrupèdes (suite et fin).

TOMES XV à XXII. Supplément.

TOMES XXIII à XXXI. Oiseaux.

TOMES XXXII à XXXVI. Minéraux.

TOMES XXXVII et XXXVIII. Ovipares et serpents, par Lacépède.

TOMES XXXIX à XLIII. Poissons, par Lacépède.

TOME XLIV. Cétacées, par Lacépède.

121. ŒUVRES COMPLÈTES DE BUFFON, nouvelle édition comprenant la nomenclature linnéenne et la classification de Cuvier, revue sur l'édition in-4 de l'Imprimerie royale, et annotée par M. Flourens, 12 vol. grand in-8.
Paris, 1852 et années suiv.

BULLETIN DES LOIS... Ce Recueil important a été fondé en 1793, et contient tous les actes émanants de l'autorité supérieure depuis cette époque jusqu'à nos jours.

122. BULLETIN DES LOIS. 192 vol.
Paris, 1793 et ann. suiv.

BURNOUF (Eugène), né en 1801, mort en 1852. Le plus grand orientaliste français, après Silvestre de Sacy, était fils de Louis Burnouf, l'auteur de la célèbre grammaire grecque. S'étant fait recevoir avocat dans sa jeunesse, il abandonna bientôt l'étude de la jurisprudence pour celle des langues orientales. Chargé d'enseigner la grammaire générale à l'École normale, il fut nommé en 1832 professeur de langue et de littérature sanscrite au Collége de

France. Burnouf est le premier qui ait traduit la langue zend, dont les caractères n'avaient pas encore pu être déchiffrés. Un travail excessif causa sa mort, qui fut regrettée universellement. Il venait d'être nommé inspecteur général de l'enseignement supérieur, et secrétaire perpétuel de l'Académie des Inscriptions et Belles-Lettres, dont il était membre depuis 1832. M. Obry a publié en 1835 un rapport sur les travaux philologiques de M. Burnouf relatifs à la langue zende; et dernièrement M. Naudet a lu à la séance publique de l'Académie des Inscriptions et Belles-Lettres, un mémoire sur la vie et les ouvrages de ce célèbre orientaliste.

123. COMMENTAIRE SUR LE YAÇNA, l'un des livres religieux des Perses, ouvrage contenant le texte zend expliqué pour la première fois, les variantes des quatre manuscrits de la Bibliothèque royale et la version sanscrite inédite de Nériosengh. 1 vol. in-4   Paris, impr. roy., 1833.

124. VENDIDAD-SADE, l'un des livres de Zoroastre, publié d'après le manuscrit zend de la Bibliothèque du roi, avec un commentaire, une traduction nouvelle et un mémoire sur la langue zend, considérée dans ses rapports avec le sanscrit et les anciens idiomes de l'Europe, par E. Burnouf. 1 vol. in-fol.   Paris, 1829-43.

125. INTRODUCTION A L'HISTOIRE DU BUDDHISME INDIEN, par E. Burnouf. 1 vol. in-4.
Paris, 1844.

126. LE LOTUS DE LA BONNE LOI, traduit du sanscrit, accompagné d'un commentaire et de vingt et un mémoires relatifs au boudhisme, par M. E. Burnouf, secrétaire perpétuel de l'Académie des Inscriptions et Belles-Lettres. 1 vol. gr. in-4.
Paris, 1852.

C

CABANIS (P.-J.-Georges), né en 1757, mort en 1808. Un des physiologistes les plus remarquables des temps modernes, fut longtemps incertain dans le choix d'une profession. Il se décida enfin pour la médecine, et se fit en peu de temps une grande réputation. Lié avec toutes les célébrités de son temps, et particulièrement avec Mirabeau et Condorcet, Cabanis fut nommé professeur d'hygiène aux écoles de Paris, professeur de clinique à l'École de médecine, appelé comme représentant du peuple au Conseil des Cinq-Cents, et choisi plus tard pour faire partie du Sénat conservateur. De larges et rudes travaux dans la science et la politique abrégèrent rapidement ses jours, il ne put résister à tant de fatigues, et mourut frappé d'une attaque d'apoplexie.

127. Œuvres complètes de Cabanis, membre du Sénat, de l'Institut, de l'École et société de médecine de Paris, etc., accompagnées d'une notice sur sa vie et ses ouvrages. 5 vol. in-8.
Paris, 1823.

Tome I. Révolutions et réformes de la médecine.—Rapport fait au conseil des Cinq-Cents sur l'organisation des écoles de médecine. — Du degré de certitude de la médecine.

Tome II. Journal de la maladie et de la mort de Mirabeau. — Observations sur les affections catarrhales. — Note sur le supplice de la guillotine. — Quelques principes et quelques vues sur les secours publics. — Observations sur les hôpitaux. — Travail sur l'éducation publique. — Note sur un genre particulier d'apoplexie.

Tomes III et IV. Rapports du physique et du moral de l'homme, suivi d'un extrait raisonné servant de table analytique, par le comte Destutt de Tracy.

Tome V. Lettre à M. S** sur les causes premières. — Discours d'ouverture du cours sur Hippocrate. — Discours de clôture sur Hippocrate. — Éloge de Vicq d'Azyr. — Notice sur Benjamin Franklin. — Lettre à M. T. sur les poëmes d'Homère. Fragments de la traduction de l'Iliade (en vers). — Serment d'un médecin (en vers).

128. Rapport du physique et du moral de l'homme, et lettres sur les causes premières, par P.-J.-G. Cabanis, précédé d'une table analytique, par Destutt de Tracy, 8e édition, augmentée de notes, et précédée d'une Notice historique et philosophique sur la vie, les travaux et les doctrines de Cabanis, par L. Peisse. 5 vol in-8.
Paris, 1844.

CAHEN (Samuel), né en 1796. Ce savant hébraïsant étai

destiné dans sa jeunesse au rabbinat. Après un long séjour en Allemagne, où il s'occupa de philosophie et de littérature, il revint à Paris, et devint directeur de l'école israélite de cette ville. M. Cahen est actuellement l'un des conservateurs de la bibliothèque Sainte-Geneviève.

129. LA BIBLE, traduction nouvelle, avec l'hébreu en regard, accompagné des points-voyelles et des accents toniques avec des notes philologiques, géographiques et littéraires, et les principales variantes de la version des Septantes et du texte samaritain, par S. Cahen. 18 vol. in-8.
Paris, 1831-36.

TOME I à V. Pentateuque.
TOMES VI et XII. Les Prophètes.
TOMES XIII à XVIII. Hagiographie

130. ARCHIVES ISRAÉLITES. Recueil religieux, moral et littéraire, par une société d'hommes de lettres, sous la direction de Cahen, traducteur de la Bible. 15 vol. in-8.   Paris, 1840 et ann. suiv.

Ce recueil, fondé en 1840, paraît les 1er et 15 de chaque mois.

CALMET (dom Augustin), né en 1672, mort en 1757, bénédictin de la congrégation de Saint-Maur, célèbre par son érudition et son ardeur infatigable, a produit un grand nombre d'ouvrages considérables. On joint ordinairement à son *Histoire ecclésiastique et civile de Lorraine* les trois ouvrages suivants : 1º la *Notice de Lorraine*, etc., en 2 volumes in-folio; 2º la *Suite des Portraits des ducs et duchesses de la maison royale de Lorraine*, etc., en 2 volumes in-folio; 3º *Bibliothèque lorraine ou Histoire des Hommes illustres*, en 1 volume in-folio. Le Dictionnaire de la Bible a été réédité en 4 volumes in-4 dans ces derniers temps par l'abbé Migne, sous ce titre : *Dictionnaire de la Bible*, par Dom Calmet, et actualisé par l'abbé A.-F. James.

131. DICTIONNAIRE HISTORIQUE, critique, chronologique, géographique et littéral de la Bible, enrichi de plus de 300 figures en taille-douce qui représentent les antiquitez judaïques. Nouvelle édition revue, corrigée et augmentée, dans

laquelle le Supplément a été exactement refondu, par le révérend père dom Augustin Calmet, religieux bénédictin, abbé de Senones. 4 vol. in-fol. Paris, 1750.

132. Histoire ecclésiastique et civile de Lorraine, qui comprend ce qui s'est passé de plus mémorable dans l'archevêché de Trèves et dans les évêchés de Metz, Toul et Verdun, depuis l'entrée de Jules-César dans les Gaules jusqu'à la mort de Charles V, duc de Lorraine, arrivée en 1690, avec les pièces justificatives à la fin. Le tout enrichi de cartes géographiques, de plans de villes et d'églises, de sceaux, de monnoyes, de médailles, de monuments, etc., gravez en taille-douce, par le R. P. dom Augustin Calmet, abbé de Saint-Léopold de Nancy, président de la congrégation de Saint-Vannes et de Saint-Hydulphe, prieur titulaire de Saint-Llou de Lay. 1 vol. in-fol. Nancy, 1728.

CALVIN (Jean), né en 1509, mort en 1564. Fils d'un tonnelier, ce célèbre novateur fut pourvu, dès l'âge de douze ans, d'un bénéfice dans la cathédrale de Noyon. Venu à Paris pour y terminer ses études, il s'attacha à la doctrine nouvelle, se défit de ses bénéfices, étudia le droit, et se fit remarquer par son zèle pour la nouvelle religion. Forcé de fuir de Paris où on le recherchait, il se cacha en Saintonge, et de là à Nérac, auprès de Marguerite, reine de Navarre. Revenu à Paris, on le força de s'exiler de nouveau et de se retirer à Bâle, où il termina son fameux ouvrage de l'Institution chrétienne. Après un séjour assez long fait en Italie, puis à Genève, il se retira à Strasbourg, et y professa la théologie, mais rappelé par les Genevois, il céda à leur désir, et vint se fixer définitivement dans cette cité, où il réforma tout, la religion, la morale et la politique. Nous donnons ici la meilleure édition de ses œuvres complètes, et quelques autres plus modernes.

133. Joannis Calvini noviodunensis opera omnia; in novem tomos digesta. Editio omnium novissima, ad fidem emendatiorum codicum quam accuratissime recognita, et indicibus locu-

pletissimis non sine maximo labore et studio adornata. 9 vol. in-fol.   Amstelodami, 1671.

Tome I. Joannis Calvini vita a Theodoro Beza. — Commentarii in Pentateuchum et librum Josuæ.

Tome II. Homiliæ in librum Samuelis, uti et conciones in librum Jobi.

Tome III. Commentarii in librum Psalmorum nec non in Jesaiam prophetam.

Tome IV. Prælectiones in librum prophetiarum Jeremiæ et Lamentationes nec non in Ezechielis prophetæ viginti capita priora : Joannis Budæi et Caroli Jonvillæi labore et industria excerptæ.

Tome V. Prælectiones in librum prophetiarum Danielis, Joannis Budæi et C. Jonvillæi labore excerptæ, nec non in duodecim prophetas (quas vocant minores).

Tome VI. Commentarii in quatuor evangelistas nec non in Acta apostolorum.

Tome VII. Commentarii in omnes epistolas sancti Pauli apostoli, atque etiam in epistolam ad Hebræos; nec non in epistolas canonicas.

Tome VIII. Tractatus theologici omnes, additi sunt commentarii in libros Senecæ de Clementia.

Tome IX. Institutionum christianæ religionis libri quatuor. Editio postrema cui accesserunt epistolæ atque responsa, tam ipsius Calvini quam insignium aliorum in Ecclesia Dei virorum.

134. INSTITUTION DE LA RELIGION CHRÉTIENNE, nouvellement mise en quatre livres, et distinguée par chapitres en ordre et méthode bien propre, augmentée aussi de tel accroissement, qu'on la peut presque estimer un livre nouveau, par Jean Calvin. 1 vol. in-fol.   1562.

135. COMMENTAIRES DE JEHAN CALVIN sur le Nouveau Testament. 2 vol. in-8.   Paris, 1854.

CAMUS (Armand-Gaston), né en 1740, mort en 1804. La connaissance du droit canonique qu'avait Camus le fit nommer avocat du clergé de France. Il joua un rôle assez important pendant toute la durée de la révolution, et fut successivement député aux États-Généraux, à la Convention nationale, et membre du Conseil des Cinq-Cents, qu'il présida. Ce que la France savante doit à Camus est immense, et l'on ne saurait trop louer la conduite qu'il tint en qualité de conservateur des Archives nationales pendant la durée de la révolution. Nous donnons ici l'ouvrage le plus célèbre de ce bibliographe.

136. PROFESSION D'AVOCAT. — Recueil de pièces

concernant l'exercice de cette profession, dédié au roi, par Dupin aîné, ancien bâtonnier de l'ordre des avocats, membre de l'Institut (Académie française). 2 vol. in-8.   Paris, 1832.

<small>Tome I. Préface. — Discours prononcé à l'ouverture des conférences de la Bibliothèque, par Dupin aîné. — Histoire abrégée de l'ordre des avocats, par Boucher d'Argis. — Pasquier, ou dialogue des avocats du Parlement de Paris, par Loysel. — Études nécessaires à l'exercice de la profession d'avocat. — Lettres de Camus sur la profession d'avocat. — Collection de documents divers relatifs à la profession d'avocat.
Tome II. Bibliothèque choisie de livres de droit, ou catalogue raisonné des livres de droit qu'il est le plus utile d'acquérir ou de connaître.</small>

CANDOLLE (Auguste-Pyrame de), né en 1778, mort en 1841. Ce célèbre botaniste commença par être professeur de botanique à Montpellier. Il passa plus tard en la même qualité à l'Académie de Genève, et devint directeur du jardin et du muséum d'histoire naturelle de la même ville. L'Académie des sciences l'avait nommé l'un de ses correspondants. M. de La Rive a publié dans la Bibliothèque universelle de Genève (1844) une notice étendue sur la vie et les ouvrages de cet illustre savant. Il faut joindre au Prodromus de Candolle l'ouvrage de M. W. Buek, édité à Berlin de 1839 à 1840, et intitulé : *Genera, species et Synonyma Candolleana alphabetico ordine disposita, seu index generalis et specialis ad A.-P. de Candolle Prodromum systematis naturalis regni vegetabilis.* 2 vol. in-8.

137. ORGANOGRAPHIE VÉGÉTALE, ou Description raisonnée des organes des plantes, pour servir de suite et de développement à la théorie élémentaire de la botanique, et d'introduction à la physiologie végétale et à la description des familles, avec 60 planches en taille-douce, par M. Aug.-Pyr. de Candolle. 2 vol. in-8.
   Paris, 1827.

138. PHYSIOLOGIE VÉGÉTALE, ou Exposition des forces et des fonctions vitales des végétaux, pour servir de suite à l'organographie végétale, et d'introduction à la botanique géographique et

agricole, par M. Aug.-Pyr. de Candolle. 3 vol. in-8.   Paris, 1832.

139. PRODROMUS SYSTEMATIS NATURALIS REGNI VEGETABILIS, sive Enumeratio contracta ordinum, generum, specierumque plantarum huc usque cognitarum, auctore de Candolle. 13 vol. in-8.
Paris, 1824-1852.

TOME I. Sistens Thalamiflorarum Ordines LIV.
TOME II. Sistens Calyciflorarum Ordines X.
TOME III. Sistens Calyciflorarum Ordines XXVI.
TOME IV. Sistens Calyciflorarum Ordines X.
TOME V. Sistens Calycereas et Compositarum tribus priores.
TOME VI. Sistens Compositarum continuat.
TOME VII. Sectio prior. Sistens Compositarum tribus ultimas et ordinis mantissam. — Sectio poster. Sistens ultimos Calyciflorarum Ordines.
TOME VIII. Sistens Corolliflorarum Ordines XIII.
TOME IX. Sistens Corolliflorarum Ordines IX.
TOME X. Sistens Borragineas proprie dictas, Hydrolaceas et Scrofulariaceas cum indice nominum et synonymorum, ordines IX.
TOME XI. Sistens Orobanchaceas, Acantbaceas, Phrymaceas et Verbenaceas.
TOME XII. Sistens Labiatas et quinque minores ordines Corolliflorarum,
TOME XIII. Sectio prior sistens Corollifloras supra omissas, nempe Solanaceas, Diapensieas et Plantaginaceas. — Sectio poster. Sistens Monochlamydearum Ordines V.

CARREL (Armand), né en 1800, mort en 1836, embrassa dans sa jeunesse la carrière militaire. Ayant donné sa démission en 1823, il passa en Espagne dans un bataillon du régiment de Napoléon II, qui soutenait le parti de la constitution. Arrêté quelque temps après, et condamné à mort il put heureusement s'échapper et revenir à Paris sans être inquiété. C'est alors qu'il conçut, avec MM. Mignet et Thiers, l'idée de fonder *le National*. En 1830, le gouvernement le nomma préfet du Cantal, mais il refusa, désirant rester à la tête du journal politique *le National*. Il était à la veille d'être élu député, lorsqu'il fut blessé à mort dans un duel avec Emile de Girardin. Armand Carrel a laissé une réputation qui n'est pas au-dessus de son véritable mérite.

140. ŒUVRES LITTÉRAIRES ET ÉCONOMIQUES D'ARMAND CARREL, recueillies et annotées par Ch.

Romey, et précédées d'une notice biographique par M. Littré, membre de l'Institut. 1 vol. grand in-18. Paris, 1854.

Préface. — Notice biographique. — Du commerce de la Grèce moderne considéré dans son influence sur la régénération politique de cette nation. — A propos d'une brochure intitulée : « D'un nouveau complot contre les industriels. » — Sur l'Histoire de la Révolution française, par M. Thiers. — De l'Espagne et de sa révolution. — De la guerre d'Espagne en 1823. — Sur les mémoires, sur les campagnes des armées de Rhin-et-Moselle, de 1792 jusqu'à la paix de Campo-Formio, par le maréchal Gouvion Saint-Cyr. — La mère de Washington. — Une mort volontaire. — George IV. — Zumalacarreguy. — Sieyès. — Sur le Paradis perdu, traduction de M. de Chateaubriand. — Extrait du dossier d'un prévenu de complicité morale dans l'attentat du 28 juillet. — Rapport sur le manifeste de la société des Droits de l'Homme, lu à la Société de défense commune de la liberté de la presse, le 8 décembre 1833. — Appendice. — Duel et mort de Carrel.

141. Histoire de la Contre-Révolution en Angleterre sous Charles II et Jacques II, par A. Carrel. 1 vol. in-8. Paris, 1827.

CARTE TOPOGRAPHIQUE, etc. Cette Carte admirablement exécutée, est réduite à l'échelle de 1 pour 80,000, et contiendra, lorsqu'elle sera terminée, 259 feuilles grand aigle, lesquelles sont accompagnées d'une table alphabétique des positions géographiques.

142. Carte topographique de la France, commencée par le corps des ingénieurs géographes, continuée par le corps d'état-major, et gravée au dépôt de la guerre sous la direction du lieutenant général comte Pelet. 259 feuilles in-plano. Paris, 1841 et ann. suiv.

CASSINI DE THURY (César-François), né en 1714, mort en 1784. Adjoint surnuméraire de l'Académie des Sciences à l'âge de vingt-deux ans, il devint bientôt maître des comptes, et directeur de l'Observatoire. Héritier d'un grand nom, il voulut lui conserver l'éclat que ses aïeux lui avaient donné, et conçut le projet de lever le plan topographique de la France entière. Malheureusement il ne put voir achever entièrement son œuvre, et ce fut son fils Jacques-Dominique qui eut l'honneur de terminer cette magnifique entreprise.

143 CARTE DE LA FRANCE, publiée sous la direction de l'Académie des Sciences, par Jacques Dom. Cassini de Thury, Camus et Montigny, sur une échelle d'une ligne pour 100 toises. In-folio de 183 feuilles, y compris les deux tableaux d'assemblage et la carte des triangles.

Paris, 1744-1787.

CATALOGUE DES LIVRES, etc.... Ce Catalogue, dû aux soins des abbés Sallier, Boudot et Capperonnier, n'a malheureusement jamais été terminé. Depuis longtemps le conservatoire de la Bibliothèque impériale promet la publication d'un catalogue général, et dernièrement encore, M. Taschereau, administrateur-adjoint, a adressé un rapport au ministre de l'instruction publique, à la suite duquel M. Didot a été chargé de l'impression du premier volume. Nous espérons qu'il n'en sera pas de celui-ci comme du premier.

144. CATALOGUE des livres imprimés de la Bibliothèque du roi. 6 vol. in-folio.

Paris, 1739-1750.

TOME I. Mémoire historique sur la Bibliothèque du roy. — Catalogue des livres de la théologie.

TOMES II et III. Théologie (suite et fin).

TOMES IV et V. Belles-lettres.

TOME VI. Jurisprudence.

CATALOGUE GÉNÉRAL, etc... Cette collection, due à l'initiative de M. Villemain, est commencée depuis longtemps, et n'est encore composée que de deux volumes. Les catalogues des manuscrits des bibliothèques départementales avaient été du reste déjà publiés, pour la plupart, par les conservateurs de ces établissements. Les savants chargés de la publication sont MM. Le Clerc, Hase, Reinaud, Libri, Taranne, qui examinent et corrigent, s'il est besoin, les travaux envoyés par les bibliothécaires.

145. CATALOGUE GÉNÉRAL DES MANUSCRITS des bibliothèques publiques des départements, publié sous les auspices du ministre de l'instruction publique. 2 vol. in-4

Paris, imp. imp., 1849 et ann. suiv.

TOME I. Introduction. — Manuscrits de la bibliothèque du séminaire d'Autun, — de la bibliothèque de Laon, — de la bibliothèque de la ville de Montpellier, — de la bibliothèque de l'École de médecine de Montpellier, — de la bibliothèque d'Albi — Appendice au catalogue des manuscrits de la bibliothèque de Laon, — à celui de la bibliothèque de l'École de médecine de Montpellier, — Table des auteurs. — Table des ouvrages anonymes.

Tome II. Catalogue des manuscrits de la bibliothèque de Troyes.

CATALOGUS codicum, etc... Ce catalogue des manuscrits de la Bibliothèque royale a été composé par Anicet Melot, avant la révolution française, et contient ce qu'on appelle maintenant l'ancien fonds. Depuis la révolution, le département des manuscrits de la Bibliothèque impériale s'est accru de presque tous les manuscrits conservés dans les couvents de Paris, et d'une grande quantité d'autres provenant des monastères de France. De plus, les nombreux achats qu'elle fait depuis longues années, ont contribué à l'enrichir. Aussi le *Catalogus codicum* ne met-il au jour qu'une très-mince portion de cette riche collection, que l'on peut cependant parvenir à mieux connaître en réunissant 1º le catalogue des manuscrits espagnols publié en 1844; 2º Celui des manuscrits italiens paru de 1835 à 1838; 3º Celui des manuscrits portugais édité en 1827; 4º L'ouvrage de M. Paulin Paris, intitulé : Les Manuscrits français de la Bibliothèque du roi, leur histoire, et celle des textes allemands, anglais, hollandais, italiens, espagnols de la même collection (7 vol. in-8); 5º Le Dictionnaire des manuscrits, par un anonyme (M. de Mas-Latrie) publié par l'abbé Migne; 6º Les Notices et extraits des manuscrits de la Bibliothèque du Roi et autres bibliothèques; 7º Les Notices et extraits des documents manuscrits relatifs à l'histoire de la Picardie, par Hippolyte Cocheris.

146. CATALOGUS codicum manuscriptorum Bibliothecæ regiæ. 4 vol. in-fol. Parisiis, 1739-44.

Tomus I. Pars prima, complectens codices manuscriptos orientales.

Tomus II. Pars secunda, complectens codices manuscriptos græcos.

Tomus III. Pars tertia, complectens codices manuscriptos latinos.— Biblia sacra. — Libri liturgici. — Concilia. — Sancti patres.— Theologi — Libri homiliarii. — Jus canonicum. — Jus civile.— Jus publicum.

Tomus IV. Pars tertia (suite).—Geographia.— Historia.— Scientiæ et artes.

CAUMONT (Arcisse de), né en 1801. Cet archéologue distingué est fondateur de la société linnéenne de Normandie, de la société des Antiquaires de Normandie, de l'Association normande, de la Société pour la conservation des monuments, et des congrès scientifiques de France. Grâce à son ardeur infatigable, il a doté la France d'institutions profitables au développement des études archéologiques, et est un de ceux à qui l'on doit le plus la conservation des monuments anciens. Ses ouvrages sont fort recherchés, et lui ont valu l'honneur d'être nommé correspondant de l'Académie des Inscriptions et Belles-Lettres.

147. COURS D'ANTIQUITÉS MONUMENTALES, professé à Caen, en 1830, par M. de Caumont, secrétaire de la Société des Antiquaires de Normandie, etc. 6 part. in-8, avec 6 atlas.   Paris, 1831.

<small>1re partie. — Antiquités celtiques.
2e et 3e parties. — Antiquités gallo-romaines.
4e partie. — Architecture religieuse.
5e partie. — Architecture militaire.
6e partie. — Etat de la peinture, de la calligraphie, de l'orfévrerie et autres arts à l'époque du moyen âge.</small>

148. ABÉCÉDAIRE, ou Rudiment d'archéologie (architecture religieuse), par M. de Caumont, correspondant de l'Institut, fondateur des congrès scientifiques de France. 3e édition. 1 vol. in-8.
Paris, 1854.

CEILLIER (Dom Remi), né en 1688, mort en 1761. Ce savant bénédictin devint président de sa congrégation, et prieur titulaire de Flavigny. Le pape Benoît XIV lui témoigna, dans deux brefs, la satisfaction qu'il avait éprouvée à lire son ouvrage. On joint toujours au travail de Dom Ceillier la table générale des matières contenues dans les 23 volumes de son Histoire générale des auteurs sacrés et ecclésiastiques, en 2 vol. in-folio (Paris, 1782). Cette table a été rédigée par Laur. Et. Rondet.

149. HISTOIRE GÉNÉRALE DES AUTEURS SACRÉS ET ECCLÉSIASTIQUES, qui contient leur vie, le catalogue, la critique, le jugement, la chronologie, l'analyse et le dénombrement des différentes éditions de leurs ouvrages; ce qu'ils renferment de plus intéressant sur le dogme, sur la morale et

sur la discipline de l'Eglise; l'histoire des conciles tant généraux que particuliers, et les actes choisis des martyrs, par le R. P. Dom Remy Ceillier, bénédictin de la congrégation de Saint-Vanne et de Saint-Hydulphe, coadjuteur de Flavigny. 23 vol. in-4. Paris, 1729-1763.

CHAMFORT (Sébastien-Roch-Nicolas), né en 1741, mort en 1793. La vie de ce littérateur est celle de tous les hommes de lettres auxquels il manque pour débuter dans la vie, un nom et une fortune. Parfois heureux, plus souvent misérable, Chamfort fut longtemps dans un état voisin de la pauvreté. Les succès qu'il obtint à l'Académie et au théâtre lui valurent cependant la place de secrétaire des commandements du prince de Condé. Mais son goût pour l'indépendance prévalut, et au bout de peu de temps, il abandonna ce poste avantageux. Nommé membre de l'Académie Française en 1781, il devint plus tard lecteur de madame Élisabeth, sœur de Louis XVI, emploi qu'il conserva jusqu'en 1789. A cette époque, la révolution devenait imminente, les idées nouvelles étaient celles de Chamfort, il crut devoir rompre avec l'ancien parti, devint l'ami des grandes illustrations révolutionnaires, et fut nommé bibliothécaire à la Bibliothèque nationale. Malheureusement pour lui, cette position ne lui fut pas longtemps conservée; considéré comme suspect, il fut incarcéré, puis relâché, mais pour peu de temps. C'est lors de son second emprisonnement qu'il tenta de se détruire, en se tirant un coup de pistolet, et se coupant la gorge et les jarrets à l'aide d'un rasoir.

150. ŒUVRES COMPLÈTES DE CHAMFORT, recueillies et publiées, avec une notice historique sur la vie et les écrits de l'auteur, par P.-R. Auguis. 5 vol. in-8. Paris, 1824-25.

TOME I. Notice historique sur la vie et les écrits de Chamfort. — Eloge de Molière, discours qui a remporté le prix de l'Académie Française, en 1769. — Eloge de La Fontaine, discours qui a remporté le prix de l'Académie de Marseille, en 1774. — Notes sur les Fables de La Fontaine. — Conclusion. — Discours sur l'influence des grands écrivains, qui a remporté le prix à l'Académie de Marseille, en 1767. — Discours de réception de Chamfort à l'Académie Française en 1781. — Des académies. — Dissertation sur l'initiation de la nature, relativement aux caractères dans les ouvrages dramatiques.

— Dialogue entre Saint-Réal, Sénèque, Julien et Louis le Grand. — Si, dans une société, un homme doit ou peut laisser prendre sur lui ces droits qui souvent humilient l'amour-propre. — Petits dialogues philosophiques. — Question et réponse. — Maximes et pensées. — Observations sur la proclamation des lieutenants, gouverneurs et capitaines généraux des Pays-Bas, en 1792.

Tome II. Avant-propos. — Caractères et anecdotes. — Tableaux historiques de la révolution française. — Précis historique des révolutions de Naples et de Sicile.

Tome III. Mélanges de littérature et d'histoire.

Tome IV. Ébauches d'une poétique dramatique. — Observations générales sur l'art dramatique. — Division dramatique. — Conduite de l'action dramatique. — Mustapha et Zéangir, tragédie. — La jeune Indienne, comédie. — Le Marchand de Smyrne, comédie. — Zénis et Almazis, ballet héroïque. — Palmire, ballet héroïque. — La Vengeance de l'Amour, pantomime héroïque.

Tome V. Avis. — Essai d'un commentaire sur Racine. — Notes sur Esther. — Epîtres. — Odes. — Contes. — Poésies diverses. — Lettres diverses. — Deux articles extraits du Journal de Paris. — Lettre de Mirabeau à Chamfort.

CHAMPOLLION (Jean-François), né en 1790, mort en 1852. Ce célèbre ægyptologue a été longtemps professeur d'histoire à la Faculté des lettres de Grenoble. En 1826, il fut nommé conservateur du Musée égyptien du Louvre qu'on venait de créer, et professeur d'archéologie égyptienne. Le voyage qu'il entreprit en Nubie, et dont il publia la relation en 1833, augmentèrent sa réputation. Le célèbre S. de Sacy a dit de lui : « Depuis la naissance des lettres, peu d'hommes ont rendu à l'érudition des services égaux à ceux qui consacrent le nom de Champollion à l'immortalité. »

151. L'Égypte sous les pharaons, ou Recherches sur la géographie, la religion, la langue, les écritures et l'histoire de l'Égypte avant l'invasion de Cambyse. 2 vol. gr. in-8, avec une carte.

Paris, 1814.

152. Précis du système hiéroglyphique des anciens Égyptiens, ou Recherches sur les éléments premiers de cette écriture sacrée, sur leurs diverses combinaisons, et sur les rapports de ce système avec les autres méthodes graphiques égyptiennes; 2ᵉ édition, revue par l'auteur, et augmentée de la lettre à M. Dacier, relative à l'al-

phabet des hiéroglyphes phonétiques employés par les Égyptiens sur leurs monuments de l'époque grecque et de l'époque latine. 2 vol. gr. in-8, dont un pour les planches. Paris, impr. roy. 1828.

153. MONUMENTS DE L'ÉGYPTE ET DE LA NUBIE, d'après les dessins exécutés sur les lieux, sous la direction de Champollion le jeune, et les descriptions autographes qu'il a laissées. 4 vol. in-fol.
Paris, 1835-1845.

154. GRAMMAIRE ÉGYPTIENNE, ou Principes généraux de l'écriture sacrée égyptienne, appliqués à la représentation de la langue parlée, publiée sur le manuscrit autographe. 1 vol. pet. in-fol.
Paris, 1836-1841.

CHAPELLE (A.-Emmann. Luillier), né en 1626, mort en 1686, fut l'ami de Molière, de Racine, de Boileau et de Gassendi, qui lui avait enseigné la philosophie. Grâce à une fortune considérable, Chapelle passa son existence au milieu des plaisirs de toutes sortes. Sa vie voluptueuse et son peu de prétention, dit Voltaire, ont contribué à la célébrité de ses ouvrages. Bachaumont, avec lequel il exécuta son voyage à Montpellier, né en 1624 et mort en 1702, était conseiller clerc au parlement de Paris. C'est dans une épigramme qu'il dirigea contre le Parlement, que les ennemis du cardinal Mazarin prirent le surnom de frondeurs. M. Sainte-Beuve a consacré un article intéressant aux œuvres de Chapelle et de Bachaumont dans le Moniteur du 9 octobre 1854.

155. VOYAGE DE CHAPELLE ET DE BACHAUMONT, suivi de leurs poésies diverses, du voyage de Languedoc et de Provence, par Lefranc de Pompignan, de celui d'Éponne, par Desmahis, et de celui du chevalier de Parny de Bourgogne; précédé de Mémoires sur la vie de Chapelle, d'un éloge de Bachaumont, et d'une préface par de Saint-Marc. 1 vol. in-8. Paris, 1826.

156. ŒUVRES DE CHAPELLE ET DE BACHAUMONT, nouvelle édition revue et corrigée sur les meilleurs textes, précédées d'une notice par M. Tenant de Latour. 1 vol. in-18. Paris, 1854.

CHARLES D'ORLÉANS, né en 1391, mort en 1465, était fils de Louis d'Orléans, assassiné par le duc de Bourgogne, Jean Sans Peur, en 1407. Ce prince, célèbre par ses malheurs, a joué un grand rôle dans la guerre des Bourguignons et des Armagnacs. Fait prisonnier à la bataille d'Azincourt, on le transporta en Angleterre, et ce ne fut qu'après 25 ans de captivité qu'il put revenir en France. Comme poëte, Charles d'Orléans est placé sans contestation au premier rang des écrivains de son temps.

157. POÉSIES DU DUC CHARLES D'ORLÉANS, accompagnées d'une préface historique, de notes et d'éclaircissements historiques, par Champollion-Figeac. 1 vol. in-12.   Paris, 1842.

CHARRON (Pierre), né en 1541, mort en 1603. Ce moraliste commença par étudier le droit à Orléans, puis à Bourges, où il se fit recevoir docteur. Après avoir exercé la profession d'avocat pendant cinq ans, il embrassa l'état ecclésiastique, et se fit une certaine réputation comme prédicateur. Le seul ouvrage estimé de cet auteur, est celui que nous indiquons ici.

158. DE LA SAGESSE, trois livres, par Pierre Charron, Parisien, chanoine théologal et chantre en l'église cathédrale de Condom. Nouvelle édition, avec les variantes, des notes et la traduction des citations. 1 vol. in-8.   Paris, 1836.

CHARTIER (Alain), né en 1386, mort en 1449, selon les uns, en 1458, selon les autres, fut clerc, notaire et secrétaire de la maison des rois Charles VI et Charles VII. Son histoire est très-recherchée et fort bien écrite pour l'époque où elle a été composée.

159. LES ŒUVRES DE MAISTRE ALAIN CHARTIER, clerc, notaire, et secrétaire des rois Charles VI et VII, contenans l'Histoire de son temps, l'Espérance, le Curial, le Quadriloge et autres pièces, toutes nouvellement reveues, corrigées, et de beaucoup augmentées sur les exemplaires escrits à la main, par André Duchesne, Tourangeau. 1 vol. in-4.   Paris, 1617.

Epîtres. — Préface. — Histoire de Charles VII (1402-1460). — La généalogie des roys de France depuis saint Loys jusques à Charles VII. — La description des Gaules. — Espérance ou Consolation des trois Vertus, c'est à sçavoir, Foy, Espérance et Charité, prologue. — Comment Alain Chartier regrette les nobles chevaliers du temps passé. — Le Curial, lequel Alain Chartier envoya à un sien compagnon, qui avait voulonté de venir en cours. — Le quadrilogue invectif, prologue. — Dialogus familiaris super deploratione Gallicæ calamitatis. — De detestatione belli Gallici, et suasione pacis. — Poésies. — Annotations sur les mœurs d'Alain Chartier.

CHASLES (Victor-Euphémon-Philarète), né en 1799. Après avoir été successivement employé dans des imprimeries de Paris et de Londres, ce fécond écrivain fit quelques voyages en Allemagne, et revint se fixer en France, où il acquit de la réputation. Il est actuellement professeur de littérature étrangère au Collège de France, et l'un des conservateurs de la Bibliothèque Mazarine.

160. ÉTUDES SUR L'ANTIQUITÉ, précédées d'un Essai sur les phases de l'histoire littéraire et sur les influences intellectuelles des races, par M. Philarète Chasles. 1 vol. in-12.   Paris, 1847.

Vues générales. — Des influences intellectuelles et du but que l'auteur s'est proposé dans ces études. — Esquisse d'une histoire générale des influences littéraires. — Essai sur les destinées et les sources des langues teutoniques et latines. — Etudes sur l'antiquité. — Quelques mots sur la Bible, les traductions de la Bible et les Concordances. — Des traducteurs d'Homère et de l'impuissance des traductions. — Euripide et Racine. — Des femmes grecques avant l'ère chrétienne. — Des Hétaïres grecques. — De Cicéron, de son caractère et de son influence. — Paradoxe contre Marcus Tullius Cicéron. — Des traducteurs de Virgile et de son génie. — Les loisirs de Virgile.

161. ÉTUDES sur les premiers temps du christianisme et sur le moyen âge, par M. Philarète Chasles. 1 vol. in-12.   Paris, 1847.

De l'autorité historique de Flavius Josèphe. — Des mœurs et de l'organisation de la société chrétienne du IIIe au Ve siècle. — Des créations industrielles sous le Bas-Empire et au moyen âge. — D'Aristote et de son influence. — Hrosvita, naissance du drame chrétien au Xe siècle. — Etude sur Dante Alighieri et les platoniciens d'Italie. — Sources germaniques du roman moderne. — L'atelier de Guttenberg.

162. ÉTUDES SUR LE XVIe SIÈCLE EN FRANCE, précédées d'une histoire de la littérature et de la

langue françaises de 1570 à 1610, par M. Philarète Chasles. 1 vol. in-12. Paris, 1848.

Histoire de la langue et de la littérature françaises pendant le xvie siècle. — Essai sur la vie et les œuvres de Jacques De Thou, ouvrage couronné par l'Académie Française. — De la révolution religieuse au xvie siècle. — Luther et ses biographes. — Jean Calvin et ses biographes. — Brantôme, Pepys et Suétone. — L'astrologue Nostradamus et ses commentateurs. — Des variations de la langue française depuis le xvie siècle. — Persistance et triomphe de l'esprit français.

163. ÉTUDES SUR L'ESPAGNE et sur les influences de la littérature espagnole en France et en Italie. par M. Philarète Chasles, 1 vol. in-12.
Paris, 1847.

Etudes sur le drame espagnol. — L'Espagne en France et en Italie : Antonio Pérez, Escovedo et la princesse d'Eboli. — Le Marino, sa vie et son influence. — Influence espagnole et italienne. — Etudes sur quelques victimes de Boileau : Saint-Amant ; Théophile de Viau. — Corneille dans ses rapports avec le drame espagnol. — Alliance de l'esprit français et de l'influence espagnole. — D'un théâtre espagnol vénitien au xviiie siècle et de Charles Gozzi.

164. OLIVIER CROMWELL, sa vie privée et sa correspondance particulière, précédées d'un examen historique des biographes et historiens d'Olivier Cromwell, par M. Philarète Chasles. 1 vol. in-12.
Paris, 1847.

Livre I La jeunesse de Cromwell. — Livre II. Cromwell, homme de guerre et chef de parti. — Livre III Cromwell, chef de la république d'Angleterre.

165. ÉTUDES SUR LE XVIIIe SIÈCLE EN ANGLETERRE, par M. Philarète Chasles. 2 vol. in-12.
Paris, 1846.

TOME I. Hommes d'Etat et Orateurs politiques. — Le comte de Shaftesbury. — Sir William Temple. — Guillaume III et la révolution de 1688. — Robert Walpole. — Edmond Burke. — Benjamin Franklin. — Fielding et Richardson. — Orateurs irlandais.

TOME II. Excentriques et humoristes anglais. — Histoire humoristique des humoristes. — Daniel de Foe. — Les romans de Daniel de Foe et les pseudonymes anglais. — Charles Lamb, le dernier des humoristes. — Lord Chesterfield. — Sophie Dorothée, femme de George 1er. — Lady Esther Stanhope.

166. ÉTUDES SUR LA LITTÉRATURE ET LES MOEURS

DE L'ANGLETERRE AU XIXe SIÈCLE, par M. Philarète Chasles. 1 vol. in-12.   Paris, 1846.

Du génie de la langue anglaise et de ses origines. — Les voyageurs anglais dans les salons de Paris au xviiie siècle. — Etudes sur Walter Scott et lord Byron; leur vie et leur influence sur leur époque. — Keats et Shelley. — Les historiens anglais. — L'Inde anglaise. — De la littérature anglaise depuis Walter Scott.

167. ÉTUDES SUR LA LITTÉRATURE ET LES MOEURS des Anglo-Américains au XIXe siècle, par M. Philarète Chasles. 1 vol. in-12.   Paris, 1852.

Origine et progrès de la littérature et de l'éloquence aux Etats-Unis. — Littérature du peuple et littérature pseudo-populaire en Angleterre et aux Etats-Unis. — Hermann Melville. — Les Américains en Europe et les Européens en Amérique. — Poëtes anglo-américains. — Romanciers et voyageurs. — Moeurs privées de l'Amérique du Nord : le général Arnold; Samuel Slick, marchand d'horloges. — Avenir de l'Amérique septentrionale et des Etats-Unis.

168. ÉTUDES SUR LES HOMMES ET LES MOEURS au XIXe siècle. — Portraits contemporains. — Scènes de voyage. — Souvenirs, par M. Philarète Chasles. 1 vol. in-12.   Paris, 1850.

Souvenirs de jeunesse. — La prison en 1815. — Souvenirs de la vieille Angleterre. — Les Puritains du Northumberland. Portraits contemporains. — Jérémie Bentham, Ugo Foscolo, Coleridge. — Une visite au South-Stack. — Scènes de la vie irlandaise : Une visite à quelques momies. — Une heure à bord du Swallow. — Études sur la Société irlandaise au XIXe siècle. — Une déportée à Botany-Bay. — Études sur la France au XIXe siècle. — Portraits et types contemporains. — Les vieux conventionnels. — Le Petit livre bleu de ciel, étude humoristique.

169. ÉTUDES SUR SHAKSPEARE, MARIE STUART ET L'ARÉTIN. — Le drame, les moeurs et la religion au XVIe siècle, par M. Ph. Chasles. 1 vol. in-12.   Paris, 1850.

Documents nouveaux sur Marie Stuart. — Prédécesseurs de Shakspeare. — Époques shakspeariennes. — Jeunesse, transformation et maturité de Shakspeare. — Loges, parterre et coulisses du théâtre de Shakspeare. — Les moines bouffons au XVIe siècle. — Intérieur de l'Arétin à Venise.

170. ÉTUDES SUR L'ALLEMAGNE ANCIENNE ET CON-

TEMPORAINE, par M. Ph. Chasles. 2 vol. in-12.
Paris, 1854.

La France et l'Allemagne. — Allemagne primitive. — Mission, grandeur, dangers, propriétés particulière de la langue allemande.—L'Espagne et l'Italie en Allemagne. — Les joyeux Allemands. — Vie et amours d'un écuyer souabe écrits par lui-même. — Les transitions. — Kœnigsberg et les trois mages. — Gœthe et le panthéisme, Schiller et l'idéalisme, Jean Paul et l'humorisme. — Chansons des bords de la Wiese. — Le pauvre homme de la forêt Noire. —L'Allemagne et la métaphysique aux États-Unis.—Avenir de l'Allemagne, etc., etc.

CHATEAUBRIAND (François-Remi, vicomte de), né en 1768, mort en 1848, le prosateur poétique le plus célèbre du XIXe siècle, commença par être sous-lieutenant au régiment de Navarre, en 1785. A l'époque de la révolution, il s'embarqua pour l'Amérique, et ne revint en Europe que pour faire partie de l'armée des émigrés. Blessé au siége de Thionville, il fut forcé de se retirer en Angleterre, où il donna des leçons pour vivre. C'est là que parut son premier ouvrage, l'*Essai sur les Révolutions*. Rentré en France vers 1800, il publia *Atala* et *le Génie du Christianisme*; sa réputation devint alors européenne. Napoléon l'envoya avec le cardinal Fesch, en qualité de secrétaire d'ambassade, et l'année d'après ministre plénipotentiaire près la république du Valais. Lors de l'exécution du duc d'Enghien il donna sa démission, et ne cessa depuis d'être hostile au gouvernement impérial. Ministre d'État et pair de France sous Louis XVIII, il ne tarda pas à se mettre dans les rangs de l'opposition, ce qui augmenta sa popularité. Depuis 1830 jusqu'à sa mort, ses travaux littéraires occupèrent presque tous ses instants. Comme écrivain, Chateaubriand aura toujours des admirateurs passionnés.

171. ŒUVRES COMPLÈTES de M. le vicomte de Chateaubriand, membre de l'Académie française. 36 vol. in-8. Paris, 1838.

TOME I. Essai sur la vie et les ouvrages de M. de Chateaubriand.

TOMES II et III. Essai sur les révolutions.

TOMES IV à VII. Etudes ou discours historiques.

TOME VIII. Mélanges littéraires.

TOMES IX et X. Itinéraire de Paris à Jérusalem.

TOME XI. Itinéraire (fin). — Pièces justificatives. — Introduction aux voyages en Amérique.

TOME XII. Voyages en Amérique et en Italie.

Tome XIII. Voyage en Italie.

Tome XIV-à XVI. Génie du Christianisme.

Tome XVII. Génie du Christianisme (fin). Notes et éclaircissements.—Polémique. — Extraits critiques, par M. de Fontanes.

Tome XVIII. Nouvelles. —Atala. — Les Aventures du dernier Abencerage. — Dargo, etc.

Tomes XIX à XXI. Les Martyrs.

Tomes XXII et XXIII. Les Natchez.

Tome XXIV. Poésies.—Tableaux de la nature.— Moïse, etc.

Tome XXV. Mélanges historiques.—Mémoires sur la vie du duc de Berry. — Pièces justificatives.

Tome XXVI. Mélanges politiques. — De Buonaparte. — Des alliés. — Réflexions politiques. — De la monarchie selon la Charte

Tome XXVII. Mélanges politiques. — De la monarchie selon la Charte (fin).

Tome XXVIII. Mélanges politiques. — Polémique.

Tome XXIX. Polémique.—Opinions et discours.

Tome XXX. Opinions et discours.

Tome XXXI. Opinions et discours. — Œuvres diverses. — Fragments.

Tome XXXII. Table générale.

Tomes XXXIII et XXXIV. Essai sur la littérature anglaise.

Tomes XXXV et XXXVI. Le Paradis perdu de Milton.

172. MÉMOIRES D'OUTRE-TOMBE. 12 vol. in-8. Paris, 1849-50.

173. LE GÉNIE DU CHRISTIANISME, suivi de la Défense du Génie du Christianisme et de la lettre de M. de Fontanes, par M. de Chateaubriand. 2 vol. in-8. Paris, 1847.

CHAULIEU (Amfrye de), né en 1639, mort en 1720. Ce poëte léger était abbé d'Aumale, prieur de Saint-George en l'île d'Oléron, de Poitiers, de Chenel et Saint-Étienne. Grâce à ses bénéfices, qui lui valaient 30,000 livres de rente, il passa toute sa vie au milieu des plaisirs. Doué d'une grande facilité, de beaucoup de goût, et surtout d'une vive imagination, les poésies de Chaulieu se ressentent de toutes ses qualités. Malheureusement un peu de paresse, et beaucoup de négligence l'ont rejeté au rang des poëtes de second ordre.

174. ŒUVRES DE CHAULIEU, d'après les manuscrits de l'auteur. 2 vol. in-8. Paris, 1704.

CHÉNIER (Marie-Joseph de), né en 1764, mort en 1811. Se dégoûta promptement de l'état militaire qu'il avait embrassé dans sa jeunesse, et quitta le service pour se consacrer entièrement aux lettres. Les opinions avancées qu'il professait le firent nommer membre de la Convention et des assemblées législatives qui se succédèrent jusqu'en 1802. Les occupations auxquelles il était obligé de se livrer par sa position d'homme politique ne l'empêchèrent point de produire plusieurs tragédies estimées et un grand nombre d'autres travaux, parmi lesquels il faut distinguer son Tableau historique de la littérature française.

175. Œuvres de Marie-Joseph Chénier, revues, corrigées et augmentées, précédées d'une Notice sur Chénier, par M. Arnault. 5 vol. in-8.
Paris, 1824-26.

Tome I. Théâtre. — Préface de l'éditeur. — Pièce de A.-V. Arnault, intitulée : « Sur Monsieur Chénier, à l'éditeur ». — Discours prononcé par Arnault aux funérailles de Chénier. — Analyse raisonnée du théâtre de Chénier, par L. Nép. Lemercier. — Azémire, tragédie. — Charles IX, tragédie, précédée d'un discours préliminaire sur la tragédie nationale, d'une épître dédicatoire à la nation française, et suivie de notes et variantes. — Critique de la tragédie de Charles IX, par Palissot.

Tome II. Henri VIII. — Jean Calas, drame, précédé d'une lettre de Palissot sur cette pièce. — Caïus Gracchus ; le camp de Grand-Pré. — Fénelon, tragédie. — Timoléon.

Tome III. Poésies. — Poëme sur l'assemblée des notables. — Discours en vers, sur la calomnie et sur les poëmes descriptifs. — Epîtres à Lebrun, à Lesueur, à son père, au roi, aux mânes de Voltaire, à Jacq. Delille. — Epîtres d'un journaliste à l'empereur, à Voltaire et à Eugénie. — Satires : le Public et l'Anonyme, — le Ministre et l'Homme de lettres, — le docteur Pancrace, — les nouveaux Saints. — Elégies : sur la mort du général Hoche, — sur celle du colonel Muiron. — Le Cimetière de campagne, trad. de Gray, avec le texte anglais. — La Retraite, suivie de la réponse à cette élégie, par N.-L. Lemercier. — Contes : le Maitre italien, nouvelle. — Les Miracles. — Odes : sur la mort du duc de Brunswick, — sur la solitude de Saint-Maur, — sur Ermenonville, — sur l'assemblée nationale. — Hermann et Thusnelda, — Alsa, — sur la mort de Mirabeau, — sur la guerre de la liberté, — sur la situation de la république pendant la tyrannie révolutionnaire. — Dithyrambe sur la fédération. — Hymnes. — Chants imités d'Ossian. — Hommage à une belle action. — Epigrammes.

Tome IV. Mélanges littéraires. — Discours sur le progrès des connaissances en Europe et de l'enseignement public en France. — Discours prononcé à l'Athénée de Paris, le 13 décembre 1806. — Leçons sur les anciens fabliaux français, — Leçons sur les romans français depuis le règne de Louis VII jusqu'au règne de

François I. — Rapport sur le grand prix de littérature française (1810). — Réflexion sur la tragédie de Fénelon. — Analyse de l'Œdipe à Colone, tragédie de Ducis. — Fragments sur les unités de jour et de lieu dans les poëmes dramatiques. — De la vraisemblance théâtrale. (Extrait d'un ouvrage intitulé : la Tragédie.) — Observations sur le projet d'un nouveau dictionnaire, — sur une édition des Œuvres complètes de Boileau, publié par Daunou, — sur une édition des Œuvres de J.-J. Rousseau, publiée en 1801. — Notice sur la « Puissance temporelle des papes », ouvrage traduit de l'espagnol. — Deux lettres aux auteurs du Journal de Paris, l'une relative à l'article : « Satire, » des Eléments de littérature de Marmontel ; l'autre au style de Buffon. — De la liberté du théâtre en France. — Dénonciation des inquisiteurs de la pensée. — Lettre aux auteurs du Journal de Paris. — Courtes réflexions sur l'état civil des comédiens. — Rapport sur l'établissement de l'Opéra. — Discours pour la rentrée du théâtre de la nation. — Le citoyen Panckoucke.

Tome V. Politique, mélanges, discours et rapports à la Convention nationale, au Corps-Législatif et au Tribunat.

176. Œuvres posthumes de Marie-Joseph Chénier, précédées d'une Notice par M. Daunou. 3 vol. in-8. Paris, 1824.

Tome I. Notice sur J. Chénier, par Daunou. — Cyrus, tragédie précédée de l'analyse de cette pièce, par Sauvo. — Philippe II, tragédie en cinq actes. — Brutus et Cassius, ou les derniers Romains, tragédie en trois actes. — Tibère. — Œdipe, roi, tragédie en cinq actes. — Œdipe à Colone, tragédie en cinq actes. — Electre, tragédie non terminée. — Nathan le Sage, drame en trois actes et en vers, imité de l'allemand de Lessing.

Tome II. Les Portraits de famille, comédie. — Ninon, comédie. — Montalmo et Visconti, opéra héroïque. — Fragments de deux chants de la Bataviade, poëme. — Premier chant de l'Essai sur les principes des arts, poëme. — Début d'un poëme sur la nature. — Fragments d'un poëme sur les campagnes d'Italie. — Fragments de l'art du théâtre, poëme. — Discours en vers sur la question : Si l'erreur est utile aux hommes. — La Raison, discours en vers. — Discours sur l'intérêt personnel, — sur les entraves données à la littérature. — Epître à Palissot et à Mehul. — Essai sur la satire. — La Promenade, élégie. — La lettre de cachet. — Le Concile de Constance. — Le Coucou, conte. — Le Chant maritime, hymne. — Epigrammes. — Epître d'Horace, — aux Pisons, traduite en vers avec le texte à côté. — Début du poëme de Lucrèce, traduction libre, en vers. — Imitation d'un morceau des Géorgiques et du quatrième livre de l'Enéide de Virgile. — Traduction d'un dialogue sur les orateurs (attribué à Salluste). — La poétique d'Aristote, traduit en prose.

Tome III. Tableau de la littérature, précédé d'une introduction. — Mélanges littéraires. — Leçons sur les poëtes français depuis le règne de Philippe de Valois jusqu'à la fin du règne de Louis XII. — Leçons sur les historiens français depuis le commencement de la monarchie jusqu'au règne de Louis XII. — Analyse de la tragédie de Mahomet, par Voltaire. — Un mot sur Esménard. — Réflexions sur Voltaire. — Fragments philosophiques. — Fragments littéraires.

CHÉNIER (Marie-André de), né en 1762, mort sur l'échafaud en 1794. Ce poëte infortuné fut condamné à mort pour avoir publié dans le *Journal de Paris* quelques articles politiques, dans lesquels il critiquait la marche suivie par le gouvernement. M. Sainte-Beuve a publié dans le tome II de ses *Critiques et Portraits* quelques documents inédits sur André Chénier, et M. Gustave Planche lui a consacré un article dans la *Revue des Deux-Mondes* de 1838.

177. POÉSIES POSTHUMES ET INÉDITES de M.-A. Chénier; nouvelle édition, précédée d'une notice par M. de Latouche. 2 vol. in-8.   Paris, 1839.

CHEVALIER (Michel), né en 1806. Cet économiste distingué, actuellement ingénieur en chef des mines, professeur au Collége de France, membre du Conseil d'État, membre de l'Institut, et l'un des principaux rédacteurs du *Journal des Débats*, de la *Revue des Deux-Mondes* et du *Journal des Économistes*, est entré fort jeune à l'École polytechnique. Chargé par le gouvernement d'aller étudier aux États-Unis la question des chemins de fer, il publia à ce sujet plusieurs ouvrages qui eurent une grande réputation. M. Chevalier est un des plus chauds partisans du libre-échange.

178. COURS D'ÉCONOMIE POLITIQUE. 3 vol. in-8.
                                    Paris, 1842-1850

179. EXAMEN DU SYSTÈME COMMERCIAL connu sous le nom de système protecteur, par Michel Chevalier, membre de l'Institut et de la Société d'économie politique. 2e édition, revue et augmentée. 1 vol. in-8.   Paris, 1851.

180. LETTRES SUR L'AMÉRIQUE DU NORD, avec une carte des États-Unis d'Amérique. 3e édition, revue, corrigée, augmentée de plusieurs chapi-

tres et d'une table raisonnée des matières. 2 vol. in-8. Paris, 1838.

174. HISTOIRE ET DESCRIPTION DES VOIES DE COMMUNICATION aux États-Unis, et des travaux d'art qui en dépendent. 2 vol. in-4 et un atlas in-folio. Paris, 1840.

CHEVALLET (A. de), né en 1812, auteur d'une traduction de Phèdre et de quelques autres productions, s'est fait remarquer dans ses derniers temps par l'ouvrage que nous citons ici, et qui mérite sans contestation la distinction dont il a été l'objet.

181. ORIGINE ET FORMATION DE LA LANGUE FRANÇAISE, par A. de Chevallet. Ouvrage auquel l'Institut a décerné, en 1850, le prix de linguistique fondé par le comte de Volney. 2 vol. in-8.
Paris, impr. impér., 1852.

CHEVREUL (Michel-Eugène), né en 1786. Ce savant étudia la chimie sous Vauquelin, et fut successivement aide-naturaliste au Muséum d'histoire naturelle, professeur des sciences physiques au lycée Charlemagne, directeur des teintures à la manufacture des Gobelins, et professeur de chimie au Muséum. Il est membre de l'Institut depuis 1826.

182. LEÇONS DE CHIMIE appliquée à la teinture, faites à la Manufacture royale des Gobelins. 2 vol. in-8. Paris, 1831.

183. DE LA LOI DU CONTRASTE SIMULTANÉ DES COULEURS et de l'assortissement des objets coloriés, considéré d'après cette loi dans ses rapports avec la peinture, les tapisseries des Gobelins, etc. 1 vol. in-8 et un atlas in-4. Paris, 1839.

184. RECHERCHES CHIMIQUES SUR LES CORPS GRAS d'origine animale. 1 vol. in-8. Paris, 1823.

CHOMEL (A.-François), né en 1788, est médecin honoraire à l'hôpital de la Charité et ancien professeur de clinique interne à la Faculté de médecine. Ses ouvrages sont estimés malgré les vives critiques de Broussais. Il est membre de l'Académie de médecine depuis 1826.

185. Leçons de clinique médicale faites à l'Hôtel-Dieu de Paris, par A. Chomel ; recueillies et publiées sous ses yeux, par MM. Genest, Requin et Sestié. 3 vol. in-8.   Paris, 1834-1840.

186. Éléments de pathologie générale, par A.-F. Chomel. 4e édition. 1 vol. in-8.
Paris, 1853.

CLARAC (Ch.-Oth.-Fréd.-Jean-Baptiste, comte de), né à Paris, en 1777, mort en 1847. Ayant été forcé d'émigrer à la révolution, il prit du service dans l'armée de Condé, et devint officier d'ordonnance du duc d'Enghien. Les nombreuses occupations que son service l'obligeait d'accomplir, ne l'empêchaient point de travailler avec ardeur ; et quand l'amnistie fut rendue en faveur des émigrés, il s'empressa de rentrer en France, et y compléta son instruction. Il se rendit en 1808 à Naples, et dirigea les fouilles de Pompéi. Bientôt après, il suivit le duc de Luxembourg dans son ambassade au Brésil, et fut nommé à son retour, par Louis XVIII, conservateur du Musée des antiques, dont il donna une description très-complète. Enfin, en 1822, il commença la publication de son grand ouvrage, qui est un des plus beaux monuments élevés à l'art antique. M. de Clarac faisait partie de l'Institut depuis 1839.

187. Manuel de l'histoire de l'art chez les anciens. Première partie : Avant-propos. Description des musées de sculpture antique et moderne du Louvre. — Deuxième partie : Catalogue chronologique des artistes, écrivains et personnages célèbres, généalogie des Ptolémées, les familles romaines ; par le comte de Clarac, conservateur des antiques au Musée royal, membre de l'Institut, etc. 3 vol. in-12, avec des tableaux.
Paris, 1847.

188. Musée de sculpture antique et moderne, contenant la description historique et graphique du Louvre, les bas-reliefs, inscriptions, autels, cippes, etc. du Louvre ; les statues antiques des musées et collections de l'Europe, les statues modernes du Louvre et des Tuileries ; une iconographie égyptienne, grecque, romaine et fran-

caise, par feu M. de Clarac, continué sur les manuscrits de l'auteur, par M. Alfred Maury, publié sous la direction de Victor Texier. 6 vol. gr. in-8 et 6 vol. gr. in-4 de planches. Paris, 1826-1853.

CLOQUET (Hippolyte), né en 1787, mort en 1840, s'est occupé spécialement de médecine et d'histoire naturelle. Son traité d'anatomie est fort estimé. Il était membre de l'Académie de médecine depuis l'époque de sa formation en 1820.

189. TRAITÉ D'ANATOMIE DESCRIPTIVE, rédigé d'après l'ordre adopté à la Faculté de médecine de Paris, par H. Cloquet. 6e édition. 2 vol. in-8 avec atlas in-fol. Paris, 1835-36.

CLOQUET (Jules), né en 1790, est membre de l'Institut et professeur de pathologie externe à la Faculté de médecine de Paris. Son anatomie de l'homme est un ouvrage très-considérable et fort recherché.

190. ANATOMIE DE L'HOMME, ou Description et figures lithographiées de toutes les parties du corps humain, par J. Cloquet. 8 vol. gr. in-fol., dont 3 de planches. Paris, 1824-31.

COCHERIS (Hippolyte-François-Jules-Marie), né en 1829. Ancien élève de l'École des Chartes, a été envoyé en 1849 en mission littéraire à Rome. Reçu archiviste paléographe en 1852, il est actuellement attaché à la Bibliothèque Mazarine. Il prépare depuis longtemps un glossaire géographique français-latin et latin-français. L'ouvrage que nous citons ici sera suivi d'un travail semblable pour la Flandre et l'Artois.

191. NOTICES ET EXTRAITS DES DOCUMENTS MANUSCRITS conservés dans les dépôts publics de Paris, et relatifs à l'histoire de la Picardie, par Hippolyte Cocheris, archiviste paléographe, attaché à la Bibliothèque Mazarine, membre de la Société des antiquaires de France, de la Société des antiquaires de Picardie, etc. Ouvrage couronné par la Société des antiquaires de Picardie. 4 vol. in-8. Paris, 1854 et années suivantes.

COLARDEAU (Charles-Pierre), né en 1732, mort en 1776. Il montra de bonne heure son goût pour la poésie. Un début heureux l'engagea à continuer, et il ne cessa depuis de faire des vers. Il fut reçu membre de l'Académie Française, en 1776.

192. ŒUVRES DE COLARDEAU, de l'Académie Française. 2 vol. in-8. Paris, 1779.

> TOME I. Préface des éditeurs. — Vie de Colardeau. — Eloge de Colardeau. — Réponse de Marmontel au discours de La Harpe. — Epitre de Dorat aux mânes de Colardeau. — Epitre au duc d'Orléans. — Astarbé, tragédie. — Caliste, tragédie. Préface des Editeurs. — Les Perfides à la mode ou la Jolie Femme, comédie.
> TOME II. Avertissement. — Histoire abrégée d'Abeilard et d'Héloïse. — Lettre amoureuse d'Héloïse à Abeilard (en vers). — Fragment d'une réponse d'Abeilard à Héloïse. — Armide à Renaud, héroïde. — Le patriotisme, poëme. — Epitre à Minette. — Ode sur la poésie comparée à la philosophie. — Première nuit d'Young. — Seconde nuit, près le temple de Gnide. — Epitre à Duhamel. — Les hommes de Prométhée, poëme. — Pièces fugitives.

COLLECTION DES CHRONIQUES, etc... Ce recueil renferme des mémoires historiques qui n'existent point dans les autres collections; de plus, le soin excessif qu'a pris l'éditeur de revoir les textes sur les manuscrits les plus anciens et les plus corrects, et d'en donner des éditions exemptes de fautes, en a assuré le succès.

193. COLLECTION DES CHRONIQUES NATIONALES FRANÇAISES écrites en langues vulgaires du XIIIe au XVIe siècle, avec des notes et éclaircissements; par J.-A. Buchon. 47 vol. in-8. Paris, 1824-29.

> TOMES I et II. Histoire de l'empire de Constantinople sous les empereurs français jusqu'à la conquête des Turcs, par Dufresne du Cange, nouvelle édition entièrement refondue sur les manuscrits et conforme à la seconde édition inédite qu'il avait préparée.
> TOME III. Chronique de la prise de Constantinople par les Francs (1198-1207), écrite par Geoffroy de Ville-Hardouin, maréchal de Champagne et de Romanie, suivie de la continuation de Henri de Valenciennes. — Fragment d'une ancienne chronique en dialecte rouchy. — Description du Bosphore et de la ville de Constantinople, traduite du grec de Pierros Gilles, par le comte d'Hauterive. — Discours de Nicetas Choniates

sur les monuments détruits ou mutilés par les croisés en 1204. — Chronique métrique de la conquête de Constantinople par les Francs, par Philippe Mouskes.

Tome IV. Chronique de la conquête de Constantinople et de l'établissement des Français en Morée, écrite en vers politiques, par un auteur anonyme dans les premières années du xive siècle, et traduite pour la première fois d'après le manuscrit grec inédit.

Tome V. Chronique de Ramon Muntaner (1206-1328), traduite pour la première fois du catalan, avec notes et éclaircissements.

Tome VI. Chronique de Ramon Muntaner (suite et fin). — Conspiration de Jean Prochyta (1282).

Tome VII. Chronique métrique de saint Magloire (1284 à 1296). — Poëme d'Adam de le Halle. — Vie de Guillaume Guiart, tirée de sa chronique métrique, par Du Cange. — Branche des royaux lignages. — Chronique métrique de Guillaume Guiart (1305-1306), publiée pour la première fois d'après les manuscrits de la Bibliothèque du Roi.

Tome VIII. Branche des royaux lignages (suite et fin).

Tome IX. Chronique métrique de Godefroi de Paris, suivie de la taille de Paris en 1313, publiée pour la première fois d'après les manuscrits de la Bibliothèque du Roi.

Tome X. Poésies de Froissart, extraites de deux manuscrits de la Bibliothèque du Roi, et publiées pour la première fois, avec la vie de Froissart, par de la Curne de Sainte-Palaye.

Tomes XI à XXIV. Chroniques de Froissart (fin).

Tomes XXV à XXXI. Chroniques de Monstrelet.

Tome XXXII. Chronique de Monstrelet (fin). — Mémoires de Jean Lefèvre, dit Toison-d'Or, seigneur de Saint-Remy, etc.

Tome XXXIII. Mémoires de Jean Lefèvre (suite et fin). — Vers anglais composés en l'honneur de Henri V sur la bataille d'Azincourt.

Tome XXXIV. Préface. — Chronique et procès de la Pucelle d'Orléans. — Dissertation sur l'authenticité du manuscrit de la bibliothèque d'Orléans contenant la minute française du procès de la Pucelle, par l'abbé Dubois. — Chronique de la Pucelle. — Appendice.

Tomes XXXV et XXXVI. Remarques chroniques de Matthieu de Coussy.

Tomes XXXVII à XXXIX. Notice, par Jacques Duclercq. — Des Mémoires de Jacques Duclercq, et du fruit qu'on peut en tirer, par le baron de Reiffenberg. — Etat des officiers et domestiques de Philippe, dit le Bon, duc de Bourgogne. — Mémoires de Jacques du Clercq.

Tome XL. Mémoires de Jacques du Clercq (suite et fin). — Journal d'un bourgeois à Paris.

Tome XLI. Chronique du bon chevalier, messire Jacques de Lalain, par G. Chastellain. — Notice sur George Chastellain.

Tome XLII. Chronique des ducs de Bourgogne (1464-1470), par G. Chastellain, publiée pour la première fois.

Tome XLIII. Chronique des ducs de Bourgogne (suite). —

Poëme sur la bataille de Liège, en 1468. — Les sentences de Liège.

Tomes XLIV à XLVII. Chroniques de Jean Molinet (1474 à 1506), publiées pour la première fois, d'après les manuscrits de la Bibliothèque du Roi.

COLLECTION DES MEILLEURES DISSERTATIONS, etc. Cette collection est d'une grande utilité pour tous ceux qui veulent étudier à fond l'histoire de France. Elle renferme des documents précieux, indispensables, et qu'il serait presque impossible de réunir autrement.

194. COLLECTION DES MEILLEURES DISSERTATIONS, notices et traités particuliers relatifs à l'histoire de France, composée en grande partie de pièces rares, ou qui n'ont jamais été publiées séparément, pour servir à compléter toutes les collections de mémoires sur cette matière, par MM. Leber, J.-B. Salgues et J. Cohen. 20 vol. in-8.

Paris, 1826.

TOME 1. Préface. — PREMIÈRE PARTIE. Origines, préliminaires de l'histoire de France. — Chap. 1. « Origine des Français ; étymologie du mot Français et des noms de nos anciens rois. » — Observations de l'éditeur. — Analyse de l'ouvrage intitulé : « De l'Origine des Français et de leur empire », par Audigier. — Critique singulière des vieilles traditions sur les origines celtiques, par un écrivain du XVIe siècle. — Exposé de l'opinion qui eut le plus de partisans dans le XVIe siècle, et suivant laquelle les Francs seraient descendus des Troyens, par Malingre. — Dissertation dans laquelle on tâche de démêler la véritable origine des Français, par un parallèle de leurs mœurs avec celles des Germains, par Vertot. — Essai sur l'origine des Français, par Leibnitz. — Opinion de Fréret sur l'origine des Français. — Dissertation sur l'origine des Français, où l'on examine s'ils descendent des Tectosages, anciens Gaulois établis dans la Germanie, par D. Joseph Vaissette. — Observations sur le nom de Mérovingiens, par Fréret. — Mémoire sur les Mérovingiens, par Gibert. — Dissertation sur l'origine des Francs, par Ribauld de Rochefort. — Exposé de l'opinion ancienne sur l'origine du nom de Français, par Malingre. — Remarques sur l'origine des Francs et l'étymologie de leur nom, par Gibert, académicien. — Critique de l'opinion de Gibert sur l'étymologie du mot « français », par Botta. — Opinion de Fréret sur l'étymologie du nom de Français. - Dissertation sur le nom des Français, par Bullet. — Etymologie des noms des rois de France, depuis Marcomir, père de Pharamond, par Dreux du Radier. — Chap. 2. « Origine de la monarchie ; époque de son établissement dans les Gaules. » — De l'époque de la monarchie française, par Vertot. — Résumé du système de l'abbé Dubos sur l'établissement des Francs dans la Gaule. — Dissertations sur l'origine de la monarchie française, et la prétendue déposition de Childéric, par Daniel. — Analyse de la dissertation de D. Liron, en réponse à la préface historique du P. Daniel. — Du premier roi de France, du P. Griffet. — Dissertation sur la véritable époque de l'établissement fixe des Francs dans les Gaules. — Sur la vérité ou la fausseté de l'expulsion de Childéric, de l'élévation d'Egidius en sa place, et de son rétablissement sur le trône par l'adresse de Guynomand. — Sur l'espèce et l'étendue de l'autorité d'Egidius et de Siagrius, son fils, dans le Soissonnais et pays circonvoisins, et sur le lieu où s'est donnée la fameuse bataille de Soissons, par Biet, abbé de Saint-Léger.

Tome II. Suite du chapitre 2 de la première partie. — Suite du mémoire précédent — Examen de différents sentiments (notamment des opinions de Biet et du père Daniel) sur l'époque de l'établisssement fixe des Francs dans les Gaules, par Gibert. — Opinion de Fréret sur l'époque de l'établissement des Francs dans la Gaule. — Dissertation sur le tombeau de Childéric I, par Ribauld de Rochefort. — Deuxième partie. Géographie. — Chap. 1. « Position, étendue, division et limites des Gaules, au temps des Romains et de la France sous la première et la seconde race. » — Observations. — Description de la Gaule à l'époque où les Francs s'y sont établis, par d'Anville. — Dissertation dans laquelle on recherche depuis quel temps le nom de France a été en usage pour désigner une portion des Gaules; l'étendue de cette portion ainsi dénommée, ses accroissements et ses plus anciennes divisions, depuis l'établissement de la monarchie française, par Lebeuf. — Mémoire sur l'étendue du royaume de France sous la première race, par de Foncemagne. — Examen de la question: quelles provinces, cités ou places furent ajoutées successivement au royaume de Soissons, et en quelles années? 1º Par la conquête de la Thuringe; 2º par le partage du royaume d'Orléans; 3º par la conquête de la Bourgogne: 4º par la cession des Ostrogoths; 5º par la mort de Théodebald, roi d'Austrasie; enfin, quelle était l'étendue du royaume de Soissons ou de Clotaire, lorsqu'il eut réuni en sa personne tout l'empire français? par Fenel. — Mémoire sur les limites de l'empire de Charlemagne, par D. Lieble. — Tableau géographique, ou description sommaire de l'empire français, avant l'an 1301, par Levesque de La Ravalière. — Chap. 2. « Des noms de lieux français. » — Réflexions sur les noms « Francia et Franci », et sur les titres « Reges francorum et Reges Franciæ », donnés à nos rois, par Bonamy. — Mémoire sur l'ordre politique des Gaules, qui occasionna le changement de nom de plusieurs villes, par Belley. — Remarques sur l'étymologie des noms français des provinces, villes, bourgs et autres lieux. — Additions de l'éditeur sur l'origine des noms de lieux.

Tome III. Troisième partie. Culte. — Chapitre unique: « Culte des Gaulois, druidisme; Etablissement de la religion chrétienne dans les Gaules; anciens évêques de France; libertés de l'Eglise gallicane; inquisition française; pragmatique-sanction; concordat de François I; des juifs; police religieuse. » — Mémoire sur la nature et les dogmes de la religion gauloise, par de Chiniac de La Bastide. — Observation de l'éditeur sur l'établissement de la religion chrétienne dans les Gaules. — Dissertation sur le temps de l'établissement de la religion chrétienne dans les Gaules, par le P. Jacques Longueval, jésuite. — Analyse de la Dissertation de D. Liron, sur l'établissement de la religion chrétienne dans les Gaules. — Dissertation sur l'état des évêques en France sous la première race de nos rois, par Bullet. — Discours sur les libertés de l'Eglise gallicane, par Claude Fleury, dans un choix des meilleures notes extraites de divers commentaires, suivi de l'édit du roi sur la déclaration du clergé de France. — De l'inquisition en France, et de la bulle « in Cœna Domini. » — De la pragmatique-sanction, et du concordat de François I. — Notice sur l'état des juifs en France, depuis l'origine de la monarchie jusqu'au siècle dernier. — De la police religieuse en France, depuis les premiers temps de la monarchie jusqu'au xviiie siècle.

Tome IV. Quatrième partie. Organisation sociale. — Chapitre 1. Droit public. — Article 1. « Lois saliques; anciennes constitutions du royaume; succession du trône; inauguration; régences. » — Notices sur les textes de la loi salique, par l'éditeur. — De la loi salique, première des Français, et fondamentale du royaume de France, par C. Malingre. — Du mot de « Sale », et par occasion des lois et terres saliques, par Du Cange. — Dissertation sur l'origine des lois saliques, et si c'est précisément en vertu de l'article 52, paragraphe 6, que les filles de nos rois sont exclues de la succession à la couronne, par Vertot. — Dissertation dans laquelle on examine si le royaume de France, depuis l'établissement de la monarchie, a été un état héréditaire ou un état électif, par Vertot. — Deux mémoires pour établir que le royaume de France a été successif-héréditaire dans la première race, par Foncemagne. — Mémoire historique sur le partage du royaume de France dans la première race, par le même. — Mémoire historique dans lequel on examine si les filles ont été exclues de la succession au royaume en vertu d'une disposition de la loi salique, par le même. — Sur le droit qu'avaient les enfants des rois de succéder à la couronne de leur père, par Lebeuf. — Dissertation sur la manière dont nos premiers rois prenaient possession de la souveraine puissance, par Bullet. — Dissertation sur le sacre de nos rois de la première race, par le même. — Recherches sur les régences en France, par de Bréquigny. — Dissertations sur les causes principales qui ont contribué à détruire les deux premières races de nos rois, par Dumont. — Art. 2. « Autorité, prééminence et titres de nos rois. » — Deux traités de la souveraineté du roi et de son royaume, par Savaron. — Preuves de la prééminence de nos rois, par Bullet. — Du titre de très-chrétien, par Griffet — Observation sur le titre de très-chrétien que portent nos rois, par Bullet. — Des titres de

« consul et d'auguste », donnés à Clovis, par Griffet. — Des titres de « majesté, sire », et autres qualifications royales, par Piganiol de La Force. — Mémoire au sujet de l'abbaye de Saint-Martin de Tours, qui a les rois de France pour abbés perpétuels. — Observations sur les abbés séculiers, par Sauval. — Mémoire sur l'origine et la signification de la formule « par la grâce de Dieu », que les souverains mettent à la tête de leurs lettres, par Bonamy.

Tome V. Article 3. « Gouvernement ancien; état des personnes. » — Avis de l'éditeur sur la matière de ce volume. — Histoire de l'ancien gouvernement de la France, par le comte de Boulainvilliers. — Examen critique d'une opinion de Boulainvilliers, par de Foncemagne. — Dissertation historique et critique pour servir à l'histoire des premiers temps de la monarchie française, par Damiens de Gomicourt. — Mémoire relatif à l'existence du tiers-état sous les deux premières races, par Gautier de Sibert. — Traité de l'origine du gouvernement français, par Garnier. — De l'état des personnes en France sous la première et la seconde race de nos rois, par de Gourcy. — Observations sur les écrits relatifs aux états généraux, par l'éditeur.

Tome VI. Chapitre 2, article 1. « Titres, offices, dignités. » — Des titres des ducs, comtes et marquis, par le père Daniel. — Observations supplémentaires sur ce sujet, par Gaultier de Sibert. — Dissertation sur le titre de Marchis, par D. Calmet. — De l'origine et du caractère des barons, par l'éditeur C. L. — Dissertation sur le titre de dauphin, par Bullet. — Du surnom des enfants de nos rois, par Piganiol de la Force. — De l'origine des noms de Monsieur le prince, Monsieur le duc, Monseigneur, mademoiselle, Madame, Monsieur, etc., par Duclos. — Des bâtards de la maison de France, par Duclos, avec des additions de l'éditeur. — De l'origine des grands officiers de la couronne en général, par Piganiol de La Force; avec des additions de l'éditeur. — « Dissertations et notices particulières sur les principaux grands officiers de la couronne. » — Dissertation sur les maires du palais, par Damiens de Gomicourt. — Dissertation sur les fonctions et l'origine du comte palatin, par Sabbathier — Dissertation sur la dignité de connétable, par Damiens de Gomicourt. — De la dignité de maréchal de France, par le P. Daniel. — De la dignité d'amiral de France, par le même. — Du chancelier de France, par Piganiol de la Force. — Article 2. « Vénalité des charges; pairie; magistrature; administration de la justice sous les trois races; duels. » — De la vénalité des charges de judicature et de finance. — Notice inédite par l'Hôpital de Bellesbat, avec des notes de l'éditeur. — Notices sur l'origine de la pairie, par l'éditeur. — Dissertation sur l'institution des pairs de France, par Bullet. — Remarques sur l'ordre des anciens pairs laïques. — Observations générales sur la pairie, par le président Hénault. — Des assemblées ou parlements sous la première race, par le P. Daniel. — Des parlements érigés en cours de justice, par Piganiol de La Force. — Additions sur les parlements, par l'éditeur J. C. — Dissertation sur le mortier des présidents, par Bullet. — Recherches sur les cours qui exerçaient la justice souveraine sous la première et la seconde race, et au commencement de la troisième, par Gibert. — Des plaits de la Porte, et de la forme que nos rois observaient pour rendre la justice, par Du Cange.— Des principaux officiers de justice sous les trois races, avec des additions de l'éditeur. — Origine et cérémonie des lits de justice, par l'éditeur C. L. — Observations sur les lits de justice. — Mémoire sur les épreuves par le duel et par les éléments, communément appelés jugements de Dieu par nos anciens Français, par Duclos. — Remarques critiques sur l'épreuve judiciaire, appelée vulgairement l'épreuve de l'eau froide, par Ameilhon. —Dissertation sur les duels ou combats singuliers, par D. Calmet, avec un supplément, par l'éditeur C. L. — Article 3. « Suite de l'administration de la justice; sermons; bourreau; basoche; empire de Galilée; montres; paranymphes. » — Dissertation sur l'ancienne forme des serments, par de Vertot.

Tome VII. Suite du 3e article du 2e chapitre. — Du bourreau, de son origine et de ses droits, par l'éditeur C. L. — Du royaume de la basoche. — Du haut et souverain empire de Galilée, établi en la Chambre des Comptes de Paris. — De la montre des officiers du Châtelet. — Des paranymphes, par l'éditeur C. L. — Chapitre 3, article 1. « Milice ancienne; garde du roi; étendards; bannières; cri de guerre. » — Observations de l'éditeur C. L. sur le choix des pièces de la collection. — Dissertations sur la milice des anciens Francs, par Ribaud de la Chapelle. — Sur la milice française des deux premières races, par l'abbé de Camps. — Sur la maison militaire des rois de France, par Beneton de Peyrins. — Notice supplémentaire sur la garde des rois de France, par Piganiol de La Force. — Dissertations sur notre cri d'arme Montjoie-Saint-Denis, par Bullet; addition sur le même sujet, par l'éditeur C. L. — Des anciennes enseignes et étendards de France. —De la chape de saint Martin; de l'office du grand sénéchal, dit Dapifer, qui portait cette chape aux batailles; de l'oriflamme ou étendard de Saint-Denis; de la bannière de France, ou cornette blanche, par Auguste Galland. — Recherches curieuses sur les enseignes de guerre, les bannières civiles et religieuses, les écharpes, les cornettes, les banderoles, les bans, les hérauts d'armes, les livrées, etc., par Beneton de Peyrins. — Article 2. Tribut ancien; présents; redevances singulières; revenu public; apanages; monnaies. — Dons gratuits de la noblesse française sous la première race, par Ribaud de la Chapelle. — Des tributs que les sujets des rois de la première race leur payaient, par le P. Daniel. — Remarques sur les dons annuels faits anciennement aux rois de France de la seconde race, par Lebeuf. — De la confusion des Français et des Gaulois avant Philippe-Auguste, relativement au tribut, par D. Liron. — Des redevances dues et des présents faits aux rois et reines de France de la troisième race, par Sauval. — Observations supplémentaires sur les revenus de nos anciens ois et de l'État, depuis l'origine de la monarchie jusqu'à Philippe Auguste, par l'éditeur C. L. — Table du prix du setier de blé, mesure de Paris, depuis 1327 jusqu'en 1581. — Tableau de revenu public et de la valeur du marc d'argent en France, depuis Philippe le Bel jusqu'à nos jours, par l'éditeur J. C. — Notice sur les intendants, contrôleurs généraux, et autres chefs de l'administration des finances. — Notice sur les apanages des princes de la maison royale de France, par Piganiol de la Force. — Réflexions sur l'évaluation de nos monnaies et de nos mesures anciennes, par Bonamy. — Observations supplémentaires sur l'évaluation des anciennes monnaies, par l'éditeur C. L.

Tome VIII. Cinquième partie, chapitre 1. « Solennités publiques, coutumes et usages royaux. » — Dissertation sur les réjouissances publiques, par Benneton de Peyrins. — Des assemblées solennelles des rois de France, par Du Cange. — Des courses et des fêtes solennelles des rois de France, par le même. — Recherches historiques sur les cours plénières, par Gautier de Sibert. — Origine des dénominations de lits de justice, fleurs de lis, cours militaires, lices, etc. — De la longue chevelure de nos anciens rois, par le P. Daniel. — Dissertation curieuse sur le sujet précédent, par Lebeuf. — Des fous en titre d'office des rois de France, par Dreux du Radier. — Des ribauds, des ribaudes et du roi des ribauds, par Étienne Pasquier. — Le roi des ribauds, par Sauval. — Eclaircissements sur un officier de la maison de nos rois, appelé roi des ribauds, par G. de Longuemarre. — Chapitre 2, article 1. Origine des sobriquets et autres qualifications populaires appliqués à diverses villes de France ou à leurs habitants. — Lettre sur quelques épithètes et qualifications singulières. — Lettre sur un ancien vocabulaire des villes de France, trouvée dans un manuscrit de la bibliothèque Séguier. — Autre lettre sur les sobriquets et qualifications populaires des villes, d'après le manuscrit de Séguier. — Lettre sur l'origine du sobriquet li Chanteor de Sens, par Lebeuf. — Lettre sur la qualification de Guespin, donnée aux Orléanais, par D. Polluche. — Autre lettre sur le même sujet, par le même auteur. — De plusieurs dénominations et sobriquets populaires, et des noms de le Roi et le Prince. — Lettre sur l'origine du sobriquet Chiens d'Orléans, par D. Polluche. — Article 2. « Origines et variations de différents usages singuliers, plaisants ou curieux, qui appartiennent principalement à la vie civile. » — Dissertation sur l'origine de l'usage de se faire porter la queue, par le P. Ménestrier. — Des usages observés dans les anciens repas, par Lebeuf. — Lettre sur l'origine de l'usage de boire à la santé, par Dreux du Radier, avec un supplément, par de La Motte-Conflans. — De l'origine de l'usage de planter le mai (pièce inédite), par l'éditeur. — De l'origine du poisson d'avril. — Lettre sur le même sujet. — De l'origine de l'usage des souhaits en faveur de ceux qui éternuent, par Morin. — De l'origine de l'usage qui a donné lieu au dicton, « Courir l'aiguillette, et des femmes de mauvaise vie, par Dreux du Radier; avec un supplément, par l'éditeur. — De l'origine des bonnets verts des banqueroutiers, par Loisel. — Lettre sur le même sujet, par Durand. — De l'origine de l'usage qui a donné lieu au dicton, Attendez-moi sous l'orme, par Dreux du Radier. — Lettre sur le même sujet, par Lebeuf. — De l'usage qui a donné lieu au dicton, Je veux qu'on me tonde, par Pasquier. — De l'usage d'où est dérivé le dicton, Il en a, il n'en a pas les gants, par Dreux du Radier. — De l'origine des feux de joie. par Mahudel. — De l'origine des feux de la Saint-Jean (deux pièces), par Lebeuf, avec un supplément, par l'éditeur. — Dissertation sur l'origine du feu d'artifice de la rue aux Ours. — Lettre sur l'origine de l'usage des bures ou brandons; avec un supplément, par l'éditeur. — Lettre sur la date d'avant ou d'après Pâques, par Maillart.

Tome IX. Article 3 du chapitre 2. « Origines et variations des divertissements, joyeuses coutumes, folles pratiques, mascarades, farces, extravagances, et autres usages bizarres et curieux dont la source se découvre dans les cultes anciens, ou qui sont passés de l'ordre religieux dans la vie mondaine ou privée. » — Origine des masques, momeries, charivari, etc., par C. Noirot, avec des notes et des additions, par l'éditeur. — Notice sur le tatouage, par l'éditeur. — Recueil de la chevauchée de l'âne, faite en la ville de Lyon. — Plaidoyé des maris ombrageux sur le privilége des masques. — Du bœuf gras. — Dissertation sur les saturnales françaises, pour servir d'éclaircissement à l'histoire des mascarades qui se sont introduites dans les cérémonies de différents cultes, par l'éditeur. — Notice générale sur la fête des fous, par l'abbé d'Artigny, avec des notes de l'éditeur. — Lettre originale sur l'institution de la mère-folle de Dijon, par Du Tillet. — Pièces originales citées dans la lettre ci-dessus. — Notice sur les enfants sans souci et le prince des sots. — Prince de plaisance, prince d'amour, prince de la plume, etc. — Notice sur le régiment de la calotte. — Lettre sur quelques singularités de l'office des fous et de l'alleluia. — Explication du terme bizarre « abbas cornadorum » (abbé des cornards), et d'un usage singulier qui a subsisté dans la ville d'Evreux. — Lettre sur l'abbé des cornards et la fête de l'âne, avec des notes de l'éditeur. — Le réveil de Roger-Bontemps, et l'abbé des fous. — Remarques sur les anciennes réjouissances qui avaient lieu durant les fêtes de Noël, et diverses particularités de la fête des fous. — Lettre curieuse sur le jeu de la pelote et les danses des chanoines du chapitre d'Auxerre. — Lettre sur les fêtages d'Angers; les defructus d'Auvergne, etc., avec une notice supplémentaire, par l'éditeur. — Cérémonie singulière faite dans l'église d'Auxerre, par Lebeuf. — Lettre sur l'usage des habits canoniaux et militaires, par le même. — Lettre sur un droit honorifique singulier. — Explication d'un usage singulier, d'après un article d'anciens statuts synodaux du XIIIe siècle, par Lebeuf. — De quelques restes de la fête de Bacchus et de la Saint-Denis. — Origine des réjouissances de la Saint-Martin, par l'éditeur. — Notice sur les pratiques impies et superstitieuses qui se faisaient naguère dans les métiers de cordonniers, tailleurs d'habits, chapeliers et selliers, pour passer compagnons appelés du devoir, avec la résolution des docteurs de la faculté de Paris à ce sujet.

Tome X. Suite de l'article 3 du chapitre 2. De l'origine des étrennes, par J. Spon. — Lettre sur les étrennes, par le P. Tournemine. — Lettre sur le jour des étrennes dans le moyen âge, par Ribaud de Rochefort. — Recherches sur le jour des étrennes dans le moyen âge, par le même. — Recherches sur le jour où l'on donnait des étrennes en France, quand l'année commençait à Pâques, par D. Polluche. — Du festin du roi boit, par Bullet, avec un supplément par l'éditeur. — Notice sur l'origine des processions, et les singularités mondaines de quelques-unes de ces cérémonies, par l'éditeur J. C. — Procession de la Fête-Dieu d'Aix, instituée par le roi René. — Notice biographique sur le roi René. — Plainte à Gassendi, sur les usages peu chrétiens de ses compatriotes et sur l'indécence de leurs mœurs, à l'occasion des bouffonneries ridicules de la Fête-Dieu d'Aix, par Neuré. — Description de la Fête-Dieu d'Aix. — Explications diverses des cérémonies de la Fête-Dieu d'Aix. — Lettre sur l'ancienne et singulière cérémonie de la Saint-Vital, et la procession noire d'Evreux. — Des fêtes publiques de Cambrai, et notamment de la célèbre procession de Saint-Gery. — Lettre sur la cérémonie de la Fierte, qui se pratique à Rouen. — Article 4. « Divertissemens, jeux d'exercice, jeux de hasard. » — Notice sur les divertissements et les jeux d'exercice des Français, par l'éditeur S. — Dissertation sur l'origine des jeux de hasard, par Beneton de Peyrins. — Notice supplémentaire sur les jeux de hasard et autres analogues, par l'éditeur J C. — Dissertation sur l'origine du jeu de piquet, trouvée dans l'histoire de France, par le P. Daniel. — Recherches historiques sur les cartes à jouer, par Bullet. — Éclaircissements sur l'invention des cartes, par l'abbé Rive. — Notice supplémentaire sur l'origine des cartes, par l'éditeur J. C. — Examen d'un fait singulier cité dans les recherches de Bullet, sur les cartes à jouer, et relatif à deux chemises de Marie d'Anjou, par l'éditeur C. L. — De l'origine des jetons. — Article 5. « Modes, luxe, carrosse. » — Notice sur l'habillement et les modes des Français, par l'éditeur S. — Dissertation sur l'établissement des lois somptuaires, par l'abbé de Vertot ; avec un supplément, par l'éditeur. — Dissertation sur l'origine des carrosses, par Bullet, avec une addition, par l'éditeur.

Tome XI. Article 7 du chapitre 2. « Notices et fragments divers sur quelques particularités curieuses de l'histoire physique et morale des Français. » — Des usages relatifs au baptême et aux noms. — Des noms et surnoms, par de Sallo. — Des coutumes et usages anciens relatifs aux mariages. — Des concubines, et du droit relatif au concubinage, par Gautier de Sibert. — Supplément sur les concubines, par Hénault. — Addition sur le concubinage des clercs, dans le moyen âge, par Sauval. — Des usages anciens relatifs aux funérailles. — De l'établissement des postes en France, par de La Mare. — De l'hospitalité et de l'origine des hôtelleries. — Des magiciens, des sorciers et des devins chez les Français. — Notice sur les léproseries ou maladreries. — Du mal de Naples, par Sauval. Nouvelles recherches sur l'origine et les premiers effets du mal de Naples en France et dans les pays voisins à la fin du xve siècle. — D'un usage singulier relatif au bréviaire, par Sauval. — Du cri de Nouel (Noël) pour signification de joie publique, par Pasquier. — Chapitre 3. « Histoire héraldique. »— Article 1. « Ancienne noblesse, cours d'amour. » —Mémoire sur la noblesse française, où l'on examine quelle fut son origine, comment elle devint héréditaire, et à quelle époque remonte l'établissement des justices seigneuriales, par Désormeaux. — Second mémoire sur la noblesse française, par le même. — Notice supplémentaire sur l'état de la noblesse en France depuis le ixe siècle. — Des gentilshommes de nom et d'armes, par Du Cange. — Recherches sur les prérogatives des dames chez les Gaulois, sur les cours d'amour, ainsi que sur les priviléges qu'en France les mères nobles transmettaient autrefois à leurs descendants, quoique issues de pères roturiers, où l'on expose les vestiges qui restent de ces anciens usages; le tout précédé de quelques réflexions sur l'influence et la part que les femmes ont eues, non-seulement dans tous les gouvernements, mais même dans toutes les révolutions, ainsi que dans les sciences et les arts, par le président Rolland. — Des guerres privées, et du droit de guerre par centime, par Du Cange. — De l'escarcelle et du bourdon des pèlerins de la Terre-Sainte, par le même.

Tome XII. Article 2 du chapitre 3. « Chevalerie, tournois, carrousels. » — De la chevalerie ancienne et moderne, avec la manière d'en faire les preuves pour tous les ordres de chevalerie, par le P. Ménestrier. — Additions de l'éditeur, ou Traité de la chevalerie ancienne, de Ménestrier.

Tome XIII. Suite de l'article 2. — Notice historique sur les tournois et les carrousels, par l'éditeur. — Extrait du traité de René d'Anjou, roi de Sicile, sur la forme observée dans un tournoi, selon qu'il se pratiquait en France, en Allemagne, en Flandre et ailleurs. — Des armes à outrance, des joutes, de la Table ronde, des behourds et de la quintaine, par Du Cange. — Addition de l'éditeur. — Tupiniers, behourds, fête de l'Epinette, et autres divertissements chevaleresques de l'ancienne bourgeoisie. — Exemple de proclamation d'un pas d'armes, au nom du roi de France, en 1513. — Des entrées solennelles et réceptions des princes dans les villes, avec des remarques sur la pratique et l'usage des décorations, par le P. Ménestrier. — Article 4. « Armoiries, fleurs de lis, couleurs royales, main de justice, couronnes, hérauts d'armes. » — De l'origine des armoiries en général, et en particulier de celles de nos rois, par de Foncemagne. — Analyse des diverses opinions des historiens et des critiques français sur l'origine des fleurs de lis, par de Sainte-Marthe. — Dissertation sur les fleurs de lis, par Bullet. — Dissertation sur les supports des armes de nos rois, par le même. — Dissertation sur le bleu, couleur de nos rois, par le même. — Dissertation sur la main de justice, par le même. — Dissertation sur les couronnes, leur origine et leur forme, par Beneton de Peyrins. — Des cottes d'armes, et de l'origine des couleurs et des métaux dans les armoiries, par Du Cange. — Addition du P. Ménestrier, sur le sujet de la dissertation précédente. — De la différence des cuirasses et des cottes d'armes, par de Vertot. — De la communication des armoiries des familles, ou d'une partie accordée par les princes à diverses personnes sur forme de privilège ou de récompense, par Du Cange. — De l'office des rois d'armes, des hérauts et des poursuivants; de leur antiquité, de leurs privilèges et des principales cérémonies où ils sont employés par les rois et par les princes, par Marc Vulson, de la Colombière.

Tome XIV. Sixième partie. « Sciences, lettres, arts. » — Chapitre 1. « Histoire littéraire. » — Article 1. « Histoire de la langue française. » — Observations sur la matière de ce chapitre. — Deux mémoires sur l'origine et les révolutions des langues celtique et française. — Observations sur l'origine de la langue française, par O. Liron. — Recherches sur les plus anciennes traductions en langue française, par Lebeuf. — Fragments de poésie en langue vulgaire usitée, il y a environ sept cents ans, dans les parties méridionales de la France, publiés par le même. — Révolutions de la langue française, depuis Charlemagne jusqu'à saint Louis, par Levesque de la Ravalière. — Extrait de la lettre de Levesque de la Ravalière, académicien des belles-lettres, à l'auteur du discours sur l'origine de la langue française, imprimé dans le Mercure de juin et de juillet 1757. — Réfutation du système de la Ravalière sur les origines de la langue française, par D. Rivet. — Sentiment de Bonamy sur l'origine de la langue française et le caractère du latin qu'on a parlé dans les Gaules. — Dissertation sur les causes de la cessation de la langue tudesque en France, et sur le système du gouvernement pendant le règne de Charlemagne et de ses successeurs, par Bonamy. — Remarques sur la langue française des XIIe et XIIIe siècles, comparée avec les langues provençale, italienne et espagnole, dans les mêmes siècles, par de la Curne de Sainte-Palaye. — Article 2. « Etat des sciences et des lettres en France dans le moyen âge. » — De l'état des sciences dans l'étendue de la monarchie française sous Charlemagne, par Lebeuf. — Supplément à cette dissertation, par le même. — De l'état des sciences en France depuis la mort de Charlemagne jusqu'à celle du roi Robert, par l'abbé Goujet. — De l'état des sciences en France depuis la mort du roi Robert, arrivée en 1031 jusqu'à celle de Philippe le Bel, arrivée en 1314, par Lebeuf. — Addition sur l'origine de la chanson, par l'éditeur.

Tome XV. Suite de l'article 2 du chapitre 1 de la sixième partie. — Dissertation sur l'état des sciences de 1031 à 1314 (suite), par Lebeuf. — Supplément, par le même. — Notices des différentes sectes de philosophes qui étaient à Paris au XIIe siècle, etc., par le même. — Extrait du roman de Gautier de Metz, composé en l'an 1245, à l'article intitulé : « Comment clergée vint en Franche », et ensuite sur « les sept arts », par le même. — Aperçu de l'état des lettres, des arts et des sciences en France sous les règnes de Charles VI et de Charles VII, par le comte de Guasco. — Addition de l'éditeur. — Relation de la découverte du Livre d'Or et du voyage de Gallice, par Nicolas Flamel. — De l'astrologie qui avait cours sous Charles V, et des plus fameux astrologues de ce temps, par Lebeuf. — Observations de l'éditeur sur les chroniques de Saint-Denis, ou grandes chroniques de France.

Tome XVI. Chapitre 2 de la sixième partie. « Commerce des Gaulois, des Français, sous la première race, de l'Orient avant les Croisades ; du moyen âge : mariné, boussole, vitraux, arts divers. » — Notice sur l'industrie et le commerce des Gaules. — Dissertation sur l'état du commerce en France sous les rois de la première et de la seconde race, par Carlier. — Extrait d'un mémoire de M. de Guignes sur l'état du commerce des Français en Orient, avant les Croisades. — De l'état du commerce intérieur et extérieur de la France, depuis la première croisade jusqu'au règne de Louis XII, par Clicquot de Blervache. — Aperçu historique sur l'état de la musique en France dans le moyen âge. — Lettre sur les orgues du xe siècle. — Notice de poésies françaises et latines du xive siècle, par Guillaume de Machault, poëte et musicien, avec une indication du genre de musique qui s'y trouve, par l'abbé Lebeuf. — Dissertation sur les anciennes horloges, et sur Jacques de Dondis, surnommé Horolagnis, par Falconet. — De l'origine des fenêtres vitrées, et du développement que reçut en France l'art de peindre sur verre. — Addition de l'éditeur. — Un mot sur l'invention de la boussole, ne serait-elle pas d'origine française ? par l'éditeur. — Obligations que les arts ont à Charles d'Anjou et à Charles VI.

Tome VII. Septième partie. Evénements fameux. — Chapitre unique. « Election de Hugues Capet ; querelles politiques ; conspirations ; trahisons, procès ; exécutions capitales ; coups d'Etat ; meurtres, massacres, etc. » — Observations de l'éditeur. — Dissertation dans laquelle on prouve que Hugues Capet est monté sur le trône par une élection légitime, par Bullet. — Examen des différentes opinions des historiens anciens et modernes, sur l'avénement de Hugues Capet à la couronne, par D. Poirier. — Procès de Robert d'Artois. — Exposé des faits par l'éditeur. — Justification de la conduite de Ph. de Valois dans le procès de Robert d'Artois, par Lancelot. — Observations du P. Griffet sur le procès de Robert d'Artois. — Observations générales sur le procès de Robert d'Artois. — Extrait d'un manuscrit de Saint-Martin-des-Champs, sur le bannissement de Robert, comte d'Artois (d'après Dacier). — Des démêlés de Boniface VIII avec Philippe le Bel. — Exposé du fait. — Circonstances particulières du démêlé de Philippe le Bel avec le pape Boniface VIII, par le P. Griffet. — Observation sur une bulle de Boniface VIII, en date du 27 juin 1298, par Gaillard. — De l'abolition et du procès des Templiers, par le P. Griffet, avec des notes d'après Raynouard. — Histoire abrégée du procès qui s'éleva au commencement du xive siècle entre le roi de France et le roi d'Angleterre, et du jugement rendu à ce sujet, par Lallier. — Mémoire sur le lieu, les circonstances et les suites de l'assassinat de Louis, duc d'Orléans, frère du roi Charles VI, par Bonamy. — Du meurtre de Jean, duc de Bourgogne, sur le pont de Montereau, exposé du fait. — Dissertation sur le meurtre du duc de Bourgogne, par Griffet. — Procès de Jeanne d'Arc. — Observations sur le procès de la Pucelle, par de Laverdy. — Réflexions historiques et critiques sur la conduite qu'a tenue Charles VII à l'égard de Jeanne d'Arc, après qu'elle eut été faite prisonnière par les Anglais au siège de Compiègne, par le même. — Sentiment de Laverdy sur la mission et le procès de la Pucelle. — Du prétendu mariage de la Pucelle d'Orléans. — Lettre curieuse du P. Viguier sur ce sujet. — Lettre de M. de Vienne Plancy à M. Viguier sur le même sujet. — Problème historique sur la Pucelle d'Orléans, où l'on fortifie l'opinion de son mariage, par D. Polluche. — Observations sur l'invraisemblance du mariage de la Pucelle, par l'éditeur, d'après Lenglet du Fresnoy. — Remarques sur quelques particularités curieuses de l'histoire de la Pucelle, par d'Artigny. — Examen des remarques précédentes sur Jeanne d'Arc, par D. Polluche, avec les répliques de d'Artigny. — Mémoire sur les dernières années de la vie de Jacques Cœur, par Bonamy. — Mémoire sur les suites du procès de Jacques Cœur, par le même. — Du procès et de l'exécution du connétable de Saint-Pol. — Exposé du fait, par l'éditeur. — Dissertation sur le procès de Saint-Pol et son exécution, par Griffet. — De l'empoisonnement de Charles de France, duc de Guienne, frère de Louis XI, par Griffet. — Additions de l'éditeur sur l'empoisonnement présumé de Charles VII, d'après Amelgard, auteur contemporain. — De la trahison et du procès du connétable de Bourbon. — Exposé de l'éditeur. — Observations du P. Griffet sur le procès de Charles, duc de Bourbon. — Préliminaires de l'exécution de Calvière et de Mérindol, d'après Nicolaï, avec des notes. — Supplément contenant la relation du massacre des Vaudois.

Tome XVIII. Suite du chapitre unique de la septième partie. — Procès d'Anne du Bourg. — Exposé du fait. — Dissertation sur le procès d'Anne du Bourg, par Griffet. — Massacre de la Saint-Barthélemy; Exposé du fait, d'après Lenglet du Fresnoy — Observation du P. Griffet, sur le massacre de la Saint-Barthélemy, avec des notes. — Particularités du massacre de la Saint-Barthélemy (tirées des manuscrits d'Auguste Conan). — Additions tirées de Capilupi. — Procès criminel fait au cadavre de Jacques Clément, jacobin, avec des notes. — Huitième partie. Mélanges, chapitre unique. — Sur la féerie des anciens, comparée à celle des modernes, par de Caylus. — Examen critique des trois histoires fabuleuses dont Charlemagne est le sujet, et notamment de la chronique prétendue de l'archevêque Turpin, par Lebeuf. — Examen de la tradition historique touchant le voyage de Charlemagne à Jérusalem, par de Foncemagne. — Dissertation sur Mélusine, par Bullet.

— Dissertation sur la reine Pedauque, par le même. — Dissertation sur le chien de Montargis, par le même. — Addition à cette dissertation. — Autre lettre sur le même sujet. — Dissertation au sujet de nos derniers rois de la première race, auxquels un grand nombre d'historiens ont donné njustement le titre odieux de fainéants et d'insensés, par de Vertot. — Dissertation sur l'origine du royaume d'Yvetot, par le même. — Additions au mémoire précédent. — Examen sommaire des différentes opinions qui ont été proposées sur l'origine de la maison de France, par de Foncemagne. — Addition de l'éditeur. — Résumé des diverses opinions sur l'origine de Hugues Capet, d'après le P. Griffet. — Examen de la question : si ceux qui conviennent que la maison de nos rois a la même source que celle de Charlemagne, doivent l'appeler la troisième race. — Mémoire sur le retour de Louis le Jeune, roi de France, de sa croisade, par de Burigny. — Du lieu de la naissance de saint Louis. — Observations sur le même sujet, par Lebeuf. — De la rançon de saint Louis, par Du Cange. — Observations sur le liesant. — Mémoire sur les différends entre la France et l'Angleterre, sous le règne de Charles le Bel, par de Brequigny. — De la donation du Dauphiné, avec la chronologie des princes qui ont porté le nom de Dauphin, par de Longuerue. — D'Amant de Ceriole, archiprêtre, chevalier et marié ; et de ses relations avec les compagnies dites des « routiers, des tard-venus, » de la jacquerie, par le baron de Zurbunlieux. — Du comte de Dunois, par le P. Griffet. — Observations sur Agnès Sorel, par le même. — Des filles de la maison de France, et autres princesses qui ont été données en mariage à des princes hérétiques ou païens.

Tome XIX. — Supplément. — État de la maison royale de France ; inventaires, comptes et règlements anciens, avec prix, depuis le XIIIe siècle, jusqu'au XIVe siècle inclusivement. — Préface de Telier. — Ordonance de l'hostel le roy et la royne (1285). — Compte de Michel de Bourdené. — Joyaux et vêtements pour le roy (1307). — Compte de l'hostel M. de Poictiers (1313-1314). — Compte de Caperel, prevost de Paris (1318). — Compte de Geoffroy de Fleury (1420). — Ordonnance de l'ostel le roy Charles le Bel (1321). — Compte de l'ostel le comte du Mans (1323). — Assiète des terres de la royne Jehanne (1328). — Compte de Ducas le Borgne, tailleur du roy Philippe de Valois (1335-42). — Compte d'Estienne Lafontaine, argentier du roy Jean (1350-52). — Compte de l'exécution du testament de la royne Jehanne d'Evreux. — Geôle du Châtelet de Paris (1372). — Estat des offices de l'ostel du roy Charles VI. (1407). — Comptes d'Art. des Essarts (1409-10). — Compte de Reynauld Doriac, des funérailles de Charles VI. — Cérémonie des évêques de Charles VI (1422). — Chapelle du roy Charles VI (1424). — Quittance curieuse du duc de Bedford, régent de France pour l'Angleterre (1431). — Compte des funérailles de Charles VII (1461). — Compte de la feue royne Marie d'Anjou, femme de Charles VII (1463). — Dépenses de la royne Charlotte de Savoye, femme de Loys XI (1483).

Compte de la royne Anne de Bretagne (1497-1498). — Compte des obsèques du roy Loys Douzième (1515). — Compte de Jacques d'Estouteville, prévost de Paris (1540-1541). — Extraits curieux de divers comptes de la prevosté de Paris (1515-1531). — Emprunt de François Ier au roi d'Angleterre pour la délivrance des enfants de France. — Statuts des principaux corps de métiers. — Police générale des métiers. — Statuts de la confrairie des notaires (1300). — Des drappiers (1329). — Des orfèvres de Paris (1355). — Des Lormiers (1357). — Lettres qui permettent aux cousturiers de vendre des doublures (1358). — Statuts de tailleurs et couturiers de Paris (1367). — Des tailleurs de Troyes (1399). — Lettres qui exemptent d'impôts les tailleurs (1405). — Statuts des teinturiers en peaux, de Paris ; des chapeliers, aumussiers de Paris (1357-59). — Chapeliers, aumussiers, mitainniers de Rouen (1450). — Règlement de la draperie de Caen (1367). — Abolition des corps de métiers de Paris, par suite de la révolte des « Maillotins. » — Recherches sur la révolte des Maillotins, par Secousse (1382). — Statuts des tailleurs d'images, sculpteurs, peintres, enlumineurs (1391). — Des saussiers et moustardiers de Paris (1394). — Des oublieuses de Paris (1397-1406). — Permis aux chaussetiers de vendre des chausses garnies d'aiguillettes et de lanières (1398). — Chaussetiers du pays de Touraine (1445). — Extrait des statuts des chaussetiers de Pontoise (1404). — Statuts du corps des merciers de Paris (1407). — Additions sur le roi des merciers (1448). — Statuts des cordonniers d'Harfleur (1407). — Lettres de Charles VI relatives à la vente des armures. — Lettres qui exemptent les haumiers d'impôt (1412). — Actes du XIVe et du XVe siècles, portant taxation de prix, gages et droits divers. — Solde des gens de guerre (1338). — Prix du pain (1372). — Gages et gratifications (1413). — Tarifs et denrées (1420). — Règlement général pour les soieries, les tissus d'or, etc., au XVIe siècle, par de Laffemas. — De l'origine du tableau votif et de la confrairie des orfèvres de Paris.

Tome XX. Suite du supplément. — Observations de l'éditeur sur les recherches de Bréquigny, relatives à l'établissement des communes et des bourgeoisies. — Recherches sur les communes, par de Bréquigny. — Recherches sur les bourgeoisies, par le même. — Recherches historiques sur les routiers et la jacquerie. — De la milice des reistres et lanskenets, du Rhingrave, du colonel Christophe de Bassompierre. — De l'intérieur de la chambre à coucher d'une reine de France, au moment où elle donne un héritier au trône. — Du mot « ligne, » terme employé dans les chartes, dont on demande la signification. — Remarques sur 97 pièces curieuses des Mercures de 1726, au sujet d'un ancien « missorium, » de l'usage de la verdure et de la plantation du mai, par Lebeuf. — Additions aux remarques précédentes. — Les martinales, ou dissertation sur l'oie de la Saint-Martin, à l'occasion d'une médaille curieuse, par A. L. Millin. — Cérémonie singulière des confrères de la charité, ou porte-morts, qui se faisait chaque année, le jour de la Fête-Dieu, à Vernon en Normandie. — Des clercs mariés dans le moyen âge. — Particularités curieuses de l'histoire galante de quelques-uns de nos rois. — Ancienne légende des amours de Charlemagne. — De la concubine de Charles VII, appelée la Petite Reine. — Les regrets et vie de la duchesse de Beaufort, divulgués en l'an 1597, lors de la prise d'Amiens. — De la conspiration de la duchesse de Verneuil, maîtresse de Henri IV, et de la soustraction de la promesse de mariage que ce prince lui avait faite. — Des relations supposées galantes d'Anne d'Autriche avec le duc de Buckingham, ou récit des incidents secrets qui facilitèrent la prise de La Rochelle par le cardinal de Richelieu. — Les parallèles de la noblesse, par le sieur de Catherinot. — Remarques sur une médaille de François I, et sur la salamandre qu'il avait adoptée pour devise. — Traités des rois de France avec les archevêques de Rouen, par lesquels ils les obligent de venir une fois l'an à leur cour, etc. — Traité de Richard (Cœur de Lion) roi d'Angleterre, avec l'archevêque de Rouen, d'échange des villes d'Andely, aux comtés de Dieppe et Bouteilles; de Louviers, etc. — Traité de l'origine des anciens porte-couteaux, avec quelques exemples de leurs attentats et homicides ès personnes d'aucuns rois, princes et seigneurs de la chrétienté, par Lebey de Batilly.

COLLECTION DES DOCUMENTS, etc. M. Guizot, dans le but de seconder les études historiques, pensa qu'il était du devoir d'un gouvernement ami des lettres de montrer l'exemple depuis longtemps donné par les sociétés savantes et de publier une série de documents importants propres à élargir le domaine de la science et à révéler quelques points encore inconnus dans l'histoire des sciences, des lettres, et de l'archéologie. C'est dans ce but que les comités historiques ont été établis, et que les documents dont nous donnons plus bas la nomenclature ont été publiés. Le but a-t-il été toujours atteint ? Nous ne le croyons pas. Un choix plus sévère des ouvrages présentés, une sobriété plus grande dans le choix des textes admis, auraient certainement augmenté la valeur de cette collection. Cependant une grande partie des publications parues jusqu'à présent, rachètent par leur valeur la négligence que l'on rencontre dans les autres.

195. COLLECTION DES DOCUMENTS INÉDITS sur l'histoire de France, publiés par ordre du Gouvernement et par les soins du ministre de l'instruction publique et des cultes, format in-4.

196. RAPPORTS AU ROI et pièces. Brochure in-4.
Paris, 1835.

197. RAPPORTS AU MINISTRE. 1 vol. in-4 Paris, 1839.

Rapports d'Aug. Thierry. — de Francisque Michel, suivis de Descriptions et extraits de manuscrits, — du comte Beugnot, — de M. Génin, — de M. Varin, — du baron Thénard, — de M. Gasparin, — de M. Dantan.

PREMIÈRE SÉRIE.
Histoire politique.

198. ÉLÉMENTS DE PALÉOGRAPHIE pour servir à l'étude des Documents inédits sur l'histoire de France, publiés par ordre du roi et par les soins du ministre de l'instruction publique, par M. Natalis de Wailly. 2 vol. in-4. Paris, 1838.

199. ARCHIVES de la ville de Reims; collection de pièces inédites pouvant servir à l'histoire des institutions dans l'intérieur de la cité, par Pierre Varin. 7 vol. en 10 tomes in-4. Paris, 1839-1853.

200. CAPTIVITÉ DU ROI FRANÇOIS Ier, par M. Aimé Champollion-Figeac. 1 vol. in-4. Paris, 1847.

201. CARTULAIRE de l'abbaye de Saint-Bertin, publié par M. Guérard. 1 vol. in-4. Paris, 1840.

202. CARTULAIRE de l'abbaye de Saint-Père de Chartres, publié par M. Guérard, membre de l'Institut de France. 2 vol. in-4. Paris, 1840.

203. CARTULAIRE de l'église Notre-Dame de Paris, publié par M. Guérard, avec la collaboration de MM. Géraud, Marion et Deloye. 4 vol. in-4. Paris, 1850.

204. CARTULAIRE de l'abbaye de Savigny, suivi du petit cartulaire de l'abbaye d'Ainay, publiés par Aug. Bernard. 2 vol. in-4. Paris, 1853.

205. CHRONIQUE de Bertrand Duguesclin, par Cuvelier, trouvère du XIVe siècle, publiée pour la première fois par Chârrière. 2 vol. in-4. Paris, 1839.

206. CHRONIQUE des ducs de Normandie, par Benoist, trouvère anglo-normand du XIIe siècle, publiée pour la première fois d'après un manuscrit du Musée britannique par Francisque Michel. 3 vol. in-4. Paris, 1836.

207. CHRONIQUE des religieux de Saint-Denis,

contenant le règne de Charles VI, de 1380 à 1422, publiée en latin pour la première fois, et traduite par M. L. Bellaguet, précédée d'une introduction par M. de Barante. 6 vol. in-4. Paris, 1839-1852.

208. Correspondance de Henri d'Escoubleau de Sourdis, archevêque de Bordeaux, chef des conseils du roi en l'armée navale, commandeur du Saint-Esprit, primat d'Aquitaine, etc., augmentée des ordres, instructions et lettres de Louis XIII et du cardinal de Richelieu à M. de Sourdis concernant les opérations des flottes françaises de 1636 à 1642, et accompagnée d'un texte historique, de notes et d'une introduction sur l'état de la marine en France sous le ministère du cardinal de Richelieu, par Eugène Sue. 3 vol. in-4. Paris, 1839.

209. Correspondance administrative sous le règne de Louis XIV entre le cabinet du roi, les secrétaires d'État, le chancelier de France, et les intendants et gouverneurs des provinces, les présidents, procureurs et avocats généraux des parlements et autres cours de justice, le gouverneur de la Bastille, les évêques, les corps municipaux, etc., recueillis et mis en ordre par G.-B. Depping. 4 vol. in-4 (3 publiés). Paris, 1850-1852.

Tome I. États provinciaux. — Affaires municipales et communales.
Tome II. Administration de la justice, police et galères.
Tome III. Affaires de finances. — Commerce. — Industrie.

210. Recueil des monuments inédits de l'histoire du Tiers-État, par Aug. Thierry. 2 vol. in-4. Paris, 1850.

Tomes I et II. Pièces relatives à l'histoire de la ville d'Amiens. — L'ouvrage se continue.

211. Procès-Verbaux des séances du conseil de régence du roi Charles VIII pendant les mois d'août 1484 à janvier 1485, publiés d'après les manuscrits de la Bibliothèque royale, par A. Bernier. 1 vol. in-4. Paris, 1834

212. Procès-verbaux des États-Généraux de

France de 1593, recueillis et publiés par M. Auguste Bernard. 1 vol. in-4. Paris, 1842.

213. JOURNAL DES ÉTATS-GÉNÉRAUX de France tenus à Tours en 1484, sous le règne de Charles VIII, rédigé en latin par Jehan Masselin, député du bailliage de Rouen, publié et traduit pour la première fois sur les manuscrits inédits de la Bibliothèque du Roi, par A. Bernier. 1 vol. in-4. Paris, 1835.

214. LETTRES des rois, reines et autres personnages des cours de France et d'Angleterre depuis Louis VII jusqu'à Henri IV, tirées des archives de Londres, par Bréquigny, et publiées par M. Champollion-Figeac. 2 vol. in-4. Paris, 1839-1845.

TOME I. Recherches de Bréquigny à Londres. — 336 lettres de 1162 à 1300.

TOMES II. 283 lettres de 1301 à 1515.

215. RECUEIL des lettres missives de Henri IV, publié par M. Berger de Xivrey, membre de l'Institut de France. 7 vol. in-4. Paris, 1843-1853.

TOME I. 1562-1584.
TOME II 1585-1589.
TOME III. 1589-1593.
TOME IV. 1593-1598.
TOME V. 1599-1602.
TOME VI. 1603-1606.
Le tome VII est sous presse.

216. LE LIVRE DE JOSTICE et de plet, publié pour la première fois d'après le manuscrit unique de la Bibliothèque nationale, par Rapetti, avec un glossaire des mots hors d'usage, par Chabaille, 1 vol. in-4. Paris, 1850.

217. DOCUMENTS HISTORIQUES inédits tirés des collections manuscrites de la Bibliothèque royale et des archives ou des bibliothèques des départements, publiés par Champollion-Figeac. 1 vol. in-4. Paris, 1841-1848.

218. MÉMOIRES MILITAIRES relatifs à la succession d'Espagne sous Louis XIV, extraits de la correspondance de la cour et des généraux, par le lieu-

tenant général de Vault, directeur du dépôt de la guerre, mort en 1790, revus, publiés et précédés d'une introduction, par le lieutenant général Pelet. 8 vol. in-4 et atlas. Paris, 1851-1852.

L'ouvrage aura 10 volumes.

219. Négociations de la France dans le Levant, ou correspondances, mémoires et actes diplomatiques des ambassadeurs à Constantinople, et des ambassadeurs envoyés ou résidants à divers titres à Venise, Raguse, Rome, et publiés pour la première fois par Charrière. 3 vol. in-4. Paris, 1839.

220. Négociations relatives à la succession d'Espagne sous Louis XIV, ou correspondances, mémoires et actes diplomatiques concernant les prétentions et l'avènement de la maison de Bourbon au trône d'Espagne, accompagnées d'un texte historique et précédées d'une introduction, par M. Mignet. 4 vol. in-4. Paris, 1835-1842

221. Négociations diplomatiques entre la France et l'Autriche durant les trente premières années du xvie siècle, publiées par M. Le Glay, correspondant de l'Institut, conservateur des archives du département du Nord. 2 vol. in-4. Paris, 1845.

222. Négociations, lettres et pièces diverses relatives au règne de François II, tirées du portefeuille de Sébastien de l'Aubespine, évêque de Limoges, par Louis Paris. 1 vol. in-4. Paris, 1841.

223. Les livres ou registres des arrêts rendus par la cour du roi, sous les règnes de saint Louis, Philippe le Hardi, Philippe le Bel, Louis le Hutin, Philippe le Long. 4 vol. in-4. Paris, 1839.

224. Papiers d'État du cardinal de Granvelle, d'après les manuscrits de la Bibliothèque de Besançon, publiés sous la direction de M. Ch. Weiss. 13 vol. in-4. (9 publiés). Paris, 1841 et ann. suiv.

225. Lettres, instructions diplomatiques et papiers d'État du cardinal de Richelieu, recueillis et

publiés par M. Avenel. 5 vol. in-4. (1 publié).
Paris, 1853.

Tome I. Préface, introduction. — Lettres de 1608 à 1624.

226. Paris sous Philippe le Bel, d'après des documents originaux et notamment d'après un manuscrit contenant le rôle de la taille imposée sur les habitants de Paris en 1292, publié pour la première fois par H. Géraud, élève de l'École des Chartes. 1 vol. in-4. Paris, 1837.

227. Procès des Templiers, publié par M. Michelet, 2 vol. in-4. Paris, 1841-1851.

228. Relations des ambassadeurs vénitiens sur les affaires de France au xvie siècle, recueillies et traduites par M. N. Tommaseo. 2 vol. in-4.
Paris, 1838.

229. Réglements sur les arts et métiers de Paris, rédigés au xiiie siècle et connus sous le nom du livre des Métiers d'Etienne Boileau, publiés pour la première fois en entier avec des notes et une introduction, par G.-B. Depping. 1 vol. in-4.
Paris, 1853.

230. Les Olim, ou Arrêts rendus par la cour du roi sous Louis IX, Philippe le Hardi, Philippe le Bel, Louis le Hutin et Philippe le Long; publiées par M. Beugnot. 4 vol. in-4. Paris, 1839.

231. Œuvres inédites d'Abélard, par M. Victor Cousin. 1 vol. in-4. Paris, 1836.

DEUXIÈME SÉRIE.

Lettres et sciences.

232. Les quatre livres des Rois, traduits en français du xiie siècle, suivis d'un fragment de moralités sur Job, et d'un choix de sermons de saint Bernard, publiés par M. Leroux de Lincy. 1 vol. in-4. Paris, 1841.

233. L'Éclaircissement de la langue française, par Jean Palsgrave, suivi de la Grammaire de Giles du Guez, publiés pour la première fois en France, par F. Génin. 1 vol. in-4. Paris, 1852.

TROISIÈME SÉRIE.

Archéologie.

234. ICONOGRAPHIE CHRÉTIENNE. — Histoire de Dieu, par M. Didron. 1 vol. in-4. Paris, 1842.

235. COMPTES DES DÉPENSES de la construction du château de Gaillon, publiés d'après les registres manuscrits des trésoriers du cardinal d'Amboise, par M. Ach. Deville. 1 vol. in-4 et un atlas in-folio. Paris, 1850.

236. ARCHITECTURE MONASTIQUE, par M. Albert Lenoir. 1 vol. in-4. Paris, 1852.

237. STATISTIQUE MONUMENTALE DE PARIS par Albert Lenoir. In-folio.

<small>Ce magnifique ouvrage est en cours de publication.</small>

238. PEINTURES A FRESQUE DE SAINT-SAVIN, département de la Vienne, texte par M. P. Mérimée, dessins par M. Gérard Seguin, lithographiés, en couleur par M. Engelmann. 1 vol. in-folio et atlas grand in-folio. Paris, 1844-1845.

239. MONOGRAPHIE DE LA CATHÉDRALE DE CHARTRES. Architecture, sculpture d'ornement et peinture sur verre, par J.-B.-L. Lassus. Statuaire et peinture sur mur par Amaury Duval. Texte, dessins et lithographie par Didron. In-folio.
Paris, 1842 et années suiv.

<small>Cet ouvrage est en cours de publication.</small>

240. MONOGRAPHIE DE L'ÉGLISE NOTRE-DAME DE NOYON. Plans, coupes, élévations et détails, levés, mesurés et dessinés par Daniel Ramée, texte par M. Vitet. 1 vol. in-8 et atlas. Paris.

COLLECTION DES PRINCIPAUX ÉCONOMISTES. Cette collection, due aux soins de Guillaumin, est appelée à rendre de grands services. La place que l'économie politique a su prendre à notre époque, et l'avenir encore plus brillant qui lui est réservé, nécessitaient une telle publication.

241. COLLECTION des principaux économistes. 16 tomes en 15 vol. gr. in-8. Paris, 1841-1848.

Tome I. ÉCONOMISTES FINANCIERS DU XVIIIe SIÈCLE. Vauban : Projet d'une dîme royale. — Bois-Guillebert : Détail de la France, Factum de la France ; opuscules divers. — J Law : Œuvres complètes. — Melon : Essai sur le commerce. — Dutot : Réflexions politiques sur les finances et le commerce. — Avec une Notice biographique sur chaque auteur, des commentaires et des notes explicatives, par Eugène Daire. 2e édition. 1 vol gr. in-8.

Tome II. PHYSIOCRATES. Quesnay, Dupont de Nemours, Mercier de la Rivière, l'abbé Beaudeau, Le Trosne : avec une introduction sur la doctrine des physiocrates, des notices biographiques sur chaque auteur, des commentaires et des notes explicatives par Eug. Daire. 1 vol. gr. in-8.

Tomes III et IV. Œuvres de Turgot ; nouvelle édition, classée par ordre de matières, avec les notes de Dupont de Nemours ; augmentées de lettres inédites, des questions sur le commerce, du lit de justice tenu à Versailles pour l'enregistrement des édits sur l'abolition de la Corvée et des Jurandes, et d'observations et de notes nouvelles, par MM. Eug. Daire et H. Dussard ; précédées d'une Notice sur la Vie et les ouvrages de Turgot, par Eug. Daire. 2 vol. gr. in-8.

Tomes V et VI. Recherches d'Adam Smith sur la nature et les causes de la richesse des nations, traduction de G. Garnier, entièrement revue et corrigée, et précédée d'une Notice biographique par M. Blanqui, membre de l'Institut, avec les commentaires de Buchanan, G. Garnier, Mac Culloch, Malthus, J. Mill, Ricardo, Sismondi, Storch, augmentée de notes inédites de J.-B. Say, et d'éclaircissements historiques, par M. Blanqui. 2 forts volumes grand in-8.

Tome VII. Essai sur le principe de population, de Malthus ; traduit de l'anglais par MM. P. et G. Prévost (de Genève), précédé d'une introduction par M. Rossi, de l'Institut, et d'une Notice sur la vie et les travaux de l'auteur, par Ch. Comte, avec les notes de l'auteur et des traducteurs, de nouvelles notes et une Introduction, par M. Joseph Garnier. 3e édition. 1 volume grand in-8.

Tome VIII. Principes d'économie politique considérés sous le rapport de leur application pratique, par Malthus, avec des remarques inédites de J.-B. Say, une introduction et des notes explicatives et critiques, par M. Maurice Monjean, suivis des définitions en économie politique, traduits en français par Alcide Fonteyraud. 1 vol. gr. in-8.

Tome IX. Traité d'Économie politique, ou simple Exposition de la manière dont se forment, se distribuent et se consomment les richesses, par J.-B. Say. 6e édition, revue par Horace Say, son fils. 1 beau volume grand in-8.

Tomes X et XI. Cours complet d'Economie politique pratique, de J.-B. Say, ouvrage destiné à mettre sous les yeux des hommes d'Etat, des propriétaires fonciers et des capitalistes, des savants, des agriculteurs, des manufacturiers, des négociants, et en général de tous les citoyens, l'Economie des sociétés. 2 vol. grand in-8.

Tome XII. Œuvres diverses, de J.-B. Say : Catéchisme d'Economie politique. — Lettres à Malthus et correspondance générale. — Olbie. — Petit volume. — Fragments et opuscules inédits ; précédées d'une Notice biographique par MM. H. Say et Eug. Daire. 1 vol. gr. in-8.

Tome XIII. Œuvres complètes de Ricardo : Principes de l'Economie politique et de l'Impôt, traduits par M. Constancio, revus et complétés sur la dernière édition originale, publiée en 1846, par Alcide Fonteyraud. — De la protection accordée à l'agriculture. — Plan pour l'établissement d'une banque nationale. — Essai sur l'influence du bas prix des blés sur les profits du capital. — Proposition pour l'établissement d'une circulation monétaire économique et sûre. — Le haut prix des lingots est une preuve de la dépréciation des billets de banque. — Essai sur les emprunts publics, avec des notes et une Notice sur la vie et les travaux de Ricardo, par Alc. Fonteyraud. 1 fort volume.

Tome XIV. MÉLANGES. David Hume : Essai sur le commerce, le luxe, l'argent, les impôts, le crédit public, sur la balance du commerce, la jalousie commerciale, la population des nations anciennes. — V. de Forbonnais : Principes économiques. — Condillac : Le Commerce et le Gouvernement. — Condorcet : Lettre d'un laboureur de Picardie à M. Necker, etc. — Lavoisier : De la richesse territoriale du royaume de France. — Franklin : La Science du bonhomme Richard et ses autres opuscules, avec des notices sur chaque auteur et des notes explicatives par MM. Eug. Daire et G. de Molinari. 1 vol. gr. in-8.

Tome XV. MÉLANGES. Necker : Sur la législation et le commerce des grains. — L'abbé Galiani : Dialogues sur le commerce des blés, avec la Réfutation de l'abbé Morellet. — Montyon : Quelle influence ont les diverses espèces d'impôts sur la moralité, l'activité et l'industrie des peuples ? — Bentham : Défense de l'usure, avec des notices sur chaque auteur, et des notes explicatives par M. Gust. de Molinari ; bibliographie détaillée et complète de tous les ouvrages renfermés dans cette Collection. 1 volume grand in-8.

COLLECTION DES MÉMOIRES RELATIFS à l'histoire de France, etc. Cette collection renferme toutes les chroniques nationales depuis l'origine de la monarchie jusqu'au XIIIe siècle. La traduction est élégante, et le nom du traducteur suffit pour en assurer l'exactitude.

242. COLLECTION des mémoires relatifs à l'histoire de France depuis la fondation de la monarchie française jusqu'au XIIIe siècle, avec une introduction, des suppléments, des notices et des notes, par Guizot. 31 vol. in-8. Paris, 1823-1835.

Tome I. Introduction, considérations sur les Gaulois, les Francs et les Français, par Bourdon de Ligoris. — Fragment sur l'histoire de France, par Auguste Trognon.

Tome I (bis). Grégoire de Tours, Histoire des Francs.

Tome II. Grégoire de Tours (suite et fin) (591). — Frédégaire, Chronique (583-768). — Vie de Dagobert I (602-651). — Vie de saint Léger (660-680). — Vie de Pepin le vieux, dit de Lenden (622-752).

Tome III. Eginhard. — Annales des rois Pepin, Charlemagne et Louis le Débonnaire (741-829). — Vie de Charlemagne (765-814). — Moine de Saint-Gall, des Faits et gestes de Charles le Grand (768-814). — Thegan, de la vie et des actions de Louis le Débonnaire (814-829). — Anonyme, dit l'Astronome, Vie de Louis le Débonnaire (814-829). — Nithard, Histoire des dissensions des fils de Louis le Débonnaire (814-843).

Tome IV. Ermold le Noir, Faits et gestes de Louis le Pieux (le Débonnaire), poëme (814-829). — Hincmar et autres, Annales de Saint-Bertin (741-882). — Annales de Metz (882-903).

Tome V. Flodoard, Histoire de l'église de Rheims depuis sa fondation jusqu'en 949.

Tome VI. Abbon, Le siège de Paris par les Normands, poëme (835-887). — Flodoard, Chronique (857-978). — Raoul Glaber, Chronique (843-1046). Helgaud, Vie du roi Robert (996-1031). — Adalberon, évêque de Laon, poëme satirique (1006).

Tome VII. Odon, moine de Saint-Maur, Vie de Bouchard, comte de Melun (987-1031). — Fragment de l'histoire des Français, par un anonyme (985-1108). — Hugues, moine de Fleury, chronique (987-1108). — Procès-verbal du sacre de Philippe I (1059). — Hugues de Poitiers, Histoire du monastère de Vezelai (1140-1167).

Tome VIII. Suger, Vie de Louis le Gros (1108-1137). — Guillaume, moine de Saint-Denis, Vie de Suger (1081-1151). — Vie de Louis le Jeune (1125-1165). — Galbert, syndic de Bruges, Vie de Charles le Bon, comte de Flandres (1119-1127).

Tome IX. Guibert de Nogent, Histoire des Croisades (1053-1124).

Tome X. Guibert de Nogent, Sa vie, par lui-même (1053-1104). — Vies de saint Bernard, abbé de Clairvaux, par Guillaume, abbé de Saint-Thierry, Arnault de Bonneval et Geoffroy, moine de Clervaux (1091-1154).

Tome XI. Rigord et Guillaume le Breton, Vie de Philippe-Auguste (1165-1227). — Vie de Louis VIII (1223-1226). — Nicolas de Bray, des faits et gestes de Louis VIII, poëme historique (1224-1226).

Tome XII. Guillaume le Breton, la Philippide, poëme (1165-1207).

Tome XIII. Guillaume de Nangis, Chronique (1113-1327).

Tome XIV. Pierre de Vaulx-Cernay, histoire de la guerre des Albigeois, avec des éclaircissements et pièces historiques (1203-1218).

Tome XV. Histoire de la guerre des Albigeois, par un anonyme (1202-1319). — Guillaume de Puy-Laurens, Chronique contenant l'expédition des Français contre les Albigeois (1202-1272). — Chronique de Simon de Montfort. — Des gestes glorieux des Français (1202-1311).

Tomes XVI à XVIII. Guillaume de Tyr, histoire des Croisades, ou histoire des faits et gestes dans les régions d'outremer (632-1184).

Tome XIX. Bernard le trésorier, Histoire des Croisades, continuation de Guillaume de Tyr (1184-1275)

Tomes XX, XXI. Albert d'Aix, Histoire des Croisades, ou histoire des faits et gestes dans les régions d'outre-mer (1095-1120). — Raymond d'Agiles, Histoire des Francs qui ont pris Jérusalem (1095-1099).

Tome XXII. Jacques de Vitry, Histoire des Croisades jusqu'en 1219.

Tome XXIII. Raoul de Caen, des Faits et gestes du prince Tancrède, pendant l'expédition de Jérusalem (1096-1105). — Robert le Moine, Histoire de la première Croisade (1095-1099).

Tome XXIV. Foulcher de Chartres, Histoire des Croisades (1095-1127). — Odon de Deuil, Histoire de la Croisade de Louis VII (1148).

Tomes XXV à XXVIII. Orderic Vital, Histoire de Normandie jusqu'en 1141.

Tome XXIX. Guillaume de Jumiège, Histoire des Normands jusqu'en 1137. — Guillaume de Poitiers, Vie de Guillaume le Conquérant (1035-1070)

Tome XXX. Table générale et analytique des mémoires.

COLLECTION COMPLÈTE DES MÉMOIRES, etc. Cette collection de mémoires est la meilleure qui ait été publiée jusqu'à présent. Les notices qui relient les mémoires entre eux et en font une véritable histoire de France détaillée, sont très-bien faites, et ont été pour beaucoup dans le succès de cette publication, dont la réputation est méritée.

243. COLLECTION COMPLÈTE des mémoires relatifs à l'histoire de France depuis le règne de Philippe-Auguste jusqu'au commencement du xviie siècle, avec des notices sur chaque auteur, et des observations sur chaque ouvrage, par M. Petitot. 52 vol. in-8. Paris, 1824.

Tome I. Notice biographique et littéraire sur Petitot, par Monmerqué. — Fragment trouvé dans les papiers de Petitot. — Discours préliminaire — Notice sur Geoffroy de Ville-Hardouin, destinée à servir de complément à ses mémoires. — De la conquête de Constantinople (1200-1207). — Décadence de l'empire latin.

Tome II. Notice sur Joinville. — Tableau du règne de saint

Louis. — Histoire de saint Louis par Joinville. — Variantes.

Tome III. Extrait des manuscrits arabes et dissertations de Du Cange.

Tome IV. Notice sur les mémoires de Du Guesclin. — Précis des guerres entre la France et l'Angleterre depuis 1070 jusqu'à 1380, servant d'introduction aux mémoires de Du Guesclin. — Anciens mémoires sur Du Guesclin.

Tome V. Anciens mémoires sur Du Guesclin (suite). — Observations relatives aux mémoires sur Du Guesclin. — Pièces justificatives. — Lettre de Du Guesclin à Felleton. — Notice sur la vie et les ouvrages de Christine de Pisan. — Le livre des faits du sage roy Charles V.

Tome VI. Le livre des faits de Charles V (suite). — Observations sur l'histoire de Charles V. — Avertissement sur l'histoire de Boucicaut et sur les mémoires de Fénin. — Tableau du règne de Charles VI. — Le livre des faits du mareschal de Boucicaut.

Tome VII. Le livre des faicts de Boucicaut (suite). — Mémoire de Pierre de Fénin (1407-1422).

Tome VIII. Tableau du règne de Charles VII. — Mémoires concernant la Pucelle d'Orléans. — Supplément des mémoires sur Jeanne d'Arc. — Pièces relatives à l'histoire de Jeanne d'Arc. — Fragments relatifs à Jeanne d'Arc. — Histoire d'Artus III, duc de Bretaigne, concernant ses mémorables faits depuis l'an 1413 jusques à l'an 1457, mise en lumière par Théodore Godefroy. — Mémoires relatifs à Florent, sire d'Illiers. — Notice sur Olivier de La Marche. — Précis de l'origine des progrès et de la décadence de la seconde maison de Bourgogne depuis Philippe le Hardi jusqu'à Marie.

Tome IX. Préface et introduction de messire Olivier de La Marche.

Tome X. Mémoires d'Olivier de La Marche (suite). — L'estat de la maison du duc Charles de Bourgogne, dit le Hardi.

Tome XI. Notice sur Jacques Du Clercq. — Mémoires sur Jacques Du Clercq. — Notice sur Philippe de Comines et sur ses mémoires. — Introduction. — Pièces justificatives de l'introduction. — Mémoires de Philippe de Comines.

Tome XII. Mémoires de Comines (suite).

Tome XIII. Mémoires de Philippe de Comines (fin). — Les chroniques du très-chrestien et très-victorieux Louis de Valois, feu roi de France, xie du nom, par Jean de Troyes (1460 à 1483).

Tome XIV. Les chroniques de Jean de Troyes (suite). — Avertissement sur les mémoires de Villeneuve et sur ceux de La Trémouille. — Tableau du règne de Charles VIII. — Notice sur Guillaume de Villeneuve et sur ses mémoires. — Mémoires de Guillaume de Villeneuve. — Notice sur Jean Bouchet. — Epistre contenant l'intention de l'acteur du chevalier sans reproche. — Le panégyric du chevalier sans reproche.

Tome XV. Avertissement sur les mémoires de Bayard et sur ceux de Fleuranges. — Tableau du règne de Louis XII. — Notice sur les mémoires de Bayard. — Prologue de l'acteur. —

Très-joyeuse, plaisante et récréative histoire du bon chevalier sans paour et sans reprouche.

Tome XVI. Histoire du bon chevalier sans paour et sans reprouche (fin). — Notice sur Fleuranges et sur ses mémoires. — Histoire des choses mémorables advenues du règne de Louis XII et François I. — Notice sur Louise de Savoie. — Journal de Louise de Savoye.

Tome XVII. Notice sur Guillaume du Bellay, seigneur de Langey, Jean, cardinal du Bellay et Martin du Bellay. — Introduction aux mémoires de du Bellay. — Epitre dédicatoire au roy. — Préface de l'autheur. — Prologue des Ogdoades de messire Guillaume du Bellay. — Prologue des mémoires de Martin du Bellay.

Tomes XVIII et XIX. Mémoires de Martin du Bellay (fin).

Tome XX. Introduction aux mémoires sur les règnes de Henri II, de François II, de Charles IX, de Henri III et de Henri IV. — Notice sur Montluc et sur ses commentaires. — Epitre à la noblesse de Gascogne. — Commentaires de messire Blaise de Montluc, mareschal de France.

Tomes XXI et XXII. Commentaires de messire Blaise de Montluc (fin).

Tome XXIII. Notice sur Gaspard de Tavannes. — Notice sur le vicomte de Tavannes. — Observations bibliographiques. — Mémoires de Gaspard de Saulx, seigneur de Tavannes.

Tomes XXIV et XXV. Mémoires de Gaspard de Saulx (fin).

Tome XXVI. Notice sur Vieilleville. — Mémoires de la vie du mareschal de Vieilleville.

Tome XXVII. Mémoires de Vieilleville (suite).

Tome XXVIII. Mémoires de Vieilleville (fin). — Mémoires de François de Boyvin, baron du Villars (1550 à 1559).

Tomes XXIX et XXX. Mémoires de du Villars (fin).

Tome XXXI. Notice sur Rabutin et sur ses commentaires. — Epistre au magnanime prince messire François de Clèves. — Poëme de l'auteur. — Commentaires de François de Rabutin.

Tome XXXII. Commentaires de François de Rabutin. — Notice sur Fénelon et sur ses mémoires. — Le siége de Metz. — Notice sur Coligny et sur ses mémoires. — Discours de Gaspard de Colligny sur le siége de Saint-Quentin. — Mémoire du voyage du duc de Guise en Italie (1556-57), par de La Chastre. — Notice sur La Chastre et ses mémoires. — Mémoire de Guillaume de Rochechouart.

Tome XXXIII. Mémoires de Michel de Castelnau, seigneur de Mauvissière et de Concressant. — Notice sur Castelnau et sur ses mémoires.

Tome XXXIV. Mémoires du sieur Jean de Mergey, gentilhomme champenois. — Notice sur Jean de Mergey et sur ses mémoires. — Mémoires du sieur François de La Noue. — Notice sur de La Noue et ses mémoires. — Mémoires d'Achille Gamon, avocat et consul d'Annonay. — Mémoires de Jean Philippi. — Notice sur les mémoires d'Achille de Gamon et de Jean Philippi.

Tome XXXV. Mémoires de Henry de La Tour d'Auvergne,

vicomte de Turenne. — Notice sur le duc de Bouillon et sur ses mémoires. — Mémoires des choses advenues en France es guerres civiles depuis 1560 jusque 1596, par Guillaume de Saulx, seigneur de Tavannes. — Notice sur Guillaume de Tavannes et sur ses mémoires.

Tome XXXVI. Mémoires de Philippe Hurault, comte de Cheverny. — Notice sur les Cheverny et sur ses mémoires. — Mémoires de Philippe Hurault, abbé de Pontlevoy, évesque de Chartres. — Notice sur Philippe Hurault et sur ses mémoires.

Tome XXXVII. Mémoires de Marguerite de Valois, reine de France et de Navarre. — Notice sur Maguerite de Valois et sur ses mémoires. — Mémoires de Jacques-Auguste de Thou, depuis 1553 jusqu'en 1601. — Notice sur de Thou et sur ses mémoires.

Tome XXXVIII. Mémoires de Jean Choisnin. — Notice sur Choisnin et sur ses mémoires. — Mémoires de Mathieu Merle, baron de Salavas. — Notice sur le capitaine Merle et sur ses Mémoires. — Notice sur Palma Cayet. — Chronologie novenaire contenant l'histoire de la guerre sous le règne de Henri IV, par Pierre-Victor Cayet. — Introduction.

Tomes XXXIX à XLIII. Chronologie novenaire de Palma Cayet (suite).

Tome XLIII. Mémoires de Jacques Pape, seigneur de Saint-Auban. — Notice sur Saint-Auban et sur ses mémoires.

Tome XLIV. Mémoires d'estat, de Villeroy (1584-1594). — Notice sur Villeroy et sur ses Mémoires. — Mémoires du duc d'Angoulême. — Notice sur le duc d'Angoulême et sur ses mémoires.

Tome XLV. Notice sur P. de l'Estoile et sur ses ouvrages. — Mémoires pour servir à l'histoire de France (1515-1574). — Journal de Henri III (1574-1589). — Procès-verbal de Nicolas Paulin, qui contient l'histoire de la Ligue (1685-1588). Relation de la mort des duc et cardinal de Guise, par Miron, médecin de Henri III.

Tomes XLVI à XLVIII. Mémoires de Pierre de l'Estoile. — Journal de Henri IV (1589-1610).

Tome XLIX. Registres-journaux de P. de l'Estoile sur le règne de Louis XIII (1610-11). — Comment et en quel temps la reine accoucha de Louis XIII. — Notice sur Jacques Gillot et sur sa relation. — Relation de Jacques Gillot (1610). — Notice sur Claude Groulard et sur ses mémoires. — Mémoires de Claude Groulard (1588-1604). — Extrait des registres du parlement de Rouen — Notice sur Michel de Marillac. — Mémoires de Marillac.

Tome L et LI. Notice sur le marquis de Fontenay-Mareuil et sur ses mémoires. — Mémoires de Fontenay-Mareuil (1609-1627).

Tome LII. Table générale et analytique des mémoires.

COLLECTION, etc. Ce qui suit n'est que la seconde partie de la collection précédente.

244. COLLECTION COMPLÈTE des mémoires relatifs à l'histoire de France, depuis l'avénement de Henri IV, jusqu'à la paix de Paris, conclue en 1763 ; avec des notices sur chaque auteur, et des observations sur chaque ouvrage. 78 vol. in-8.
Paris, 1820.

Tomes I à IX. Discours préliminaire. — Introduction aux Économies royales (1559-1594). — Mémoires des sages et royales économies d'estat, domestiques, politiques et militaires de Henry le Grand, par Sully (1571-1611).

Tome X. Notice sur Richelieu et sur ses mémoires. — Testament de son éminentissime Armand Jean Du Plessis, cardinal duc de Richelieu. — Mémoires du cardinal de Richelieu (1610 à 1616).

Tome XI. Mémoires du cardinal de Richelieu (1617-19). — Pièces justificatives. — Succincte narration des grandes actions du roi Louis XIII. — Négociations du président Jeannin.

Tomes XII à XV. Négociations du président Jeannin (suite).

Tome XVI. Négociations du président Jeannin (fin). — Mémoire du maréchal d'Estrées (1610-17). — Mémoires de Phelypeaux de Pontchartrain (1610-11).

Tome XVII. Mémoires de Phelypeaux de Pontchartrain (1612-20).

Tome XVIII. Mémoires du duc de Rohan (1610-29).

Tome XIX. Mémoires du duc de Rohan sur la guerre de la Valteline. — Mémoires de Bassompierre (1579-1612).

Tomes XX et XXI. Mémoires de Bassompierre (suite et fin) (1613-1640).

Tomes XXII à XXX. Mémoires du cardinal de Richelieu (1610 à 1638).

Tome XXXI. Mémoires de Gaston, duc d'Orléans (1608 à 1636). — Mémoires du sieur de Pontis (1599-1627).

Tome XXXII. Mémoires du sieur de Pontis (1627-52).

Tome XXXIII. Notice sur Port-Royal. — Mémoires de messire Arnauld d'Andilly. — Notice sur Arnauld d'Andilly.

Tome XXXIV. Mémoires d'Arnauld d'Andilly (suite). — Mémoires de l'abbé Arnauld (1634-75). — Notice sur l'abbé Arnauld. — Lettre de madame de Brissac à l'abbé Arnauld sur ses mémoires. — Notice sur la duchesse de Nemours et sur ses mémoires. — Mémoires de la duchesse de Nemours (1648-53).

Tome XXXV. Introduction aux mémoires relatifs à la Fronde (1643-53). — Mémoires du comte de Brienne (1614-1628). — Notice sur le comte de Brienne et sur ses mémoires. — A son excellence monseigneur Ern.-Christ. Kielpinsky.

Tome XXXVI. Mémoires du comte de Brienne (1629-61). — Mémoires de madame de Motteville. — Notice sur madame de Motteville. — Portrait de la reine Anne d'Autriche.

Tomes XXXVII à XXXIX. Mémoires de madame de Motteville (1643-1659).

Tome XL. Mémoires de madame de Motteville (1659-1666). — Testament de la reine. — Mémoires de mademoiselle de Montpensier (1627-46). — Notice sur mademoiselle de Montpensier.

Tomes XLI à XLIII. Mémoires de mademoiselle de Montpensier (1647-1686).

Tome XLIV. Notice sur le cardinal de Retz et sur ses mémoires. — Mémoires du cardinal de Retz (1648-49).

Tomes XLV et XLVI. Mémoires du cardinal de Retz (1649-1655). — Procès-verbal de la conférence de Ruel. — Le courrier burlesque de la guerre de Paris. — Sermon de Saint-Louis, roi de France. — La conjuration du comte de Fiesque. — Avis au cardinal Mazarin.

Tome XLVII. Mémoires de Guy Joly (1643-1665). — Notice sur Guy Joly et sur ses mémoires. — Mémoires de Claude Joly, concernant le cardinal de Retz (1648-1655). — Notice sur Claude Joly et sur ses mémoires.

Tome XLVIII. Mémoires de Valentin Conrart, premier secrétaire perpétuel de l'Académie Française (1652). — Mémoires du P. Berthod (1652-53). — Notice sur le P. Berthod et sur ses mémoires.

Tomes XLIX et L. Notice sur le marquis de Montglat. — Avertissement du P. Bougeant. — Mémoires de Montglat (1610-55).

Tome LI. Mémoires de Montglat (1656-68). — Mémoires de La Châtre (1638-43). — Notice sur La Châtre et sur ses mémoires. — Lettre de La Châtre à M. de Brienne. — Extrait des mémoires de Henri Campion. — Notice sur La Rochefoucauld et sur ses mémoires. — Portrait du duc de La Rochefoucauld, fait par lui-même. — Portrait de La Rochefoucauld, par le cardinal de Retz. - Extrait du Siècle de Louis XIV, par Voltaire. — Mémoires de La Rochefoucauld (1630-1649).

Tome LII. Mémoires de La Rochefoucauld (1649-52). — Mémoires de Gourville (1649-97). — Notice sur Gourville et sur ses mémoires.

Tome LIII. Notice sur Pierre Lenet et sur ses mémoires. — Mémoires de Pierre Lenet (1549-50).

Tome LIV. Mémoires de Pierre Lenet (1650). — Mémoires de Montrésor (1632-1637). — Notice sur Montrésor et sur ses mémoires. — Relation de Fontrailles. — Notice sur Fontrailles et sur sa relation.

Tome LV. Mémoires du duc de Guise (1647-48). — Notice sur le duc de Guise et sur ses mémoires.

Tome LVI. Mémoires du duc de Guise (1648). — Mémoires du maréchal de Grammont (1604-57). — Notice sur le maréchal de Grammont et sur ses mémoires.

Tome LVII. Mémoires du maréchal de Grammont (1658-77). — Mémoires du maréchal Du Plessis (1627-71). — Notice sur le maréchal Du Plessis.

Tome LVIII. Mémoires de M. de *** (1643-73). — Avertissement sur les mémoires de M. de ***

Tome LIX. Mémoires de M. de *** (1674-90). — Mémoires de

P. de la Porte (1624-1665). — Notice sur P. de la Porte et sur ses mémoires.

Tomes LX à LXII. Mémoires d'Omer Talon (1630-53). — Notice sur Omer et Denis Talon et sur leurs mémoires.

Tome LXIII. Mémoires d'Omer Talon. — Pièces justificatives. — Mémoires de l'abbé de Choisy.

Tome LXIV. Mémoires du chevalier Temple (1673-79). — le chevalier Temple. — Histoire de madame Henriette d'Angleterre, par madame de La Fayette. — Notice sur madame de La Fayette.

Tome LXV. Mémoires de la cour de France pour les années 1688 et 1689, par madame de La Fayette (fin). — Mémoires du marquis de La Fare (1673-93). — Notice sur le marquis de La Fare et ses mémoires. — Portrait du maréchal de Berwick. — Mémoires du maréchal de Berwick (1685-1703). — Ebauche historique du maréchal de Berwick.

Tome LXVI. Mémoires du maréchal de Berwick (1704-1734) (fin). — Notice sur madame de Caylus et sur ses mémoires. — Préface de l'édition de Jean Robert. — Souvenirs de madame de Caylus.

Tome LXVII. Mémoires du marquis de Torcy. — Notice sur le marquis de Torcy et sur ses mémoires (1697-1710).

Tome LXVIII. Mémoires du marquis de Torcy (1710-1713) (fin). — Notice sur le maréchal de Villars et sur ses mémoires. — Mémoires du maréchal de Villars (1672-1700).

Tomes LXIX et LXX. Mémoires du maréchal de Villars (1701-1730) (suite).

Tome LXXI. Mémoires du maréchal de Villars (1731-1733) (fin). — Notice sur les mémoires de Noailles. — Pièces relatives à la notice. — Discours préliminaires des mémoires du duc de Noailles (1682-1698).

Tomes LXXII et LXXIII. Mémoires du duc de Noailles. (1700-1746) (suite).

Tome LXXIV. Mémoires du duc de Noailles (1746-1755) (fin). — Pièces détachées. — Notice sur le comte de Forbin et sur Duguay-Trouin. — Mémoires du comte de Forbin (1675-1689).

Tome LXXV. Mémoires de Forbin (1690-1710) (fin). — Mémoires de Duguay-Trouin (1689-1712).

Tome LXXVI. Notice sur Duclos et sur ses ouvrages. — Mémoires secrets de Duclos (1701-1722).

Tome LXXVII. Mémoires secrets de Duclos (1722-1726) (fin). — Histoire des causes de la guerre de 1756. — Notice sur madame de Staël et sur ses ouvrages. — Mémoires de madame de Staël.

Tome LXXVIII. Table générale et analytique.

COLLECTION DES MÉMOIRES, etc. Cette collection est le complément indispensable de celles formées par MM. Guizot, Petitot, Buchon, Michaud et Poujoulat. Le seul défaut qu'on pourrait lui reprocher tient au choix des mémoires qui sont tous écrits dans un esprit de parti trop exclusif et contre lequel les éditeurs auraient dû se prémunir.

245. COLLECTION des mémoires relatifs à la Révolution française, avec des notices sur leurs auteurs, et des éclaircissements historiques, par MM. Berville et Barrière. 56 vol. in-8.
Paris, 1820-1826.

TOMES I et II. Mémoires de madame Rolland, avec une notice sur sa vie, des notes et éclaircissements historiques.

TOMES III à V. Mémoires du marquis de Ferrières.

TOME VI. Mémoires de Linguet sur la Bastille, et de Dusaulx sur le 14 juillet.

TOMES VII et VIII. Mémoires du marquis de Bouillé, lieutenant-général des armées du roi, chevalier de ses ordres, gouverneur de Douai, membre des deux assemblées des notables, et général en chef de l'armée de Meuse, Sarre et Moselle.

TOMES IX et X. Mémoires du baron de Besenval.

TOMES XI à XIII. Mémoires de Bailly.

TOMES XIV et XV. Mémoires de Melier, concernant Marie-Antoinette, archiduchesse d'Autriche et reine de France et de Navarre.

TOME XVI. Relation du départ de Louis XVI, le 20 juin 1791, écrite en août 1791, dans la prison de la haute Cour Nationale d'Orléans, par M. le duc de Choiseul, pair de France, et extraits de ses mémoires inédits.

TOMES XVII à XX. La vie et les mémoires du général Dumouriez.

TOME XXI. Mémoires inédits de Charles Barbaroux, député à la Convention nationale, avec une notice sur sa vie, par M. Ogé Barbaroux, son fils.

TOMES XXII à XXIV. Mémoires sur la vie privée de Marie-Antoinette, reine de France et de Navarre, suivis de souvenirs et anecdotes historiques sur les règnes de Louis XIV, de Louis XV et de Louis XVI, par madame Campan, lectrice de Mesdames, et première femme de chambre de la reine.

TOME XXV. Mémoires sur l'affaire de Varennes, contenant le mémoire inédit de M. le marquis de Bouillé (comte Louis); deux relations également inédites de MM. les comtes de Raigecourt et de Damas; celle de M. le capitaine Deslon, et le précis historique de M. de Valory. — Mémoires du baron de Goguelat, lieutenant général, sur les événements relatifs au voyage de Louis XVI à Varennes, suivis d'un précis des tentatives qui ont été faites pour arracher la reine à la captivité du Temple, ornés d'une carte de la route de Châlons et Montmédy, et de plusieurs fac-simile de la reine.

TOME XXVI. Mémoires sur les journées de septembre 1799, par Jourgniac de Saint-Méard, le marquis de Fausse-Lendry, l'abbé Sicard et Gabriel-Aimé Jourdan, président du district des Petits-Augustins ; suivis des délibérations prises par la Commune de Paris, et des procès-verbaux de la mairie de Versailles.

Tome XXVII. Mémoires de Madame la marquise de Bouchamps, rédigés par la comtesse de Genlis, suivis des pièces justificatives. —Mémoires de la marquise de La Rochejacquelein, écrits par elle-même, et rédigés par M. de Barante.

Tomes XXVIII et XXIX. Mémoires sur les prisons, contenant les Mémoires d'un détenu, par Riouffe, l'Humanité méconnue, par J. Paris de l'Epinard, l'incarcération de Beaumarchais; le tableau historique de la prison de Saint-Lazare, avec une notice sur la vie de Riouffe.

Tome XXX. Mémoires de Louvet de Couvray, député à la Convention nationale. — Lettre de M. Jullien aux éditeurs de la collection.

XXXI. Mémoires sur la Vendée, comprenant les mémoires inédits d'un ancien administrateur militaire des armées républicaines et ceux de madame de Sapinaud.

Tome XXXII. Mémoires de Meillan, député par le département des Basses-Pyrénées à la Convention nationale.

Tome XXXIII. Mémoires de S. A. S. Antoine Philippe d'Orléans, duc de Montpensier, prince du sang.

Tomes XXXIV et XXXV. Mémoires pour servir à l'histoire de la ville de Lyon pendant la révolution, par l'abbé Aimé Guillon de Montléon.

Tome XXXVI. Mémoires pour servir à l'histoire de la guerre de la Vendée, par le général Turreau.

Tome XXXVII. Mémoires politiques et militaires du général Doppet.

Tome XXXVIII. Mémoire historique sur la réaction royale et sur les massacres du Midi par le citoyen Fréron, ex-député à la Convention nationale, et commissaire du gouvernement dans les départements méridionaux, avec les pièces justificatives.

Tomes XXXIX et XL. Mémoires sur la Convention et le Directoire, par A. C. Thibaudeau.

Tome XLI. Mémoires de Rivarol.

Tome XLII. Mémoires historiques et militaires sur Carnot, rédigés d'après ses manuscrits, sa correspondance inédite et ses écrits, précédés d'une notice par P. F. Tissot.

Tome XLIII. Mémoires de madame Du Bausset, femme de chambre de madame de Pompadour.

Tome XLIV Journal de Cléry, suivi des dernières heures de Louis XVI, par Edgeworth de Firmont; du récit des événements arrivés au Temple, par Madame royale, fille du roi, et d'éclaircissements historiques, tirés de divers mémoires du temps.

Tome XLV. Histoire de la Convention nationale, par Durand de Maillane, suivie d'un fragment historique sur le 21 mai, par le comte Lanjuinais, pair de France.

Tome XLVI. Mémoires du marquis d'Argenson, ministre sous Louis XV, publiés par René d'Argenson.

Tome XLVII. Le Vieux Cordelier, journal politique, rédigé en l'an II, par Camille Desmoulins, député à la Convention nationale. — Causes secrètes de la journée du 9 au 10 thermidor an II, suivies des mystères de la mère de Dieu dévoilés, par Vilate, ex-juré au tribunal révolutionnaire. — Précis historique inédit des événements de la soirée du 9 thermidor an II, par C. A. Meda, gendarme chargé de réduire la commune de Paris et les conventionnels insurgés, avec une notice sur la vie de l'auteur, mort général de brigade et baron.

Tomes XLVIII et XLIX. Mémoires, souvenirs, opinions, écrits du duc de Gaëte, ancien ministre des finances, ex-député, gouverneur de la Banque de France.

Tome XLIX. Mémoires sur la catastrophe du duc d'Enghien.

Tomes L à LVI. Guerre de la Vendée et des chouans contre la république.

COLLECTION DES ANCIENS MONUMENTS, etc. Cette collection, due à M. Crapelet, renferme des documents relatifs à l'histoire et à la langue française, qui sont trop importants pour ne point en donner ici le contenu.

246. COLLECTION des anciens monuments de la langue française, publiée par M. Crapelet. 13 vol. in-8. Paris, 1826-1834.

Tome I. Vers sur la mort, par Thibaud de Marly; imprimés sur un manuscrit de la Bibliothèque du Roi, avec un avertissement et un glossaire par Méon. 1 vol. in-8. Paris, 1826.

Tome II. Lettres de Henri VIII à Anne de Boleyn; avec la traduction, précédée d'une notice historique sur Anne de Boleyn. 1 vol. in-8. Paris, 1826.

Tome III. Le Combat de trente Bretons contre trente Anglais, publié d'après le manuscrit de la Bibliothèque du Roi, par G.-A. Crapelet. 1 vol. in-8. Paris, 1827.

Tome IV. Histoire de la passion de Jésus-Christ, composée en 1490, par le R. P. Olivier Maillard, avec une notice sur l'auteur, des notes, et une table des matières, par Gabriel Peignot. 1 vol in-8. Paris, 1828.

Tome V. Le Pas d'armes de la bergère, maintenu au tournoi de Tarascon, publié d'après le manuscrit de la Bibliothèque du Roi, avec un précis de la chevalerie et des tournois, et la relation du carrousel exécuté à Saumur, en présence de S. A. R. Madame, duchesse de Berry, le 20 juin 1828. 1 vol. in-8.
Paris, 1828.

Tome VI. Histoire du châtelain de Coucy et de la dame de Fayel, publiée d'après le manuscrit de la Bibliothèque du Roi, et mis en français par G. A. Crapelet. 1 vol. in-8. Paris, 1829.

Tome VII. Cérémonies des gages de bataille, selon les constitutions du bon roi Philippe de France, représentées en onze figures, suivies d'instructions sur la manière dont se doivent faire empereurs, rois, ducs, marquis, comtes, vicomtes, barons, chevaliers, avec les avisements et ordonnances de guerre, publiées d'après le manuscrit de la Bibliothèque du Roi, par G.-A. Crapelet. 1 vol in-8. Paris, 1829.

Tome VIII. Proverbes et Dictons populaires, avec les dits du mercier et des marchands, et les crieries de Paris, aux XIIIe et XIVe siècles, publiés d'après les manuscrits de la Bibliothèque du Roi, par G. A. Crapelet. 1 vol. in-8. Paris, 1831.

Tome IX. Poésies morales et historiques d'Eustache Deschamps, écuyer, huissier d'armes du roi Charles V et du roi Charles VI, châtelain de Fismes et bailli de Senlis, publiées pour la première fois d'après les manuscrits de la Bibliothèque du Roi, avec un précis historique et littéraire sur l'auteur, par G.-A. Crapelet. 1 vol. in-8. Paris, 1832.

Tome X. Tableau des mœurs au Xe siècle, ou la Cour et les Lois de Howel le Bon, roi d'Aberfraw, de 907 à 948, suivi de cinq pièces de la langue française, aux XIe et XIIIe siècles, telle qu'elle se parlait en Angleterre après la conquête de Guillaume de Normandie, et terminée par une notice sur la langue anglaise depuis son origine jusqu'au XVIIIe siècle, par Gabriel Peignot. 1 vol. in-8. Paris, 1832.

Tome XI. Les demandes faites par le roi Charles VI, touchant son état et le gouvernement de sa personne avec les réponses de Pierre Salmon, son secrétaire et familier; publiées avec des notes historiques, d'après les manuscrits de la Bibliothèque du Roi, par G.-A. Crapelet. 1 vol. in-8.
Paris, 1832.

Tome XII et XIII. Partonopeus de Blois; publié pour la première fois d'après le manuscrit de la Bibliothèque de l'Arsenal, avec trois fac-simile, par G.-A. Crapelet. 2 vol. in-8.
Paris, 1834.

COLLECTION ORIENTALE. ... M. Barthe, dans son rapport en date du 21 décembre 1833, soumit à l'approbation du roi le projet d'une publication destinée à encourager l'étude des lettres orientales et à répandre un grand éclat sur les presses françaises. Ce but a été parfaitement atteint, et il est à regretter que le nombre de volumes publiés ne soit pas plus considérable.

247. COLLECTION ORIENTALE, manuscrits inédits de la Bibliothèque royale, traduits et publiés par ordre du roi. 7 vol. in-folio.
Paris, imp. roy. 1836.

248. HISTOIRE DES MONGOLS DE LA PERSE, écrite en persan par Raschid-Eldin, publiée, traduite en français, accompagnée de notes et d'un mémoire sur la vie et les ouvrages de l'auteur par M. Qua-

tremère, membre de l'Académie des Inscriptions et Belles-Lettres, professeur au Collége royal de France et à l'École spéciale des Ponts et Chaussées. 1 vol. in-folio. (tome 1er).   Paris, 1836.

249. LE LIVRE DES ROIS, par Abou'lkasim Firdousi, publié, traduit et commenté par M. Jules Mohl. 3 vol. in-folio.   Paris, 1838-1846.

250. LE BAGOEVATA PURANA ou histoire phâtique de Krichna, traduit et publié par M. Eugène Burnouf, membre de l'Institut, professeur de sanscrit au Collége royal de France, etc. 3 vol. in-folio.   Paris, 1840.

COLLIN D'HARLEVILLE (Jean-François), né en 1755, mort en 1806, se fit recevoir avocat, mais abandonna presque aussitôt le barreau, et débuta dans la carrière dramatique, où il obtint de grands succès. Quoique toutes les productions de ce poëte ne soient pas d'une égale force, et qu'elles aient été très-critiquées, on lira toujours avec grand plaisir les comédies de l'Inconstant et du Célibataire, et quelques poésies fugitives remplies de détails charmants.

251. ŒUVRES de Collin d'Harleville, nouvelle édition, ornée de son portrait et enrichie d'une notice sur sa vie. 4 vol. in-8.   Paris, 1821.

TOME I. Notice sur la vie et les ouvrages de J.-F. Collin d'Harleville, par Andrieux, préface de l'édition de 1805. — L'Inconstant, comédie en 3 actes et en vers. — L'Optimiste ou l'homme toujours content, comédie en 5 actes et en vers. — Les Châteaux en Espagne, comédie en 5 actes et en vers.

TOME II. Le Vieux célibataire, comédie en 5 actes et en vers. — Monsieur de Crac dans son petit castel, comédie en 1 acte et en vers. — Les Artistes, comédie en 3 actes et en vers. — Les Mœurs du jour, ou le bon père, comédie en 5 actes.

TOME III. Le Vieillard et les jeunes gens, comédie en 5 actes et en vers. — Malice pour malice, comédie en 3 actes et en vers. — Il veut tout faire, comédie en 1 acte et en vers. — Les Riches, comédie en 5 actes et en vers.

TOME IV. Poésies fugitives. Apollon et les muses, pièce allégorique en vers. — La Bonne journée. — Claudine à la cour, ou le voyage inutile. — Oui et Non, consultation dialoguée. — Tant pis, tant mieux. — Mes souvenirs. — L'Insomnie. — La Servante maitresse. — La paix! la paix. — Stances à la mélancolie. — L'air de famille. — Les Trois vertus. — Le Poëte et son jardinier. — L'Homme et sa conscience. — La Campagne et les vers. — Dialogue entre Prose et Poésie. — Une Journée de Paris. — Une Journée des champs. — Les Lectures d'automne. — Le Poëte et son ami. — Serments d'amoureux et de poëte. — Les deux Rats. — L'Anglais à Montreuil. — Melpomène et Thalie. — L'Inconstant, comédie en cinq actes et en vers. — Les Querelles des deux frères ou la famille bretonne, comédie en trois actes et en vers.

COMBES (Ch.), né en 1802, a rendu de grands services comme savant et comme praticien. Il est ingénieur en chef, inspecteur général de 2e classe et membre du conseil des mines et professeur d'exploitation à l'École royale des Mines. M. Combes fait partie de l'Institut depuis 1847.

252. TRAITÉ de l'exploitation des mines, par M. Ch. Combes, ingénieur en chef des mines, etc. 3 vol. in-8 et un atlas in-4.   Paris, 1844.

COMINES (Philippe de), né en 1447, mort en 1511, fut attaché à la cour de Philippe le Bon et à celle de Louis XI, qui lui donna la principauté de Talmont et la seigneurie d'Olonne. On trouve dans ses Mémoires, écrits avec simplicité, un charme indéfinissable qui le met au-dessus de tous les chroniqueurs de son époque. Les discours de Comines, disait Montaigne, représentent partout avec autorité et gravité l'homme de bon lieu et élevé aux grandes affaires.

253. MÉMOIRES de Philippe de Comines, nouvelle édition, revue sur les manuscrits de la Bibliothèque royale, et publiée avec annotations et éclaircissements, par Mlle Dupont. 3 vol. in-8.
Paris, 1840-1847.

COMPENDIUM DE CHIRURGIE, etc... Cet ouvrage est une des publications modernes qui fait le plus d'honneur au progrès des études chirurgicales, et qui est appelé à rendre les plus grands services.

254. COMPENDIUM DE CHIRURGIE PRATIQUE, ou Traité complet des maladies chirurgicales et des

opérations que ces maladies réclament, par
M. P.-A. Bérard, professeur de clinique chirurgicale à la Faculté de médecine de Paris, etc.,
et M. C. Denonvilliers, professeur d'anatomie à
la Faculté de médecine de Paris, chirurgien de
l'hôpital Saint-Louis, etc., continué, à compter
de la 8e livraison, par M. C. Denonvilliers et
M. L. Gosselin, chef des travaux anatomiques et
agrégé de la Faculté de médecine de Paris.
4 vol. in-8. Paris, 1847.

Cet ouvrage est en cours de publication.

COMTE (Fr.-Ch.-Louis), né en 1782, mort en 1837. Cet écrivain politique a été l'un des adversaires les plus redoutables du gouvernement des Bourbons. Forcé de s'exiler, il alla dans le canton de Vaud faire un cours de droit public. Revenu en 1825, il recommença à défendre les principes constitutionnels, et à la révolution de 1830, il fut nommé procureur du roi à Paris, et élu député par le département de la Sarthe. Comte était secrétaire perpétuel de l'Académie des Sciences morales, dont il avait été nommé membre en 1832.

255. Traité de législation, ou Exposition des lois générales suivant lesquelles les peuples prospèrent, dépérissent ou restent stationnaires, par Ch. Comte, secrétaire perpétuel de l'Académie des sciences morales et politiques. 2e édition. 4 vol. in-8. Paris, 1827-1835.

COMTE (Auguste), né en 1795. Ce fervent saint-simonien est un des métaphysiciens les plus excentriques des temps modernes. Surnommé le Bacon du XIXe siècle par les uns, considéré comme un fou par quelques autres, ce philosophe sera difficilement jugé de nos jours avec impartialité. Néanmoins l'adhésion de certaines personnes aux nouvelles idées qu'il professe, prouve sinon en faveur de son système de physique sociale, au moins en considération de quelques-unes de ses opinions.

256. Cours de philosophie positive, par M. Auguste Comte, ancien élève de l'École polytechnique. 6 vol. in-8. Paris, 1839-1842.

Tome I. Préliminaires généraux, et philosophie mathématique.

Tome II. Philosophie astronomique et philosophie de la physique.

Tome III. Philosophie chimique et philosophie biologique.

Tome IV. Portion dogmatique de la philosophie sociale.

Tome V. Partie historique de la philosophie sociale, en tout ce qui concerne l'état biologique et l'état métaphysique.

Tome VI. complément de la philosophie sociale, et conclusions générales.

CONDILLAC (Étienne-Bonnot de), né en 1714, mort en 1780, était frère du célèbre abbé de Mably. Il se lia dans sa jeunesse avec J.-J. Rousseau, Diderot et Duclos. Sa réputation comme philosophe le fit choisir pour être précepteur du duc de Parme, petit-fils de Louis XV. C'est pour l'éducation de ce prince qu'il entreprit son *Cours d'Études*, qui eut de son temps une grande renommée. L'abbé de Condillac fut reçu membre de l'Académie Française en 1768.

257. ŒUVRES DE CONDILLAC, revues, corrigées par l'auteur, imprimées sur ses manuscrits autographes, et augmentées de la Langue du calcul, ouvrage posthume. 23 vol. in-8. Paris, 1798.

Tome I. Essai sur l'origine des connaissances humaines.

Tome II. Traité des systèmes.

Tome III. Traité des sensations. — Dissertation sur la liberté. — Réponse à un reproche qui m'a été fait sur le projet exécuté dans le traité des sensations. — Traité des animaux, où après avoir fait des observations critiques sur le sentiment de Descartes, et sur celui de M. de Buffon, on entreprend d'expliquer leurs principales facultés.

Tome IV. Le commerce et le gouvernement.

Tome V. Cours d'études pour l'instruction du prince de Parme. — La grammaire.

Tome VI. Cours d'études (suite). L'art de penser.

Tome VII. Cours d'études (suite) L'art d'écrire.

Tome VIII. Cours d'études (suite). L'art de raisonner.

Tomes IX à XIV. Cours d'études (suite). Histoire ancienne.

Tomes XV à XX. Cours d'études (suite). Histoire moderne.

Tome XXI. Cours d'études (suite). De l'étude de l'histoire.

Tome XXII. La logique ou les premiers développements de l'art de penser.

Tome XXIII. La langue des calculs.

CONDORCET (Jean-Antoine-Nicolas Caritat de), né en 1743, mort en 1794, fut un des hommes éminents qui s'illustrèrent à l'époque de la révolution française. Mathématicien profond, ses travaux le firent connaître des savants de son temps, et il fut reçu membre de l'Académie des Sciences en 1769. Forcé, comme secrétaire perpétuel, de faire les éloges des académiciens morts, il s'acquitta avec tant de succès de cette tâche pénible, que l'Académie Française crut devoir l'admettre, en 1782, au nombre de ses membres. Lorsque la révolution éclata, Condorcet embrassa avec chaleur les nouveaux principes. Membre de la Convention, et du premier comité de Salut public, il n'approuva point l'affaire du 31 mai, et fut mis en accusation. Obligé de se cacher, il finit par être découvert à Bourg-la-Reine, où on le jeta dans un cachot. Quand on vint le lendemain pour le mener devant ses juges, on ne trouva plus qu'un cadavre, il s'était empoisonné.

258. Œuvres de Condorcet, publiées par A. Condorcet, O'Connor, lieutenant-général, et M. F. Arago, secrétaire perpétuel de l'Académie des sciences. 12 vol. in-8. Paris, 1847-1849.

Tome I. Biographie de Condorcet, par Arago. — Remarques sur divers passages de l'Histoire des Girondins relatifs à Condorcet. — Correspondance entre Voltaire et Condorcet. — Correspondance entre Turgot et Condorcet. — Correspondance générale. — Lettres aux auteurs du Journal de Paris. — Lettres sur Swedenborg à Madame *** 1782. — Dialogue entre Diogène et Aristippe, 1783. — Observations de Condorcet sur le 29e livre de l'Esprit des lois; de la manière de composer les lois. — Discours prononcé dans l'Académie Française, en 1782, à la réception de Condorcet. — Discours lu à l'Académie française, lorsque le comte du Nord (plus tard Paul I) y vint prendre séance en 1782. — Discours prononcés par Condorcet à l'Académie des sciences le 12 novembre 1783 et le 4 septembre 1784, à l'Académie française le 26 février 1784. — Discours sur les sciences mathématiques, prononcés au Lycée le 15 février 1786. — Discours sur l'astronomie et le calcul des probabilités, lu au Lycée en 1788. — Récit de ce qui s'est passé au parlement de Paris, le 20 août 1786. — Discours prononcé à l'Assemblée nationale, au nom de l'Académie des sciences, le 12 juin 1790. — Lettre au président de l'Assemblée nationale, le 10 juin 1790. — Instruction adressée aux directoires des 85 départements du royaume. — Projet de décret. — Lettre de Condorcet à l'Assemblée nationale sur le mot pamphlétaire, 1790. — Le véritable et le faux ami du peuple. — Anniversaires de la séance des 19 juin 1790 et 19 juin 1792. — Brûler les livres. — Tableau général de la science qui a pour objet l'application du calcul aux sciences politiques et morales. — Fragment de justification, 1793. —

Epître d'un Polonais exilé en Sibérie, décembre 1793. — Conseils de Condorcet à sa fille (mars 1794). — Testament de Condorcet. — Portrait de Condorcet par mademoiselle de Lespinasse.

Tome II. Avertissement. — Éloges de la Chambre, — Roberval, — Frenicle, — L'abbé Picard, — Mariotte, — Duclos, — Blondel, — Perrault, — Huyghens, — Charas, — Rœmer. — Liste alphabétique des membres de l'ancienne Académie. — Essai d'une histoire des correspondants de l'Académie des Sciences. — Rohaut, — Bartholin, — Boyle, — Bellini, — Cowper, — Pitcarne, — Flamstead, — Leüwenhoeck, — Cheselden, — Peyssonnel, — Bianchi, — Muschenbroek, — Klingenstierna, — Le Cat, — Le P. Le Seur, — Le docteur Bévis, — Éloges de Fontaine, — La Condamine, — Trudaine, — Jussieu, — Bourdelin, — Haller, — Malouin, — Linné, — Jussieu, — d'Arci, — Lieutaud, — Bucquet, — Bertin, — Courtanvaux, — Maurepas, — Tronchin. — Pringle, — d'Anville, — Bordenave, — Bernoulli. — Montigni, — Margraaf, — Duhamel, — Vaucanson, — Hunter.

Tome III. Eloges d'Euler, — Bezout, — d'Alembert, — De Tressan, — De Wargentin, — Macquer, — Bergman, — Morand, — Cassini, — de Milli, — de Courtivron, — de Praslin, — Guettard, — de Gua, — de Paulmy, — Bouvart, — de Lassone. — cardinal de Luynes, - de Fouchy — de Buffon, — Franklin, — Camper, — Fougeroux, — de Fourcroix, — Turgot, — Michel de l'Hôpital, — Blaise Pascal, — Préface — Remarques sur les pensées de Pascal.

Tome IV. Avertissement des premiers éditeurs sur la première partie de la vie de Voltaire. — Vie de Voltaire. — Avertissements insérés par Condorcet dans l'édition complète des œuvres de Voltaire. — Avertissements des premiers éditeurs sur la seconde partie de la vie de Voltaire. — Notes sur Voltaire par ordre alphabétique.

Tome V. Vie de M. Turgot. — Dissertation philosophique et politique, ou Réflexions sur cette question : s'il est utile aux hommes d'être trompés. — Recueil des pièces sur l'état des protestants en France, etc.

Tome VI. Esquisse d'un tableau historique des progrès de l'esprit humain. — Fragment de l'Atlantide, ou Efforts combinés de l'espèce humaine pour le progrès des sciences

Tome VII. Réflexions sur la jurisprudence criminelle, 1775. — Rapport et projet de décret sur l'organisation générale de l'instruction publique, etc., etc.

Tome VIII. De l'influence de la révolution d'Amérique sur l'Europe (1786). — Supplément. — Projet de constitution. — Essai sur la constitution et les fonctions des assemblées provinciales (1788). Notes.

Tome IX. Lettres d'un Bourgeois de New-Haven à un citoyen de Virginie, sur l'inutilité de partager le pouvoir législatif entre plusieurs corps (1787). — Déclaration des droits de l'Homme. — Examen sur cette question : est-il utile de diviser une assemblée nationale en plusieurs chambres ? (1789). —

Adresse à l'Assemblée nationale pour que Paris forme partie d'un grand département (1789). — Sur la formation des communes (1789), etc., etc.,

Tome X. Discours, réflexions, avis et mémoires politiques (1790.)

Tome XI. Lettre d'un laboureur de Picardie. — Fragments sur la liberté de la presse. — De la police des livres. — Mémoire sur le canal de Picardie. — Mémoires relatifs aux finances. — Mémoires sur les monnaies, etc.

Tome XII. Sur la constitution civile du clergé. — Discours et mémoires sur les finances. — Réflexions sur la révolution de 1688 et sur celle du 10 août 1792. — Pièces extraites du recueil périodique intitulé « le Républicain », par Condorcet. — De la république, ou un roi est-il nécessaire à la conservation de la liberté? — Opinion sur le jugement de Louis XVI. — Opinion de Condorcet. — Plan de constitution présenté à la Convention nationale les 15 et 16 février 1793. — Sur la nécessité d'établir en France une constitution nouvelle. — Discours sur la convocation d'une nouvelle convention nationale.

CONNAISSANCE DES TEMPS, etc... Ce recueil a été fondé en 1679 par Picard. Il ne contenait alors que les levers et les couchers du soleil, de la lune et des planètes, leurs passages au méridien de Paris, leurs longitudes, latitudes et déclinaisons, le passage du premier point d'Ariès par le méridien, l'annonce des éclipses du premier satellite de Jupiter, les occultations des principales étoiles, quelques tables subsidiaires, et une carte servant à trouver l'heure par les étoiles circumpolaires. Augmenté successivement, de 1730 à 1849, il se compose actuellement des éphémérides du Soleil, de la Lune, de Mercure, de Vénus, de Mars, de Jupiter, de Saturne et d'Uranus, des éclipses des quatre satellites de Jupiter, leurs configurations, des positions apparentes de 115 étoiles principales, des distances lunaires, des parallaxes et demi-diamètre de Vénus, Mars, Jupiter et Saturne, des éclipses de soleil et de lune, des phénomènes, du tableau des plus grandes marées de l'année, des tables de réfraction, celles des différences logarithmiques pour faciliter le calcul des longitudes par les distances lunaires, celles de correction des différences secondes, troisièmes et quatrièmes pour les interpolations; celles pour convertir le temps sidéral en temps moyen, et vice versâ; table pour déduire l'équation du temps à midi, moyen de l'équation du temps à midi vrai. Le parallaxe du soleil, celui des planètes, la table pour réduire les parties de l'équateur ou les degrés de longitude terrestre en temps, et vice versâ; la table des positions géographiques, l'index des positions ; l'explication et l'usage des articles, le tableau des observations météorologiques faites à l'Observatoire de Paris, et enfin des mémoires sur différents sujets d'astronomie ou de physique, compris dans chaque volume sous le titre d'Additions à la Connaissance des temps. Le Bureau des longitudes a le soin de publier la Connaissance des temps deux ans à l'avance.

259. CONNAISSANCE des temps ou des mouvements célestes à l'usage des astronomes et des navigateurs. 177 vol. in-8.

Paris, 1679 et ann suiv.

L'ouvrage se continue.

CONSTANT DE REBECQUE (Benjamin), né en 1767, mort en 1830, se fit connaître vers 1797 par deux écrits contre les effets de la terreur. Nommé membre du Tribunat en 1800, où il marqua dans les rangs de l'opposition, il en fut éliminé en 1802, et fut forcé de s'exiler en même temps que madame de Staël, avec laquelle il fit de nombreux voyages à l'étranger. Rentré en 1814, avec les Bourbons, il se laissa entraîner à la suite de Napoléon pendant les Cent-Jours, et en fut récompensé par le titre de conseiller d'État. La chute définitive de l'empereur l'éloigna de sa patrie, il se retira en Angleterre, et publia *Adolphe*. De retour en France, il fut nommé député, et défendit dans les rangs de l'opposition la liberté de son pays. M. Sainte-Beuve a publié dans la *Revue des Deux Mondes* (1844-1845) des articles fort curieux sur cet homme célèbre.

260. COURS DE POLITIQUE CONSTITUTIONNELLE, de Benjamin Constant, nouvelle édition, mise en ordre par M. Pagès (de l'Ariége), député. 2 gros vol. in-8. Paris, 1836.

261. DISCOURS de Benjamin Constant à la Chambre des députés. 2 gros vol in-8.

Paris, 1828.

262. DE LA RELIGION, considérée dans sa source,

ses formes et ses développements, par B. Constant.
5 vol. in-8. Paris, 1824-1831.

263. ADOLPHE, anecdote trouvée dans les papiers d'un inconnu, nouvelle édition, suivie des ouvrages du même écrivain, quelques réflexions sur le théâtre allemand, etc., par B. Constant. 1 vol. in-12. Paris, 1845.

CORMENIN (Louis-Marie de La Haye, vicomte de), né en 1788, auditeur au Conseil d'État en 1810, maître des requêtes en 1814, et député dans toutes nos assemblées depuis 1828. Ce célèbre politique n'a jamais cessé de défendre comme orateur et comme publiciste la cause de la liberté. Tout le monde connaît l'étonnant succès qu'ont eu ses pamphlets politiques.

264. DROIT ADMINISTRATIF, par L.-M. Cormenin, 5e édition revue et augmentée. 2 vol. in-8.
Paris, 1849.

265. TIMON, LE LIVRE DES ORATEURS. 14e édition. 1 vol. in-8. Paris, 1843-1844.

CORNEILLE (Pierre), né à Rouen en 1606, mort en 1684. Auteur dramatique, qui, sans Racine, serait réputé incontestablement le plus grand tragique français, fut attaché dans sa jeunesse au parlement de Normandie. Son premier amour lui fournit le sujet de sa première comédie (*Mélite*), qui fut jouée en 1629. Le succès qu'elle obtint l'engagea à en produire de nouvelles, ce qu'il fit jusqu'en 1636, époque où il se brouilla avec le cardinal de Richelieu. Retourné en Normandie, il étudia, grâce aux conseils de l'un de ses amis, la littérature espagnole, et produisit bientôt après *le Cid*, l'une de ses plus belles tragédies. Des envieux le critiquèrent, il répondit par trois nouveaux chefs-d'œuvre : *Horace, Cinna*, et *Polyeucte*. Sentant son talent s'affaiblir, il renonça au théâtre et s'adonna à la dévotion. Dans son zèle religieux, il traduisit en vers *l'Imitation de Jésus-Christ*, dans laquelle on retrouve les traces du génie qui animait ce grand poëte M. Sainte-Beuve, dans ses *Portraits littéraires*, a consacré un long article à Corneille, et M. Guizot vient de publier sur lui un livre remarquable, intitulé : *Corneille et son temps*.

266. ŒUVRES COMPLÈTES de Pierre Corneille,

avec les notes de tous les commentateurs. 12 vol. in-8. Paris, 1854.

TOME I. Avis de l'éditeur. — Etude de la langue de Corneille et du commentaire de Voltaire. — Vie de Corneille par Fontenelle. — Nouveaux détails sur P. Corneille, par Emm. Gaillard. — Supplément à la vie de Corneille. — Mélite, comédie. — Clitandre, tragédie. — La Veuve, comédie.

TOME III. La Galerie du Palais, comédie. — La Suivante, comédie — La Place royale. — Médée, tragédie.

TOME IV. L'Illusion, comédie. — Le Cid, tragédie. — Horace, tragédie.

TOME VI. Cinna, ou la Clémence d'Auguste, tragédie. — Polyeucte, martyr, tragédie chrétienne. — Pompée, tragédie.

L'ouvrage est en cours de publication.

COTELLE (Toussaint-Ange), né en 1795, avocat à la Cour de cassation en 1823, est devenu, en 1831, professeur de droit administratif à l'école des Ponts et Chaussées. Il a inséré dans les *Annales des Ponts et Chaussées* plusieurs dissertations, et notamment un mémoire sur le Registre des dépêches de J.-B. Colbert adressées aux intendants de France pendant les années 1679, 1680, 1681 et 1682, concernant le département des ponts et chaussées (année 1851, 2e semestre).

267. COURS DE DROIT ADMINISTRATIF appliqué aux travaux publics, par T.-A. Cotelle; 2e édition. 3 vol. in-8. Paris, 1838-1840.

COTTE (Louis), né en 1740, mort en 1815. Célèbre observateur météorologique. Entré à l'âge de 18 ans dans l'institution de l'Oratoire, il devint curé de Montmorency en 1773, fut en 1780, en même temps que curé, supérieur de la maison de l'Oratoire à Montmorency, et obtint, en 1784, un canonicat à Laon. En 1798, il fut nommé conservateur de la Bibliothèque du Panthéon, en remplacement de son ami Daunou, que le Directoire avait chargé de l'organisation de la république romaine. Dès 1769, l'Académie des Sciences l'avait inscrit au nombre de ses correspondants, et en 1803 l'Institut lui renouvela ce titre.

268. TRAITÉ DE MÉTÉOROLOGIE, par L. Cotte. 1 vol. in-4. Paris, imp. roy. 1774.

269. MÉMOIRES SUR LA MÉTÉOROLOGIE, pour servir de suite et de supplément au Traité de Météorologie, par L. Cotte. 2 v. in-4. Paris, imp. roy., 1788.

COTTIN (Marie-Joseph Risteau, veuve), née en 1773, morte en 1807. Veuve à vingt ans d'un riche banquier qui perdit sa fortune au commencement de la révolution, madame Cottin chercha dans la culture des lettres un adoucissement à ses peines. Ses romans eurent un grand succès, et elle devint, presque à son insu, une des romancières les plus estimées de son temps.

270. Œuvres complètes de madame Cottin, avec une notice sur la vie et les écrits de l'auteur. 5 vol. in-8. Paris, 1817.

COURIER DE MÉRÉ (Paul-Louis), né en 1778, mort en 1825, est un des écrivains les plus distingués de notre époque. D'abord militaire, il quitta le service après la bataille de Wagram et s'adonna complétement aux lettres. La découverte qu'il fit à Florence du manuscrit de Longus, donna naissance à une polémique dans laquelle Courier eut tout l'avantage, et usa de son esprit satirique et railleur. En 1825, il publia sa *Pétition aux deux Chambres*, qui produisit une grande sensation, et depuis cette époque il ne cessa de lancer contre le gouvernement les pamphlets les plus mordants et les plus acérés. Il préparait une traduction d'Hérodote dans le style du xvie siècle, lorsqu'il fut assassiné dans le bois de la Chavonnière.

271. Œuvres choisies de P.-L. Courier. 1 vol. in-12. Paris, 1845.

Essai sur la vie et les écrits de P. L. Courier, par Armand Carrel. — Pamphlets politiques. — Pétition aux deux Chambres. — Lettres au rédacteur du Censeur. — Lettres particulières. — Simple discours de Paul-Louis aux membres du conseil de la commune de Véretz. — Procès de P. L. Courier. — Réponse aux lettres anonymes adressées à P. L. Courier. — Gazette du village. — Pièce diplomatique. — Pamphlet des pamphlets. — Procès de Clavier Blondeau. — Lettre à M. Renouard. — Lettre à Messieurs de l'Académie. — Conversation chez la comtesse d'Albany. — Fragments d'une traduction d'Hérodote. — Les Pastorales de Longus. — Lettres inédites, écrites de France et d'Italie.

COURSON (Aurélien de), né en 1811, a été attaché par M. Guizot aux travaux historiques relatifs à l'histoire du Tiers État. Il est actuellement l'un des conservateurs de la Bibliothèque du Louvre. L'ouvrage que nous citons ici a obtenu le grand prix Gobert en 1847.

272. HISTOIRE des peuples bretons dans la Gaule et dans les îles britanniques. 2. vol. petit in-4º.   Paris, 1846.

COURT DE GÉBELIN (Antoine), né en 1725, mort en 1784, fut forcé de s'exiler de sa patrie pour cause de religion. Il s'établit à Lausanne où il exerça le ministère évangélique et commença à rassembler les matériaux nécessaires pour la confection de son *Monde primitif*, dont le plan détaillé parut en 1772. A dater de cette époque, il acquit une grande réputation, et fut nommé censeur royal. Le *Monde primitif*, qui a obtenu, à son apparition, les faveurs du public, est peu lu maintenant. Cependant il mériterait de ne pas rester dans l'oubli, et malgré les hypothèses hasardées que l'on y rencontre souvent, on pourrait y trouver d'utiles renseignements.

273. MONDE PRIMITIF analysé et comparé avec le monde moderne, considéré dans son génie allégorique et dans les allégories auxquelles conduisit ce génie, précédé du plan général des diverses parties qui composeront ce Monde primitif; avec des figures en taille-douce par Court de Gébelin. Nouvelle édition. 9 vol. in-4.   Paris, 1777-1782.

TOME I. Plan général et raisonné du Monde primitif. Allégories orientales ou le fragment de Sanchoniaton, qui contient l'histoire de Saturne, suivie de celles de Mercure et d'Hercule, et de ses douze travaux avec leur explication. Du génie allégorique et symbolique de l'antiquité. — Table.

TOME II. Discours préliminaire. — Grammaire universelle.

TOME III. Discours préliminaire. — Origine du langage et de l'écriture — Lettre à l'auteur anonyme de deux prétendus extraits du Monde primitif. — Planches donnant différents alphabets.

TOME IV. Discours préliminaire. — Histoire civile, religieuse et mythologique du calendrier ou origines de l'almanach.

TOME V. Discours préliminaire. — Dictionnaire étymologique français-celte.

TOMES VI et VII. Discours préliminaire sur les origines latines. — Dictionnaire étymologique de la langue latine.

Tome VIII. Discours préliminaire. —Vue générale du Monde primitif qui comprend déjà les volumes publiés ; ceux qui doivent suivre ; et ce qui a conduit à ces recherches. — Essai d'histoire orientale pour les vııe et vıe siècles avant J.-C. — Des symboles, des armoiries et du blason des anciens. — Des noms de famille, pour servir de suite aux recherches sur le blason. — Du bouclier d'Achille chanté par Homère. — Du jeu des tarots, où l'on traite de son origine, etc. — Des sept ois administrateurs. — Empire des modes. — Lettre du frère Paul, hermite. — Lettre du frère Pacome, hermite, à frère Paul. — Lettre sur le mot War-Pot, famille primitive, qui signifie élevé, puissant. — Observations sur l'interprétation des fables allégoriques de l'antiquité. — Vues sur les rapports de la langue suédoise avec les autres langues et surtout avec la primitive. — Essai sur les rapports des mots, entre les langues du nouveau monde, et celles de l'ancien. — Observations sur le monument américain, découvert à Dighton, sur un rocher du fleuve Jaunston, à 50 milles au sud de Boston. — Analyse d'un ouvrage intitulé : Les Devoirs.

Tome IX. Discours préliminaire sur les origines grecques. — Dictionnaire étymologique de la langue grecque.

COUSIN (Victor), né en 1792, a été successivement élève de l'École Normale en 1810, répétiteur de littérature à cette même école en 1812, maître de conférences en 1814, professeur de philosophie au lycée Bonaparte en 1815, professeur à la Sorbonne en 1830, directeur de l'Ecole Normale, pair de France et ministre de l'instruction publique en 1840. M. Cousin a acquis une grande célébrité comme philosophe, comme écrivain et comme orateur. Il fait partie de l'Académie Française depuis 1830, et a été nommé membre de l'Académie des Sciences morales et politiques en 1832.

274. Cours de l'histoire de la Philosophie comprenant : 1º l'Introduction à l'histoire de la Philosophie ; 2º Histoire de la Philosophie au xvıııe siècle, par Victor Cousin. (Cours de 1828 à 1830.) Nouvelle édition. 3 vol. in-18.   Paris, 1847.

275. Cours de l'histoire de la Philosophie moderne, par Victor Cousin. (Cours de 1815 à 1821.) 5 vol. in-18.   Paris, 1846.

276. Fragments philosophiques pour faire suite aux cours de l'histoire de la philosophie, par Victor Cousin. 3e édition. 4 vol. in-8.
Paris, 1843.

277. Des Pensées de Pascal par Victor Cousin. Rapport à l'Académie Française sur la nécessité d'une nouvelle édition des Pensées, suivie d'un vocabulaire des locutions les plus remarquables et les plus utiles, par Pascal. 2ᵉ édition. 1 vol. in-8. Paris, 1843.

278. Œuvres de Platon, traduites par Victor Cousin. 13 vol. in-8. Paris, 1822-1840.

279. La jeunesse de madame de Longueville. — Nouvelles études sur les femmes illustres et la société du xviiᵉ siècle, par Victor Cousin. 1 vol. in-8. Paris, 1853.

280. Madame de Sablé, études sur les femmes illustres et la société du xviiᵉ siècle, par Victor Cousin. 1 vol. in-8. Paris, 1854.

281. Du Vrai, du Beau, et du Bien. 2ᵉ édition, augmentée d'un appendice sur l'Art français, etc. 1 vol. in-8. Paris, 1854.

CRÉBILLON (Prosper-Jolyot de), né en 1674, mort en 1762. Envoyé par son père chez un procureur de Paris pour étudier l'art de la chicane, Crébillon n'aurait probablement jamais quitté l'étude, si son maître, nommé Prieur, grand amateur de poésie, n'eût reconnu dans son jeune clerc les dispositions les plus heureuses pour la versification. Encouragé par Prieur, il donna au théâtre *Idoménée*, puis *Atrée*, qui obtint un immense succès. *Électre*, jouée en 1709, et *Rhadamiste*, représentée en 1711, mirent le comble à sa réputation. Ce tragique fut nommé membre de l'Académie Française en 1731.

282. Œuvres de Crébillon, avec les notes de tous les commentateurs. Édition publiée par M. Parelle. 2 vol. in-8. Paris, 1828.

CREVIER (Jean-Baptiste-Louis), né en 1693, mort en 1765. Élève du célèbre Rollin, il professa la rhétorique au collége de Beauvais, et continua l'Histoire romaine de son maître. Son Histoire des Empereurs romains est estimée.

283. Histoire des Empereurs romains, depuis Auguste jusqu'à Constantin, par M. Crevier,

professeur émérite de rhétorique au Collége de Beauvais. 9 vol. in-8 et atlas. Paris, 1830.

CRUVEILHIER (Jean), né en 1791. Nommé, jeune encore, professeur à la Faculté de médecine de Montpellier, puis professeur d'anatomie à la Faculté de médecine de Paris, il fut chargé, en 1835, du cours d'anatomie pathologique, il est actuellement médecin à l'hôpital de la Charité. M. Cruveilhier est membre de l'Académie de médecine depuis 1836.

284. ANATOMIE PATHOLOGIQUE du corps humain ou descriptions, avec figures lithographiées et coloriées, des diverses altérations morbides dont le corps humain est susceptible, par J. Cruveilhier, professeur d'anatomie pathologique à la Faculté de médecine de Paris, etc. 2 vol. in-folio.
Paris, 1830-1842.
285. TRAITÉ d'Anatomie descriptive, par J. Cruveilhier. 3ᵉ édition. 4 vol. in-8.
Paris, 1851-185?.
286. TRAITÉ d'Anatomie pathologique générale, par J. Cruveilhier. 3 vol. in-8. Paris, 1849-1854.

CUSTINE (le marquis de), né en 1793, a passé sa vie à voyager et à publier ses impressions de voyage. Il a fait paraître aussi quelques romans. Son *Romuald* est le plus connu. Nous donnons ici l'indication de son ouvrage le plus recherché.

287. LA RUSSIE EN 1839, par M. le marquis de Custine. 3ᵉ édition, revue, corrigée et considérablement augmentée. 4 vol. in-8. Paris, 1843.

CUVIER (Georges-Léopold-Chrétien-Frédéric-Dagobert, baron), né en 1769, mort en 1832. Ce naturaliste célèbre fit ses premières études à Stuttgard. Après avoir séjourné quelques années en Allemagne, il revint en France, publia quelques mémoires qui furent appréciés, et donna, en 1794, son Tableau élémentaire de l'Histoire naturelle qui produisit une révolution dans la science. A dater de cette époque, les titres, les places, les honneurs, et Cuvier les aimait beaucoup, ne lui manquèrent point. Il devint successivement professeur au Collége de France, à l'Athénée de Paris, inspecteur général des études, conseiller de l'Université, maître des requêtes, conseiller d'État, pair de France, membre de l'Institut et de toutes les sociétés savantes de l'Europe. M. Flourens a publié, en 1845, un livre sur Cuvier intitulé : *Cuvier, Histoire de ses travaux*.

288. LE RÈGNE ANIMAL distribué d'après son organisation, pour servir de base à l'Histoire naturelle des animaux et d'introduction à l'Anatomie comparée, par Georges Cuvier. Nouvelle édition, accompagnée de planches gravées, représentant les types de tous les genres, les caractères distinctifs des divers groupes, et les modifications de structure sur lesquels repose cette classification, publiée par une réunion d'élèves de G. Cuvier : MM. Audouin, Blanchard, Deshayes, de Quatrefages, d'Orbigny, Dugès, Duvernoy, Laurillard, Milne-Edwards, Roulin et Valenciennes. 22 vol. in-8, dont 11 de planches.

Paris, 1836-1845.

289. LEÇONS D'ANATOMIE COMPARÉE de G. Cuvier, publiées par Duméril, Laurillard et Duvernoy. 2e édition. 9 vol. in-8. Paris, 1835-1845.

290. DISCOURS sur les révolutions de la surface du globe, et sur les changements qu'elles ont produits dans le règne animal, par G. Cuvier. 8e édition. 1 vol. in-8. Paris, 1842.

291. HISTOIRE DES SCIENCES NATURELLES, depuis leur origine jusqu'à nos jours, chez tous les peuples connus, comprenant la philosophie de l'histoire naturelle et un examen approfondi de la philosophie de la nature en Allemagne et en France, professé au Collége de France, par G. Cuvier, rédigée et complétée par M. E. Magdeleine de Saint-Agy. 5 vol. in-8.

Paris, 1841-1844.

292. RAPPORT HISTORIQUE sur le progrès des

sciences physiques et naturelles depuis 1789, et sur leur état actuel, présenté au gouvernement le 6 février 1808, par la classe des sciences physiques et mathématiques de l'Institut, conformément à l'arrêté du 13 ventôse an x. 1 vol. in-8.
Paris, 1827.

293. RECHERCHES sur les ossements fossiles, où l'on rétablit les caractères de plusieurs animaux dont les révolutions du globe ont détruit les espèces, par G. Cuvier. 4e édition, revue et complétée par l'auteur ; avec l'éloge de Cuvier par Laurillard. 10 vol. in-8 de texte et 2 vol. in-4 de planches. Paris, 1834-35.

294. HISTOIRE NATURELLE DES POISSONS, ouvrage contenant plus de 5000 espèces de ces animaux, décrites d'après nature, et distribuées conformément à leurs rapports d'organisation, avec des observations sur leur anatomie, et des recherches critiques sur leur nomenclature ancienne et moderne. 22 vol. in-8. Paris, 1829-1849.

295. RECUEIL d'Éloges historiques des membres de l'Académie royale des sciences, lus dans les séances publiques de l'Institut royal de France, par G. Cuvier. 3 vol. in-8.
Paris, 1819-1827.

TOME I. Éloges historiques de Daubenton, — Lemonnier, — L'héritier, — Gilbert, — J. Darcet, — Priestley, Cels, — Adanson, — Broussonnet, — Lassus, — Ventenat, — Bonnet, — de Saussure.

TOME II. Éloges historiques de Fourcroy, — Desessarts, — Cavendish, — Pallas, — Parmentier, — de Rumfort, — Olivier, — Tenon, — Gottlieb Werner, — Desmarets, — Riche, — Brugnières, — Discours de Cuvier lors de sa réception à l'Académie Française. — Réponse du comte de Sèze.

TOME III. Éloges historiques de Palisot de Beauvois, — Banks, — Duhamel, — Haüy, — Berthollet, — Richard, — Thouin, — Lacépède, — Hallé, — Corvisart, — Pinel, — Fabbroni, — Discours prononcé aux funérailles de Van Spaendonck, — de Delambre. — Extrait d'un rapport sur l'état de l'histoire naturelle et sur ses accroissements depuis le retour de la paix maritime. — Extrait d'un rapport sur les principaux changements éprouvés par les théories chimiques, et sur une partie des nouveaux services rendus par la chimie à la société.

D

D'ACHERY (Dom Luc), né en 1603, mort en 1685. Ce savant bénédictin a publié un précieux recueil de pièces rares et inédites relatives au moyen âge, et qui sert de complément aux collections des historiens de France.

296. SPICILEGIUM sive collectio veterum aliquot scriptorum qui in Galliæ bibliothecis delituerant olim editum opera ac studio D. Lucæ d'Achery, presbyteri ac monachi ord. Sancti Benedicti, congr. Sancti Mauri; nova editio priori accuratior, et infinitis prope mendis ad fidem mss. codicum, quorum varias lectiones V.-C. Steph. Baluze, ac R.-P.-D. Martene colligerunt, expurgata per L. Fr. Joseph de la Barre, tornacensem. 3 vol. in-fol.
Paris, 1723.

DACIER (Bon Joseph), né en 1742, mort en 1833, fut nommé en 1784 historiographe des ordres de Saint-Lazare, de Jérusalem et du Mont-Carmel. A la révolution de 1789, il fit partie de la municipalité, devint administrateur de la Bibliothèque nationale, et membre du Tribunat. M. Dacier était l'un des rédacteurs du *Journal des Savants*. Trois académies lui avaient ouvert ses portes. L'Académie des Inscriptions, en 1772, dont il devint le secrétaire perpétuel en 1782; l'Académie Française en 1823, et l'Académie des Sciences morales et politiques, en 1832.

297. RAPPORT historique sur les progrès de l'histoire et de la littérature ancienne depuis 1789 et sur leur état actuel. 1 vol. in-4.
Paris, 1810.

DALLOZ (Victor-Alexis-Désiré), né en 1795, a embrassé fort jeune la carrière du barreau. Cet avocat distingué a été successivement, avocat à la Cour royale de Paris, ancien président de l'ordre des Avocats aux conseils du roi et à la Cour de cassation, et député du Jura.

298. JURISPRUDENCE GÉNÉRALE. RÉPERTOIRE méthodique et alphabétique de législation, de doctrine et de jurisprudence, en matière de droit civil,

commercial, criminel, administratif, de droit des gens et de droit public, nouvelle édition, augmentée et précédée d'un Essai sur l'Histoire du Droit français, par Dalloz aîné et Armand Dalloz son frère, 44 vol. in-4. Paris, 1846 et ann. suiv.

33 volumes ont paru.

299. RECUEIL DE JURISPRUDENCE GÉNÉRALE, en matière civile, commerciale et administrative, faisant suite, par ordre chronologique, au Répertoire ci-dessus, à partir de 1845, pour la législation, le Conseil d'État, les arrêts de la Cour de cassation et des Cours d'appels, paraissant périodiquement et formant chaque année un fort volume in-4. 1845 et ann. suiv.

10 volumes ont paru.

299 bis. DICTIONNAIRE GÉNÉRAL et raisonné de jurisprudence en matière civile, criminelle, administrative et droit public, par Arm. Dalloz. 12 liv. in-4 av. un suppl. qui va jusqu'en 1855. Paris, 1842.

DANGEAU (Philippe de Courcillon, marquis de), né en 1638, mort en 1720, dut sa faveur aux services qu'il rendit à Louis XIV dans sa correspondance privée. Il fut élu membre de l'Académie Française en 1668, et membre honoraire de l'Académie des Sciences en 1704. Son Journal, annoté par Saint-Simon, est du plus haut intérêt.

300. JOURNAL du marquis de Dangeau, publié en entier pour la première fois par MM. Dussieux, Soulié, de Chennevières, Mantz, de Montaiglon, avec les additions inédites du duc de Saint-Simon, publiées par M. Feuillet de Conches. 10 ou 12 vol. in-8. Paris, 1854-1855.

Les volumes 1 à 5 ont paru.

DANIEL (Gabriel), né en 1649, mort en 1728, a produit un grand nombre d'écrits sur la philosophie, la théologie et l'histoire. Les seuls travaux qui soient dignes de remarques sont ceux que nous indiquons plus bas. M. Augustin Thierry a dit de cet historien : « le P. Daniel a le premier enseigné la vraie méthode de l'Histoire de France. »

301. Histoire de France depuis l'établissement de la monarchie française dans les Gaules, par le P. Daniel, de la Compagnie de Jésus. Nouvelle édition, augmentée de notes, de dissertations critiques et historiques, de l'histoire du règne de Louis XIII, et d'un journal de celui de Louis XV, et ornés de plans, de cartes et de vignettes. 17 vol. in-4. Paris, 1755.

302. Histoire de la milice française, et des changements qui s'y sont faits depuis l'établissement de la monarchie française dans les Gaules, jusqu'à la fin du règne de Louis le Grand, par le R. P. Daniel, de la Compagnie de Jésus, auteur de l'Histoire de France. 2 vol. in-4.
Paris, 1724.

DARESTE DE LA CHAVANNE (Antoine-Charles). né en 1820. Avocat, docteur ès lettres, archiviste-paléographe, et agrégé d'histoire, était maître d'études au collège Henri IV en 1840. Après avoir été professeur aux collèges de Rennes et Stanislas, il fut nommé professeur à la Faculté des lettres de Grenoble en 1847. Il est actuellement professeur d'histoire à la Faculté des lettres de Lyon.

303. Histoire des classes agricoles en France depuis saint Louis jusqu'à Louis XVI, par C. Dareste de La Chavanne. 1 vol. in-8.
Paris, 1854.

304. Histoire de l'administration en France et des progrès du pouvoir royal, depuis le règne de Philippe-Auguste jusqu'à la mort de Louis XIV, par C. Dareste de La Chavanne. 2 vol. in-8.
Paris, 1848.

DARU (P.-Ant.-Noel Bruno, comte) né en 1767, mort en 1829, a été ministre et secrétaire d'État sous Napoléon I, et pair de France sous la Restauration. Ses écrits fort estimés l'ont fait entrer à l'Académie Française et à l'Académie des Sciences. L'empereur disait de lui : « Daru est un homme d'une grande probité, sûr, grand travailleur, joignant au travail du bœuf le courage du lion. »

305. Histoire de la République de Venise, par P. Daru, membre de l'Académie Française, suivie de la correspondance de M. le comte Daru et de M. Tiepolo, de la critique de M. Tiepolo, et de la réfutation de M. Daru, précédée d'une notice sur la vie et les ouvrages de M. Daru, par M. Viennet, membre de l'Académie Française. 4e édition, avec cartes et planches, plus complète que les précédentes. 9 vol. in-8. Paris, 1854.

DAUBENTON (Louis-Jean-Marie), né en 1716, mort en 1799. On sait la part que cet anatomiste célèbre a prise à l'histoire naturelle de Buffon. Sa réputation est presque aussi grande que celle de son célèbre collaborateur.

306. Tableau méthodique des minéraux, suivant leurs différentes natures, et avec des caractères distinctifs, apparents ou faciles à reconnaître, 7e édition. Paris, 1812.

DAUNOU (Pierre-Claude-François), né en 1761, mort en 1840, fit ses études chez les Oratoriens. Sorti de cette institution, il professa la philosophie dans différents colléges de province, et reçut la prêtrise en 1787. Nommé député du Pas-de-Calais à la Convention nationale, il fut incarcéré en 1793. Relâché après la chute de Robespierre, il revint siéger à la Convention, et s'occupa activement de la constitution de l'an III. Choisi pour être l'un des trois consuls, il refusa cet honneur, et fut nommé membre du Tribunat; appelé aux archives de l'État comme garde général, il fut destitué en 1816 par les Bourbons, et eut en compensation la rédaction principale du *Journal des Savants*. Professeur au Collége de France en 1819, il fut vers la même époque élu membre de la Chambre des députés. Il avait remplacé M. de Sacy dans la place de secrétaire perpétuel de l'Académie des Inscriptions dont il faisait partie depuis 1816. Peu d'hommes ont laissé comme Daunou un nom aussi honorable et aussi justement apprécié. Parmi les nombreuses biographies qui ont été publiées sur lui, nous citerons celle de M. Sainte-Beuve, insérée dans la *Revue des Deux Mondes*, et l'ouvrage de M. Taillandier, publié en 1847, et intitulé : *Documents biographiques sur M. Daunou*. Ce travail intéressant renferme les Mémoires de Daunou sur la révolution.

307. Cours d'études historiques, par M. Daunou, pair de France, secrétaire perpétuel de l'Académie des Inscriptions et Belles-Lettres, professeur au Collége de France, etc. 20 vol. in-8.   Paris, 1842-1846.

DELAMBRE (J.-B.-Jos. chevalier), né en 1749, mort en 1822. Cet astronome célèbre est un de ceux qui mesurèrent l'arc du méridien pour en faire la base de notre système métrique. Delambre avait été nommé membre de l'Académie des Sciences et du Bureau des Longitudes en 1795.

308. Traité complet d'Astronomie théorique et pratique, par Delambre. 3 vol. in-4. Paris, 1814.

309. Histoire de l'Astronomie ancienne, par Delambre. 2 vol. in-4.   Paris, 1817.

310. Histoire de l'Astronomie du moyen age, par Delambre. 1 vol. in-4.   Paris, 1819.

311. Histoire de l'Astronomie moderne, par Delambre. 2 vol. in-4.   Paris, 1821.

312. Histoire de l'Astronomie du XVIIIe siècle, par Delambre, publiée par Mathieu, membre de l'Institut et du Bureau des Longitudes. 1 vol. in-4.   Paris, 1826.

313. Bases du système métrique décimal, ou mesure de l'arc du Méridien entre les parallèles de Dunkerque et Barcelone, exécutée en 1792 par MM. Méchain et Delambre, et rédigées par M. Delambre. 3 vol. in-4.   Paris, 1806-1810.

DELARUE (l'abbé Gervais), né en 1751, mort en 1837, était un savant très-distingué. Il était correspondant de l'Institut, et membre de la Société des Antiquaires de France. Son travail sur les bardes offre des renseignements curieux sur cette époque de notre histoire littéraire. M. Vaultier a publié en 1841 une notice historique sur la vie et les ouvrages de l'abbé Delarue.

314. Essais historiques sur les bardes, les jongleurs et les trouvères normands et anglo-normands; suivis de pièces de Malherbe, qu'on ne trouve dans aucune édition de ses œuvres. 3 vol. in-8.   Paris, 1834.

DELATRE (Louis-Michel), né en 1815, s'est occupé de poésie, de critique, et surtout de philologie. L'ouvrage que nous indiquons ici est rempli d'idées aussi neuves qu'ingénieuses.

315. De la langue française, dans ses rapports avec le sanscrit et avec les autres langues européennes. 1 vol. in-8.   Paris, 1853.

DELAVIGNE (J.-Fr.-Casimir), né en 1794, mort en 1843. Poëte sur les bancs mêmes du collége, il réalisa les espérances qu'on avait conçues de son talent précoce. Les *Messéniennes*, qui eurent un très-grand succès, lui valurent la place de bibliothécaire de la chancellerie. Les pièces de théâtre qu'il fit représenter augmentèrent sa réputation, et l'appelèrent à l'Académie française en 1825. Aimable, bon et obligeant, sa mort fut regrettée universellement.

316. Œuvres complètes de Casimir Delavigne, avec une notice, par M. Germain Delavigne. Nouvelle édition. 6 vol. in-8.   Paris, 1852.

Tome I. Les Vêpres siciliennes. — Les Comédiens. — Le Paria. — L'Ecole des Vieillards.

Tome II. La princesse Aurélie. — Marino Faliero. — Louis XI.

Tome III. Les Enfants d'Édouard. — Don Juan d'Autriche. — Une Famille au temps de Luther.

Tome IV. La Popularité. — La Fille du Cid. — Le Conseiller rapporteur. — Charles VI. — Messéniennes. — Chants populaires. — Notes. — Poésies diverses. — Discours d'ouverture du second Théâtre Français. — Discours d'inauguration pour l'ouverture du théâtre du Havre. — Discours en l'honneur de Pierre Corneille. — Epître à Messieurs de l'Académie Française. — Epître à M. de Lamartine. — Etudes sur l'antiquité. — Poésies de la jeunesse de l'auteur. — Discours de réception à l'Académie Française.

Tome VI. Notice sur Casimir Delavigne. — Derniers chants. — La Brigantine. — La Ballerine. — La Grotte du chien. —

Memmo. — La Toilette de Constance. — Un Conclave. — Le Poëte. — La Villa Adrienne. — Un miracle. — Une Etoile sur les Lagunes. — Le Gondolier. — L'Ame du purgatoire. — La Vache perdue. — Le Passage du Mont Saint-Bernard. — Epilogue. — Le Marronnier d'Eliza. — Adieu. — Mélusine, tragédie.

DELILLE (Jacques), né en 1738, mort en 1813, fils naturel de Antoine Montanier, avocat au parlement, fut élevé au collége de Lisieux. Lors de la destruction des jésuites, il fut nommé professeur au collége d'Amiens. De retour à Paris, il obtint une chaire au collége de La Marche, et publia ses *Géorgiques* dont le succès lui facilita l'entrée de l'Académie Française en 1772. A dater de cette époque jusqu'à sa mort, Delille s'occupa constamment de poésie. Sa réputation est universelle, et peut-être un peu trop au-dessus de son véritable talent.

317. ŒUVRES DE J. DELILLE. Nouvelle édition, revue, corrigée et augmentée. 16 vol. in-8.
Paris, 1824.

TOME I. Notice sur J. Delille. — Poésies fugitives.
TOME II. Géorgiques de Virgile avec le texte.
TOMES III à VI. Enéide de Virgile, avec le texte.
TOME VII. Les Jardins.
TOMES VIII et IX. L'Imagination.
TOMES X et XI. Les Trois règnes de la nature.
TOME XII. La Pitié. — La Conversation.
TOMES XIII à XV. Le Paradis perdu, de Milton, avec le texte.
TOME XVI. Les Œuvres posthumes.

DEMOLOMBE (Jean-Charles-Florent), né en 1814, docteur en droit, a été nommé successivement professeur suppléant à la Faculté de droit de Caen en 1827, professeur de Code civil en 1831, et doyen de la même faculté le 17 juin 1853.

318. COURS DE CODE NAPOLÉON par Demolombe, professeur doyen de la Faculté de Droit de Caen. 10 vol. in-8.
Paris, 1846-54.

TOME I. De la publication, des effets et de l'application des lois en général; — De la Jouissance et de la Privation des droits civils; — Des Actes de l'état civil; — Du Domicile (Code Napoléon, art. 1 à 111).
TOME II. De l'Absence (Code Napoléon, art. 112 à 143).

Tomes III et IV. Du Mariage et de la séparation de corps (Code Napoléon, art. 144 à 311).

Tome V. De la Paternité et de la Filiation (Code Napoléon, art. 312 à 352).

Tome VI. De l'Adoption et de la tutelle officieuse. — De la Puissance paternelle (Code Napoléon, art. 343 à 387).

Tomes VII et VIII De la Minorité, de la Tutelle et de l'émancipation ; de la Majorité, de l'Interdiction et du conseil judiciaire ; — Des individus placés dans un établissement public ou privé d'aliénés (Code Napoléon, art 388 à 515).

Tomes IX et X. De la distinction des biens ; de la propriété ; de l'usufruit ; de l'usage et de l'habitation (Art. 516 à 636.)

Cet ouvrage, qui formera près de 30 volumes, est en cours de publication.

DEMOUSTIER (Charles-Albert), né en 1760, mort en 1801, descendait du grand Racine par son père, et de La Fontaine par sa mère. Cette parenté lui inspira le goût de la poésie, qu'il cultiva toute sa vie. Ses Lettres à Emilie eurent un immense succès, malgré l'afféterie et les prétentions qu'on y rencontre trop souvent.

319. LETTRES A EMILIE SUR LA MYTHOLOGIE. 3 vol. in-8.   Paris, 1806.

DENON (Dom. Vivant, baron), né en 1747, mort en 1825, gentilhomme ordinaire du roi et diplomate avant la révolution française, fit partie, en 1798, de l'expédition d'Égypte, et fut nommé directeur des musées de la Monnaie et des Médailles. Son Voyage dans la basse et la haute Égygte est fort recherchée.

320. VOYAGE DANS LA BASSE ET LA HAUTE ÉGYPTE, pendant les campagnes du général Bonaparte. 2 vol. gr. in-fol.   Paris, 1802.

DENTRECASTEAUX (Jos.-Ant. Brun d'), né en 1742, mort en 1793. Ce marin distingué fut directeur-adjoint des ports et des arsenaux de la marine, commandant des forces navales dans l'Inde, et chef de l'expédition envoyée à la recherche de Lapeyrouse. C'est en revenant de son voyage qu'il mourut du scorbut dans l'île de Java.

321. VOYAGE DE DENTRECASTEAUX, envoyé à la recherche de la Pérouse, publié par ordre de Sa Majesté l'Empereur et roi, sous le ministère de S. Ex. le vice-amiral Decrès, rédigé par M. de

Rossel, ancien capitaine de vaisseau. 2 vol. gr. in-4, et atlas in-fol. Paris, 1808.

DEPPING (Georges-Bernard), né en 1784, mort en 1854, professeur d'allemand à l'École d'état-major, s'est occupé de géographie, de politique et d'histoire. C'est dans cette branche des connaissances humaines qu'il s'est le plus distingué et qu'il a mérité les nombreuses palmes que l'Académie lui a décernées.

322. HISTOIRE DES EXPÉDITIONS MARITIMES DES NORMANDS et de leur établissement en France au xe siècle, par Depping. Ouvrage couronné par l'Académie ; nouvelle édition, entièrement refondue. 1 fort. vol. in-8. Paris, 1843.

323. MERVEILLES ET BEAUTÉS DE LA NATURE EN FRANCE, description de ce que la France possède de plus curieux sous le rapport de l'histoire naturelle, par Depping. 9e édition refondue. 1 beau vol. in-8. Paris, 1845.

324. LES JUIFS DANS LE MOYEN AGE, essai historique sur leur état civil, commercial et littéraire. Ouvrage couronné par l'Académie. Nouvelle édition. 1 vol. in-8. Paris, 1844.

DESAUGIERS (Marc-Antoine), né en 1772, mort en 1827, un des chansonniers les plus spirituels et les plus féconds que la France ait produits, débuta par une comédie en vers qui fut jouée avec succès au théâtre des Jeunes Artistes. Ayant quitté la France en 1792, il s'embarqua pour Saint-Domingue, visita les États-Unis, et ne revint que cinq ans après. A dater de cette époque, il ne quitta plus Paris, et produisit un nombre considérable de vaudevilles. Son recueil de chansons est très-estimé.

325. CHANSONS ET POÉSIES DIVERSES de M. A. Desaugiers. 1 vol. in-32. Paris, 1834.

DESAULT (P.-J.), né en 1744, mort en 1853, chirurgien en chef de l'Hôtel-Dieu et professeur d'anatomie à la Faculté, opéra de grands changements dans la science chirurgicale en suppléant à l'amputation certains procédés propres à assurer la guérison et à diminuer la douleur des malades.

326 ŒUVRES CHIRURGICALES DE P. J. DESAULT, publiées par Xavier Bichat, suivies du Traité des maladies des voies urinaires. 3e édition, augmentée par Ph.-J. Roux. 3 vol. in-8. Paris, 1830.

DESBORDES-VALMORE (Marceline), née en 1787, est une des femmes poëtes les plus distinguées de notre temps. M. Sainte-Beuve, à qui l'on doit un long article sur madame Desbordes, a dit : « L'avenir ne l'oubliera pas. Tout d'elle ne sera pas sauvé sans doute, mais dans le recueil définitif des poetæ minores de ce temps-ci un charmant volume devra contenir sous son nom quelques idylles quelques romances, beaucoup d'élégies. Toute une gloire modeste et tendre. Ce devra être, même plus tard, dans ce monde éternellement renaissant de la passion, une lecture à jamais vive et pleine de larmes. »

327. POÉSIES de madame Marceline Desbordes-Valmore, avec une introduction par M. Sainte-Beuve 1 vol. in-12. Paris, 1842.

DESCARTES (René), né en 1596, mort en 1650, le plus grand philosophe du XVIIe siècle, passa toute sa vie à écrire. La reine Christine de Suède l'attira près d'elle à Stockholm, où il resta jusqu'à sa mort. Descartes ne fut pas que philosophe, il fut aussi mathématicien, physicien et astronome. Son travail sur les exposants, dans lequel il découvrit l'application de l'algèbre à la géométrie, la démonstration de la loi de réfraction, son explication de l'arc-en-ciel, et sa théorie des tourbillons, quoique considérée et prouvée fausse par Newton, montrent la variété de ses connaissances et l'étendue de son génie.

328. OPERA OMNIA R. CARTESII. 9 vol in-4. Amsterdam 1692. — 1713.

TOME I. Principia philosophiæ. — Specimina philosophiæ seu dissertatio de methodo. — Passiones animæ.
TOME II. Meditationes de prima philosophia.
TOME III. Tractatus de homine.
TOME IV. Geometria.

Tome V. Compendium musicæ. — Explicatio machinarum. — Dioptrica, de mechanica.
Tomes VI à VIII. Epistolæ.
Tome IX. Opera posthuma.

329. ŒUVRES DE DESCARTES publiées par Victor Cousin. 11 vol. in-8.   Paris, 1824.

Tome I. Eloge de René Descartes, par Thomas. — Notes sur l'Eloge. — Discours de la Méthode. — Méditations métaphysiques. — Objections faites par Caterus, Hobbes, et réponses.
Tome II. Objections faites par Arnauld, Gassendy, Clerselier, divers théologiens, le P. Bourdieu, avec les réponses.
Tome III. Epître dédicatoire à la princesse Elisabeth. — Les principes de la philosophie. — Lettre de l'auteur. — Table. — Des principes de la connaissance humaine. — Des principes des choses matérielles. — Du monde visible. — De la terre.
Tome IV. Les passions de l'âme. — Le monde, ou Traité de la Lumière. — L'homme. — De la formation du fœtus.
Tome V. De la lumière. — De la réfraction de l'œil. — Des sens en général. — Des nuages qui se forment sur le fond de l'œil. — De la vision. — Des moyens de perfectionner la vision. — Des figures que doivent avoir les corps transparents pour détourner les rayons par réfraction en toutes les façons qui servent à la vue. — De la description des lunettes. — De la façon de tailler les verres. — Météores de la nature. — Des corps terrestres. — Des vapeurs et des exhalaisons. — Du sol. — Des vents. — Des nues. — De la neige. — De la pluie et de la grêle. — Des tempêtes, de la foudre, et de tous les autres feux qui s'allument en l'air. — De l'arc-en-ciel. — De la couleur des nues, et des cercles ou couronnes qu'on voit quelquefois autour des cercles. — Géométrie des problèmes qu'on peut construire sans y employer que des cercles et des lignes droites. — De la nature des lignes courbes. — De la construction des problèmes solides ou plus que solides. — Explication des mécaniques et engins par l'aide desquels on peut, avec une petite force, lever un fardeau fort pesant. — Abrégé de la musique.
Tomes VI à X. Lettres (1629 à 1648).
Tome XI. Lettre de René Descartes à Gisbert Vaet. — Règles pour la direction de l'esprit. — Recherches de la vérité par les lumières naturelles. — Premières pensées sur la génération des animaux. — Extrait des manuscrits de Descartes.

330. ŒUVRES DE DESCARTES. Édition collationnée sur les meilleurs textes, et comprenant : le Discours de la Méthode, les Méditations, les Objections, les Réponses aux Objections, les Passions de l'Ame ; précédée d'une introduction sur la philosophie cartésienne, par J. Simon, professeur de

philosophie à l'École normale et à la Faculté des lettres. 1 vol. in-12. Paris, 1852.

<small>Discours sur la Méthode. — Méditations. — Traité des passions.</small>

DESCRIPTION DES MACHINES... Cette collection a été publiée par les soins du Gouvernement en exécution des articles 15 et 16 de la loi du 7 janvier 1791, et de l'arrêté du 17 vendémiaire an VII relatifs aux découvertes utiles et aux moyens d'en assurer la propriété à leurs auteurs.

331. DESCRIPTION DES MACHINES et procédés consignés dans les brevets d'invention, de perfectionnement et d'importation dont la durée est expirée, et dans ceux dont la déchéance a été prononcée, publiée par les ordres de M. le ministre de l'intérieur, de l'agriculture et du commerce. Format in-4. Paris, 1811 et années suiv.

<small>Le 82e est sous presse.</small>

DESCRIPTION DES MACHINES... Le titre seul de cette collection en fait connaître l'importance, et nous croyons inutile de nous appesantir sur la valeur qu'elle peut avoir sur le progrès des arts, du commerce et de l'industrie.

332. DESCRIPTION DES MACHINES et procédés pour lesquels des brevets d'invention ont été pris sous le régime de la loi du 5 juillet 1844, publiée par les ordres de M. le ministre de l'agriculture et du commerce, format in-4.
Paris, 1849 et années suiv.

<small>Le 17e volume vient de paraître.</small>

DESPRETZ (César Mansuete), né en 1781, a été successivement professeur de physique au collége Henri IV, répétiteur de chimie à l'École polytechnique, et professeur de physique à la Sorbonne. M. Despretz est membre de l'Académie des sciences depuis 1841.

333. TRAITÉ ÉLÉMENTAIRE DE PHYSIQUE. 4e édition. 1 vol. in-8. Paris, 1836.

334. ÉLÉMENTS DE CHIMIE THÉORIQUE ET PRA-

TIQUE, avec l'indication des principales applications aux sciences et aux arts ; ouvrage dans lequel les corps sont placés par familles naturelles. 2 vol. in-8. Paris, 1828-1830.

DESTOUCHES (Ph. Néricault), né en 1680, mort en 1757, commença par être comédien Protégé par M. de Puysieux, il renonça au théâtre et fut envoyé en Angleterre, pour aider l'abbé Dubois dans ses négociations. De retour en France, il se retira à Melun, et composa plusieurs comédies, dont quelques-unes sont encore au répertoire. Destouches était de l'Académie Française depuis 1723.

335. ŒUVRES DRAMATIQUES de Néricault Destouches. Nouvelle édition, précédée d'une notice sur la vie et les ouvrages de l'auteur. 6 vol. in-8.
Paris, 1822.

TOME I. Avertissement. — Notice sur Destouches. — Le Curieux impertinent, comédie en 5 actes. — L'Ingrat, comédie en 5 actes. — L'Irrésolu, comédie en 5 actes. — La Veillée de village, divertissement. — Les Fêtes de l'Inconnu, divertissement. — La Fête de la nymphe Lutèce, divertissement.

TOME II. Le Médisant, comédie en 5 actes. — Le Triple mariage, comédie en 1 acte. — L'Obstacle imprévu, comédie en 5 actes. — Le Philosophe marié, comédie en 5 actes. — L'Envieux, comédie en 1 acte.

TOME III. Lettres inédites. — Les Philosophes amoureux, comédie en 5 actes. — Le Glorieux, comédie en 5 actes. — Le Triomphe de l'automne, prologue de la fausse Agnès. — La Fausse Agnès, comédie en 3 actes. — Le Tambour nocturne, comédie en 5 actes.

TOME IV. Le Dissipateur, comédie en 5 actes. — L'Ambitieux et l'Indiscrète, tragi-comédie en 5 actes. — L'Amour usé, comédie en 5 actes. — Lettre de Destouches sur l'Amour usé. — L'Enfant gâté, comédie en un acte.

TOME V. L'Homme singulier, comédie en 5 actes. — La Force du naturel, comédie en 5 actes. — Le Jeune homme à l'épreuve, comédie en 5 actes. — Scènes de l'aimable Vieillard. — Scènes du Tracassier, comédie. — Le Vindicatif, comédie. — Scènes anglaises. — Scènes du Protée.

TOMES VI. Prologue du Curieux impertinent. — Prologue de l'Ambitieux. — Scènes de Thalie et Melpomène. — Le Trésor caché, comédie en 5 actes. — Le Mari confident, comédie en 5 actes. — L'Archi-Menteur, ou le vieux Fou dupé, comédie en 5 actes. — Le Dépôt, comédie en un acte. — Discours académiques.

DESTUTT DE TRACY (Antoine-Louis-Claude), né en 1754, mort en 1836, était colonel d'infanterie au moment de la révolution. Appelé aux États-Généraux, il fut incarcéré en 1793, échappa à la guillotine, devint membre du comité d'instruction publique en 1799, sénateur, comte de l'empire, et pair de France sous la Restauration. Philosophe distingué, Destutt de Tracy était de l'école de Cabanis, son ami, auquel il succéda à l'Académie Française en 1808.

336. Eléments d'idéologie par Destutt de Tracy. 5 parties en 4 vol. in-8. Paris, 1817-1818.

1re partie. — Idéologie proprement dite.
2e partie. — Grammaire.
3e partie. — Logique.
4e et 5e parties. — Traité de la volonté et de ses effets.

DEZEIMERIS (Jean-Eugène), né en 1802, mort en 1852, docteur en médecine, était conservateur de la bibliothèque de la Faculté de médecine. Il a été pendant longtemps député et membre du conseil général de la Dordogne.

337. Dictionnaire historique de la médecine ancienne et moderne, ou précis de l'histoire générale, technologique et littéraire de la médecine, suivie de la bibliographie médicale du xixe siècle, et d'un répertoire bibliographique par ordre de matières, par MM. Dezeimeris et Raige Delorme. 4 vol. in-8 en 7 parties. Paris, 1828-1836.

DEZOBRY (Louis-Charles), né en 1798, libraire distingué de Paris, est auteur d'un livre remarquable sur l'ancienne Rome, dans lequel il fait le tableau des mœurs romaines sous Auguste. Ce beau travail est le pendant du Voyage du jeune Anacharsis, de l'abbé Barthélemy.

338. Rome, au siècle d'Auguste, ou voyage d'un Gaulois à Rome à l'époque du règne d'Auguste, et pendant une partie du règne de Tibère, précédé d'une description de Rome aux époques d'Auguste et de Tibère, par Ch. Dezobry. Nouv. édition, revue, augmentée et ornée d'un grand

plan et de vues de Rome antique. 4 vol. in-8 et atlas. Paris, 1846.

DICTIONNAIRE DE L'ACADÉMIE FRANÇAISE, etc. Ce Dictionnaire, le plus connu et le plus usuel de tous les ouvrages du même genre, a eu une première édition en 1694. Les suivantes ont paru en 1718, 1762, et 1798. Malheureusement, il en sera de ce dictionnaire comme de tous les autres, et on dira toujours avec raison :

« On fait, défait, refait ce beau Dictionnaire
Qui, toujours très-bien fait sera toujours à faire. »

Il est bon d'y joindre le Complément, publié sous la direction d'un membre de cette académie, en 1842, qui renferme tous les termes spéciaux omis par l'Académie.

339. DICTIONNAIRE DE L'ACADÉMIE FRANÇAISE. 6e édition, précédée d'un discours sur la langue française, par M. Villemain. 2 vol. in-4.
Paris, 1835.

DICTIONNAIRE GÉNÉRAL, etc. Ce dictionnaire, le seul fait sur cette matière, est d'un grand secours, non-seulement pour les personnes qui ont des rapports immédiats avec l'administration, mais encore avec ceux qui sont peu versés dans la connaissance de notre langue, et qui ne trouveraient ailleurs l'explication des termes techniques employés journellement dans le langage administratif.

340. DICTIONNAIRE GÉNÉRAL D'ADMINISTRATION, contenant la définition de tous les mots de la langue administrative, et sur chaque matière : 1º l'Histoire de la législation, 2º l'Exposé des lois, ordonnances, règlements et instructions, 3º le Résumé de la jurisprudence, 4º l'indication des formalités à remplir, des autorisations à demander, des pièces à produire, etc. 1 vol. gr. in-8 à deux colonnes. Paris, 1849.

DICTIONNAIRE DU COMMERCE. Le Dictionnaire du Commerce ou Encyclopédie du Commerçant est le plus vaste répertoire des connaissances commerciales qui ait jamais été fait pour le commerce. Il renferme de nombreux renseignements sur les marchandises, la géographie commerçante, la comptabilité, la navigation, la jurisprudence commerciale.

341. DICTIONNAIRE DU COMMERCE ET DES MARCHANDISES, contenant tout ce qui concerne le Commerce, la Navigation, les Douanes, l'Économie politique, commerciale et industrielle, la Connaissance des produits naturels et fabriqués, leurs caractères spécifiques, leurs variétés, leur histoire ; le Mouvement des exportations et des importations, les Changes et les Usances, les Monnaies, les Poids et les Mesures de tous les pays, etc., etc., par MM. Blaise, Blanqui (de l'Institut), J. et A. Burat, Chevalier, Ed. Corbière (du Havre), E. Cortambert, Alex. de Clercq, sous-directeur aux affaires étrangères, H. Dussard, Th. Fix, Eug. Flachat, Francœur, Joseph Garnier, Kauffmann (de Lyon), Ch. Legentil, Mac Culloch, Mauny de Mornay, Th. de Morville, A. Mignot, J.-T. Parisot, Payen (de l'Institut), Pelouze, Ramon de la Sagra, Rey, Louis Reybaud, Horace Say, Wanizel, etc., etc., sous la direction de M. Guillaumin. 2 forts vol. petit in-4, avec atlas. Paris, 1852.

DICTIONNAIRE DE LA CONVERSATION, etc. Cet ouvrage, dont la première édition a été épuisée en peu de temps, a un grand avantage sur les autres publications du même genre, en ce qu'il renferme, en dehors de toutes les notions contenues dans les autres encyclopédies, un dictionnaire biographique fort étendu.

342. DICTIONNAIRE DE LA CONVERSATION ET DE LA LECTURE. Inventaire raisonné des notions générales les plus indispensables à tous, par une société de savants et de gens de lettres. Seconde édition, entièrement refondue, corrigée et augmentée de plusieurs milliers d'articles tout d'actualité. 15 vol. gr. in-8. Paris, 1851.

En cours de publication.

DICTIONNAIRE ENCYCLOPÉDIQUE, etc... Ce Dictionnaire, éminemment utile, renferme l'histoire particulière des rois, des grands vassaux, des fiefs, des abbayes, des ordres religieux et politiques, des communes, des villes, des institutions, des lettres et des arts, du commerce et de l'industrie; la géographie, l'archéologie, enfin la biographie des hommes célèbres. Les planches, exécutées d'après les documents les plus authentiques, et classées par ordre chronologique et méthodique, forment un atlas curieux et instructif représentant l'histoire de France par les monuments.

343. Dictionnaire encyclopédique de l'Histoire de France, par M. Ph. Le Bas, membre de l'Institut (Académie des Inscriptions et Belles-Lettres), maître de conférences à l'École normale, bibliothécaire de l'Université. 12 vol. in-8 et 3 vol. de planches. Paris, 1840.

DICTIONNAIRE DE L'ÉCONOMIE, etc. Ce Dictionnaire, attendu depuis longtemps, forme un vaste répertoire des connaissances économiques au double point de vue de la pratique et de la théorie.

344. Dictionnaire de l'Économie politique, contenant par ordre alphabétique l'exposition des principes de la science, l'opinion des écrivains qui ont le plus contribué à sa fondation et à ses progrès, la bibliographie générale de l'économie politique par noms d'auteurs et par ordre de matières, avec des notices biographiques et une appréciation raisonnée des principaux ouvrages, par MM. Fr. Bastiat, H. Baudrillard, Blanqui (de l'Institut), Cherbuliez, Michel Chevalier (de l'Institut), Ch. Dunoyer (de l'Institut), Léon Faucher (de l'Institut), Joseph Garnier, H. Passy (de l'Institut), Quételet, L. Reybaud (de l'Institut), Horace Say, Vivien (de l'Institut), Wolowski, et autres, sous la direction de MM. Ch. Coquelin et Guillaumin. 2 vol. in-8. Paris, 1854.

DICTIONNAIRE DE MÉDECINE, etc. Ce Dictionnaire est un des meilleurs ouvrages faits sur cette matière. Les noms des auteurs célèbres qui ont concouru à sa direction prouvent, mieux que nous ne pourrions le faire, l'importance de cette publication.

345. DICTIONNAIRE DE MÉDECINE, ou Répertoire général des sciences médicales considérées sous les rapports théorique et pratique, par MM. Adelon, Béclard, P. Bérard, A. Bérard, Biett, Blache, Breschet, Calmeil, Cazenave, Chomel, H. Cloquet, J. Cloquet, Coutanceau, Dalmas, Dance, Desormeaux, Dezeimeris, P. Dubois, Ferrus, Georget, Gerdy, Guérard, Guersant, Itard, Lagneau, Landré-Beauvais, Laugier, Littré, Louis, Marc, Marjolin, Murat, Ollivier (d'Angers), Orfila, Oudet, Pelletier, Pravaz, Raige-Delorme, Reynaud, Richard, Rochoux, Rostan, Roux, Rullier, Soubeyran, Trousseau, Velpeau, Villermé. 2e édition entièrement refondue. 30 forts vol. in-8. Paris, 1845.

DICTIONNAIRE DE MÉDECINE USUELLE, etc... Le dictionnaire que nous citons ici renferme bien les matières contenues dans celui dont nous avons parlé précédemment, mais la rédaction n'est plus la même. Ce n'est plus la science dans sa technologie habituelle, c'est la science mise à la portée de tous : le premier est le dictionnaire du praticien, celui-ci est le dictionnaire de l'homme du monde.

346. DICTIONNAIRE DE MÉDECINE USUELLE à l'usage des gens du monde, par toutes les célébrités médicales de Paris ; publié sous la direction du docteur Beaude ; ouvrage utile aux habitants des villes et des campagnes, aux chefs de famille et de grands établissements, aux administrateurs, aux magistrats et aux officiers de police judiciaire chargés de prononcer sur les questions de médecine légale ; enfin pouvant servir de guide à tous ceux qui se dévouent au soulagement des malades, etc. 2 vol. in-4, à deux colonnes. Paris, 1849.

DIDEROT (Denis), né en 1713, mort en 1784, vint à Paris malgré ses parents, et fut forcé, pour vivre, de faire des traductions et de donner des leçons de mathématiques. Après avoir lié connaissance avec les hommes célèbres de son temps, il conçut le plan de l'Encyclopédie, et l'exécuta de concert avec d'Alembert, Voltaire et plusieurs autres.

347. ŒUVRES COMPLÈTES, précédées de mémoires historiques et philosophiques sur sa vie et ses ouvrages, par A. Naigeon. Nouvelle édition. 21 vol. in-8. Paris, 1821-1822.

TOMES I et II. Ouvrages philosophiques.
TOME III. Mélanges de littérature et de philosophie.
TOME IV. Théâtre.— Le Fils naturel. — Dorval et moi. — Entretiens sur le Père de famille.— De la poésie dramatique. — La Pièce et le prologue.
TOMES V à VII. Romans et contes. — Les Bijoux indiscrets. — L'Oiseau blanc. — Jacques le Fataliste. — La Religieuse. — Contes et poésies.
TOMES VIII à X. Salons de 1761-1765-1767 et 1769.—Essai sur la peinture. — Mémoires de mathématiques.
TOMES XI et XII. Essai sur les règnes de Claude et de Néron. — Correspondance.
TOME XIII à XX. Dictionnaire philosophique, composé des articles donnés à l'Encyclopédie par Diderot.
TOME XXI Œuvres inédites. — Le Neveu de Rameau. — Le Voyage en Hollande. — Correspondance de 1765 à 1770.

348. CORRESPONDANCE LITTÉRAIRE, philosophique et critique de Grimm et de Diderot, depuis 1753 jusqu'en 1799. Nouvelle édition, revue et mise dans un meilleur ordre, avec des notes et des éclaircissements, et où se trouvent pour la première fois les phrases supprimées par la censure impériale. 16 vol. in-8. Paris, 1829-32.

DIDRON, né en 1806. Cet archéologue, ancien employé à la Bibliothèque impériale, a été secrétaire du Comité des arts et monuments, établi auprès du ministre de l'instruction publique. Il est fondateur des *Annales archéologiques*, recueil important, et rédigé par les antiquaires les plus distingués.

349. ICONOGRAPHIE CHRÉTIENNE. Histoire de Dieu, par M. Didron, de la Bibliothèque royale,

secrétaire du Comité historique des Arts et Monuments 1 vol. in-4. Paris, 1843.

350. Manuel d'Iconographie chrétienne grecque et latine avec une introduction et des notes, par M. Didron, de la Bibliothèque royale, secrétaire du Comité historique des Arts et Monuments, traduit du manuscrit byzantin, le Guide de la Peinture, par le docteur Paul Durand, correspondant du Comité. 1 vol. in-8.
Paris, imp. roy., 1845.

351. Annales archéologiques, publiées par Didron aîné, secrétaire du Comité historique des Arts et Monuments, avec la collaboration des principaux archéologues, architectes, dessinateurs et graveurs français et étrangers. Revue périodique paraissant tous les deux mois. Format in-4. Paris, 1844 et années suiv.

<small>Ce précieux recueil compte déjà 14 volumes.</small>

DINAUX (Arthur), né en 1795, est auteur d'un bon livre sur les poëtes flamands, cambrésiens et artésiens du moyen âge. M. Dinaux est membre de la Société des Antiquaires de France.

352. Trouvères, Jongleurs et Ménestrels du nord de la France et du midi de la Belgique, par A. Dinaux. 3 vol. in-8. Paris, 1837-1843.

<small>Tome I. Trouvères cambrésiens.
Tome II. Trouvères de la Flandre et du Tournesis.
Tome III. Trouvères artésiens.</small>

DORAT (Claude-Joseph), né en 1734, mort en 1780, quitta le barreau pour se faire mousquetaire, et abandonna ce dernier emploi pour se livrer complétement à la poésie. Plusieurs de ses compositions sont élégamment versifiées. Néanmoins, nous n'indiquons pas ici ses Œuvres complètes qui ont paru de 1764 à 1780, en 20 vol. in-8, et qui contiennent une grande quantité de morceaux aussi peu connus qu'inutiles à connaître.

353. Œuvres choisies de Dorat, précédées

d'une notice biographique et littéraire, par M. Després. 1 vol. in-8. Paris, 1825.

DROZ (François-Xavier-Joseph), né en 1773, mort en 1851, passa la première partie de sa vie au milieu des camps, et fit, en qualité d'officier d'état-major, les guerres de la révolution. Retiré du service, il professa les belles-lettres à l'école centrale du Doubs, et s'occupa spécialement de philosophie et d'économie politique. Droz était membre de l'Académie Française depuis 1824. M. Mignet a publié une notice sur la vie et les travaux de ce philosophe.

354. ÉCONOMIE POLITIQUE, ou Principes de la science des richesses, par M. J. Droz, de l'Institut. 3e édition. 1 vol. in-8. Paris, 1846.

355. HISTOIRE DE LOUIS XVI pendant les années où l'on pouvait prévenir où diriger la révolution française, ouvrage adopté par l'Université, par M. J. Droz, de l'Académie Française. 3 vol. in-8. Paris, 1839-1842.

356. ESSAI SUR L'ART D'ÊTRE HEUREUX, par M. J. Droz, de l'Académie Française, 7e édition. 1 vol. in-18. Paris, 1853.

357. DE LA PHILOSOPHIE MORALE, ou des différents Systèmes sur la Science de la vie, par M. J. Droz. 5e édition. 1 vol. in-18. Paris, 1845.

DU BOS (J.-B.), né en 1670, mort en 1742, fut employé par de Torcy, le régent et le cardinal Dubois, dans des négociations secrètes. Retiré de la carrière politique, il se consacra à l'étude de l'histoire, et y laissa un nom. Il avait été nommé membre de l'Académie Française en 1722. Les deux meilleurs ouvrages qui soient sortis de sa plume sont les deux que nous indiquons plus bas. Le premier, quoique vivement critiqué, est un travail historique très-important, mais qu'il ne faut lire que Mably, Pardessus, Guizot, Guérard et Pétigny à la main. Quant au second, il a été loué unanimement, et est composé avec autant de sagacité que de soin.

358. HISTOIRE CRITIQUE de l'établissement de la monarchie française dans les Gaules, par M. l'abbé J.-B. Du Bos, l'un des quarante, et secrétaire

perpétuel de l'Académie Française. Nouvelle édition, revue, corrigée et augmentée. 2 vol. in-4. Paris, 1742.

359. Réflexions critiques sur la poésie et la peinture, par Du Bos. Nouvelle édition. 3 vol in-4. Paris, 1755.

DU CANGE (Charles Dufresne, sieur), né en 1610, mort en 1688, est un des érudits les plus distingués du xviie siècle. Il a puissamment contribué, par ses ouvrages, à populariser l'étude de l'archéologie et de l'histoire du moyen âge. Son glossaire est un des plus grands monuments philologiques dont peut s'honorer l'érudition française.

360. Glossarium mediæ et infimæ latinitatis conditum a Carolo Dufresne, domino Du Cange, cum supplementis integris monachorum ordinis S. Benedicti, D. P. Carpenterii, Adelungii, aliorum, suisque digessit G. A. L. Henschel. 7 vol. in-4. Paris, 1840-1848.

Tomes I à VI. Glossarium.
Tome VII. Glossaire français. — Extraits des observations sur l'histoire de saint Louis, escrite par Jean, sire de Joinville. — Index seu nomenclatura scriptorum mediæ et infimæ latinitatis. — Auctores græci in glossario laudati. — Opuscula et scripta ΑΔΕΣΠΟΤΑ seu quorum scriptores anonymi, quæ in glossario laudantur. — Scriptores vernaculi, Gallici, Italici, Hispanici, Anglici. — Libri latini manuscripti qui in glossario laudantur, cum adnotatione ætatis eorumdem. — Acta, miracula, translationes, vitæ sanctorum. Mss. — Scriptores gallici vernaculi qui soluta oratione scripserunt. Mss. — Poetæ gallici vernaculi veteres. Mss. — Tabularia, regesta. — Tabularia seu chartularia ecclesiarum, monasteriorum. — Diplomata et veteres tabulas suppeditarunt præterea ex scriptoribus, editis præ cæteris, qui hic describuntur. — Auctores et opera quorum lectiones emendantur in glossario. — Indices ad glossarium mediæ et infimæ latinitatis. — Carpenterii index rerum quæ non sunt ordine alphabetico dispositæ, vel quas in glossario delitescere non autumaret lector. — Dissertations ou réflexions sur l'histoire de saint Louis. — Dissertatio de imperatorum Constantinopolitanorum, seu de inferioris ævi, vel imperii, uti vocant, numismatibus. — Constantini, imp. Byzantini, numismatis argentei expositio, Josephi Scaligeri Jul. Cæs. F. ex literis ill. v. Jos. Scaligeri ad Marquardum Freherum — Sapphirus Constantii imp. Aug. exposita.

DU CASSE (A.), né en 1812, ancien élève de l'École militaire de Saint-Cyr, est actuellement aide-de-camp du prince Jérôme, ancien roi de Westphalie.

361. MÉMOIRES ET CORRESPONDANCE POLITIQUE ET MILITAIRE DU ROI JOSEPH, publiés, annotés et mis en ordre par A. Du Casse. 10 vol. in-8.

Paris, 1854.

DU CHESNE (André), né en 1584, mort en 1640, un des érudits les plus infatigables du xviie siècle, a publié un grand nombre d'ouvrages relatifs à l'histoire de France. Son livre des Scriptores, quoique moins complet que ceux publiés sous le titre de *Recueil des Historiens de France*, est toujours fort recherché parce qu'il renferme des documents qui n'ont pas été compris dans la publication de Dom Bouquet.

362. HISTORIÆ FRANCORUM SCRIPTORES coætanei ab ipsius gentis origine, ad Pipinum usque regem quorum plurimi nunc primum e variis codicibus mss. in lucem prodeunt : alii vero auctiores et emendatiores. Cum epistolis regum, reginarum, pontificum, ducum, comitum, abbatum et aliis veteribus rerum francicarum monumentis. Opera ac studio Andreæ Du Chesne geographi regii. 5 vol. in-fol. Paris, 1636-1649.

DUCIS (Jean-François), né en 1733, mort en 1816, est un des poëtes tragiques les plus estimés de la fin du xviiie siècle. Partisan assez chaleureux de la révolution française, il ne voulut accepter aucun emploi sous l'empire, et fut nommé secrétaire des commandements de Monsieur à la Restauration. Imitateur de Shakspeare, il sut plaire au public en lui donnant une idée, bien faible, il est vrai, du génie du Sophocle anglais, et le succès qu'il obtint le fit nommer membre de l'Académie Française en 1779.

363. ŒUVRES DE DUCIS. 4 vol. in-8.

Paris, 1820.

Tome I. Avertissement. — Discours prononcé dans l'Académie Française par Ducis, qui succédait à Voltaire. — Réponse de M. l'abbé de Radonvilliers, directeur de l'Académie Française, au discours de M. Ducis. — Hamlet, épître dédicatoire à la mémoire de mon père. — Variantes d'Hamlet. — Roméo et Juliette. — Avertissement de Roméo et Juliette. — Œdipe chez Admète. — Le roi Lear. — Epître dédicatoire à ma mère. — Avertissement du roi Lear.

Tome II. Macbeth. — Avertissement de Macbeth. — Variantes de Macbeth. — Jean sans Terre. — Avertissement de Jean sans Terre. — Othello, à M. Ducis, de Saint-Domingue. — Avertissement d'Othello. — Variantes d'Othello. — Romance du Saule. — Abufar. — A Florian. — Variantes d'Abufar. — Œdipe à Colone. — Le Banquet de l'Amitié.

Tome III et IV. Epitres. — Poésies diverses. Le tome IV a été publié à part sous le titre suivant :

364. Œuvres posthumes de J.-F. Ducis, précédées d'une notice sur sa vie et ses écrits, par M. Campenon, de l'Académie Française. 1 vol. in-8. Paris, 1828.

Notice sur la vie et les écrits de feu J.-F. Ducis. — Amélise, tragédie en 5 actes. — Fœdor et Wladimir, tragédie en 5 actes. — Fragments et analyse d'une tragédie inédite de Macbeth. — Epitres. — Poésies diverses. — Lettres.

DUCLOS (Ch. Pinot, sieur), né en 1704, mort en 1772, se lia dans sa jeunesse avec tous les beaux esprits de son temps. Son Histoire de Louis XI, qui eut assez de retentissement, lui valut le titre d'historiographe de France. Les Considérations sur les Mœurs firent sensation et augmentèrent sa réputation. Duclos était membre de l'Académie des Inscriptions et Belles-Lettres depuis 1739, et de l'Académie Française depuis 1747.

365. Œuvres complètes de Duclos, précédées d'une notice sur sa vie et ses écrits par M. Auger, de l'Académie Française. Nouvelle édition. 9 vol. in-8. Paris, 1820-1821.

Tome 1. Notice sur Duclos. — Mémoires sur la vie de Duclos, écrits par lui-même. — Discours de M. Duclos à l'Académie Française. — Réponse de M. l'abbé comte de Bernis au discours de M. Duclos. — Testament et codicille de Duclos. — Discours de M. Beauzé à l'Académie Française. — Réponse de M. le prince de Beauveau au discours de M. Beauzé. — Considérations sur les mœurs.

Tome II. Les Confessions du comte ***. — Histoire de madame de Luz. — Lettre à l'auteur de Madame de Luz. — Epître au public sur les contes d'Acajou et de Zirphile — Acajou et Zirphile. — Avertissement sur les mémoires et les mœurs de ce siècle.

Tomes III à V. — Histoire de Louis XI.

Tomes VI et VII. Mémoires secrets sur le règne de Louis XIV, la régence et le règne de Louis XV.

Tome VIII. Remarques sur la grammaire générale et raisonnée. — Mémoire sur les langues celtique et française. — Sur la la langue française. — Sur les druides. — Sur les épreuves par le duel et par les éléments. — Sur les jeux scéniques. — Sur l'action théâtrale. — De l'Académie Française. — De Fontenelle. — Considérations sur le goût.

Tome IX. Morceaux historiques, et matériaux pour l'histoire. — Voyage en Italie, ou considérations sur l'Italie. — Lettres écrites par Duclos à M. Abeille pendant ce voyage. — Réflexions. — La conversion de mademoiselle Gautier. — Notice sur mademoiselle Gautier. — Critique du recueil de ces messieurs. — Les Caractères de la Folie, ballet.

DUFRENOY (Pierre-Armand), né en 1798. Ce géologue distingué a été chargé par le Gouvernement d'une mission en Angleterre pour étudier les avantages que présente l'air chaud substitué à l'air froid comme moyen d'alimenter la combustion dans les fourneaux. Il a été nommé successivement ingénieur en chef de première classe, professeur à l'École des Mines, directeur de la même école, et professeur à l'École polytechnique. M. Dufrenoy est membre de l'Académie des Sciences.

366. Voyage métallurgique en Angleterre, ou recueil de mémoires sur le gisement, l'exploitation et le traitement des minerais de fer, étain, plomb, cuivre, zinc, dans la Grande-Bretagne, par MM. Dufrenoy, Élie de Beaumont, Léon Coste et Perdonnet. 2 vol. in-8 et atlas.

Paris, 1837-1839.

367. Traité complet de minéralogie, par M. Dufrenoy. 4 vol. in-8 dont 1 atlas.

Paris, 1844-1845.

DULAURE (Jacq.-Ant.), né en 1755, mort en 1835, fut successivement membre de la Convention, du Conseil des Cinq-Cents et du Corps-Législatif. Son Histoire de Paris a eu un succès prodigieux. Il est curieux d'y voir percer à chaque instant une partialité marquée à l'égard de la royauté et de la prêtrise.

368. Histoire physique, civile et morale de

Paris, depuis les premiers temps historiques jusqu'à nos jours. 6e édition 8 vol. in-8 et atlas.
Paris, 1838.

369. HISTOIRE DE PARIS ET DE SES MONUMENTS, par Dulaure. Nouvelle édition, refondue et complétée jusqu'à nos jours par L. Batissier, auteur de l'*Histoire de l'Art monumental*. 1 volume grand in-8 jésus, orné de 51 vues sur acier, des armoiries imprimées en couleur, rehaussées d'or, de la ville de Paris, et d'un plan de cette ville et de ses fortifications. Paris, 1845-1846.

DUMAS (Alexandre Davy), né en 1803, est le plus fécond et le plus excentrique des romanciers modernes. Nous n'indiquons ici que ses principaux romans. Ses œuvres dramatiques n'ont pas été encore réunies complètes, et elles mériteraient certainement de l'être.

370. LA REINE MARGOT, par Alexandre Dumas. 2 vol. in-18. Paris, 1846.

371. LE COMTE DE MONTE-CRISTO, par Alexandre Dumas. Nouvelle édition, augmentée d'un épilogue, et illustrée de 30 gravures sur acier dessinées par Gavarni et Tony Johannot, etc. 2 vol. in-8. Paris, 1846.

372. LES TROIS MOUSQUETAIRES, par Alexandre Dumas. 1 vol. in-8. Paris, 1846.

373. VINGT ANS APRÈS, suite des Trois Mousquetaires, par Alexandre Dumas. 1 vol. in-8.
Paris, 1846.

374. LE VICOMTE DE BRAGELONNE OU DIX ANS PLUS TARD, par Alexandre Dumas. 1 vol. gr. in-8.
Paris, 1852.

375. LE CHEVALIER D'HARMENTAL, par Alexandre Dumas. 2 vol. in-18. Paris, 1846.

376. LA DAME DE MONSOREAU, par Alexandre Dumas. 3 vol. in-18. Paris, 1846.

DUMAS (Jean-Baptiste), né en 1800. Ce chimiste célèbre a commencé par étudier la médecine. Elève pharmacien à

Genève, il se fit distinguer par M. de Candolle, et ne tarda pas à acquérir une certaine réputation. Successivement professeur de chimie à la Faculté de médecine, doyen de la Faculté des Sciences, professeur à l'École centrale des Arts et Manufactures, ce savant a été nommé membre de l'Académie des Sciences. Ministre de l'agriculture et du commerce en 1851, M. Dumas est actuellement sénateur et directeur de l'Ecole des Arts et Métiers.

377. TRAITÉ DE CHIMIE APPLIQUÉE AUX ARTS, par Dumas. 8 vol. in-8 et 1 vol. in-4.
Paris, 1828-1846.

378. LEÇONS DE PHILOSOPHIE CHIMIQUE, professées au Collége de France, recueillies par Bineau, 1 vol. in-8. Paris, 1837.

DUMÉRIL (André-Marie-Constant), né en 1774. Ce naturaliste, professeur au Muséum d'Histoire naturelle en 1825, a publié un grand nombre d'articles dans les revues scientifiques et les Mémoires de l'Académie des Sciences, dont il est membre depuis 1816.

379. ELÉMENTS DES SCIENCES NATURELLES. 4e édition. 2 vol. in-8. Paris, 1830.

DUMONT-D'URVILLE (Jules-Sébastien-César), né en 1790, mort en 1842. Ce célèbre navigateur s'engagea à l'âge de 17 ans en qualité d'aspirant provisoire. Commandant de *la Chouette*, en 1819, il acheta pour le gouvernement la célèbre Vénus de Milo, qu'un paysan grec venait de découvrir. Plus tard, il fit partie de l'expédition de *la Coquille*, dans l'Océanie. Enfin, il entreprit un second voyage sur *l'Astrolabe*, et rapporta une magnifique collection de choses rares et précieuses.

380. VOYAGE AU PÔLE SUD ET DANS L'OCÉANIE sur les corvettes *l'Astrolabe* et *la Zélée* exécuté par ordre du roi pendant les années 1837, 1838, 1839, 1840, sous le commandement de M. Dumont-D'Urville, capitaine de vaisseau, publié sous les auspices du département de la marine et sous la

direction supérieure de M. Jacquinot, capitaine de vaisseau, commandant de *la Zélée*. 22 vol. et atlas. Paris, 1842 et ann. suiv.

TOMES I à X. Histoire du voyage, par Dumont-D'Urville, suivie d'un atlas pittoresque, publié en 40 livraisons.

TOMES XI à XV. Zoologie, par MM. Hombron et Jacquinot, médecins de l'expédition, suivie d'un atlas publié en 28 livraisons.

TOMES XVI et XVII. Botanique, par les mêmes, suivie d'un atlas publié en 13 livraisons. — Anthropologie et physiologie humaine, par le docteur Dumoutier, atlas publié en 10 livraisons.

TOMES XVIII et XIX. Minéralogie et géologie, par le docteur J. Grange, suivies d'un atlas publié en 3 livraisons.

TOME XX. Physique, par MM. Vincendon-Dumoulin et Coupvent-Desbois.

TOMES XXI et XXII. Hydrographie, par MM. Vincendon-Dumoulin, suivie d'un atlas publié en 11 livraisons.

381. VOYAGE AUTOUR DU MONDE. Nouvelle édition, résumé général des voyages de découvertes de Magellan, Bougainville, Cook, Lapérouse, Basil-Hall, Duperrey, Dumont-D'Urville, Laplace, Baudin, etc., publié sous la direction de M. Dumont-D'Urville, accompagné de 45 gravures sur acier, dessinées par Rouargue, et de 2 cartes pour l'intelligence du voyage. 2 volumes grand in-8. Paris, 1844.

DUPATY (Charles-Marguerite-J.-B., Mercier), né en 1744, mort en 1788, fut avocat général, puis président à mortier au parlement de Bordeaux. Ses lettres eurent un grand succès, et on les lit encore aujourd'hui avec plaisir.

382. LETTRES SUR L'ITALIE. 2 vol. in-18.
Paris, 1828.

DUPERREY (Louis-Isidore), né en 1786. Ce marin distingué a publié un voyage fort intéressant qu'il avait exécuté par ordre du roi pendant les années 1822 et suiv. Nommé membre de l'Académie des Sciences en 1842, Duperrey a enrichi les revues scientifiques de travaux fort intéressants, parmi lesquels on remarque ses recherches sur le magnétisme terrestre.

383. Voyage autour du monde exécuté par ordre du roi sur la corvette de S. M., *la Coquille*, pendant les années 1822, 1823, 1824 et 1825, sous le ministère de S. Ex. M. le marquis de Clermont-Tonnerre, et publié par L. I. Duperrey, chevalier de Saint-Louis et de la Légion d'honneur, capitaine de frégate, commandant l'expédition. 6 vol. in-4 et 4 atlas in-folio.

Paris, 1828-1832.

DU PETIT-THOUARS (Abel-Aubert), né en 1793, entra au service en 1804, fut nommé élève en 1808, enseigne en 1814, lieutenant de vaisseau en 1819, capitaine de frégate en 1824, capitaine de vaisseau en 1834, contre-amiral en 1841, et vice-amiral en 1846. Il établit le protectorat de la France à Taïti, et en prit ensuite possession lors de l'opposition formée par la reine Pomaré. Rappelé par le gouvernement à cause de l'emprisonnement du consul anglais Pritchard, il fut accueilli partout avec enthousiasme, et disparut bientôt après de la scène politique.

384. Voyage autour du monde sur la frégate *la Vénus*, pendant les années 1836-1839 publié par ordre du roi, sous les auspices du ministre de de la marine, par M. Abel du Petit-Thouars, capitaine de vaisseau, commandeur de la Légion d'honneur 10 vol. in-8 avec atlas in-folio et 19 cartes hydrographiques grand aigle.

Paris, 1840 et ann. suiv.

Tomes I à IV. Relation du voyage, par A. Du Petit Thouars, suivie d'un atlas pittoresque publié en 12 livraisons.

Tome V. Histoire naturelle, rédigée par MM. Ad. Brongniart, Decaisne, Gaudichaud, Isid. Geoffroi Saint-Hilaire et Valenciennes, suivie d'un atlas de zoologie, publié en 16 livraisons, et d'un atlas de botanique publié en 6 livraisons.

Tomes VI à X. Physique et hydrographie, par M. de Tessan, ingénieur-hydrographe, suivies d'un atlas publié en 4 livraisons.

DUPIN (baron Charles), né en 1784. Peu d'hommes sont aussi occupés que M. Ch. Dupin, si on en juge par les nombreux emplois qu'il a remplis. Avant la révolution de 1848, il avait fait partie du Conseil d'Etat, du conseil d'amirauté et de la Chambre des Pairs. Ses occupations, comme membre du conseil général, inspecteur général du génie maritime, professeur au Conservatoire des Arts et Métiers, ne l'empêchent point d'assister aux séances de l'Académie des Sciences et à celles de l'Académie des sciences morales et politiques, dont il est membre. M. Charles Dupin, qui a été ministre sous Louis-Philippe, est actuellement sénateur.

385. Géométrie et Mécanique des Arts et Métiers et des Beaux-Arts, cours normal à l'usage des ouvriers et des artistes, des sous-chefs et des chefs d'ateliers et de manufactures, professé au Conservatoire des Arts et Métiers, par Ch. Dupin. 3 vol. in-8. Paris, 1829.

Tome I. Géométrie, ou des Formes nécessaires à l'industrie.
Tome II. Machines élémentaires nécessaires à l'industrie.
Tome III. Forces motrices nécessaires a l'industrie.

386. Forces productives et commerciales de la France 2 vol. in-4. Paris, 1827.

387. Voyages dans la Grande-Bretagne entrepris relativement aux services publics de la guerre, de la marine et des ponts et chaussées, en 1816, 1817, 1818, 1819, 1820 et 1821, présentant le tableau des institutions et des établissements qui se rapportent à la force militaire, à la force navale, et aux travaux civils des ports de commerce, des routes, des ponts et des lavoirs, par Ch. Dupin. 6 vol. in-4. Paris, 1820-1824.

388. Du travail des enfants qu'emploient les ateliers, les usines et les manufactures, considéré dans les intérêts mutuels de la société, des familles et de l'industrie. 2 vol. in-8.
Paris, 1847.

DUPIN (L. Ellies), né en 1657, mort en 1719, professeur de philosophie au Collége royal, fut victime des sottes disputes qui s'élevèrent au milieu du xviie siècle, à propos de la bulle *Unigenitus*. Ses livres furent censurés, il perdit sa chaire, et peu s'en fallut qu'il ne fût excommunié. On joint toujours à l'excellent et utile ouvrage que nous citons ici, la continuation en 3 volumes, de l'abbé Goujet.

389. BIBLIOTHÈQUE DES AUTEURS ECCLÉSIASTIQUES jusqu'à y compris le xviiie siècle, contenant l'histoire de leur vie, le catalogue, la critique, la chronologie de leurs ouvrages. 58 vol. in-8.
Paris, 1686 et ann. suiv.

DUPLESSIS (Pierre-Alexandre Gratet), né en 1792, mort en 1853, avait été proviseur du collége royal d'Angers, inspecteur de l'académie de Caen, et recteur des académies de Lyon et de Douai.

390. BIBLIOGRAPHIE PARÉMIOLOGIQUE, études bibliographiques et littéraires sur les ouvrages, fragments d'ouvrages et opuscules spécialement consacrés aux proverbes dans toutes les langues; suivies d'un appendice contenant un choix de curiosités parémiographiques. 1 vol. in-8.
Paris, 1847.

DUPUYTREN (Guillaume, baron), né en 1778, mort en 1835. Ce célèbre médecin fut amené à Paris encore enfant par un officier qui, passant dans son village, l'avait trouvé rempli d'intelligence. Il étudia la médecine, fut nommé docteur en 1803, chirurgien à l'Hôtel-Dieu en 1808, professeur à la Faculté en 1812, chirurgien en chef de l'Hôtel-Dieu en 1815. En mourant, Dupuytren légua son corps à Broussais, et 200,000 francs à la Faculté de médecine, pour l'institution d'une chaire d'anatomie pathologique. M. Dupuytren était membre de l'Académie des Sciences depuis 1818, et de l'Académie de Médecine depuis 1820.

391. LEÇONS ORALES DE CLINIQUE CHIRURGICALE faites à l'Hôtel-Dieu de Paris, recueillies et publiées par les docteurs Brierre de Boismont et Marx. 2e édition. 6 vol. in-8. Paris, 1839.

DURAND (Guillaume), né en 1232, mort en 1296, passa la première moitié de sa vie en Italie, où il rendit des services éclatants au saint-siége. Revenu en France, il fut nommé évêque de Mende, refusa quelque temps après l'archevêché de Ravenne qui lui était offert, et mourut au retour d'une mission qu'il venait de remplir dans l'île de Chypre. Nous donnons ici son ouvrage le plus célèbre, ainsi que l'excellente traduction qui en a été faite dans ses derniers temps.

392. RATIONALE divinorum officiorum per Rev.. Dom. in Christo patrem et dominum, per D. Minatensem episcopum. 1 vol. in-folio.
Paris, 1482.

393. RATIONAL ou manuel des divins offices de Guillaume Durand, évêque de Mende au XIIIe siècle, ou Raisons mystiques et historiques de la liturgie catholique, comprenant la Description de l'Eglise et de ses parties : les Vases sacrés, les Cloches, le Cimetière, etc — Les sacrements. — La Hiérarchie ecclésiastique. — Les Ornements sacerdotaux et épiscopaux. — La Messe et ses Cérémonies. — Les Divins Offices, le Chant ecclésiastique et l'Orgue. — Toutes les Fêtes de l'année. — Le Martyrologe. — Le Calendrier. — Avec un grand nombre de détails très-précieux sur les Arts au moyen âge, tels que la Peinture, la Sculpture, l'Architecture, l'Orfévrerie, la Musique, etc. Traduit par Charles Barthélemy (de Paris). 5 vol. in-8. Paris, 1848 et ann. suiv.

DURANTON (Alexandre), né en 1783, a été nommé en 1820 professeur à la Faculté de droit de Paris.

394. COURS DE DROIT FRANÇAIS suivant le Code civil. 4e édition. 22 vol. in-8. Paris, 1844-1845.

DURUY (Jean-Victor), né en 1811, ancien élève de l'Ecole normale, a été professeur d'histoire au collége Henri IV, et est maintenant en la même qualité au collége Saint-Louis.

395. ATLAS HISTORIQUE DE LA FRANCE accom-

pagné de remarques explicatives et d'une chronologie politique, religieuse, littéraire et scientifique, par V. Duruy. 1 vol in-8 avec atlas in-4 de 15 cartes coloriées. Paris, 1848.

DU SOMMERARD (Alexandre), né en 1779, mort en 1842. Ce célèbre antiquaire, à qui l'on doit le Musée de Cluny, embrassa dans sa jeunesse la carrière militaire, se retira du service en 1801, devint conseiller à la Cour des Comptes, et ne cessa depuis cette époque de former une collection d'objets rares et anciens.

396. LES ARTS AU MOYEN AGE. 5 vol. in-8 de texte et un vol. in-folio de planches.
Paris, 1839-43.

DUVAL (Alexandre-Vincent Pineux), né en 1767, mort en 1842, fut successivement militaire, ingénieur-géographe, et acteur du Palais-Royal. Ses débuts, comme auteur dramatique, furent couronnés de succès, et sa réputation devint si considérable, qu'il fut élu membre de l'Académie Française en 1812.

397. ŒUVRES COMPLÈTES d'Alex. Duval. 9 vol. in-8. Paris, 1822-25.

TOME I Préface. — Christine, ou la Mort de Monaldeschi, tragédie en 5 actes. — La vraie Bravoure. — Les Suspects. — Le Souper imprévu, ou le Chanoine de Milan. — Les Héritiers ou le Naufrage. — La Jeunesse du duc de Richelieu, ou le Lovelace français.

TOME II. Le Capitole sauvé, tragédie lyrique en 3 actes. — La Manie d'être quelque chose, ou le Voyage à Paris. — Marie, ou les Remords d'une Mère. — Bella, ou la Femme à deux maris. — Le Prisonnier, ou la Ressemblance. — Montoni, ou le Château d'Udolphe.

TOME III. Le vieux Château, ou la Rencontre. — Les Courtisans, ou le Danger d'un premier choix. — Les Projets de mariage, ou les Deux Officiers. — L'Oncle Valet. — Le Trente et Quarante, ou le Portrait. — Le Tuteur vengé. — Béniowki, ou les Exilés du Kamtschatka.

TOME IV. La Maison du Marais, ou Trois ans d'absence. — Struensé, ou le Ministre d'Etat. — Maison à vendre. — Une Aventure de Sainte-Foix, ou le Coup d'Epée. — Edouard en Ecosse, ou la Nuit d'un Proscrit.

TOME V. Guillaume le Conquérant. — Shakspeare amoureux, ou la Pièce à l'étude. — Les Hussites, ou le Siége de

Naumbourg. — Le Tyran domestique, ou l'Intérieur d'une Famille. — Le Menuisier de Livonie, ou les Illustres Voyageurs.

Tome VI. La Méprise involontaire, ou la Double Leçon. — La Jeunesse de Henri V. — Joseph. — Les Artistes par occasion, ou les Amateurs de Tivoli. — La Tapisserie. — Le Chevalier d'Industrie.

Tome VII. Le Vieil Amateur, prologue. — Le Faux Stanislas. — La Femme misanthrope, ou le Dépit amoureux. — Le Prince Troubadour, ou le Grand Trompeur de Dames. — La Manie des Grandeurs.

Tome VIII. Le Retour d'un Croisé. — L'Enfant prodigue. — La Fille d'Honneur. — Le Faux Bonhomme.

Tome IX. L'Officier enlevé. — Le Jeune Homme en loterie. — L'Orateur anglais, ou l'École des Députés. — La Princesse des Ursins, ou les Courtisans. — Le Complot de Famille.

DUVAL (Amaury Pineux), né en 1760, mort en 1837, cultiva le barreau, la diplomatie et les lettres. Ses travaux recommandables le firent nommer membre de l'Académie des Inscriptions et Belles-lettres.

398. Monuments des arts du dessin chez les peuples tant anciens que modernes, recueillis par le baron Vivant Denon, pour servir à l'histoire des arts; lithographiés par ses soins et sous ses yeux, décrits et expliqués par Amaury Duval. 4 vol. in-folio.   Paris, 1829.

DUVERGIER (Jean-Baptiste-Marie), né en 1792, avocat à la Cour impériale de Paris, membre du comité consultatif du contentieux près le ministère des affaires étrangères, ancien directeur des affaires civiles au ministère de la justice, l'un des rédacteurs de la *Revue étrangère et française de législation, de jurisprudence et d'économie politique*.

399. Constitutions, Chartes et Lois fondamentales des peuples de l'Europe, et des deux Amériques, etc. 6 vol. in-8.   1820-1823.

400. Collection complète des lois, décrets, règlements, avis du Conseil d'État, de 1788 à 1836. 2e édition. 36 vol. in-8.   Paris, 1834-1836.

La suite forme un volume par année.

E

EGINHARD (connu sous le nom d'Einhard), né vers 770, mort en 844, fut le ministre des travaux publics de Charlemagne, dont il écrivit l'histoire, histoire curieuse, intéressante.

401. ŒUVRES COMPLÈTES d'Eginhard réunies pour la première fois et traduites en français, avec les notes nécessaires à l'intelligence du texte, les variantes des différents manuscrits, et une table générale des matières, par A. Teulet, ancien élève de l'École royale des Chartes. 2 vol. in-8.
Paris, 1840-1843.

EICHOFF (Frédéric-Gustave), né en 1799. Ce philologue a commencé par être simple répétiteur à l'institution Massin. Reçu docteur ès-lettres en 1825, il fut chargé en 1827 d'enseigner la langue allemande aux princes de la famille d'Orléans, et fut nommé, en 1831, bibliothécaire de la reine Amélie. M. Eichoff, qui a suppléé M. Fauriel à la Sorbonne, est actuellement professeur de littérature étrangère à la Faculté de Lyon.

402. PARALLÈLE DES LANGUES DE L'EUROPE ET DE L'INDE, ou étude des principales langues romanes, germaniques, slavonnes et celtiques comparées entre elles et la langue sanscrite, avec un essai de transcription générale. 1 vol. in-4.
Paris, 1836.

ÉLIE DE BEAUMONT (Jean-Baptiste-Armand-Louis-Léonce), né en 1798, ingénieur en chef des mines, professeur de géologie à l'École des Mines depuis 1829, et au Collége de France depuis 1832, a acquis une grande célébrité par la théorie des soulèvements dont il est le créateur.

403. LEÇONS DE GÉOLOGIE PRATIQUE, professées

au Collége de France pendant l'année scolaire de 1843-1844. vol. in-8. Paris, 1847.

EMPIS (Adolphe S.), né en 1795, est un des littérateurs modernes dont le talent a été le plus disputé. On ne peut refuser cependant un certain mérite à quelques-unes de ses productions. Il avait été, sous les Bourbons, secrétaire des bibliothèques du roi, vérificateur du service des gouvernements des maisons royales, et chef de la première division du ministère de la maison du roi. Il est membre de l'Académie Française depuis 1847.

404. Théatre de M. Empis. 2 vol. in-8.
Paris, 1840.
405. Les six femmes de Henri VIII, par M. Empis. 2 vol. in-8. Paris, 1854.

ENCYCLOPEDIE DES GENS DU MONDE... Cette encyclopédie est la seule, avec l'*Encyclopédie du XIXe siècle*, qui ait l'avantage de contenir la biographie des personnages célèbres.

406. Encyclopédie des gens du monde. Répertoire universel des sciences, des lettres et des arts, avec des notices sur les principales familles historiques et sur les principaux personnages, morts et vivants; par une société de savants, de littérateurs et d'artistes français et étrangers. 22 tom. gr. in-8, divisés chacun en 2 vol. à deux colonnes. Paris, 1833.

ENCYCLOPÉDIE DU XIXe SIÈCLE. Cette publication, dont nous avons fait ressortir le genre de mérite en parlant de l'*Encyclopédie des Gens du Monde*, est peut-être un peu plus complète que les autres.

407. Encyclopédie du XIXe siècle. Répertoire universel des sciences, des lettres et des arts, de l'agriculture, du commerce et de l'industrie, avec la biographie des hommes célèbres. 26 tomes en 52 vol. gr. in-8. Paris, 1849 et années suiv.

ENCYCLOPÉDIE MÉTHODIQUE..... Cet ouvrage colossal a le défaut de sa qualité. Trop considérable pour être terminé promptement, il était à peine achevé, que le contenu des premiers volumes n'était plus au courant de la science actuelle. Cependant cette publication conservera toujours une certaine valeur, et un assez grand nombre de parties sont encore consultées aujourd'hui.

408. ENCYCLOPÉDIE MÉTHODIQUE, ou par ordre de matières, par une Société de gens de lettres, de savants et d'artistes, précédée d'un vocabulaire universel, servant de table pour tout l'ouvrage. 157 vol. in-4 de texte et atlas. Paris, 1782-1832.

TOMES I à VII. Agriculture, par l'abbé Teissier, Thouin et Fougeroux de Bondarey.

TOME VIII. Amusements des sciences mathématiques et physiques, des procédés curieux des arts; des tours récréatifs et subtiles de la magie blanche, et des découvertes ingénieuses et variées de l'industrie.

TOMES IX à XIII. Antiquités, mythologie, diplomatique des chartes, et chronologie, par Mongez.

TOMES XIV à XVI. Architecture, par Quatremère de Quincy.

TOME XVII. Art aratoire et du jardinage, contenant la description et l'usage des machines, ustensiles, instruments et outils employés dans l'exploitation des terres et dans la culture des plantes.

TOMES XVIII à XXI. Art militaire.

TOME XXII. Dictionnaire de l'artillerie, par le colonel B. Cotty, directeur général des manufactures royales d'armes de guerre.

TOMES XXIII à XXX. Arts et métiers mécaniques.

TOME XXXI. Assemblée nationale constituante, contenant les débats qui ont eu lieu dans l'assemblée, tant sur les objets législatifs que sur les événements qui ont occupé ses séances.

TOMES XXXII et XXXIII. Beaux-arts.

TOMES XXXIV à XLVI. Botanique, par de Lamarck.

TOME XLVII. Dictionnaire de toutes les espèces de chasses.

TOMES XLVIII à LIII. Chimie, pharmacie et métallurgie; la chimie, par de Morven; la pharmacie, par Moret; la métallurgie, par Duhamel.

TOMES LIV et LV. Chirurgie, par de La Roche et Petit-Radel.

TOMES LVI à LVIII. Commerce.

TOMES LIX à LXII. Economie politique et diplomatique, par Démeunier, avocat.

TOME LXIII. Encyclopediana, ou Dictionnaire encyclopédique des anas, contenant ce qu'on a pu recueillir de moins connu ou de plus curieux parmi les saillies de l'esprit, etc.

Tome LXIV. Arts académiques. — Equitation, escrime, danse et art de nager.
Tomes LXV à LXVII. Finances.
Tome LXVIII. Forêts et bois, leurs semis et plantations, etc. — Arbres et arbustes qu'on peut élever en pleine terre dans le royaume. Leur description, leur culture, etc., par L.-M. Blanquart de Sept-Fontaines, précédées de la physiologie végétale, par Senebier.
Tome LXIX à LXXI. Géographie ancienne, par Mentelle.
Tomes LXXII a LXXIV. Géographie moderne.
Tomes LXXV à LXXIX. Géographie physique, par Desmarets, continuée par Bory de Saint-Vincent, Doin, Ferry et Huot.
Tomes LXXX à LXXXI. Atlas encyclopédique contenant la géographie ancienne, et quelques cartes sur la géographie du moyen âge, la géographie moderne, et les cartes relatives à la géographie physique, par Bonne et Desmarets.
Tomes LXXXII à LXXXIV. Grammaire et littérature.
Tomes LXXXV à XC. Histoire.
Tomes XCI à CIV. Histoire naturelle.
Tomes CV à CXIV. Jurisprudence.
Tomes CXV à CXVIII. Logique et métaphysique, par Lacretelle.
Tomes CXIX à CXXII. Manufactures, arts et métiers, par Roland de la Platière.
Tomes CXXIII à CXXV. Marine.
Tomes CXXVI à CXXVIII. Mathématiques, par d'Alembert, Bossut, de Lalande, Condorcet, etc.
Tomes CXIX à CXLI. Médecine, contenant l'hygiène, la pathologie, la séméiotique et la nosologie, la thérapeutique ou matière médicale, la médecine militaire, la médecine vétérinaire, la médecine légale ; — la jurisprudence de la médecine et de la pharmacie, la biographie médicale, c'est-à-dire, les vies des médecins célèbres, avec des notices de leurs ouvrages, par une société de médecins, publiée par Vicq-d'Azyr.
Tomes CXLII et CXLIII. Musique, publiée par Fremery et Ginguené.
Tome CXLIV. Dictionnaire de toutes les espèces de pêche.
Tomes CXLV à CXLVII. Philosophie ancienne et moderne, par Naigeon.
Tomes CXLVIII et CXLIX. Dictionnaire de physique, par Monge, Gassini, Berthollet, etc.
Tomes CL à CLIV. Système anatomique. — Dictionnaire raisonné des termes d'anatomie et de physiologie, par Hip. Cloquet.
Tomes CLV à CLVII. Théologie, par l'abbé Bergier.

ENCYCLOPÉDIE MODERNE... Cette encyclopédie, habilement dirigée, est la publication de ce genre la plus recherchée. Il y manque cependant un grand nombre d'articles qu'il serait bon de réunir pour en composer un supplément.

409. Encyclopédie moderne. Dictionnaire abrégé des sciences, des lettres, des arts, de l'industrie, de l'agriculture et du commerce. Nouvelle édition, entièrement refondue et augmentée de près du double, publiée par MM. Firmin Didot frères, sous la direction de M. Léon Renier. 27 vol. in-8 et 3 vol. de planches. Paris, 1847-1852.

ENCYCLOPÉDIE NOUVELLE... Les noms seuls de Pierre Leroux et de Jean Reynaud, cités comme directeurs de cette publication, indiquent sous quelle influence ce livre a été publié.

410. Encyclopédie nouvelle, ou dictionnaire philosophique, scientifique, littéraire et industriel, offrant le tableau des connaissances humaines au XIXe siècle, publiée sous la direction de Pierre Leroux et J. Reynaud. 8 vol. in-4.
Paris, 1839 et années suiv.

ÉPINAY (Louise-Florence-Pétronille Tardieu d'Esclavelles de la Live d'), née en 1725, morte en 1783. Mariée jeune à un fermier général, madame d'Epinay put, grâce à sa fortune, protéger la littérature et les savants. On connaît ses liaisons avec J.-J. Rousseau, Grimm, et les célébrités de son temps. Les deux ouvrages suivants qui sont sortis de sa plume, méritent à des points de vue différents d'être mentionnés ici.

411. Les Conversations d'Émile, par madame d'Epinay, nouv. édit. 2 vol. in-8.
Paris, 1822.

412. Mémoires et correspondance de madame d'Épinay où elle donne des détails sur ses liaisons avec Duclos, J.-J. Rousseau, Grimm, Diderot, le baron d'Holbach, Saint-Lambert, madame d'Houdetot, et autres personnages célèbres du XVIIIe siècle, ouvrage renfermant un grand

nombre de lettres inédites de Grimm, de Diderot et de J.-J. Rousseau, lesquelles servent d'éclaircissement et de correctif aux Confessions de ce dernier. Seconde édition augmentée de plusieurs lettres. 3 vol. in-8. Paris, 1818.

ESQUIROL (Jean-Etienne-Dominique), né en 1772, mort en 1840, fondateur d'un établissement pour la guérison des aliénés, a été un des meilleurs élèves du célèbre Pinel. Le Gouvernement le nomma successivement médecin en chef de la Salpétrière, en 1810, et de l'hôpital de Charenton en 1826. Esquirol a rendu par lui-même de grands services à l'humanité, et sa réputation comme écrivain et comme philanthrope est universelle. Il était membre correspondant de l'Institut, et de l'Académie de médecine depuis 1820.

413. DES MALADIES MENTALES, considérées sous les rapports médical, hygiénique et médico-légal, par E. Esquirol, médecin en chef de la Maison royale des aliénés de Charenton, membre de l'Académie royale de médecine. 2 vol. in-8 et atlas.
Paris, 1838.

ESTIENNE (Henri II), né en 1528, mort en 1598, un des hommes les plus érudits du XVIe siècle, a produit un grand nombre d'ouvrages remarquables. Son glossaire est une vaste publication qu'on ne peut comparer, pour l'érudition qui y est renfermée, qu'au glossaire de Du Cange. Ses autres travaux sur la langue française sont remplis d'originalité, d'idées ingénieuses et fines. Une santé affaiblie par les veilles, des voyages fréquents qui dissipèrent sa fortune, et la religion protestante qu'il professait fut une source de malheurs et de tribulations qui ne cessèrent d'entourer ce grand homme jusqu'à l'époque de sa mort.

414. ΘΗΣΑΥΡΌΣ ΤΗΣ ΕΛΛΗΝΙΚΗΣ ΓΛΏΣΣΗΣ. THESAURUS GRÆCÆ LINGUÆ ab Henrico Stephano constructus. Post editionem anglicam novis additamentis auctum, ordineque alphabetico digestum tertio ediderunt Carolus Benedictus Hase,

Instituti regii Franciæ socius, in scholia regia polytechnica regiaque speciali linguarum orientalium professor, in Bibliothecæ regiæ parte codd. mss. complectente conservator adjunctus, etc., etc., G. R. Lud. de Sinner, ph. dr., et Theobaldus Fix, secundum conspectum ab academia regia Inscriptionum et humaniorum litterarum, die 29 junii 1829 approbatum. 8 vol. in-fol. Paris, 1831 et années suiv.

<small>Cet ouvrage est en cours de publication. Il y a déjà 50 livraisons de parues, et qui forment 7 volumes.</small>

415. TRAITÉ DE LA CONFORMITÉ du language françois avec le grec, divisé en trois livres : avec une préface remonstrant quelque partie du désordre et abus qui se commet aujourd'huy en l'usage de la langue française. En ce traicté sont découverts quelques secrets tant de la langue greque que de la française : duquel l'auteur et l'imprimeur est Henri Estienne, fils de feu Robert Estienne. 1 vol. petit in-8.   Paris, S. D.

416. DEUX DIALOGUES du nouveau langage françois italianizé, et autrement déguizé, principalement entre les courtisans de ce temps : De plusieurs nouveautés qui ont accompagné cette nouveauté de langage ; de quelques courtisanismes modernes, et de quelques singularités courtisanesques par H. Estienne. 1 vol. in-8.
Paris, S. D.

417. LA PRECELLENCE DU LANGAGE FRANÇOIS par Henri Estienne. Nouvelle édition accompagnée d'une étude sur Henri Estienne et de notes philologiques et littéraires par Léon Feugère, docteur ès lettres, professeur au lycée Louis le Grand. 1 vol. in-12.   Paris, 1850.

ETIENNE (Charles-Guillaume), né en 1778, mort en 1845, est un des auteurs dramatiques les plus estimés de l'ère impériale. Il avait été secrétaire intime du duc de Bassano, et eut toujours un grand attachement pour Napoléon, ce qui fut cause de son expulsion de l'Institut à la restauration. Élu député en 1820, il fut nommé pair de France, et réélu membre de l'Académie Française en 1829.

418. Œuvres de C. G. Étienne, de l'Académie Française, avec des notices et des éclaircissements, par M. A. François. 2 vol. in-8.
Paris, 1846-47.

Tome I. Le Rêve. — Le Chaudronnier homme d'État. — Rembrandt, ou la Vente après décès. — Le Café des Artistes. — Pygmalion à Saint-Maur. — Les Dieux à Tivoli, ou l'Ascension de l'Olympe. — La Lettre sans adresse. — L'Apollon du Belvéder. — La Confession du Vaudeville. — La Désirée, ou la Paix du village. — Quel est le plus ridicule? ou la Gravure en action. — Pont-de-Veyle, ou le Bonnet de docteur. — Le Grand Deuil. — Les Deux Mères. — Le Pacha de Suresne, ou l'Amitié des Femmes. — La petite École des Pères. — Les Maris en bonne fortune. — Une Matinée au Camp ou les Petits bateaux. — Le Camp de Boulogne.

Tome II. Le Pauvre Riche, ou la Séparation de biens. — Une Heure de mariage. — La Jeune Femme colère. — Isabelle de Portugal, ou l'Héritage. — Gulistan ou le Hulla de Samarcande. — Le nouveau Réveil d'Épiménide. — Le Carnaval de Beaugency, ou Mascarades sur Mascarades. — Bruis et Palaprat. — Un Jour à Paris, ou la Leçon singulière.

EULER (Léonard), né en 1707, mort en 1800. Ce géomètre célèbre par son savoir et son étonnante fécondité, fit partie de l'Académie de Saint-Pétersbourg, fondée par Catherine I, et fut nommé correspondant de l'Académie des Sciences en 1755. Nous donnons ici le seul ouvrage qu'Euler ait écrit en français.

419. Lettres d'Euler à une Princesse d'Allemagne sur divers sujets de Physique et de Philosophie, précédées de l'Éloge d'Euler par Condorcet ; édition accompagnée de 215 planches gravées sur bois et intercalées dans le texte, avec une introduction et des notes par M. Émile Saisset, professeur de philosophie à l'École normale. 1 vol. in-12.
Paris, 1843.

EXPÉDITION SCIENTIFIQUE DE MORÉE. Le Gouvernement français, voulant perpétuer, par un monument durable la gloire acquise par l'expédition en faveur de la Grèce, envoya, à la suite de l'armée, une commission de savants et d'artistes pour reconnaître et recueillir tout ce qui pouvait rester d'intéressant ou d'ignoré dans ce pays si riche en souvenirs. C'est le résultat obtenu par cette commission qui fait l'objet des deux ouvrages suivants. Le premier comprend les antiquités de Pylos, Méthone, Colonis, Coroné, Messène, Lepréum, Scillonte, Olympie, Phigalie, Mégalopolis, Sparte, Mantinée, Argos, Tirynthe, Nauplie, Scyros, Ténos, Myconos, Délos, Naxos, Paros, Mélos, Sunium, Égine, Épidaure, Hiéro, Mycènes, Némée, Corinthe, Sicyone, Patras, Élis, etc. Le second renferme la partie purement scientifique.

420. EXPÉDITION SCIENTIFIQUE DE MORÉE, ordonnée par le gouvernement français. — Architecture, sculptures, inscriptions et vues du Péloponèse, des Cyclades et de l'Attique, mesurées, dessinées, recueillies et publiées par Abel Blouet, architecte, ancien pensionnaire de l'Académie de France à Rome, directeur de la section d'architecture et de sculpture de l'expédition scientifique de Morée, Amable Ravoisié, Achille Poirot, Félix Trezel et Frédéric de Gournay, ses collaborateurs. Ouvrage dédié au roi. 3 vol. in-folio.

Paris, 1831.

421. EXPÉDITION SCIENTIFIQUE DE MORÉE. Travaux de la section des sciences physiques, sous la direction de M. le colonel Bory de Saint-Vincent. 3 vol. in-4, et atlas in-folio. Paris, 1832 à 1836.

TOME I. Relation, par M. Bory de Saint-Vincent, de l'Académie des Sciences, etc.

TOME II. Géographie et géologie.

TOME III. Première partie : Zoologie. — Première section : Animaux vertébrés, mollusques et polypiers, par MM. Geoffroy Saint-Hilaire père et fils, Deshayes, Bibron et Bory de Saint-Vincent. — Deuxième section : Des animaux articulés, par Brullé, les crustacés, par Guérin. — Deuxième partie : Botanique, par MM. Fauché, pour les graminées; Adolphe Brongniart, pour les archidées; Chaubard et Bory de Saint-Vincent, pour le reste de la phanérogamie et la cryptogamie.

EXPILLY (Jean-Joseph), né en 1719, mort en 1793, était secrétaire d'ambassade au service du roi de Sicile, auditeur général de l'évêché de Sagona en Corse, et chanoine du chapitre de Sainte-Marthe de Tarascon. Son dictionnaire, qui n'est malheureusement pas terminé, est toujours consulté avec fruit.

422. DICTIONNAIRE GÉOGRAPHIQUE, HISTORIQUE ET POLITIQUE des Gaules et de la France, par l'abbé Expilly, chanoine trésorier du chapitre royal de Sainte-Marthe de Tarascon, de la Société royale des sciences et Belles-Lettres de Nancy, etc. 6 vol. in-fol. Paris, 1762.

Cet ouvrage se termine à la lettre S.

EXPLORATION SCIENTIFIQUE... Cette publication, due à l'initiative du Gouvernement, et sortie des presses de l'Imprimerie impériale, renferme les documents les plus précieux et les plus nouveaux sur l'histoire, la géographie, l'archéologie, et les sciences naturelles de cette nouvelle possession française.

423. EXPLORATION SCIENTIFIQUE DE L'ALGÉRIE pendant les années 1840, 1841, 1842, publiée par ordre du Gouvernement et avec le concours d'une commission académique. Format in-4 et in-fol. Paris, 1844 et ann. suiv.

SCIENCES HISTORIQUES ET GÉOGRAPHIQUES.

424. ÉTUDE DES ROUTES SUIVIES PAR LES ARABES dans la partie méridionale de l'Algérie et de la régence de Tunis, pour servir à l'établissement du réseau géographique de ces contrées; par E. Carette, capitaine du génie, membre et secrétaire de la commission. 1 vol. grand in-8, avec une carte sur papier de Chine. Paris, 1844.

425. RECHERCHES SUR LA GÉOGRAPHIE et le commerce de l'Algérie méridionale; par M. E. Carette, accompagnées d'une notice sur la géographie de l'Afrique septentrionale, et d'une carte, par M. Renou, membre de la commission. 1 vol. in-8, avec 3 cartes sur papier de Chine. Paris, 1844

426. RECHERCHES sur l'origine et les migrations

des principales tribus de l'Afrique septentrionale, et particulièrement de l'Algérie, par E. Carette, chef de bataillon du génie, etc. 1 vol. in-8.
Paris, 1853.

427. Recherches sur la Kabylie proprement dite, par E. Carette, capitaine du génie, membre et secrétaire de la commission scientifique d'Algérie. 2 vol. in-8, avec une carte de la Kabylie grand aigle. Paris, 1848-49.

428. Mémoires historiques et géographiques, par E. Pellissier, membre de la commission, consul de France à Souça. 1 vol. in-8.
Paris, 1844.

<small>Mémoires historiques sur les expéditions et les établissements des Européens en Barbarie. — Mémoires sur les mœurs et les institutions sociales des Arabes et des Kabyles du nord de l'Afrique. — Mémoire sur la géographie ancienne et sarrasine de l'Algérie.</small>

429. Histoire de l'Afrique, par Mohammed-El-Keïroani ; traduite par MM. Pellissier et Rémusat. 1 vol. grand in-8. Paris, 1845.

430. Voyages dans le sud de l'Algérie et des États barbaresques de l'ouest et de l'est, par Al-Aliachi-Moula-Ahmed, traduits par M. Adrien Berbrugger, membre de la commission. 1 vol. in-8. Paris, 1846.

431. Recherches géographiques sur le Maroc, par M. Renou, membre de la commission scientifique ; suivies du traité avec le Maroc, d'itinéraires et de renseignements sur le pays de Sous, et de renseignements sur les forces de terre et de mer et sur les revenus territoriaux du Maroc. 1 vol. in-8 avec une carte du Maroc sur papier de Chine grand aigle. Paris, 1846.

432. Précis de jurisprudence musulmane, ou Principes de législation musulmane civile et religieuse, selon le rite mâlékite, par Khalil-ibn-Ish'ah, traduit de l'Arabe par M. Perron. 7 forts vol. grand in-8. Paris, 1848-52.

433. Description de la régence de Tunis, par E. Pellissier, membre de la commission. 1 vol. in-8 avec une carte.   Paris, 1854.

BEAUX-ARTS.

434. Architecture, sculpture, etc., par M. Ravoisié. 3 vol. in-fol.   Paris, 1844 et ann. suiv.

En cours de publication.

SCIENCES MÉDICALES.

435. L'hygiène en Algérie, et spécialement de l'hygiène militaire ; par M. J-A.-N. Périer ; suivie d'un Mémoire sur la peste en Algérie ; par M. Berbrugger. 2 vol. gr. in-8. Paris, 1847.

GÉOLOGIE ET MINÉRALOGIE.

436. Géologie de l'Algérie, par M. Renou. — Notice minéralogique sur le massif d'Alger, par M. Ravergie. 1 vol. in-4.   Paris, 1848.

SCIENCES PHYSIQUES. — ZOOLOGIE.

437. Histoire naturelle des Mollusques, par M. Deshayes. In-4.   Paris, 1845.

438. Histoire naturelle des Annélides, par M. Deshayes. 1 vol. in-4, avec un atlas de 40 planches.   Paris, 1844 et ann. suiv.

439. Histoire naturelle des Zoophytes, par M. Deshayes. 1 vol. in-4, avec un atlas de 84 planches.   Paris, 1844 et ann. suiv.

440. Mammalogie, Ornithologie, par M. Levaillant. Vol. in-4.   Paris, 1846.

441. Animaux articulés, par M. Lucas. 3 vol. in-4, avec un atlas de 117 planches.
     Paris, 1844 et ann. suiv.

442. Erpétologie, Ichthyologie, par Guichenet. 1 vol. in-4, avec un atlas de 12 planches.
     Paris, 1844 et ann. suiv.

SCIENCES MATHÉMATIQUES. — PHYSIQUE GÉNÉRALE.

443. RECHERCHES DE PHYSIQUE SUR LA MÉDITERRANÉE, par M. G. Aimé, membre de la commission. 1 vol. gr. in-4, avec planches.
Paris, 1844 et ann. suiv.

444. OBSERVATIONS SUR LE MAGNÉTISME TERRESTRE, par M. G. Aimé. 1 vol. gr. in-4.avec planches. Paris, 1844 et ann. suiv.

F

FABRE (Antoine-François-Hippolyte), né en 1797. Secrétaire de la Société académique de Marseille en 1824. Le docteur Fabre vint se fixer à Paris dès 1827, où il rédigea la clinique des hôpitaux, et fonda le journal de médecine intitulé : *la Gazette des Hôpitaux*, dont il est encore propriétaire. Ce médecin poëte a été couronné plusieurs fois par l'Institut. Nous donnons ici son meilleur ouvrage

445. BIBLIOTHÈQUE DU MÉDECIN PRATICIEN, ou résumé général de tous les ouvrages de clinique médicale et chirurgicale, de toutes les monographies, de tous les mémoires de médecine et de chirurgie pratiques, anciens et modernes, publiés en France et à l'étranger, par une société de médecins, sous la direction du docteur Fabre, rédacteur en chef de la *Gazette des Hôpitaux*. Ouvrage adopté par l'Université. 15 vol. gr. in-8. Paris, 1843-1852.

TOME I. Maladies des femmes. — Maladies des parties externes de la génération, — du périnée, — des parties internes de la génération, — de l'utérus et de ses annexes, — du col de la matrice, — des trompes utérines, — des ovaires.

TOME II Maladies des femmes (fin). — Maladies des mamelles, — du mamelon, — des lésions de la circulation et de l'énervation. — Maladies de l'appareil urinaire. — Maladies des reins, — des calices et des bassinets, — des uretères et de la vessie.

TOME III. Maladies de l'appareil urinaire (suite). — Maladies de la vessie.

TOME IV. Maladies de l'appareil urinaire (fin). — Maladies du col de la vessie, — de la prostate, — de l'urètre, — du pénis, — des vésicules séminales et pertes séminales involontaires, — des bourses.

Tomes V et VI. Maladies des enfants, de la naissance à la puberté (médecine et chirurgie).

Tome VII. Traité des maladies vénériennes.

Tome VIII. Traité des maladies de la peau.

Tome IX. Traité des maladies du cerveau, maladies mentales et maladies nerveuses.

Tome X. Traité des maladies des yeux et des oreilles.

Tome XI. Traité des maladies de l'appareil digestif et de ses annexes. — Maladies des lèvres, — de la langue, — de la bouche, — des amygdales, — du pharynx, — de l'œsophage, — de l'estomac et des intestins, — du rectum et de l'anus, — du péritoine, du foie, — de la rate, — du pancréas.

Tome XII. Traité des maladies de l'appareil respiratoire et circulatoire. — Maladies du nez, — des fosses nasales, — des sinus frontaux maxillaires, — du corps thyroïde, — de poitrine, — des poumons. — Bronchite capillaire. — Pneumonie. — Emphysème des poumons. — Phthisie pulmonaire. — Pleurésie. — Pneumo-thorax. — Maladies du cœur et des artères. — Anévrisme.

Tome XIII. Maladies de l'appareil locomoteur. — Maladies des os. — Plaies. — Fractures. — Ostéite. — Cancer. — Maladies des muscles. — Rhumatisme. — Goutte. — Infection purulente.

Tome XIV. Traité de thérapeutique et de matière médicale.

Tome XV. Traité de médecine légale et de toxicologie.

FALLOT (Joseph-Frédéric-Gustave), né en 1807, mort en 1836, philologue distingué, a été sous-bibliothécaire de l'Institut, et secrétaire du comité des travaux historiques. Une mort prématurée a enlevé cet érudit à la science, à laquelle il aurait certainement fait faire de grands progrès.

446. RECHERCHES sur les formes grammaticales de la langue française et de ses dialectes au XIIIe siècle, publiées par Paul Ackermann, et précédées d'une notice sur l'auteur par M. Benjamin Guérard. 1 vol. in-8. Paris, 1839.

FAUCHER (Léon-Léonard-Joseph), né en 1804, a fait pendant plusieurs années partie de la Chambre des députés, a été ministre des travaux publics, puis de l'intérieur en 1848. Cet économiste, qui a été rédacteur en chef du *Constitutionnel*, est membre de l'Académie des Sciences morales et politiques depuis 1849.

447. ETUDES SUR L'ANGLETERRE. 3e édition.
2 vol. in-8. Paris, 1854.

TOME I. Introduction. — Différence caractéristique entre l'Angleterre et la France. — White-Chapelle : La population flottante de Londres. — Le marché aux enfants. — Les juifs. — La mortalité. — Saint-Giles : La misère, la débauche et le crime à Londres. — La Cité de Londres : L'administration municipale. — La banque d'Angleterre. — Liverpool : Le commerce anglais. — La police dans les villes. — Manchester : Puissance de l'industrie. — Les ouvriers. — La manufacture rurale. — Les crises industrielles.

TOME II. Leeds : La manufacture de laine. — L'industrie domestique. — L'agriculture manufacturière. — Le travail des enfants. — Birmingham : L'industrie métallurgique. — Les petits fabricants. — La ville des serruriers. — Les Classes inférieures : Herne-Hill, ou les paysans. — La révolte dans le pays de Galles. — Les coalitions d'ouvriers. — Les chartistes. — La démocratie. — La Classe moyenne : Les lois sur les céréales. — La ligue des bourgeois contre l'aristocratie. — L'Aristocratie : Organisation politique de l'Angleterre. — L'équilibre des pouvoirs.

FAUCHET (Claude), né en 1529, mort en 1601, suivit le cardinal de Tournon en Italie, et fut nommé, au retour de cette mission, premier président de l'Hôtel des Monnaies. Le roi Henri IV lui conféra le titre d'historiographe de France. Nous citons ici son meilleur ouvrage, qui est encore fort estimé.

448. RECUEIL de l'origine de la langue et poésie française, rymes et romans; plus les noms et œuvres de 127 poëtes français vivans avant l'an 1300. 1 vol. in-4. Paris, 1581.

FAURIEL (Charles-Claude), né en 1772, mort en 1844. Militaire à la révolution, secrétaire du ministre Fouché sous la République et le Consulat, Fauriel se retira complétement de la politique, et s'adonna entièrement à l'histoire et à la philologie. Ami de toutes les célébrités de son temps, et surnommé par madame de Staël l'inépuisable en savoir et en bonté, il fut nommé professeur à la Faculté des Lettres de Paris en 1830, conservateur des manuscrits arabes de la Bibliothèque royale, et élu membre de l'Académie des Inscriptions et Belles-Lettres. M. Sainte-Beuve lui a consacré un article dans la *Revue des Deux-Mondes* de 1845.

449. Histoire de la Gaule méridionale sous la domination des conquérants germains par C.-C. Fauriel. 4 vol. in-8. Paris, 1845.

450. Histoire de la poésie provençale par C.-C. Fauriel. 3 vol. in-8. Paris, 1846.

FAVART (Ch.-Simon), né en 1710, mort en 1792. Cet auteur dramatique fut directeur de l'Opéra-Comique, et d'une troupe ambulante de comédiens qui suivit l'armée du maréchal de Saxe en France. Ses productions sont estimées. Nous indiquons ici deux éditions des Œuvres choisies, qui ont chacune leur mérite. La première est beaucoup plus complète que l'autre, la seconde ne contient que les œuvres qui aient survécu, mais on y trouve le Journal, ou Mémoires dramatiques et littéraires de Favart, que ne contient pas l'édition en 3 volumes.

451 Œuvres choisies de Ch.-S. Favart. 3 vol. in-18. Paris, 1813.

Tome I. Notice sur la vie et les ouvrages de Ch.-S. Favart, par Auger. — Les Trois Sultanes. — L'Anglais à Bordeaux. — La Chercheuse d'esprit. — Le Coq de village. — Les Amours de Bastien et Bastienne.

Tome II. Ninette à la cour. — Annette et Lubin — Isabelle et Gertrude. — La Fée Urgèle. — Les Moissonneurs.

Tome III. La Rosière de Salency. — L'Amitié à l'épreuve. — La Belle Arsène. — Les Rêveries renouvelées des Grecs. — Vaudevilles. — Chansons diverses.

452. Œuvres de M. et Madame Favart. Leur vie, par lord Pilgrinem. — Madame Favart et le maréchal de Saxe, par Léon Gozlan. 1 vol. in-12. Paris, 1852.

Théâtre : La Chercheuse d'esprit. — Les Trois Sultanes. — Contes. — Il eut tort, il eut raison. — Les A-propos. — Journal de Favart.

FÉLIBIEN (dom Michel), né en 1666, mort en 1729. Ce savant bénédictin a laissé plusieurs ouvrages historiques fort estimés. Son histoire de Paris, qu'il avait composée par ordre de Bignon, prévôt des marchands, a été terminée par Dom Lobineau.

453. Histoire de la ville de Paris, composée par D. Michel Félibien, revue, augmentée et mise au jour par D. Guy Alexis Lobineau, tous deux prêtres religieux bénédictins de la congrégation de Saint-Maur, justifiée par des preuves authentiques, et enrichie de plans, de figures, et d'une carte topographique, divisée en cinq volumes in-folio. Paris, 1725.

454. Histoire de l'abbaye royale de Saint-Denis en France, contenant la vie des abbés qui l'ont gouvernée depuis onze cents ans,—les hommes illustres qu'elle a donnés à l'Église et à l'État,—les priviléges accordés par les souverains pontifes et par les évèques,—les dons des rois, des princes et des autres bienfaiteurs, avec la description de l'Église et de tout ce qu'elle contient de remarquable. Le tout justifié par des titres authentiques et enrichi de plans, de figures et d'une carte topographique, par Dom Michel Felibien, religieux bénédictin de la congrégation de Saint-Maur. 1 vol. in-folio. Paris, 1706

FELLER (François-Xavier de), né en 1735, mort en 1802, professeur d'humanités à Liége, de théologie à Luxembourg, puis à Tyrnau, en Hongrie. Feller prononça ses vœux en 1771, et après quelques voyages en Allemagne, fixa sa résidence à Ratisbonne, chez le prince-évèque de Freyssingen. Le dictionnaire biographique, auquel il a donné son nom, a été complétement remanié depuis la première édition. Il n'en est pas moins écrit sous l'influence religieuse la plus marquée, et renferme malheureusement des articles entachés d'une partialité quelquefois inconvenante.

455. Biographie universelle ou dictionnaire historique des hommes qui se sont fait un nom par leur génie, leurs talents, leurs vertus, leurs erreurs ou leurs crimes, par F.-X. de Feller. Nouvelle édition, revue et continuée jusqu'en 1848, sous la direction de MM. Ch. Weiss, conservateur à la bibliothèque de Besançon, membre

de plusieurs académies; l'abbé Busson, ancien secrétaire du ministère des affaires ecclésiastiques et vicaire-général honoraire de Montauban. 8 vol. grand in-8. Paris, 1848-1850.

FÉNELON (François de Salignac de La Mothe), né en 1651, mort en 1715. Ce prédicateur éminent, l'un des plus beaux caractères du siècle de Louis XIV, fut nommé précepteur des ducs de Bourgogne, d'Anjou et de Berry. En récompense de ses services, le roi le nomma archevêque de Cambrai. Malheureusement Fénelon publia ses Maximes des Saints, dans lesquelles Bossuet crut voir un penchant déclaré pour un mysticisme outré. Tout le monde connait la querelle soulevée à cet égard, querelle qui se termina par la condamnation de Fénelon par le pape, et sa disgrâce complète. La postérité, plus juste, a rendu à l'illustre écrivain ce que la sévérité de Bossuet et l'esprit de controverse lui avaient refusé. On réunit aux Œuvres de Fénelon, sa Vie, par M. de Beausset, et le supplément aux histoires de Bossuet et de Fénelon, par Tabaraud. L'édition de Versailles que nous citons ici, et qui est assez rare, peut se remplacer par une édition en 10 volumes, publiée en 1851, et qui n'en est que la reproduction.

456. ŒUVRES DE FÉNELON, archevêque de Cambrai, publiées d'après les manuscrits originaux, et les éditions les plus correctes, avec un grand nombre de pièces inédites. 22 vol. in-8.
Versailles, 1820.

TOME I. Ouvrage sur divers sujets de métaphysique et de théologie. — Traité de l'existence et des attributs de Dieu. —Lettres sur divers sujets de métaphysique et de religion.

TOME II. — Traité du ministère des pasteurs. — Lettres sur l'autorité de l'Eglise. — Entretiens de Fénelon et de M. de Ramsay sur la vérité de la religion. — De summi pontificis auctoritate dissertatio. — Epistola.

TOME III. Réfutation du système du P. Malebranche sur la nature et la grâce. — Lettres au P. Lama, bénédictin, sur la grâce et la prédestination. — Lettre à M. l'évêque d'Arras sur la lecture de l'Ecriture Sainte en langue vulgaire. — Opuscules théologiques.

TOME IV. Analyse raisonnée de la controverse du quiétisme. — Diverses pièces relatives aux conférences d'Issy. — Lettres de l'archevêque de Cambray à un de ses amis. — Instruction pastorale de M. l'archevêque de Cambrai sur le livre intitulé : « Explications des maximes des saints. » — Réponse à l'ouvrage de M. de Meaux intitulé : « Summa doctrinæ. »

Tome V. Dissertation sur les véritables oppositions entre la doctrine de M. de Meaux et celle de M. de Cambrai. — Lettre de M. de Cambrai a M. de Paris. — Réponse de M. de Paris aux quatre lettres de M. de Cambrai. — Responsio D. archiepiscopi Cameracensis ad epistolam D. Parisiensis archiepiscopi.

Tome VI. Lettres de M. de Cambrai à M. de Meaux en réponse aux divers écrits ou mémoires sur le livre des Maximes. — Lettres de M. de Cambrai pour servir de réponse à celle de M. de Meaux. — Réponse de M. de Cambrai à l'écrit de M. de Meaux intitulé : « Relation sur le quiétisme. »

Tome VII. Réponse de M. l'archevêque de Cambrai aux remarques de M. l'évêque de Meaux sur la réponse à la Relation sur le quiétisme. — Lettre pastorale de M. l'évêque de Chartres sur le livre intitulé : « Explication des maximes des Saints, » et sur les explications différentes que M. l'archevêque de Cambrai en a données. — Lettres de M. l'archevêque de Cambrai pour servir de réponse à la lettre pastorale de l'évêque de Chartres sur le livre intitulé : « Explication des Maximes des Saints. » — Lettres de l'archevêque de Cambrai à l'évêque de Chartres en réponse à la lettre d'un théologien.

Tome VIII. Lettres de l'archevêque duc de Cambrai à l'évêque de Meaux pour répondre à l'ouvrage latin intitulé : « De Nova Quæstione tractatus tres. » — Les principales propositions du Livre des Maximes des Saints justifiées. — Lettres de l'archevêque duc de Cambrai à l'évêque de Meaux en réponse à l'écrit intitulé : « Les passages éclaircis, préjugés décisifs pour l'archevêque de Cambrai. » — Lettre de l'archevêque duc de Cambrai sur la réponse de l'évêque de Meaux aux Préjugés décisifs.

Tome IX. Lettre de l'archevêque de Cambrai à l'évêque de Meaux sur la charité. — Lettres de l'archevêque de Cambrai à l'évêque de Meaux sur douze propositions qu'il veut faire censurer par des docteurs de Sorbonne. — Pièces relatives à la condamnation du Livre des Maximes des Saints. — Dissertatio de amore puro, seu analysis controversiæ archiepiscoporum inter Cameracensem et Meldensem episcopum habitæ de charitatis natura, necnon de habituali statu puri amoris. — Epistolæ ad SS. DD. NN. Clementem papam XI, de eadem controversia.

Tome X. Ouvrages sur le jansénisme. — Ordonnance et instruction pastorale portant condamnation du cas de conscience. — Deuxième instruction pastorale pour éclaircir les difficultés proposées contre la précédente instruction.

Tome XI. Troisième instruction pastorale contenant les preuves de la tradition concernant l'infaillibilité de l'Eglise touchant les textes orthodoxes ou hérétiques.

Tome XII. Quatrième instruction pastorale, où l'on prouve que c'est l'Eglise qui exige la signature du formulaire. —

Réponse de l'archevêque de Cambrai à un évêque sur plusieurs difficultés qu'il lui a proposées au sujet de ses instructions pastorales. — Réponse à une deuxième lettre de l'évêque de ***. Lettre de l'archevêque de Cambrai à un théologien au sujet de ses instructions pastorales. — Réponse de l'archevêque de Cambrai à la première lettre de l'évêque de Saint-Pons. — Réponse de l'archevêque de Cambrai à la deuxième lettre de l'évêque de Saint-Pons. — Mémoire sur l'état du diocèse de Cambrai par rapport au jansénisme, et sur les moyens d'y arrêter les progrès de l'erreur. — Memoriale sanctissimo D. N. clam legendum.

Tome XIII. Lettres sur l'ordonnance du cardinal de Noailles, du 22 février 1703. — Contre le cas de conscience. — Réponses aux lettres du cardinal Gabrielli. — Examen et réfutation des raisons alléguées contre la réception du bref du 12 février 1703. — Memoriale de apostolico decreto contra casum conscientiæ mox edendo. — Ordonnance et instruction pastorale sur la publication de la constitution de Clément XI, du 15 juillet 1705. — Lettre à un évêque sur le mandement de M. de Saint-Pons. — Lettres du P. Quesnel touchant l'écrit intitulé : « Dénonciation solennelle de la bulle Vineam Domini, etc. — Lettres contre un nouveau système sur le silence respectueux.

Tome XIV. Instruction pastorale sur le livre intitulé Justification du silence respectueux. — Lettre sur l'infaillibilité de l'Eglise touchant les textes dogmatiques. — Mandement pour l'acceptation de la constitution Unigenitus.

Tome XV. Dissertationes ad jansenismi controversiam spectantes. — Instruction pastorale en forme de dialogue, sur le système de Jansénius.

Tome XVI. Instruction pastorale en forme de dialogues sur le système de Jansénius. — Ordonnances et instructions pastorales portant condamnation d'un livre intitulé : « Theologia dogmatica et moralis ad usum seminarii Catalaunensis. »

Tome XVII. De l'éducation des filles. — Sermons et entretiens sur divers sujets. — Lettres sur divers points de spiritualité.

Tome XVIII. Manuel de piété. — Réflexions saintes pour tous les jours du mois. — Méditations sur divers sujets de l'Ecriture Sainte. — Entretiens affectifs pour les principales fêtes de l'année. — Méditations pour un malade. — Exhortation et avis pour l'administration des sacrements. — Instructions et avis sur divers points de la morale et de la perfection chrétienne. — Mandements.

Tome XIX. Fables. — Dialogue des Morts. — Opuscules divers français et latins. — Fabulosæ narrationes historiæ.

Tome XX. Discours de la poésie épique et de l'excellence du poëme de Télémaque, par le chevalier de Ramsai. — Les Aventures de Télémaque.

Tome XXI. Dialogue sur l'éloquence en général et sur celle de la chaire en particulier. — Discours de réception à l'Académie Française. — Réponse de Bergeret. — Mémoire sur les occupations de l'Académie Française. — Correspondance littéraire de Fénelon avec Houdart de La Motte, de l'Académie Française. — Poésies. — L'Odyssée d'Homère.

Tome XXII. Abrégé des vies des anciens philosophes. — Examen de conscience sur les devoirs de la royauté. — Essai philosophique sur les gouvernements civils. — Divers mémoires concernant la guerre de la succession d'Espagne. — Plans de gouvernement concertés avec le duc de Chevreuse pour être proposés au duc de Bourgogne en 1711. — Mémoires sur les précautions et les mesures à prendre après la mort du duc de Bourgogne.

457. CORRESPONDANCE DE FÉNELON, archevêque de Cambrai, publiée pour la première fois sur les manuscrits originaux et la plupart inédits. 11 vol. in-8. Paris, 1827-1829.

Tomes I à X. Correspondance.
Tome XI. Correspondance sur l'affaire du quiétisme. — Lettres de l'abbé de La Bletterie à un ami sur le quiétisme. — Testament de Fénelon. — Recueil des principales vertus de Fénelon. — Lettres de l'abbé Galet à Beausobre sur Fénelon. — Extrait d'un discours sur l'éducation du duc de Bourgogne, etc., etc.

458. ŒUVRES DIVERSES DE FÉNELON. 11 vol. in-8. Paris, 1825.

Dialogue sur l'éloquence. — Discours pour le sacre de l'électeur de Cologne. — Sermon pour la fête de l'Epiphanie. — Examen de conscience sur les devoirs de la royauté. — Lettres à l'Académie Française. — Aventures d'Aristonoüs, etc.

459. LES AVENTURES DE TÉLÉMAQUE, suivies des aventures d'Aristonoüs. Un beau vol. in-8 cavalier orné d'un portrait de Fénelon gravé sur acier. Paris, 1853.

FÉRUSSAC (André-Etienne-Just-Paschal-Joseph-François-d'Audebart, baron de), né en 1786, mort en 1836, embrassa dans sa jeunesse la carrière militaire. Blessé au siége de Saragosse, il donna sa démission, fut nommé sous-préfet d'Oléron, et devint professeur de géographie et de statistique à l'École d'application et chef du bureau de statistique étrangère au Dépôt de la Guerre. Il avait été nommé député en 1830. M. de Férussac était un travailleur infatigable.

460. Bulletin universel des sciences et de l'industrie. 166 vol. in-8 en 8 séries. Paris, 1824.

<small>
1re Série. — Sciences mathématiques. 16 volumes.
2e Série. — Sciences naturelles. 27 vol.
3e Série. — Sciences médicales. 27 vol.
4e Série. — Sciences agricoles. 19 vol.
5e Série. — Sciences technologiques. 19 vol.
6e Série. — Sciences géographiques. 28 vol.
7e Série. — Sciences historiques. 19 vol.
8e Série. — Sciences militaires. 11 vol.
</small>

461. Histoire naturelle, générale et particulière des Mollusques terrestres et fluviatiles, tant des espèces que l'on trouve aujourd'hui vivantes que des dépouilles fossiles qui n'existent plus, classés d'après les caractères essentiels que présentent ces animaux et leurs coquilles; œuvre posthume de M. le baron J.-B.-L. d'Audebard de Férussac, continué, mis en ordre et publié par le baron de Férussac son fils, et continué depuis la 29e livraison, par G.-P. Deshayes. 4 vol. in-fol. Paris, 1820-1851.

FÉTIS (François-Joseph), né en 1784, a été professeur et bibliothécaire du Conservatoire de Paris. Il est actuellement maître de chapelle du roi des Belges, et directeur du conservatoire de Bruxelles.

462. Biographie universelle des musiciens et bibliographie de la musique, par Fétis. 8 vol. in-8. Bruxelles, 1835-44.

FILASSIER (J.-J.), né en 1736, mort en 1806, s'est occupé d'histoire et d'agronomie. Il a été député à l'Assemblée législative. Son Éraste est un ouvrage d'éducation fort estimé.

463. Éraste, ou l'ami de la jeunesse, entretiens familiers sur les connaissances humaines, et particulièrement sur la logique ou l'art de penser et de raisonner, la morale, la doctrine de l'église, l'histoire de la religion, la physique, l'astronomie, la botanique, la minéralogie, la

géographie, l'histoire de France et l'histoire naturelle, par l'abbé Filassier. Nouvelle édition, revue et continuée pour la géographie et l'histoire par M. de Cluny. 2 vol. in-8.   Paris, 1835.

FIX (Théodore), né en 1800, mort en 1846, fut employé du cadastre, à Blois, à Versailles et à Clermont-Ferrand jusqu'en 1830, époque où il vint résider à Paris pour ne plus s'occuper que d'économie politique, science dans laquelle il parvint à se faire une certaine réputation.

464. OBSERVATIONS SUR L'ÉTAT DES CLASSES OUVRIÈRES, par Th. Fix. 1 vol. in-8.   Paris, 1846.

FLANDIN (Eugène), a été attaché en qualité d'artiste peintre à l'ambassade de France en Perse, pendant les années 1840 et 1841. Cet archéologue a pris une grande part aux fouilles exécutées à Ninive, par les soins du célèbre Botta, et a mesuré et dessiné les monuments de cette ville (*Monuments de Ninive*, 5 vol. gr. in-folio. Paris, 1849-1850).

465. VOYAGE EN PERSE, entrepris par ordre de S. Ex. le ministre des affaires étrangères d'après les instructions dressées par l'Institut. 73 livr. in-fol. formant 6 vol. in-fol.   Paris, 1844-1854.

FLANDIN (Ch.), né en 1803, docteur en médecine, membre du conseil de salubrité de la ville de Paris, est l'auteur d'un ouvrage recherché que nous citons ici.

466. TRAITÉ DES POISONS, ou toxicologie appliquée à la médecine légale, à la physiologie et à la thérapeutique, par Ch. Flandin. 3 vol. in-8.
Paris, 1846-1853.

FLÉCHIER (Esprit), né en 1632, mort en 1710, le plus éloquent prédicateur du xviie siècle, après Bossuet, fut lecteur du dauphin, évêque de Nîmes et de Lavaur. Louis XIV, en le nommant à cet évêché, lui dit : « J'ai différé de récompenser votre mérite pour avoir le plaisir de vous entendre plus longtemps. » Si Fléchier a laissé des témoignages éclatants de son éloquence dans ses oraisons funèbres, des preuves évidentes de sa modération envers les protestants pendant sa mission dans les Cévennes. Il ne nous a point caché son esprit vif et galant dans ses Mémoires sur les grands jours tenus à Clermont, composition pleine de verve et d'entrain où le futur évêque se montre sous un jour tout nouveau. Nous indiquons ici l'édition la plus complète de ses œuvres.

467. ŒUVRES COMPLÈTES de messire Fléchier, évêque de Nismes, et l'un des quarante de l'Académie Française. Revues sur les manuscrits de l'auteur, augmentées de plusieurs pièces qui n'ont jamais été imprimées et accompagnées de préfaces, d'observations et de notes sur tous les endroits qui ont paru en avoir besoin. 5 tomes en 10 vol. in-8.   Nismes, 1782.

TOME I. Partie I. Préface générale. — Discours sur la personne et les écrits de Fléchier. — Portrait et caractère de Fléchier, écrit par lui-même. — Éloges de Fléchier, recueillis de divers auteurs. — Histoire de Théodore le Grand. — Partie II. Préface. — Vie du cardinal Léon-François Commendon.

TOME II. Partie I. Histoire du cardinal Ximenès. — Partie II. Notices historiques de la vie des personnes illustres qui ont été l'objet des oraisons funèbres. — Notices historiques suivies des oraisons funèbres des duchesses de Montausier, — d'Aiguillon, — de MM. de Turenne, — de Lamoignon, — de Marie-Thérèse d'Autriche, — du chancelier Le Tellier, — de Marie-Anne-Christine-Victoire de Bavière, — du duc de Montausier. — Oraisons funèbres.

TOME III. Partie I. Sermons. — Panégyriques de saint Antoine, — saint Augustin, — saint Sulpice, — saint Benoît, — saint Louis, — saint Bernard, — saint François de Paule, — saint Thomas, — saint Ignace de Loyola, — sainte Thérèse, — saint Charles, — saint François-Xavier, — saint Philippe de Nérie, — saint Thomas de Canterbury, — saint François de Sales. — Analyse des sermons et panégyriques. — Partie II. Sermons et analyse des sermons.

TOME IV. Partie I. Sermons, exhortations et discours. — Partie II. Mandements. — Lettres pastorales, — Exhortations. — Considérations. — Réflexions et pensées diverses. — Oraison funèbre de Fléchier, par l'abbé du Jarry.

TOME V. Partie I. Discours académiques. — Harangues. — Discours faits pendant les états de Languedoc. — Poésies latines. — Poésies françaises. — Réflexions sur les différents caractères des hommes. — Relations. — Partie II. Lettres de Fléchier. — Dissertation historique sur la ville de Nîmes et ses antiquités. — Mémoire historique sur les grands jours. — Extrait de la relation des grands jours d'Auvergne tenus en 1665. Table.

468. Oraisons funèbres de Fléchier, suivies des oraisons funèbres de Turenne par Mascaron, et du prince de Condé par Bourdaloue. 1 vol. in-8. Paris, 1826.

469. Mémoires sur les grands jours tenus à Clermont-Ferrand en 1665-1666, publiés par B. Gonod, avec introduction historique, notes, appendices, gravure sur acier représentant la séance d'ouverture, d'après une estampe du temps; musique du Noël des grands jours par M. G. Onslow. 1 vol. gr. in-8. Paris, 1844.

FLEURY (Claude.), né en 1640, mort en 1723, fut précepteur du prince de Conti, sous-précepteur des ducs de Bourgogne, d'Anjou et de Berri, et enfin confesseur de Louis XV. Fleury est auteur d'ouvrages estimés. Il est bon d'y joindre la critique de son Histoire ecclésiastique par J. Marchetti, et les observations théologiques, historiques et critiques sur le même ouvrage imprimées sans nom d'auteur à Bruxelles (Venise), en 1746, 1 vol. in-12.

470. Histoire du christianisme, connue sous le nom d'ecclésiastique, par l'abbé Fleury, augmentée de quatre livres, comprenant l'histoire du xve siècle, publiés pour la première fois d'après le manuscrit de Fleury, appartenant à la Bibliothèque royale, et continués jusqu'à la fin du xviiie siècle par une société d'ecclésiastiques, sous la direction de l'abbé O. Vidal; avec une table générale des matières, sur le plan de celle de Rondet. 6 vol. gr. in-8. Paris, 1836.

471. Moeurs des Israélites et des chrétiens, par Cl. Fleury. 1 vol. in-12. Lyon, 1810.

472. Discours sur l'histoire ecclésiastique, nouvelle édition, augmentée de cinq discours. 1 vol. in-12. Paris, 1763.

473. Traité du choix et de la méthode des études, suivi de l'histoire du Droit français, par Cl. Fleury. 1 vol. in-8. Paris, 1822.

FLOQUET (Pierre-Amable), né en 1797. Cet historien distingué, qui a suivi les cours de l'école des Chartes de 1821 à 1823, a été greffier en chef de la Cour d'appel de Rouen. Ses travaux lui ont valu le titre de membre correspondant de l'Académie des Inscriptions et Belles-Lettres.

474. HISTOIRE DU PARLEMENT DE NORMANDIE, par P.-A. Floquet. 7 vol. in-8. Paris, 1840-43.

FLORIAN (J.-P. Claris de), né en 1755, mort en 1794. Ce célèbre fabuliste fut dans sa jeunesse page du duc de Penthièvre. Entré jeune au service, il devint capitaine de dragons et chevalier de Saint-Louis. Poëte facile, conteur aimable, Florian jouit de son temps d'une certaine réputation, et parvint à l'Académie Française en 1788.

475. ŒUVRES COMPLÈTES DE FLORIAN. 12 vol. in-8. Paris, 1838.

476. FABLES DE FLORIAN, ornées de 80 grandes gravures tirées à part du texte, et de 25 vignettes et fleurons dans le texte par J.-J. Grandville, précédées d'une notice par P.-J. Stahl. 1 vol. in-8 Paris, 1843.

FLOURENS (Marie-Jean-Pierre), né en 1794, reçu docteur en médecine en 1813, a été nommé suppléant de Cuvier, au Collége de France en 1828; et au Muséum d'histoire naturelle en 1830. Il est actuellement professeur de physiologie comparée au Muséum. M. Flourens, qui avait été membre de la Chambre des députés en 1838 et pair de France en 1848, a été élu, en 1828, membre de l'Académie des Sciences, dont il est le secrétaire perpétuel depuis 1833, et membre de l'Académie Française en 1840.

477. RECHERCHES EXPÉRIMENTALES sur les propriétés et les fonctions du système nerveux dans les animaux vertébrés, par P. Flourens, secrétaire perpétuel de l'Académie des Sciences, etc. 2e édition, corrigée, augmentée et entièrement refondue. 1 vol. in-8. Paris, 1842.

478. THÉORIE EXPÉRIMENTALE DE LA FORMATION

des os, par P. Flourens, secrétaire perpétuel de l'Académie des Sciences. 1 vol. in-8.
Paris, 1847.

479. Anatomie générale de la peau et des membranes muqueuses, par P. Flourens. 1 vol. in-4. Paris, 1843.

480. De l'instinct et de l'intelligence des animaux. Résumé des observations de Frédéric Cuvier sur ce sujet, par P. Flourens. 2e édition, revue et augmentée. 1 vol. in-8. Paris, 1845.

481. Histoire des travaux et des idées de Buffon, par P. Flourens. 2e édition, revue et augmentée. 1 vol. in-12. Paris, 1854.

482. G. Cuvier, histoire de ses travaux, par P. Flourens. 2e édition, revue et corrigée. 1 vol. in-12. Paris, 1845.

483. Cours sur la génération, l'ovologie et l'embryologie, fait au Muséum d'histoire naturelle, en 1836, par le professeur Flourens, recueilli et publié par M. Deschamps. 1 vol. in-4.
Paris, 1836.

484. Cours de physiologie comparée par Flourens. 3 vol. in-4. Paris, 1854.

485. De la longévité humaine et de la quantité de vie sur le globe, par P. Flourens, etc. 1 vol. in-12. Paris, 1855.

FŒLIX (Jean-Jacques-Gaspard), né en 1791, mort en 1853, docteur en droit, se fixa à Paris en 1826, obtint en 1829 des lettres de déclaration de naturalité, et se fit inscrire, la même année, au tableau des avocats à la Cour royale de Paris. Il était membre correspondant des académies royales de Munich, de Naples, de Turin, et de la société fondée à Londres pour la réforme de la législation. M. Valette, professeur à la Faculté de droit de Paris, a dit : « A lui seul le *Traité du Droit international privé* eût suffi pour asseoir sur des fondements durables la réputation de Fœlix. »

486. Traité du droit international privé, ou

du conflit des lois de différentes nations en matière de droit privé. 2ᵉ édition. 1 vol. in-8.
Paris, 1847.

FONTANES (Louis, marquis de), né en 1757, mort en 1821, fut sous l'empire, président du Corps Législatif, grand maitre de l'Université et membre du sénat conservateur. Sous les Bourbons il accepta la pairie, et fut élu membre de l'Académie Française. Ses poésies sont estimées.

487. ŒUVRES DE FONTANES, recueillies pour la première fois, complétées d'après les manuscrits originaux, précédées d'une lettre de M. de Chateaubriand, avec une notice biographique par M. Roger, de l'Académie Française, et une autre par M. Sainte-Beuve. 2 vol. in-8.
Paris, 1839.

FONTENELLE (Bernard le Bouyer de), né en 1657, mort en 1757, était neveu du grand Corneille. Il montra de bonne heure une grande aptitude pour les sciences, et se fit remarquer également par la facilité et l'élégance de son style. Il faisait partie de l'Académie Française et de l'Académie des Sciences, dont il était le secrétaire perpétuel. M. Flourens a publié sur Fontenelle un livre intitulé : *Fontenelle, ou de la Philosophie moderne relativement aux sciences physiques.*

488. ŒUVRES DE FONTENELLE. 3 vol. in-8.
Paris, 1818.

TOME 1. Notice sur la vie et les ouvrages de Fontenelle. — Histoire de l'Académie des Sciences. — Eloges des académiciens Cl. Bourdelin, — Dan. Tauvry, — Adr. Tuillier, — V. Viviani, — De L'Hospital, — Bernouilly, — G. Amontons, — Du Hamel, — Regis, — de Vauban, — Gallois, — Dodart, — P. de Tournefort, — W. de Tschirnhaus, — Poupart, — de Chazelles, — Guglielmini, — Carré, — Bourdelin, — Berger, — Cassini, — Blondin, — Poli, — Morin, — Lemery, — Homberg, — Malebranche, — Sauveur, — Parent, — Leibnitz, — Ozanam, — de La Hire, — de La Faye, — de Fagon, — de Louvois, — de Montfort, — Rolle, — Renau d'Eliçagaray, — Dangeau, — Filleau des Billettes, — D'Argenson, — Couplet, — Méry, — Varignon, — Pierre I, — Littre, — Hartsœker, — Delisle, — de Malezieu, — Newton, — Reyneau, — de Tallard, — Truchet, — Bianchini, — Maraldi, — du Trousset de Valincourt, — Duverney, — Marsigli, — Geoffroy, — Ruysch, — de Maisons, — Chirac, — de Louville, — Fantet de Lagny, — Deschiens de Ressons, — Saurin, — Boerhave, — Manfredi, — de Cisternay du Fay. —Théorie des tourbillons cartésiens. — Doutes sur le système physique des causes occasionnelles.

Tome II. Entretiens sur la pluralité des Mondes.—Histoire des oracles. — Dialogues des Morts. — Histoire du Théâtre-Français. — Vie de Corneille. — Écrits divers sur la philosophie et l'histoire. — Lettres galantes. — Correspondances. — Écrits attribués à Fontenelle.— Relation de l'île de Bornéo.— Traité de la liberté, etc.

Tome III. Réflexions sur la poétique, sur l'églogue, poésies pastorales. — Héroïdes. — Tragédies et comédies. — Table des matières.

489. Œuvres de Fontenelle. 1 vol. in-12.
Paris, 1852.

Pluralité des Mondes. — Histoire des oracles. — Dialogues des Morts. — Poésies. — Esprit de Fontenelle, ou Recueil de ses bons mots.

490. La Pluralité des mondes de Fontenelle, avec des remarques et des figures en taille-douce par Bode, astronome de Berlin. 1 vol. in-8.
Himburg, 1783.

FORTOUL (Hippolyte), né en 1811, ancien doyen de la Faculté des Lettres d'Aix, nommé député en 1848, puis sénateur en 1854, est actuellement ministre de l'instruction publique et des cultes. M. Fortoul est connu avantageusement par ses travaux littéraires; ancien collaborateur de la *Revue de Paris*, de la *Revue des Deux Mondes*, il a été pendant longtemps l'un des membres les plus actifs de la société des Jeux Floraux, dont il est un des mainteneurs. Son édition d'Holbein est estimée, et renferme un travail intéressant sur le poëme et les images de la Danse des Morts.

491. Les fastes de Versailles depuis son origine jusqu'à nos jours, par H. Fortoul. 1 vol. in-8.
Paris, 1839.

492. De l'art en Allemagne, par H. Fortoul. 2 vol. in-8.
Paris, 1842.

FOUILLOUX (Jacques du), gentilhomme poitevin. L'ouvrage très-curieux dont il est l'auteur a été imprimé pour la première fois en 1560.

493. La Vénerie, précédée de quelques notes biographiques et d'une notice bibliographique, par J. du Fouilloux. 1 v. grand in-8. Paris, 1844.

FOURCROY (Antoine-François de), né en 1755, mort en 1809, succéda à Macquer dans la chaire de chimie du Jardin des Plantes, et s'y fit une grande réputation. Nommé successivement député à la Convention, membre du Conseil des Cinq-Cents, membre du Conseil d'État, et directeur général de l'instruction publique en 1801, Fourcroy organisa les écoles de médecine, et rendit des services éminents aux sciences.

494. Philosophie chimique, ou Vérités fondamentales de la chimie moderne, destinées à servir d'éléments pour l'étude de cette science, par A.-F. Fourcroy, conseiller d'État, membre de l'Institut national, etc. 3ᵉ édition. 1 vol. in-8.
Paris, 1816.

495. Système des connaissances chimiques et de leurs applications aux phénomènes de la nature et de l'art, par A.-F. Fourcroy, de l'Institut national de France, etc. 11 vol. in-8.
Paris, an ix.

FOURIER (François-Charles-Marie), né en 1772, mort en 1837, a passé une grande partie de sa vie dans le commerce. Ses idées, quelque ridicules qu'on puisse les trouver, n'en sont pas moins exprimées avec clarté, et si l'on rit quelquefois des pensées bizarres du chef de l'école phalanstérienne, on ne peut s'empêcher de reconnaître l'originalité de son style et le but philanthropique qui l'a guidé. M. Louis Reybaud a consacré un article à Fourier dans ses études sur les réformateurs.

496. Œuvres complètes de F.-Ch.-M. Fourier. 6 vol. in-8. Paris, 1830-1835.

Tome I. Théorie des quatre mouvements et des destinées générales.
Tomes II à V. Théorie de l'unité universelle.
Tome VI. Le nouveau monde industriel et sociétaire.

FOURIER (Jean-Baptiste-Joseph, baron), né en 1768, mort en 1830. Professeur d'analyse à l'École polytechnique en 1796, secrétaire de l'Institut d'Égypte, commissaire français au Caire en 1797, préfet de l'Isère en 1802, Fourier se retira des affaires politiques lors de la Restauration, et se consacra exclusivement à l'étude des sciences. Nommé en 1817 membre de l'Académie des Sciences, il en devint le secrétaire perpétuel en 1822.

497. Théorie analytique de la chaleur, par le baron J.-B. Fourier. 1 vol. in-4.   Paris, 1822.

FRANCŒUR (L.-Benjamin), né en 1773, mort en 1849. Élève, puis professeur à l'École polytechnique, ce savant mathématicien fut nommé en 1803 professeur de mathématiques au lycée Charlemagne, et en 1809 à la Faculté des Sciences. Privé, en 1815, de sa chaire à l'École polytechnique, il publia un grand nombre d'ouvrages estimés, et fut élu membre de l'Académie des Sciences en 1842.

498. Uranographie ou Traité élémentaire d'astronomie à l'usage des personnes peu versées dans les mathématiques, des géographes, des marins, des ingénieurs, accompagnées de planisphères, par L.-B. Francœur. 6ᵉ édition, revue, corrigée et augmentée d'une notice sur la vie et les travaux de l'auteur, par M. Francœur fils. 1 vol. in-8.   Paris, 1853.

499. Cours complet de Mathématiques pures, par L.-B. Francœur. 4ᵉ édition, revue et augmentée. 2 vol. in-8.   Paris, 1837.

500. Traité de Géodésie, par L.-B. Francœur. 3ᵉ édition. 1 vol. in-4.   Paris, 1855.

FRANÇOIS DE SALES (saint), né en 1567, mort en 1622, évêque de Genève en 1602, est un des hommes les plus éclairés de son temps. La sagacité, la bonhomie, et surtout le bon sens qui président à toutes ses œuvres, leur ont donné un cachet d'originalité tout particulier. Saint François de Sales est le fondateur de l'ordre de la Visitation, dont la première directrice fut la célèbre madame de Chantal. Il est bon de réunir aux œuvres de saint François de Sales l'ouvrage intitulé : *L'Esprit du bienheureux François de Sales, évêque de Genève*, etc.

501. Œuvres complètes de saint François de Sales, publiées d'après les éditions les plus correctes. 16 vol. in-8. Paris, 1821 et années suiv.

Tomes I et II. Vie de saint François de Sales, par de Marsolier.
Tome III. Esprit de saint François de Sales, extrait des divers ouvrages de J.-P. Camus, par P. Collet.
Tome IV. Introduction à la Vie dévote.
Tome V à VII. Sermons.
Tomes VIII et IX. Traité de l'amour de Dieu.
Tomes X à XIII. Lettres.
Tome XIV. Controverses.
Tome XV. Entretiens spirituels.
Tome XVI. Opuscules.

502. Introduction a la vie dévote de saint François de Sales. Nouvelle édition, revue et précédée d'une introduction par M. Silvestre de Sacy, de l'Académie Française. 1 vol. in-16.
Paris, 1855.

FRAYSSINOUS (Denis de), né en 1765, mort en 1842, dut sa célébrité aux sermons qu'il prononça à Saint-Sulpice, et surtout à l'ordre qui lui fut donné par le gouvernement impérial de les interrompre. Chaud partisan des Bourbons, il fut nommé, à la Restauration, premier aumônier de Louis XVIII, évêque *in partibus* d'Hermopolis, grand-maître de l'Université, et enfin ministre des affaires ecclésiastiques. M. de Frayssinous, à qui avait été confiée l'éducation du duc de Bordeaux, était membre de l'Académie Française depuis 1822.

503. Défense du christianisme, par D. Frayssinous, évêque d'Hermopolis. 4 vol. in-8.
Paris, 1825-1843.

FREYCINET (Louis-Claude Desaulses), né en 1779, mort en 1842. Ce marin distingué fit un voyage aux terres australes de 1800 à 1804, sous le commandement du capitaine Baudin. Revenu en France, il fut nommé capitaine de frégate, et reçut l'ordre de faire un voyage autour du monde, sur la corvette *l'Uranie*. A son retour, le grade de capitaine de vaisseau lui fut donné, et l'Académie des Sciences le reçut au nombre de ses membres.

504. VOYAGE AUTOUR DU MONDE, entrepris par ordre du roi sur les corvettes de S. M. *l'Uranie* et *la Physicienne*, pendant les années 1817, 1818, 1819 et 1820 ; publié sous le ministère de S. Ex. le comte de Corbière, ayant le département de l'intérieur, par M. Louis de Freycinet, capitaine de vaisseau, etc., etc., commandant de l'expédition. 9 vol. in-4 et 3 atlas. Paris, 1824-1844.

Histoire du Voyage. 5 vol. in-4 et atlas in-folio de 112 planches.
Zoologie. 1 vol. in-4 et atlas in-folio de 96 planches.
Botanique. 1 vol. in-4 et atlas in-folio de 120 planches.
Figures du globe et observations du pendule. 1 vol. in-4.
Magnétisme terrestre. 1 vol. in-4 avec cartes.
Navigation et hydrographie. 1 vol. in-4 en 2 parties, avec atlas de 22 cartes.
Météorologie. 1 vol. in-4.

FROISSART (Jean), né en 1335, mort en 1410, embrassa l'état ecclésiastique, et s'attacha à Philippe de Hainaut, reine d'Angleterre, au Prince Noir, à Venceslas, duc de Brabant, et au célèbre Gaston Phœbus, comte de Foix. Il eut de son temps une grande réputation comme poëte et comme historien. C'est à ce titre seul qu'il doit la renommée dont il jouit encore de nos jours. Tant que M. Lacabane, chargé, par la Société de l'histoire de France, de publier les chroniques de notre ancien historien, n'aura pas fait paraître l'édition qu'il prépare depuis longtemps, celle donnée par Buchon sera incontestablement la meilleure.

505. LES CHRONIQUES DE SIRE JEAN FROISSART, qui traitent des merveilleuses entreprises, nobles aventures et faits d'armes advenus en son temps en France, Angleterre, Bretaigne, Bourgogne, Ecosse, Espaigne, Portingal, et ès autres, nou-

vellement revues et augmentées d'après les manuscrits, avec notes, éclaircissements, tables et glossaire, par J.-A.-C. Buchon. 15 vol. in-8,
Paris, 1814-1826.

G.

GAILHABAUD (Jules), né en 1810, a été longtemps directeur de la *Revue archéologique*, et a fondé un journal du même genre intitulé : *Bibliothèque archéologique*.

506. MONUMENTS ANCIENS ET MODERNES, vues générales et particulières, plans, coupes, détails, etc., collection formant une histoire de l'architecture des différents peuples à toutes les époques, réunie pour la première fois en un corps complet d'ouvrage, destiné à faciliter les études historiques et monumentales, contenant des notices archéologiques par MM. A. Berty, E. Breton, de Caumont, Dubeux, etc., etc., accompagnés de planches gravées par M. Bury, d'après les dessins d'architectes et d'artistes distingués, publiés sous la direction de M. Jules Gailhabaud. 4 vol. in-4. Paris, 1847-1852.

GAILLARD (G.-Henri), né en 1726, mort en 1806, abandonna encore jeune la carrière du barreau pour s'adonner complétement à l'étude de l'histoire; l'Académie des Inscriptions le reçut en 1760, et l'Académie Française en 1771. Nous n'indiquons ici que l'ouvrage principal de cet historien.

507. HISTOIRE DE LA RIVALITÉ DE LA FRANCE ET DE L'ANGLETERRE, par H. Gaillard. 11 vol. in-12.
Paris, 1771-1777.

GAIMARD (Paul), né en 1793, ce savant voyageur, chirurgien de marine, a accompagné M. Dumont-D'Urville dans son expédition sur *l'Astrolabe*, et a exploré en qualité de président de la commission du Nord, l'Islande, le Groënland, la Laponie, le Spitzberg, et les îles Féroë. La relation de ces différents voyages est pleine d'intérêt, et le soin apporté dans la partie illustrée du voyage, ne fait qu'ajouter encore plus de prix à cette magnifique publication.

508. VOYAGES EN ISLANDE ET AU GROENLAND, exécutés pendant les années 1835 et 1836, sur la corvette *la Recherche*, commandée par M. Tréhouart, lieutenant de vaisseau. 7 vol. grand in-8 accompagnés de 3 atlas in-folio et 1 in-8.

Paris, 1839-1843.

Cette belle publication se divise ainsi :

Histoire de l'Islande, depuis sa découverte jusqu'à nos jours, par M. Xavier Marmier, conservateur de la bibliothèque Sainte-Geneviève. 1 vol. grand in-8.

Langue et littérature islandaises, par M. Xavier Marmier. 1 vol. grand in-8.

Astronomie, Physique et Magnétisme, par M. Victor Lottin, capitaine de corvette. 1 vol. grand in-8.

Géologie, Minéralogie et Botanique, par M. le docteur Eugène Robert. 1 vol. gr. in-8, accompagné d'un atlas de 36 planches.

Zoologie, Médecine et Statistique, par M. Eugène Robert. 1 vol. grand in-8, accompagné d'un atlas grand in-folio de 50 planches gravées, tirées en couleur et soigneusement retouchées au pinceau.

Histoire du Voyage, par MM. Paul Gaimard et Eugène Robert. 2 vol. gr. in-8, en 4 livraisons, accompagnés d'un atlas historique et pittoresque en 2 vol. in-folio contenant 150 planches.

509. VOYAGES de la commission scientifique du Nord en Scandinavie, en Laponie, au Spitzberg et au Féroë pendant les années 1838, 1839 et 1840 sur la corvette *la Recherche*, commandée par M. Fabvre, lieutenant de vaisseau, publiés par ordre du roi sous la direction de M. Paul Gaimard, président de la commission scientifique du Nord. 22 vol. in-8 et 7 atlas in-fol.

Paris, 1847 et ann. suiv.

Cette magnifique publication se divise ainsi :

Astronomie, Pendule, Hydrographie, Marées, par MM. Victor Lottin, capitaine de corvette, A. Bravais, docteur ès sciences, etc.; G.-B. Lilliehook, lieutenant de vaisseau suédois; P.-A. Siljestrom, professeur de physique à Norrkoping; de Laroche Poncié, ingénieur hydrographe; et par MM. le capitaine Fabvre et les officiers de la corvette la Recherche. 1 vol. in-8.

Météorologie, par MM. Lottin, Bravais, Lilliehook, Siljestrom, de Laroche-Poncié, Martins, L.-L. Læstadius, pasteur à Karesuando en Laponie, et Pothier, chef de timonerie de la corvette la Recherche. 3 vol. gr. in-8.

Magnétisme terrestre, par les mêmes. 4 vol. grand in-8, avec atlas de 20 planches.

Aurores boréales, par MM. Lottin, Bravais, Lilliehook et Siljestrom. 1 vol. gr. in-8, accompagné d'un atlas de 12 planches grand in-folio.

Géologie, Minéralogie et Métallurgie, par M. le docteur Robert, géologue de la Commission. 1 vol. gr. in-8.

Géologie, Minéralogie, Métallurgie et Chimie, par M. J. Durocher, docteur ès sciences, ingénieur au corps royal des mines et professeur de géologie à la Faculté des Sciences de Rennes. 1 vol. grand in-8, accompagné d'un atlas de 40 planches grand in-folio.

Botanique, Géographie botanique, Géographie physique; Physiologie et Médecine, par MM. Martins, J. Vahl, Læstadius, Bravais, Durocher, Siljestrom, Boeck et Robert. 2 vol. grand in-8, accompagnés d'un atlas de 30 planches grand in-folio.

Zoologie, Mammifères, Oiseaux, Arachnides, Insectes et Echinodermes, par M. le professeur C.-J. Sundevall, directeur du Musée royal de Zoologie à Stockholm, etc. 1 vol. in-8, avec atlas.

Poissons, Crustacés, Mollusques et Acalèphes, par M. H. Kroyer, membre de la Société royale des Sciences de Copenhague. 1 vol. avec atlas grand in-folio.

Annélides, Turbellaires, infusoires, Bryozoaires et Polypes, par M. Boech, professeur de physiologie à l'Université de Christiania. 1 vol. in-8 avec atlas gr. in-folio.

Histoire de la Scandinavie, histoire littéraire, relation du voyage, par M. Xavier Marmier, conservateur de la bibliothèque Sainte-Geneviève. 4 vol. grand in-8.

Histoire et Mythologie des Lapons, par M. L.-L. Læstadius, pasteur à Karesuando en Laponie, membre de la Société royale des Sciences d'Upsal. 1 vol. grand in-8, accompagné d'un atlas de 314 planches grand in-folio.

Statistique de la Scandinavie, de la Laponie et des Féroë, par Paul Gaimard, président de la commission. 1 vol. gr. in-8, accompagné d'un atlas de 34 tableaux grand in-folio.

GALL (François Joseph), né en 1758, mort en 1828. Ce célèbre anatomiste, chef de l'école phrénologique; fit ses études à Baden, à Bruchsal, à Strasbourg, et enfin à

Vienne, où il fut reçu docteur en médecine. Arrivé à Paris en 1807, il fit à l'Athénée, des cours publics auxquels assista un nombreux auditoire, et reçut des lettres de naturalisation en 1819. Sa doctrine a eu un immense retentissement. Nous indiquons ici deux éditions différentes du même ouvrage qui sont également recherchées, t ne renferment pas exactement la même matière.

510. ANATOMIE ET PHYSIOLOGIE du système nerveux en général et du cerveau en particulier, avec des observations sur la possibilité de reconnaître plusieurs dispositions intellectuelles et morales de l'homme et des animaux par la configuration de leurs têtes. 4 vol. in-4 et atlas.
Paris, 1810-1819.

511. SUR LES FONCTIONS du cerveau et sur celles de chacune de ses parties, avec des observations sur la possibilité de reconnaître les instincts, les penchants, les talents, ou les dispositions morales et intellectuelles des hommes et des animaux, par la configuration de leurs cerveaux, par F.-J. Gall. 6 vol. in-8. Paris, 1822-25.

TOME I. Sur l'origine des qualités morales et des facultés intellectuelles de l'homme, et sur les conditions de leur manifestation.

TOME II. Sur l'organe des qualités morales et des facultés intellectuelles, et sur la pluralité des organes cérébraux.

TOME III. Influence du cerveau sur la forme du crâne.

TOMES IV et V. Organologie, ou exposition des instincts, des penchants, des sentiments et des talents.

TOME VI. Revue critique de quelques ouvrages anatomico-physiologiques, et exposition d'une nouvelle philosophie des qualités morales et des facultés intellectuelles.

GALLAND (Antoine), né en 1646, mort en 1715, fit partie de l'ambassade de M. de Nointel à Constantinople, où il résida plusieurs années, revint en France, et fut nommé en 1709 professeur d'arabe au Collège de France. Il avait été élu membre de l'Académie des Inscriptions et Belles-Lettres en 1701.

512. LES MILLE ET UNE NUITS, contes arabes,

traduits par Galland. Édition illustrée par les meilleurs artistes français, revue et corrigée sur l'édition princeps de 1704, augmentée d'une dissertation sur les Mille et une Nuits, par M. le baron Silvestre de Sacy. 5 vol. in-8.
Paris, 1840.

GARCIN DE TASSY (Joseph-Héliodore), né en 1794, était secrétaire au Collége de France de 1828 à 1832. Nommé professeur d'hindoustani à l'Ecole des langues orientales en 1828, il fait partie de l'Académie des Inscriptions et Belles-Lettres depuis 1838.

513. RUDIMENTS de la langue hindoustani, à l'usage des élèves de l'École royale et spéciale des langues orientales vivantes, par M. Garcin de Tassy. 1 vol. in-4. Paris, impr. roy., 1829.

514. RUDIMENTS de la langue hindoue, par M. Garcin de Tassy, membre de l'Institut. 1 vol. in-8. Paris, imp. roy., 1847.

515. HISTOIRE de la littérature hindoue et hindoustani, par M. Garcin de Tassy. 3 vol. in-8.
Paris, imp. roy., 1839-1847.

Le tome III n'a pas encore paru.

GARNIER (Joseph), né en 1813, est l'un des rédacteurs du *Journal des Économistes*, et professeur d'économie politique à l'École des Ponts et Chaussées. « Son livre, a dit M. Dunoyer, touche à tous les points de l'économie politique, et quoique fort court, se distingue par une très-grande orthodoxie scientifique. »

516. ÉLÉMENTS DE L'ÉCONOMIE POLITIQUE, exposé des notions fondamentales de cette science, par M. Joseph Garnier, professeur d'économie politique à l'École nationale des ponts et chaussées, 4e édition, augmentée considérablement. 1 vol. grand in-18. Paris, 1855.

GASPARIN (Agénor-Étienne, comte de), né en 1783. Cet

agronome distingué a été successivement préfet; ministre de l'intérieur et pair de France. L'Académie des Sciences l'a mis au nombre de ses correspondants. Son Cours d'agriculture est fort estimé.

517. Cours d'Agriculture, par de Gasparin, membre de l'Institut, ancien ministre de l'agriculture. 5 vol. in-8 avec grav. Paris, 1847.

GAU (François-Chrétien), né en 1790, naturalisé Français en 1825, est un de nos architectes contemporains les plus recommandables. Parmi les nombreux monuments qu'il a élevés, on peut citer l'église Sainte-Clotilde, bâtie dans le goût du xiiie siècle, sur la place Belle-Chasse. Son ouvrage, que nous citons ici, peut servir de suite à la Description de l'Égypte.

518. Antiquités de la Nubie, ou monuments inédits du bord du Nil, situés entre la première et la seconde cataracte, dessinés et mesurés en 1819, par F. C. Gau de Cologne. 1 vol. in-fol. Paris, 1821-1827.

GAUTIER (Théophile), né en 1811. Ce journaliste, poëte et romancier, s'est créé une grande réputation comme critique. Il a été l'un des ennemis les plus acharnés du classicisme.

519. Les jeunes Francs, romans goguenards, par Th. Gautier. 1 vol. in-8. Paris, 1833.
520. Mademoiselle de Maupin, Double Amour, par Th. Gautier. 2 vol. in-8. Paris, 1835.
521. Les Grotesques, par Théophile Gautier. Études sur la vie et les œuvres des poëtes des xve et xvie siècles : Villon, Scalion de Viebleneau, Théophile de Viau, Pierre de Saint-Louis, Saint-Amant, Cyrano de Bergerac, Collet-Chapelain, Georges de Scudéry, Paul Scarron. 2 vol. in-8. Paris, 1844.
522. Poésies complètes de M. Th. Gautier. 1 vol. in-12. Paris, 1845.

GAVARD (Charles), ancien officier d'état-major, est l'inventeur d'un diagraphe perfectionné, au moyen duquel on peut réduire facilement les objets placés devant soi. C'est à l'aide de cet instrument que la collection de Versailles a été exécutée. Nous indiquons ici l'édition in-folio comme étant la plus belle, l'édition in-4 a néanmoins son mérite.

523. GALERIES HISTORIQUES DE VERSAILLES, publiées par ordre du roi, sous la direction de MM. Gavard, Calamatta et Mercuri. 13 volumes in-folio.   Paris, 1835-1844.

GAVARNI (Paul Chevallier, connu sous le nom de), né en 1801, successivement mécanicien, dessinateur de costumes, directeur de journal, cet artiste habile s'est fait une grande réputation en illustrant un grand nombre d'ouvrages, et surtout en publiant des caricatures pleines d'esprit, qui sont par elles-mêmes de véritables études de mœurs, et auxquelles l'auteur a ajouté des légendes non moins ingénieuses.

524. ŒUVRES CHOISIES, revues, corrigées et nouvellement classées par l'auteur : Études de mœurs contemporaines, accompagnées de notices par MM. de Balzac, Théophile Gautier, Gérard de Nerval, Léon Gozlan, Laurent Jean, Jules Janin, Alph. Karr, etc. 4 vol. grand in-8.
   Paris, 1845-1847.

TOME I. Les Enfants terribles. — Les Lorettes. — Les Actrices.
TOME II. Fourberies de femmes. — Clichy. — Paris le soir.
TOMES III et IV. Paris le matin. — Les Étudiants. — Le Carnaval et les débardeurs.

525. ŒUVRES NOUVELLES DE GAVARNI, formant albums imprimés avec le plus grand soin par Lemercier. Albums in-4.   Paris, 1854.

Les Partageuses. 3 albums.
Les Maris me font toujours rire. 2 albums.
Le Manteau d'arlequin. 1 album.
L'École des Pierrots. 1 album.
Les Lorettes vieillies. 2 albums.
Histoire de politiquer. 3 albums.
Les Propos de Thomas Vireloque. 1 album.
Les Anglais chez eux. 2 albums.
Les Invalides du sentiment. 2 albums.

Les Parents terribles. 1 album.
La Poire aux amours. 1 album.
Les Bohêmes. 1 album.
Piano. 1 album.
Histoire d'en dire deux. 1 album.
Manière de voir des voyageurs. 1 album.
Etudes d'Androgynes. 1 album.
Les Petits mordent. 1 album.
Ce qui se fait dans la meilleure société. 1 album.

GÉNIN (Fr.), né en 1803. Ce philologue, encore plus spirituel que savant, a été professeur de littérature française à la Faculté des Lettres de Strasbourg, et chef de division au ministère de l'instruction publique et des cultes. La Bibliothèque de l'Ecole des Chartes, dont nous avons donné plus haut l'analyse, renferme des articles curieux sur la grande polémique dont les ouvrages de M. Génin ont été l'objet.

526. DES VARIATIONS DU LANGAGE FRANÇAIS depuis le xiie siècle, ou Recherches des principes qui devraient régler l'orthographe et la prononciation, par M. F. Génin. 1 vol. in-8.
Paris, 1845.

527. LEXIQUE COMPARÉ DE LA LANGUE DE MOLIÈRE et des écrivains du xviie siècle, précédé d'une Vie de Molière, et suivi d'une lettre à M. A.-F. Didot; par F. Génin. 1 vol. in-8. Paris, 1840.

GENLIS (Stéphanie Félicité Ducrest de Saint-Aubin, comtesse de), née en 1746, morte en 1830, était dame d'honneur de la duchesse de Chartres, et fut chargée de l'éducation de madame Adélaïde et du duc d'Orléans (Louis-Philippe). Forcée d'émigrer en 1792, elle revint en France sous le consulat, et perdit tout crédit sous la Restauration. Ses ouvrages d'éducation et quelques romans sortis de sa plume sont estimés.

528. MADEMOISELLE DE CLERMONT, suivie de plusieurs autres nouvelles, et précédée d'une Notice par madame Tastu. 1 vol. in-12.
Paris, 1843.

529. LA DUCHESSE DE LA VALLIÈRE, suivie de sa vie pénitente, etc. 1 vol. Paris, 1843,

530. Mademoiselle de La Fayette, suivie de plusieurs nouvelles, par madame de Genlis. 1 vol. in-12. Paris, 1843.

531. Le Siége de La Rochelle, par madame de Genlis. 1 vol. in-12. Paris, 1843.

532. Les Veillées du chateau. Leçons de morale, par madame de Genlis. 2 vol. in-12 avec 12 vignettes. Paris, 1843.

533. Théatre d'éducation, par madame de Genlis, nouvelle édition, 2 vol. in-12. Paris, 1855.

GEOFFROY SAINT-HILAIRE (Etienne), né en 1772, mort en 1844. Ce célèbre zoologiste, créateur de la philosophie naturelle, fut d'abord sous-démonstrateur au Jardin des Plantes en 1793, ouvrit le premier la chaire de zoologie la même année, créa la ménagerie, fit partie de l'expédition d'Egypte, devint membre de l'Institut d'Egypte, et fut nommé, en 1809, professeur de zoologie et de physiologie comparées à la Faculté des Sciences. Il faisait partie de l'Académie des Sciences depuis 1807.

534. Philosophie anatomique. 2 vol. in-8, par E. Geoffroy Saint-Hilaire. Paris, 1818-1822.

535. Principes de la philosophie anatomique, par E. Geoffroy Saint-Hilaire. 1 vol. in-8.
 Paris, 1830.

GEOFFROY SAINT-HILAIRE (Isidore), né en 1805, aide naturaliste de zoologie au Muséum en 1824, docteur en médecine en 1829, suppléant à la Faculté des Sciences de Paris, en 1837, professeur de zoologie à la Faculté des sciences de Bordeaux, et doyen de cette Faculté en 1838, inspecteur général des études en 1839; ce naturaliste distingué occupe actuellement la chaire de zoologie (mammifères et oiseaux), au Muséum d'histoire naturelle, et à la Faculté des Sciences de Paris depuis 1850. Il est membre de l'Institut depuis 1833.

536. Histoire générale et particulière des anomalies de l'organisation chez l'homme et chez les animaux, ouvrage comprenant des recherches sur les caractères, la classification, l'influence physiologique et pathologique, les rapports géné-

raux, les lois et les causes des monstruosités, des variétés et vices de conformation, ou Traité de Tératologie, par I. Geoffroy Saint-Hilaire. 3 vol. in-8 et atlas. Paris, 1832-37.

537. HISTOIRE NATURELLE GÉNÉRALE, par I. Geoffroy Saint-Hilaire. 5 vol. in-8. Paris, 1854.

Cet ouvrage est en cours de publication.

GÉRANDO (Joseph-Marie, baron de), né en 1772, mort en 1842, un des philanthropes les plus célèbres du XIXe siècle, cultiva la philosophie au milieu des camps, et se fit bientôt une grande réputation. Secrétaire général du ministère de l'intérieur en 1804, il devint membre du conseil d'État en 1811, fut nommé professeur de droit administratif en 1819, et pair de France en 1827. L'Académie des Sciences morales et politiques l'avait admis au nombre de ses membres en 1804.

538. HISTOIRE COMPARÉE des Systèmes de philosophie, considérés relativement aux principes des connaissances humaines, par J.-M. de Gérando, membre de l'Institut, 2e édition, revue, corrigée et augmentée. 8 v. in-8. Paris, 1822-1847.

539. DES SIGNES ET DE L'ART DE PENSER dans leurs rapports mutuels, par J.-M. de Gérando. 4 vol. in-8. Paris, 1830.

540. DE LA BIENFAISANCE PUBLIQUE. Traité complet de l'indigence considérée dans ses rapports avec l'économie sociale, contenant l'histoire et la statistique des établissements d'humanité en France et dans l'étranger, par J.-M. de Gérando, pair de France, etc., etc. 4 vol. in-8. Paris, 1830.

TOME I. De l'indigence considérée dans ses rapports avec l'économie sociale. — De l'indigence. — Des causes de l'indigence. — Des devoirs imposés à la bienfaisance publique.

TOME II. Des institutions destinées à prévenir l'indigence. — Des institutions relatives à l'éducation des pauvres. — Des Institutions de prévoyance. — Des moyens généraux propres à améliorer la condition des classes malaisées.

TOME III. Des secours publics. — Des moyens de procurer aux indigents une occupation utile. — Des secours à domicile. — De l'hospitalité publique.

TOME IV. Des règles générales de la bienfaisance publique,

considérées dans leur ensemble.—Des lois sur les pauvres. — De l'administration des secours publics.

GERBET (Philippe), né en 1798. Cet ecclésiastique, actuellement évêque de Perpignan, est un de nos écrivains les plus distingués, et nous ne saurions trop recommander la lecture des deux ouvrages suivants qui sont écrits avec une ampleur et une élévation de style remarquables.

541. CONSIDÉRATIONS sur le dogme générateur de la piété catholique, par l'abbé Gerbet. 3e édition. 1 vol. in-12.   Paris, 1839.

542. ESQUISSE DE ROME CHRÉTIENNE, par l'abbé Gerbet. 2 vol. in-8.   Paris, 1850.

GERDY (Pierre-Nicolas), né en 1797, professeur de pathologie chirurgicale à la Faculté de Médecine, chirurgien de l'hôpital de la Charité et membre de l'Académie de médecine.

543. CHIRURGIE PRATIQUE COMPLÈTE, par Gerdy. 7 vol. in-8.   Paris, 1851 et ann. suiv.

TOME I. Monographie, pathologie générale, médico-chirurgicale.

TOME II. Maladies générales et diathèses.

Les volumes suivants sont sous presse.

GÉRUZEZ (Eugène), né en 1800. Ce littérateur, ancien maître de conférence à l'École normale, ancien suppléant de M. Villemain à la Sorbonne, est actuellement professeur agrégé de la Faculté des Lettres. Son cours de littérature est fort estimé.

544. COURS DE LITTÉRATURE, rédigé d'après le programme pour le baccalauréat, par Géruzez, édition revue et corrigée. 1 vol. in-8. Paris, 1848.

GILBERT (Nic.-Jos.-Laurent), né en 1751, mort en 1780. Ce poète infortuné, aussi célèbre par ses malheurs que par son talent, s'étrangla dans un accès de folie, à l'âge de vingt-neuf ans.

545. Œuvres complètes, par Gilbert. 1 vol. in-8. Paris, 1822.

GINGUENÉ (Pierre-Louis), né en 1748, mort en 1815, fut successivement directeur général de l'instruction publique, ambassadeur à Turin et membre du Tribunat. Sous l'Empire, il abandonna par opinion le terrain de la politique et se consacra entièrement aux lettres. Ginguené était membre de l'Académie des Inscriptions et Belles-Lettres.

546. Histoire littéraire d'Italie, continuée par Salfi. 2e édition revue et corrigée sur les manuscrits de l'auteur, et augmentée d'une notice historique par M. Daunou. 14 vol. in-8.
Paris, 1824 et ann. suiv.

GIRARDIN (Delphine Gay, madame de), née en 1805, morte en 1855, femme du célèbre journaliste de ce nom, lauréat de l'Institut, a composé quelques nouvelles pleines d'esprit.

547. Poésies complètes de madame de Girardin. 1 vol. in-12. Paris, 1843.

548. La Croix de Berny. 2 vol. in-8.
Paris, 1846.

GIRAULT DE SAINT-FARGEAU (A.). Ce bibliographe est auteur de plusieurs ouvrages fort utiles que nous ne saurions trop recommander.

549. Dictionnaire géographique, historique, industriel et commercial de toutes les communes de France, et de plus de 20,000 hameaux en dépendant. Illustré de 100 gravures, de costumes coloriés, plans et armes des villes, etc., publié avec les encouragements du ministre de l'intérieur, par A. Girault de Saint-Fargeau. 3 vol. in-4. Paris, 1851.

550. Bibliographie historique et topographique de la France, ou Catalogue de tous les ouvrages imprimés jusqu'au mois d'avril 1845. 1 vol. in-4. Paris, 1845.

GOURGAUD (Gaspard), né en 1783, mort en 1853, général d'artillerie, était aide de camp de l'empereur Napoléon, qu'il accompagna à Sainte-Hélène. De retour en France, il s'attacha à la famille d'Orléans, et devint l'aide de camp du roi Louis-Philippe.

551. MÉMOIRES POUR SERVIR A L'HISTOIRE DE FRANCE sous Napoléon, écrits à Sainte-Hélène, par les généraux qui ont partagé sa captivité, et publiés sur les manuscrits entièrement corrigés de la main de Napoléon. 8 vol. in-8.
Paris, 1824.

GRAFFIGNY (Françoise d'Issembourg d'Apponcourt, dame de), née en 1694, morte en 1758, femme d'un chambellan du duc de Lorraine, vint à Paris en 1753, avec mademoiselle de Guise, et se consacra entièrement aux lettres.

552. LETTRES D'UNE PÉRUVIENNE. Nouvelle édition augmentée d'une suite de xv lettres qui n'avaient point encore paru, et qui termine ce roman, resté jusqu'à ce jour imparfait. 2 vol. in-18.
Paris, 1798.

GRÉGOIRE DE TOURS (saint), né en 559, mort en 593. Ce célèbre évêque est auteur d'une chronique fort importante pour les premiers temps de notre histoire. Nous citons ici l'édition la plus récente, faite pour la Société de l'histoire de France.

553. HISTOIRE ECCLÉSIASTIQUE DES FRANCS, en 10 livres, par Grégoire de Tours; revue et collationnée sur de nouveaux manuscrits, et traduite par MM. T. Guadet et Taranne. 4 vol. gr. in-8.
Paris, 1836-1841.

GRESSET (Jean-Baptiste-Louis), né en 1709, mort en 1779, professa les humanités à Tours et à La Flèche, quitta bientôt après les jésuites, se maria, et fit paraître quelques pièces de poésie remplies de charme, parmi lesquelles on remarque le *Vert-Vert*. Gresset était entré à l'Académie Française en 1748.

554. ŒUVRES COMPLÈTES DE J.-B.-L, GRESSET, précédées d'une notice biographique et littéraire. 2 vol. in-8.   Paris, 1830.

GRISOLLE (Augustin), né en 1811, docteur en 1835, est actuellement médecin de l'Hôtel-Dieu de Paris, professeur de thérapeutique à la Faculté, et membre de l'Académie de médecine depuis 1849.

555. TRAITÉ ÉLÉMENTAIRE ET PRATIQUE de pathologie interne, par A. Grisolle. 6ᵉ édition. 2 vol. in-8.   Paris, 1855.

556. TRAITÉ PRATIQUE DE LA PNEUMONIE aux différents âges, et dans ses rapports avec les autres maladies aiguës et chroniques, par A. Grisolle. 1 vol. in-8.   Paris, 1841.

GUENEBAULT (L.-J.), né en 1789. En dehors de l'excellent livre que nous citons ici, cet archéologue a publié en 1850 un dictionnaire iconographique, des figures, légendes et actes des saints, etc. (1 vol. in-8º).

557. DICTIONNAIRE ICONOGRAPHIQUE des monuments de l'antiquité chrétienne et du moyen âge, depuis le Bas Empire jusqu'à la fin du XVIᵉ siècle, indiquant l'état de l'art et de la civilisation à ces diverses époques, par L.-J. Guenebault. 2 vol. in-8.   Paris, 1843-45.

GUÉNÉE (Antoine), né en 1717, mort en 1803; ce littérateur, rendu célèbre par sa querelle avec Voltaire, était sous-précepteur des enfants du comte d'Artois, et membre de l'Académie des Inscriptions et Belles-Lettres.

558. LETTRES DE QUELQUES JUIFS PORTUGAIS, allemands et polonais, à M. de Voltaire, avec un petit commentaire extrait d'un plus grand, pour ceux qui lisent ses œuvres : suivies des Mémoires sur la fertilité de la Judée, par A. Guénée. 8ᵉ édition. 3 vol. in-12.   Paris, 1817.

GUÉRARD (Benjamin-Edme-Charles), né en 1797, mort en

1854, successivement ancien élève de l'Ecole des Chartes, conservateur des manuscrits de la Bibliothèque impériale, professeur et directeur de l'Ecole des Chartes. M. Guérard était membre de l'Académie des Inscriptions et Belles-Lettres. Ses travaux historiques sont très-estimés. Nous n'en donnons ici qu'une partie. Le reste est indiqué à l'article Collection des Documents inédits.

559. Essai sur le système des divisions territoriales de la Gaule, depuis l'âge romain jusqu'à la fin de la dynastie carlovingienne. Extrait d'un Mémoire couronné par l'Institut en juillet 1830, et suivi d'un Aperçu de la statistique de Palaiseau à la fin du règne de Charlemagne. 1 vol. in-8. Paris, 1832.

560. Le Polyptique de l'abbé Irminon, ou du Dénombrement des manses, des serfs et des revenus de l'abbaye de Saint-Germain-des-Prés sous le règne de Charlemagne, publié d'après le manuscrit de la Bibliothèque du Roi, avec des prolégomènes, pour servir à l'histoire de la condition des personnes et des terres depuis les invasions des barbares jusqu'à l'institution des communes. 2 tomes en 3 vol. in-4. Paris, 1844.

GUIBERT (Adrien), est l'auteur d'un dictionnaire géographique estimé, quoique encore fort incomplet.

561. Dictionnaire géographique et statistique, rédigé sur un plan entièrement nouveau, par Adrien Guibert, comprenant : la géographie politique, la géographie physique, la statistique de l'industrie, du commerce et de l'agriculture, la description ou mention de tous les lieux qui présentent un intérêt historique, pittoresque ou artistique quelconque. 1 vol. grand in-8.
Paris, 1850.

GUIZOT (François-P.-Guillaume), né en 1787. L'un des hommes les plus remarquables du xviiie siècle, commença par être précepteur dans une famille suisse. Il publia alors quelques ouvrages, parmi lesquels nous pouvons citer le *Dictionnaire des Synonymes* et la traduction de Gibbon. Ces travaux firent connaître avantageusement le jeune littérateur, qui devait, quelques années plus tard, par son éloquence et son érudition, illustrer pour toujours la chaire d'histoire moderne qu'il allait occuper à la Sorbonne. Lors de la Restauration, M. Guizot débuta dans la carrière politique, et remplit des fonctions élevées dans l'administration. Rayé du Conseil d'Etat en 1819, il fit partie de l'opposition jusqu'en 1830. La dynastie nouvelle, dont il devint un des chauds partisans, accepta ses services, et il fut depuis cette époque jusqu'à la révolution de 1848, ou ministre de l'instruction publique, ou ministre des affaires étrangères, ou ministre de l'intérieur. Si on lui reconnaît un admirable talent comme orateur, une profonde érudition comme historien, un style harmonieux et expressif comme écrivain, on est loin de lui accorder des capacités politiques.

562. HISTOIRE DE LA CIVILISATION, depuis la chute de l'empire romain jusqu'à la révolution française, par M. Guizot. Nouvelle édition. 5 vol. in-8. Paris, 1855.

563. HISTOIRE DE LA RÉVOLUTION D'ANGLETERRE, Première partie : Histoire de Charles Ier, par Guizot. 5e édition, précédée d'un discours sur l'histoire de la révolution d'Angleterre. 2 vol. in-8. Paris, 1854.

564. HISTOIRE de la révolution d'Angleterre, deuxième partie : Histoire de la république d'Angleterre et de Cromwell, par M. Guizot. 2 vol. in-8. Paris, 1854.

565. RÉVOLUTION D'ANGLETERRE. Portraits politiques des principaux personnages des divers partis, parlementaires, cavaliers, républicains, niveleurs ; Études historiques, par M. Guizot, nouvelle édition. 1 vol. in-8. Paris, 1853.

566. RÉVOLUTION D'ANGLETERRE. — Monk. Chute de la république et rétablissement de la monarchie en Angleterre, en 1660 ; étude histo-

rique, par F.-P.-G. Guizot. 1 v. in-8. Paris, 1853.

567. Discours sur la révolution d'Angleterre, par F.-P.-G. Guizot. 1 vol. in-8. Paris, 1850.

568. Histoire des Origines du gouvernement représentatif et des institutions politiques de l'Europe, depuis la chute de l'empire romain jusqu'au xive siècle, par F.-P.-G. Guizot, nouvelle édition, revue et corrigée. 2 vol. in-8.
Paris, 1853.

569 Corneille et son temps. Étude littéraire, par F.-P.-G. Guizot, comprenant : 1º De l'état de la poésie en France avant Corneille ; — 2º Essai sur la vie et les œuvres de Corneille ; — 3º Portraits littéraires des trois contemporains de Corneille : Chapelain, Rotrou et Scarron, etc. 1 vol. in-8. Paris, 1852.

570. Shakspeare et son temps; étude littéraire, par F.-P.-G. Guizot. 1 vol. in-8. Paris, 1852.

571. Dictionnaire universel des synonymes de la langue française, contenant les synonymes de Girard, Beauzée, Roubaud, d'Alembert, mis en ordre et augmenté d'un grand nombre de nouveaux synonymes, par F.-P.-G. Guizot. 5e édition. 2 vol. in-8. Paris, 1855.

GUIZOT (Elisabeth-Charlotte-Pauline de Meulan, femme), née en 1773, morte en 1827, est auteur de quelques ouvrages d'éducation fort remarquables, et que l'on peut citer comme des modèles à suivre. Parmi les nombreux écrivains qui ont parlé de madame Guizot et de ses productions, nous citerons M. Sainte-Beuve, qui la place à côté de Vauvenargues et de La Bruyère.

572. L'Ami des Enfants, petit cours de morale en action, comprenant tous les contes moraux à l'usage de l'enfance et de la jeunesse, par madame Guizot, nouvelle édition enrichie de moralités en vers par mademoiselle Elise Moreau. 1 vol. gr. in-8. Paris, 1852.

573. Lettres de famille sur l'éducation, par

madame Guizot, ouvrage couronné par l'Académie Française, 4e édition. 2 vol. in-12.
Paris, 1853.

574. L'Écolier ou Raoul et Victor, par madame Guizot, ouvrage couronné par l'Académie Française. 10e édition. 1 vol. grand in-8. Paris, 1852.

575. Une Famille ou les Avantages d'une bonne éducation, par madame Guizot. Ouvrage continué par madame A. Tastu. 7e édition. 2 vol. in-12. Paris, 1852.

H

HAAG (Charles-Léopold-Frédéric-Eugène), né en 1808, a passé la plus grande partie de sa vie à réunir tous les matériaux propres à former l'ouvrage que nous citons ici, ouvrage rempli de faits curieux et nouveaux, et qui est le complément indispensable de toutes les biographies. On joint ordinairement à cette publication la carte de la France protestante publiée par M. Ch. Read.

576. La France protestante, ou Vies des protestants français qui se sont fait un nom dans l'histoire, depuis les premiers temps de la réformation jusqu'à la reconnaissance du principe de la liberté des cultes par l'Assemblée nationale en 1789, par C.-L.-F.-E. Haag. 4 volumes in-8 en 8 parties. Paris, 1848 et ann. suiv.

Cet ouvrage est en cours de publication.

HARDOUIN (Jean), né en 1646, mort en 1729. Ce savant jésuite était bibliothécaire du collège Louis-le-Grand. Les travaux qu'il a laissés sont estimés. Nous donnons ici la collection des conciles qu'il a éditée.

577. Collectio regia maxima ad P. Philippi Labbei et P. Gabrielis Cossartii e societate Jesu labores haud modica accessione facta, et emendationibus plurimis additis, præsertim ex codicibus manuscriptis; cum novis et locupletissimis indi-

cibus : studio P. Joannis Harduini ex eadem societate Jesu presbyteri. 11 vol. in-folio.

Paris, 1715.

Tomus I. Acta conciliorum et epistolæ decretales ac constitutiones summorum pontificum, ab anno xxxiv ad annum ccccl.
Tomus II. Ab anno ccccli ad annum dl.
Tomus III. Ab anno dli ad annum dcclxxxvii.
Tomus IV. Ab anno dccxxxvii ad annum dcccxlvii.
Tomus V. Ab anno dcccxlvii ad annum dccclxxi.
Tomus VI. Prima pars : dccclxxii ad mlxxxv. — Secunda pars : mlxxxvi ad mccxv.
Tomus VII. Ab anno mccxiii ad annum mcccix.
Tomus VIII. Ab anno mcccix ad annum mcccxlii.
Tomus IX. Ab anno mcccxxxviii ad annum mdxlix.
Tomus X. Ab anno mdxlv ad annum mdcvii.
Tomus XI. Ab anno mdcix ad annum mdccxiv.

HAURÉAU (Barthélemy), né en 1812, ancien bibliothécaire de la ville du Mans, conservateur des manuscrits de la Bibliothèque impériale, ancien député. Ce littérateur distingué n'occupe actuellement aucune fonction administrative. Nous donnons ici son ouvrage le plus estimé.

578. Histoire de la philosophie scolastique, par B. Hauréau. 1 vol. in-12.   Paris, 1853.

HELVÉTIUS (Claude-Adrien), né en 1715, mort en 1771, était fermier général à l'âge de 23 ans. Sa fortune, dont il fit un noble usage, était considérable; aussi abandonna-t-il les finances pour s'occuper de littérature. Il mit au jour une nouvelle philosophie, dont il expliqua la théorie dans son livre de *l'Esprit,* livre qui fut condamné par la Sorbonne, l'Eglise et le Parlement, et brûlé par le bourreau, ce qui n'empêcha pas un grand nombre d'autres éditions de se produire.

579. De l'Esprit, par Helvétius ; nouvelle édition, avec un essai préliminaire, par P. Christian. 1 vol. in-12.   Paris, 1843.

580. De l'Homme et de ses facultés intellectuelles et de son éducation, par Helvétius. 2 vol. in-8.   Paris, 1786.

HELYOT (Pierre), né en 1660, mort en 1716, religieux du

couvent de Picpus à Paris, consacra toute sa vie aux lettres. Son histoire, dont les trois derniers volumes sont du père Maximilien Bullot, est très-estimée. On joint à l'ouvrage d'Hélyot l'Histoire abrégée et costumes coloriés de tous les ordres monastiques, publiée en 1837, en 2 vol. in-4.

581. HISTOIRE des ordres monastiques, religieux et militaires, et des congrégations séculières de l'un et de l'autre sexe, qui ont été établies jusqu'à présent, contenant leur origine, leur fondation, leurs progrès, les événements les plus considérables qui y sont arrivés, la décadence des uns et leur suppression, l'agrandissement des autres, par le moyen des différentes réformes qui y ont été introduites, les vies de leurs fondateurs et de leurs réformateurs, avec des figures qui représentent tous les différents habillements de ces ordres et de ces congrégations. 8 vol. in-4. Paris, 1714.

TOME I. Ordres de Saint-Antoine, Saint-Basile, et des autres fondateurs de la vie monastique en Orient, avec les ordres militaires qui ont suivi leur règle.
TOME II. Congrégations des chanoines réguliers et des chanoinesses régulières, avec les ordres militaires qui y ont rapport.
TOMES III et IV. Congrégations et ordres militaires qui ont été soumis à la règle de Saint-Augustin.
TOMES V et VI. Congrégations et ordres militaires qui ont été soumis à la règle de Saint-Benoist.
TOME VII. Ordres de Saint-François et autres qui ont des règles particulières.
TOME VIII. Congrégations séculières de l'un et de l'autre sexe, et les ordres militaires et de chevalerie qui ne sont soumis à aucune des règles de religion.

HÉNAULT (Charles-Jean-François), né en 1685, mort en 1770, était président de la chambre des enquêtes du Parlement de Paris, surintendant de la maison de la reine, membre de l'Académie des Inscriptions et Belles-Lettres et de l'Académie Française. Son abrégé chronologique, qui a toujours été fort estimé, a eu un grand nombre d'éditions. Celle de M. Michaud, qui l'a continué jusqu'en 1830, est la plus moderne, mais celle de M. Walkenaer est la plus estimée.

582. ABRÉGÉ CHRONOLOGIQUE de l'histoire de France, par le président Hénault, de l'Académie Française, depuis Clovis jusqu'à la mort de Louis XIV. Nouvelle édition, corrigée d'après le manuscrit de l'auteur, augmentée de notes supplémentaires et d'une notice biographique par C.-A. Walkenaer, membre de l'Institut; avec une nouvelle continuation depuis Louis XIV jusqu'à l'année 1822. 6 vol. in-8. Paris, 1821-1822.

HISTOIRE LITTÉRAIRE DE LA FRANCE. Cette précieuse collection a été entreprise par les bénédictins. Ant. Rivet de La Grange, grâce aux matériaux fournis par ses confrères, Ducloux, Poncet et Colomb, composa les 9 premiers volumes (1733-1749). Les 10e et 11e sont dus à Dom Clément qui acheva le 12e. Les volumes suivants ont pour auteurs plusieurs membres de l'Académie des Inscriptions et Belles-Lettres. Le dernier volume publié ne termine pas encore l'histoire littéraire du XIIIe siècle. Aussi ne peut-on assigner un terme à cette publication qui est destinée à retracer l'histoire de tous les écrivains qui ont vécu en France, à décrire leurs œuvres, en un mot, à former les annales de notre génie littéraire.

583. HISTOIRE LITTÉRAIRE de la France, où l'on traite de l'origine et du progrès, de la décadence et du rétablissement des sciences parmi les Gaulois et parmi les François : Du goût et du génie des uns et des autres pour les lettres en chaque siècle; de leurs anciennes écoles; de l'établissement des universités en France; des principaux colléges; des académies des sciences et de belles-lettres; des meilleures bibliothèques anciennes et modernes; des plus célèbres imprimeries; et de tout ce qui a un rapport particulier à la littérature, avec les éloges historiques des Gaulois et des François qui s'y sont fait quelque réputation; le catalogue et la chronologie de leurs écrits; des

remarques historiques et critiques sur les principaux ouvrages, le dénombrement des différentes éditions ; le tout justifié par les citations des auteurs originaux, par des religieux de la congrégation de Saint-Maur. 22 vol. in-4.

Paris, 1733 et ann. suiv.

HITTORF (J.). Cet architecte a publié quelques ouvrages archéologiques fort intéressants au point de vue de l'art.

584. ARCHITECTURE ANTIQUE de la Sicile, ou Recueil des plus intéressants monuments d'architecture des villes et des lieux les plus remarquables de la Sicile ancienne, mesurés et dessinés par Hittorf. 30 liv. in-folio.

Paris, 1827 et ann. suiv.

585. ARCHITECTURE MODERNE de la Sicile, ou Recueil des plus beaux monuments religieux, ou des édifices publics et particuliers les plus remarquables des principales villes de la Sicile, mesurés et dessinés par J. Hittorf. 2 vol. gr. in-folio.

Paris, 1826 et ann. suiv.

586. L'ARCHITECTURE POLYCHROME chez les Grecs, par J. Hittorf, architecte. 1 vol. in-folio.

Paris, 1846.

HOLBACH (Paul Thyry, baron d'), né en 1723, mort en 1789, se consacra dès sa jeunesse à l'étude des sciences, et publia plusieurs ouvrages sur la chimie, la minéralogie et la métallurgie. Ses opinions comme philosophe lui ont acquis une grande célébrité ; et il peut être regardé, sinon comme le chef, du moins comme le partisan le plus avancé de la doctrine antireligieuse. Nous indiquons ici ses deux principaux ouvrages.

587. LA MORALE UNIVERSELLE, ou les devoirs de l'homme fondés sur la nature, par le baron d'Holbach. 3 vol. in-8. Paris, 1820.

588. SYSTÈME DE LA NATURE, ou les lois du monde physique et du monde moral, par le baron d'Holbach. 2 vol. in-8. Paris, 1821.

HOMMAIRE DE HELL (Xavier), mort en 1848, a fait de nombreux voyages en Crimée, dans la Russie méridionale, et a été chargé par le Gouvernement d'une mission scientifique en Perse. Il était à Ispahan lorsqu'il fut enlevé par une fièvre putride.

589. LES STEPPES de la mer Caspienne, le Caucase, la Crimée et la Russie méridionale, voyage pittoresque, historique et scientifique, par M. Hommaire de Hell. 3 vol. in-8 et atlas in-folio.
Paris, 1844-47.

590. VOYAGE EN TURQUIE et en Perse, exécuté par ordre du gouvernement français pendant les années 1846, 1847 et 1848, par Xavier Hommaire de Hell. 3 vol. et atlas in-folio. Paris, 1853.

HOUSSAYE (Arsène), né en 1815. Poëte, romancier, critique, ce littérateur s'est essayé dans tous les genres, et on lui doit quelques productions estimées. M. A. Houssaye est actuellement directeur de la Comédie Française.

591. GALERIES DE PORTRAITS DU XVIIIe SIÈCLE, par M. Arsène Houssaye. 4e édition, revue et corrigée. 2 vol. in-12. Paris, 1848.

592. POÉSIES COMPLÈTES, par M. Arsène Houssaye. 1 vol. in-12. Paris, 1849.

HUBAULT (Gustave), né en 1825, a été successivement professeur d'histoire aux lycées d'Orléans, Charlemagne, et Saint-Louis à Paris. Il a effectué plusieurs voyages en Italie, en Grèce, et a visité la Turquie d'Europe, l'Egypte, la Syrie et l'Asie Mineure. Les ouvrages que nous citons ici ont été faits en collaboration avec M. Emile Marguerin (né en 1821), ancien rédacteur du *Courrier français*, ancien professeur au lycée Bonaparte, actuellement directeur de l'école municipale Turgot. Nous ne saurions trop louer les travaux émanés des deux habiles professeurs. Quoique abrégées, leurs histoires sont complètes, à quelques points de vue qu'on les examine, et les Cadres de l'histoire de France forment un tableau ingénieusement tracé, au moyen duquel on peut saisir dans son ensemble et dans ses résultats l'histoire de chaque époque.

593. CADRES D'HISTOIRE DE FRANCE, par M. Marguerin et M. Hubault. 1 vol. gr. in-8.

Paris, 1850.

594. HISTOIRE DE FRANCE depuis les origines de la nation jusqu'en 1815, à l'usage de tous les établissements d'instruction publique, par MM. Hubault et Marguerin. 1 vol. in-12.

Paris, 1854.

595. HISTOIRE DES TEMPS MODERNES, à l'usage de tous les établissements d'instruction publique, par MM. Hubault et Marguerin. 1 vol. in-12.

Paris, 1854.

HUGO (Victor-Marie, vicomte), né en 1802. La réputation de ce littérateur éminent est tellement universelle, que nous croyons devoir nous dispenser de tout éloge à son égard. La lecture seule des titres de ses poésies, de ses romans et de son théâtre rappelle assez la facilité et la vigueur de son talent.

596. ŒUVRES COMPLÈTES de Victor Hugo. Nouvelle édition, ornée de 34 vignettes et du portrait de l'auteur, gravées sur acier d'après les compositions de MM. Raffet, Tony Johannot, Colin, Louis Boulanger. 16 vol. grand in-8.

Paris, 1840-1846.

TOMES I et II. Odes et ballades. — Les Orientales.
TOME III. Feuilles d'automne. — Chants du crépuscule.
TOME IV. Voix intérieures. — Les Rayons et les Ombres.
TOMES V et VI. Notre-Dame de Paris.
TOME VII. Cromwell.
TOME VIII. Hernani. — Marion De Lorme. — Le Roi s'amuse.
TOME IX. Lucrèce. — Marie Tudor. — Angelo, tyran de Padoue. — Procès d'Angelo et d'Hernani.
TOME X. Han d'Islande.
TOME XI. Bug-Jargal. — Le dernier Jour d'un Condamné.
TOME XII Littérature et philosophie mêlées.
TOME XIII. Esmeralda. — Ruy-Blas. — Burgraves.
TOMES XIV-XVI. Le Rhin. — Lettres à un ami.

HUMBOLDT (Frédéric-Henri-Alexandre, baron de), né en 1769, est l'un des savants les plus extraordinaires dont l'Allemagne puisse s'enorgueillir. Nous n'aurions pas indiqué ici les ouvrages du célèbre naturaliste allemand, si nous ne savions qu'ils ont été composés primitivement en français par l'auteur. Ce savant naturaliste a publié avec la collaboration de M. Bonpland, un grand nombre d'ouvrages scientifiques tels que le *Synopsis Plantarum*, les *Mimose*, les *Melastome*, les *Nova Genera plantarum*, etc., qui ont donné à leurs auteurs une réputation universelle. Nous nous bornons à citer ici les plus populaires.

597. Cosmos. Essai d'une description physique du monde, par de Humbolt. 3 vol. in-8.
Paris, 1846-1852.

598. Voyages aux régions équinoxiales du nouveau continent dans les années 1799-1804, par de Humboldt et Bonpland. 16 vol. in-8.
Paris, 1807 et ann. suiv.

Il y a une édition en 3 vol. in-4 avec atlas in-folio.

599. Asie centrale, par de Humbolt. 3 vol. in-8. Paris, 1843.

600. Essai politique sur la Nouvelle-Espagne. 4 vol. in-8. Paris, 1825-1826.

Il y a une édition en 2 volumes in-4 et atlas grand in-folio.

I

ILLUSTRATION (l'). Ce journal, qui paraît hebdomadairement, a été fondé à l'instar de l'*Illustrated London news*, et a complétement réussi. Il renferme des dessins d'une exécution parfaite. Dans un certain nombre d'années, la collection entière de ce journal aura un intérêt historique et artistique.

601. Illustration (l'), journal universel, orné de gravures sur tous les sujets actuels, etc., 25 vol. in-folio. Paris, 1843 et ann. suiv.

INSTITUT DE FRANCE... L'Institut, premier corps savant de France, se compose de cinq académies, à savoir : l'Académie Française, l'Académie des Inscriptions et Belles-Lettres, l'Académie des Sciences, l'Académie des Sciences morales et politiques, et l'Académie des Beaux-Arts.

L'ACADÉMIE FRANÇAISE, la première de toutes, et par son ancienneté, et par la célébrité dont elle jouit, a été fondée en 1634, sous les auspices du cardinal de Richelieu. Elle se compose de quarante membres, choisis parmi les illustrations littéraires, s'occupe, ou du moins a été créée pour s'occuper de « l'ornement, embellissement et augmentation de la langue française » ne publie point de mémoires, travaille perpétuellement à la rédaction d'un dictionnaire de la langue, dont elle a fait déjà paraitre sept éditions depuis 1694 jusqu'en 1835, et décerne des prix de vertu, d'éloquence, de poésie et de philologie. En 1795, elle prit le titre de classe de littérature et beaux-arts, et édité quelques volumes de mémoires.

L'ACADÉMIE DES INSCRIPTIONS ET BELLES-LETTRES, fondée en 1663, qui se compose de quarante académiciens, de quarante membres libres, et d'un nombre déterminé de membres correspondants ou étrangers, publie des mémoires relatifs à la philosophie, à l'histoire, à la géographie et aux langues orientales, dont la collection est fort recherchée. En outre, elle édite, sous le titre de mémoires des savants étrangers, les travaux qui lui sont soumis par des érudits étrangers à sa compagnie. Il est bon de joindre à cette précieuse collection la table générale et méthodique des mémoires publiés en 1791, par Laverdy, revue et corrigée par MM. R. de Rozière et T. Chatel, archivistes paléographes, et qui est actuellement sous presse. L'Académie des Inscriptions décerne également des prix, et continue, avec la collaboration d'anciens élèves de l'École des Chartes, qui ont le titre d'auxiliaires, les grandes collections commencées par les bénédictins, telles que les Historiens de France, les Diplomata, Chartæ, l'Histoire littéraire de la France, etc.

L'ACADÉMIE DES SCIENCES, fondée en 1666, a la même organisation que la précédente, et publie en outre des mémoires proprement dits et des mémoires des savants étrangers, les comptes-rendus de ses séances qui sont publiques. Elle décerne également des prix, et s'occupe spécialement de la physique, de la chimie, de l'astronomie, de la géographie, de la médecine, de la chirurgie, et de l'agriculture.

L'Académie des sciences morales et politiques, est la plus moderne et ne date que de 1795. Elle publie des mémoires également fort recherchés et décerne des prix.

L'Académie des beaux-arts, formée en 1795 par la réunion de l'Académie de sculpture et de peinture avec celles d'architecture et de musique, donne seulement des prix et ne publie point de mémoires. On peut néanmoins les remplacer par un ouvrage récent, qui n'émane point de l'Académie, mais qui a été publié d'après des manuscrits authentiques.

Toutes ces académies, supprimées le 8 août 1793, reparurent en 1795, et formèrent les différentes classes de l'Institut national de France. Ce n'est qu'en 1816 qu'elles reprirent leurs anciennes dénominations.

Académie Française.

602. Mémoires de l'Institut national des sciences et arts. — Littérature et beaux-arts. 5 vol. in-4.
Paris, 1798-1804.

603 Recueil de discours, rapports et pièces diverses, lus dans les séances publiques et particulières de l'Académie Française, 1803-1849. 5 vol. in-4.   Paris, 1841-1850.

Académie des Inscriptions.

604. Histoire et Mémoires de l'Académie des Inscriptions et Belles-Lettres. 51 vol. in-4.
Paris, 1717-1843.

605 Mémoires de l'Institut de France. Académie des Inscriptions et Belles-Lettres. 20 vol. in-4.   Paris, 1815 et ann. suiv.

606. Mémoires présentés par divers savants à l'Académie des Inscriptions et Belles-Lettres de l'Institut de France. Première série : Sujets divers d'érudition. 4 vol in-4. Paris, 1844 et ann. suiv.

607. Mémoires présentés par divers savants à l'Académie des Inscriptions et Belles-Lettres de l'Institut de France. Seconde série : Antiquités de la France. 2 vol. in-4.   Paris, 1843 et ann. suiv.

Académie des Sciences.

608. Histoire et Mémoires de l'Académie des Sciences. 111 vol. in-4 et 13 vol. de table.
Paris, 1733-1787.

609. Mémoires de mathématique et de physique présentés à l'Académie royale des sciences par divers savants, et lus dans ses assemblées. 11 vol. in-4. Paris, 1750-1786.

610. Machines et inventions approuvées par l'Académie royale des Sciences depuis son établissement jusqu'à présent, avec leur description; dessinées et publiées du consentement de l'Académie, par M. Gallon. 7 vol. in-4.
Paris, 1735-1777.

611. Mémoires de l'Institut national des sciences et arts, — sciences mathématiques et physiques. 14 vol. in-4. Paris, 1798-1818.

612. Mémoires présentés à l'Institut des sciences, lettres et arts par divers savants, et lus dans ses assemblées. — Sciences mathématiques et physiques. 2 vol. in-4. Paris, 1805-1811.

613. Base du système métrique décimal, ou Mesure de l'axe du méridien compris entre les parallèles de Dunkerque et Barcelone, exécutée en 1792 et années suivantes, par MM Méchain et Delambre. — Suite des Mémoires de l'Institut. 3 vol. in-4. Paris, 1806.

614. Mémoires de l'Académie des Sciences de l'Institut de France, 18 vol. in-4.
Paris, 1823 et ann. suiv.

615. Mémoires présentés par divers savants à l'Académie royale des Sciences de l'Institut de France, et imprimés par son ordre. — Sciences mathématiques et physiques. 13 vol. in-4.
Paris, 1817 et ann. suiv.

Académie des Sciences morales et politiques.

616. Mémoires de l'Institut national des

Sciences et arts. — Sciences morales et politiques. 5. vol. in-4. Paris, 1798-1804.

617. MÉMOIRES de l'Académie des Sciences morales et politiques de l'Institut de France. Deuxième série. 8 vol. in-4.

Paris, 1837 et ann. suiv.

618. MÉMOIRES de l'Académie royale de Sciences morales et politiques de l'Institut de France. — Savants étrangers. 2 vol. in-4.

Paris, 1841.

Académie des Beaux-Arts.

619. MÉMOIRES inédits sur la vie et les ouvrages des membres de l'Académie royale des peinture et de sculpure, publiés d'après les manuscrits conservés à l'Ecole impériale des Beaux-Arts, par L. Dussieux, Eud. Soulié, Ph. de Chennevières, P. Mantz, A. de Montaiglon; sous les auspices de M. le ministre de l'intérieur, avec une introduction et une table alphabétique des noms. 2 vol. in-8. Paris, 1854.

ISAMBERT (François-André), né en 1792. Cet avocat distingué, défenseur de presque toutes les célébrités politiques, a pris une grande part à la révolution de 1830 : il en fut récompensé par le titre de conseiller à la Cour de cassation, et fut quelque temps après élu membre de la Chambre des députés. Le recueil dont il est l'éditeur, avec MM. de Crusy, Jourdan, Armet et Taillandier, est fort estimé, mais ne peut remplacer, quoi qu'on en ait dit, la collection des Ordonnances des rois de France.

620. RECUEIL GÉNÉRAL des anciennes lois françaises depuis l'an 420 jusqu'à la révolution de 1789, contenant la notice des principaux monuments des Mérovingiens, des Carlovingiens et des Capétiens, et le texte des ordonnances, édits, déclarations, lettres patentes, règlements, arrêts du conseil, etc. de la 3e race, qui ne sont pas abrogés, ou qui peuvent servir soit à l'interpré-

tation, soit à l'histoire du droit public et privé, avec des notes de concordance, tableau chronologique et table générale analytique et alphabétique des matières, par MM. Jourdain, de Crusy et Isambert. 29 vol. in-8. Paris, 1821-1823.

J

JACQUEMONT (Victor), né en 1801. mort en 1832, est célèbre par le voyage qu'il entreprit par ordre du gouvernement dans le Pendjâb, le Cachemir, le Thibet et la Tartarie chinoise. Malgré sa mort prématurée, Jacquemont a rendu de grands services aux sciences, dont il était un des adeptes les plus privilégiés. Il joignait à ses connaissances, extrêmement variées, un talent d'observation remarquable, beaucoup d'activité d'esprit, et une grande énergie de caractère.

621. VOYAGE DANS L'INDE, par Victor Jacquemont, publié sous les auspices de M. Guizot. 6 vol. gr. in-4, dont 2 de planches.
Paris, 1835-1844.

622. CORRESPONDANCE de V. Jacquemont pendant son voyage dans l'Inde. 2e édition. 2 vol. in-8. Paris, 1835.

JAL (A.), né en 1791, ancien officier de marine, a quitté l'épée pour prendre la plume, et s'est occupé simultanément d'archéologie, d'histoire, de philologie et de beaux-arts. Il a été chargé, en 1834, de remplir une mission en Italie pour réunir les matériaux propres à former une histoire de la marine, matériaux dont il s'est servi dans un de ses ouvrages, intitulé : *Archéologie navale*, édité à Paris en 1839. Nous donnons ici son travail le plus estimé, et qui peut servir de complément au lexique des Ducange.

623. GLOSSAIRE NAUTIQUE Répertoire polyglotte des termes de marine anciens et modernes, par M. A. Jal, auteur de l'Archéologie navale et du

Virgilius Nauticus. 1 énorme volume gr. in-4.
Paris, 1848.

JANIN (Jules-Gabriel), né en 1804, a travaillé au *Figaro*, à la *Quotidienne*, au *Journal des Débats*, dans lequel il rédige la chronique théâtrale depuis longues années. Romancier, historien, et prince de la critique. M. Jules Janin a trop fait pour toujours réussir. Il a néanmoins acquis une certaine célébrité, beaucoup plus contestable que contestée, et dont l'avenir seul pourra fixer la durée.

624. HISTOIRE de la littérature dramatique, par Jules Janin. 2 vol. in-8. Paris, 1854.

JARRY DE MANCY (Adrien), né en 1796, ancien élève de l'École normale, a été professeur d'histoire au lycée Bonaparte.

625. ATLAS HISTORIQUE et chronologique des littératures anciennes et modernes, des sciences et des beaux-arts, d'après la méthode et sur le plan de l'atlas de A. Le Sage, et propre à en former le complément. 1 vol. gr. in-folio.
Paris, 1831.

JAY (Antoine), né en 1770, mort en 1854, ancien député de la Gironde, membre de l'Académie Française, embrassa dans sa jeunesse la profession d'avocat, voyagea en Amérique, et particulièrement aux États-Unis, revint en France, et fut le précepteur des enfants du célèbre Fouché, de Nantes.

626. ŒUVRES LITTERAIRES de M.-A. Jay, député de la Gironde. 4 vol. in-8. Paris, 1831.

JEANNIN (le président), né en 1540, mort en 1622, était conseiller des rois Charles IX et Henri III. Son mérite le fit parvenir aux plus grands emplois ; il devint président du parlement de Bourgogne, et après la ligue, dont il avait été un des partisans les plus zélés, fut nommé, par Henri IV, premier président du Parlement de Paris. La finesse et le talent qu'il montra dans plusieurs négociations diplomatiques et politiques mirent le comble à sa réputation, et il mourut surintendant des finances.

627. NÉGOCIATIONS DIPLOMATIQUES et politiques du président Jeannin. Nouvelle édition, suivie de ses œuvres mêlées. 3 vol. in-8. Paris, 1819.

JOINVILLE (Jean, sire de), né vers 1223, mort vers 1319, sénéchal de Thibaut, comte de Champagne, devint conseiller de Louis IX, qu'il suivit dans toutes ses expéditions, et dont il nous a laissé l'histoire, histoire pleine de charmes et de naïveté, et l'image la plus vive de cette époque barbare, que le saint roi tentait de civiliser. Sans parler des collections qui contiennent les mémoires, on peut citer deux bonnes éditions, la première, publiée par Ducange, en 1668, et enrichie de savantes dissertations, la deuxième, imprimée sur un texte plus pur, et inconnu au premier éditeur. C'est celle-ci que nous indiquons.

628. HISTOIRE de saint Louis, par Joinville; les Annales de son règne, par Guillaume de Nangis; sa Vie et ses miracles, par le confesseur de la reine Marguerite; le tout publié d'après les manuscrits de la Bibliothèque du Roi, et accompagné d'un glossaire. 1 vol. in-folio. Paris, 1761.

JOUFFROY (Thomas-Simon, dit Théodore), né en 1796, mort en 1842. Élève de l'Ecole normale en 1813, maître de conférences à la même école, en 1817, fut nommé professeur de philosophie à la Faculté des Lettres en 1828, et au Collége de France en 1832. Ses ouvrages et ses leçons lui acquirent une grande réputation. Il avait été élu membre de l'Académie des Sciences morales et politiques en 1833, et député en 1831.

629. COURS DE DROIT NATUREL, professé à la Faculté des Lettres de Paris, par M. Jouffroy. 2 vol. in-8. Paris, 1843.

JOURNAL D'AGRICULTURE... Ce journal, fondé en 1837, rend compte de tous les instruments, expériences, publications qui intéressent l'agriculture et le jardinage; il indique les travaux à exécuter dans le jardin et dans la ferme, et publie trois chroniques, agricole, horticole et séricicole du plus haut intérêt pour les cultivateurs et les propriétaires. Il paraît le 5 et le 20 de chaque mois en livraisons in-4 contenant les gravures nécessaires à l'intelligence du texte.

630. JOURNAL D'AGRICULTURE PRATIQUE et de jardinage, fondé par le docteur Bixio, et publié par les rédacteurs de la *Maison rustique du XIXe siècle*, sous la direction de M. Barral, ancien élève et répétiteur de l'École polytechnique. 17 vol. in-8. Paris, 1837 et ann suiv.

Le 17e volume est en cours de publication.

JOURNAL ASIATIQUE. Ce journal, fondé en 1822, et dirigé par la société asiatique, renferme des mémoires du plus haut intérêt, relatifs à l'histoire, à la philosophie et à la philologie orientale.

631. JOURNAL ASIATIQUE, ou Recueil de mémoires, d'extraits et de notices relatifs à l'histoire, à la philosophie, aux langues et à la littérature des peuples orientaux, publié par la société asiatique. 65 volumes en 5 séries.
Paris, 1822 et ann. suiv.

Le 3e volume de la cinquième série est sous presse.

JOURNAL DE L'ÉCOLE POLYTECHNIQUE... Ce recueil fort estimé renferme des mémoires relatifs aux sciences physiques et naturelles, et est dirigé par les maîtres de la science.

632. JOURNAL de l'École polytechnique, par MM. Lagrange, Laplace, Monge, Prony, Fourcroy, Berthollet, Vauquelin, Lacroix, Hachette, Poisson, Legendre, Haüy, Ampère, Biot, Thénard, Cauchy, etc., etc., 35 cahiers en 20 vol. in-4 avec des planches. Paris, 1795 et ann. suiv.

JOURNAL GÉNÉRAL... Le premier numéro de cette collection a paru le 1er novembre 1811 sous le titre de *Biblio-*

graphie de l'empire français. Elle renferme la liste exacte de tous les livres, brochures, morceaux de musique, cartes, plans et dessins publiés en France dans la semaine. Une triple table, donnée à la fin de chaque année, facilite toutes les recherches.

633. BIBLIOGRAPHIE DE LA FRANCE, ou Journal général de l'imprimerie et de la librairie, et des cartes géographiques, gravures, lithographies et œuvres de musique. 62 vol. in-8.
Paris, 1811 et ann. suiv.

JOURNAL DE MATHÉMATIQUES... Ce recueil, fondé en 1836 par M. Liouville, paraît régulièrement le 1er de chaque mois. Les mémoires qui y sont insérés ont tous beaucoup de valeur; malheureusement, ils sont en trop grand nombre pour que nous puissions en donner ici l'analyse.

634. JOURNAL de Mathématiques pures et appliquées. Recueil mensuel de mémoires sur les diverses parties de mathématiques, par J. Liouville, membre de l'Institut et du Bureau des Longitudes. 19 vol. in-4. Paris, 1836 et ann. suiv.

Le 20e volume est sous presse.

JOURNAL DES DÉBATS. Ce journal, fondé en 1789, est sans contredit l'un des premiers journaux politiques et littéraires de la France. Nous ne parlons pas au point de vue des opinions émises par ce journal, mais seulement de la manière remarquable dont les articles sont rédigés.

635. JOURNAL DES DÉBATS politiques et littéraires. In-fol. Paris, 1789 et ann. suiv.

JOURNAL DES ÉCONOMISTES... Ce journal, fondé en décembre 1841, paraît le 15 de chaque mois, et traite de toutes les questions d'administration, de finances, de commerce et d'économie politique. Il est rédigé par les sommités de la science économique, tels que MM. Baudrillart, Michel Chevalier, Léon Faucher, Joseph Garnier, Moreau de Jonnès, Louis Reybaud, Horace Say, de Tracy, Villermé, Wolowski, et paraît appelé à devenir un des journaux les plus utiles et les plus recherchés.

636. JOURNAL DES ÉCONOMISTES, Revue de la science économique et de la statistique. — Commerce, — Administration, — Finances, — Bienfaisance, — Industrie, — Agriculture. 37 vol. in-8.
Paris, 1841-1853.

Ces 37 volumes forment la première série; la deuxième a commencé au 1er janvier 1854.

JOURNAL DES SAVANTS... Ce journal célèbre, fondé en 1665, fut supprimé treize mois après, et reparut ensuite sous la direction de l'abbé Gallois. Il n'a subi depuis aucune interruption jusqu'à l'époque de la révolution française, après laquelle il cessa de paraître. Repris en 1796, il ne parut que quelques numéros, et ce ne fut qu'en 1816 qu'il a été complétement organisé, et rédigé par des membres de l'Institut désignés par le ministre de l'instruction publique. Les membres actuels sont MM. Lebrun, Giraud, Naudet, Cousin, Vitet, Biot, Flourens, Quatremère, Geoffroy-Saint-Hilaire, Patin, Hase, Mignet, Magnin, Villemain, Chevreul. Le *Journal des Savants*, qui paraît mensuellement, renferme non-seulement des articles critiques sur les principaux ouvrages français et étrangers, mais aussi des mémoires originaux et des comptes-rendus sur les livres nouveaux.

Une table analytique et raisonnée des matières renfermées dans ce journal depuis sa réorganisation jusqu'à nos jours, par M. Hippolyte Cocheris, membre de la Société des Antiquaires de France, est actuellement sous presse.

637. JOURNAL DES SAVANTS; première série : 118 vol. in-4. Paris, 1665-1792.

638. JOURNAL DES SAVANTS; nouvelle série. 38 vol. in-4. Paris, 1796-1816 et ann. suiv

JOUY (Victor-Joseph-Etienne, connu sous le nom de), né en 1764, mort en 1846, embrassa dans sa jeunesse la carrière des armes, et fit les campagnes de l'Amérique et de l'Inde. Retiré du service dès 1797, il s'adonna complétement aux lettres, produisit un grand nombre de pièces lyriques, qui, admirablement interprétées par les compositeurs (Spontini, Rossini), lui donnèrent une certaine réputation, qu'il augmenta par ses articles contre la Restauration, et la publication de son *Hermite de la Chaussée* d'*Antin.* Il avait été nommé bibliothécaire du Louvre en 1830, et élu membre de l'Académie Française dès 1815.

639. L'HERMITE de la Chaussée d'Antin, ou Observations sur les mœurs et les usages français au XIXe siècle, par E. Jouy. 5 vol. in-8.
Paris, 1812-1814.

640. ŒUVRES COMPLÈTES d'Et. Jouy. 27 vol. in-8. Paris, 1823-1827.

TOMES I à III. Hermite de la Chaussée-d'Antin.
TOMES IV et V. Le Franc Parleur.
TOMES VI et VII. L'Hermite de la Guyane.
TOMES VIII à XIII. L'Hermite en province.
TOME XIV. La Morale appliquée à la politique.
TOME XV. L'Hermite en prison.
TOME XVI. Mélanges.
TOME XVII. Essai sur la poésie légère. — Poésies légères.
TOMES XVIII à XXI. Théâtre.
TOME XXII. Salon de 1817. — Salon d'Horace Vernet. — Etat actuel de l'industrie française.
TOMES XXIII et XXIV. Cécile ou la Passion.
TOMES XXV et XXVI. L'Hermite en province (suite).
TOME XXVII. Départ de la chaîne. — Salon de 1812. — Table des matières

JULIEN (Stanislas-Aignan), né en 1799. Ce sinologue distingué a été successivement sous-bibliothécaire de l'Institut, professeur de langue chinoise au Collége de France, et conservateur-adjoint des manuscrits à la Bibliothèque impériale. M. Julien, qui a une étonnante facilité pour la linguistique, connaît presque toutes les langues de l'Europe et de l'Asie. Il fait partie de l'Académie des Inscriptions et Belles-Lettres depuis 1833.

641. MENG-TSEU vel Mencium, inter sinenses philosophos ingenio, doctrina, nominisque claritate, Confucio, proximum, edidit, latina interpretatione, ad interpretationem tartaricam utramque recensita, instruxit, et perpetuo commentario sinicis deprompto illustravit Stanislaus Julien. 1 vol. in-8. Lutetiæ, 1824.

642. LAO TSEU TAO TE KING. Le livre de la voie et de la vertu, composé dans le VIe siècle avant l'ère chrétienne, par le philosophe Lao-Tseu;

traduit en français et publié avec le texte chinois et un commentaire perpétuel, par Stanislas Julien. 1 vol. in-8. Paris, 1841.

643. HISTOIRE DE LA VIE DE HÏOUEN-THSANG et de ses voyages dans l'Inde depuis l'an 629 jusqu'en 645 par Hæï-Li et Yen-Thsong. Suivie de documents et d'éclaircissements géographiques tirés de la relation originale de Hiouen-Thsang, traduite du chinois par Stanislas Julien, membre de l'Institut, etc. 1 vol. in-8. Paris, 1853.

JUSSIEU (Antoine-Laurent de), né en 1748, mort en 1836. Ce savant naturaliste, qui avait à soutenir l'éclat d'un nom justement honoré, fut reçu, en 1770, docteur en médecine. Choisi par Lemonnier pour le suppléer dans sa chaire de botanique, il fut nommé bientôt démonstrateur au Jardin du Roi, administrateur des hôpitaux de Paris, et enfin professeur à la Faculté de Médecine de Paris. Le grand Cuvier a dit de l'ouvrage que nous indiquons plus bas : « Livre admirable, qui fait dans les sciences d'observation une époque peut-être aussi importante que la chimie de Lavoisier dans les sciences d'expérience. » Jussieu était membre de l'Académie des Sciences depuis 1773.

644. GENERA PLANTARUM secundùm ordines naturales disposita, juxta methodum in horto regio parisiensi exaratam, anno 1774, 1 vol. in-8.
Paris, 1789.

JUSSIEU (Adrien-Henri-Laurent de), né en 1797, a remplacé son père dans la chaire de botanique au Muséum en 1826. Il fait partie de l'Académie des Sciences depuis 1831.

645. COURS ÉLÉMENTAIRE DE BOTANIQUE par L. de Jussieu. 3e édit. 1 vol. in-12. Paris, 1848.

K

KARR (Jean-Baptiste-Alphonse), né en 1808, a été professeur de philosophie au collége Bourbon, à Paris. L'esprit original et observateur de M. Karr en a fait un de nos écrivains les plus agréables.

646. Sous les Tilleuls, par Alphonse Karr. 2 vol. in-8. Paris, 1840.

647. Lettres autour de mon jardin, par Alph. Karr. 2 vol. in-8. Paris, 1845.

648. Geneviève, par Alph. Karr. Nouvelle édition, revue et augmentée. 1 vol. in-12.
Paris, 1852.

649. Une poignée de vérités, par Alph. Karr. 1 vol. in-12. Paris, 1854.

La Sagesse humaine. — Apologues sous prétexte de progrès. — Les Pauvres et les Mendiants. — Les Chiens et les Amis. — La Gaieté française. — La Haine de l'homme pour l'homme. — Les Amis. — La Propriété littéraire. — Cannabis. — Les Médailles de sauvetage et le Moniteur. — Les Mascarades. — Les Erreurs judiciaires. — Les Pierreries. — Un Héritage. — Une Histoire de voleurs. — Comédiens et cordeliers. — Les Chanteurs. — Autre histoire de voleurs. — La Modestie. — Les Sorciers. — Le Pain quotidien. — Princes et poëtes. — L'Honneur en 1853. — La Vertu donne sa démission. — La Politesse, etc., etc.

650. Les Guêpes, par Alph. Karr. In-32.
Paris, 1839 et ann. suiv.

KLAPROTH (Jules-Henri), né en 1783, mort en 1835. Ce célèbre orientaliste, dont le nom avait été déjà illustré dans les sciences, suivit en 1805 l'ambassade russe en Chine, et fut chargé par l'Académie de Saint-Pétersbourg de visiter les montagnes du Caucase. Il profita de ces voyages pour étudier les mœurs, les usages et l'histoire des lieux qu'il traversait. Sa réputation lui valut, en 1812, la place de professeur des langues asiatiques à Berlin, mais il ne put séjourner dans cette capitale, et vint se fixer à Paris en 1815.

651. Asia polyglotta, ou classification des peuples de l'Asie, d'après l'affinité de leurs langues, avec d'amples vocabulaires comparatifs de tous les idiomes asiatiques, par H. Klaproth. Seconde édition. 1 vol. in-4. Paris, 1829.

652. Tableaux historiques de l'Asie, depuis

la monarchie de Cyrus jusqu'à nos jours, par H. Klaproth. 1 vol. in-4 avec atlas in-folio.

Paris, 1826.

653. Mémoires relatifs a l'Asie, contenant des recherches historiques, géographiques et philologiques sur les peuples de l'Orient. 3 vol. in-8.

Paris, 1826.

L

LABANOFF DE ROSCOFF (Alexandre, prince), aide de camp de l'empereur de Russie, a publié sur la reine Marie Stuart des documents de la plus haute importance, dont M. Mignet s'est servi pour son histoire de la malheureuse reine d'Ecosse, et sur lesquels il a publié dans le *Journal des Savants* une série d'articles intéressants.

654. Lettres, Instructions et Mémoires de Marie Stuart, reine d'Ecosse, publiés sur les originaux et les manuscrits du State's paper office de Londres et des principales archives et bibliothèques de l'Europe, et accompagnés d'un résumé chronologique, par le prince Labanoff. 7 vol. in-8. Paris, 1844.

LA BOÉTIE (Etienne de), né en 1530, mort en 1563, conseiller au Parlement de Bordeaux en 1550, doit une grande partie de sa célébrité à l'amitié qui l'unissait à Montaigne. Son discours sur la servitude volontaire, qu'il écrivit à dix-huit ans, est regardé comme son chef-d'œuvre.

655. Notice bio-bibliographique sur La Boétie l'ami de Montaigne, suivie de la Servitude volontaire, donnée pour la première fois selon le vrai texte de l'auteur, d'après un manuscrit contemporain et authentique, par le docteur J.-P. Payen. 2 vol. in-8. Paris, 1853.

LABORDE (Alexandre-Louis-Joseph, comte de), né en 1773,

mort en 1842, a été successivement auditeur au conseil d'Etat en 1808, maître des requêtes en 1810, administrateur des ponts et chaussées du département de la Seine en 1811, député en 1823, préfet de la Seine en 1830, enfin général de brigade de la garde nationale de Paris, et aide de camp du roi Louis-Philippe. Les nombreux travaux de M. de Laborde lui ouvrirent les portes de l'Académie des Inscriptions et Belles-Lettres dès 1843, et de l'Académie des Sciences morales et politiques en 1842.

656. LES MONUMENTS DE LA FRANCE, classés chronologiquement et considérés sous le rapport des arts, par M. le comte Al. de Laborde. 2 vol. in-folio. Paris, 1832-1836.

657. ITINÉRAIRE DESCRIPTIF DE L'ESPAGNE. 3e édition, revue et considérablement augmentée, par M. le comte Al. de Laborde; 6 vol. in-8.
Paris, 1807-1818.

658. VOYAGE PITTORESQUE ET HISTORIQUE DE L'ESPAGNE, par M. le comte Al. de Laborde. 4 vol. grand in-folio. Paris, 1807-1818.

LABOULAYE (Édouard René-Lefébure), né en 1811. Ce jurisconsulte distingué a été fondeur en caractères. Ayant embrassé la carrière du droit, il s'y distingua tellement qu'il fut nommé professeur de législation au Collége de France, et est devenu membre de l'Académie des Inscriptions et Belles-Lettres.

659. RECHERCHES sur la condition civile et politique des femmes, depuis les Romains jusqu'à nos jours, par Éd. Laboulaye. 1 vol. in-8.
Paris, 1843.

660. HISTOIRE DES INSTITUTIONS CIVILES ET POLITIQUES AUX ÉTATS-UNIS, par Ed. Laboulaye. 1 vol. in-8. Paris, 1855.

LA BRUYÈRE (Jean de), né en 1644, mort en 1696, trésorier de France à Caen, fut, sur la recommandation de Bossuet, gouverneur du petit-fils du grand Condé, auprès duquel il passa toute sa vie. Comme écrivain et comme moraliste, La Bruyère occupe un des premiers rangs parmi les écrivains de son siècle.

661. Les Caractères de La Bruyère, suivis des Caractères de Théophraste. Première édition complète, précédée d'une étude sur La Bruyère et sur son livre, suivie d'un appendice contenant les changements faits par l'auteur dans chacune des neuf éditions qu'il a données, avec des remarques et des éclaircissements historiques, par M. le baron Walckenaer. 2 vol. in-12. Paris, 1845.

662. Les Caractères de La Bruyère, Maximes de La Rochefoucauld, précédés d'une notice par M. Suard. Nouvelle édition, ornée d'un portrait de J. de La Bruyère. 1 vol. in-8 cavalier.
Paris, 1853.

LACRETELLE (Charles-Joseph), né en 1763, a été successivement membre du bureau de la presse, censeur, et professeur d'histoire à la Sorbonne. Cet historien est membre de l'Académie Française depuis 1811. Nous indiquons ici son ouvrage le plus recherché.

664. Histoire de France pendant le xviiie siècle. 5e édition. 6 vol. in-8. Paris, 1850.

LACROIX DU MAINE (François Grudé, sieur de Lacroix, connu sous le nom de); né en 1552, mort en 1592. Ce bibliographe célèbre aurait probablement encore rendu de grands services à la science, s'il n'avait pas été assassiné par des fanatiques qui le croyaient huguenot.

665. Les Bibliothèques françoises de Lacroix du Maine et de du Verdier, sieur de Vauprivas. Nouvelle édition, dédiée au roy, revue, corrigée et augmentée d'un discours sur le progrès des Lettres en France, et de remarques historiques, critiques et littéraires de M. de La Monnoye et de M. le président Boucher, de l'Académie Française, de M. Falconet, de l'Académie des Belles-Lettres par Rigoley de Juvigny. 6 vol. in-4.
Paris, 1772-1773.

LAFERRIÈRE (Louis-Firmin-Julien), né en 1798, avocat à la cour royale de Bordeaux (1821 à 1838), professeur de droit administratif à la Faculté de Rennes (1838 à 1846), inspecteur général des facultés de droit (1847), membre du conseil d'Etat (1849), recteur de l'Académie universitaire de Seine-et-Oise. Ce savant jurisconsulte est actuellement inspecteur général des facultés de droit.

666. HISTOIRE du droit civil de Rome et du droit français; 4 vol. in-8.   Paris, 1846-1853.

L'ouvrage aura 6 volumes.

667. HISTOIRE des principes, des institutions et des lois pendant la Révolution française, depuis 1789 jusqu'à 1804; seconde édition. 1 vol. in-12.
Paris, 1852.

668. COURS DE DROIT PUBLIC ET ADMINISTRATIF. 4e édition. 2 vol. in-8.   Paris, 1854.

LA FONTAINE (Jean de), né en 1621, mort en 1695, fut d'abord maître des eaux et forêts à Château-Thierry. Ayant fait la connaissance de madame de Bouillon, il vint à Paris, où protecteurs et amis ne lui manquèrent pas. Il est bon de réunir aux œuvres de ce célèbre fabuliste le Vocabulaire pour les œuvres de La Fontaine, ou explication et définition des mots, locutions, formes grammaticales, etc., employées par La Fontaine, et qui ne sont plus usitées, par Théodore Lorin (1 vol. in-8. Paris, 1853), et les fables inédites des XIIe, XIIIe et XIVe siècles, et fables de La Fontaine rapprochées de celles de tous les auteurs qui avaient avant lui traité les mêmes sujets; précédées d'une notice sur les fabulistes, par A.-C.-M. Robert (2 volumes in-8. Paris, 1825).

669. ŒUVRES COMPLÈTES DE J. LA FONTAINE. Nouvelle édition, revue, mise en ordre et accompagnées de notes par C. A. Walckenaer. 6 vol. grand in-8.   Paris, 1826-1827.

670. LES FABLES DE LA FONTAINE, illustrées par Tony Johannot et précédées d'une notice sur La Fontaine, par M. C. A. Sainte-Beuve, de l'Académie Française 1 vol. in-8.   Paris, 1852.

671. LES FABLES DE LA FONTAINE, illustrées par

Grandville. 3 tomes en 2 volumes grand in-8.
Paris. 1842-1846.

LAGRANGE (Joseph-Louis de), né en 1736, mort en 1813. Cet illustre géomètre, à qui l'on doit plusieurs ouvrages fort remarquables, a immortalisé son nom par sa méthode des variations. Il avait été nommé pensionnaire vétéran de l'Académie des Sciences dès 1787. On réunit ordinairement à ses ouvrages le précis historique sur sa vie et sa mort, par MM. Virey et Potel (1 vol. in-4, 1813).

672. Traité de la résolution des équations numériques de tous les degrés, avec des notes sur plusieurs points de la théorie des équations algébriques. 3e édition, revue et corrigée. 1 vol. in-4. Paris, 1826.

673. Mécanique analytique. Nouvelle édition, revue et annotée par M. J. Bertrand. 2 vol. in-4.
Paris, 1854.

LA HARPE (Jean-François de), né en 1739, mort en 1803. Ce littérateur distingué a produit un grand nombre d'ouvrages, mais le seul qui soit resté est son Cours de littérature. La Harpe qui, encore jeune, avait remporté plusieurs prix à l'Académie Française, en fut nommé membre en 1776.

674. Cours de littérature ancienne et moderne, par J.-F. La Harpe, 18 vol. in-8.
Paris, 1825-1826.

LAJARD (Jean-Baptiste-Félix), né en 1783, a été sous l'Empire secrétaire de l'ambassade française en Perse, et sous la Restauration, receveur particulier des finances. Ses travaux lui ont ouvert les portes de l'Académie des Inscriptions et Belles-Lettres en 1830.

675. Recherches sur le culte, les symboles, les attributs et les monuments figurés de Vénus en Orient et en Occident, par F. Lajard. 1 vol. in-4 avec atlas in-folio. Paris, 1837-1847.

676. Recherches sur le culte public et les mystères de Mithra en Orient et en Occident

par F. Lajard. 3 vol. in-4, et atlas in-folio.
Paris, 1847.

LALANDE (Isidore-Jérôme-Lefrançois), né en 1732, mort en 1807. Cet astronome à qui l'on doit la mesure exacte du diamètre de la lune, fut appelé dès 1753 à l'Institut et a rendu de grands services dans les sciences exactes.

677. TABLES DES LOGARITHMES étendues à sept décimales, par Marie, précédées d'une instruction dans laquelle on fait connaitre les limites des erreurs qui peuvent résulter de l'emploi des logarithmes des nombres et des lignes trigonométriques, etc., par le baron Reynaud, 1 vol. in-12.
Paris, 1853.

678 TRAITÉ D'ASTRONOMIE par I. Lalande. 3 vol. in-4. Paris, 1792.

LALANNE (Marie-Ludovic-Chrétien), né en 1815. Ancien élève de l'Ecole des Chartes, ancien attaché aux travaux historiques du gouvernement. M. Lalanne est actuellement rédacteur en chef du journal l'*Atheneum*. La plupart des ouvrages dont il est l'auteur, se font remarquer par une grande exactitude, et une habile mise en œuvre de connaissances aussi variées qu'étendues.

679. RECHERCHES sur le feu grégeois et sur l'introduction de la poudre à canon en Europe. 2e édition, corrigée et entièrement refondue. In-4.
Paris, 1845.

680. CURIOSITÉS LITTÉRAIRES. 1 vol. in-18.
Paris, 1845.

681. CURIOSITÉS BIBLIOGRAPHIQUES. 1 vol. in-18.
Paris, 1846.

682. CURIOSITÉS des traditions, des mœurs et des légendes. 1 vol. in-18. Paris, 1847.

LAMARCK (Jean-Baptiste-Pierre-Antoine Monnet, chevalier de), né en 1744, mort en 1829, abandonna encore jeune la carrière militaire qu'il avait embrassée pour se livrer complétement à l'étude de l'histoire naturelle. Protégé par Buffon, Lamarck remplit plusieurs missions scientifiques, fit partie de l'Académie des Sciences en 1779, et fut appelé à la chaire de zoologie en 1794.

683. Histoire naturelle des animaux sans vertèbres, présentant les caractères généraux et particuliers de ces animaux, 2ᵉ édition revue et augmentée, par M. J.-P. Deshayes et H. Milne Edwards. 11 vol. in-8. Paris, 1836-45.

LAMARTINE (Alphonse de Prat, connu sous le nom de), né en 1790. Après avoir terminé ses études au collége de Belley, et passé quelques années sous le toit paternel, l'illustre poëte voyagea en France et en Italie. En 1814, il entra dans les gardes du corps qu'il quitta après les Cent-Jours, pour se livrer tout entier à la poésie. La révolution de 1830 interrompit ses travaux littéraires. Il fut élu député, et son éloquence le rendit encore plus célèbre. On sait la part qu'il a pris à la révolution de février.

684. Œuvres complètes de Lamartine, nouvelle édition, 14 vol. in-8. Paris, 1849-1850.

Tome I. Premières méditations poétiques
Tome II. Nouvelles méditations poétiques.
Tomes III et IV. Harmonies poétiques et religieuses, avec commentaires et huit nouvelles harmonies.
Tome V et VI. Poëmes de la Mort de Socrate et de Child-Harold. — Recueillements poétiques.
Tomes VII et VIII. Jocelyn, avec prologues et commentaires inédits.
Tomes IX et X. La Tribune ou Études oratoires politiques.
Tomes XI à XIV. Voyage en Orient.

685. Histoire des Girondins, par M. A. de Lamartine, édition définitive avec sommaires, 8 vol. in-8, ornée de 40 portraits, etc. Paris, 1847.

686. Histoire de la Restauration (1814-1839), par M. A. de Lamartine. 8 vol. in-8. Paris 1852.

687. Les Confidences, de M. A. de Lamartine, 3ᵉ édition. 1 vol. in-8. Paris, 1849.

688. Raphael, Pages de la vingtième année, par A. de Lamartine. 3ᵉ édition. 1 vol. in-8.
Paris, 1849.

LAMENNAIS (Hugues-Félicité Robert, abbé de), né en 1782, mort en 1854. Ce publiciste éminent a soutenu deux thèses tout à fait contraires, la théocratie absolue, et le catholicisme démocratique. Ces opinions si différentes ont fait cependant jaillir de sa plume deux ouvrages remarquables, les seuls qui aient survécu à leur auteur. En 1848, M. de Lamennais a été élu membre de l'Assemblée législative.

689. Essai sur l'indifférence en matière de religion, par Lamennais. 9ᵉ édition. 5 vol. in-8.
Paris, 1835.

690. Paroles d'un croyant, par Lamennais. 7ᵉ édition. 1 vol. in-8. Paris, 1834.

LAPIE (Pierre), né en 1777, mort en 1851. Anciennement géographe du roi, colonel au corps des ingénieurs-géographes, puis à celui de l'état-major, chef de la section topographique au ministère de la guerre, est l'auteur d'un atlas estimé.

691. Atlas universel de géographie ancienne et moderne, précédé d'un Abrégé de géographie physique et historique, par MM. Lapie père et fils. 1 vol. in-folio. Paris, 1842.

LAPLACE (Pierre-Simon, marquis de), né en 1749, mort en 1827. Ce savant géomètre commença par être professeur de mathématiques à l'École militaire. Son génie naissant lui attira l'estime et la protection de D'Alembert. Ministre sous le Consulat, il fit partie du sénat sous l'Empire, et de la Chambre des pairs à la Restauration. Le marquis de Laplace, qui était aussi bon écrivain que grand géomètre, avait été reçu à l'Académie des Sciences et à l'Académie Française.

692. Œuvres de Laplace. 7 vol. in-4.
Paris, impr. nat., 1848.

Tomes I-V. Traité de mécanique céleste.
Tome VI. Exposition du système du monde.
Tome VII. Théorie analytique des probabilités.

693. Exposition du système du monde, par Laplace. 6ᵉ édition, précédée de l'éloge de l'au-

teur, par Fourier. 1 vol. in-4. Paris, 1835.

694. Traite de mécanique céleste. 5 vol. in-4. Paris, 1823-1830.

LA ROCHEFOUCAULD (François, prince de Marsillac, duc de), né en 1613, mort en 1680, un des moralistes français les plus célèbres, tint le parti de la duchesse de Longueville pendant les troubles de la Fronde, et fut l'ami de madame de Sévigné.

695. Maximes et Réflexions morales de La Rochefoucauld. 1 vol in-8. Paris, 1853.

LAROMIGUIÈRE (Pierre), né en 1756, mort en 1837. Ce philosophe distingué fut d'abord frère de la doctrine chrétienne. Étant venu à Paris, il se lia avec Garat, fit partie de l'Académie des Sciences morales et politiques, et fut nommé, en 1811, professeur de philosophie au Collége de France. Laromiguière, philosophe spiritualiste, a expliqué son système avec une grande clarté de style, et a dû à cette qualité précieuse l'honneur de le voir adopté pendant quelque temps dans l'enseignement.

696. Leçons de philosophie sur les principes de l'intelligence ou sur les causes et les origines des idées. 6e édition, augmentée par l'auteur. 2 vol. in-12. Paris, 1844.

LAVALLÉE (Théophile), né en 1805, professeur de géographie à l'Ecole militaire de Saint-Cyr.

697. Histoire des Français depuis le temps des Gaulois jusqu'en 1830. 7e édition revue et corrigée. 2 vol. in-8. Paris, 1847.

698. Histoire de la Maison royale de Saint-Cyr (1686-1793), par M. Théophile Lavallée. 1 vol. in-8 jésus. Paris, 1853.

LEBAS (Philippe), né en 1794, ancien officier de mar ancien employé à la préfecture de la Seine, a été chargé, par la reine Hortense, de faire l'éducation de l'empereur Napoléon III. Docteur ès lettres, professeur au collége

Saint-Louis, M. Lebas est actuellement maître de conférences de langue et de littérature grecques à l'École normale supérieure, et conservateur administrateur de la bibliothèque de l'Université depuis 1846. La mission scientifique qu'il a remplie en Grèce et en Asie Mineure, a eu des résultats importants. Ce savant est membre de l'Académie des Inscriptions et Belles-Lettres depuis 1838.

699. VOYAGE ARCHÉOLOGIQUE en Grèce et en Asie Mineure, fait par ordre du gouvernement français pendant les années 1843 et 1844, et publiés sous les auspices du ministère de l'instruction publique, par Ph. Lebas, membre de l'Institut, etc. 10 vol. gr. in-4, et 1 vol. grand in-fol.
Paris, 1847 et ann. suiv.

TOMES I et II. Première partie. Itinéraire. 2 vol. gr. in-4.
TOMES III à VI. Deuxième partie. Inscriptions grecques et latines. 4 vol. gr. in-4.
TOMES VII à IX. Troisième partie. Monuments d'antiquité figurée. 3 vol. gr. in-4.
TOMES X et XI. Quatrième partie. Architecture. 1 vol. gr. in-folio de 90 pl. et 1 vol. de texte gr. in-4.

Cet ouvrage est en cours de publication,

LEBER (J.-M.-Constant), né en 1779, ancien chef de bureau au ministère de l'intérieur. Cet antiquaire a rendu de véritables services aux études historiques. Il est l'un des éditeurs de la Collection des meilleures dissertations, etc., dont nous avons donné l'analyse page 116. L'ouvrage que nous citons ici est très-estimé.

700. ESSAI sur l'appréciation de la fortune privée au moyen âge, relativement aux variations des valeurs monétaires et du pouvoir commercial de l'argent, suivi d'un examen critique des tables de prix du marc d'argent, depuis l'époque de saint Louis, par M. Leber. 2e édition, revue et augmentée de nouvelles recherches. 1 vol. in-8.
Paris, 1847.

Erreur commune sur le mode d'appréciation des anciennes valeurs monétaires. — Force de l'argent au moyen âge. — Preuves tirées de la valeur commerciale des choses nécessaires à la vie, d'une part, et des produits de l'industrie étrangère et de luxe, d'autre part. — Influence du luxe sur la fortune et la vie privée des riches et des pauvres. — Bon marché relatif de la vie du peuple et du pauvre. — Base et règle d'appréciation déduites des faits et justifiées par l'application. — Table du prix de la vie au moyen âge : 1º gages, soldes, salaires, journées; 2º prix des denrées de première nécessité ; 3º prix des objets de luxe. — Tableau du pouvoir de l'argent et de ses conséquences économiques, depuis le VIIIe siècle jusqu'au XIXe.

LEBEUF (Jean), né en 1687, mort en 1760, l'un des érudits les plus remarquables du XVIIIe siècle, a produit un grand nombre d'ouvrages historiques. Nous n'indiquons ici que ceux relatifs à l'histoire de Paris, les autres n'étant que de simples monographies. Lebeuf était membre de l'Académie des Inscriptions et Belles-Lettres depuis 1740.

701. HISTOIRE DE LA VILLE et de tout le diocèse de Paris. 15 vol. in-12.   Paris, 1754-1758.

702. DISSERTATION sur l'histoire ecclésiastique et civile de Paris, suivies de plusieurs éclaircissements sur l'histoire de France. 3 vol. in-12.
Paris, 1739-1743.

LEBRUN (Pierre-Antoine), né en 1785, a été successivement receveur principal des contributions, directeur de l'Imprimerie royale, conseiller d'État, pair de France, et directeur du *Journal des Savants*. Ce poëte distingué, resté dans l'ombre depuis la révolution de février 1848, vient de reparaître sur la scène politique, et a été nommé sénateur. Le succès remarquable que sa tragédie de *Marie Stuart* a obtenu lors de son apparition, l'a fait entrer à l'Académie Française en 1828.

703. ŒUVRES de Pierre Lebrun, de l'Académie Française. 2 vol. in-8.   Paris, 1844.

TOME I. Ulysse. — Marie Stuart. — Le Cid d'Andalousie.
TOME II. Poëme sur la mort de Napoléon. — Poëme de la Grèce. — Poésies sur la Grèce, — la Méditerranée, — la vallée d'Olympie, — le Parnasse, — Ithaque, — le Ciel d'Athènes.

LE CLERC (Joseph-Victor), né en 1789, ancien professeur de rhétorique au collége Charlemagne, doyen de la Faculté des Lettres de Paris, et professeur d'éloquence latine à la Sorbonne. M. Le Clerc est membre de l'Académie des Inscriptions et Belles-Lettres depuis 1834. Nous indiquons ici sa traduction de Cicéron comme étant très-estimée.

704. DES JOURNAUX chez les Romains, par Victor Le Clerc, membre de l'Institut, doyen de la Faculté des Lettres. 1 vol. in-8.   Paris, 1838.

705. ŒUVRES COMPLÈTES de M.-T. Cicéron, traduites en français avec le texte en regard, édition publiée par Jos.-Vict. Le Clerc, professeur de rhétorique au collége royal de Charlemagne. 30 vol. in-8.   Paris, 1821-1825.

LEGENDRE (Adrien-Marie), né en 1752, mort en 1833. Ce savant mathématicien, fut chargé en 1787 de procéder pour la France à la réunion trigonométrique des observatoires de Paris et de Greenwich. Ses grands travaux le firent entrer à l'Académie des Sciences en 1783.

706. THÉORIE DES NOMBRES. 3e édition revue et considérablement augmentée. 2 vol. in-4.
    Paris, 1830.

707. ÉLÉMENTS DE GÉOMÉTRIE de Legendre. Nouvelle édition, avec additions et modifications, par M. A. Blanchet, suivie de la 14e édition donnée par A. M. Legendre. 1 vol. in-8.   Paris, 1845.

LEGOUVÉ (Gabriel-Marie-Jean-Baptiste), né en 1764, mort en 1812. D'abord avocat, ce poëte aimable suppléa Delille dans sa chaire de poésie latine au Collége de France, devint membre du jury de l'Opéra, et donna au public quelques tragédies et plusieurs poëmes, parmi lesquels on distingue son *Mérite des Femmes*, œuvre charmante, remplie de grâce et de sensibilité. Legouvé était membre de l'Académie Française.

708. ŒUVRES complètes de G. Legouvé, membre de l'Institut 3 vol. in-8.   Paris, 1826-27.

TOME I. Théâtre.
TOME II. Poëmes. — Blanche et Isabelle ou les Deux Amis, nouvelle en prose. — Réflexions à propos d'un essai sur l'amour.

Tome III. L'Énéide sauvée, poëme en cinq chants. — Polixène, tragédie en 5 actes et en vers. — Laurence et Orzano, tragédie en 5 actes. — Extraits du cours de poésie latine de Legouvé. — Remarques sur la traduction de l'Enéide en vers français, par Delille. — Le xviie siècle, poëme.

LEGRAND D'AUSSY (P.-J.-B.), né en 1737, mort en 1800. Cet antiquaire était conservateur de la Bibliothèque nationale, et membre de l'Institut. Son recueil est estimé. On joint ordinairement, à l'édition que nous donnons ici, le nouveau recueil de Contes, dits Fabliaux, et autres pièces inédites des xiiie, xive et xve siècles, pour faire suite aux collections de Legrand d'Aussy, Barbazan et Méon, par Jubinal (2 vol. in-8. Paris, 1839-1842).

709. Fabliaux ou Contes. Fables et romans des xiie et xiiie siècles, traduits ou extraits par Legrand d'Aussy. 3e édition. 5 vol. in-8.
Paris, 1829.

LELONG (le père Jacques), né en 1665, mort en 1721. Ce savant bibliographe était bibliothécaire de l'Oratoire. L'ouvrage qu'il nous a laissé, et dont la seconde édition est due aux soins de plusieurs savants sous la direction de Fevret de Fontette, est le tarvail bibliographique le plus considérable qui ait été jamais entrepris sur l'histoire de France. La réputation universelle dont il jouit nous interdit tout éloge à son égard.

710. Bibliothèque historique de la France, contenant le catalogue des ouvrages imprimés et manuscrits qui traitent de l'histoire de ce royaume ou qui y ont rapport, avec des notes critiques et historiques, par feu Jacques Lelong, prêtre de l'Oratoire, bibliothécaire de la maison de Paris. Nouvelle édition, revue, corrigée et considérablement augmentée, par M. Fevret de Fontette, conseiller au parlement de Dijon. 5 vol. in-folio.
Paris, 1768-78.

Tome I. Plan du livre. Livre I. — Géographie des Gaules et du royaume de France. — Histoire naturelle du royaume de France. — Histoire des anciens Gaulois. — Livre II. Histoire ecclésiastique de la France. — Histoire des origines des églises de France. — Vies des saints de France. — Histoire ecclésiastique des provinces et des villes de France. — Histoire des contestations qui se sont élevées entre les théologiens de France. — Histoire des hérésies nées en France. — — Actes et traités concernant l'histoire générale des églises de France. — Histoire du gouvernement ecclésiastique ou des métropoles et de leurs suffragants avec les histoires du second ordre du clergé de France. — Histoire des évêques français et gaulois qui ont possédé des prélatures hors du royaume. — Histoire du clergé régulier ou des ordres monastiques ou autres communautés religieuses. — Ordre de Cîteaux. — Ordres religieux qui portent le nom de Moines solitaires. — Chanoines réguliers de France. — Ordre de Prémontré. — Chanoines réguliers de la congrégation de France. — Religieux mendiants. — Ordre de Fontevrault. — Brigittains. — Trinitaires-Mathurins. — Pères de la Mercy. — Servites. — Minimes. — Barnabites. — Théatins. — Frères de la Charité. — Frères de la Mort. — Histoire des Jésuites. — Histoire des religieuses de France, rangée selon la lettre alphabétique de leur ordre ou congrégation.

Tome II. Liv. III. Histoire politique de France. — Préliminaires de l'histoire des rois de France. — Origine des Français. — Mœurs, usages et coutumes. — Langue française et antiquité. — Chronologie, etc. — Histoire des rois de France. — Histoire de la famille royale de France. — Cérémonial de France. — Traité politique concernant les rois et le royaume de France. — Prérogatives. — Gouvernement de l'Etat. — Lois du royaume. — Traités et lettres du domaine du roi. — Finances. — Commerce et marine. — Contrats de mariage et testaments. — Droits de succession à la couronne. — Alliances politiques de la France. — Ouvrages par rapport aux droits de la couronne de France sur plusieurs États voisins.

Tome III. Histoire politique de France, suite. — Recueil des actes publics. — Chartes. — Traités et autres pièces politiques qui concernent l'histoire de France. — Traités et histoires des offices de France. — Grands officiers de la couronne. — Grands officiers de la maison du roi. — Conseil du roi. — Histoire des ministres. — Magistrature. — Parlement. — Chambre des comptes. — Cour des aides. — Juridictions inférieures. — Livre IV. Histoire civile des provinces de France. — Histoire des douze anciens gouvernements : Picardie, — Champagne, — Ile-de-France, — Normandie, — Orléanais, — Bourgogne, — Lyonnais, — Guyenne et Gascogne. — Languedoc, — Dauphiné, — Provence. — Histoire des provinces réunies à la couronne par les derniers rois : Roussillon, — Franche-Comté, — Alsace, — Provinces des Trois-Evêchés. — Lorraine, — Barrois, — Pays-Bas français; — Artois, — Flandre française, — Cambrésis, — Hénaut. — Histoire des pays qui appartenaient à l'ancienne Gaule et qui ne sont plus du royaume de France. — Suisse, — Electorat, — Pays-Bas. — Histoire des colonies françaises formées en Amérique, — en

Afrique et en Asie, avec ce qui regarde les nouvelles possessions de l'île de Corse. — Histoire de la noblesse de France et de ses familles illustres. — Mémoires historiques sur plusieurs historiens modernes de France.

Tome IV. Livre V. Histoire littéraire de la France. — Histoire générale de la littérature de France, et histoire des universités et académies. — Histoire des nouvelles académies. — Histoire des académies de provinces. — Recueils généraux et particuliers d'histoire. — Vies et éloges des Français qui se sont distingués soit dans les sciences et les arts libéraux, soit dans les beaux-arts. — Vies et éloges des dames illustres, savantes et autres de France. — Supplément de la bibliothèque historique. — Appendice de la Bibliothèque historique de la France, contenant diverses tables et listes de mémoires et d'estampes qui ont rapport à l'histoire de ce royaume.

Tome V. Additions et corrections. — Table générale des matières. — Table géographique. — Table chronologique, par Rondet. — Table alphabétique des chroniques, etc. — Table alphabétique des personnes. — Table alphabétique des matières. — Table des manuscrits. — Table alphabétique des auteurs. — Table alphabétique des anonymes.

LE MAOUT (Emm.), né en 1800, docteur en médecine en 1842, ancien démonstrateur à la Faculté de médecine de Paris.

711. Leçons élémentaires de botanique fondées sur l'analyse de cinquante plantes vulgaires, et formant un traité complet d'organographie et de physiologie végétale, à l'usage des étudiants et des gens du monde, par Le Maout. 1 vol. in-8 avec atlas in-4. Paris, 1845.

712. Les trois Règnes de la nature : Règne animal, histoire naturelle des oiseaux, classés méthodiquement, avec l'indication de leurs mœurs et de leurs rapports avec les arts, le commerce et l'agriculture, par Emm. Le Maout, docteur en médecine. 1 vol. gr. in-8. Paris, 1852.

LE NAIN DE TILLEMONT (Louis-Sébastien), né en 1637, mort en 1698. Ce judicieux et savant historien fit ses études à Port-Royal, et reçut des leçons du célèbre Nicole. Son goût pour les études historiques se développa de bonne heure, et ce fut cette science favorite qui l'occupa toute sa vie. Les ouvrages qu'il a laissés sont des chefs-d'œuvre d'érudition.

713. Vie de saint Louis, roi de France, par Le Nain de Tillemont, publiée pour la première fois d'après le manuscrit de la Bibliothèque royale, et accompagnée de notes et d'éclaircissements, par J. de Gaulle. 1 vol. in-8.
Paris, 1847-1851.

714. Histoire des empereurs et autres princesses qui ont régné dans les six premiers siècles de l'Eglise. Des persécutions qu'ils ont faites contre les chrétiens, de leurs guerres contre les juifs ; des écrivains profanes et des personnes illustres de leur temps, justifiée par les citations des auteurs originaux : avec des notes, par le S. D. T. 6 vol. in-4. Paris, 1690-1778.

Tome I Histoire des persécutions de l'Eglise depuis Auguste jusqu'à Vitellius et à la ruine des Juifs.
Tome II. Depuis Vespasien jusqu'à la mort de Pertinax.
Tome III. Depuis Sévère jusqu'à l'élection de Dioclétien.
Tome IV. Depuis Dioclétien jusqu'à Jovien.
Tome V. Depuis Valentinien jusqu'à Honoré.
Tome VI. Depuis Théodose II jusqu'à Anastase.

715. Mémoires pour servir à l'histoire ecclésiastique des six premiers siècles justifiées par les citations des auteurs originaux, avec une chronologie et des notes, seconde édition revue et corrigée. 16 vol. in-4. Paris, 1700-13.

Tome I. Temps de J.-C. et des apôtres.
Tome II. Les disciples de J.-C. et les apôtres. — Suite de l'histoire de l'Eglise jusqu'à l'an 177. — Lettre au P. Lami sur la dernière pâque de N. S.
Tome III. Depuis l'an 177 jusqu'en 253.
Tome IV. Histoire de saint Cyprien et le reste du IIIe siècle.
Tome V. Persécutions de Dioclétien, — de Licinius, — des martyrs dont on ignore l'époque.
Tome VI. Histoire des donatistes jusques à l'épiscopat de saint Augustin. — Des Ariens jusqu'au règne de Théodose le Grand. — Du concile de Nicée, etc.
Tome VII. Histoire particulière depuis l'an 328 jusques en 371, hors saint Athanase.
Tome VIII. Vies de saint Athanase et des saints morts depuis l'an 370 jusques en 394. — Histoire des Priscillianistes et des Messaliens.
Tome IX. Vies de saint Basile, — de saint Grégoire de Na-

ziance, — de saint Grégoire de Nysse, — de saint Amphiloque.

Tome X. Vies de saint Ambroise, — saint Martin, — saint Epiphane, et autres de la fin du ive siècle et du commencement du ve siècle.

Tome XI. Vies de saint Chrysostôme et d'autres contemporains.

Tome XII. Vies de saint Jérôme et d'autres de son temps.

Tome XIII. Vie de saint Augustin. — Histoire des donatistes et des pélagiens.

Tome XIV. Histoire de saint Paulin, — du nestorianisme.

Tome XV. Histoire de saint Germain d'Auxerre, — de saint Hilaire d'Arles, etc.

Tome XVI. Histoire de saint Prosper, — de saint Hilaire, etc.

LENGLET DUFRESNOY (l'abbé Nicolas), né en 1674, mort en 1755. Après avoir achevé ses études à Paris, Lenglet entra dans la carrière diplomatique, où il se distingua. Parmi les services qu'il rendit au gouvernement, on cite la découverte du complot de Cellamare. Ses ouvrages historiques sont de la plus grande utilité.

716. Abrégé chronologique de l'histoire universelle ancienne et moderne. 2 vol. in-8.
Paris, 1823.

717. Méthode pour étudier l'histoire, avec un catalogue des principaux historiens, et des remarques sur la bonté de leurs ouvrages. 15 vol. in-12. Paris, 1772.

LENOIR (Alexandre), né en 1762, mort en 1839. Cet antiquaire, fondateur et créateur du musée des Monuments français (1790 à 1826), est un des hommes de la Révolution à qui l'on doit le plus la conservation des monuments nationaux. Les ouvrages que nous citons plus bas ont certainement des défauts, au point de vue de l'art, mais ils renferment des dessins de constructions anciennes qui n'existent plus. Son fils, aussi habile architecte que bon antiquaire, a illustré le nom déjà célèbre de son père, et ses ouvrages, que nous avons indiqués à la collection des documents inédits, se distinguent tous par l'exactitude la plus sévère des monuments représentés.

718. Monuments des arts en France depuis les Gaulois jusqu'au règne de François Ier. 1 vol. in-folio. Paris, 1840.

719. Histoire des arts en France, prouvée par les monuments, suivie d'une description chronologique des statues en marbre et en bronze, bas-reliefs et tombeaux des hommes et des femmes célèbres, réunis au Musée impérial des Monuments français. 1 vol. in-4 et un atlas in-folio. Paris, 1811.

720. Musée des Monuments français, ou Description historique et chronologique des statues en marbre et en bronze, bas-reliefs et tombeaux des hommes et femmes célèbres, pour servir à l'histoire de France et à celle de l'art; orné de gravures et augmenté d'une dissertation sur les costumes de chaque siècle, par A. Lenoir. 8 vol. in-8. Paris, 1822.

LERMINIER (Eugène), né en 1803. Avocat distingué, M. Lerminier commença par être maître des requêtes au conseil d'État. Ayant attiré sur lui l'attention du gouvernement par ses écrits philosophiques et politiques, il fut nommé professeur de législation comparée au Collége de France. Depuis 1849, ce publiciste a complétement disparu de la scène politique.

721. Introduction générale à l'histoire du droit. 2e édition. 1 vol. in-8. Paris, 1834.
722. Philosophie du droit, par M. E. Lerminier, ancien professeur au Collége de France. 3e édition, revue, corrigée et augmentée de plusieurs chapitres. 1 fort vol. grand in-18.
Paris, 1853.

Livre I. « L'Homme. » — Chapitre I. Plan de l'ouvrage.— II. De l'individualité. — III. Du droit. — De la sociabilité. — De la politique. — IV. De la science. — V. De la religion. — Livre II. « La Société. » — Chapitre I. De l'Etat.— De la loi. — Du pouvoir. — De la liberté. — II. Du droit des gens. — De la paix et de la guerre. — III. De la famille. — Du mariage.— Du divorce.— De l'éducation. — IV. De la propriété. — V. De la succession naturelle et testamentaire des contrats. — VI. Des bases philosophiques de la législation générale. —

Livre III: « L'Histoire. » — Chap. I. Rome. — II. Les lois barbares. — La féodalité. — III. L'Eglise. — La réforme. — Le droit canonique. — IV. L'ancienne monarchie française. — V. La constitution anglaise. — VI. La révolution française. — Livre IV. « Les Philosophes. » — Chap. I. Platon. — II. Aristote. — III. Le stoïcisme. — IV. Le christianisme. — V. Machiavel. — VI. Hobbes. — Locke. — VII. Spinosa. — VIII. Kant. — Fichte. — IX. Schelling. — Hegel. — X. Jean-Jacques Rousseau. — XI. Condorcet. — De Maistre. — Saint-Simon. — Benjamin-Constant. — XII. Révolution de 1848. — Caractères et vices généraux du socialisme. — XIII. Poésie de l'industrialisme. — Théorie de Fourier. — XIV. Le logicien. — Livre V. « La Législation. » — Chap. I. Du droit. — De la législation. — De ses rapports avec la science du droit proprement dite. — II. De la législation dans ses rapports avec la religion, la philosophie et l'économie politique. — III. De la codification. — IV. Du problème de l'organisation judiciaire. — Conclusion. — Etudes. — Avertissement. — De la vie et des ouvrages de Saint-Simon. — Les Etrusques, par Ch. Alfred Müller.

LEROUX DE LINCY (Adrien-Jean-Victor), né en 1806, ancien élève de l'École des Chartes, membre de la Société des Antiquaires de France, et attaché à la bibliothèque de l'Arsenal depuis 1851.

723. RECUEIL DES CHANTS HISTORIQUES FRANÇAIS depuis le XIIe jusqu'au XVIIIe siècle, avec des notices et une introduction. 2 vol. in-12.
Paris. 1841.

724. LE LIVRE DES PROVERBES FRANÇAIS, précédé d'un Essai sur la philosophie de Sancho Pança, par Ferdinand Denis. 2 vol. in-18.
Paris, 1842.

LESAGE (Alain-René), né en 1668, mort en 1747, se fit recevoir avocat en 1692, mais se dégoûta promptement du barreau, et publia de nombreux ouvrages qui assurèrent sa réputation. Lesage est regardé à juste titre comme le plus grand romancier du XVIIIe siècle.

725. ŒUVRES DE LESAGE, nouvelle édition. 12 vol. in-8. Paris, 1822.

726. HISTOIRE DE GIL BLAS, par Lesage. 3 vol. in-8. Paris, 1815.

727. Le Diable boiteux, illustré par T. Johannot, précédé d'une Notice historique sur l'auteur, par J. Janin. 1 vol. gr. in-8. Paris, 1839-40.

LESUR (Charles-Louis), né en 1770, mort en 1849. On doit à ce littérateur, ancien maire de la ville de Guise, ancien historiographe au ministère des affaires étrangères, un annuaire historique semblable à l'*Annual Register* publié à Londres, dans lequel sont relatés tous les événements politiques et littéraires de l'année. Continué en 1832 par M. Ulysse Tencé, il est actuellement dirigé par MM. A. Fouquier et Desprez.

728. Annuaire historique universel. In-8.
Paris, 1818 et ann. suiv.

L'ouvrage se continue.

LETRONNE (Jean-Antoine), né en 1787, mort en 1848. Un des savants les plus infatigables du xixe siècle, fut successivement inspecteur général des études, administrateur de la Bibliothèque du Roi, archiviste général du royaume. Ces hautes fonctions ne l'empêchaient point d'être directeur de l'École des Chartes, professeur d'archéologie au Collége de France, et conseiller ordinaire de l'Université.

729. Recueil des Inscriptions grecques et latines de l'Égypte, étudiées dans leur rapport avec l'histoire politique, l'administration intérieure, les institutions civiles et religieuses de ce pays, depuis la conquête d'Alexandre jusqu'à celle des Arabes. 3 vol. in-4. Paris, 1841-1849.

LÉZARDIÈRE (Marie-Pauline de), né en 1754, morte en 1835, est une des rares érudites qui aient laissé un ouvrage digne d'être cité parmi les travaux historiques recommandables de ce temps-ci.

730. Théorie des lois politiques de la monarchie française, par mademoiselle P. de Lé-

zardière, nouvelle édition considérablement augmentée, et publiée sous les auspices de MM. les ministres des affaires étrangères et de l'instruction publique, par le vicomte de Lézardière. 4 vol. in-8. Paris, 1844.

L'HOSPITAL (Michel de), né en 1505, mort en 1573, successivement conseiller au Parlement de Paris, ambassadeur au concile de Trente, surintendant des finances, chancelier de France, et l'un des hommes les plus remarquables du xvie siècle.

731. Œuvres complètes de L'Hospital, précédées d'un Essai sur la vie et les ouvrages de l'auteur, et sur les principaux événements du xve siècle, accompagnées de notes biographiques et critiques, et d'une traduction nouvelle des poésies latines et du Testament, etc., par P.-J.-J. Dufey, etc. 5 vol. in-8. Paris, 1826.

LISFRANC (Jacques), né en 1787, mort en 1841. Ce célèbre médecin a été chirurgien en chef de la Pitié, professeur de chirurgie et de médecine opératoire, et membre de l'Académie de médecine.

732. Précis de médecine opératoire, par J. Lisfranc. 3 vol. in-8. Paris, 1845-1848.

LITTRÉ (Maximilien-Paul-Emile), né en 1801. Cet érudit s'est occupé de philosophie, de médecine et de philologie. Toutes ses productions sont fort estimées, et en particulier les deux traductions suivantes, que nous avons indiquées comme étant par elles-mêmes des travaux complétement neufs. M. Littré s'occupe depuis longtemps d'un dictionnaire des origines de la langue française, dont le monde savant attend avec impatience l'apparition.

733. Vie de Jésus, ou Examen critique de son histoire, par le docteur D.-F. Strauss, traduit de l'allemand par E. Littré. 1 vol. in-8. Paris, 1840.

734. Œuvres complètes d'Hippocrate, traduction nouvelle, avec le texte grec en regard, col-

lationné sur les manuscrits et toutes les éditions; accompagnées d'une introduction, de commentaires médicaux, de variantes et de notes philologiques; suivies d'une table générale des matières, par E. Littré, membre de l'Institut. 9 vol. grand in-8. Paris, 1839-1855.

Tome I. Préface.—Introduction. — De l'ancienne médecine.

Tome II. Avertissement. — Traité des airs, des eaux et des lieux. — Le pronostic.—Du régime dans les maladies aiguës, — des épidémies.

Tome III. Avertissement. — Des épidémies.— Des plaies de tête. — De l'officine du médecin. — Des fractures.

Tome IV. Des articulations. — Le mochlique.—Aphorismes. — Le serment. — La loi.

Tome V. Des épidémies. — Des humeurs. — Les prorrhétiques. — Prénotions coaques.

Tome VI. De l'art. — De la nature de l'homme. — Du régime sanitaire. — Des vents. — De l'usage des liquides. — Des maladies. — Des affections. — Des lieux dans l'homme.— De la maladie sacrée.— Des plaies.— Des hémorroïdes.— Des fistules.— Du régime.

Tome VII. Des maladies. — Des affections internes. — De la nature de la femme. — Du fœtus à 7, 8 et 9 mois. — De la génération. — De la nature de l'enfant. — Des maladies.

Tome VIII. Des maladies des femmes. — Des maladies des jeunes filles. — De la superfétation.

Le Tome IX est sous presse.

LOBINEAU (Dom Guy Alexis), né en 1666, mort en 1727. On doit à ce laborieux bénédictin une excellente histoire de Bretagne, qui est encore de nos jours fort recherchée.

735. Histoire de Bretagne, composée sur les titres et les auteurs originaux, depuis l'année 458 jusqu'en 1532, enrichie de portraits, de tombeaux et de sceaux, avec les preuves et les pièces justificatives. 2 vol. in-folio. Paris, 1707.

LOISEL (Antoine), né en 1536, mort en 1617. Ce célèbre jurisconsulte, élève de Cujas et de Ramus, était avocat de la reine Catherine de Médicis. Celui de ses nombreux ouvrages que nous indiquons ici, est le plus estimé.

736. Institutes coutumières de Ant. Loysel.

Nouvelle édition, revue, corrigée et augmentée, par MM. Dupin et E. Laboulaye. 2 vol. in-12.
Paris, 1846.

LOMÉNIE (Louis de). né en 1815, est professeur suppléant au Collége de France, et répétiteur du cours de littérature à l'École polytechnique. La Galerie des Contemporains illustres, que ce littérateur a publiée sous le psendonyme d'un homme de rien, a produit une certaine sensation, lors de son apparition. Son dernier ouvrage, sert de complément à toutes les œuvres du célèbre Beaumarchais.

737. BEAUMARCHAIS et la Société du xviiie siècle, d'après des documents inédits, par M. Louis de Loménie. 2 vol. in-8.   Paris, 1855.

LORRIS (Guillaume de), né en ....., mort vers 1240. Ce poëte célèbre commença le roman de la Rose, qui fut achevé par Jean de Meun, dit Clopinel, né en 1280, mort en 1364. Ce roman, véritable encyclopédie où l'antiquaire peut puiser des matériaux aussi nombreux que variés, a été édité plusieurs fois, surtout au xve et au xvie siècle.

738. LE ROMAN DE LA ROSE, par Guillaume de Lorris et Jehan de Meun, dit Clopinel. Nouvelle édition revue et corrigée sur les meilleurs et les plus anciens manuscrits, par M. Méon. 4 vol. In-8.   Paris, 1815.

M

MABILLON (Dom Jean), né en 1632, mort en 1707. Ce grand érudit fut chargé par le gouvernement de visiter les bibliothèques d'Allemagne et de l'Italie, ce qu'il exécuta au grand profit de la science. Sa réputation comme diplomatiste lui ouvrit les portes de l'Académie des Inscriptions et Belles-Lettres en 1709.

739 ACTA SANCTORUM ordinis S. Benedicti per

sex priora ordinis sæcula. 9 volumes in-folio.
Parisiis, 1668-1702.

740. DE RE DIPLOMATICA libri VI, cum supplemento, editio tertia et nova, dissertationibus variorum locupletata, notisque nunc primum illustrata a marchione Bumbæ. Io. Ademari. 2 vol. in-folio. Neapoli, 1789.

MABLY (Gabriel Bonnot de), né en 1709, mort en 1785, frère de Condillac, fut longtemps secrétaire du cardinal de Tencin, ministre de Louis XV, et exerça en cette qualité une grande influence sur les affaires politiques de son temps. S'étant brouillé avec le cardinal, il se consacra entièrement aux lettres, et publia un grand nombre d'ouvrages historiques et politiques fort importants.

741. ŒUVRES COMPLÈTES de Mably. 24 tomes en 26 vol. in-12. Paris, 1793.

TOMES I à VI. Observations sur l'histoire de France.
TOME VII. Droits et devoirs du citoyen.
TOMES VIII à X. Droit public de l'Europe.
TOMES XI et XII. Entretiens de Phocion.
TOME XIII. De l'étude de l'histoire.
TOMES XIV à XVI De la législation ou principes des lois.
TOME XVII. De la manière d'écrire l'histoire.
TOME XVIII. Observations sur l'histoire de la Grèce.
TOME XIX. Observations sur les Etats-Unis d'Amérique.
TOMES XIX et XX. Principes des négociations.
TOME XXI. Doutes proposés aux philosophes économistes.
TOME XXII. Principes de morale.
TOME XXIII. Destin de la France.
TOME XXIV. Observations sur les Romains.
TOMES XXV et XXVI. Du gouvernement et des lois de la Pologne.

MACAREL (L.), né en 1792, mort en 1851, ancien avocat au Conseil d'Etat et à la Cour de cassation. Ce légiste distingué fut nommé, après 1830, conseiller d'État et professeur de droit administratif à la Faculté de droit de Paris. L'ouvrage que nous citons ici est très-estimé.

742. COURS D'ADMINISTRATION ET DE DROIT AD-

ministratif, professé à la Faculté de Droit de Paris, par L. Macarel. 2e édition. 4 vol. in-8.
Paris, 1852.

Tomes I et II. Organisation et attributions des autorités administratives.
Tomes III et IV. Principes généraux de matières administratives.

MAINE DE BIRAN (Marie-François-Pierre Gonthier), né en 1766, mort en 1827. Ce philosophe était membre du Corps Législatif et de la Chambre des députés. Ses travaux le firent nommer correspondant de l'Institut.

743. Œuvres philosophiques de Maine de Biran, publiées par V. Cousin. 4 vol. in-8.
Paris, 1841.

Tome I. De l'influence de l'habitude sur la faculté de penser. —Rapport de M. Destutt de Tracy sur ce mémoire.
Tome II. De la décomposition de la pensée. — Nouvelles considérations sur le sommeil, les songes et le somnambulisme.
Tome III. De la perception immédiate. — Considérations sur le principe d'une division de faits psychologiques et physiologiques.
Tome IV. Nouvelles considérations sur le rapport du physique et du moral de l'homme.

744. Nouvelles considérations sur les rapports du physique et du moral de l'homme. Ouvrage posthume de M. Maine de Biran, publié par M. Cousin. 1 vol. in-8. Paris, 1834.

MAINTENON (Françoise d'Aubigné, marquise de), née en 1635, morte en 1719. Cette femme célèbre à tant de titres, dont la vie est un véritable roman, a laissé plusieurs écrits remarquables qu'Angliviel de La Baumelle, éditeur peu scrupuleux avait déjà publié en partie, non sans avoir fait de grandes modifications, aux dépens de l'œuvre même. Aussi doit-on remercier M. Th. Lavallée de cette nouvelle publication à laquelle il est bon d'ajouter l'Histoire de madame de Maintenon et des principaux événements du règne de Louis XIV, par le duc de Noailles. (2 vol. in-8, 1842.)

745. Œuvres de madame de Maintenon, publiées par M. Théophile Lavallée. 6 vol. in-18.
Paris, 1854-55.

Lettres sur l'Education des filles. — Entretiens sur l'Education. 2 vol.
Conseils aux jeunes Filles. 1 vol.
Lettres édifiantes. 1 vol.
Correspondance générale. 1 vol.
Mémoires, conversations, écrits divers. 1 vol.

MAISON RUSTIQUE... Cet ouvrage est d'une utilité indispensable au double point de vue de la théorie et de la pratique, et la réputation dont il jouit est méritée.

746. Maison rustique du XIXe siècle, publié sous la direction de M. Bailly, Bixio et Malpeyre, par MM. Audouin, Bonafous, Huzard, Molard, Payen, Silvestre, Tessier, de la section d'agriculture de l'Académie des Sciences; Vilmorin, de la Société centrale d'Agriculture de Paris; Yvart, professeur à l'École vétérinaire d'Alfort; Moll et Leclerc-Thouin, professeur d'agriculture au Conservatoire; de Rambuteau, ancien préfet; de Gasparin, ancien ministre de l'agriculture, etc., 5 vol. in-4. Paris, 1837.

Tome I. Agriculture proprement dite.
Tome II. Cultures industrielles et animaux domestiques.
Tome III Arts agricoles.
Tome IV. Agriculture forestière, étangs, administration et législation rurales.
Tome V. Horticulture, calendrier du jardinier, du magnanier et du forestier.

MAISTRE (Joseph, comte de), né en 1753, mort en 1821. Ce zélé défenseur du trône et de l'Église s'est fait une grande réputation comme écrivain politique. La célébrité dont il jouit est due néanmoins beaucoup plus à la facilité de son style qu'à la solidité de ses arguments.

747. Les Soirées de Saint-Pétersbourg, ou Entretiens sur le gouvernement temporel de la

Providence, suivies d'un Traité sur les sacrifices. 10ᵉ édition. 2 vol. in-8. Paris, 1842.

748. Considérations sur la France. 1 vol. in-8. Paris, 1847.

749. Du Pape. 8ᵉ édition, seule conforme à celle de 1821. 1 vol. in-8. Paris, 1849.

750. De l'Église gallicane dans son rapport avec le souverain pontife pour servir de suite à l'ouvrage intitulé: *du Pape.* 1 vol. in-8.
Paris, 1845.

751. Essai sur le principe générateur des constitutions politiques et des autres institutions humaines. 1 vol. in-8. Paris, 1849.

MAISTRE (Xavier, comte de), né en 1764, mort en 1852, ancien officier piémontais, général major au service de la Russie.

752. Œuvres complètes. Nouvelle édition. 1 vol. in-12. Paris, 1844.

Voyage autour de ma chambre. — Expédition nocturne. — Le Lépreux de la cité d'Aoste. — Les Prisonniers du Caucase. — La Jeune Sibérienne.

MAITTAIRE (Michel), né en 1668, mort en 1747. Forcé de se retirer en Angleterre à cause de l'édit de Nantes, Maittaire consacra sa vie entière à l'étude, et mourut professeur à l'école de Westminster où il avait passé sa jeunesse. Son ouvrage, quoique imparfait, n'a pas encore été dépassé. On y ajoute ordinairement le supplément de Michel Denis, en 2 vol. in-4 (Vienne, 1789).

753. Annales typographici, ab artis inventæ origine ad annum 1557. 3 vol. in-4.
Amstelodami, 1719-1741.

MALEBRANCHE (Nicolas), né en 1638, mort en 1715. Cet oratorien, d'abord enthousiaste de Descartes, s'éloigna peu à peu du système de ce grand philosophe, combattit Arnauld, Regis et le P. Lamy, et dans tous ses écrits montra une force de style et de pensée peu commune.

Son système, condamné par Bossuet, censuré par la cour de Rome, est maintenant complétement abandonné.

754. ŒUVRES DU P. MALEBRANCHE, édition collationnée sur les meilleurs textes, comprenant : les Entretiens métaphysiques, les Méditations, le Traité de l'Amour de Dieu, l'Entretien d'un Philosophe chrétien et d'un Philosophe chinois, la Recherche de la Vérité, avec notes et introduction par J. Simon. 2 vol. in-12.
Paris, 1847.

MALFILATRE (Jacques-Charles-Louis Clinchamp de), né en 1733, mort en 1767, fit de brillantes études au collége des Jésuites de Caen, et fut couronné quatre fois par l'Académie de Rouen. Venu à Paris, sur les instances d'un libraire, il dissipa vite l'argent qu'il avait reçu, et mourut à 34 ans.

755. ŒUVRES COMPLÈTES de Malfilâtre, précédées d'une Notice historique et littéraire sur sa vie et ses ouvrages, par M. Auger. 2⁰ édition. 1 vol. in-8. Paris, 1812.

MALGAIGNE (Joseph-François), né en 1806. Ce médecin distingué a été chirurgien de l'hôpital de Bicêtre et de celui de Lourcine. Il est actuellement professeur à la Faculté de Médecine de Paris depuis 1850.

756. TRAITÉ D'ANATOMIE CHIRURGICALE et de chirurgie expérimentale. 2⁰ édition, corrigée et augmentée. 2 vol. in-8. Paris, 1854.

757. TRAITÉ DES FRACTURES et des luxations, par J.-F. Malgaigne. 2 vol. in-8 et atlas in-folio.
Paris, 1847-1854.

TOME I. Fractures.
TOME II. Luxations.

MALHERBE (François de), né en 1555, mort en 1628. Le père de la poésie française, surnommé le prince des poëtes et le poëte des princes, vécut sous six rois, et eut pour protecteurs les plus grands seigneurs de la cour.

758. Œuvres choisies de F. de Malherbe, avec les notes de tous les commentateurs. Édition publiée par L. Parelle. 2 vol. in-8.   Paris, 1825.

MALTE-BRUN (Conrad), né en 1775, mort en 1826. Ce géographe s'est occupé de poésie, de politique et d'histoire. L'ouvrage que nous citons ici lui a donné une réputation universelle.

759. Précis de la Géographie universelle, ou Description de toutes les parties du monde, sur un plan nouveau, d'après les grandes divisions naturelles du globe; précédée de l'histoire de la géographie chez les peuples anciens et modernes, et d'une théorie générale de la géographie mathématique, physique et politique; accompagnée de cartes, de tableaux analytiques, statistiques et élémentaires, et d'une table analytique des noms de lieux, de montagnes, de fleuves, etc., par Malte-Brun. Nouvelle édition, revue, mise dans un nouvel ordre, et augmentée de toutes les nouvelles découvertes, par M. J.-J.-N. Huot. 12 vol. in-8.   Paris, 1831 et ann. suiv.

MARGUERITE DE VALOIS, née en 1492, morte en 1549. Cette femme célèbre, qui eut pour petit-fils Henri IV, cultiva les lettres avec succès, et nous a laissé des contes charmants qui rappellent, par leur laisser-aller, les mœurs peu rigides de l'époque.

760. L'Heptaméron des nouvelles de très haute et très illustre princesse Marguerite d'Angoulème, reine de Navarre, sœur de François Ier. Nouvelle édition, publiée sur les manuscrits, par la Société des bibliophiles français. 3 vol. in-8.
Paris, 1853.

MARIETTE (Pierre-Jean), né en 1694, mort en 1774, directeur de la Galerie impériale de Vienne, contrôleur général de la grande chancellerie, secrétaire du roi. Cet artiste est célèbre par le cabinet d'estampes qu'il s'était formé, et par plusieurs ouvrages dans lesquels il révèle de grandes qualités de critique.

761. ABECEDARIO de P.-J. Mariette et autres notes inédites de cet amateur sur les arts et les artistes. Ouvrage publié d'après les manuscrits autographes conservés au cabinet des estampes de la Bibliothèque impériale, et annoté par Ph. de Chennevières et A. de Montaiglon. 5 vol. in-8.
Paris, 1853 et années suivantes.

L'ouvrage est en cours de publication.

MARIVAUX (Pierre Carlet de Chamblain de), né en 1688, mort en 1763. Ce fécond littérateur écrivait, encore assis sur les bancs du collége, des pièces de théâtre. S'étant lié avec Lamotte, Helvétius et Fontenelle, il fut admis chez la célèbre madame de Tencin, et ne tarda pas à être distingué. Malgré une longue suite de succès, quelquefois mérités, on doit reprocher à Marivaux une certaine affectation de bel esprit qui fait que la pensée la plus simple devient presque inintelligible. Aussi n'est-ce pas sans raison que l'on a donné à ce genre de littérature le nom de Marivaudage.

762. ŒUVRES COMPLÈTES. Nouvelle édition, avec une Notice historique sur la vie et le caractère du talent de l'auteur, des jugements littéraires et des notes, par M. Duviquet. 10 vol. in-8.
Paris, 1827-30.

TOMES I à V. Théâtre.
TOMES VI à X. Romans.

MARMONTEL (Jean-François), né en 1726, mort en 1799, embrassa l'état ecclésiastique, dont il se dégoûta promptement. Appelé à Paris, par Voltaire, il débuta par des succès, obtint une place de secrétaire des bâtiments; devint directeur du *Mercure*, et fut admis à l'Académie Française en 1763.

763. ŒUVRES CHOISIES de Marmontel, 12 vol. in-8.
Paris, 1824-27.

TOMES I-IV. Contes moraux.

Tome V. Bélisaire.
Tome VI. Les Incas.
Tomes VII-X. Eléments de littérature.
Tomes XI et XII. Mémoires.

764. Bélisaire, par Marmontel. 1 vol. in-8.
Paris, 1825.

765. Contes moraux, par Marmontel, 2 vol. in-8. Paris, 1822.

MAROT (Clément), né en 1495, mort en 1544. Valet de chambre de Marguerite de Valois, duchesse d'Alençon, suivit François Ier dans toutes ses expéditions, fut blessé au siége de Pavie, et enfermé dans les prisons du Châtelet jusqu'en 1526 comme suspect d'opinions luthériennes. Relâché sur l'ordre du roi, il courut de nouveaux dangers, s'exila plusieurs fois, et finit par mourir à Turin.

766. Œuvres complètes de Clément Marot. Nouvelle édition ornée d'un beau portrait, et augmentée d'un Essai sur la vie et les ouvrages de Cl. Marot, de notes historiques et critiques, et d'un glossaire. 3 vol. in-8. Paris, 1824.

MARTENS (G.-F. de), né en ..., mort en 1821, professeur de droit à l'Université de Gœttingue, conseiller de l'électeur de Brunswick. Ce diplomate a publié un recueil de Traités devenu célèbre, et qui a été continué jusqu'à nos jours par Murhard.

767. Recueil de traités de paix, d'alliances, de trêves, de neutralité, de commerce, des limites, d'échange, etc., et de plusieurs autres actes servant à la connaissance des relations étrangères des puissances de l'Europe, depuis 1761 jusqu'à présent, par G.-F. de Martens. 44 vol. in-8. Paris, 1817-1854.

MARTIN (Louis-Aimé), né en 1786, mort en 1846. Successivement professeur d'histoire littéraire à l'Athénée en 1813, secrétaire rédacteur de la Chambre des députés en 1815, et professeur d'histoire à l'École polytechnique, est un des littérateurs consciencieux de notre époque.

768 LETTRES A SOPHIE sur la physique, la chimie et l'histoire naturelle, par A. Martin. 13ᵉ édition. 2 vol. in-12. Paris, 1847.

769. ÉDUCATION DES MÈRES DE FAMILLE, ou de la Civilisation du genre humain par les femmes, ouvrage couronné par l'Académie Française. 2ᵉ édition, revue, corrigée et augmentée de douze chapitres, par Aimé Martin. 2 vol. in-12.
Paris, 1847.

MARTIN (Thomas-Henri), né en 1813. Cet historien remarquable est professeur à la Faculté des Lettres de Paris.

770. HISTOIRE DE FRANCE, depuis les temps les plus reculés jusqu'en 1789, par T.-H. Martin, ouvrage qui a obtenu de l'Académie des Inscriptions et Belles-Lettres le grand prix Gobert; nouvelle édition, entièrement revue et augmentée d'un nouveau travail sur les origines nationales. 19 vol. in-8. Paris, 1837 et ann. suiv.

MASSILLON (Jean-Baptiste), né en 1663, mort en 1742. Cet oratorien célèbre, l'un des prédicateurs les plus éminents du XVIIIᵉ siècle, était directeur du séminaire de Saint-Magloire à Paris. Après avoir prêché plusieurs années devant la cour, il fut appelé à l'évêché de Clermont en 1717, et nommé membre de l'Académie Française en 1719. Louis XIV, qui l'admirait beaucoup, lui dit un jour : « Mon père, j'ai entendu plusieurs grands orateurs, j'en ai été content; pour vous, toutes les fois que je vous entends, je suis très-mécontent de moi-même. »

771. ŒUVRES DE MASSILLON. 13 vol. in-8.
Paris, 1810.

MAURY (Jean Siffrein), né en 1746, mort en 1817, entra dans les ordres et se fit une certaine réputation comme prédicateur. Nommé abbé de Sénone en 1772, il ne tarda pas à se mêler des affaires politiques. Député aux états généraux, il y prit souvent la parole, et eut quelques succès oratoires. Le pape le fit cardinal, évêque de

Montefiascone, et son nonce à la diète de Francfort. Nommé archevêque de Paris en 1810, il fut déposé à la Restauration, et mourut à Rome dans un complet oubli.

772. ESSAI sur l'Éloquence de la chaire. Discours. — Éloges et panégyriques. Nouvelle édition. 2 vol. in-8. Paris, 1842.

MAZOIS (François), né en 1783, mort en 1826. Cet architecte habile, ancien membre du conseil des bâtiments civils, est auteur d'un ouvrage capital sur Pompéi.

773. LES RUINES DE POMPÉI, par M. F. Mazois, ouvrage continué par M. Gau, d'après les dessins de MM. Mazois et Gau. 4 vol. in-folio.
Paris, 1825-1838.

TOME I. Voies publiques. — Tombeaux. — Portes et murailles.
TOME II. Fontaines publiques. — Rues. — Habitations particulières.
TOME III. Monuments municipaux. — Le portique. — Le Forum.
TOME IV. Temples. — Théâtres. — Amphithéâtres. — Bains.

MATHIEU DE DOMBASLE (Christophe-Joseph-Alexandre), né en 1777, mort en 1843. L'un des agronomes les plus distingués de notre époque, a rendu, comme théoricien et comme praticien, de grands services à l'agriculture et à l'économie industrielle. Son procédé des jus sucrés par macération, est employé généralement dans les fabriques de sucre.

774. ANNALES AGRICOLES DE ROVILLE, ou Mélanges d'agriculture, d'économie rurale et de législation agricole. 9 vol. in-8.
Paris, 1824-1837.

775. CALENDRIER DU BON CULTIVATEUR, ou Manuel de l'agriculteur praticien. 8e édition. 1 vol. in-12. Paris, 1846.

MÉMOIRES DE L'ACADÉMIE DE MÉDECINE. Ce recueil important, rédigé par les célébrités médicales, date de 1828. On réunit en général à cette collection les Mémoires de la Société royale de Médecine (10 vol. in-4, Paris, 1776-1790) et les mémoires et prix de l'Académie royale de chirurgie (10 vol. in-4, Paris, 1747-1797).

776. MÉMOIRES de l'Académie impériale de médecine de Paris. 19 volumes in-4.
Paris, 1828 et ann. suiv.

TOME 1. Eloges de Corvisart, Pinel, Berthollet, Cadet, Bourru, Beauchêne, par Pariset. — Rapport sur les épidémies, par Double. — Compte rendu des travaux de l'Académie, par Double. — Discours sur l'histoire et les progrès des sciences pharmaceutiques ou naturelles et chimiques, jusqu'aux temps actuels, par J.-P. Virey. — Mémoires sur le mutisme, par Itard. — Mémoire sur les phlegmasies cérébrales, par le même. — Existe-t-il aujourd'hui un aussi grand nombre de fous qu'il y a quarante ans? par Esquirol. - Mémoire sur la mortalité dans la classe aisée et la classe indigente, par Villermé. — Observations sur les effets thérapeutiques de la morphine ou narcéine, par Bally. — Mémoire sur la folie des ivrognes, ou délire tremblant, par Léveillé. — Mémoire sur les plaies pénétrantes de la poitrine, par le baron Larrey, avec une planche. — Mémoire sur l'opération de la taille, par le même. — Mémoire sur une nouvelle méthode de traiter les anus contre nature, par le baron Dupuytren, avec cinq planches. — Mémoire sur les obstacles apportés à l'accouchement par la mauvaise conformation du fœtus, par Dugès, avec une planche. — Analyse de l'écorce du pseudo-quina, par Vauquelin. — Considérations sur diverses concrétions du corps humain, par Laugier. — Mémoire sur la violette, par Boullay. — Mémoire sur l'ipécacuanha, par Lemaire, avec une planche.

TOME II. Eloge de Percy et de Vauquelin, par Pariset. — Rapport général sur les remèdes secrets, par Itard. — Etudes anatomiques, physiologiques et pathologiques sur l'œuf dans l'espèce humaine et dans les animaux vertébrés, par G. Breschet, avec six planches. — Mémoire sur la rhinoplastie, par Lisfranc. — Mémoires sur quelques faits observés à l'hospice des vénériens, par Ricord. — De l'éducation physiologique du sens auditif chez les sourds-muets, par Husson. — Essai sur la sensibilité de la substance dure des dents, par Duval — Mémoire sur le maïs, par Duchesne. — Mémoire sur la cause des présentations de la tête pendant l'accouchement, et sur les déterminations instinctives ou volontaires du fœtus humain, par Paul Dubois. — De l'instinct et des déterminations instinctives dans l'espèce humaine, par Dubois (d'Amiens). — De quelques déplacements de la matrice, et des pessaires les plus convenables pour y remédier, par Hervez de Chegoin. — Considérations pratiques sur le traitement des maladies de la matrice, modifications du spéculum utérin, par Mélier. — De quelques fonctions involontaires des appareils de la locomotion et de la préhension, par Toulmouche. — Mémoire sur les plaies pénétrantes de la poitrine, par Priou.

Tome III. Eloge du baron G. Cuvier, par Pariset. — Compte rendu de la section de chirurgie, par Roux. — Rapport sur un mémoire de M. Ozanam, constatant l'absence de l'arsenic dans les tubes de verre blanc, par Chevallier. — Remarques sur les inconvénients de la percussion, par Planche. — Mémoires sur les cancers superficiels, par Lisfranc. — Considérations médico-légales sur la monomanie, par Marc. — Rapports sur plusieurs substances provenant d'une momie d'Egypte, par Bonastre. — Mémoire sur la terre antisyphilitique d'Abyssinie, par Cullerier et Soubeiran. — Mémoire sur la somascétique dans ses rapports avec l'orthopédie, par Pravaz. — Mémoire sur l'extrophie congénitale de la vessie, par Velpeau. — Mémoires chirurgicaux sur différentes espèces d'anévrismes, par G. Breschet, avec six planches. — Considérations médico-philosophiques sur ce mot d'Aristote : « Que la plupart des grands hommes sont atteints de mélancolie », par Réveillé-Parise. — Observations relatives à l'emploi de la poudre de houx dans le traitement des fièvres intermittentes, par Chomel. — Mémoire sur l'excision de la partie inférieure du rectum devenue carcinomateuse, par Lisfranc. — De l'éclampsie des jeunes enfants, comparée avec l'apoplexie et le tétanos, par Dugès. — Expériences sur la coloration du pain par le mélampire, par Dizé et Henry. — Des altérations organiques observées à l'ouverture d'un bœuf âgé de cinq ans, par Dupuy. — Rapport sur une épizootie, par Dupuy et Fodéré. — Rapport au nom de la commission des épidémies sur les épidémies qui ont régné en France depuis 1771 jusqu'en 1830, par Villeneuve. — Convient-il, dans les présentations vicieuses du fœtus, de revenir à la version sur la tête? par P. Dubois. — Observations de tumeur pileuse et dentifère, par Ollivier et André. — Nouvelles recherches sur la rétraction permanente des doigts, par Goyrand et Sanson. — Histoire de la maladie qui a régné au bagne de Toulon, par Fleury.

Tome IV. Eloge de Portal, par Pariset. — Compte rendu des travaux de l'Académie, par Pariset. — Instruction donnée par l'Académie de Médecine à M. Gaimard, pour l'expédition dans les mers du Nord. — De l'angine plastique, dite maligne ou gangréneuse, considérée dans l'épidémie qui a régné à Saint-Denis en 1827, par Bourgeois. — Mémoire sur la ligature de la langue et sur celle de l'artère linguale en particulier, par G. Mirault, avec une planche. — De la cachexie aqueuse chez l'homme et dans le mouton, par Hamon, Fischer et Girard. — Remarques sur la structure du larynx et de la trachée-artère, par A. Lauth, avec une planche. — Mémoire sur l'oblitération des bronches, par A.-C. Reynaud, avec cin planches. — Remarques sur le rachitisme, par Salmande. — Observations d'imperforation de l'anus et de l'urètre, par Roux, avec une planche. — Mémoire sur la luxation de l'humérus, par Lepelletier. — Mémoire sur de nouveaux moyens de rétablir la régularité du thorax dans le cas de déviation du rachis, par Pravaz, avec une planche. — Opérations de lithotritie pratiquées avec un brise-pierre à pression et à percussion, par Ségalas. — Remarques sur la lithotritie, par Civiale. — Empoisonnement par l'arséniate de potasse, par Bouley. — Mémoire sur les tubercules, par Ravin. — Fracture de la colonne vertébrale, par A. Lauth. — Observations sur une obturation complète de la pupille de l'œil gauche, par Silvy. — Observation d'une luxation complète du tibia en arrière, par Blanchard. — Observation sur une luxation grave du genou, par Larrey. — Mémoire sur la monstruosité, par rapport à l'accouchement, par P. Dubois. — Observation de perte de mémoire, par Kœmpfen.

Tome V. Eloges de Chaussier, Dupuytren, Bourdois de Lamotte, par Pariset. — Notice sur la peste de Moscou, par Gérardin. — De la hernie inguinale interstitielle, par Guyrand. — De l'abolition des chaînes des aliénés à Bicêtre, par Ph. Pinel. — Des propriétés du sublimé corrosif pour la conservation des bois, par Keraudren. — Observation sur la guérison des plaies sans inflammation, par Macartney. — Nouvelles recherches expérimentales sur les hémorragies traumatiques, et recherches sur les vivisections, par Amussat. — Histoire d'une opération césarienne pratiquée avec succès pour la mère et l'enfant, par Stoltz. — Rapport sur les travaux relatifs à la créosote et sur son emploi thérapeutique, par Martin Solon. — Mémoire de la détermination du siège et du diagnostic différentiel des luxations scapulo-humérales, par Malgaigne. — Recherches sur le principe vénéneux du manioc amer, par Boutron et Henry, avec une planche. — Mémoire sur la lithotritie chez les enfants en bas âge, par Leroy d'Etiolles. — Recherches anatomiques et physiologiques sur l'organe de l'ouïe et sur l'audition dans l'homme et les animaux vertébrés, par G. Breschet, avec treize planches gravées. — Recherches sur la surdité : de ses causes et de son traitement, par Itard. — Nouvelles inductions philosophiques appliquées à l'étude de l'idiotisme et de la démence, par Dubois (d'Amiens. — Remarques psychologiques sur les frères Siamois, par le même. — Notice sur le cowpox découvert à Passy en 1836, par Bousquet, avec une grande planche gravée.

Tome VI. Rapport sur les épidémies qui ont régné en France de 1830 à 1836, par Piorry. — Mémoire sur la phthisie laryngée, ses altérations organiques, ses causes, ses espèces, sa terminaison et son traitement, par Trousseau et Belloc, avec neuf planches gravées. — Influence de l'anatomie pathologique sur la médecine, depuis Morgagni jusqu'à nos jours, par Risueno d'Amador. — Influence de l'anatomie pathologique sur la médecine, par Saucerotte. — Recherches sur le sagou, par Planche. — De la morve et du farcin chez l'homme, par Rayer.

Tome VII. Éloges de Scarpa et de Desgenettes, par Pariset. — Notice sur Laënnec, par Husson. — Rapport général sur les eaux minérales de France, au nom d'une commission, par Mérat. — Rapport de la commission des épidémies sur les maladies épidémiques qui ont régné en France dans les années 1836, 1837 et 1838, par Piorry. — Mémoire sur les analogies et les différences qui existent entre le typhus et la fièvre typhoïde dans l'état actuel de la science, par Gaultier de Claubry. — Mémoire sur les analogies et les différences qui existent entre le typhus et la fièvre typhoïde, par Montault. — Mémoire sur la section du tendon d'Achille dans le traitement des Pieds-bots, par Bouvier, avec une planche. — Mémoire sur un prolapsus particulier du rectum dans le vagin ou à travers la vulve, ou rectocèle vaginal, par Malgaigne. — Mémoire sur une maladie grave du mouton, dite pourriture, expliquée par les principes de l'hygrométrie, par Dupuy. — Observations anatomiques sur l'ivoire, pour servir à l'étude de l'organisation des dents, par Duval. — Description d'un appareil, ou grande attelle extensive pour les fractures obliques du corps du fémur et pour les fractures du col de cet os, par Gontier Saint-Martin, avec une planche. — Mémoire sur le traitement moral de la folie, par Leuret. — Observations et réflexions sur un cas d'anévrisme de l'artère fémorale pour lequel on a pratiqué la ligature de l'artère iliaque externe; suivant le procédé de Bogros, par G. Mirault. — Mémoire sur les luxations scapulo-humérales, par Malle. — Observations sur un cas d'inversion de la vessie par l'ouraque, nouvelle forme de prolapsus de la vessie, par R. Froriep, avec une planche.

Tome VIII. Éloge d'Itard, par Bousquet. — Éloge de Laënnec, par Pariset. — Notice sur Biett, par Ferrus. — Recherches sur les maladies de la vieillesse, par R. Prus. — Tractatus de morbis in Islandia frequentissimis, auct. J. Thortensen. — Mémoire sur l'opération de la taille, par Souberbielle. — Mémoire sur la dyssenterie observée à la Guadeloupe, par Cornuel. — Recherches sur la structure de la couche corticale des circonvolutions du cerveau, par Baillarger. — Mémoire statistique sur la pleuro-pneumonie aiguë, par J. Pelletan. — Mémoire sur l'empoisonnement par l'acide arsénieux, par le tartrate de potasse antimonié, par les sels de cuivre, par Orfila. — Mémoire sur les revaccinations, par Sédillot. — Nouvelles recherches sur l'urine humaine, par Lecanu. — De la cystocèle vaginale opérée par un procédé nouveau; application de ce procédé au traitement du prolapsus de la paroi postérieure du vagin, par Jobert de Lamballe.

Tome IX. Éloge de Tessier, par Pariset. — Rapport de la commission des épidémies pour 1839 et 1840, par Bricheteau. — Discours prononcé sur la tombe de Sanson, par Bégin. — Mémoire sur plusieurs affaires d'empoisonnement par l'arsenic, par Orfila. — Ligature de l'artère carotide, par Jobert de Lamballe. — Anévrisme de l'origine de l'artère carotide gauche, par A. Colson. — Ligature de l'artère iliaque primitive pour un anévrisme de l'iliaque externe, par Deguise. — Désarticulation scapulo-humérale, extraction de l'omoplate, résection de la clavicule, ablation d'un testicule, par Gaetani Bey. — De la menstruation, influence que cette fonction exerce sur les maladies et celles qu'elle en reçoit, par Brierre de Boismont. — Mémoire sur la suspension, par Orfila. — Déterminer l'influence de l'éducation physique et morale sur la production de la surexcitation du système nerveux, par Cerise. — Histoire des découvertes relatives au système veineux sous le rapport anatomique, physiologique, pathologique et thérapeutique, par Raciborski. — Mémoire sur la révolution morale dans le traitement de la folie, par Leuret. — Mémoire sur l'anatomie du cerveau, par Foville. — Mémoire sur une luxation congéniale de l'humérus, par Gaillard. — Mémoire sur les substances anthelmintiques de l'Abyssinie, par L. Aubert.

Tome X. Eloges de J.-B. Huzard, de Ch.-H.-Chr. Marc, de J.-A.-B. Lodibert, par Pariset. — Mémoire sur l'amputation sous-malléolaire, par L. Arnal et F. Martin. — Mémoire sur un nouveau moyen de remédier à la chute du rectum, par A. Robert. — Mémoire sur l'hémorragie à la suite de l'opération de la taille par la méthode périnéale et sur un moyen efficace d'y remédier, par L.-J. Bégin. — Des tempéraments considérés dans leurs rapports avec la santé, par H. Royer-Collard. — Observation sur une lésion grave du cerveau à la suite d'un coup de pierre à la tête, par Poilroux. — Etudes sur les subsistances envisagées dans leurs rapports avec les maladies et la mortalité, par F. Mélier. — Sur la valeur de l'examen microscopique du lait dans le choix d'une nourrice, par Al. Devergie. — Etude sur la phthisie à la Martinique, par E. Rufz. — Recherches sur les entrecroisements qui existent entre la région fasciculée des pédoncules cérébraux et la terminaison supérieure des faisceaux antérieurs de la moelle épinière, par A. Foville. — De la méningite cérébro-rachidienne et de l'encéphalo-méningite épidémiques, par Rollet. — Histoire de l'épidémie de suette miliaire qui a régné en 1841 dans le département de la Dordogne, par H. Parrot. — Mémoire sur les syphilides, par C.-M. Gibert. — Organoplastie hygiénique, ou essai d'hygiène comparée sur les moyens de modifier artificiellement les formes vivantes par le régime, par Royer-Collard. — Des affections intermittentes à courte période, par F. Mélier. — Du siége, de la nature intime, des symptômes et du diagnostic de l'hypochondrie, par F. Michea. — De l'emphysème pulmonaire considéré comme cause de mort, par Prus. — Expériences et observations sur les propriétés toxiques du sulfate de quinine, par F. Mélier.

Tome XI. Eloge de F.-J. Double, par Bousquet. — Eloge de Bourdois de la Motte et de J.-E.-D. Esquirol, par Pariset. — Des progrès récents de la médecine en France comparés à ceux de la chirurgie, par F. Dubois (d'Amiens). — Mémoire sur l'urétroplastie, par Ségalas, avec une planche. — Mémoires sur les deux maladies connues sous le nom d'apoplexie méningée, par R. Prus. — Mémoire sur l'œdème de la glotte, par F.-L-I. Valleix. — Mémoire sur l'influence de l'hérédité, sur la production de la surexcitation nerveuse, sur les maladies qui en résultent, et des moyens de les guérir, par E. Gintrac. — De la nature et du développement des produits accidentels, par le docteur Ch. Baron. — Du délire aigu observé dans les établissements d'aliénés, par Brierre de Boismont. — Observations de grossesses extra-utérines interstitielles, par Payan. — Exposé sommaire d'expériences faites sur les animaux dans le but de constater si la sécrétion urinaire est supprimée dans l'empoisonnement aigu et suraigu par l'acide arsénieux, par O. Delafond. — Mémoire sur les plaies pénétrantes de l'abdomen compliquées d'issue de l'épiploon, par H. Larrey.

Tome XII. Eloge de J.-D. Larrey, par Pariset. — Notice historique sur N. Chervin, par M. Dubois d'Amiens. — Rechercher les cas dans lesquels on observe les abcès multiples, et comparer ces cas sous leurs différents rapports, par H. de Castelnau et F.-M. Ducrest. — Anatomie de la choladrée lymphatique, par Bally. — Des hallucinations, de leurs causes et des maladies qui les caractérisent, par Baillarger. — De l'excision de la muqueuse dans les sutures intestinales, par Jobert, de Lamballe. — Des maladies qui peuvent être importées dans nos ports, et de la possibilité de concilier le service des bateaux-postes de la Méditerranée avec le système en vigueur contre la contagion de la peste, par Keraudren. — Kyste pileux de l'ovaire, compliqué d'une fistule urinaire vésico-abdominale, etc., par H. Larrey. — De l'imitation considérée dans ses rapports avec la philosophie, la morale et la médecine, par Michea — Des hallucinations, des causes qui les produisent et des maladies qui les caractérisent, par Jolly. — De la santé des ouvriers employés dans les manufactures de tabac, par Mélier.

Tome XIII. Eloge de Chevreul, par Pariset. — Eloge de Jenner, par Bousquet. — Eloge de Pariset, par Fr. Dubois. — Essai sur l'histoire et la philosophie de la chirurgie, par Malgaigne. — La bile et ses maladies, par Fauconneau Dufresne. — Mémoire sur les fractures du col du fémur, accompagné de pénétration dans le tissu spongieux du trochanter, par A. Robert. — Hydarthrose scapulo-humérale traitée par l'injection iodée, par J. Roux. — Observation d'un calcul vésical formé autour d'une alêne de cordonnier, cystotomie bilatérale, par Fleury. — De l'emploi des bains prolongés et des irrigations continues dans le traitement des formes aiguës de la folie, et en particulier de la manie, par Brierre de Boismont. — Du cathétérisme dans le traitement de la dysphagie causée par un rétrécissement simple de l'œsophage, par Trousseau. — Rapport fait à l'Académie, et demandé par M. le ministre du commerce, sur les marais salants, par Mélier. — De la paralysie pellagreuse, par Baillarger.

Tome XIV. Eloge de F.-J.-V. Broussais, par H. Dubois (d'Amiens). — Rapport sur les épidémies qui ont régné en France de 1841 à 1846, fait au nom de la commission d'épidémie, par E. Gaultier de Claubry. — Recherches sur les maladies épidémiques et endémiques des bords de la Méditerranée, et notamment sur la choladrée lymphatique, par V. Bally.

— Considérations physiologiques sur la vie et sur l'âme, par Hip. Royer-Collard. — Mémoire sur les luxations des os du bassin, par le docteur Marville. — De la folie dans le régime pénitentiaire, depuis l'exécution de l'ordonnance ministérielle du 10 mai 1839, qui prescrit le silence absolu de jour et de nuit, par le docteur Joret. — De l'action du seigle ergoté, et de l'emploi de son extrait dans les cas d'hémorragies internes, par le docteur Arnal. — Mémoire sur l'esthiomène, ou dartre rongeante de la région vulvo-anale, par le docteur G.-P. Huguier. — Mémoires sur les maladies du système osseux que l'on observe chez les scrofuleux, par le docteur H. Lebert.

Tome XV. Eloge d'Antoine Dubois, par P. Dubois (d'Amiens). — Rapport général sur les prix lu dans la séance du 11 décembre 1840, par Gibert. — Rapport sur les épidémies qui ont eu lieu en 1848, fait au nom de la commission permanente des épidémies, par E. Gaultier de Claubry. — Rapport fait au nom de la commission des eaux minérales pour les années 1847 et 1848, par le docteur Patissier. — Mémoire sur trois opérations de céphalotomie, dont deux sur des enfants vivants, et trois opérations césariennes abdominales, par le docteur Guisard. — De l'action comparative du régime animal et du régime végétal, sur la constitution physique et sur le moral de l'homme, par L.-A. Segond. — Recherches sur la contagion de la fièvre typhoïde, et principalement sur es circonstances dans lesquelles elle a lieu, par Piedvache. — De la chorée. Rapports du rhumatisme et des maladies du cœur avec les affections nerveuses et convulsives, par Sée. — Mémoire sur les maladies des appareils sécréteurs des organes génitaux externes de la femme, par P.-G. Huguier.

Tome XVI. Histoire de l'Académie de chirurgie, par Dubois, d'Amiens. — Eloge de Richerand, par le même. — Rapports sur les prix, par Gibert. — Rapport sur les épidémies, par Gaultier de Claubry. — Du diabète sucré ou guclosurie, par Bouchardat. — De la désarticulation coxo-fémorale, par Hénot. — De l'adénite cervicale et des tumeurs ganglionnaires du cou, par H. Larrey. — Des Kystes synoviaux de la main et du poignet, par Gosselin. — De la nécessité d'extraire les corps étrangers et les esquilles dans les plaies par les armes à feu, par Hutin. — Anatomie pathologique du cancer, par Broca.

Tome XVII. Eloge de Hallé et de Boyer, par Dubois d'Amiens. — Rapport sur les épidémies qui ont régné en France en 1850 et 1851, par Michel Lévy et Gaultier de Claubry. — De la suette miliaire, par J. Guérin. — Mémoires sur les tumeurs blanches, par le docteur A. Richet — Mémoires sur la mortalité comparée des quartiers de Paris, dans l'épidémie du choléra de 1849, par Bouvier. — Mémoires sur la structure intime du foie et sur la nature de l'altération connue sous le nom de foie gras, par Lereboullet. — Mémoire sur la syphilis congénitale, par Depaul, etc.

Tome XVIII. Eloge d'Orfila, par Dubois (d'Amiens). — Rapport sur les prix de 1851, 1852 et 1853, par Gibert. — Les savants oubliés, par Cap. — Rapport sur les maladies qui ont régné en France en 1852, fait au nom de la commission des épidémies, par E. Gaultier de Claubry. — De l'étiologie, de l'épilepsie, et des indications que l'étude des causes peut fournir pour le traitement de cette maladie, par Moreau (de Tours). — Du seigle ergoté considéré sous les rapports physiologique, obstétrical et de l'hygiène publique, par Aug. Millet. — Rapport sur le service médical des établissements thermaux pour les années 1851 et 1852, fait au nom de la commission des eaux minérales, par Patissier. — Observation de coloration noire du visage, par Bousquet. — Du traitement et de l'éducation des idiots en général, et en particulier de ceux que renferme l'hospice de Bicêtre, par Collineau.

Tome XIX. Eloges de Desormeaux, Deneux, Baudelocque, Capuron, par Dubois (d'Amiens). — Mémoire sur l'oblitération des artères ombilicales, par Notta. — Observations de chirurgie, éléphantiasis du scrotum, par Peixoto. — Sur la culture du pavot en France pour la récolte de l'opium, par Aubergier. — Etudes sur les propriétés médicales des eaux salées et des eaux mères, par Carrière. — Des eaux potables en général, par Marchand. — Anatomie pathologique des différentes espèces de goîtres, par Bach. — De la médication émolliente, par Delioux. — Mémoire sur les cicatrices, par Huten, etc.

MÉMOIRES DE LA SOCIÉTÉ DES ANTIQUAIRES DE FRANCE..... La Société des Antiquaires de France a été fondée en 1807 sous le nom d'Académie Celtique qu'elle a conservée jusqu'en 1817, époque de sa réorganisation. Cette compagnie savante se compose de quarante-cinq membres nommés à l'élection, et d'un nombre indéterminé de correspondants. Elle publie un bulletin et des mémoires fort recherchés.

777. Mémoires de l'Académie celtique ou Recherches sur les antiquités celtiques, gauloises et françaises. 5 vol. in-8.   Paris, 1807-1812.

778. Mémoires et Dissertations sur les antiquités nationales et étrangères, publiées par la société des Antiquaires de France. 20 vol. en 2 séries.   Paris, 1817 et ann. suiv.

MÉNAGE (Gilles), né en 1613, mort en 1692. Sans avoir mérité le surnom élogieux de Varron du xviiie siècle, qui lui avait été donné par Bayle; ce philologue instruit nous a laissé cependant des ouvrages fort importants pour l'histoire de la langue française.

779. Dictionnaire étymologique de la langue française, avec les observations de Fr. de Caseneuve, etc., édition augmentée par les soins de A.-J.-P. Jault. 2 vol. in-folio. Paris, 1750.

780. Observations sur la langue française. 2 vol. in-12. Paris, 1672-76.

MÉRIMÉE (Prosper), né en 1803. Romancier, antiquaire, historien, M. Mérimée est un des littérateurs les plus estimés de notre époque. Il est membre de l'Académie Française et membre libre de l'Académie des Inscriptions et Belles-Lettres.

781. Carmen, par Prosper Mérimée. 1 vol. in-8. Paris, 1847.

782. Théatre de Clara Gazul, comédienne espagnole, suivi de la Jacquerie et de la Famille Carvajal, par Prosper Mérimée. 1 vol. in-12. Paris, 1842.

783. Colomba, suivi de la Mosaïque, par Prosper Mérimée, l'un des quarante de l'Académie Française. Nouvelle édition, revue et corrigée. 1 vol. in-12. Paris, 1853.

784. Chronique du temps de Charles IX, suivie de la Double Surprise et de la Guzla, par Pr. Mérimée de l'Académie Française. 1 vol. in-12. Paris, 1853.

785. Notes d'un voyage dans le midi de la France. 1 vol. in-8. Paris, 1835.

786 Notes d'un voyage dans l'Ouest de la France. 1 vol. in-8. Paris, 1836.

787. Notes d'un voyage en Auvergne. 1 vol. in-8. Paris, 1838.

788. Notes d'un voyage en Corse. 1 vol. in-8. Paris, 1840.

MÉRY (J.), né en 1794. Ce spirituel romancier, a débuté dans la carrière littéraire en publiant avec Barthélemy des poëmes satiriques contre le gouvernement des Bourbons. Depuis 1830, il a produit un grand nombre de romans, et quelques pièces de théâtre qui ont eu du succès.

789. Heva, par Méry. 1 vol. in-8. Paris, 1843.
790. La Floride, par Méry. 2 vol. in-8.
Paris, 1846.
791. La guerre du Nizam, par Méry. 3 vol. in-8. Paris, 1847.

MERLE D'AUBIGNÉ (Jean-Henri), né en 1794, docteur en théologie, pasteur du consistoire de l'église française réformée de Hambourg, et précédemment de celui de Bruxelles, actuellement professeur à l'école théologique de Genève, est auteur d'un livre remarquable, qui a été traduit dans plusieurs langues.

792. Histoire de la Réformation du xvie siècle, par J.-H. Merle d'Aubigné. 5 vol. in-8.
Paris, 1835-53.

MERLIN (Philippe-Antoine), né en 1754, mort en 1838. Successivement membre de la Convention, ministre de la justice, membre du Directoire exécutif, du Conseil d'État, procureur général à la Cour de cassation, président de la Chambre des représentants, ce jurisconsulte est un des hommes les plus remarquables du xixe siècle.

793. Repertoire universel et raisonné de jurisprudence, par Merlin. 5e édit. 18 vol. in-4.
Paris, 1827.

794. Recueil alphabétique des questions de droit, par Merlin. 4e édit. 8 vol. in-4. Paris, 1827.

MÉZERAY (François-Eudes de), né en 1610, mort en 1683. Cet historien débuta dans la carrière militaire, et fit une partie des campagnes de Flandre en qualité de commissaire des guerres. Son histoire de France est recherchée.

795. Histoire de France depuis Pharamond jusqu'à maintenant, œuvre enrichie de plusieurs belles et rares antiquitez, etc., etc., par F.-E. de Mézeray. 3 vol. in-fol. Paris, 1643-1651.

MICHAUD (Joseph-François), né en 1767, mort en 1839. Cet historien recommandable a été successivement censeur général des journaux, lecteur des rois Louis XVIII et Charles X, et membre de la Chambre des députés. Son

Histoire des Croisades lui a ouvert les portes de l'Institut, dont il faisait partie au double titre de membre de l'Académie Française et d'associé libre de l'Académie des Inscriptions et Belles-Lettres. M. Michaud a publié avec M. Poujoulat une importante collection de mémoires relatifs à l'histoire de France, dont on trouvera l'indication au mot Nouvelle Collection, etc.

796. HISTOIRE DES CROISADES, par M. Michaud, avec un appendice, par M. Huillard-Bréholles, 2e édition. 4 vol. in-8. Paris, 1854.

MICHELET (Jules), né en 1798. Ce célèbre écrivain, successivement professeur d'histoire au collége Sainte-Barbe, professeur-suppléant à la Faculté des lettres de Paris, maître de conférences à l'École normale Supérieure, professeur d'histoire et de morale au Collége de France, chef de la section historique aux Archives de l'empire, membre de l'Institut, ne remplit actuellement aucune fonction. Historien sérieux, élégant écrivain, professeur éloquent, penseur original, M. Michelet a peut-être abusé de l'imagination dont il est doué pour commettre quelques excentricités oratoires, qui ont pu nuire à sa réputation.

797. HISTOIRE DE FRANCE, par J. Michelet. 8 vol. in-8. Paris, 1833-54.

798. PRÉCIS DE L'HISTOIRE MODERNE, par J. Michelet. 7e édition. 1 vol. in-8. Paris, 1842.

799. HISTOIRE DE LA RÉVOLUTION FRANÇAISE, par J. Michelet, 7 vol. in-8. Paris, 1847-53.

MIGNET (François-Auguste-Alexis), né en 1796. L'un des hommes les plus honorables de notre époque, a rendu de grands services aux lettres, qu'il a toujours cultivées avec succès. Professeur à l'Athénée, de 1828 à 1829, directeur des archives du ministère des affaires étrangères, et conseiller d'état après 1830, M. Mignet, qui avait été l'un des fondateurs du *National*, est entré à l'Académie des Sciences morales et politiques, et à l'Académie Française en 1836. On attend avec impatience l'apparition d'une histoire de la Réforme que cet écrivain aussi consciencieux qu'élégant prépare depuis longues années.

800. ŒUVRES de M. Mignet de l'Académie

Française, secrétaire perpétuel de l'Académie des Sciences morales et politiques. Nouvelle édition, revue et corrigée par l'auteur. 6 vol. in-12.
Paris, 1854.

801. HISTOIRE de Marie Stuart, par M. Mignet. 3ᵉ édition. 2 vol. in-12. Paris, 1854.

802. NOTICES et Portraits historiques et littéraires, par M. Mignet. 3ᵉ édition. 2 vol. in-12.
Paris, 1854.

TOME I. Siéyès, — Rœderer, — Livingston, — le prince Talleyrand, — Broussais, — Merlin de Douai, — Destutt de Tracy, — Daunou.
TOME II. Le comte Siméon, — de Sismondi, — Charles Comte, — Ancillon, — Bignon, — Rossi, — Cabanis, — Droz et Franklin.

803. ANTONIO PEREZ et Philippe II, par M. Mignet. 3ᵉ édition. 1 vol. in-12. Paris, 1854.

804. MÉMOIRES HISTORIQUES, par M. Mignet, etc. 3ᵉ édition. 1 vol. in-12. Paris, 1854.

La Germanie au VIIIᵉ siècle et au IXᵉ siècle : sa conversion au christianisme ; son introduction dans la société civilisée de l'Europe occidentale. — Essai sur la formation territoriale et politique de la France, depuis la fin du XIᵉ siècle jusqu'à la fin du XVᵉ. — Etablissement de la réforme religieuse et constitution du calvinisme à Genève. — Introduction à l'histoire de la succession d'Espagne, et Tableau des négociations relatives à cette succession sous Louis XIV.

805. CHARLES-QUINT. Son abdication, son séjour et sa mort au monastère de Yuste, par Mignet, de l'Académie Française, secrétaire perpétuel de l'Académie des Sciences morales et politiques. 1 vol. in-8. Paris, 1854.

MILLEVOYE (Charles-Hubert), né en 1782, mort en 1816. Poëte élégiaque aussi fécond que précoce, Millevoye aurait obtenu de grands et légitimes succès, si une mort prématurée ne l'eût enlevé à l'âge de 34 ans.

806. ŒUVRES COMPLÈTES de Millevoye, précé-

dées d'une notice biographique et littéraire, par de Pongerville. 2 vol. in-8. Paris, 1837.

MILNE-EDWARDS (Henri), né en 1800. Ce zoologiste a été reçu docteur en médecine en 1823, docteur ès sciences en 1837, et a obtenu en 1827 le prix de physiologie expérimentale décerné par l'Académie des Sciences. Nommé professeur d'histoire naturelle au collége Henri IV de 1832 à 1841, suppléant à la Faculté des Sciences en 1838, ce savant est actuellement professeur administrateur au Muséum d'histoire naturelle depuis 1841, professeur à la Faculté des Sciences de Paris depuis 1844, et doyen de ladite faculté depuis 1850. M. Milne Edwards est membre de l'Académie des Sciences depuis 1838, et fait partie de presque toutes les grandes sociétés savantes étrangères.

807. Notions préliminaires d'histoire naturelle, pour servir d'introduction au Cours élémentaire d'histoire naturelle, par Milne-Edwards, de Jussieu et Beudant. 1 vol. grand in-18.
Paris, 1853.

808. Cours élémentaire de zoologie. 6e édition revue et augmentée, par Milne-Edwards. 1 vol. grand in-18. Paris, 1852.

809. Notions d'anatomie et de physiologie, servant d'introduction à la zoologie. 2e édition. 1 vol. in-8. Paris, 1840.

810. Éléments de zoologie, par Milne-Edwards. 2e édition. 2 vol. in-8. Paris, 1843.

Tome I. Oiseaux, reptiles et poissons.
Tome II. Animaux sans vertèbres.

811. Introduction à la zoologie générale, ou Considérations sur les tendances de la nature dans la constitution du règne animal, par Milne Edwards. 1 vol. gr. in-18. Paris, 1853.

812. Recherches anatomiques et physiologiques faites pendant un voyage sur les côtes de la Sicile et sur divers points du littoral de la

France, par Milne-Edwards, Quatrefages et Blanchard. 3 vol. in-4, avec 84 planches.
Paris, 1849.

MIONNET (T.-Edme), né en 1770, mort en 1842. Un des numismates les plus distingués de notre époque, était conservateur adjoint du cabinet des Médailles de la Bibliothèque impériale, et membre de l'Académie des Inscriptions et Belles-Lettres. On joint ordinairement aux ouvrages que nous citons ici l'atlas de géographie numismatique pour servir à la description des médailles antiques, dressé par A.-H. Dufour (1 vol. in-4, 1839).

813. DESCRIPTION des médailles antiques grecques et romaines, avec leur degré de rareté et leur estimation. 6 vol. in-8.   Paris, 1806-1813.

814. DESCRIPTION des médailles grecques et romaines, avec leur degré de rareté et leur estimation, ouvrage servant de catalogue à une suite de plus de 20,000 empreintes en soufre, prises sur les pièces originales. Supplément. 9 vol. in-8.   Paris, 1819-1837.

815. DE LA RARETÉ et du prix des médailles romaines, ou Recueil contenant les types rares ou inédits des médailles d'or, d'argent et de bronze, frappées pendant la durée de la république et de l'empire romain. 3ᵉ édition. 2 vol. in-8.   Paris, 1847.

MIRABEAU (Honoré-Gabriel-Riquetti, comte de), né en 1749, mort en 1791. L'histoire de cet homme célèbre est curieuse à plus d'un titre. Député aux états généraux, membre de l'Assemblée Constituante, dont il était l'un des plus brillants orateurs, Mirabeau a laissé dans l'histoire de la révolution un nom ineffaçable. Il est bon de joindre à l'édition citée ici, les Œuvres oratoires publiées en 2 vol. in-8 en 1829.

816. ŒUVRES CHOISIES de Mirabeau. 8 vol. in-8.   Paris, 1820-1821.

TOME 1. Des lettres de cachet et des prisons d'Etat

Tome II. Essai sur le despotisme. — Considérations sur l'ordre de Cincinnatus. — De la liberté de la presse. — Règlements observés pour les votes en Angleterre.

Tome III. Histoire secrète de la cour de Berlin. — Lettre à Frédéric-Guillaume II.

Tome IV. Dénonciation de l'agiotage. — Observations sur Bicêtre. — Sur la réforme des Juifs. — Lettre sur Cagliostro et Lavater.

Tome V. Avis aux Hessois. — Réponse aux conseils de la raison. — Aux Bataves. — Lettres sur l'invasion des Provinces-Unies. — Doutes sur la liberté de l'Escaut.

Tomes VI à VIII. Portrait de Sophie. — Essai sur la vie privée de Mirabeau, par Cadet de Gassicourt. — Lettres écrites du donjon de Vincennes.

MOLIÈRE (Jean-Baptiste Poquelin, dit de), né en 1622, mort en 1673, l'un des plus grands génies littéraires dont un peuple puisse s'enorgueillir, était fils d'un tapissier. Après avoir fait ses études au collège des Jésuites, il se mit à la tête d'une troupe de jeunes gens qui parcouraient les provinces et donnaient des représentations. Le talent des acteurs, et la beauté de quelques pièces dues à la plume de leur jeune chef, attirèrent la foule. Ils furent nommés comédiens du Roi, et dès lors Molière se fixa à Paris. Ami de Boileau et de La Fontaine, estimé particulièrement de Louis XIV, l'illustre poëte est une de nos grandes célébrités qui n'ont pas honoré le fauteuil académique. Aussi lit-on sur le buste en marbre que l'Académie Française a fait élever en son honneur :

« Rien ne manque à sa gloire. Il manquait à la nôtre. »

On réunit aux Œuvres de Molière 1° l'Histoire de la vie et des ouvrages de Molière, par M. J. Taschereau (1 vol. in-8), et le Lexique comparé de la langue de Molière et des écrivains du XVII° siècle, par M. F. Génin. (1 vol. in-8°).

817. ŒUVRES DE MOLIÈRE, avec les notes de tous les commentateurs. 2e édition, publiée par L.-Aimé Martin. 4 vol. in-8.   Paris, 1837.

Tome I. Préface de la première édition publiée de 1824 à 1826. — Vie de Molière. — Histoire de la troupe de Molière. — L'Etourdi, ou les Contre-Temps, comédie en 5 actes. — Le Dépit amoureux, comédie en 5 actes. — Les Précieuses ridicules, comédie en 1 acte. — Sganarelle, ou le Cocu imaginaire, comédie en 1 acte. — Don Garcie de Navarre, ou le Prince jaloux, comédie héroïque en 5 actes. — L'Ecole des Maris, comédie en 3 actes. — Les Fâcheux, comédie-ballet.

Tome II. L'Ecole des Femmes, comédie en 5 actes. — La Critique de l'Ecole des Femmes, comédie en 1 acte. — L'Impromptu de Versailles, comédie en 1 acte.—Le Mariage forcé, comédie en 1 acte.—Le Mariage forcé, ballet. — La Princesse d'Elide, comédie-ballet en 5 actes. — Don Juan, ou le Festin de Pierre, comédie en 5 actes. — L'Amour Médecin, comédie-ballet en 3 actes. — Le Misanthrope, comédie en 5 actes. — Le Médecin malgré lui, comédie en 3 actes.

Tome III. Mélicerte, pastorale héroïque. — Le Sicilien, ou l'Amour peintre. — Le Tartufe, comédie en 5 actes. — Amphitryon, comédie en 3 actes. — L'Avare, comédie en 5 actes. — George Dandin, ou le Mari confondu, comédie en 3 actes. — Monsieur de Pourceaugnac, comédie-ballet en 3 actes. — Les Amants magnifiques, comédie-ballet en 5 actes.

Tome IV. Le Bourgeois-Gentilhomme, comédie-ballet en 5 actes. — Psyché, tragédie-ballet. — Les Fourberies de Scapin, comédie en 3 actes. — La Comtesse d'Escarbagnas, comédie en 1 acte.—Les Femmes savantes, comédie en 5 actes.—Le Malade imaginaire, comédie-ballet en 3 actes. — Pensées diverses. — Sonnet à M. La Mothe-le-Vayer. — La Gloire du Dôme du Val-de-Grâce.

848. ŒUVRES COMPLÈTES DE MOLIÈRE, édition Variorum, collationnée sur les meilleurs textes, et publiée par M. Charles Louandre. 3 vol. in-12. Paris, 1853.

Précis de l'histoire du théâtre en France depuis les origines jusqu'à notre temps. — Biographie de Molière, d'après les documents les plus récents. — Variantes, pièces et fragments de pièces retrouvées dans ces dernières années. — Notice sur chaque comédie, dans lesquelles est résumée, avec l'opinion des divers critiques, l'historique de la pièce. — Notes philologiques, historiques et littéraires.

MONGE (Gaspard), comte de Peluse, né en 1746, mort en 1818. Professeur de physique à l'âge de vingt ans, ministre de la marine seize ans après, l'un des fondateurs de l'École Polytechnique, membre de l'expédition d'Égypte, sénateur, Monge se vit enlever toutes ses places et tous ses titres à la restauration des Bourbons, qui ne pouvaient lui pardonner d'avoir signé la mise à exécution du jugement de Louis XVI. Il est bon de réunir à la Géométrie de Monge l'ouvrage de M. Charles Dupin intitulé : *Essai historique sur les services et les travaux scientifiques de G. Monge.* (in-8).

819. Géométrie descriptive. 7ᵉ édition, augmentée d'une théorie des ombres ou de la perspective, extraite des papiers de l'auteur, par M. Brisson, ancien élève de l'école Polytechnique, ingénieur en chef des ponts et chaussées. 1 vol. in-4. Paris, 1847.

MONITEUR UNIVERSEL. Ce journal a paru pour la première fois le 24 novembre 1789, sous le titre de *Gazette nationale ou le Moniteur universel*. C'est le seul organe officiel du gouvernement. Il est nécessaire d'y joindre deux ouvrages intitulés 1º *Révolution Française ou analyse complète et impartiale du Moniteur*, suivie d'une table alphabétique des personnes et des choses (5 vol. in-4 Paris, 1801); 2º *Gazette nationale ou le Moniteur universel*, commencé le 5 mai 1789, précédé d'une introduction historique, contenant un abrégé des anciens états généraux, des assemblées des notables et des principaux événements qui ont amené la révolution. L'édition originale étant devenue fort rare, un abrégé de ce journal a été réimprimé dernièrement en 32 vol. gr. in-8 à 2 colonnes.

820. Moniteur universel. Journal officiel de l'Empire français. In-fol. Paris, 1789 et ann. suiv.
141 volumes in-folio jusqu'en 1854 inclus.

MONMERQUÉ (Louis-Jean-Nicolas de), né en 1780, avocat, ancien conseiller à la cour de Paris, ce bibliophile érudit est membre de l'Académie des Inscriptions et Belles-Lettres, depuis 1833.

821. Théatre Français du moyen age depuis le xiᵉ jusqu'au xivᵉ siècle, publié par MM. de Monmerqué, membre de l'Institut, et Francisque Michel. 1 vol. in-8. Paris, 1840.

MONTAIGNE (Michel de), né en 1533, mort en 1597, maire de la ville de Bordeaux, et chevalier de l'ordre de Saint-Michel, chercha mais vainement à réconcilier les protestants et les catholiques. Ses Essais, qui ne sont que le développement de sa devise, *Que sais-je ?* seront toujours lus et admirés. Les éditions de Montaigne sont nombreuses; nous indiquons ici la meilleure, à laquelle il est bon de joindre les documents inédits ou peu connus sur Montaigne, recueillis et publiés par le docteur J.-F. Payen, suivis de nouveaux documents. (2 broch. in-8, 1847 et 1850).

822. LES ESSAIS DE MICHEL, seigneur de Montaigne, avec les notes de tous les commentateurs, édition revue et augmentée de nouvelles notes, par M. Jos.-Vict. Le Clerc. 5 vol. in-8.
Paris, 1826-1828.

MONTALEMBERT (Charles, comte de), né en 1810, chef de l'école néo-catholique, ancien pair de France, député au Corps Législatif. La nomination de cet illustre orateur comme membre de l'Académie Française est toute politique, car le nombre et la valeur de ses œuvres littéraires ne semblent point mériter un si grand honneur.

823. HISTOIRE DE SAINTE ELISABETH DE HONGRIE, duchesse de Thuringe (1207-1231.) 1 vol. in-8. Paris, 1849.

MONTEIL (Amans-Alexis), né en 1769, mort en 1850. Successivement secrétaire du district sous la République, professeur d'histoire à l'école centrale de Rhodez, et aux écoles militaires de Fontainebleau, Saint-Germain et Saint-Cyr. Son *Histoire des Français* renferme des détails curieux et des points de vue nouveaux, mais la manière dont elle est rédigée a le double inconvénient de ne présenter aux lecteurs que des faits sans suite et de rendre les recherches difficiles.

824. HISTOIRE DES FRANÇAIS des divers états aux cinq derniers siècles, par Amans-Alexis Monteil. 10 vol. in-8. Paris, 1840.

TOMES I et II. — XIVe siècle.
TOMES III et IV. — XVe siècle.
TOMES V et VI. — XVIe siècle.
TOMES VII et VIII. — XVIIe siècle.
TOMES IX et X. — XVIIIe siècle.

MONTESQUIEU (Charles de Secondat, baron de la Brède et de), né en 1689 mort en 1755. Président à mortier au parlement de Bordeaux, de 1716 à 1726, est un des grands écrivains du XVIII° siècle. Ses nombreux ouvrages, parmi lesquels on distingue les *Lettres persanes*, les *Causes de la grandeur et de la décadence des Romains*, et surtout son *Esprit des lois*, le firent entrer, en 1728, à l'Académie Française.

825. Œuvres complètes de Montesquieu, avec les variantes des éditions originales et les notes de tous les commentateurs, recueillies et mises en ordre par M. Parelle. 8 vol. in-8.

Paris, 1826.

826. Considérations sur les causes de la grandeur des Romains et de leur décadence. 1 vol. in-8. Paris, 1814.

827. De l'esprit des lois, précédé d'une notice sur la vie et les ouvrages de Montesquieu. 1 vol. in-8. Paris, 1834-35.

MONTFAUCON (Dom Bernard de), né en 1655, mort en 1741, l'un des érudits les plus célèbres du XVIII° siècle, est auteur de nombreux travaux archéologiques qui ont produit, lors de leur apparition, une très-grande révolution dans la science.

828. L'Antiquité expliquée, et représentée en figures, par Dom Bernard de Montfaucon, religieux bénédictin de la congrégation de Saint-Maur. 5 tomes en 10 vol. in-fol. et 5 vol. in-fol. de supplément. Paris, 1719-1724.

Tome I. (Première partie.) Préface. — Discours préliminaire sur l'origine de l'idolâtrie et sur les idées que les païens avaient de leurs divinités. — Dieux du premier, du second et du troisième rang, selon l'ordre des temps.

Tome I. (Deuxième partie.) Des héros parvenus à la divinité, et de tous les autres dieux des Grecs et des Romains.

Tome II. (Première partie.) Dieux des Grecs et des Romains (suite).

Tome II. (Deuxième partie.) Religion des Egyptiens, des Arabes, des Syriens, des Perses, des Scythes, des Germains, des Gaulois, des Espagnols et des Carthaginois.

Tome III. (Première partie.) Usages de la vie. — Habits, meubles, vases, monoyes, poids et mesures des Grecs, des Romains et des autres nations.

Tome III. (Deuxième partie.) Les bains, mariages, grands et petits jeux,—les pompes, la chasse, la pêche, les arts, etc.

Tome IV. (Première partie.) Levées des gens de guerre. — Habits,—magasins,— travaux, signes et combats militaires, armes de toutes les nations, — marches d'armées, machines de guerre, etc.

Tome IV. (Deuxième partie.) Chemins publics, aqueducs et navigation.

Tome V. (Première partie.) Funérailles des Grecs et des Romains.

Tome V. (Deuxième partie.) — Funérailles des nations barbares. — Langues. — Supplices.

Tome VI. (Premier volume du Supplément.) Dieux des Grecs et des Romains.

Tome VII. Culte des Grecs, des Romains, des Egyptiens et des Gaulois.

Tome VIII. Habits et usages de la vie.

Tome IX. Guerre, ponts, aqueducs, navigation, phares et tours octogones.

Tome X. Funérailles.

829. LES MONUMENTS DE LA MONARCHIE FRANÇOISE qui comprennent l'histoire de France avec les figures de chaque règne que l'injure des temps a épargnées, par le R P. Dom Bernard de Montfaucon, religieux bénédictin de la congrégation de Saint-Maur. 5 vol. in-fol. Paris, 1729.

Tome I. Origine des François, et suite des rois jusqu'à Philippe I inclusivement.

Tome II. Conquête de l'Angleterre par Guillaume, duc de Normandie, dit le Bâtard, tirée d'un monument du temps. — Suite des rois depuis Louis VI dit le Gros jusqu'à Jean II inclusivement.

Tome III. Suite des rois depuis Charles V jusqu'à Louis XI inclusivement.

Tome IV. Suite des rois depuis Charles VIII jusqu'à François I inclusivement.

Tome V. Suite des rois depuis Henri II jusqu'à Henri IV.

830. BIBLIOTHECA BIBLIOTHECARUM manuscriptorum nova : ubi, quæ innumeris pene manuscriptorum Bibliothecis continentur, ad quodvis literaturæ genus spectantia et notatu digna, describuntur et indicantur. Autore R. P. D. Ber-

nardo de Montfaucon, benedictino congregationis Sancti Mauri. 2 vol. in-fol. Parisiis, 1739.

831. PALOEOGRAPHIA GRÆCA, sive de ortu et progressu literarum græcarum et de variis omnium sæculorum scriptionis græcæ generibus : itemque de abbreviationibus et de notis variorum artium ac disciplinarum. Additis figuris et thematibus ad fidem manuscriptorum codicum opera et studio D. Bernardi de Montfaucon, sacerdoti et monachi benedictini è congregatione Sancti Mauri. 1 vol. in-fol. Parisiis, 1708.

MOQUIN-TANDON (Horace-Benedict-Alfred), né en 1804, successivement docteur ès-sciences en 1826, professeur de botanique à la Faculté des Sciences de Toulouse en 1833, et professeur d'histoire naturelle médicale à la Faculté de Médecine de Paris depuis 1853. Ce naturaliste a été nommé membre de l'Institut le 22 février 1854.

832. MONOGRAPHIE de la famille des Hirudinées. Nouvelle édition. 1 vol. in-8, avec atlas de 14 planches gravées et coloriées. Paris, 1846.

833. ÉLÉMENTS de Tératologie végétale. 1 vol. in-8. Paris, 1841.

834. HISTOIRE NATURELLE des mollusques terrestres et fluviatiles de France. 1 vol. gr. in-8, avec atlas de 54 planches gravées et coloriées.
Paris, 1855.

MOREAU DE JONNÈS (Alexandre), né en 1778. Ce savant statisticien, correspondant de l'Académie des Sciences, et membre libre de l'Académie des Sciences morales et politiques, a été autrefois chef des travaux de la statistique générale de la France au ministère de l'agriculture et du commerce.

835. ÉLÉMENTS DE STATISTIQUE, comprenant les principes généraux de cette science et un Aperçu historique de ses progrès, suivis d'une Bibliogra-

phie de la statistique, par Moreau de Jonnès, membre de l'Institut. 1 vol. gr. in-18.

Paris, 1847.

Chapitre I. Définition et objet de la statistique; origine et diffusion de cette science. — II. Classification de la statistique. — III. Méthode de la statistique. — IV. Opérations de la statistique. — V. Moyens d'exécution de la statistique.— VI. Organisation des statistiques officielles. — VII. Certitude des faits économiques.— VIII. Erreurs de la statistique.— IX. Progrès contemporains de la statistique. — X. Faits sociaux européens constatés par la statistique. Bibliographie de la statistique.

836. STATISTIQUE GÉNÉRALE de la France, publiée par le ministère de l'agriculture et du commerce, et dirigée par M. Moreau de Jonnès, membre de l'Institut, jusqu'au 12e volume, et depuis le 13e vol. par M. Alf. Legoyt. 13 volumes grand in-4. Paris, imp. nationale. 1835-1854.

837. STATISTIQUE des peuples de l'antiquité. Les Égyptiens, les Hébreux, les Grecs, les Romains et les Gaulois. Économie sociale, civile et domestique de ces peuples; territoire, population, origine, races, castes et classes; agriculture, industrie, consommations, richesse publique, forces militaires, par Alex. Moreau de Jonnès, membre de l'Institut. 2 vol. in-8. Paris, 1838.

838. STATISTIQUE de la Grande-Bretagne et de l'Irlande. Territoire, population, agriculture, mines, industrie, richesse publique, commerce, navigation, colonies, finances, force militaire, justice, instruction publique, etc., par M. Moreau de Jonnès. 2 vol. in-8, avec une carte des Iles Britanniques. Paris, 1838.

MORNAY (Philippe de), seigneur Du Plessis-Marly, né en 1549, mort en 1623, fut un des bons serviteurs de Henri IV. Protestant aussi zélé que savant, il soutint publiquement une conférence avec le cardinal Duperron sur l'Eucharistie. Il fut surnommé le pape des huguenots, et laissa des mémoires historiques fort intéressants.

839. MÉMOIRES, Correspondance et vie de Duplessis Mornay, pour servir à l'histoire de la réformation et des guerres civiles et religieuses en France sous Charles IX, Henri III, Henri IV et Louis XIII, depuis l'an 1571 jusqu'en 1623. Édition complète, contenant près de 6000 pièces inédites, enrichies de notes historiques et de notices biographiques, par MM. de La Fontenelle de Vaudoré et Auguis. 15 vol. in-8.   Paris, 1824.

MUSSET (Louis-Charles-Alfred de), né en 1810. L'un des poëtes les plus distingués de notre époque, bibliothécaire du ministère de l'instruction publique et membre de l'Académie française.

840. LA CONFESSION d'un Enfant du siècle, par Alfred de Musset. Nouvelle édition. 1 vol. in-12.
Paris, 1854.

841. PREMIÈRES POÉSIES d'Alfred de Musset, 1829-1835. Nouvelle édition. 1 vol. in-12.
Paris, 1854.

Contes d'Espagne et d'Italie. — Spectacle dans un fauteuil. — Poésies diverses. — Namouna.

842. POÉSIES NOUVELLES d'Alfred de Musset 1836-1852. Nouvelle édition. 1 vol. in-12.
Paris, 1854.

Rolla. — Les Nuits. — Poésies nouvelles. — Contes en vers.

843. NOUVELLES de Alfred de Musset. 1 vol. in-12.   Paris, 1852.

Les deux Maîtresses. — Emmeline. — Le Fils du Titien. — Frédéric et Bernerette. — Croisilles. — Margot.

844. COMÉDIES ET PROVERBES, d'Alfred de Musset. Édition la seule complète, revue et corrigée par l'auteur. 2 vol. in-8.   Paris, 1854.

TOME I. Andrea del Sarto. — Lorenzaccio. — Les Caprices de Marianne. — Fantasio. — On ne badine pas avec l'amour. — Une nuit vénitienne, ou les Noces de Laurette.
TOME II. Le Chandelier. — Il ne faut jurer de rien. — Un

Caprice. — Il faut qu'une porte soit ouverte ou fermée. — Louison. — On ne peut penser à tout. — Carmosine. — Bettine.

845. Contes, par Alfred de Musset. 1 vol. in-12.
Paris, 1854.

La Mouche. — Pierre et Camille. — Mademoiselle Mimi Pinson. — Le Secret de Lucotte. — Le Merle blanc. — Lettres sur la littérature.

N

NAPOLÉON Ier, né en 1769, mort en 1821. Les Œuvres de l'empereur sont rassemblées en ce moment, par le soin d'une commission nommée à cet effet. En attendant cette publication nous indiquons ici les ouvrages qui peuvent la remplacer.

846. Œuvres de Napoléon. 6 vol. in-8.
Stuttgard et Tubingue, 1802.

847. Napoléon. Recueil, par ordre chronologique, de ses lettres, proclamations, bulletins, discours sur les matières civiles et politiques, etc., formant une histoire de son règne, écrite par lui-même, et accompagnée de notes historiques, par M. Kermoysan. 2 vol. in-12.   Paris, 1855.

NAPOLÉON III, né en 1808, successivement député au Corps Législatif en 1848, président de la République le 10 décembre 1848, prorogé pour dix ans, dans tous ses pouvoirs, par plébiscite du 20 décembre 1851, a été élu empereur des Français le 2 décembre 1852. Nous indiquons ici la meilleure édition de ses œuvres.

848. Œuvres de Napoléon III. 4 vol. gr. in-8.
Paris, 1854.

Tome I. L'idée napoléonienne. — Des idées napoléoniennes. — Fragments historiques, 1688 et 1830. — Réponse à M. de Lamartine. — Rêveries politiques. — Mélanges.
Tome II. Mélanges (suite). — Extinction du paupérisme. — Analyse de la question des sucres. — Projet de loi sur le recrutement de l'armée. — Considérations politiques et mili-

taires sur la Suisse. — Quelques mots sur Joseph-Napoléon Bonaparte.—Le canal de Nicaragua.

Les tomes 3 et 4 sont sous presse.

NICOLE (Pierre), né en 1625, mort en 1695. Ce moraliste célèbre, partisan des religieux de Port-Royal, fut obligé de s'expatrier à cause de son attachement connu pour les jansénistes.

849. ŒUVRES PHILOSOPHIQUES ET MORALES de Nicole, comprenant un choix de ses essais, et publiées avec des notes et une introduction, par C. Jourdain. 1 vol. in-12. Paris, 1845.

NIEL (P.-G.-J.), né vers 1795, bibliothécaire du ministère de l'Intérieur, a dirigé avec autant de soin que de goût la publication d'une collection de portraits du XVIe siècle, qui ont été admirablement reproduits.

850. PORTRAITS des personnages français les plus illustres du XVIe siècle, reproduits avec facsimile sur les originaux, dessinés aux crayons de couleur par divers artistes contemporains : recueil publié avec notices, par P.-G.-J. Niel. in-folio.
Paris, 1848 et ann. suiv.

32 livraisons ont paru.

NISARD (Jean-Marie-Napoléon-Désiré), né en 1806, ancien professeur d'histoire et de littérature française à l'École normale, ancien chef de division au ministère de l'Instruction publique, actuellement inspecteur général de l'instruction supérieure et professeur à la Faculté des lettres de Paris. Il fait partie de l'Académie française depuis 1851.

851. HISTOIRE de la littérature française, par D. Nisard. 3 vol. in-8. Paris, 1844-1849.

852. ÉTUDES DE MOEURS et de critique sur les poëtes latins de la décadence. 2e édition, suivie de fragments sur les quatre grands historiens latins. 2 vol. in-8. Paris, 1849.

NODIER (Charles-Emmanuel), né en 1783, mort en 1844. Cet écrivain distingué était bibliothécaire de l'Arsenal et membre de l'Académie Française. Il est regrettable que sa réputation, quoique méritée, ait été compromise par quelques actes de charlatanisme littéraire. Nous donnons ici la liste de ses principaux ouvrages.

853. CONTES FANTASTIQUES, par Charles Nodier, de l'Académie Française. Nouvelle édition accompagnée de notes. 1 vol. in-12.　　　Paris, 1853.

Le Songe d'or. — La Fée aux Miettes. — Trésor des Fèves et Fleur des pois. — Le Génie Bonhomme. — Smarra.

854. NOUVELLES, suivies des Fantaisies du Dériseur sensé, par Charles Nodier, de l'Académie Française. Nouvelle édition, accompagnée de notes. 1 vol. in-12.　　　Paris, 1853.

Les Proscrits. — Trilby. — L'Amour et le Grimoire. — Inès de las Sierras. — Lydie. — Voyage dans le Paraguay-Roux. — Les Marionnettes. — Leviathan. — Le Long-Hurlu-Bleu. — La Vision. — Franciscus Columna.

855. ROMANS de Charles Nodier, de l'Académie Française. Nouvelle édition revue et accompagnée de notes. 1 vol. in-12.　　　Paris, 1850.

Jean Sbogar. — Le Peintre de Salzbourg. — La Méditation du Cloître. — Adèle. — Thérèse-Aubert.

NOISETTE (Louis-Claude), né en 1772, mort en 1849. Cet agronome est auteur d'un livre devenu classique.

856. LE JARDIN FRUITIER, contenant l'art du pépiniériste, l'histoire et la culture des arbres fruitiers, des ananas, melons et fraisiers, les descriptions et usages des fruits, par Noisette. 2e édition, considérablement augmentée et ornée de figures nouvelles de tous les bons fruits connus, gravées d'après les dessins de Bessa. 2 vol. gr. in-8, dont 1 de texte et 1 de pl.　　　Paris, 1839.

NORVINS (Jacques Marquet de Montbreton de), né en 1769, mort en 1854. Cet historien, qui a été successivement avocat, militaire, administrateur et diplomate, est auteur d'une Histoire estimée de Napoléon.

857. HISTOIRE DE NAPOLÉON, par M. de Norvins. 9e édition, revue, corrigée et augmentée par l'auteur. 4 vol. in-8. Paris, 1839.

NOTICES ET EXTRAITS, etc. Cette collection, publiée par l'Académie des inscriptions et belles-lettres, renferme des dissertations sur les principaux manuscrits français, latins, grecs et orientaux, renfermés dans nos bibliothèques.

858. NOTICES ET EXTRAITS des manuscrits de la Bibliothèque impériale et autres bibliothèques, publiés par l'Institut impérial de France, faisant suite aux notices et extraits lus au comité établi dans l'Académie des inscriptions et belles-lettres. 19 vol. in-4. Paris, 1787 et ann. suiv.

NOUVELLE COLLECTION, etc. Les éditeurs de cette collection ont eu l'heureuse idée d'y faire figurer des Mémoires jusqu'alors inédits, on doit leur reprocher seulement le peu de soin qu'ils ont apporté dans la reproduction des textes publiés.

859. NOUVELLE COLLECTION des mémoires pour servir à l'histoire de France, depuis le xiiie siècle jusqu'à la fin du xviiie; précédés de notices pour caractériser chaque auteur des mémoires et son époque; suivies de l'analyse des documents historiques qui s'y rapportent; par MM. Michaud, de l'Académie française, et Poujoulat. 34 vol. grand in-8, en 3 séries. Paris, 1836-1839.

1re SÉRIE. — TOME I. Mémoires de Geoffroy de Villehardouin, de la conqueste de Constantinople (1198-1207). — Continuation de l'histoire de Villehardouin d'après les mémoires de Henri de Valenciennes. — Mémoires du sire de Joinville, histoire de saint Louis, faite en 1309. Indications analytiques pour le règne de saint Louis. — Lettre de Jean

Pierre Sarrasins, chambellan du roi de France à Nicolas Arrode, sur la première croisade de saint Louis. — Extraits des historiens arabes relatifs aux deux croisades de saint Louis. — Anciens mémoires du xive siècle sur Bertrand Du Guesclin. — Pièces relatives à Du Guesclin ou à son histoire. — Le livre des fais et bonnes meurs du sage roy Charles V, par Cristine de Pizan, damoiselle.

Tome II. Le livre des fais et bonnes meurs du sage roy Charles V (fin). — Indication analytique des documents pour les différents règnes depuis saint Louis jusqu'à Charles V inclusivement. — Le livre des faicts du bon messire Jean le Maingre, dit Boucicaut, mareschal de France et gouverneur de Gênnes. — Histoire de Charles VI, roy de France, et des choses mémorables advenues durant quarante-deux années de son règne depuis 1380 jusqu'à 1422, par Jean Juvénal des Ursins, archevêque de Reims. — Mémoires de Pierre de Fenin. — Journal d'un bourgeois de Paris sous le règne de Charles VI.

Tome III. Notice sur Jeanne d'Arc, surnommée la Pucelle d'Orléans. — Mémoires concernant la Pucelle d'Orléans. — Indication analytique des documents pour servir à l'histoire de Jeanne d'Arc. — Histoire d'Artus III, duc de Bretaigne, comte de Richemont et connestable de France, contenant ses mémorables faicts depuis l'an 1413 jusques à l'an 1457, mise en lumière, par Th. Godefroy. — Mémoires relatifs à Florent, sire d'Illiers. — Journal d'un bourgeois de Paris sous le règne de Charles VII. — Mémoires de messire Olivier de La Marche, augmentés d'un estat particulier de la maison du duc Charles le Hardy, composé du mesme auteur, l'an 1474. — Mémoires de Jacques Du Clercq.

Tome IV. Notice sur Philippe de Comines et sur ses mémoires. — Mémoires de Philippe de Commines (1464-1498). Histoire de Louys unziesme, roy de France, et les choses mémorables advenues de son règne, depuis l'an 1460 jusques à 1483, autrement dicte la chronique scandaleuse, escrite par un greffier de l'hostel de ville de Paris (Jean de Troyes). (1460-1483). — Indication analytique des documents relatifs au règne de Louis XI. — Mémoires de Guillaume de Villeneuve. — Panegyric du chevalier sans reproche Louis de la Trémoille, par Jean Bouchet, procureur de Poictiers. — Très-joyeuse, plaisante et récréative histoire du bon chevalier (Bayard) sans paour et sans reproche.

Tome V. Histoire des choses mémorables advenues du reigne de Louis XII et François I en France, Italie, Allemagne et ès Pays-Bas, depuis l'an 1499 jusques en l'an 1521, mise par escript par Robert de la Mark, seigneur de Fleurange et de Sedan, mareschal de France. — Journal de Louise de Savoye. — Mémoires de messire Martin du Bellay, contenant le discours de plusieurs choses advenues au royaume de France, depuis l'an 1513, jusques au trespas du roy François I, ausquel l'hauteur a inséré trois livres, et quelques fragments des ogdoades de messire Guillaume du Bellay, seigneur de Langey, son frère (1512-1547). — Indication analytique des documents pour les règnes de Charles VIII, Louis XII et François 1.

Tome VI. Mémoires de François de Lorraine, duc d'Aumale et de Guise, concernant les affaires de France et les négociations avec l'Ecosse, l'Italie et l'Allemagne, pendant les années 1547 à 1563. — Mémoires de Louis de Bourbon, prince de Condé, contenant ce qui s'est passé de plus mémorable en France pendant les années 1559 à 1564. — Mémoires inédits d'Antoine du Puget, sieur de Saint-Marc, concernant les troubles de religion dans le Midi de la France, depuis l'année 1561 jusqu'à 1597.

Tome VII. Commentaires de messire Blaise de Montluc, mareschal de France (1521-1574). — Commentaires des dernières guerres en la Gaule Belgique entre Henry second du nom, très chrestien roy de France, et Charles cinquiesme, empereur, et Philippes son fils, roy d'Espagne, dédiées au magnanime et victorieux prince, le duc de Nivernais, et pair de France, par François de Rabutin, gentilhomme de sa compaignie (1551-1558).

Tome VIII. Notice sur Gaspard de Saulx. — Mémoires de G. de Saulx, seigneur de Tavanne. — La vie de G. de Saulx, seigneur de Tavanne (1515-1573). — Mémoires de Guillaume de Saulx, seigneur de Tavannes (1561-1595). — Advis et conseils du mareschal de Tavannes, donnez au roy sur les affaires de son temps. — Le siége de Metz par l'empereur Charles V, en l'an 1552, par Bertrand de Salignac. — Discours de Gaspar de Coligny, seigneur de Chastillon, admiral de France, où sont sommairement contenues les choses qui se sont passées durant le siége de Sainct-Quentin. — Mémoire du voyage de M. le duc de Guise en Italie, son retour; la prinse de Callais et de Thionville, 1556 et 1557, par de la Chastre. — Mémoires de messire Guillaume de Rochechouart, seigneur de Jars, Breviande et La Faye, premier maistre d'hostel du roi Charles IX, et chevalier de son ordre (1514-1565). — Mémoires d'Achille de Gamon, avocat et consul d'Annonai (1560-1586). — Mémoires de Jean Philippi (1560-1590).

Tome IX. Mémoires de la vie de François de Scepeaux, sire de Vieilleville et comte de Durestal, mareschal de France (1528-1571). — Mémoires de Michel de Castelnau (1559-1569). — Mémoires du sieur Jean de Mergey, gentilhomme champenois (1556-1589). — Mémoires du sieur François de la Noue (1562-1570).

Tome X. Mémoires du sieur Françoys de Boyvin, chevalier, baron du Villars, conseiller et maistre d'hostel ordinaire des roynes Elizabeth et Loise, et bailli de Gez, sur les guerres démeslées tant en Piedmont qu'au Montferrat et duché de Milan, etc. — Mémoires de Marguerite de Valois, reine de France et de Navarre. — Mémoire justificatif pour Henri de Bourbon. — Mémoires de messire Philippe Hurault, comte de Cheverny, chancelier de France. — Mémoires de Philippe Hurault, abbé de Pontlevoy, évesque de Chartres, etc.

Tome XI. Mémoires de Henri de la Tour d'Auvergne, vicomte de Turenne, depuis duc de Bouillon, adressés à son fils le prince de Sedan. — Mémoires du duc d'Angoulême, pour servir à l'histoire des règnes de Henri III et de Henri IV. — Mémoires d'estat, par M. de Villeroy, conseiller d'état et secrétaire des commandements des rois Charles IX, Henri III, Henri IV et de Louys XIII. — Mémoires de Jacques-Auguste De Thou depuis 1553 jusqu'en 1601. — Mémoires de Jean Choisnin, ou discours au vray de tout ce qui s'est faict et passé pour l'entière négociation de l'élection du roi de Polongne. — Harangues de Jean de Montluc à la noblesse de Pologne. — Relation faite par maitre Jacques Gillat, conseiller du roy à la grand'chambre du parlement de Paris. — Sur ce qui se passa audit parlement, séant aux Augustins, touchant la régence de la reine Marie de Médicis, mère du roi Louis XIII, les 14 et 15 mai 1610. — Mémoires de Mathieu Merle, baron de Salavas. — Mémoires de Saint-Auban. — Comment et en quel temps la reine accoucha de M. le Dauphin, à présent Louis XIII, par Louise Bourgeois, dite Boursier, sage-femme de la reyne. Mémoire fidèle des choses qui se sont passées à la mort de Louis XIII, fait par Dubois, l'un des valets de chambre de sa majesté, le 14 mai 1643. — Mémoires de Michel de Marillac, garde des sceaux. — Mémoires de messire Claude Groulart, premier président du Parlement de Normandie, et voyages par lui faits en cour.

Tome XII. (Première partie). Chronologie novenaire contenant l'histoire de la guerre sous le règne de Henri II, et les choses les plus mémorables advenues par tout le monde depuis le commencement de son règne; l'an 1589 jusques à la paix faicte à Vervins en 1598, par Pierre Victor Cayet, docteur en la sacrée Faculté de théologie. — (Deuxième partie). Chronologie novenaire (fin).

2e SÉRIE. — Tome I. (Première partie). Mémoires et journal de Pierre l'Estoile. — Registre-journal de Henri III, roy de France et de Pologne, 1474 à 1589. — Pièces diverses. — (Deuxième partie). Registre journal de Henri IV et de Louis XIII, publié d'après le manuscrit autographe de l'Estoile, en partie inédit, par Champollion-Figeac et Aimé Champollion fils.

Tome II. Mémoires des sages et royales économies d'estat, domestiques, politiques et militaires de Henry le Grand et des servitudes utiles, obéissances convenables, et administrations loyales de Maximilien de Béthune, duc de Sully.

Tome III. Mémoires des sages et royales économies (fin.) — Remarques sur les mémoires des sages et royalles économies d'estat, domestiques, politiques et militaires, par Marbault, secrétaire de Duplessis-Mornay.

Tome IV. Les négociations du président Jeannin.

Tome V. Mémoires de messire François Duval, marquis de Fontenay-Mareuil. — Mémoires concernant les affaires de France sous la régence de Marie de Médicis, contenant un détail exact des intrigues de la cour, des désordres et guerres dans le royaume, et de tout ce qui s'y est passé de remarquable depuis 1610, avec un journal des conférences de Londres, par

P. Phelypeaux de Pontchartrain. — Relation exacte de tout ce qui s'est passé à la mort du mareschal d'Ancre. — Mémoires du duc de Rohan sur les choses advenues en France depuis la mort de Henri le Grand jusques à la paix faite avec les réformés au mois de juin 1629.

Tome VI. Mémoires du maréchal de Bassompierre. — Mémoires du maréchal d'Estrées, contenant les choses les plus remarquables arrivées sous la régence de Marie de Médicis et le règne de Louis XIII. — Mémoires du sieur de Pontis qui a servi dans les armées 56 ans, sous les rois Henri IV, Louis XIII et Louis XIV, contenant plusieurs circonstances remarquables des guerres, de la cour, et du gouvernement de ces princes.

Tomes VII et VIII. Mémoires du cardinal de Richelieu sur le règne de Louis XIII depuis 1610 jusqu'à 1638.

Tome IX. Mémoires du cardinal de Richelieu (fin). — Succincte narration des grandes actions du roi. — Testament du cardinal de Richelieu. — Mémoires d'Arnauld d'Andilly. — Mémoires de l'abbé Arnauld contenant quelques anecdotes de la cour de France, depuis 1634 jusqu'à 1675. — Mémoires de Gaston, duc d'Orléans, contenant ce qui s'est passé en France de plus considérable depuis l'an 1608 jusqu'en l'année 1636. — Mémoires de la duchesse de Nemours, contenant ce qui s'est passé de plus particulier en France pendant la guerre de Paris jusqu'à la prison du cardinal de Retz en 1652, avec les différents caractères des personnes de la cour.

Tome X. Mémoires de madame de Motteville. — Mémoires du père Berthod.

3e SÉRIE. — Tome I. Mémoires du cardinal de Retz, publiés pour la première fois sur le manuscrit autographe, avec leur complément jusqu'en 1679, d'après les documents originaux, par MM. Champollion Figeac et Aimé Champollion fils.

Tome II. Mémoires de Guy Joly. — Mémoires concernant le cardinal de Retz, extraits d'une Histoire manuscrite de l'Eglise de Paris, composée par Claude Joly, chanoine de cette église. — Mémoires de Pierre Lenet, procureur général au Parlement de Dijon, concernant l'histoire du prince de Condé depuis sa naissance, en 1627, jusqu'au traité des Pyrénées, en 1659.

Tome III. Mémoires du comte de Brienne, ministre et secrétaire d'Etat, contenant les événements les plus remarquables du règne de Louis XIII, et ceux du règne de Louis XIV jusqu'à la mort du cardinal Mazarin. — Mémoires de Claude de Bourdeille, comte de Montrésor. — Relation faite par M. de Fontrailles des choses particulières de la cour arrivées pendant la faveur de M. de Cinq-Mars, grand écuyer, avec sa mort et celle de M. de Thou. — Mémoires du comte de La Châtre, contenant la fin du règne de Louis XIII et le commencement de celui de Louis XIV. — Observations de M. le comte de Brienne sur les mémoires de M. de La Châtre. — Extrait des mémoires de Henri de Campion. — Mémoires du maréchal vicomte de Turenne, contenant l'histoire de sa vie depuis l'année 1643 jusqu'en 1659. — Mémoires du duc d'Yorck sur les événements arrivés en France pendant les années 1652 à 1659.

Tome IV. Mémoires de mademoiselle de Montpensier, fille de Gaston d'Orléans, frère de Louis XIII. — Mémoires de Valentin Conrart, premier secrétaire perpétuel de l'Académie Française.

Tome V. Mémoires de François de Paule de Clermont, marquis de Montglat, contenant l'histoire de la guerre entre la France et la maison d'Autriche depuis la déclaration de la guerre en 1635 jusques à la paix des Pyrénées en 1660. — Mémoires de La Rochefoucauld. — Mémoires de Jean Hérault de Gourville, conseiller d'Etat, concernant les affaires auxquelles il a été employé par la cour, depuis 1642 jusqu'en 1698.

Tome VI. Mémoires de Omer Talon, avocat général en la cour de Parlement de Paris, continués par Denis Talon, son fils. — Mémoires pour servir à l'histoire de Louis XIV, par l'abbé de Choisy.

Tome VII. Mémoires du duc de Guise. — Mémoires du maréchal de Grammont, duc et pair de France. — Mémoires des divers emplois et des principales actions du maréchal Du Plessis. — Mémoires de M. de ***, pour servir à l'histoire du XVIIIe siècle.

Tome VIII. Mémoires de P. de La Porte, premier valet de chambre de Louis XIV, contenant plusieurs particularités des règnes de Louis XIII et de Louis XIV. — Mémoires de ce qui s'est passé dans la chrétienté depuis le commencement de la guerre, en 1672 jusqu'à la paix conclue en 1679, par le chevalier Temple. — Histoire de madame Henriette d'Angleterre, première femme de Philippe de France, duc d'Orléans, par madame de La Fayette. — Mémoires de la cour de France pendant les années 1688 et 1689, par les mêmes. — Mémoires et réflexions sur les principaux événements du règne de Louis XIV et sur le caractère de ceux qui y ont eu la principale part, par le marquis de La Fare. — Mémoires du maréchal de Berwick, écrits par lui-même, avec une note abrégée, depuis 1716 jusqu'à sa mort, en 1734, précédés d'une ébauche d'éloge historique, par le président de Montesquieu, et de son portrait par milord Bolingbroke. — Souvenirs de madame de Caylus. — Mémoires du marquis de Torcy, pour servir à l'histoire des négociations depuis le traité de Ryswick jusqu'à la paix d'Utrecht.

Tome IX. Mémoires du maréchal de Villars, écrits par lui-même. — Mémoires du comte de Forbin, chef d'escadre. — Mémoires de Duguay-Trouin, lieutenant général des armées navales de France.

Tome X. Mémoires politiques et militaires pour servir à l'histoire de Louis XIV et de Louis XV, composés sur les pièces originales recueillies par Adrien Maurice, duc de Noailles, maréchal de France et ministre d'Etat, par l'abbé Millot. — Mémoires secrets sur les règnes de Louis XIV et de Louis XV, par Duclos, de l'Académie Française. — Mémoires de madame de Staal, écrits par elle-même.

NYSTEN (Pierre-Hubert), né en 1774, mort en 1817. docteur en médecine, ancien médecin de l'hôpital des Enfants-Trouvés, est l'auteur d'un Dictionnaire estimé de la langue médicale, dont la dernière édition, revue par M. Littré, est exempte de tous reproches.

860. DICTIONNAIRE des termes de médecine, de chirurgie, de pharmacie, des sciences accessoires et de l'art vétérinaire, de P.-H. Nysten. 10e édition, revue et considérablement augmentée, avec la synonymie grecque, latine, anglaise, allemande, espagnole et italienne, suivi d'un vocabulaire de ces diverses langues, par MM. E. Littré, membre de l'Institut de France, et Ch. Robin, professeur agrégé à la Faculté de médecine de Paris. 1 vol. gr. in-8.   Paris, 1854.

O

ORBIGNY (Alcide d'), né en 1802. Ce naturaliste a été chargé, en 1826, par le gouvernement français, d'une exploration scientifique de l'Amérique méridionale. Il revint en France en 1834, après avoir visité le Brésil, le Paraguay, Buénos-Ayres, la Patagonie, le Chili, le Pérou, et une partie des Cordillères. Il est actuellement président de la Société géologique de France, et professeur suppléant de géologie à la Faculté des sciences de Paris.

861. VOYAGE DANS L'AMÉRIQUE MÉRIDIONALE, exécuté dans le cours des années 1826, 1827, 1828, 1829, 1830, 1831, 1832, 1833, par Alcide d'Orbigny. 7 vol. gr. in-4; et 2 Atlas.
Paris, 1835-1849.
862. COURS ÉLÉMENTAIRE de Paléontologie et de Géologie stratigraphiques par Alcide d'Orbigny. 2 tomes publiés en 3 vol. in-8.   Paris, 1852.
863. PRODROME DE PALÉONTOLOGIE stratigraphique universelle, faisant suite au Cours élémentaire de Paléontologie et de Géologie stratigraphique, par

Alcide d'Orbigny. 3 vol. gr. in-18. Paris, 1854.

864. PALÉONTOLOGIE FRANÇAISE. Description zoologique et géologique de tous les animaux mollusques et rayonnés fossiles de France, comprenant leur application à la reconnaissance des couches, par Alcide d'Orbigny; avec des figures de toutes les espèces, lithographiées d'après nature par J. Delarue. in-8. Paris, 1836-1855.

Terrains crétacés, 230 livraisons. — Terrains jurassiques, 94 livraisons.
L'ouvrage se continue.

ORBIGNY (Charles-Fleury d'), né en 1806, aide naturaliste de géologie au Jardin des Plantes.

865. DICTIONNAIRE UNIVERSEL d'histoire naturelle, dirigé par M. Charles d'Orbigny. 25 parties en 13 vol. in-8, et Atlas. Paris, 1839-1849.

ORDONNANCES DES ROIS... Ce célèbre recueil, commencé par de Laurière, continué par Secousse, de Villevault, Brequigny, Pastoret et terminé par Pardessus, renferme non-seulement des pièces de la plus grande valeur, mais aussi des dissertations dues aux savants éditeurs, sur les points les plus obscurs de la législation française au moyen âge.

866. ORDONNANCES des rois de France de la troisième race, recueillies par ordre chronologique, avec des renvoys des unes aux autres, des sommaires, des observations sur le texte et cinq tables, etc. 22 vol. in-fol. Paris, 1723-1849.

TOME I. Préface. — Dissertations sur les amortissements, — les francs-fiefs et la simple noblesse, — le droit d'aubaine, — le droit de bâtardise, — les frerages et parages, — les guerres privées, — les duels et les gages de bataille, — le domaine de la couronne, — les ordonnances de 1057 à 1327, par M. de Laurière, ancien avocat au Parlement.

TOME II. Préface. — Dissertations sur les amortissements, — les francs-fiefs, — les guerres privées, — le domaine de la couronne et les monnoyes. — Table contenant année par année les prix du marc d'or et d'argent depuis 1339 jusqu'en 1354. — L'éloge de M. de Laurière. — Les ordonnances de 1327 à 1352, par feu de Laurière et D. Fr Secousse.

Tome III. Préface. — Dissertations sur les ordonnances en général, — sur les guerres privées, — sur l'arrière-ban. — Recherches historiques sur les Estats généraux et particuliers, tenus sous le règne du roy Jean. — Sur les monnoyes. — Tables contenant année par année les prix du marc d'or et d'argent en œuvre et en billon ; le nom des espèces, leur loy, leur poids et leur valeur, depuis 1355 jusqu'en 1363. — Les ordonnances de 1355 à 1363, par Secousse.

Tome IV. Préface. — Observations sur les ordonnances, — les amortissements et francs-fiefs, — le domaine de la couronne sous les règnes des rois Jean et Charles V, — les états généraux et particuliers, — les monnoyes, — un supplément aux ordonnances des rois Jean et Charles V, données pendant les années 1364, 1365 et 1366. — Ordonnances de 1350 à 1366, par Secousse.

Tome V. Préface. — Observations sur les guerres privées, — les états généraux et particuliers, et les monnoyes. — Ordonnances depuis 1367 jusqu'en 1372, par Secousse.

Tome VI. Préface. — Etats généraux. — Etats particuliers. — Mémoires historiques et critiques sur quelques événements arrivez au commencement du règne de Charles VI pendant les années 1380-1382. — Monnoyes. — Supplément contenant des ordonnances de Philippe de Valois sur les monnoyes. — Table contenant année par année le prix du marc d'or et d'argent depuis le commencement de la 3e race des rois de France jusqu'en 1382. — Ordonnances depuis 1374 jusqu'en 1382, par Secousse.

Tome VII. Préface. — Etats particuliers de quelques provinces. — Mémoires sur les anciens registres de la cour des aides de Paris. — Table contenant année par année les prix du marc d'or et d'argent depuis 1383 jusqu'en 1394. — Ordonnances depuis 1383 jusqu'en 1394, par Secousse.

Tome VIII. Préface. — Mémoire historique et critique sur les révolutions arrivées dans l'administration du gouvernement de la France depuis 1392 jusqu'en 1403. — Etats généraux et particuliers. — Monnoyes. — Schisme de l'église. — Table contenant année par année les prix du marc d'or et d'argent depuis 1395 jusques et y compris 1403. — Ordonnances depuis 1395 jusqu'en 1403. — Supplément aux ordonnances pour les 23 premières années du règne de Charles VI, par Secousse.

Tome IX. Préface. — Mémoire historique et critique sur les révolutions arrivées dans l'administration du gouvernement de la France, depuis 1404 jusqu'en 1411 inclusivement. — Schisme. — Etats particuliers des comtés d'Artois, Boulonois et Saint-Pol. — Monnoyes. — Tables contenant année par année le prix du marc d'or et d'argent depuis 1404 jusques et y compris 1411. — Eloge de Secousse. — Ordonnances depuis 1404 jusques en 1407, par Secousse.

Tome X. Avertissement. — Tables contenant année par année le prix du marc d'or et d'argent depuis 1412 jusques et y compris 1418. — Ordonnances depuis 1412 jusqu'en 1418, par de Villevault et de Brequigny.

Tome XI. Préface. — Recherches sur les communes. — Précis des principaux événements relatifs aux ordonnances de Charles VI contenues dans ce volume et le volume précédent. — Tables contenant année par année les prix du marc d'or et d'argent, conformément aux lettres renfermées dans ce volume. — Ordonnances depuis 1419 jusques en 1422. — Supplément au recueil depuis l'an 1080 jusqu'à l'an 1327, par de Villevault et de Brequigny.

Tome XII. Préface. — Recherches sur les bourgeoisies. — Supplément au recueil des ordonnances depuis 1328 jusqu'en 1420. — Second supplément, depuis 1187 jusqu'en 1420, par de Villevault et Brequigny.

Tome XIII. Préface. — Discours sur la législation de Charles VII depuis 1422 jusqu'en 1447. — Tables contenant année par année, les prix du marc d'or et d'argent, conformément aux lettres contenues dans ce volume. — Ordonnances depuis 1422 jusqu'en 1447, par de Villevault et de Brequigny.

Tome XIV. — Événements relatifs à la législation de Charles VII depuis 1448 jusqu'en 1461. — Ordonnances depuis Charles VII jusqu'en 1460, par de Brequigny.

Tome XV. Préface. — Des revenus publics en France depuis le commencement de la 3e race jusqu'au règne de Louis XI. — Table contenant année par année les prix du marc d'or et d'argent depuis le règne de Louis VII jusqu'à la fin du règne de Charles VII. — Ordonnances depuis 1461 jusqu'en 1463, par de Pastoret.

Tome XVI. Préface. — Des revenus publics (suite). — Ordonnances depuis 1463 jusqu'en 1467, par de Pastoret.

Tome XVII. Préface. — Des revenus publics (fin). — Ordonnances depuis 1467 jusqu'en 1473, par de Pastoret.

Tome XVIII. Préface. — Des contributions et redevances payées aux seigneurs; des redevances ecclésiastiques. — Ordonnances depuis 1474 jusqu'en 1481, par de Pastoret.

Tome XIX. Préface. — De la législation et de l'administration des revenus publics et de l'impôt dans les Gaules sous la domination des Romains, et dans la monarchie française sous les deux premières races de nos rois. — Ordonnances depuis 1481 jusqu'en 1486, par de Pastoret.

Tome XX. Préface. — Histoire du recueil des Ordonnances. Ordonnances rendues depuis 1486 jusqu'en 1497, par de Pastoret.

Tome XXI. Préface. — Mémoire sur l'organisation judiciaire et l'administration de la justice en France, depuis le commencement de la 3e race jusqu'à la fin du règne de Louis XII. — Ordonnances depuis 1497 jusqu'en 1514, par J.-M. Pardessus.

Tome XXII. — Table chronologique des ordonnances des rois de France de la 3e race jusqu'au règne de Louis XII inclusivement, suivie d'une table alphabétique pour en faciliter l'usage, par J.-M. Pardessus.

ORFILA (P.), né en 1787, mort en 1853. Ce médecin célèbre était professeur de chimie médicale à la Faculté de médecine. On peut le regarder comme le véritable fondateur de la science toxicologique.

867. TRAITÉ de médecine légale. 4e édition, revue, corrigée et considérablement augmentée, contenant en entier le Traité des exhumations juridiques, par MM. Orfila et Lesueur. 4 vol. in-8, et Atlas. Paris, 1848.

TOME I. Rapports. — Responsabilité médicale. — Ages. — Identité. — Viol. — Taches de sperme. — Mariage. — Grossesse. — Accouchement. — Naissances tardives. — Superfétation. — Viabilité. — Maladies simulées, etc. — Maladies mentales. — Mort. — Putréfaction dans différents milieux. — Exhumations juridiques, etc.

TOME II. Mort. — Exhumations juridiques. — Infanticide. Avortement. — Suppression de part. — Asphyxie par submersion, par suspension, etc. — Blessures. — Taches de sang. — Combustion spontanée. — Présomption de survie, etc.

TOME III. Empoisonnement.

TOME IV. Empoisonnement. — Falsification des aliments. — Falsification des actes. — Fausse monnaie. — Expertises e matière civile, etc. — Bibliographie de la médecine légale. — Supplément relatif à l'intoxication saturnine et cuivreuse, ainsi qu'à l'empoisonnement du duc de Praslin.

868. ÉLÉMENTS DE CHIMIE. 8e édition, revue, corrigée et considérablement augmentée, par Orfila. 2 forts vol. in-8, avec planches.
Paris, 1851.

869. TRAITÉ DE TOXICOLOGIE. 5e édition, revue, corrigée et augmentée, par Orfila. 2 forts vol. in-8. Paris, 1852.

870. SECOURS à donner aux personnes empoisonnées ou asphyxiées. 4e édition, corrigée et augmentée, par Orfila. 1 vol. in-12. Paris, 1850.

ORTOLAN (Joseph-Louis-Elzéar), né en 1802, ancien secrétaire en chef du parquet de la Cour de cassation, actuellement professeur de législation pénale à la Faculté de droit de Paris.

871. HISTOIRE de la législation romaine depuis son origine jusqu'à la législation moderne, suivie de l'explication historique des Instituts de Jus-

tinien. 4ᵉ édition, suivie d'une généralisation du droit romain. 1 vol. in-8. Paris, 1846.

872. EXPLICATION HISTORIQUE des Institutes de l'empereur Justinien, avec le texte, la traduction en regard, et des explications sous chaque paragraphe, précédée d'une généralisation du droit romain, d'après les textes anciennement connus, et plus récemment découverts. 3ᵉ édition. 2 vol. in-8. Paris, 1845.

OZANAM (A.-Fr.), né en 1813, mort en 1853. Ce littérateur distingué était professeur de littérature étrangère à la Faculté des lettres de Paris.

873. LES GERMAINS avant le christianisme. Recherches sur les origines, les traditions, les institutions des peuples germaniques, et sur leur établissement dans l'empire romain, par A.-F. Ozanam, professeur de littérature étrangère à la faculté des lettres de Paris. 1 vol. in-8. Paris, 1847.

874. LA CIVILISATION CHRÉTIENNE chez les Francs. Recherches sur l'histoire ecclésiastique, politique et littéraire des temps mérovingiens, et sur le règne de Charlemagne; par A.-F. Ozanam, professeur de littérature étrangère à la faculté des lettres de Paris. 1 vol. in-8. Paris, 1840.

875. DANTE et la philosophie catholique au XIIIᵉ siècle. Nouvelle édition, corrigée et augmentée, suivie de recherches nouvelles sur les sources poétiques de la Divine Comédie. 1 vol. in-8. Paris, 1845.

P

PALISSY (Bernard de), né vers 1500, mort en 1589. Un des grands génies produits par la France, simultanément potier, peintre, physicien, chimiste et économiste, mort en prison, où il avait été enfermé pendant dix ans comme calviniste.

876. ŒUVRES COMPLÈTES de Bernard de Palissy. Édition conforme aux textes originaux imprimés du vivant de l'auteur; avec des notes et une Notice historique, par Paul-Antoine Cap. 1 vol. in-12.   Paris, 1844.

PARDESSUS (Jean-Marie), né en 1772, mort en 1853, a été successivement conseiller à la Cour de cassation, professeur de droit commercial à la Faculté de Paris, et député. Comme érudit, ce jurisconsulte distingué occupe un rang honorable parmi les notabilités savantes de notre époque.

877. LOI SALIQUE, ou Recueil contenant les anciennes rédactions de cette loi et le texte connu sous le nom de *Lex emendata*, avec des notes et des dissertations par J.-M. Pardessus, membre de l'Institut. 1 vol. in-4.   Paris, 1843.

<small>Préface. — Plan de l'ouvrage. — Texte. — Appendice de la rédaction de la loi salique et de ses différentes révisions. — Du droit que chacun avait dans l'empire des Francs, d'être jugé par sa loi d'origine. — Des personnes libres considérées dans l'état de famille. — Des hommes libres d'origine barbare considérés dans leur état politique. — De la vassalité et de son influence sur l'état des hommes libres. — De l'état des Romains d'après la loi salique. — De l'esclavage d'après la loi salique. — De la propriété foncière d'après la législation des Francs. — De l'organisation judiciaire chez les Francs. — De la procédure devant les tribunaux chez les Francs. — Des différents modes de preuves en usage chez les Francs. — Sur les compositions pour les crimes et les délits d'après la loi salique. — De la législation du mariage chez les Francs. — De la législation des successions chez les Francs.</small>

878. US ET COUTUMES de la mer, ou collection des usages maritimes des peuples de l'antiquité et du moyen âge. 1 vol. in-4.   Paris, 1847.

879. ESSAI HISTORIQUE sur l'organisation judiciaire et l'administration de la justice, depuis Hugues Capet jusqu'à Louis XII. 1 vol. gr. in-8.
   Paris, 1851.

PARÉ (Ambroise), né au commencement du XVIe siècle,

mort en 1590. Le père de la chirurgie française, et chirurgien des rois Henri II, François II, Charles IX et Henri III.

880. Œuvres complètes d'Ambroise Paré, revues et collationnées sur toutes les éditions, avec les variantes, accompagnées de notes historiques et critiques, et précédées d'une introduction sur l'origine et les progrès de la chirurgie en Occident du vi^e au xvie siècle et sur la vie et les ouvrages d'Ambroise Paré; par J.-F. Malgaigne, chirurgien de l'hôpital Saint-Louis, etc. 3 vol. in-8. Paris, 1840.

PARIS (Alexis-Paulin), né en 1800. Conservateur adjoint au département des manuscrits de la Bibliothèque impériale, professeur au Collége de France, membre du conseil de perfectionnement de l'Ecole des Chartes, membre de l'Académie des Inscriptions et Belles-Lettres depuis 1835.

881. Les Manuscrits français de la Bibliothèque du Roi, leur histoire et celle des textes allemands, anglais, hollandais, italiens, espagnols de la même collection; par Paulin Paris. 7 vol. in-8. Paris, 1836-1848.

PARISET (Etienne), né en 1770, mort en 1847, docteur en médecine, médecin des aliénés de Bicêtre et de la Salpêtrière, secrétaire perpétuel de l'Académie de médecine. Le docteur Pariset n'était pas un praticien fort habile, mais c'était un écrivain distingué, et ses éloges méritent d'être cités comme modèles.

882. Histoire des membres de l'Académie royale de médecine, ou Recueil des éloges lus dans les séances publiques par E. Pariset, secrétaire perpétuel de l'Académie royale de médecine, membre de l'Institut, etc. Édition complète, précédée de l'éloge de Pariset, publiée sous les auspices de l'Académie, par E.-F. Dubois (d'Amiens), secrétaire perpétuel de l'Académie nationale de médecine. 2 vol. in-12. Paris, 1850.

Tome I. Avertissement. — Eloge de E. Pariset, par M. P. Dubois d'Amiens. — Discours d'ouverture de l'Académie royale de médecine. — Eloges du baron Corvisart, — de Cadet de Gassicourt, — du comte Berthollet, — de Ph. Pinel, — de Beauchêne, — de E.-C. Bourru, — du baron Percy, — de Vauquelin, — du baron G. Cuvier.

Tome II. — Eloges du baron A. Portal, — de F. Chaussier, — du baron G. Dupuytren, — de A. Scarpa, — du baron R.-D. Desgenettes, — de R.-H. Laënnec, — de H.-A. Tessier, — de J.-B. Huzard, — de Ch.-Chr.-H. Marc, — de J.-A.-B. Ladibert, — de E.-J. Bourdois de la Motte, — de J.-E.-D Esquirol, — de J.-D. Larrey, — de Chevreul. — Discours prononcés aux funérailles de Lerminier, de A. Dubois. de J.-L. Alibert, — de P. Robiquet, — de Double, — de E. Geoffroy de Saint-Hilaire, — de C.-P. Ollivier, — de G. Breschet et de J. Lisfranc. — Discours prononcés lors des inaugurations des statues d'Ambroise Paré, — de F.-J.-V. Broussais, et de Xavier Bichat.

PARNY (Evariste-Désiré Desforges, vicomte de), né en 1753, mort en 1814, le plus célèbre de tous les poëtes érotiques, surnommé le Tibulle français, embrassa d'abord la carrière ecclésiastique, et voulut même se faire trappiste, mais la lecture de la Bible l'en détourna, et il quitta la soutane pour l'uniforme. Un congé qu'il obtint lui permit de revoir l'île Bourbon, sa patrie, c'est là qu'il s'éprit d'amour pour une jeune créole, Esther de Baïf, qu'il chanta sous le nom d'Éléonore, et à laquelle il dut ses plus poétiques inspirations. Parny fut nommé membre de l'Académie Française en 1813.

883. ŒUVRES CHOISIES DE PARNY, augmentées de variantes de texte et de notes. 1 vol. in-8.
Paris, 1847.

PASCAL (Blaise), né en 1623, mort en 1662. Un des grands génies que la France ait produits, découvrait à l'âge de 12 ans, sans le secours d'aucun livre, les 32 premières propositions d'Euclide, faisait paraître à 16 ans un traité des sections coniques, et passait à 20 ans pour un des premiers géomètres de son siècle. Cependant, ce n'est pas dans cette science que Pascal s'est acquis une si grande réputation. Retiré à Port-Royal, il se livra à l'étude de l'Écriture Sainte, et publia, sur les questions théologiques qui agitaient alors les esprits, ses fameuses Lettres provinciales, regardées, à juste titre, comme un chef-d'œuvre de style, où la profondeur des pensées ne le cède qu'à la richesse de l'imagination.

884. LES PROVINCIALES, ou Lettres écrites par Louis de Montalte à un provincial de ses amis et aux RR. PP. jésuites, sur le sujet de la morale et de la politique de ces Pères. Edition accompagnée de notes et précédée d'un précis historique sur le jansénisme, par M. Charles Louandre. 1 vol. in-12. Paris, 1850.

885. PENSÉES, FRAGMENTS ET LETTRES de Blaise Pascal, publiés pour la première fois, conformément aux manuscrits originaux en grande partie inédits, par M. Prosper Faugère. 2 vol. in-8. Paris, 1844.

PASQUIER (Etienne), né en 1529, mort en 1615. Reçu avocat ue 1549, Pasquier fut chargé, en 1564, de plaider en faveur de l'Université contre les jésuites, et dut à la victoire qu'il remporta une réputation universelle. Il fut distingué par Henri III, qui le nomma avocat général à la Cour des comptes. M. Feugère a publié un Essai sur la vie et les ouvrages d'Étienne Pasquier (In-12. Paris, 1848).

886. LES ŒUVRES d'Estienne Pasquier, contenant ses recherches de la France; son Plaidoyé pour M. le duc de Lorraine, celuy de Me Versoris, pour les jésuites contre l'Université de Paris; clarorum virorum ad Steph. Pasquierium carmina; epigrammatum libri sex; epitaphiorum liber; iconum liber, cum nonnullis Theod. Pasquerii, in Francorum regum icones notis; ses lettres; ses œuvres mêlées; et les lettres de Nicolas Pasquier, fils d'Estienne. 2 vol. in-folio.
Paris, 1723.

887. ŒUVRES CHOISIES d'Estienne Pasquier, accompagnées de notes et d'une étude sur sa vie et sur ses ouvrages, par Léon Feugère, professeur de rhétorique au lycée Descartes. 2 vol. in-16. Paris, 1849.

TOME I. Avant-propos. — Etudes sur la vie et les ouvrages

d'Etienne Pasquier, par Léon Feugère. — Démêlés d'Etienne Pasquier avec les Jésuites, — Bibliographie des œuvres de Pasquier. — Recherches sur la France.

Tome II. — Recherches sur la France (fin). — Lettres. — Glossaires des ouvrages de Pasquier.

PASTORET (Claude-Emmanuel-Joseph-Pierre, marquis de), né en 1756, mort en 1839, successivement conseiller à la cour des aides, maître des requêtes, procureur général syndic du département de Paris, membre du Corps Législatif, le marquis de Pastoret fut déporté en 1797. Rappelé en 1800, il fut nommé professeur de droit au Collége de France, membre du Sénat, puis pair, ministre, et enfin chancelier de France.

888. HISTOIRE DE LA LÉGISLATION, par le marquis de Pastoret. 21 vol. in-8. Paris, 1817-1827.

PATIN (Guy), né en 1601, mort en 1671, un des hommes les plus spirituels et les plus satiriques de son temps, étudia la médecine à Paris, devint l'ami du célèbre Naudé, et fut nommé professeur au Collége de France. Ses Lettres renferment des détails précieux sur ses contemporains. L'édition de M. Reveillé Parise, qui est regardée comme la meilleure, et que nous citons ici, n'a pas été faite avec tout le soin désirable.

889. LETTRES DE GUY PATIN. Nouvelle édition, augmentée de lettres inédites; précédée d'une notice biographique, accompagnée de remarques scientifiques, historiques, philosophiques et littéraires, par le docteur J. H. Reveillé Parise. 3 vol. in-8. Paris, 1846.

PATRIA. Ce petit livre forme, avec la Biographie portative universelle et un Million de Faits une véritable encyclopédie portative, que nous ne saurions trop recommander.

890. PATRIA. La France ancienne et moderne, morale et matérielle, ou collection encyclopédique et statistique de tous les faits relatifs à l'histoire physique et intellectuelle de la France et de ses colonies. Deux très-forts volumes petit in-8. Paris, 1847.

Géographie physique et mathématique. — Physique du sol. — Météorologie. — Géologie. — Géographie. — Botanique. — Zoologie. — Agriculture. — Industrie minérale, — Travaux publics. — Finances. — Commerce et industrie. — Administration intérieure. — Etat maritime. — Législation. — Instruction publique. — Géographie médicale. — Population. — Etnologie. — Géographie politique. — Paléographie et numismatique. — Chronologie et histoire. — Histoire des religions. — Langues anciennes et modernes. — Histoire littéraire. — Histoire de l'agriculture. — Histoire de la sculpture et des arts plastiques. — Histoire de la peinture et des arts du dessin. — Histoire de l'art musical. — Histoire du théâtre. — Colonies, etc.

PAYEN (Anselme), né en 1795, professeur de chimie industrielle au Conservatoire des arts et métiers, membre de l'Académie des Sciences depuis 1842, et secrétaire perpétuel de la Société centrale d'agriculture.

891. TRAITÉ ÉLÉMENTAIRE des réactifs, leurs emplois spéciaux, leurs préparations et leur application à l'analyse; par MM. Payen et Chevallier. 3e édition, augmentée d'un supplément. 3 vol. in-8. Paris, 1844.

892. MANUEL du cours de chimie organique appliquée aux arts industriels et agricoles, par M. Payen. 2 parties in-8, et 2 atlas in-folio.
Paris, 1842-1843

PÉCLET (Jean-Claude-Eugène), né en 1793, ancien inspecteur général de l'Université, successivement professeur de physique au collége de Marseille, maître de conférences à l'Ecole normale, professeur à l'Ecole centrale des arts et manufactures.

893. TRAITÉ ÉLÉMENTAIRE de physique. 4e édition. 2 vol. in-8, et atlas in-4. Paris, 1847.

894. TRAITÉ de la chaleur considérée dans ses applications. 2e édition, augmentée. 3 vol. in-4, et atlas in-folio. Paris, 1843-1853.

PEIGNOT (Etienne-Gabriel), né en 1767. Ce bibliophile distingué, ancien avocat à Besançon, ancien bibliothécaire de l'Ecole centrale de la Haute-Saône, et proviseur du collège royal de Dijon, est auteur d'un nombre infini d'opuscules, aucoup plus précieux par leur rareté numérique que par ce qu'ils renferment. Le seul ouvrage véritablement utile que la science bibliographique doit à M. Peignot est son Dictionnaire de Bibliologie.

895. DICTIONNAIRE RAISONNÉ de bibliologie, contenant l'explication des principaux termes relatifs à la bibliographie, à l'art typographique, à la diplomatique, aux langues, aux archives, aux manuscrits, etc., par M. G. Peignot. 2 vol. in-8.
Paris, 1802.

PELLISSON FONTANIER (Paul), né en 1624, mort en 1693. Sincère ami du surintendant Fouquet, il subit la disgrâce de son maître, et fut enfermé à la Bastille pendant cinq ans. Le mémoire qu'il publia en cette occasion pour la défense du ministre de Louis XIV, est regardé comme son chef d'œuvre. Mis en liberté, Pellisson, nommé historiographe de France, abjura le protestantisme, fut ordonné sous-diacre et pourvu de bénéfices qui lui rapportaient 140,000 livres de revenus

896. HISTOIRE DE L'ACADÉMIE FRANÇAISE. 2 vol. in-12. Paris, 1743.

PELOUZE (Théophile-Jules), né en 1807, professeur de chimie à l'Ecole Polytechnique, membre de l'Académie des Sciences depuis 1837.

897. TRAITÉ de chimie générale, comprenant les applications de cette science à l'analyse chimique, à l'industrie, à l'agriculture et à l'histoire naturelle, par Pelouze et Fremy. 2e édition. 5 vol. et atlas in-8. Paris, 1854.

898. TRAITÉ COMPLET d'analyse et de manipulations chimiques, par Pelouze et Fremy. 2 vol. in-8. Paris, 1855.

PÉRIER (Casimir), né en 1777, mort en 1832. Député en 1817. Casimir Périer, qui n'était alors qu'un banquier, siégea dans les rangs de l'opposition jusqu'à la révolution de Juillet. En 1831, il fut nommé ministre de l'intérieur, et mourut l'année suivante. L'influence de cet homme politique, comme chef de l'opposition et comme ministre, fut si grande que le recueil de ses discours est indispensable à tous ceux qui voudraient approfondir l'histoire des luttes parlementaires de 1817 à 1832.

899. OPINIONS ET DISCOURS de M. Casimir Périer, publiés par sa famille, recueillis et mis en ordre par M. A. Lesieur, et précédées d'une notice historique, par M. C. de Rémusat. 4 vol. in-8. Paris, 1838.

PERRAULT (Charles), né en 1628, mort en 1703, frère du célèbre architecte de ce nom, était contrôleur-général des bâtiments. Son poëme du Siècle de Louis XIV donna naissance à la célèbre querelle des anciens et des modernes, dans laquelle les deux partis avaient également tort, car à cette époque, la France comptait déjà Corneille, Racine, La Fontaine, et même Boileau, qu'on aurait pu opposer à la gloire des anciens. Perrault doit surtout sa réputation à ses Contes de Fées, à l'usage des enfants.

900. MÉMOIRES, Contes et autres œuvres de Charles Perrault; précédées d'une notice sur l'auteur, par P.-L. Jacob, bibliophile, et d'une dissertation sur les Contes des Fées, par M. le baron Walckenaer. 1 vol. in-12. Paris, 1842.

PETIGNY (François-Jules de), né en 1801, ancien élève de l'École des Chartes, ancien conseiller de préfecture à Blois, membre libre de l'Académie des Inscriptions et Belles-Lettres. Le livre de M. de Petigny est aussi habilement conçu qu'exécuté, et nous ne saurions trop en recommander la lecture aux amateurs des études historiques.

901. ÉTUDES SUR L'HISTOIRE, les lois et les institutions de l'époque mérovingienne, par M. J. de Pétigny, membre de l'Institut (inscriptions et belles-lettres), ouvrage couronné par l'Académie des inscriptions. 3 vol. in-8. Paris, 1851.

PETITS POËTES... Cette collection est excessivement précieuse, en ce qu'elle forme un recueil de poésies qu'il serait presque impossible de réunir autrement.

902. PETITS POÈTES FRANÇAIS, depuis Malherbe jusqu'à nos jours, avec des notices biographiques et littéraires sur chacun d'eux, par M. Prosper Poitevin. 2 vol. gr. in-8.   Paris, 1841.

TOME I. Racan. — Segrais. — Madame Deshoulières. — Chaulieu. — La Fare. — Senecé. — Vergier. — Houdard de Lamotte : Odes, églogues. — Piron : Epîtres, stances, le Temple de mémoire, contes, épigrammes, épitaphes, chansons. — Louis Racine : De la Religion (poëme), odes sacrées. — Lefranc de Pompignan : Odes sacrées, cantiques, prophéties, discours des rois et des sujets, odes diverses, poésies diverses. — Gresset : Vert-Vert, Adieux aux Jésuites, la Chartreuse, les Ombres, Epîtres. — Gentil-Bernard : l'Art d'aimer, Poésies diverses. — Lemierre : La Peinture (poëme), Poésies diverses. — Le Cardinal de Bernis : Les Quatre Saisons (poëme), les Quatre Parties du Jour, Epîtres, Poésies diverses. — Saint-Lambert : Les Saisons (poëme), Poésies fugitives. — Marmontel : La Boucle de Cheveux enlevée, les Charmes de l'Etude, Discours, Romances. — Le Brun : Odes, Elégies, Epîtres, les Veillées du Parnasse, la Nature, Epigrammes, Poésies diverses, Traductions. — Malfilâtre : Narcisse (poëme), Poésies diverses. — Colardeau : Lettre amoureuse d'Héloïse à Abeilard, Armide à Renaud (héroïde), les Hommes de Prométhée, le Temple de Gnide, Epîtres, Poésies diverses.

TOME II. — Ducis : Epîtres, poésies diverses. — Dorat : Epîtres, poésies diverses, la Déclamation théâtrale. — La Harpe, Tangu et Félime, Poésies diverses. — Léonard : Idylles, le Temple de Gnide, Romances. — De Bonnard : Poésies diverses. — Imbert : le Jugement de Pâris. — Epigrammes, Fables. — Gilbert : Poésies diverses, Epîtres héroïques, la Mort d'Abel. — Bertin : Elégies, Œuvres diverses, Appendice. — Parny : Poésies érotiques, la Journée champêtre (conte), le Voyage de Sélim (conte), les Fleurs, Isnel et Aslega, Goddam, Mélanges, Réponses diverses. — Florian : Fables, Contes, Romances. — M.-J. Chénier : Poésies diverses, Elégies, Epigrammes. — Legouvé : Le Mérite des femmes, Poésies diverses. — Luce de Lancival : Achille à Scyros, Folliculus, Poésies diverses. — Millevoye : Elégies, Chants élégiaques, Dizains et Huitains, Ballades, Romances. — A. Chénier : Le Jeu de paume, Odes, Idylles, Elégies, Fragments.

PICARD (Louis-Benoît), né en 1769, mort en 1828, embrassa dans sa jeunesse la carrière du barreau. Mais les études sérieuses auxquelles il fallait se livrer le dégoûtèrent bien vite de ce genre de travail. Ami d'Andrieux et de Collin d'Harleville, il profita des conseils et de la protection que ces deux littérateurs voulaient bien lui accorder pour faire représenter quelques comédies qui furent bien accueillies. Picard n'est certainement pas un auteur dramatique de premier ordre, mais les succès qu'il a obtenus ont été très-grands, et il a été tellement l'homme de son époque, qu'au point de vue de l'histoire de la littérature théâtrale, ses œuvres doivent tenir une place dans toute bibliothèque choisie.

903. Œuvres de L.-B. Picard, de l'Académie Française. 10 vol. in-8. Paris, 1821.

Tome I. Encore des Ménechmes. — Les Visitandines. — Le Conteur ou les Deux Postes. — Le Cousin de tout le monde. — Les Conjectures. — Les Amis de Collége ou l'Homme oisif et l'artisan. — Médiocre et rampant.

Tome II. Le Voyage interrompu. — Les Comédiens ambulants. — L'entrée dans le Monde. — Les Voisins. — Le Collatéral ou la Diligence de Joigny.

Tome III. Les Trois Maris. — La Petite Ville. — Duhaucours, ou le Contrat d'union. — Les Provinciaux à Paris.

Tome IV. Le Mari ambitieux. — Le Vieux Comédien. — Monsieur Musard. — Les Tracasseries. — L'Acte de naissance. — Les Susceptibles.

Tome V. La Noce sans mariage. — Les Filles à marier. — Les Marionnettes. — La Manie de briller. — Les Ricochets.

Tome VI. Les Capitulations de conscience. — Les Oisifs. — L'Alcade de Molorido. — Un lendemain de Fortune. — La Vieille Tante. — Le Café du Printemps.

Tome VII. M. de Boulainville. — Les Deux Philibert. — Le Capitaine Belronde. — Une matinée de Henri IV. — Vanglas.

Tome VIII. La Maison en loterie. — L'Intrigant maladroit. — La Fête de Corneille. — La Saint-Jean. — Les Charlatans. — Les Compères.

Tome IX et X. Les Aventures d'Eugène de Senneville et de Guillaume Delorme.

PIHAN (Antoine-Paulin), né en 1810. Prote de la section des langues orientales à l'Imprimerie impériale. Cet orientaliste, qui a traduit plusieurs contes de l'arabe et a publié un travail intéressant sur les Bédouins, doit faire paraître prochainement une Notice sur les divers genres d'écriture ancienne et moderne des Arabes, des Persans et des Turcs.

904. Glossaire des mots français tirés de l'arabe, du persan et du turc, contenant leur étymologie orientale en caractères originaux, leur définition et des remarques philologiques sur les erreurs des étymologistes relativement à la

racine, au sens et à l'orthographe d'un grand nombre de ces mots; précédé d'une méthode simple et facile pour apprendre à tracer et lire promptement les caractères arabes, persans et turcs, par A.-P. Pihan. 1 vol. in-8.
Paris, 1847.

905. Éléments de la langue algérienne, ou principes de l'arabe vulgaire usité dans les diverses contrées de l'Algérie, par A.-P. Pihan. 1 vol. in-8. Paris, 1851.

PINEL (Philippe), né en 1745, mort en 1826. Un des philanthropes les plus célèbres du XVIIIe siècle, opéra, en qualité de médecin de la Salpêtrière, puis de Bicêtre, les réformes les plus salutaires, relatives au traitement subi par les aliénés. Son savoir comme médecin, son talent comme professeur le firent nommer membre de l'Académie des Sciences en 1803.

906. Nosographie philosophique, ou méthode de l'analyse appliquée à la médecine, par Pinel. 4e édition. 3 vol. in-8. Paris, 1818.

907. Traité médico-philosophique sur l'aliénation mentale, par Pinel 2e édition. 1 vol. in-8.
Paris, 1819.

PIRON (Alexis), né en 1689, mort en 1773, étudia le barreau, et se fit recevoir avocat, mais n'exerça point, et vint à Paris en 1709. Farces, pasquinades, comédies, tragédies, Piron s'était essayé dans tous les genres, et n'avait cependant encore rien produit qui pût illustrer son nom, lorsque la Métromanie parut. Cette comédie pleine d'entrain, de verve et d'action, mit le sceau à sa réputation.

908. Œuvres choisies d'Al. Piron, précédées d'une notice historique sur sa vie, et des jugements de nos plus célèbres critiques. 2 vol. in-8,
Paris, 1823.

PITHOU (Pierre), né en 1539, mort en 1596, Ami de Loisel, de Cujas, de Beze et de tous les grands hommes ses contemporains, ce célèbre jurisconsulte prit une part active aux événements politiques de son temps, et rendit de grands services à Henri IV. Il est l'un des auteurs de la satire Ménippée, qui fit tant de bruit lors de son apparition.

909. Traité des droits et des libertez de l'Église gallicane. 2 vol. in-fol. S. n. d. l. 1731.

PIXERÉCOURT (René-Charles Guilbert de), né en 1773, mort en 1844. Reçu avocat peu de temps avant la Révolution, Pixérécourt émigra de 1791 à 1793, et fit, en qualité d'officier du régiment de Bretagne, la campagne de 1792. De retour en France, il produisit quelques pièces de théâtre qui eurent du succès. Ses drames surtout attirèrent la foule.

910. Théatre choisi de G. de Pixérécourt, précédé d'une introduction par Ch. Nodier, et illustré par des notices littéraires. 4 vol. in-8.
Paris, 1841-1842.

Tome I. Introduction, par Charles Nodier. — Souvenirs du jeune âge et détails sur ma vie. — Cœlina. — Le Pèlerin blanc. — L'Homme à Trois Visages. — La Femme à deux Maris. — Les Mines de Pologne. — Tékéli.
Tome II. Les Maures d'Espagne. — La Forteresse du Danube. — Robinson Crusoé. — L'Ange tutélaire. — La Rose blanche et la Rose rouge. — Marguerite d'Anjou.
Tome III. Les Ruines de Babylone. — Le Chien de Montargis. — Charles le Téméraire. — Christophe Colomb. — Le Monastère abandonné. — Le Belvédère. — Benserade ou une Visite de madame de Lavallière.
Tome IV. Esquisses et fragments de voyages. — Valentine. — L'évasion de Marie Stuart. — La Tête de mort. — Latude. — Réflexions de l'auteur sur le mélodrame. — Réflexions inédites de Sedaine sur l'opéra comique.

PLANCHE (Jean-Baptiste-Gustave), né en 1808. Cet écrivain est un des collaborateurs les plus assidus de la *Revue des Deux Mondes*. Il avait été nommé professeur à la Faculté des Lettres de Bordeaux, par M. de Salvandy, ministre de l'instruction publique, mais des causes particulières l'engagèrent à refuser ce poste important.

911. Portraits littéraires, par Gustave Planche. 2 vol. in-12. Paris, 1849.

Tome I. André Chénier. — B. Constant. — Lamartine. — V. Hugo. — Alfred de Vigny. — L'abbé Prévost. — Sainte-Beuve. — Prosper Mérimée. — Jules Sandeau. — Ponsard. — Cas. Delavigne. — Eug. Scribe.
Tome II. F. Guizot. — G. Sand. — Les Royautés littéraires. — De l'état du théâtre en France. — Les Amitiés littéraires. — Moralité de la poésie. — Edgar Quinet. — De la langue française. — Eug. Sue. — Chateaubriand. — De la Critique française. — Aug. Barbier.

912. Nouveaux portraits littéraires, par M. Gustave Planche. 2 vol. in-12. Paris, 1854.

Tome I. Béranger. — Lamartine. — V. Hugo.
Tome II. Sainte-Beuve — Pétrarque. — Giusti. — Bulwer. — Guizot. — Michelet. — G. Sand. — Augier. — Ponsard. — Scribe. — Mademoiselle Rachel. — Eschyle. — La poésie et la critique françaises en 1852.

POITEVIN (Prosper), né en 1805. Ancien professeur de rhétorique au collège Rollin, a donné au théâtre quelques comédies pleines d'esprit. Il doit sa réputation au Cours théorique et pratique de langue française, qui a obtenu un grand succès.

913. Cours théorique et pratique de la langue française, à l'usage des collèges, de écoles normales et des gens du monde. 12 vol. in-12.
Paris, 1842 à 1854.

914. Nouveau Dictionnaire universel de la langue française, rédigé d'après les travaux et les mémoires des cinq classes de l'Institut. Académie Française, Académie des Inscriptions et Belles-Lettres, Académie des Sciences, Académie des Beaux-Arts, Académie des Sciences morales et politiques; par M. P. Poitevin. 2 vol. in-4.
Paris, 1855.

PONSARD (Fr.), né en 1814, un de nos auteurs tragiques modernes les plus distingués, a été dernièrement nommé conservateur de la bibliothèque du Sénat, mais a cru devoir refuser. Malgré le titre du livre que nous indiquons ici, il est loin de renfermer toutes les productions de ce littérateur.

915. THÉATRE COMPLET de Ponsard. 3e édition. 1 vol. in-12. Paris, 1854.

Lucrèce. — Agnès de Méranie. — Charlotte Corday. — Horace et Lydie.

POTHIER (Robert-Joseph), né en 1699, mort en 1772; un des plus célèbres jurisconsultes que la France ait produits, fut conseiller au châtelet d'Orléans, et professeur de droit français à l'Université de la même ville.

916. ŒUVRES COMPLÈTES de Pothier, augmentées d'une table générale et analytique des matières et d'une table de concordance, précédées de l'éloge historique de Pothier, par M. Letronne, avocat. 19 vol. in-8. Paris, 1844.

POTTER (Louis-Joseph-Antoine de), né à Bruges, en 1786. Ce littérateur a fourni plusieurs articles aux revues belges et françaises, et a publié de nombreux pamphlets politiques. Son *Histoire du Christianisme* a obtenu un grand succès.

917. HISTOIRE philosophique, politique et critique du christianisme et des églises chrétiennes, par de Potter. 8 vol. in-8. Paris, 1837.

POUGENS (Marie-Charles-Joseph de), né en 1755, mort en 1833. Philosophe, poëte, romancier, peintre, musicien et érudit, M. de Pougens a laissé dans ses écrits de nombreux témoignages de la grande variété de ses connaissances, et l'on doit regretter qu'il n'ait pu mettre au jour son Dictionnaire des Origines de la langue française, immense travail dans lequel il était aidé de ses élèves et amis Fr. Cocheris et Th. Lorin, et que ce dernier avait été chargé de terminer; malheureusement il n'a pu l'achever, et le manuscrit, qui se compose d'une trentaine de portefeuilles in-folio, sera légué à la bibliothèque de l'Institut, d'après les dernières volontés de l'auteur.

918. ARCHÉOLOGIE FRANÇAISE, ou Vocabulaire

de mots anciens tombés en désuétude, et propres à être restitués au langage moderne, par Ch. Pougens. 2 vol. in-8. Paris, 1821-1824.

POUILLET (Claude-Servais-Mathias), né en 1790. Élève de l'Ecole normale en 1809, professeur au collége de Tonnerre la même année, répétiteur à l'Ecole normale de 1813 à 1815, et maître de conférences de 1815 à 1827, suppléant à la Faculté des Sciences de Paris en 1816, suppléant du collége Bourbon de 1817 à 1819, professeur au même collége de 1819 à 1829, professeur adjoint à la Faculté des Sciences de Paris en 1827. Ce savant est actuellement professeur titulaire de la même faculté.

919. ÉLÉMENTS de physique expérimentale et de météorologie, par Pouillet. 6º édition. 2 vol. in-8, et atlas. Paris, 1853.

PRÉVOST D'EXILES (Antoine-François), né en 1697, mort en 1763. Ce fécond romancier, aussi célèbre par ses écrits que par les aventures qui ornent l'histoire de sa vie, quitta encore novice la maison des jésuites, où il avait été élevé, pour embrasser la carrière des armes, que la mobilité de son esprit lui fit bientôt abandonner. De nouveau jésuite, il ne put s'astreindre à la règle, reprit l'uniforme, et crut un instant y trouver le bonheur. Un amour malheureux le fit entrer à 22 ans chez les bénédictins, où pendant quelques années il se livra à des travaux d'érudition. C'est pendant son séjour à Saint-Germain-des-Prés qu'il composa les Mémoires d'un homme de qualité. La solitude dans laquelle il vivait, réveilla en lui toutes les passions dont il était agité. Il s'enfuit en Hollande, et publia pour vivre un grand nombre de romans qui eurent un succès prodigieux. Grâce à de hautes protections, il put revenir en France, et fut nommé aumônier du prince de Conti.

920. HISTOIRE de Manon Lescaut, illustrée par Tony Johannot, et précédée d'une notice historique sur l'auteur, par Jules Janin. 1 vol. in-8. Paris, (1844).

921. ŒUVRES CHOISIES de l'abbé Prévost. 39 volumes in-8. Paris, 1810-1816.

PUIBUSQUE (Adolphe de) né à Paris, membre de l'Académie royale de Madrid, de plusieurs académies de France et sociétés littéraires d'Amérique. M. de Puibusque, après avoir rempli de hautes fonctions dans l'ordre administratif, a consacré tout son temps à l'étude et aux voyages. Quérard a cité ses premières poésies et Brunet a indiqué deux ouvrages en prose. Outre un nombre infini d'articles sur la littérature, l'histoire, l'administration, l'économie politique, etc., insérés dans les revues et les journaux, il a publié les ouvrages suivants.

921 *a*. CODE MUNICIPAL ANNOTÉ. 1 vol. in-8.
Paris, 1838.

921 *b*. DICTIONNAIRE MUNICIPAL ou Manuel analytique et complet d'administration communale. 2 vol. in-8. Paris, 1841.

921 *c*. HISTOIRE COMPARÉE des littératures espagnole et française; ouvrage couronné par l'Académie française. 2 vol. in-8. Paris, 1844.

921 *d*. LE COMTE LUCANOR, Recueil de contes et apologues du xve siècle, par don Juan Manuel, traduits pour la première fois de l'espagnol en français. 1 vol. in-8. Paris, 1854.

PROUDHON (Pierre-Joseph), né en 1809. D'abord correcteur et compositeur d'imprimerie, puis maître imprimeur à Besançon de 1838 à 1843, enfin représentant du peuple à l'Assemblée constituante. Nous indiquons ici l'ouvrage le plus remarquable de ce dialecticien.

922. SYSTÈME des contradictions économiques, ou Philosophie de la misère. 2 vol. in-8.
Paris, 1846.

Q

QUÉRARD (J.-M.), né en 1797. Infatigable bibliographe, dont la réputation est aussi universelle que méritée, et qui a rendu de grands services aux lettres par la publication de sa *France littéraire* et de ses *Supercheries*. On a lieu de regretter peut-être l'extrême sévérité qui règne en général dans ce dernier ouvrage. M. Quérard publie en ce moment un journal mensuel intitulé *le Quérard*, journal de bibliographie, d'histoire littéraire et de biographie française, complément indispensable au *Journal de la Librairie*, et qui promet d'être du plus grand intérêt. Nous recommandons ce périodique aux amateurs de la littérature française.

923. LA FRANCE LITTÉRAIRE, ou Dictionnaire bibliographique des savants historiens ou gens de lettres de la France, ainsi que des littérateurs étrangers qui ont écrit en français plus particulièrement pendant les xviiie et xixe siècles, par J.-M. Quérard. 10 vol. in-8. Paris, 1827-1839.

924. LES ÉCRIVAINS PSEUDONYMES et autres mystificateurs de la littérature française pendant les quatre derniers siècles restitués à leurs véritables noms, par J.-M. Quérard. 1 vol. in-8.
Paris, 1854-55.

Cet ouvrage forme le tome XI de la France littéraire.

925. LES SUPERCHERIES LITTÉRAIRES dévoilées. Galeries des auteurs apocryphes, supposés, déguisés, plagiaires, et des éditeurs infidèles de la littérature française pendant les quatre derniers siècles, ensemble les industriels littéraires et les lettrés qui se sont anoblis à notre époque ; par J.-M. Quérard. 4 vol. in-8. Paris, 1847-52.

QUINAULT (Philippe), né en 1635, mort en 1688, le premier poëte lyrique du xviie siècle, était fils d'un boulanger de Paris. Deuxième veneur, valet de chambre du roi, auditeur en la chambre des comptes, chevalier de l'ordre de Saint-Michel, ce poëte, aussi distingué que fécond, fut admis à l'Académie Française en 1670.

926. Œuvres choisies de P. Quinault, précédées d'une nouvelle notice sur sa vie et ses ouvrages. 2 vol. in-8. Paris, 1824.

Tome I. Astrate, tragédie; la Mère Coquette, comédie. — Alceste, tragédie. — Thésée, tragédie. — Atys, tragédie. — Proserpine, tragédie.

Tome II. Persée, tragédie. — Phaëton, tragédie. — Amadis de Gaule, tragédie. — Roland, tragédie. — Le Temple de la paix, ballet. — Armide, tragédie lyrique. — Sceaux, poëme.

R

RABELAIS (François), né en 1483, mort en 1553. Un des savants les plus distingués du XVIe siècle et l'un des écrivains les plus originaux que la France ait produits, fut cordelier de Fontenai-le-Comte, puis moine de l'abbaye de Maillezais. S'étant dégoûté de la vie monotone qu'il menait, il quitta son couvent, se rendit à Montpellier, où il professa la médecine avec éclat, partit pour Rome à la suite du cardinal du Bellay son protecteur et son ami, revint à Paris, et fut nommé curé de Meudon. Il est bon de joindre à cette édition les recherches bibliographiques et critiques sur les éditions originales des cinq livres du Roman satirique de Rabelais, donnés par Jean Brunet (in-8, Paris, 1852).

927. Les Œuvres de Rabelais, édition variorum, augmentée de pièces inédites, des songes drôlatiques de Pantagruel, ouvrage posthume, avec l'explication en regard; des remarques de Le Duchat, de Bernier, etc., et d'un nouveau commentaire historique et philologique, par Esmangard et Éloi Johanneau. 9 vol. in-8.
Paris, 1823-1826.

RACINE (Jean), né en 1639, mort en 1699, le plus grand poëte tragique après Corneille, termina ses études à Port-Royal, et dut certainement à ses illustres professeurs la pureté remarquable de son style. L'Ode (la Nymphe de la

Seine) par laquelle il débuta le fit remarquer de Colbert. Devenu l'ami de Boileau, de Molière et de Corneille, son génie lui attira l'admiration universelle. Il est à remarquer qu'Athalie, son chef-d'œuvre, fut la seule tragédie qui de son temps n'eut point de succès.

928. ŒUVRES COMPLÈTES de J. Racine, avec les notes de tous les commentateurs; par M. L Aimé-Martin. 4e édition, revue, corrigée et augmentée des études de Racine sur l'Odyssée d'Homère et sur les Olympiques de Pindare. 7 vol. in-8.

Paris, 1825.

TOME I. Avis de l'éditeur. — Mémoires sur la vie et les ouvrages de Jean Racine, par L. Racine. — La Thébaïde, ou les Frères ennemis, tragédie en 5 actes. — Traduction des passages d'Euripide, de Sénèque et de Stace; imités par Racine. — Epitre au roi. — Préfaces. — Alexandre le Grand, tragédie en 5 actes. — Epitre à Madame. — Préfaces. — Andromaque, tragédie en 5 actes. — Fragment d'Euripide, imité par Racine.

TOME II. Préface. — Les Plaideurs, comédie en 3 actes. — Traduction des passages des Guêpes d'Aristophane, imité par Racine. — Dédicace au duc de Chevreuse. — Préfaces. — Britannicus, tragédie en 5 actes. — Traduction d'une scène de Sénèque. — Préface. — Epitre à Colbert. — Bérénice, tragédie en 5 actes. — Préfaces. — Bajazet, tragédie en 5 actes.

TOME III. Préface. — Mithridate, tragédie en 5 actes. — Traduction d'un morceau de Salluste, imitée par Racine. — Préface. — Iphigénie en Aulide, tragédie en 5 actes. — Traduction d'Iphigénie en Aulide d'Euripide, par Geoffroy. — Préface. — Phèdre, tragédie en 5 actes. — Fragments de Sénèque, imités par Racine. — Traduction de l'Hippolyte d'Euripide, par Geoffroy.

TOME IV. Préface. — Prologue. — Esther, tragédie en 5 actes. — Préface. — Athalie, en 5 actes. — Traduction d'un passage d'Euripide, par Geoffroy. — Plan du premier acte d'Iphigénie en Tauride. — Poésies diverses. — Le Paysage, ou Promenade de Port-Royal-des-Champs. — Odes. — Hymnes. — Cantiques spirituels. — Epigrammes. — Fragments de traductions. — Extrait du traité de Lucien. — Comment il faut lire l'histoire. — Traduction de la vie de Diogène le Cynique, écrite par Diogène Laerce. — Des Esséniens. — Fragments traduits de Philon. — Lettres de l'église de Smyrne touchant le martyre de saint Polycarpe, fragments traduits d'Eusèbe. — Vie de saint Polycarpe, traduite du même. — Epitre de saint Polycarpe, évêque de Smyrne, aux Philippiens. — Vie de saint Denys. — Des saints martyrs d'Alexandrie.

Tome V. — Lettres de Racine à l'auteur des Hérésies imaginaires. — Réponses, par Dubois et Barbier d'Aucourt. — Abrégé d'histoire de Port-Royal. — Fragments sur Port-Royal. — Epitaphe de mademoiselle de Vertus. — Réflexions pieuses sur quelques passages de l'Ecriture-Sainte. — Fragments historiques. — Précis historique des campagnes de Louis XIV. — Relation du siége de Namur.

Tome VI. Discours académiques. — Lettres écrites dans la jeunesse de l'auteur. — Correspondance entre Racine et La Fontaine. — Entre Racine et Boileau. — Lettres de Racine à son fils. — Lettres de Racine à diverses personnes. — Poésies diverses attribuées à J. Racine.

Tome VII. Remarques de Racine sur l'Odyssée d'Homère et les Olympiques de Pindare.

RASPAIL (François-Vincent), né en 1794 : chimiste distingué, collaborateur du *Bulletin des Sciences* de Férussac, représentant du peuple à l'Assemblée constituante.

929. NOUVEAU SYSTÈME de Chimie organique, fondé sur de nouvelles méthodes d'observations, précédé d'un Traité complet sur l'art d'observer et de manipuler en grand et en petit, dans le laboratoire et sur le porte-objet du microscope. 2e édition entièrement refondue, 3 vol. in-8, et atlas in-4. Paris, 1838.

930. NOUVEAU SYSTÈME de Physiologie végétale et de Botanique, fondé sur les méthodes d'observations développées dans le Nouveau système de Chimie organique. 2 vol. in-8, et atlas.
Paris, 1837.

931. HISTOIRE NATURELLE de la santé et de la maladie chez les végétaux et chez les animaux en général, et en particulier chez l'homme, suivi d'un formulaire pour une nouvelle méthode de traitement hygiénique et curatif. 2e édition, augmentée, 3 vol. in-8. Paris, 1846.

RAYER (Pierre-François-Olive), né en 1793 : docteur en médecine, ancien médecin à l'hôpital de la Charité, fondateur et président de la Société de biologie, est membre de l'Académie de Médecine et de l'Académie des Sciences.

932. TRAITÉ des maladies des reins et des altérations de la sécrétion urinaire, étudiées en elles-mêmes et dans leurs rapports avec les maladies des uretères, de la vessie, de la prostate, de l'urètre. 3 vol. in-8, et atlas in-folio.
Paris, 1839-1841.

RAYNOUARD (François-Juste-Marie), né en 1761, mort en 1836 : un des philologues les plus distingués du xixe siècle, eut de son temps beaucoup plus de réputation comme poëte, et fut admis dès 1807 en cette qualité à l'Académie Française.

933. CHOIX des Poésies originales des troubadours. 6 vol. gr. in-8. Paris, 1816-1821.

TOME I. Grammaire de la langue romane. — Grammaire des troubadours.
TOME II-IV. Poésies.
TOME V. — Biographie des troubadours. — Appendices aux poésies.
TOME VI. Grammaire comparée des langues de l'Europe latine dans leurs rapports avec la langue des troubadours.

934. LEXIQUE ROMAN, ou Dictionnaire de la langue des troubadours, comparée avec les autres langues de l'Europe latine, précédé de nouvelles recherches historiques et philologiques, d'un résumé de la Grammaire romane, d'un nouveau choix des poésies originales des troubadours, et d'extraits de poëmes divers. 6 vol. in-8
Paris, 1836-1843.

935. HISTOIRE du Droit municipal en France, sous la domination romaine et sous les trois dynasties, par Raynouard. 2 vol. in-8.
Paris, 1829.

REBOUL (Jean), né en 1796. Ce poëte distingué, autrefois simple boulanger à Nîmes, a été nommé représentant du peuple à l'Assemblée constituante.

936. POÉSIES de J. Reboul, de Nîmes, pré-

cédées d'une notice biographique et littéraire ; nouvelle édition, revue et augmentée par l'auteur. 1 vol. in-12. Paris, 1836.

937. Poésies nouvelles, par J. Reboul, de Nîmes. 1 vol. in-12. Paris, 1846.

RECUEIL DES HISTORIENS, etc. Cette volumineuse collection due aux soins de Dom Bouquet et de quelques autres bénédictins, a été continuée par les soins des membres de l'Académie des Inscriptions et Belles-Lettres.

938. Recueil des Historiens des Gaules et de la France, par Dom Martin Bouquet, prêtre religieux bénédictin de la congrégation de Saint-Maur. 22 vol. in-f°. Paris, 1738-1855.

Tome I. Contenant tout ce qui a été fait par les Gaulois, ce qui s'est passé dans les Gaules avant l'arrivée des Français ; et plusieurs autres choses qui regardent les Français depuis leur origine jusqu'à Clovis.

Tome II. Contenant ce qui s'est passé dans les Gaules et ce que les François ont fait sous les rois de la première race.

Tome III. Contenant ce qui s'est passé dans les Gaules et ce que les François ont fait sous les rois de la première race.

Tome IV. Contenant les lettres historiques, les lois, les formules, les diplômes et plusieurs autres monuments qui concernent les Gaules et la France sous les rois de la première race.

Tome V. Contenant ce qui s'est passé sous les règnes de Pepin et de Charlemagne, c'est-à-dire depuis l'an DCCLII jusques à l'an DCCCLIV, avec les lois, les ordonnances, les diplômes de ces deux rois, et autres monuments historiques.

Tome VI. Contenant les gestes de Louis le Débonnaire, d'abord roi d'Aquitaine, et ensuite empereur, depuis l'an DCCCLXXXI jusques à l'an DCCCXL, avec les lois, les ordonnances et les diplômes de ce prince, et autres monuments historiques.

Tome VII. Contenant les gestes des fils et des petits-fils de Louis le Débonnaire depuis l'an DCCCXL jusques à l'an DCCCLXXVII avec les capitulaires de Charles le Chauve, et autres monuments historiques : les diplômes étant rejetés dans le volume suivant.

Tome VIII. Contenant ce qui s'est passé depuis le commencement du règne de Louis le Bègue, fils de Charles le Chauve jusqu'à la fin du règne de Louis V, dernier roi de la seconde race, c'est-à-dire depuis l'an DCCCLXXVII jusqu'à l'an DCCCLXXXVII, avec les diplômes des fils et des petits-fils de Louis le Débonnaire, qui n'ont pu entrer dans le volume précédent.

Tome IX. Contenant ce qui restait à publier des monuments

de la seconde race des rois de France depuis le commencement du règne de Louis le Bègue, fils de Charles le Chauve jusqu'aux premières années du règne de Hugues Capet, chef de la 3e race, c'est-à-dire depuis l'an DCCCLXXXVII jusqu'à l'an DCCCXCI. — Préface. — Eloge de Dom Bouquet.

Tome X. Contenant tout ce qui s'est passé depuis le commencement du règne de Hugues Capet jusqu'à celui du roi Henri I, fils de Robert le Pieux.

Tome XI. Contenant principalement ce qui s'est passé sous le règne de Henri I, fils du roi Robert le Pieux, c'est-à-dire depuis l'an MXXXI jusqu'à l'an MLX.

Tome XII. Contenant une partie de ce qui s'est passé sous les trois règnes de Philippe I, de Louis VI dit le Gros, et de Louis VII Surnommé le Jeune, depuis l'an MLX jusqu'en MCLXXX.

Tome XIII. Contenant la suite des monuments des trois règnes de Philippe I, Louis VI et Louis VII.

Tome XIV. Contenant la suite des monuments des trois règnes, etc. — Préface. — De l'administration ecclésiastique et civile de la France aux XIe et XIIe siècles, par D. Brial.

Tome XV. Contenant la suite des monuments des trois règnes, etc.

Tome XVI. Contenant et terminant la suite des monuments des trois règnes, etc. — Préface. — Costumes des Français au XIIe siècle, par D. Brial.

Tome XVII. Contenant la première livraison des monuments des règnes de Philippe-Auguste et de Louis VIII, depuis l'an MCLXXX jusqu'en MCCXXVI. — Préface. — Recherches sur l'origine de la pairie en France et l'établissement des douze pairs, par D. Brial.

Tome XVIII. Contenant la seconde livraison des monuments des règnes de Philippe-Auguste et de Louis VIII, depuis l'an MCLXXX jusqu'en MCCXXVI.

Tome XIX. Contenant la troisième et dernière livraison des monuments des règnes de Philippe-Auguste et de Louis VIII, depuis l'an MCLXXX jusqu'en MCCXXVI. — Préface. — Eloge de dom Brial.

Tome XX. Contenant la première livraison des monuments des règnes de saint Louis, de Philippe le Hardi, de Philippe le Bel, de Louis X, de Philippe V et de Charles IV, depuis MCCXXVI jusqu'en MCCCXXVIII.

Tome XXI. Contenant la seconde livraison des monuments des règnes de saint Louis, etc.

Tome XXII. Contenant la troisième livraison des règnes de saint Louis, etc.

RECUEIL DES HISTORIENS DES CROISADES. Ce recueil est le complément indispensable du précédent.

939. RECUEIL des Historiens des Croisades, publié par les soins de l'Académie royale des

Inscriptions et Belles-Lettres. — Historiens occidentaux. 1 vol. in-folio. Paris, 1844.

Rapport sur la publication du recueil des historiens des croisades. — Historiens occidentaux. — Præfatio. — Notice sur la carte générale du théâtre des croisades jointe à ce volume. — Historia rerum in partibus transmarinis gestarum a tempore successorum Mahumeth usque ad annum Domini MCLXXXIV, edita a venerabili Willermo Tyrensi archiepiscopo.

Le tome suivant est sous presse.

940. RECUEIL des Historiens des Croisades. — Lois. 2 vol. in-folio. Paris, 1841-1843.

TOME I. Assises de Jérusalem ou recueil des ouvrages de jurisprudence composés pendant le XIIIe siècle dans les royaumes de Jérusalem et de Chypre. — Assises de la haute cour, publiées par le comte Beugnot.
TOME II. Assises de Jérusalem (suite). — Assises de la cour des Bourgeois, publiées par le comte Beugnot.

REDOUTÉ (Pierre-Joseph), né en 1759, mort en 1812. Ce peintre célèbre a été successivement dessinateur du cabinet de la reine Marie-Antoinette, peintre de fleurs du Muséum d'histoire naturelle, de l'Institut et de l'impératrice Joséphine.

941. LES LILIACÉS, par J.-P. Redouté. 8 vol. in-folio. Paris, 1802-1816.

942. LES ROSES, peintes par P.-J. Redouté, décrites et classées d'après leur ordre naturel, par C.-A. Thory. 3 vol. in-fol. Paris, 1817-1824.

REGNARD (Jean-François), né en 1655, mort en 1709. Possesseur d'une certaine fortune, Regnard put satisfaire facilement son goût pour les voyages. C'est dans une de ses pérégrinations qu'il fut pris par des corsaires, emmené à Constantinople, et vendu comme esclave pour la somme de 1500 livres. Au bout de deux ans, et grâce à son talent culinaire, il fut mis en liberté, revint en France, repartit bientôt après pour la Suède, le Danemark, la Laponie, visita la Pologne, la Hongrie, l'Autriche, et arriva ensuite à Paris, où il se fixa définitivement. Sa position de trésorier de France et de bailli de Dourdan ne l'empêcha point de se livrer à l'étude des lettres avec ardeur, et de devenir notre premier poëte comique après Molière.

943. ŒUVRES COMPLÈTES DE J.-F. REGNARD. nouvelle édition avec des variantes et des notes. 6 vol. in-8. Paris, 1823.

TOME I. Avertissement. — Notice sur la vie et les ouvrages de Regnard. — Avertissement de l'édition de 1731. — Voyage de Flandre et de Hollande, commencé le 26 avril 1681. — Voyages de Danemarck, de Suède, de Laponie, de Pologne et d'Allemagne. — La Provençale, œuvre posthume.

TOME II. Catalogue des comédies de Regnard, jouées au théâtre Français et au théâtre Italien, suivant l'ordre chronologique, avec les notes tirées des anecdotes dramatiques. — Attendez-moi sous l'Orme, comédie en 1 acte. — Le Bal, comédie en 1 acte — Le Joueur, comédie en 5 actes. — Le Distrait, comédie en 5 actes.

TOME III. Démocrite, comédie en 5 actes. — Le Retour imprévu, comédie en 1 acte. — Les Folies amoureuses, comédie en 3 actes, avec prologue. — Le Mariage de la Folie, divertissement. — Les Ménechmes, ou les Jumeaux, comédie en 5 actes, avec prologue.

TOME IV. Le Légataire universel, comédie en 5 actes. — La Critique du Légataire, comédie en 1 acte. — Les Souhaits, comédie en 1 acte. — Les Vendanges ou le Bailli d'Asnières, comédie en 1 acte. — Sapor, tragédie en 5 actes. — Le Carnaval de Venise, ballet en 3 actes, avec prologue. — Orphée aux Enfers, opéra. — Poésies diverses. — Epîtres. — Stances — Sonnets. — Chansons. — Epigrammes. — Satires. — Le Tombeau de Boileau-Despréaux.

TOME V. Notice sur les acteurs de l'ancienne troupe italienne qui ont joué dans les pièces de Regnard. — Le Divorce, comédie en 3 actes, avec prologue. — La Descente d'Arlequin aux Enfers, comédie en 3 actes. — Arlequin, homme à bonnes fortunes, comédie en 3 actes. — Les Filles errantes, ou les Intrigues des hôtelleries, comédie en 3 actes. — La Coquette, ou l'Académie des Dames, comédie en 3 actes.

TOME VI. Les Chinois, comédie en 4 actes, avec prologue. — La Baguette de Vulcain, comédie en 1 acte. — L'augmentation de la Baguette, comédie en 1 acte, avec prologue. — La Naissance d'Amadis, comédie en 1 acte. — La Foire Saint-Germain, comédie en 3 actes. — Scène des Carrosses. — Scène du Procureur en robe rouge. — La suite de la Foire Saint-Germain, ou les Momies d'Egypte, comédie en 1 acte. — Notice historique sur le théâtre Français et sur l'ancien théâtre Italien. — Lettre de Beffara sur les époques de la naissance et de la mort de J.-F. Regnard.

REGNAULT (Henri-Victor), né en 1810, élève de l'École

polytechnique en 1830, ingénieur en chef des mines en 1847, répétiteur de chimie à l'École polytechnique en 1836, professeur à la même école en 1840, au Collége de France en 1841, directeur de la manufacture impériale de Sèvres en 1852, grand'croix de la Légion d'honneur en 1854.

944. COURS ÉLÉMENTAIRE de Chimie par V. Regnault, ingénieur en chef des mines, directeur de la manufacture impériale de Sèvres, professeur au Collége de France et à l'École polytechnique, membre de l'Académie des Sciences, etc., etc. 4e édition. 4 vol. in-12. Paris, 1854.

TOME I. Métalloïdes.
TOME II et III. Métaux.
TOME IV. Chimie organique.

REGNIER (Mathurin), né en 1573, mort en 1613, suivit le cardinal de Joyeuse à Rome, revint en France, et accompagna bientôt le duc de Béthune, ambassadeur du saint-siége. Grâce à ce nouveau protecteur, Regnier obtint un canonicat de la cathédrale de Chartres et 2,000 livres de pension. Comme satirique, Regnier a laissé une réputation immortelle.

945. ŒUVRES de Mathurin Regnier, avec les commentaires revus et corrigés, précédées de l'histoire de la satire en France, par Viollet-Leduc, 1 volume in-16. Paris, 1853.

RÉMUSAT (Jean-Pierre-Abel), né en 1788, mort en 1832. Docteur en médecine en 1813, professeur de langue et de littérature chinoises au Collége de France en 1815, conservateur des manuscrits orientaux à la Bibliothèque impériale, membre de l'Académie des Inscriptions et Belles-Lettres, etc., a rendu de grands services aux études orientales.

946. RECHERCHES sur les Langues Tartares, ou Mémoires sur différents points de la grammaire et de la littérature des Mantchoux, des Mongols, des Ouigours et des Tibétains. Tome Ier, in-4, seul publié. Paris, 1820.

La mort a empêché l'auteur de terminer cet important ouvrage.

947. Éléments de la Grammaire chinoise, ou principes généraux du Kou-wen ou style antique et du Kouan-hoa, c'est-à-dire de la langue généralement usitée dans l'empire chinois. 1 vol. in-4. Paris, 1823.

RÉMUSAT (Charles-François-Marie de), né en 1797, avocat, ancien rédacteur du *Courrier français* et de plusieurs autres journaux politiques et littéraires, membre de l'Académie Française et de l'Académie des Sciences morales et politiques.

948. Saint Anselme de Cantorbéry. Tableau de la vie des couvents et de la lutte du pouvoir spirituel avec le pouvoir temporel au xie siècle, par Ch. de Rémusat, de l'Académie Française. 1 vol. in-8. Paris, 1853.

949. Abélard. Sa vie, sa philosophie et sa théologie. 2 vol. in-8. Paris, 1853.

RENAN (Joseph-Ernest), né en 1823. Professeur agrégé de philosophie en 1848, docteur ès lettres en 1852, actuellement employé au département des manuscrits de la Bibliothèque impériale depuis 1851, a publié de nombreux et remarquables articles dans la *Revue des Deux Mondes*, le *Journal des Débats* et le *Journal des Savants*. M. Renan, qui est un érudit de premier ordre, est appelé par son esprit à occuper un rang élevé parmi les notabilités littéraires de notre époque.

950. Averroès et l'Averroisme, par E. Renan. 1 vol. in-8. Paris, 1852.

951. De Philosophia peripatetica apud Syros. 1 vol. in-8. Paris, 1852.

952. Histoire et Système comparé des langues sémitiques, par E. Renan. 2 vol. in-8.
 Paris, 1855.

Tome I. Histoire générale des langues sémitiques.
Tome II. Exposition du système général des langues sémitiques.

RETZ (Jean-François-Paul de Gondy, cardinal de), né en 1614, mort en 1679. Le rôle que cet homme célèbre a joué pendant la Fronde, et l'influence qu'il eut sur les affaires politiques de son temps, font comprendre la valeur historique de ses Mémoires « écrits, dit Voltaire, avec un air de grandeur, une impétuosité de génie et une inégalité qui sont l'image de la conduite de l'auteur. »

953. MÉMOIRES du cardinal de Retz, nouvelle édition, augmentée de lettres inédites, etc. 6 vol. in-8. Paris, 1820.

REVUE ARCHÉOLOGIQUE. Cette revue, fondée en 1843, renferme des articles fort importants sur les matières les plus diverses de l'archéologie et de l'histoire.

954. REVUE ARCHÉOLOGIQUE, ou Recueil de documents et de mémoires relatifs à l'étude des monuments, à la numismatique et à la philologie de l'antiquité et du moyen âge, publiés par les principaux archéologues français et étrangers et accompagnés de planches gravées d'après les monuments originaux. 11 vol. in-8.
Paris, 1844 et ann. suiv.

Le tome 12 est sous presse.

REVUE DES DEUX MONDES. Cette revue, fondée en 1831, tient le premier rang parmi les publications du même genre, et est rédigée par les sommités littéraires de l'époque. Nous aurions désiré donner ici le contenu de chaque volume; mais cette collection a déjà pris de telles proportions, que nous sommes obligés de renvoyer le lecteur à la table publiée en 1853.

955. REVUE DES DEUX MONDES. 94 vol. in-8. Paris, 1831 et ann. suiv.

Le 95e vol. est sous presse.

REVUE CONTEMPORAINE. Cette revue, fondée en 1852, s'est placée, dès son apparition, au premier rang des publications utiles.

956. REVUE CONTEMPORAINE. 18 vol. in-8.
Paris, 1852 et années suiv.

Le vol. 19 est sous presse.

REYBAUD (Marie-Roch-Louis), né en 1799. Cet écrivain

distingué a été nommé membre de l'Académie des Sciences morales et politiques en 1850.

957. JÉROME PATUROT à la recherche d'une position sociale. Édition illustrée par Grandville. 1 vol. gr. in-8. Paris, 1845.

958. ATHANASE ROBICHON, candidat perpétuel à la présidence de la République, par Louis Reybaud. 2 vol. in-12. Paris, 1851.

959. JÉROME PATUROT à la recherche de la meilleure des Républiques; par Louis Reybaud, illustré par Tony Johannot. 1 vol. gr. in-8.
Paris, 1849.

960. ÉTUDES sur les Réformateurs contemporains, ou Socialistes modernes, par Louis Reybaud, membre de l'Institut. 6e édition, revue, corrigée et augmentée d'une Introduction nouvelle pour le tome II. 2 vol. in-12. Paris, 1849.

TOME I. Rapport à l'Académie française. — Avant-propos. Chap. I. Origine et filiation des utopies sociales. — II. Saint-Simon et les Saint-Simoniens. — III. Charles Fourier et son école. — IV. Robert Owen. — Conclusions générales. — Bibliographie raisonnée.
TOME II. Chap. I. La Société et le Socialisme. — II. Des idées et des sectes communistes. — III. Les Chartistes. — IV. Les Utilitaires et Jérémie Bentham. — V. Les Humanitaires. —Appendice. — Hobbes et Harrington. — Conclusion.

ROLLIN (Charles), né en 1661, mort en 1741. Après avoir achevé ses humanités au collége Duplessis, Rollin ne tarda pas à y entrer comme professeur, obtint bientôt après la chaire d'éloquence au Collége Royal, et devint recteur de l'Université; mais son goût pour l'étude lui fit abandonner ces brillantes positions.

961. ŒUVRES COMPLÈTES de Rollin. Nouvelle édition, accompagnée d'observations et d'éclaircissements historiques par Letronne. 30 vol. in-8, et atlas in-4. Paris, 1821-1827.

TOMES I-XII. Histoire ancienne.
TOMES XIII-XXV Histoire romaine.
TOMES XXVI-XXIX. Traité des études.
TOME XXX. Œuvres diverses.

RONSARD (Pierre de), né en 1524, mort en 1585, page du duc d'Orléans, puis de Jacques Stuart, suivit Lazare de Biez à la diète de Spire, et M. de Langey en Piémont. De retour en France, il se lia avec les savants de son temps, et devint un profond helléniste. Mais ce n'est point en cette qualité que la postérité nous a légué son nom ; c'est comme poëte que Ronsard nous est connu. Les œuvres qui charmèrent François I, Henri II, Charles IX, Henri III, et les hommes les plus distingués de son temps, tels que Scaliger, Pasquier et Montaigne, furent dépréciées au XVIIe siècle, et ne reprirent faveur qu'au XVIIIe.

962. Œuvres de Ronsard, revues, augmentées et illustrées de commentaires et de remarques. 2 vol. in-folio.   Paris, 1623.

ROQUEFORT (Jean-Baptiste-Boniface de), né en 1777, mort en 1834. Ce philologue, qui avait été capitaine d'artillerie, est auteur d'un livre recherché qui est loin cependant d'être à la hauteur de la philologie actuelle, mais qui a jusqu'à présent le mérite d'être unique en son genre.

963. Glossaire de la langue romane, contenant l'étymologie et la signification des mots usités dans les XIe, XIIe, XIIIe, XIVe, XVe et XVIe siècles. 3 vol. in-8, y compris le Supplément.
      Paris, 1808-1820.

ROSSI (Pellegrino-Louis-Edouard), né à Carrare en 1787, mort en 1848. Citoyen de Genève, membre du grand conseil de cette ville, ce savant, sur les instances de M. Guizot, vint à Paris, fut nommé professeur au Collége de France en 1833, professeur à l'École de Droit la même année, pair de France et membre de l'Académie des Sciences morales et politiques en 1836. De nouveaux désirs engagèrent M. Rossi à se rendre à Rome, et il devint bientôt ministre du pape. On sait la fin malheureuse de cet homme distingué.

964. Cours d'économie politique, professé au Collége de France, par P. Rossi. 3e édition. 4 vol. in-8.   Paris, 1854.

965. Traité du droit pénal, par P. Rossi,

membre de l'Institut. 2ᵉ édition. 2 vol. in-8.
Paris, 1855.

ROTROU (Jean de), né en 1609, mort en 1650, un des créateurs du théâtre en France, eut Richelieu pour protecteur, et Corneille pour ami. Quelques-unes de ses pièces sont restées au répertoire. M. Raynouard a consacré à Rotrou quelques articles intéressants dans le *Journal des Savants* (1821-1822-1823).

966. ŒUVRES COMPLÈTES de Rotrou. 1 vol. in-8. Paris, 1820-1822.

ROUSSEAU (Jean-Baptiste), né en 1670, mort en 1741, poëte lyrique aussi célèbre par ses chefs-d'œuvre que par ses malheurs, fut exilé par ordre du Parlement pour avoir accusé l'académicien Saurin d'être l'auteur de vers que lui-même avait composés. Ce jugement, injuste ou non, eut une grande influence sur Rousseau, et à dater de cette époque son talent ne fit que décroître.

967. ŒUVRES POÉTIQUES, avec une nouvelle notice sur J.-B. Rousseau, et un commentaire par Amar. 2 vol. in-8. Paris, 1824.

ROUSSEAU (Jean-Jacques), né en 1712, mort en 1778. La vie du philosophe de Genève est tellement connue, son caractère, l'originalité de son esprit, la grandeur de son génie, ont été les sujets de tant d'études, que nous croyons inutile de donner ici sa biographie.

968. LES CONFESSIONS de J.-J. Rousseau; avec une préface de George Sand. 1 vol. in-12.
Paris, 1847.

969. LA NOUVELLE HÉLOÏSE, par J.-J. Rousseau. 1 vol. in-8. Paris, 1845.

970. ÉMILE, ou de l'Éducation, par J.-J. Rousseau. 1 vol. in-12. Paris, 1848.

971. ŒUVRES COMPLÈTES de J.-J. Rousseau; mises dans un nouvel ordre, avec notes histori-

ques et des éclaircissements. par V.-D. Musset-
Pathay. 23 vol. in-8. Paris, 1823-1826.

Tome I et II. Discours.
Tome III et IV. Émile.
Tome V. Politique.
Tome VI. Lettres de la montagne.
Tome VII. Lettres sur la botanique.
Tome VIII et IX. Nouvelle Héloïse.
Tome X. Mélanges ou littérature variée.
Tome XI. Écrits sur la musique.
Tome XII et XIII. Dictionnaire de musique.
Tome XIV-XVI. Confessions.
Tome XVII. Dialogues.
Tome XVIII-XXII. Correspondance.
Tome XXIII. Table des matières.

RUINART (Dom Thierry), né en 1657, mort en 1709, prit l'habit de Saint-Benoît en 1674, fit profession en 1675, demeura quelque temps à Castre, et en 1662 fut appelé, sur la demande de Mabillon, à Saint-Germain-des-Prés. Les Actes des Saints de ce savant bénédictin sont très-recherchés. Ils ont été traduits en 1739, par Drouet de Maupertuy.

972. ACTA PRIMORUM MARTYRUM sincera et selecta, ex libris tum editis, tum manuscriptis collata, eruta vel emendata notis et observationibus illustrata. 1 vol. in-folio. Vérone, 1731.

S

SACY (Antoine-Isaac Silvestre, connu sous le nom de baron Silvestre de), né en 1758, mort en 1838. Un des savants les plus remarquables du XIX$_e$ siècle, et celui à qui l'on doit l'introduction des études orientales en France, était, avant la révolution, conseiller à la cour des Monnaies. Successivement professeur d'arabe à l'École des Langues, en 1794, professeur de persan en 1806 au Collége de France, ce célèbre orientaliste dut à sa renommée l'honneur de siéger au Corps Législatif de 1808 à 1815, et à la Chambre des Pairs de 1832 à 1838. Silvestre de Sacy faisait partie de l'Académie des Inscriptions et Belles-Lettres depuis 1785.

973. Principes de la Grammaire générale, mis à la portée des enfants, et propres à servir d'introduction à l'étude de toutes les langues. 8ᵉ édition. 1 vol. in-12. Paris, 1851.

974. Grammaire arabe, à l'usage des élèves de l'École spéciale des langues orientales vivantes, avec figures; par M. le baron Silvestre de Sacy. Seconde édition, corrigée et augmentée, à laquelle on a joint un Traité de la prosodie et de la métrique des Arabes. 2 vol. gr. in-8. Paris, 1831.

975. Exposé de la Religion des Druses, tiré des livres religieux de cette secte, et précédé d'une introduction et de la Vie du khalife Hakem-Biamr-Allah. 2 vol. in-8. Paris, 1835.

SACY (Louis-Isaac Le Maistre, connu sous le nom de), né en 1613, mort en 1684, était directeur des religieux de Port-Royal des-Champs. Son attachement pour les jansénistes l'ayant rendu suspect, il fut enfermé à la Bastille. C'est pendant sa captivité qu'il traduisit la Bible.

976. La Bible, contenant l'Ancien et le Nouveau Testament, traduite en françois sur la Vulgate, par M. Le Maistre de Sacy, nouv. édition. 12 vol. in-8. Paris, 1789.

SAINTINE (Xavier Boniface, connu sous le nom de), né en 1797. Auteur d'un grand nombre de pièces de théâtre et de nouvelles, doit sa réputation au roman que nous citons ici, et qui a été couronné par l'Académie Française.

977. Picciola, par X.-B. Saintine. 17ᵉ édition, revue par l'auteur et augmentée d'un chapitre. 1 vol. in-8. Paris, 1845.

SAINT-MARC GIRARDIN (Marc Girardin, connu sous le nom de), né en 1801, a été successivement maître d'études au collège de Henri IV en 1822, agrégé des classes supérieures des lettres en 1823, agrégé suppléant au collège de Henri IV en 1824, chargé d'une division de 2ᵉ au collège Louis-le-Grand en 1826, et d'un cours de rhétorique en 1828, professeur suppléant à la Faculté des Lettres de Paris en 1830, professeur titulaire de poésie française en

1833, membre du Conseil royal de l'instruction publique en 1837, et membre du conseil supérieur de l'instruction publique en 1850. M. Girardin, qui a toujours obtenu un grand succès comme professeur, est membre de l'Académie Française depuis 1844.

978. Cours de Littérature dramatique, ou de l'usage des passions dans le drame. 1 vol. in-12. Paris, 1852.

SAINT-PIERRE (Jacques-Henri-Bernardin de), né en 1737, mort en 1814. Cet écrivain célèbre fut quelque temps au service du grand Frédéric et de Catherine II. De retour en France, il remplaça La Paillardière comme intendant du Muséum d'histoire naturelle, et fut nommé, en 1794, professeur de morale à l'École normale, place qu'il conserva jusqu'à la suppression de cet établissement.

979. ŒUVRES COMPLÈTES de Bernardin de Saint-Pierre, mises en ordre et précédées de la Vie de l'auteur, par M. Louis-Aimé Martin. 12 vol. in-8. Paris, 1818-1820.

TOMES I et II. Epitre au roi. — Essai sur la vie et les ouvrages de B. de Saint-Pierre, par L.-A. Martin. — Voyage à l'île de France. — Conseils à un jeune Colon. — Entretiens sur les arbres, les fleurs et les fruits. — Observations sur quelques termes de marine. — Observations sur la Hollande, sur la Prusse, sur la Pologne et sur la Russie.

TOMES III-VII. Etudes de la nature. — La Chaumière indienne. — Le Café de Surate. — Le Voyage en Silésie. — Eloge historique et philosophique de mon ami (Favori, chien de l'auteur.) — Voyage de Codrus. — Le vieux Paysan polonais. — L'Arcadie. — Fragments de l'Amazone. — De la nature de la morale.

TOMES VIII-X. Harmonies de la nature.

TOME XI. Vœux d'un solitaire. — Fragments de la théorie de l'univers. — Mémoire sur les marées.

TOME XII. Essai sur J.-J. Rousseau. — Discours sur cette question. — Comment l'éducation des femmes pourrait contribuer à rendre les hommes meilleurs. — La Mort de Socrate. — Empsaël, dialogue philosophique. — La Pierre d'Abraham, ou Pèlerinage à Sainte-Anne d'Auray. — Dialogue sur la critique et les journaux. — Mémoire sur la nécessité de joindre une ménagerie au jardin des Plantes de Paris. — Lettre aux auteurs de la décade philosophique.

980. PAUL ET VIRGINIE ET LA CHAUMIÈRE IN-

DIENNE, par Bernardin de Saint-Pierre, illustrés par Tony Johannot. 1 vol. gr. in-8.

Paris, 1854.

SAINT-PRIEST (Alexis de Guignard, comte de), né à Saint-Pétersbourg, en 1805, mort en 1852. Cet écrivain distingué, ancien gentilhomme de la chambre de Charles X, ancien ministre plénipotentiaire de France en Portugal, a publié un grand nombre d'ouvrages, parmi lesquels on distingue son *Histoire de la Royauté*, son *Histoire de la Conquête de Naples*, et ses *Études diplomatiques*. M. de Saint-Priest était membre de l'Académie Française depuis 1849.

981. HISTOIRE de la Royauté, considérée dans ses origines jusqu'à la formation des principales monarchies de l'Europe, par M. Alexis de Saint-Priest, de l'Académie française. 2 vol. in-8. Paris, 1842.

982. HISTOIRE de la Conquête de Naples par Charles d'Anjou, frère de saint Louis, par M. Alexis de Saint-Priest, de l'Académie française. Nouvelle édition. 4 vol. in-8. Paris, 1847.

983. ÉTUDES DIPLOMATIQUES et littéraires, par M. Alexis de Saint-Priest, de l'Académie française, 2 vol. in-8. Paris, 1850.

Le Partage de la Pologne. — La guerre de Bavière et le congrès de Teschen. — Discours de réception à l'Académie Française. — Un mot sur le 24 février 1848. — La Perte de l'Inde sous Louis XV. — La Nouvelle Russie et le duc de Richelieu. — Excursion en Espagne.

SAINT-RÉAL (César-Richard de), né en 1639, mort en 1692. Écrivain studieux et modeste, l'abbé de Saint-Réal doit sa réputation à un seul ouvrage que Voltaire met au rang des chefs-d'œuvre de notre langue.

984. CONJURATION des Espagnols contre Venise. Conjuration des Gracques. 1 vol. in-18.

Paris, 1834.

SAINT-SIMON (Louis de Rouvroy, duc de), né en 1675,

mort en 1755, filleul de Louis XIV et de Marie-Thérèse d'Autriche, entra à 15 ans dans les mousquetaires, montra de la valeur au siège de Namur et à la bataille de Fleurus, fut nommé mestre de camp, et devint, par la mort de son père, duc et pair de France. A la mort de Louis XIV il fit partie du conseil de régence, et remplit plusieurs missions en Espagne. Mais ce n'est ni comme militaire ni comme diplomate que Saint-Simon a acquis la réputation universelle dont il jouit. Le talent d'écrivain qu'il a montré dans ses Mémoires, la sagacité, la finesse, le mordant dont il a fait preuve, en traçant les portraits de tant d'hommes célèbres, fait qu'on peut le regarder comme le véritable historien du règne de Louis XIV et de la régence. Il aurait été désirable néanmoins qu'on recherchât dans les bibliothèques les documents manuscrits qui pussent faire une suite à ses Mémoires. Pour notre part, nous signalerons la correspondance de la marquise de La Cour, découverte à la bibliothèque Mazarine, par M. Hippolyte Cocheris, attaché à cet établissement, et dont la publication, jointe à d'autres matériaux du même genre, renfermés dans des collections peu connues de la Bibliothèque impériale, rendraient un véritable service aux amateurs qui s'occupent particulièrement de cette époque si curieuse de notre histoire.

985. MÉMOIRES COMPLETS et authentiques du duc de Saint-Simon, publiés pour la première fois sur le manuscrit original entièrement écrit de la main de l'auteur, par le marquis de Saint-Simon, pair de France. 21 vol. in-8.
Paris, 1829-1831.

SAINT-SIMON (Claude-Henri, comte de), né en 1760, mort en 1825, embrassa dans sa jeunesse la carrière des armes, et était arrivé au grade de colonel, lorsque la révolution de 1789 éclata. Il commença à écrire en 1807, et ce ne fut que dans ses ouvrages postérieurs à cette époque, qu'il établit sa doctrine dont les adeptes connus sous le nom de *saint-simonien* ont été si nombreux.

986. ŒUVRES, de Saint-Simon, précédées de Fragments de sa vie, écrite par lui-même,

publiées par Olinde Rodrigues. 2 vol. in-8.
Paris, 1832.

TOME I. Lettre d'un habitant de Genève à ses contemporains (1803). — Parabole politique (1819). — Nouveau christianisme (1825).

TOME II. Catéchisme politique.— Les Industriels (1824).— Vues sur la propriété et la législation (1818).

SAINTE-BEUVE (Charles-Augustin), né en 1804. Un des écrivains les plus connus de notre temps, et dont l'heureuse fécondité a peut-être un peu nui à l'originalité même de son talent, a été le collaborateur de la *Revue des Deux Mondes*, du *Constitutionnel*, du *Moniteur*. Il vient d'être appelé à la chaire d'éloquence latine vacante au Collége de France par la mort de M. Tissot. M. Sainte-Beuve, ancien bibliothécaire à la bibliothèque Mazarine, fait partie de l'Académie Française depuis 1844.

987. VOLUPTÉ, par C.-A. Sainte-Beuve. 1 vol. in-12. Paris, 1855.

988. PORT-ROYAL, par C. A. Sainte-Beuve. 3 vol. in-8. Paris, 1840-1848.

989. TABLEAU historique et critique de la Poésie française et du théâtre français au xvie siècle, par C.-A. Sainte-Beuve. Édition revue et très-augmentée, suivie de Portraits particuliers des principaux poëtes. 1 vol. in-12. Paris, 1843.

Avertissement. — Préface de la première édition. — Tableau de la poésie française au xve siècle.—Tableau du Théâtre Français. — Du roman au xvie siècle et de Rabelais.—Conclusion. — Appendice, vie de Ronsard. — Pièces et notes. — Avertissement de la seconde partie. — Mathurin Regnier et André Chénier. — Joachim du Bellay. — Jean Bertaut.—Du Bartas. — Philippe Desportes. — Anacréon au xvie siècle. — De l'Esprit de malice au bon vieux temps. — Clotilde de Surville.

990. PORTRAITS CONTEMPORAINS, par C.-A. Sainte-Beuve, membre de l'Académie française. 3 vol. in-12. Paris, 1846.

TOME I. De Châteaubriand. — Béranger. — De Sénancour. — De Lamennais. — De Lamartine. — Victor Hugo. — Ballanche. — De Vigny. — Madame Desbordes-Valmore. —

Madame A. Tastu. — A. de Musset. — Balzac. — Villemain.
— De la littérature industrielle. — Dix ans après en littérature. — Appendice sur M. de Vigny.
    Tome II M. Vinet. — Xav. de Maistre. — Jasmin. — Eugène Sue. — Eugène Scribe. — Lebrun. — Comte Molé. — Topffer. — Brizeux. — Loyson. — Polonius. — De Loy. — Les Glanes par mademoiselle Bertin. — Nisard. — J.-J. Ampère. — Magnin. — Quelques vérités sur la situation en littérature. — Les journaux chez les Romains, par J.-V Le Clerc. — Mérimée — Histoire de la royauté, par le comte de Saint-Priest. — De Barante. — Thiers. — Fauriel. — Post-scriptum. — Appendice sur M. Scribe.
    Tome III. Avertissement. — Daunou. — Léopardi. — Parny. — Louise Labé. — Desaugiers. — Gresset. — Fléchier — Théophile Gautier (les Grotesques). — Victorin Fabre. — Casimir Delavigne. — Pensées de Pascal. — Mignet. — La Revue en 1845. — Un dernier mot sur Benjamin Constant. — Un factum contre André Chénier. — Homère. — De la Médée d'Apollonius. — Méléagre. — Euphorion ou de l'Injure des temps. — Pensées. — Appendice sur Casimir Delavigne.

    991. PORTRAITS LITTÉRAIRES, par C.-A. Sainte-Beuve, membre de l'Académie française Nouv. édit., revue et corrigée. 2 vol in-12. Paris, 1845.

    Tome I. Préface. — Boileau, épître. — La Fontaine. — P. Corneille. — Racine. — J. B. Rousseau. — Lebrun. — Math. Regnier et A. Chénier. — Documents inédits sur André Chénier. — G. Farcy. — Diderot. — Prévost. — Andrieux. — Jouffroy. — Ampère. — Du génie critique et de Bayle. — La Bruyère. — Millevoye. — Des Soirées littéraires. — Appendice sur La Fontaine. — Appendice sur Racine. — La reprise de Bérénice. — Charles Nodier.
    Tome II. Molière. — Delille. — Bernardin de Saint-Pierre. — Mémoires du général Lafayette. — De Fontanes. — Joubert. — Léonard. — Aloysius Bertrand. — Le comte de Ségur. — Joseph de Maistre. — Gabriel Naudé. — Appendice sur Joseph de Maistre.

    992. PORTRAITS DE FEMMES, par C.-A. Sainte-Beuve, membre de l'Académie française. Édition revue et augmentée. 1 vol. in-12. Paris, 1844.

    Mesdames de Sévigné. — De Souza. — De Duras. — De Staël. — Roland. — Guizot. — De La Fayette. — De La Rochefoucauld. — De Longueville. — Une ruelle poétique. — Madame Des Houlières. — Mesdames de Krüdner. — De Charrière. — De Rémusat. — De Pontivy. — Christel. — Maria.

993. CAUSERIES DU LUNDI, par C.-A. Sainte-Beuve, de l'Académie française. 2e édition. 10 vol. in-18. Paris, 1853-1855.

TOME I. Cours de littérature dramatique par Saint-Marc Girardin. — Confidences par Lamartine. — De la question des théâtres. — Mémoires sur madame de Sévigné, par Walckenaer. — Raphaël, par Lamartine. — M. de Montalembert orateur. — Hamilton. — Œuvres littéraires de MM. Villemain et Cousin. — Madame Récamier. — Histoire de l'Empire par Thiers. — Pensées de Joubert. — Campagnes d'Egypte et de Syrie, par Napoléon. — Adrienne Lecouvreur. — Le père Lacordaire, orateur. — Mémoires de Ph. de Commines. — Journal de la campagne de Russie, par M. de Fezensac. — Des lectures publiques du soir. — Poésies d'Alfred de Musset. — Discours sur la révolution d'Angleterre, par Guizot. — Le Livre des Rois, par Firdoussi. — La Mare au Diable, la petite Fadette et François le Champi, par G. Sand. — M. de Feletz et de la critique littéraire, sous l'empire. — Eloges académiques, par Pariset. — Lettres de madame du Deffand. — Mémoires d'Outre-tombe, par Châteaubriand. — Lettres inédites, par l'abbé de Chaulieu.

TOME II. Lettres et opuscules de Fénelon. — Œuvres de Barnave. — Pline le naturaliste. — Madame de La Tour, Francqueville et J.-J. Rousseau. — Lettres de la duchesse de Bourgogne. — La Religieuse de Toulouse, par Jules Janin. — Lettres de mademoiselle de Lespinasse. — Châteaubriand, romanesque et amoureux. — Huet, évêque d'Avranches. — Mémoires de madame d'Epinay. — Lettres de madame de Graffigny, ou Voltaire à Cirey. — Lettres de lord Chesterfield. — Le palais Mazarin, par Léon de Laborde. — Madame Duchâtelet : histoire de Voltaire à Cirey. — Chansons de Béranger. — Madame Geoffrin. — Lettres de Gœthe et de Bettina. — Gil-Blas, par Lesage. — Madame de Broglie. — Procès de Jeanne d'Arc. — L'abbé Galiani. — M. de Balzac. — M. Bazin. — Madame de Pompadour. — M. de Malesherbes. — Chateaubriand, homme d'Etat et politique.

TOME III. Rabelais, par Eugène Noël. — Œuvres de madame de Genlis. — Qu'est-ce qu'un classique. — Madame de Caylus et ce qu'on appelle urbanité. — Les Confessions de J.-J. Rousseau. — Biographie de Camille Desmoulins, par Ed. Fleury. — Vauvenargues. — Œuvres de Frédéric le Grand. — M. Droze. — Frédéric le Grand littérateur. — La duchesse du Maine. — Florian. — Et. Pasquier. — Mémoires de Saint-Simon. — Diderot. — Fontenelle. — Œuvres de Condorcet avec notices par Arago. — Bussy-Rabutin. — Madame Emile de Girardin. — Histoire du chancelier d'Aguesseau, par Boullée. — L'abbé de Choisy. — Madame de La Vallière. — M. de La Touche. — La Grande Mademoiselle. — M. Théodore Leclercq.

TOME IV. Mirabeau et Sophie (dialogues inédits). — Lettres

du donjon de Vincennes. — Hégésippe Moreau. — Pierre Dupont. — Nouveaux documents sur Montaigne. — Correspondance entre Mirabeau et le comte de Lamarck. — Mademoiselle de Scudéry. — André Chénier, homme politique. — Saint-Evremont et Ninon. — Lettres et opuscules inédits du comte De Maistre. — Madame de Lambert. — Madame Necker. — L'abbé Maury. — Le duc de Lauzun. — Jasmin. — Marie-Antoinette. — Buffon. — Madame de Maintenon. — Histoire de la Restauration, par de Lamartine. — Marie Stuart, par Mignet. — M. de Bonald. — Essai sur Amyot, par Blignières. — Mémoire et correspondance de Mallet du Pan. — Mémoires de Marmontel. — Chamfort. — Rulhière.

Tome V. Notice sur Raynouard, par Walckenaer. — Les Gaietés champêtres, par J. Janin. — Mémoires du cardinal de Retz. — Rivarol. — La duchesse d'Angoulême. — Laharpe. — Laharpe (anecdotes). — Lebrun. — Pindare. — Madame de Motteville. — Sieyès. — Fiévée. — Le cardinal de Retz. — Ch. Perrault. — Patru. — Fouquet. — Louis XIV (œuvres). — Etudes sur Saint-Just, par Ed. Fleury. — Mémoires de Gourville. — De la Poésie et des Poëtes en 1852. — La Princesse des Ursins. — Portalis. — Le duc d'Antin ou le parfait Courtisan. — Le comte pacha de Bonneval. — Pensées de Pascal, édition de M. Havet.

Tome VI. Le maréchal Marmont. — Madame Sophie Gay. — Armand Carrel. — De la retraite de MM. Villemain et Cousin. — M. Walckenaer. — La reine Marguerite. — Beaumarchais. — Rollin. — Mémoires de Cosnac. — Madame, duchesse d'Orléans. — Paul-Louis Courier. — Saint-Anselme, par M. de Rémusat. — L'abbé Gerbet. — Les Regrets. — Bernardin de Saint-Pierre. — Ducis. — M. Etienne. — Boileau. — Appendice. — 13 lettres inédites de Bernardin de Saint-Pierre.

Tome VII. Regnard. — M. Michaud, de l'Académie Française. — Montesquieu. — Le président de Brosses, sa vie, ses lettres sur l'Italie. — Voltaire et le président de Brosses, ou une intrigue académique au XVIIIe siècle. — Franklin. — L'abbé Barthélemy. — Le cardinal de Richelieu, ses lettres et papiers d'Etat. — Saint François de Sales. — Grimm. — Necker. — Les Faux Démétrius, par M. Mérimée. — Volney. — Marguerite, reine de Navarre, ses nouvelles. — Frédéric le Grand, sa correspondance. — M. Arnault, de l'Institut. — La Fontaine.

Tome VIII. L'Abbé de Bernis. — De l'état de la France sous Louis XV. — Le cardinal de Bernis. — Malherbe et son école. — Gui Patin. — Sully; ses économies royales ou Mémoires. — Mézeray. — Le prince de Ligne. — Histoire littéraire de la France, publiée par l'Institut. — Discours de M. Mignet à l'Académie des sciences morales et politiques. — Le roman de Renart. — Rœderer. — Gabrielle d'Estrées. — Nouveaux voyages en zig-zag de Topffer. — Gibbon. — Histoire de la maison royale de Saint-Cyr, par Th. Lavallée. — Joinville. — Appendice aux articles sur Rœderer. — Conversation avec le général Lasalle.

Tome IX. Massillon. — Nouvelles lettres de madame, mère

du régent. — Froissart. — Le buste de l'abbé Prévost. — Etienne de La Boëtie. — Le marquis de Lassay. — Duclos. — Bourdaloue. — M. de Stendahl. — Marivaux. — Geoffroy de Villehardouin. — M. Daru. — Madame Dacier. — Appendice.

Tome X. Œuvres de François Arago. — Fénelon, sa correspondance spirituelle et politique. — Buffon, ses œuvres annotées par Flourens. — Chateaubriand. Anniversaire du Génie du christianisme. — Sénac de Meilhan. — Le président Jeannin. — Bossuet : lettres de Poujoulat; portrait par de Lamartine. — Maucroix, l'ami de La Fontaine; ses œuvres diverses publiées par L. Paris. — Saint-Martin, le philosophe inconnu. — Vicq-d'Azyr. — Agrippa d'Aubigné. — Sylvain Bailly. — Denne-Baron. — Le marquis de La Fare, ou un paresseux. — Léopold Robert, sa vie, ses œuvres et sa correspondance par Feuillet de Conches. — Raimond, le peintre des Pyrénées. — Post-Scriptum. — Appendice.

SAND (Amantine-Lucile-Aurore Dupin, mariée à Fr. Dudevant, connue sous le nom de George), née en 1804. Madame George Sand est, comme écrivain, la seule femme auteur qui puisse lutter avec les plus grands romanciers dont la France s'honore. Il est seulement regrettable que des idées, louables sans doute, mais quelquefois bizarres, l'entraînent à des digressions qui refroidissent l'action et ôtent à son sujet le côté vraisemblable. Nous n'indiquons ici que les principaux ouvrages.

994. Indiana, par G. Sand. 1 vol. in-12.
Paris, 1853.

995. François Le Champi, par G. Sand. 1 vol. in-12. Paris, 1853.

996. Le Chateau des Désertes, par G. Sand. 1 vol. in-12. Paris, 1854.

997. Mauprat, par G. Sand. 1 vol. in-12.
Paris, 1852.

998. Le Compagnon du tour de France, par G. Sand. 1 vol. in-12. Paris, 1852.

999. Jacques, par G. Sand. 1 vol. in-12.
Paris, 1854.

1000. Le Piccinino, par G. Sand. 2 vol. in-12.
Paris, 1854.

1001. La petite Fadette, par G. Sand. 1 vol. in-12. Paris, 1852.

1002. La Mare au Diable, par G. Sand, nouvelle édition, ornée du portrait de l'auteur. 1 vol. in-12. Paris, 1850.

1003. Consuelo, par G. Sand. 4 vol. in-12.
 Paris, 1845.

1004 Histoire de ma vie, par G. Sand. 20 vol. in-8. Paris, 1854-1855.

SANDEAU (Léonard-Sylvain-Jules), né en 1811. Bibliothécaire à la Bibliothèque Mazarine, l'un de nos romanciers les plus distingués, s'est essayé avec un égal succès dans le genre dramatique, et l'Académie Française a décerné son grand prix à l'une de ses productions.

1005. Marianna, par J. Sandeau. 1 vol. in-12.
 Paris, 1855.

1006. Catherine, par Jules Sandeau. 1 vol. in-8. Paris, 1854.

1007. Mlle de la Seiglière, par J. Sandeau. 5e édit. 1 vol. in-12. Paris, 1855.

1008. Valcreuse, par J. Sandeau. 3e édition, revue et corrigée. 2 vol. in-8. Paris, 1853.

1009. Le Docteur Herbeau, par J. Sandeau. 4e édit. 1 vol. in-12. Paris, 1852.

1010. Madeleine, par J. Sandeau. 1 vol. in-12.
 Paris, 1852.

1011. Fernand. — Vaillance et Richard, par J. Sandeau. 1 vol. in-12. Paris, 1852.

SAURIN (Jacques), né en 1677, mort en 1730, le plus célèbre des prédicateurs protestants, était ministre extraordinaire des nobles à La Haye. Une saine morale, une grande profondeur dans la pensée, une imagination fertile, ont donné aux sermons de Saurin la plus grande célébrité. L'édition que M. Weiss a eu l'heureuse idée de publier mérite les plus grands éloges.

1012. Sermons choisis de J. Saurin; avec une notice sur sa vie et ses écrits, par Ch. Weiss. 1 vol. in-12. Paris, 1854.

SAY (Jean-Baptiste), né en 1767, mort en 1832. D'abord secrétaire du ministre des finances Clavières, Say dut à un journal qu'il fonda avec la collaboration de Chamfort et Ginguené, sa nomination de membre du Tribunat. Le penchant qui l'entraînait vers l'étude lui fit abandonner la politique pour se livrer exclusivement aux travaux d'économie politique qui ont illustré son nom.

1013. CATÉCHISME d'Économie politique, ou Instruction familière qui montre de quelle façon les richesses sont produites, distribuées et consommées dans la société, par J.-B. Say. 4e édition, augmentée de notes et d'une préface par Charles Comte, secrétaire perpétuel de l'Académie des Sciences morales. 1 vol. in-12. Paris, 1835.

1014. TRAITÉ d'Économie politique, par J.-B. Say. 6e édition. 1 vol. gr. in-8. Paris, 1841.

1015. COURS COMPLET d'Économie politique pratique, par J.-B. Say. 3e édition. 2 vol. gr. in-8. Paris, 1852.

SAYOUS (André), né à Genève en 1808, sous-chef du service des cultes non catholiques au ministère de l'instruction publique et des cultes. Les travaux de ce littérateur se recommandent par une grande originalité.

1016. ÉTUDES LITTÉRAIRES sur les écrivains français de la Réformation, par A. Sayous. 2e édition. 2 vol. in-12. Paris, 1854.

1017. HISTOIRE de la Littérature française à l'étranger, depuis le commencement du XVIIe siècle, par A. Sayous. XVIIe siècle. 2 vol. in-8.
Paris, 1853.

SCARRON (Paul), né en 1610, mort en 1660. Ce poëte, célèbre à tant de titres, dut à une folie de jeune homme l'état malheureux dans lequel il resta toute sa vie. Ayant épousé mademoiselle d'Aubigné, qui devint plus tard la célèbre madame de Maintenon, son salon fut le rendez-vous de toutes les célébrités littéraires de l'époque. Scarron est regardé à juste titre comme le meilleur poëte burlesque que la France ait produit.

1018. Le Roman comique, suivi des Nouvelles tragi-comiques, avec une notice sur la vie et les ouvrages de l'auteur. Nouvelle édition. 2 vol. in-8.   Paris, 1825.

1019. Le Virgile travesti en vers burlesques, par Scarron. Nouvelle édition précédée d'une notice sur l'auteur, et accompagnée de notes et d'un vocabulaire des expressions vieillies; par Ch. Fétilly. 2 vol. in-8.   Paris, 1845.

1020. Œuvres de Scarron, nouvelle édition, plus correcte que toutes les précédentes. 7 vol. in-8.   Paris, 1786.

Tome I. Avis des Libraires. — Epitre dédicatoire à l'auteur. — Lettre de Balzac à Costar, sur les œuvres de Scarron. — Discours sur le style burlesque en général, et sur celui de Scarron en particulier. — Histoire de Scarron et de ses ouvrages. — Factum de Scarron, avec la suite. — Portrait de Scarron, fait par lui-même. — Testament, codicille et épitaphe. — Portrait. — Epitres dédicatoires. — Lettres. — La Mazarinade. — La Baronade.

Tome II. Epitre au coadjuteur. — Le Roman comique.

Tome III. Roman comique (fin). — Nouvelles tragi-comiques.

Tome IV. Virgile travesti (livre I à VIII).

Tome V. Suite du Virgile travesti, par Moreau de Brasey et P. Brussel. — Le Typhon, ou la Gigantomachie, poëme burlesque.

Tome VI. Théâtre : Jodelet, ou Maître et Valet. — Jodelet duelliste. — L'Héritier ridicule. — L'Ecolier de Salamanque. — Dom Japhet d'Arménie. — La Fausse apparence. — Le Marquis ridicule. — Le Prince Corsaire, etc.

Tome VII. Poésies diverses. — Requêtes et placets. — Epitres. — Satires. — Elégies et épithalames. — Odes et stances. — Poésies fugitives. — Ballets. — Chansons, — sonnets, — rondeaux, etc., etc.

SCRIBE (Augustin-Eugène), né en 1791. Ce fécond et spirituel écrivain, dont les œuvres ont charmé et charment encore un public toujours insatiable, a été nommé membre de l'Académie Française en 1834. Quoique des éloges doivent être adressés au talent de M. Scribe, on doit lui reprocher néanmoins d'avoir abusé de l'autorité de son nom pour produire des pièces médiocres et des vers encore plus mauvais.

1021. Œuvres choisies de E. Scribe, de l'Académie française. 5 vol. in-12.   Paris, 1845.

Tome I. La Nuit d'un garde national. — Le Nouveau Pourceaugnac. — Le Solliciteur. — Les deux Précepteurs. — Une Visite à Bedlam. — La Somnambule. — L'Ours et le Pacha. — Le Secrétaire et le Cuisinier. — Frontin mari-garçon. — L'intérieur d'une étude. — Michel et Christine. — Mémoires d'un Colonel de Hussards. — La Loge du Portier. — L'Intérieur d'un bureau.— Le Menteur véridique.— La Maîtresse au logis.

Tome II. Le Coiffeur et le Perruquier. — La Mansarde des artistes.— La Haine d'une femme.— La Quarantaine.— Le plus beau Jour de la vie. — Le Charlatanisme. — Les Premières Amours.— Le Confident.— La Demoiselle à marier. — Simple Histoire.— L'Ambassadeur. — Le Mariage de raison.

Tome III. L'Héritière. — Le Diplomate. — La Marraine.— La Manie des places. — Avant, Pendant et Après. — Un Mariage d'inclination.— Louise, ou la Séparation. — La seconde année. — Une Faute. — La Famille Richebourg.

Tome IV. Le Budget d'un jeune ménage. — Toujours ! — Les Malheurs d'un Amant heureux. - La Chanoinesse. — Etre aimée, ou mourir. — La Pensionnaire mariée. — Clermont, ou une Femme d'artiste. — Le Parrain. — Rodolphe. — Valérie.

Tome V. Le Mariage d'argent.— Bertrand et Raton. — L'Ambitieux.— La Camaraderie.— La Calomnie.— Le Verre d'Eau.

1022. Œuvres complètes de M. E. Scribe, membre de l'Académie Française, comprenant tous les ouvrages composés par M. Scribe, seul ou en société, et illustrées de 185 grav., par T. Johannot, Gavarni, etc., 17 vol. in-8. Paris, 1854.

SEGUR (Louis-Philippe, comte de), né en 1753, mort en 1832. Cet historien distingué a joué un rôle important sous l'empire, et a pris une assez grande part à la rédaction des Codes. Le comte de Ségur était membre de l'Institut depuis 1803. Son histoire universelle est recherchée.

1023. Histoire universelle, par M. de Segur. 5e édition. 12 vol. in-8. Paris, 1835.

SÉGUR (Philippe-Paul, comte de), né en 1780, lieutenant général, pair de France, membre de l'Académie Française. On doit joindre à l'*Histoire de Napoléon* la critique de cet ouvrage par le général Gourgaud, qui, on se le rappelle, s'est battu en duel avec l'auteur, l'ayant accusé d'imputations calomnieuses à l'égard de l'empereur, dans la critique de cette histoire qu'il publia sous le titre de « Napoléon et de la grande armée en Russie, ou examen critique de l'ouvrage de M. le comte de Ségur. »

1024. Histoire de Napoléon et de la grande armée pendant l'année 1812. 2 vol. in-8, et atlas. Paris, 1850.

SÉNANCOUR (Étienne Pivert de), né en 1770, mort en 1846. Un des philosophes les plus originaux de notre siècle, à qui nous devons quelques ouvrages remarquables, dont la beauté du style est toujours en harmonie avec la hardiesse des idées.

1025. Obermann, par de Sénancour. Nouvelle édition, revue et corrigée avec une préface par George Sand. 1 vol. in-12. Paris, 1847.

SERRES (Olivier de), seigneur du Pradel, né en 1539, mort en 1619, est regardé comme le fondateur de la science agronomique. A ce point de vue, son ouvrage, qui est encore fort recherché, mérite d'être cité ici.

1026. Le Théatre d'Agriculture et mesnage des champs d'Olivier de Serres, seigneur du Pradel, dans lequel est représenté tout ce qui es requis et nécessaire pour bien dresser, gouverner, enrichir et embellir la maison rustique ; contenant l'art de bien employer et cultiver la terre dans toutes ses parties, ses diverses qualités et climats, d'augmenter son revenu. Nouvelle édition, conforme au texte ancien, augmentée de notes et d'un vocabulaire, publiée par la Société d'agriculture de la Seine. 2 vol. in-4.
Paris, 1804-1807.

SÉVIGNÉ (Marie de Rabutin, dame de Chantal et de Bourbilly, marquise de), née en 1626, morte en 1696. Le nom de madame de Sévigné porte avec lui sa réputation. Aussi nous bornerons-nous à citer ici les deux ouvrages indispensables que doivent réunir les amateurs de la Correspondance de l'illustre marquise ; savoir : les Mémoires touchant la vie et les écrits de Marie de Rabutin-Chantal, marquise de Sévigné, par M. Walckenaer (5 vol. in-12, Paris, 1842-52), et un Mémoire fort curieux de M. Ludovic Lalanne, intitulé : *Corrections et Additions à la Correspondance imprimée de madame de Sévi-*

gné, d'après les manuscrits autographes de Bussy de Rabutin, insérée dans la Bibliothèque de l'École des Chartes (3ᵉ série, tome IV, p. 148).

1027. LETTRES de madame de Sévigné, de sa famille et de ses amis. Nouvelle édition. 11 vol. in-8. Paris, 1818-20.

1028. CHOIX de Lettres de madame de Sévigné, précédées d'une Notice historique et littéraire. 1 vol. in-8. Paris, 1855.

SICHEL (Jules), docteur en médecine de la Faculté de médecine de Berlin en 1825, et de la Faculté de Paris en 1833; professeur d'ophthalmalogie, médecin oculiste des maisons d'éducation, de la Légion d'honneur, et l'un de nos praticiens les plus distingués.

1029. ICONOGRAPHIE OPHTHALMALOGIQUE, ou Descriptions et figures coloriées des maladies de l'organe de la vue, comprenant l'anatomie pathologique, la pathologie et la thérapeutique médico-chirurgicale, par le docteur J. Sichel, 1 vol. in-fol. Paris, 1852-1854.

13 livraisons ont paru. L'ouvrage complet aura 20 livraisons.

SIMON (Jules-François-Simon-Suisse, dit Jules), né en 1814, élève de l'Ecole normale de 1833 à 1836, professeur au collége de Caen de 1836 à 1837, à celui de Versailles de 1837 à 1838, professeur suppléant à l'École normale supérieure de 1838 à 1839, suppléant du célèbre M. Cousin à la Faculté des Lettres depuis 1839, maître des conférences de philosophie à l'Ecole normale depuis 1840, conseiller d'état en 1848. Son cours a été suspendu le 19 décembre 1851.

1030. HISTOIRE de l'École d'Alexandrie, par J. Simon. 2 vol. in-8. Paris, 1845.

1031. DU DEVOIR, par Jules Simon. 1 vol. in-12. Paris, 1854.

SISMONDI (Jean-Charles-Léonard Simonde de), né à Genève en 1773, mort en 1842, ancien membre du conseil représentatif de la république de Genève, correspondant de l'Académie des Sciences morales et politiques a acquis une grande célébrité comme publiciste. Nous reprocherons cependant aux œuvres de Sismondi d'être écrites en général avec une partialité regrettable.

1032. HISTOIRE des Français, par Simonde de Sismondi. 31 vol. in-8. Paris, 1821-1843.

1033. HISTOIRE des Républiques italiennes du moyen âge. 10 vol. in-8. Paris, 1840-1841.

SOCIÉTÉ DE L'HISTOIRE DE FRANCE... La Société de l'Histoire de France, fondée en 1834 par MM. Guizot, Thiers, etc., a déjà rendu de grands services aux études historiques. Nous avons donné au mot *Annuaire* l'analyse de la partie la moins importante de ses publications, nous allons citer ici la nomenclature exacte de tous les ouvrages qu'elle a publiés, et que nous avons indiqués plus haut.

1034. PUBLICATIONS DE LA SOCIÉTÉ DE L'HISTOIRE DE FRANCE. 77 vol. in-8. Paris, 1835 et ann. suiv.

1035. L'YSTOIRE de li Normant, et la Chronique de Robert Viscart, par Aimé, moine; publiées par M. Champollion-Figeac. 1 vol. in-8.
Paris, 1835.

1036. HISTOIRE ecclésiastique des Francs, par Grégoire de Tours; texte latin avec des notes, par MM. Guadet et Taranne. 2 vol. in-8.
Paris, 1836.

1037. LETTRES du cardinal Mazarin à la Reine, à la princesse Palatine, etc., écrites pendant sa retraite hors de France, en 1651 et 1652, publiées par M. Ravenel. 1 vol. in-8. Paris, 1836.

1038. MÉMOIRES de Pierre de Fénin, publiés par Mlle Dupont. 1 vol. in-8. Paris, 1837.

1039. LA CONQUESTE de Constantinople, par Villehardouin, publiée par M. Paulin Paris. 1 vol. in-8, avec cartes. Paris, 1836.

1040. ORDERICI VITALIS historia ecclesiastica, publiée par M. Aug. Leprevost. 4 vol. in-8.
Paris, 1838-1852.

1041. CORRESPONDANCE de l'empereur Maximilien et de sa fille Marguerite, publiée par M Leglay 2 vol. in-8.   Paris, 1839.

1042. HISTOIRE des ducs de Normandie et des rois d'Angleterre, publiée par M. Francisque Michel, suivie de la Relation du tournoi de Ham. 1 vol. in-8.   Paris, 1840.

1043. ŒUVRES COMPLÈTES d'Éginhard, publiées par Al. Teulet. 2 vol. in-8.   Paris, 1840-1843.

1044. MÉMOIRES de Philippe de Commynes, publiés par Mlle Dupont. 3 vol. in-8.
Paris, 1840-1847.

1045. LETTRES de Marguerite d'Angoulême, sœur de François Ier, reine de Navarre, publiées par M. F. Genin. 2 vol. in-8.   Paris, 1841-1842.

1046. PROCÈS de condamnation et de réhabilitation de Jeanne d'Arc, publié par M. J. Quicherat. 5 vol. in-8.   Paris, 1848-1849.

1047. LES COUTUMES du Beauvoisis, par Philippe de Beaumanoir, publiées par le comte Beugnot. 2 vol. in-8, avec *fac-simile*.
Paris, 1842.

1048. MÉMOIRES et Lettres de Marguerite de Valois, publiés par F. Guessard, 1 vol. in-8.
Paris, 1842.

1049. CHRONIQUE LATINE de Guillaume de Nangis, publiée par Géraud. 2 vol. in-8.
Paris, 1842-1843.

1050. MÉMOIRES de Coligny-Saligny et du marquis de Villette, publiés par M. Monmerqué. 1 vol. in-8.   Paris, 1844.

1051. RICHER, Histoire de son temps, avec traduction française, notices et commentaires, par J. Guadet. 2 vol. in-8.   Paris, 1845-1846.

1052. REGISTRES de l'Hôtel de Ville de Paris pendant la Fronde, publiés par MM. Leroux de Lincy et Douet d'Arcq. 3 vol. in-8.
Paris, 1846-1848.

1053. Vie de saint Louis, par Lenain de Tillemont, publiée par M. de Gaulle. 6 vol. in-8.
Paris, 1847-1851.

1054. Journal historique et anecdotique du règne de Louis XV, par Barbier, avocat au parlement de Paris; publié par M. de la Villegille. 3 vol. in-8. Paris, 1847-1851.

1055. Bibliographie des mazarinades, publiée par C. Moreau. 3 vol. in-8. Paris, 1850-1851.

1056. Choix de mazarinades, publié par C. Moreau. 2 vol. in-8. Paris, 1852-1853.

1057. Comptes de l'argenterie des rois de France au xive siècle d'après les manuscrits originaux publiés par M. Douet d'Arcq 1 vol. in-8.
Paris, 1851.

1058. Mémoires de Daniel de Cosnac, archevêque d'Aix, publiés par le comte Jules de Cosnac. 2 vol. in-8. Paris, 1852.

1059. Journal d'un bourgeois de Paris sous François Ier, publié par Ludovic Lalanne. 1 vol. in-8. Paris, 1854.

SOULIÉ (Frédéric), né en 1800, mort en 1847. Ce littérateur a publié un grand nombre de romans; nous n'indiquons ici que ceux qui jouissent encore d'une juste célébrité.

1060. Les Mémoires du Diable, 8 vol. in-8.
Paris, 1838.

1061. Les deux Cadavres, par F. Soulié. 1 vol. in-12. Paris, 1843.

1062. Le Lion amoureux, par Fr. Soulié. 1 vol. in-8. Paris, 1843.

1063. La Comtesse de Monrion, par Fr. Soulié. 11 vol. in-8. Paris, 1847.

1064 Les Aventures de Saturnin Fichet, par Fr. Soulié. 9 vol. in-8. Paris, 1850.

1065. La Lanterne magique. Histoire de Napoléon racontée par deux soldats; par Fr. Soulié. 1 vol. in-8.   Paris, 1837.

SOULT (Nicolas-Jean de Dieu), né en 1769, mort en 1852. Un des généraux les plus illustres de l'empire, et proclamé par Napoléon le *premier manœuvrier de l'Europe*, a, par la position élevée qu'il a occupée pendant sa vie, eu une grande influence sur les affaires politiques de son temps; aussi ses Mémoires doivent-ils tenir une place à côté de ceux du roi Joseph.

1066. Mémoires du maréchal-général Soult. 3 vol. in-8 et atlas.   Paris, 1854.
_{Le nombre des tomes suivants n'est pas encore déterminé.}

SOUMET (Alexandre), né en 1788, mort en 1845. Ancien auditeur au conseil d'Etat, ancien bibliothécaire du roi à Compiègne, membre de l'Académie Française, et l'un des poëtes tragiques les plus estimés de son époque.

1067. La divine Épopée, par A. Soumet. 2 vol. in-8.   Paris, 1840.
1068. Jeanne d'Arc, Trilogie nationale, poëme en douze chants, suivi de la tragédie, par A. Soumet. 1 vol. in-8.   Paris, 1845.

STAEL-HOLSTEIN (Anne-Louise-Germaine Necker, baronne de), née en 1766, morte en 1817. La vie de madame de Staël s'est ressentie des événements tragiques qui rendront à jamais célèbre l'époque où elle a vécu. Néanmoins il semble étonnant qu'un talent aussi remarquable se soit produit au milieu des intrigues de la révolution, des plaisirs du Directoire, et des nombreux voyages effectués pendant le long exil qu'elle subit sous le consulat et l'empire.

1069. Corinne ou l'Italie, par Mme de Staël. 1 vol. in-12.   Paris, 1855
1070. De l'Allemagne, par Mme de Staël. 1 vol. in-12.   Paris, 1855.
1071. Œuvres complètes, contenant un grand nombre de morceaux inédits et les additions importantes faites par l'auteur à quelques-uns

des ouvrages qui ont paru de son vivant, édition publiée par les soins de M. le baron de Staël. 17 vol. in-8. Paris, 1820-21.

Tome I. Notice sur le caractère et les écrits de madame de Staël, par madame Necker de Saussure. — Lettres sur les écrits et le caractère de J.-J. Rousseau.

Tome II. Réflexions sur le procès de la reine. — Sur la paix intérieure. — Essai sur les fictions. — Nouvelles. — Mirza.

Tome III. De l'influence des passions. — Réflexions sur le suicide.

Tome IV. De la littérature considérée dans ses rapports avec les institutions sociales.

Tomes V-VII. Delphine.

Tomes VIII-IX. Corinne.

Tomes X-XII. De l'Allemagne.

Tomes XIII-XIV. Considérations sur le principaux événements de la révolution française.

Tome XV. Dix années d'exil.

Tome XVI. Essais dramatiques.

Tome XVII. Vie privée de M. Necker. — Jane Gray, tragédie. — Sophie ou les sentiments secrets, comédie. — Poésies. — Eloge de Guibert. — Table chronologique des ouvrages de madame de Staël.

SUE (Eugène), né en 1801. Nous n'indiquons ici que les principales productions du célèbre romancier que la politique a malheureusement détourné de ses travaux favoris.

1072. Arthur, par E. Sue. 2 vol. in-12. Paris, 1840.

1073. Atar-Gull, par E. Sue. 2 vol. in-8. Paris, 1845.

1074. La Vigie de Koat-Ven, par E. Sue. 2 vol. in-12. Paris, 1842.

1075. Plick et Plock, par E. Sue. 1 vol. in-12. Paris, 1841.

1076. Latréaumont, par E. Sue. 3 vol. in-8. Paris, 1845.

1077. La Salamandre, par E. Sue. 1 vol. in-12. Paris, 1842.

1078. Le Marquis de Létorière, par E. Sue. 1 vol. in-8. Paris, 1845.

1079. La Coucaratcha, par E. Sue. 3 vol. in-8.
Paris, 1845.

1080. Le Morne au Diable, par E. Sue. 2 vol. in-8. Paris, 1845.

1081. Mathilde. Nouvelle édition illustrée, revue par l'auteur. 2 vol. gr. in-8. Paris, 1844.

1082. Les Mystères de Paris. Nouvelle édition, revue par l'auteur, et illustrée. 4 vol. grand in-8. Paris, 1843.

1083. Le Juif errant, par E. Sue, édition illustrée par Gavarni, etc. 4 vol. gr. in-8. Paris, 1845.

SULLY (Maximilien de Béthune, duc de), né en 1559, mort en 1641. Les Mémoires de l'ami de Henri IV ont un intérêt d'autant plus puissant que leur auteur a eu une influence directe sur les faits qu'il raconte. Sully fut un grand ministre, et la France lui doit certainement le rétablissement de sa prospérité, mais la réputation d'intégrité qu'on lui a faite est certainement au-dessus de la vérité.

1084. Mémoires de Sully. 6 vol. in-8.
Paris, 1827.

T

TALLEMANT DES RÉAUX (Gédéon), né vers 1619, mort à la fin du XVIIe siècle. Les historiettes de Tallemant se ressentent un peu de la plume qui les a dictées, et il ne faut pas croire aveuglément à toutes les appréciations de ce charmant écrivain qui sacrifiait volontiers une réputation au plaisir de faire un bon mot.

1085. Les Historiettes de Tallemant des Réaux. 3e édition, revue et considérablement augmentée; par MM. de Monmerqué et Paulin Paris. 3 vol. in-8. Paris, 1853-1855.

L'ouvrage aura 6 volumes.

TARDIEU (Ambroise), né à Paris en 1818. Docteur en médecine, professeur agrégé à la Faculté de médecine de Paris, médecin de l'hôpital Lariboissière, membre du comité consultatif d'hygiène publique, médecin expert près la Cour impériale de Paris et le tribunal de la Seine, chevalier de la Légion d'honneur et de l'ordre impérial de Sainte-Anne. Le célèbre docteur Alexandre Auvert, médecin et chirurgien en chef des hôpitaux de Moscou, lui confia le soin de surveiller la publication du magnifique ouvrage d'anatomie imprimé à Paris, et intitulé : *Selecta Praxis medico-chirurgicæ quam Mosquæ exercet Alexandre Auvert medicine et chirurgiæ doctor*; typis et figuris expressa Parisiis moderante Ambroise Tardieu. 2 vol. in-folio, ornés de 120 planches coloriées. Outre sa coopération active à la rédaction des *Annales d'hygiène et de médecine légale*, l'un des recueils périodiques les plus importants et les plus accrédités, M. Tardieu a publié un grand nombre d'ouvrages.

1086. TRAITÉ DU CHOLÉRA ÉPIDÉMIQUE. 1 vol. in-8. Paris, 1849.

Ce travail a été traduit en plusieurs langues.

1087. TRAITÉ DE LA MORVE et du farcin chroniques chez l'homme et chez les solipèdes. 1 vol. in-4. Paris, 1843.

1088. TRAITÉ DES VOIRIES ET CIMETIÈRES. 1 vol. in-8. Paris, 1852.

1089. MANUEL DE PATHOLOGIE ET DE CLINIQUE MÉDICALES. 1 vol. gr. in-18. Paris, 1848.

1090. DICTIONNAIRE d'Hygiène et de Salubrité publique; par M. le docteur Ambroise Tardieu, professeur agrégé à la Faculté de médecine de Paris. 3 vol. in-8. Paris, 1852-1854.

TASCHEREAU (Jules-Antoine), né en 1801. Cet écrivain, qui avait été sous le gouvernement de Juillet, secrétaire général de la préfecture de la Seine, député et maître des requêtes au conseil d'État, est actuellement administrateur adjoint de la Bibliothèque impériale.

1091. HISTOIRE de la Vie et des ouvrages de Molière, par J.-A. Taschereau. 1 vol. in-8.

Paris, 1828.

1092. LA REVUE RÉTROSPECTIVE, ou Bibliothèque historique contenant des mémoires et documents authentiques, inédits et originaux, pour servir à l'histoire proprement dite, à la biographie, à l'histoire de la Littérature et des Arts. 20 vol. in-8. Paris, 1833-1838.

TAYLOR (Isidore-Justin-Severin, baron), né en 1789. M. Taylor a beaucoup voyagé et beaucoup écrit. Il a dirigé un grand nombre de publications artistiques, parmi lesquelles nous citerons en première ligne les Voyages pittoresques de l'ancienne France.

1093. VOYAGES pittoresques et romantiques dans l'ancienne France, par MM. Ch. Nodier, J. Taylor et Alph. de Cailleux. 16 vol. in-folio.

Paris, 1833.

Picardie, 2 vol. in-folio. — Haute et Basse Normandie, 3 vol. in-folio. — Champagne, 1 vol. in-folio. — Languedoc, 4 vol. in-folio. — Franche-Comté, 1 vol. in-fol. — Auvergne, 2 vol. in-fol. — Dauphiné, 1 vol. in-fol. — Bretagne, 2 vol. in-fol.

TEMMINCK (G.-J.), directeur du Musée de Leyde, et membre correspondant de l'Académie des sciences. Tous les travaux de ce célèbre ornithologiste hollandais ont été publiés en France.

1094. MONOGRAPHIES DE MAMMALOGIE, ou Description de quelques genres de mammifères, dont les espèces ont été observées dans les différents musées de l'Europe, par C.-J. Temminck. 2 vol. in-4. Paris et Leyde, 1827-1841.

1. Genre Phalanger; 2. genre Sarrigue; 3. genres Dasyure, Thylacines et Phascogales; 4. genre Chat; 5. ordre des Chéiroptères; 6. Molosse; 7. Rongeurs; 8. genre Rhinolophe; 9. genre Nyctoclepte; 10. genre Nyctophile; 11. Chéiroptères frugivores; 12. genre Singe; 13. genre Chéiroptères vespertilionides; 14. genres Taphien, queue en fourreau, queue

cachée, queue bivalve; 15. genres Arcticte et Paradoxure; — 16. genre Pédimane; 17. genre Mégère.

1095. Manuel d'ornithologie, ou Tableau systématique des oiseaux qui se trouvent en Europe, précédé du système général d'ornithologie. 2ᵉ édit. 4 vol. in-8. Paris, 1840.

1096. Nouveau Recueil de planches coloriées d'oiseaux, pour servir de suite et de complément aux planches enluminées de Buffon, par MM. Temminck, directeur du Musée de Leyde, et Meiffren-Laugier, de Paris. 5 vol. gr. in-folio.
Paris, 1822-1838.

Ouvrage complet en 102 livraisons. Planches dessinées d'après nature, par Prêtre et Huet, gravées et coloriées.

TEXIER (Charles). Cet archéologue a visité l'Arménie, la Perse, la Mésopotamie et une partie de l'Asie Mineure. Il a rapporté de ses nombreux voyages des matériaux considérables, à l'aide desquels il a publié les deux ouvrages suivants.

1097. Description de l'Asie Mineure, par Ch. Texier. 3 vol. in-fol. Paris, 1849.

1198. L'Arménie, la Perse et la Mésopotamie. Géographie et géologie de ces contrées, monuments anciens et modernes, histoire, mœurs et coutumes, par M. Ch. Texier. In-folio.
Paris, 1852.

THIERRY (Amédée-Simon-Dominique), né en 1797, ancien professeur, ancien préfet de la Haute-Saône. M. Amédée Thierry se livre exclusivement depuis quelques années à l'étude de l'histoire. Il est membre de l'Académie des Sciences morales et politiques depuis 1841.

1199. Histoire des Gaulois, depuis les temps les plus reculés, jusqu'à l'entière soumission de la Gaule à la domination romaine, par M. Thierry. 4ᵉ édition. 2 vol. in-8. Paris, 1855.

1100. Histoire de la Gaule sous l'administration romaine. 4 vol. in-8. Paris, 1847.

THIERRY (Jacques-Nicolas-Augustin), né en 1795. L'un des premiers écrivains du xixe siècle, et chef d'une école historique célèbre, attaquée aujourd'hui malgré les succès qu'elle a obtenus et les services qu'elle a rendus. M. Augustin Thierry est membre de l'Académie des Inscriptions et Belles-Lettres depuis 1830.

1101 Histoire de la Conquête de l'Angleterre, par M. Aug. Thierry. 2 vol. in-8. Paris, 1854.

1102. Lettres sur l'Histoire de France, par M. Aug. Thierry. 1 vol. in-8. Paris, 1854.

1103. Dix ans d'études historiques, par M. Aug. Thierry. 1 vol. in-8. Paris, 1854.

1104. Récits des Temps mérovingiens, par M. Aug. Thierry. 1 vol. in-8. Paris, 1854.

1105. Essai sur l'Histoire de la formation et des progrès du Tiers État, par M. Augustin Thierry, 1 vol. in-8. Paris, 1853.

1106. Œuvres d'Augustin Thierry. Édition definitive, revue par l'auteur, et augmentée d'un viie Récit des Temps mérovingiens. 10 vol. in-8. Paris, 1847.

Tomes I-IV. Histoire de la conquête d'Angleterre.
Tome V. Lettres sur l'histoire de France.
Tome VI. Dix ans d'études historiques.
Tomes VII-VIII. Récits des temps mérovingiens.
Tomes IX-X. Essai sur l'histoire du Tiers Etat.

THIERS (Louis-Adolphe), né en 1797. Une des célébrités politiques et littéraires du gouvernement de Juillet, est un écrivain distingué, et jusqu'à présent le seul historien impartial de la révolution et de l'empire, membre de l'Académie Française depuis 1833.

1107. Histoire de la Révolution française, par M. A. Thiers, de l'Académie française. 13e édition. 10 vol. in-8. Paris, 1853.

1108. Atlas de l'Histoire de la Révolution francaise, par M. A. Thiers ; 32 cartes et plans dressés spécialement pour cet ouvrage, d'après les documents publiés par le ministre de la guerre. 1 atlas in-8. Paris, 1846.

1109. Histoire du Consulat et de l'Empire, faisant suite à l'Histoire de la Révolution française, par A. Thiers. 14 vol. in-8. Paris, 1855.

1110. Atlas de l'Histoire du Consulat et de l'Empire. dressé sous la direction de M. Thiers, par A.-H. Dufour. 1 vol. in-4. Paris, 1855.

Il est bon de joindre à cet atlas la collection de vignettes et portraits en 1 vol. grand in-8. Paris, 1846.

THOMAS (Antoine-Léonard), né en 1732, mort en 1785, successivement professeur au collége de Beauvais, secrétaire du duc de Praslin, ministre des affaires étrangères, secrétaire interprète du roi auprès des ligues suisses, enfin secrétaire ordinaire du duc d'Orléans. Thomas, qui s'est fait une réputation pour les nombreux éloges qu'il a composés, fut nommé membre de l'Académie Française en 1767.

1111. Œuvres complètes de Thomas, précédées d'une notice sur la vie et les ouvrages de l'auteur, par M. de Saint-Sernin. 6 vol. in-8. Paris, 1825.

Tomes I-III. Essai sur les éloges. — Éloges. — Relation de la captivité du grand Frédéric.

Tome IV. Essai sur les femmes. — Mémoire sur les causes des tremblements de terre. — Discours à l'Académie Française. — Traité de la langue poétique. — Réflexions philosophiques et littéraires sur le poëme de la Religion naturelle. — Critiques littéraires.

Tome V. Jumonville, poëme en quatre chants. — Le czar Pierre I, poëme en quatre chants. — Odes. — Traduction de la satire de Juvénal, sur les Vœux des Hommes.

Tome VI. Poésies et correspondance.

TOCQUEVILLE (Alexis-Charles-Henri-Clerel, comte de), né en 1805. Ancien avocat à la Cour royale, ancien député, fut chargé par le gouvernement de visiter l'Amérique de concert avec M. Gustave de Beaumont, et profita de son séjour pour y puiser les matériaux nécessaires au sujet qu'il a traité avec beaucoup de talent.

M. de Tocqueville est membre de l'Académie Française et de l'Académie des siences morales et politiques.

1112. DE LA DÉMOCRATIE en Amérique, par Al. de Tocqueville. 4 vol. in-8.   Paris, 1848.

TOLLARD (Eugène-Thomas), né en 1829, ancien élève de l'Ecole de Grignon, et de l'Institut agronomique de Versailles, aussi bon praticien qu'habile théoricien. M. Tollard publie en ce moment une Flore des Plantes de pleine terre appelée à un grand succès.

1113. FLORE DES PLANTES de pleine terre, ou Descriptions et figures des plantes les plus méritantes en ce genre. — Histoire, étymologie et culture raisonnée, par MM. Tollard frères, horticulteurs. In-8.   Paris, 1854 et ann. suiv.

10 livraisons ont paru.

TOPFFER (Rodolphe), né à Genève en 1799, mort en 1846. Ce romancier, dont le nom est avantageusement connu en littérature, fut obligé de renoncer à la peinture à cause d'une ophthalmie qui faillit lui faire perdre la vue. Après avoir dirigé avec succès un pensionnat, il fut nommé, en 1832, professeur des belles-lettres à l'Académie de Genève, et publia quelques nouvelles pleines d'originalité et de grâce, et dont la lecture peut être donnée en toute sûreté à la jeunesse.

1114. VOYAGE EN ZIGZAG, ou Excursions d'un pensionnat en vacances dans les cantons suisses et sur le revers italien des Alpes, par R. Topffer, illustré d'après les dessins de l'auteur, etc. 4e édition. 1 vol. grand in-8.   Paris, 1854.

1115. NOUVEAUX VOYAGES EN ZIG-ZAG, etc., par Topffer. 1 vol. gr. in-8.   Paris, 1853.

1116. NOUVELLES GENEVOISES, par Topffer. Édition illustrée. 1 vol. grand in-8.   Paris, 1855.

TROUSSEAU (Armand), né en 1801, docteur en médecine, professeur de matière médicale et de thérapeutique à la Faculté de Paris en 1839, professeur de clinique interne depuis le 18 décembre 1852.

1117. TRAITÉ DE THÉRAPEUTIQUE et de matière médicale, par Trousseau et Pidoux. 6ᵉ édition. 2 vol. in-8. Paris, 1855.

U

UN MILLION DE FAITS... Ce volume complète le travail encyclopédique dont nous avons parlé à l'article *Patria*. Il est fait avec le même soin, et renferme des documents complétement neufs.

1118. UN MILLION DE FAITS. Aide-mémoire universel des sciences, des arts et des lettres, par MM. J. Aycard, Desportes, Léon Lalanne, Ludovic Lalanne, Gervais, A. Le Pileur, Charles Martins, Ch. Vergé et Jung. 1 vol. in-12. Paris, 1847.

Arithmétique. — Algèbre. — Géographie élémentaire, analytique et descriptive. — Calcul infinitésimal. — Calcul de probabilités. — Mécanique. — Astronomie. — Tables numériques et moyens divers pour abréger les calculs. — Physique générale. — Météorologie et physique du globe. — Chimie. — Minéralogie et géologie. — Botanique. — Anatomie et Physiologie de l'homme. — Hygiène. — Zoologie. — Arithmétique sociale. — Technologie (arts et métiers). — Agriculture. — Commerce. — Législation. — Art militaire. — Statistique. — Sciences philosophiques. — Philologie. — Paléographie. — Littérature. — Beaux-Arts. — Histoire. — Géographie. — Ethnologie. — Chronologie. — Biographie. — Mythologie. — Education.

V

VAISSETTE (Dom Joseph), né en 1685, mort en 1756, embrassa la carrière du barreau, et fut même nommé procureur du roi à Toulouse, mais il donna bientôt sa démission, entra en 1711 au monastère de la Daurade, et deux ans après vint se fixer à l'abbaye de Saint-Germain-des-Prés, où il put recueillir avec facilité les immenses matériaux dont il avait besoin pour composer l'histoire du Languedoc, qui est regardée comme un chef d'œuvre d'érudition.

1119. HISTOIRE générale du Languedoc, avec des notes et les pièces justificatives, composées sur les auteurs et les titres originaux, et enrichie de divers monuments, par Dom Claude de Vic et Dom Vaissette; commentée et continuée jusqu'en 1834 et augmentée d'un grand nombre de Chartes et de documents inédits sur les départements de la Haute-Garonne. 10 vol. in-8. Paris, 1839.

VALLEIX (rançois-Louis-Isidore), né en 1807, docteur en médecine depuis 1835, ancien médecin du bureau central des hôpitaux, actuellement médecin de l'hôpital de la Pitié.

1120. GUIDE du médecin praticien, ou Résumé général de pathologie interne et de thérapeutique appliquées. 3e édition, revue, corrigée et augmentée par F.-L.-J. Valleix. 5 vol. in-8.
Paris, 1853-1854.

VAUCHELLE (André-Jean), né en 1779, ancien professeur d'administration à l'Ecole d'application du corps d'état-major, ancien maire de Versailles, ancien conseiller d'État, ancien directeur de l'Algérie au ministère de la guerre, intendant militaire du cadre de réserve, grand officier de la Légion d'honneur.

1121. COURS d'administration militaire, par M. Vauchelle, 3e édition. 3 vol. in-8. Paris, 1854.

VAUGELAS (Claude-Fabre de), né en 1585, mort en 1650. Gentilhomme ordinaire, puis chambellan de Gaston, duc d'Orléans. Ses curieuses remarques sur la langue française, ne sont que le résultat des discussions nombreuses élevées à cette époque au sein de l'Académie Française, dont il avait été nommé membre lors de sa fondation.

1122. REMARQUES sur la langue française, avec

des notes de Patru et de Th. Corneille. 3 vol. in-12. Paris, 1738.

VAULABELLE (Achille de), né en 1799, journaliste, ancien directeur du *Messager*, et l'un des principaux rédacteurs du *National*, a été ministre de l'instruction publique à l'époque de la révolution de 1848.

1123. CHUTE DE L'EMPIRE. Histoire des deux Restaurations de 1814 et 1815, jusqu'à la chute de Charles X en 1830; précédée d'un précis historique sur les Bourbons et le parti royaliste, par de Vaulabelle. 7 vol. in-8. Paris, 1846.

VAUVENARGUES (Luc de Clapiers, marquis de), né en 1715, mort en 1747. Cet élégant écrivain, que Voltaire appelait, peut-être un peu emphatiquement, un prodige de philosophie et de vraie éloquence, embrassa dans sa jeunesse la carrière des armes, mais la faiblesse de sa constitution le força à se retirer du service, et c'est à peine s'il put dans la suite supporter les fatigues que lui causaient ses travaux littéraires.

1124. ŒUVRES COMPLÈTES de Vauvenargues, précédées d'une notice sur sa vie et ses ouvrages, et accompagnées de notes de Voltaire, Morellet et Suard; nouvelle édition : et Œuvres posthumes du même, précédées de son éloge, par M. Ch. de Saint-Maurice, et accompagnées de notes et lettres inédites de Voltaire. 3 vol in-8. Paris, 1821-1823.

VELPEAU (Alfred-Armand-Louis-Marie), né en 1795 Successivement docteur en médecine en 1823, agrégé la même année, chirurgien de l'hôpital Saint-Antoine de 1829 à 1830, de la Pitié de 1830 à 1834, et de la Charité depuis 1834, ce célèbre praticien est professeur de clinique chirurgicale depuis le 22 août 1834. L'Académie des sciences lui a ouvert ses portes en 1843.

1125. EMBRYOLOGIE OU OVOLOGIE, phénomène contenant l'histoire descriptive et iconographique de l'œuf humain, par A.-A. Velpeau. 1 vol. in-folio. Paris, 1833.

1126. Nouveaux Éléments de médecine opératoire, accompagnés d'un atlas de 22 planches, représentant les principaux procédés opératoires et un grand nombre d'instruments de chirurgie, par A -A. Velpeau. 4 vol. in-8. Paris, 1839.

1127. Traité complet d'Anatomie chirurgicale générale et topographique du corps humain, ou Anatomie considérée dans ses rapports avec la pathologie chirurgicale et la médecine opératoire, par A.-A. Velpeau. 3e édition, augmentée. 2 vol. in-8 et atlas in-fol. Paris, 1836.

1128. Traité complet de l'art des accouchements, ou Tocologie théorique et pratique, avec un abrégé des maladies qui compliquent la grossesse, le travail et les couches, et de celles qui affectent les enfants nouveaux nés, par A.-A. Velpeau et Ch. Pajot. 3e édition augmentée. 2 vol. in-8, et atlas. Paris, 1856.

Cette édition est sous presse, et paraitra au commencement de l'année prochaine.

VERTOT (René-Aubert de), né en 1655, mort en 1735. Après avoir fait ses études au collége des Jésuites à Rouen, Vertot entra dans les ordres, devint secrétaire de l'abbé Colbert, général des Prémontrés, qui le fit nommer peu après prieur de Joyenval. Cette nomination lui ayant attiré des désagréments, il se démit de ses fonctions et demanda la cure de Croissy-la-Garenne qu'il obtint. Les histoires des révolutions attirèrent sur lui l'attention, l'Académie des inscriptions l'admit au nombre de ses membres en 1701 ; l'ordre de Malte le pria de rédiger ses annales, et le duc d'Orléans le nomma secrétaire des commandements de la princesse de Bade.

1129. Histoire des révolutions arrivées dans le gouvernement de la République romaine; Histoire des révolutions de Suède, et révolutions de

Portugal : édition augmentée de discours académiques. 5 vol. in-8.   Paris, 1819.

VIDAL (A.), né en 1803, docteur en médecine en 1828, est actuellement chirurgien de l'hôpital du Midi, et professeur agrégé à la Faculté de médecine de Paris.

1130. TRAITÉ de pathologie externe et de médecine opératoire, avec des résumés d'anatomie des tissus et des régions, par A. Vidal (de Cassis), chirurgien de l'hôpital du Midi, etc. 4e édition, entièrement refondue et considérablement augmentée. 5 vol. in-8.   Paris, 1855.

VIENNET (Jean-Pons-Guillaume), né en 1777, embrassa dans sa jeunesse la carrière militaire, qu'il abandonna en 1820, avec le titre de chef de bataillon du corps d'état-major. Membre de la Chambre des Députés, il fut appelé à l'Académie Française en 1830, et nommé pair de France en 1840.

1131. ÉPÎTRES ET SATIRES, suivies d'un précis historique sur la satire chez tous les peuples, par Viennet, de l'Académie française. 1 vol. in-12.   Paris, 1845.

VIGNY (le comte Alfred-Victor de), né en 1799, littérateur distingué, dont les productions ont eu, il y a dix ans, un succès assez brillant pour lui ouvrir les portes de l'Académie Française.

1132. CINQ-MARS, ou une Conjuration sous Louis XIII, 10e édition, précédée de réflexions sur la Vérité dans l'Art, et augmentée de notes historiques. 1 vol. in-12.   Paris, 1855.

1133. ŒUVRES COMPLÈTES d'Alfred de Vigny. 7 vol. in-8.   Paris, 1837-1839.

TOME I. Poésies.
TOMES II-III. Cinq-Mars.

Tome IV. Servitude et grandeur militaires. — Laurette. — La Veillée de Vincennes. — La Canne de jonc.

Tome V. Stello.

Tome VI. Théâtre.—La maréchale d'Ancre. — Chatterton. — Quitte pour la peur.

Tome VII. Théâtre en vers. — Le More de Venise, comédie en 5 actes. — Le Marchand de Venise, comédie en 3 actes.

VILLEHARDOUIN (Geoffroy de), né vers 1167 mort en 1213, maréchal de Champagne et de Romanie, joua un grand rôle comme négociateur et comme homme de guerre, pendant les croisades, et son histoire de la prise de Constantinople est écrite avec concision et est une des chroniques du moyen âge les plus estimées. Nous donnons ici l'édition publiée par la Société de l'histoire de France.

1134. DE LA CONQUESTE DE CONSTANTINOPLE, par Villehardouin, publiée par M. Paulin Pâris. 1 vol. in-8. Paris, 1836.

VILLEMAIN (Abel-François), né en 1791. Le nom de M. Villemain comporte avec lui son illustration, et rappelle bien des triomphes, car dès son début, il recevait comme écrivain de nombreuses couronnes académiques, et comme professeur les applaudissements frénétiques d'un public enthousiaste. Plus tard, son élection de membre de l'Académie Française et de l'Académie des Inscriptions et Belles-Lettres lui prouvèrent qu'il était également honoré comme littérateur et comme savant, et que la beauté de son style donnait encore plus d'éclat à sa profonde érudition.

1135. TABLEAU de l'Éloquence chrétienne au IVe siècle, précédé d'une Étude sur la décadence du Polythéisme et les rapports de la Philosophie stoïque et du Christianisme, par M. Villemain. 1 vol. in-8. Paris, 1852.

1136 DISCOURS ET MÉLANGES littéraires: Éloges de Montaigne et de Montesquieu. — Notices sur Fénelon et sur Pascal. —Discours sur les avantages et les inconvénients de la critique. — Discours académiques et rapports sur les concours, etc.; par M. Villemain. 1 vol. in 8. Paris, 1854.

1137. Études de Littérature ancienne et étrangère : sur Hérodote. — Du poëme de Lucrèce. — Notices sur Cicéron, Tibère et Plutarque. — De la corruption des lettres romaines. — Essai sur les romans grecs. — Shakspeare, Milton, Pope, Byron; par M. Villemain, nouvelle édition. 1 vol. in-8. Paris, 1854.

1138. Études d'histoire moderne : Discours sur l'état de l'Europe au xve siècle. — Lascaris. — Essai historique sur les Grecs depuis la conquête musulmane. — Vie du chancelier de L'Hôpital; par M. Villemain, nouvelle édition. 1 vol. in-8.
Paris, 1854.

1139. Cours de Littérature française, comprenant : le Tableau de la Littérature au xviiie siècle et le Tableau de la Littérature du moyen âge; par M. Villemain, nouvelle édition. 6 vol. in-8.
Paris, 1854.

1140. Tableau de la Littérature au xviiie siècle. Par M. Villemain. 4 vol. in-8. Paris, 1854.

1141. Tableau de la Littérature du moyen âge, en France, en Italie, en Espagne et en Angleterre. 2 vol. in-8. Par M. Villemain.
Paris, 1854.

1142. Souvenirs contemporains d'histoire et de littérature; par M. Villemain. 2 vol. in-8.
Paris, 1855.

1143. Œuvres de M. Villemain, nouvelle édition, revue et augmentée. 10 vol. in-8.
Paris, 1850.

Tome I. Tableau de l'éloquence chrétienne.
Tome II. Discours et mélanges littéraires
Tome III. Études de littérature ancienne et étrangère.
Tome IV. Études d'histoire moderne.
Tomes V-X. Cours de littérature française.
Tomes XI-XII. Souvenirs contemporains.

VILLERMÉ (Louis-René), né en 1782, docteur en médecine. En 1835, l'Académie des sciences morales et politiques chargea l'un de ses membres de faire, dans les départements de la France, des recherches ayant pour but de constater, aussi exactement qu'il serait possible, l'état physique et moral des classes ouvrières. M. Villermé remplit cette mission avec autant de distinction que de zèle, et à l'aide des matériaux qu'il avait rassemblés dans ses voyages, publia l'ouvrage suivant.

1144. TABLEAU de l'état physique et moral des ouvriers employés dans les manufactures de coton, de laine et de soie, par M. le docteur Villermé, membre de l'Académie des Sciences morales et politiques, etc.; ouvrage entrepris par ordre de cette Académie. 2 vol. in-8. Paris, 1840.

TOME I. Introduction. — Section I : Des ouvriers de l'industrie cotonnière. — Chapitre 1. Travaux auxquels se livrent les ouvriers de l'industrie cotonnière. — II. Des ouvriers de l'industrie cotonnière dans le département du Haut-Rhin. — III. Des ouvriers manufacturiers du département du Nord, en général, et en particulier de ceux des villes de Lille, Roubaix et Turcoing. — IV. Des ouvriers de la fabrique de Saint-Quentin. — V. Des ouvriers des fabriques de Rouen, d'Elbeuf, de Darnétal et de Louviers. — VI. Des ouvriers de la fabrique de Tarare. Des ouvriers en coton de la fabrique d'Amiens. Des ouvriers en coton de la fabrique du canton suisse de Zurich. — Section II : Des ouvriers de l'industrie lainière. — Chapitre I. Travaux des ouvriers de l'industrie lainière.— II. Des ouvriers de la fabrique de Reims. — III. Des ouvriers de la fabrique de Rethel. — IV. Des ouvriers de la fabrique de Sedan. — V. Des ouvriers de la fabrique d'Amiens. — VI. Des ouvriers en laine du midi de la France. — Section III : Des ouvriers de l'industrie de la soie. — Chapitre I. Travaux des ouvriers de l'industrie de la soie. — II. Des ouvriers de la fabrique de Lyon. — III. Des ouvriers des fabriques de Saint-Étienne et du midi de la France. — IV. Des ouvriers en soie et en coton du canton suisse de Zurich. — Résumé succinct des trois sections.

TOME II. Chapitre I. Condition matérielle des ouvriers; logements; vêtements; nourriture; salaire; dépenses; améliorations. Note sur les salaires et les dépenses des ouvriers à différentes époques. — II. Mœurs et principes moraux des ouvriers. — III. Durée journalière du travail. — IV. Enfants employés dans les manufactures. — V. Abus des avances d'argent faites sur les salaires des ouvriers. — VI. Du livret des ouvriers et des conseils des prud'hommes. — VII. Institutions considérées comme les plus propres à prévenir la misère des ouvriers. Ateliers de travaux publics dans les temps de crise. Caisse de secours pour les ouvriers qui tombent malades ou sont blessés dans leurs travaux. Bureau de placement des ouvriers. Caisse des invalides de l'industrie. Ateliers ordinaires de charité. — VIII. Santé des ouvriers. — IX. Mouvement de la population ouvrière. — X. Influence des machines modernes et de l'organisation actuelle de l'industrie sur le sort des ouvriers. — XI. Des associations industrielles d'ouvriers. Banque générale de l'industrie. Caisses générales d'épargnes et de secours pour les ouvriers. — XII. Résumé de la condition des ouvriers. Conclusions. — Table des décès par sexe et par âge dans le département entier du Haut-Rhin. Table des décès par sexe, par âges et par professions dans la ville de Mulhouse. — Note sur la proportion comparée des accusés appartenant aux populations urbaines et aux populations rurales. — De la durée journalière du travail et des enfants employés dans les manufactures. Séance du 31 mai 1839 de la Chambre des Pairs. Séance du 15 mars 1839 de la Chambre des Députés. Observations sur les discours prononcés à la Chambre des Députés.

VIOLETTE (Jules-Henri-Michel), ancien élève de l'École polytechnique, directeur des poudres et salpêtres à Lille.

1145. DICTIONNAIRE des Analyses chimiques, ou Répertoire alphabétique des Analyses de tous les corps depuis la fondation de la chimie, avec l'indication du nom des auteurs et des recueils où elles ont été insérées, par Violette et Archambault. 2 vol. in-8.   Paris, 1851.

VIOLLET-LEDUC, architecte du gouvernement, inspecteur général des monuments historiques et l'un de nos archéologues les plus distingués.

1146. ESSAI sur l'Architecture militaire au moyen âge, par M. Viollet-Leduc, architecte du gouvernement, etc. 1 vol. gr. in-8.   Paris, 1854.

1147. DICTIONNAIRE RAISONNÉ de l'Architecture française du XIe au XVIe siècle, par M. Viollet-Leduc, architecte du gouvernement, etc. 2 vol. grand in-8.   Paris, 1854-1855.

VIOLLET-LEDUC (A.), bibliophile érudit, a publié de nombreux travaux littéraires, parmi lesquels on distingue son ancien Théâtre français.

1148. ANCIEN THÉATRE FRANÇAIS. Collection des ouvrages dramatiques les plus remarquables depuis les Mystères jusqu'à Corneille, avec des notes et des éclaircissements. 3 vol. in-16.
Paris, 1854.

Le tome IV est sous presse.

VIVIEN (Alexandre-François-Auguste), né en 1799, ancien avocat du barreau d'Amiens, ancien ministre de la justice, membre de l'Académie des Sciences morales et politiques depuis 1845.

1149. ÉTUDES ADMINISTRATIVES, par M. Vivien, membre de l'Institut. 2e édition entièrement refondue et considérablement augmentée. 2 vol. in-12.
Paris, 1852.

TOME I. Constitution générale de l'administration. — Titre I : De la place que l'Administration occupe dans le système de nos institutions. — Ses rapports avec le pouvoir législatif. — Le pouvoir judiciaire. — Le pouvoir politique. — Titre II : Organisation administrative. — De la centralisation. — Règles générales. — De l'action. — Des conseils. — Conseils de préfecture. — Conseil d'État. — De la surveillance. — Des tribunaux administratifs. — Du contentieux. — Titre III : Les fonctionnaires publics. — Admission. — Avancement. — Droits et devoirs. — Retraites. — Titre IV : Des formes et procédés de l'Administration. — Actes du pouvoir réglementaire. — Actes de direction et d'impulsion. — Actes relatifs à des affaires spéciales et à des personnes privées. — Instruction du contentieux administratif.
TOME II. Branches spéciales de l'administration. — Titre I : De l'administration locale. — La commune. — Le canton. — L'arrondissement. — Le département. Titre II : La police. — Police générale. — Son objet. — Ses devoirs. — Son organisation. — Le préfet de police à Paris. — Ses pouvoirs. — Police politique. — Police de sûreté. — Police administrative. — Titre III : Les cultes. Principes généraux. — Cultes reconnus. — Culte catholique. — Cultes réformés. — Culte israélite. — Titre IV : Les théâtres. — Les théâtres en Angleterre ; — en France. — Priviléges. — Censure.

VOLNEY (Constantin-François Chasseboeuf, comte de), né en 1757, mort en 1820. Cet écrivain, qui s'est occupé sinon avec un égal succès du moins avec beaucoup d'originalité, de philosophie, d'histoire et de philologie, s'adonna fort jeune aux travaux d'érudition. Un voyage qu'il effectua en Égypte et en Syrie, et dont il publia le récit, attira sur lui l'attention, et à la Révolution il fut élu député aux états généraux; mais, accusé de royalisme, il s'exila volontairement et ne revint en France qu'en 1798. L'Institut lui ouvrit ses portes et l'empereur l'appela au sénat.

1150. ŒUVRES COMPLÈTES, mises en ordre et précédées d'une notice sur la vie et les écrits de l'auteur, par Adolphe Bossange. 8 vol. in-8.
Paris, 1821.

1151. LES RUINES, ou Méditations sur les révolutions des empires, par Volney. 1 vol. in-8.
Paris, 1822.

1152. VOYAGE en Syrie et en Égypte, pendant les années 1783-1785; suivi de considérations sur la guerre des Russes et des Turcs, publiées en 1788 et 1789. 5e édition. 2 vol. in-8.
Paris, 1822.

1153. TABLEAU du sol et du climat des États-Unis d'Amérique, suivi d'éclaircissements sur la Floride, sur la colonie française à Scioto, sur quelques colonies méridiennes, et sur les sauvages, par Volney, nouvelle édition. 2 vol. in-8.
Paris, 1822.

VOLTAIRE (François-Marie Arouet, connu sous le nom de), né en 1694, mort en 1778. Le plus grand génie littéraire dont la France s'honore, aussi extraordinaire par sa fécondité que par l'originalité et la diversité de ses productions, était fils d'un notaire au Châtelet de Paris. Jamais écrivain n'a eu autant d'admirateurs ni autant d'ennemis, et n'a été aussi mal jugé que Voltaire. Sa correspondance seule est la meilleure biographie que nous puissions indiquer, et où l'on puisse voir à nu le cœur de l'homme, la sagacité du politique et le génie de l'écrivain. Nous indiquons ici les deux meilleures éditions des œuvres complètes.

1154. ŒUVRES COMPLÈTES de Voltaire. 70 vol. in-8, de l'imprimerie de la Société littéraire-typographique. (Kehl) 1789.

Tome I. Préface des rédacteurs de la nouvelle édition.—Avertissement de l'édition de 1775. — Avertissement des éditeurs sur l'Œdipe. — Lettres à de Grenonville contenant la critique de l'Œdipe de Sophocle, de celui de Corneille et de celui de l'auteur, 1719. — Préface de l'édition de 1729. — Œdipe, tragédie. — Fragment d'Artémire, tragédie. — Mariamne, tragédie. — Brutus, tragédie. — Discours sur la tragédie. — Eryphile, tragédie. — Discours prononcé avant la représentation d'Éryphile.

Tome II. Zaïre, tragédie. — Épitres, lettres, variantes et notes sur Zaïre. — Adélaïde Du Guesclin, tragédie. — Amélie, ou le Duc de Foix, tragédie. — La Mort de César, tragédie, Lettres, Notes et Variantes sur la Mort de César. — Alzire ou les Américains, tragédie.

Tome III. Zulime, tragédie. — Lettres, variantes et notes sur Zulime. — Le Fanatisme, ou Mahomet le prophète, tragédie. — Lettres, notes et pièces diverses sur le Fanatisme. — Mérope, tragédie.—Lettres, variantes et notes sur Mérope. — Sémiramis, tragédie. — Dissertation sur la tragédie ancienne et moderne.

Tome IV. Oreste, tragédie. — Épitres, variantes et notes sur Oreste. Dissertation sur les principales tragédies anciennes et modernes, qui ont paru sur le sujet d'Électre, et en particulier sur celles de Sophocle. — Rome sauvée ou Catilina, tragédie. — L'Orphelin de la Chine, tragédie. — Tancrède, tragédie.

Tome V. Olimpie, tragédie. — Le Triumvirat, tragédie. — Les Scythes, tragédie. — Les Guèbres, ou la tolérance, tragédie. — Sophonisbe, tragédie.

Tome VI. Les Lois de Minos, tragédie. — Don Pèdre, tragédie. — Discours historique et critique sur la tragédie de Don Pèdre. — Fragment historique sur le même sujet. — Les Pélopides, ou Atrée et Thieste, tragédie. — Irène, tragédie. — Agathocle, tragédie. — Discours prononcé avant la première représentation d'Agathocle.

Tome VII. L'Indiscret, comédie. — L'Enfant prodigue, comédie. — La Prude, comédie. — Avertissement, prologue, etc. — Nanine, ou le Préjugé vaincu, comédie. — La Femme qui a raison, comédie.

Tome VIII. L'Écossaise, comédie, par M. Hume, traduite en français par Jérôme Carré. — Le Droit du Seigneur, comédie. — Charlot ou la Comtesse de Givry, pièce dramatique. — Le Dépositaire, comédie. — Socrate, ouvrage dramatique.

Tome IX. Samson, opéra. — La princesse de Navarre, comédie-ballet. — Le Temple de la Gloire. — Pandore, opéra. — Tanis et Zélide, ou les Rois pasteurs, tragédie. —

Le Baron d'Otrante, opéra buffa. — Les Deux Tonneaux, opéra-comique. — Jules César, tragédie de Shakspeare. — L'Héraclius espagnol ou la Comédie fameuse.

Tome X. La Henriade. — Notes et variantes. — Essai sur la poésie épique.

Tome XI. La Pucelle d'Orléans.

Tome XII. Poëmes et discours en vers. — Discours en vers sur l'homme. — Le Pour et le Contre. — Poëme sur la loi naturelle. — Poëme sur le désastre de Lisbonne en 1755. — Le Temple du Goût. — Le Temple de l'Amitié. — Sur les événements de l'année 1744. — Poëme de Fontenoi. — Voyage à Berlin. —Précis de l'Ecclésiaste et du Cantique des cantiques. —La Guerre civile de Genève, ou les amours de Robert Covelle, poëme héroïque. — La Fête de Bellebat. — La Bastille, divertissements. — La mort de Mlle Lecouvreur. — La police sous Louis XIV. — Sur la campagne d'Italie. — Apologie de la Fable. — Jean qui pleure et Jean qui rit. — L'Hôte et l'Hôtesse, divertissement. — Lettres à M. de Cromot.

Tome XIII. Épîtres en vers (au nombre de 114). — Stances (au nombre de 28). — Odes (au nombre de 18).

Tome XIV. Contes en vers. — Satires. — Poésies mêlées.

Tome XV. Lettres.

Tomes XVI-XIX. Essai sur les mœurs, suivi de remarques.

Tomes XX et XXI. Siècle de Louis XV.

Tome XXII. Siècle de Louis XIV.

Tome XXIII Histoire de Charles XII.

Tome XXIV Histoire de l'empire de Russie sous Pierre le Grand.

Tome XXV. Annales de l'Empire depuis Charlemagne. — Doutes sur quelques points de l'histoire de l'Empire.

Tome XXVI. Histoire du Parlement de Paris.

Tome XXVII. Mélanges historiques. — Le Pyrrhonisme de l'histoire. — Réponse à la Beaumelle. — Supplément au Siècle de Louis XIV. La Défense de mon oncle. — Un Chrétien contre six Juifs, ou réfutation du livre intitulé : Lettres de quelques Juifs portugais, allemands et polonais. — De quelques niaiseries. — Incursion sur Nonotte, ex-jésuite.

Tome XXVIII. Mélanges historiques. — Fragments sur l'Histoire. — Examen de quelques objections contre plusieurs faits rapportés dans l'Essai sur les mœurs et l'esprit des nations. — Des mensonges imprimés et du testament politique du cardinal de Richelieu.

Tome XXIX. Politique et législation. — La voix du sage et du peuple — Idées de la Mothe le Vayer. — Pensées sur l'administration publique. — De la paix perpétuelle. — Les droits des hommes et les usurpations des papes. — Le tocsin des rois. — Fragments des instructions pour le prince royal de ***. — Le cri des nations. — Observations sur Jean Law, Melon et Dutot ; sur le commerce, le luxe, les monnaies et les impôts. — Des embellissements de Paris. — Requête à tous les magistrats du royaume. — Idées républicaines. — Commentaires sur le livre des Délits et des peines. — Prix de la justice et de l'humanité. — Commentaire sur l'Esprit des lois. — Diatribe à l'auteur des Éphémérides. — Écrits pour les habitants du Mont-Jura et du pays de Gex. — Remontrances du pays de Gex au roi.

Tome XXX. Politique et législation.—Fragment d'une lettre sur un usage très-utile établi en Hollande. — Discours du conseiller Anne Dubourg à ses juges.— Jusqu'à quel point on peut tromper le peuple. — Timon. — Les païens et les sous-fermiers. — Ce qu'on ne fait pas et ce qu'on pourrait faire. — Sermon du papa Nicolas Charistecki. —Discours aux confédérés catholiques de Kaminiek en Pologne. —Traité sur la tolérance à l'occasion de la mort de Jean Calas. — Essai sur les probabilités en fait de justice. — Supplément aux causes célèbres. — Lettre d'un ecclésiastique sur le prétendu rétablissement des jésuites dans Paris. — Petit écrit sur l'arrêt du conseil qui permet le libre commerce des blés dans le royaume. — Les édits de Louis XVI pendant l'administration de Turgot.

Tome XXXI. Philosophie de Newton.

Tome XXXII. Philosophie générale : métaphysique, morale et théologie. —Traité de métaphysique.— Le Philosophe ignorant. — Il faut prendre un parti, ou le Principe d'action, diatribe. — Tout en Dieu. — Commentaire sur Mallebranche. — De l'âme. — Lettres de Menenius à Cicéron. — Remarques sur les Pensées de Pascal. — Profession de foi des théistes. — Sermons et homélies. — Discours de Mᵉ Belleguier, ancien avocat.

Tome XXXIII. Philosophie générale : métaphysique, morale et théologie. — Examen important de milord Bolingbroke. — Dieu et les hommes. — Remontrances du corps des pasteurs du Gévaudan à A.-J. Rustan. — Instructions à A.-J. Rustan.— Conseils raisonnables à Bergier pour la défense du christianisme, par une société de bacheliers en théologie. — Les questions de Zapata, traduites par Tamponet, docteur de Sorbonne. — Épître aux Romains, traduite de l'italien de M. le comte de Corbera.

Tome XXXIV. La Bible enfin expliquée par plusieurs aumôniers de S. M. L. R. D. P.

Tome XXXV. Nouveau Testament.

Tome XXXVI. Dialogues et entretiens philosophiques.

Tome XXXVII-XLIII. Dictionnaire philosophique.

Tome XLIV. Romans. — Zadig ou la destinée, histoire orientale. — Le monde comme il va, vision de Babouc. — Memnon ou la sagesse humaine. — Les deux consolés. — Histoire des voyages de Scarmentado, écrite par lui-même. — Micromégas, histoire philosophique d'un bon bramin. — Le blanc et le noir. — Jeannot et Colin. — Candide ou l'Optimisme. — L'Ingénu, histoire véritable.

Tome XLV. Romans. — L'Homme aux quarante écus. — La princesse de Babylone. — Les Lettres d'Amabed. — Histoire de Jenni. — Les Oreilles du comte de Chesterfield et le chapelain Goudman. — Le Taureau blanc. — Le Crocheteur borgne. — Cosi Sancta. — Songe de Platon. — Babanec et les Fakirs. — Aventures de La Mémoire. — Les Aveugles juges des couleurs. — Aventure indienne. — Voyage de la Raison.

Tome XLVI. Facéties, diatribes du docteur Akekin. — Réflexions pour les sots. — Femmes, soyez soumises à vos maris. Les quand, les si, les qui, les quoi, etc., etc. — Canonisation de saint Cucufin. — Discours aux Velches, par Ant. Vade. — Questions sur les miracles. — Sur l'Encyclopédie, etc. etc.

Tome XLVII. Discours de Voltaire à sa réception à l'Académie Française, avec des notes. — Panégyrique de Louis XV. — Eloge funèbre des officiers qui sont morts dans la guerre de 1741. — Eloge historique de la marquise Du Chatelet. — Eloge de Crébillon. — Eloge funèbre de Louis XV. — Vie de Molière, avec de petits sommaires de ses pièces. — Traduction du poëme de Jean Plokof, sur les affaires présentes. — Lettres chinoises, indiennes et tartares. — Des divers changements arrivés à l'art tragique. — De la tragédie anglaise. — Sur la comédie anglaise. — Du théâtre anglais, par Jérôme Carré. — Parallèle d'Horace, de Boileau et de Pope. — Lettres à S. A. Mgr le prince de *** sur Rabelais et sur d'autres auteurs accusés d'avoir mal parlé de la religion chrétienne (Vanini, — Warburton, — Toland, — Locke, — Tailord, — Tindal, — Collins, — Wolston, — Bolingbroke, — Thomas Chubb, — Swift, — Bonav. Desperiers, — Théophile, — Desharreaux, — La Mothe-le-Vayer, — Saint-Evremont, — Fontenelle, — abbé de Saint-Pierre, — Bayle, — Mlle Huber, — Barbeirac, — Fréret, — Boulanger, — Montesquieu, — La Métrie, — le curé Meslier, — Orabio, — Spinosa). — Conseils à un journaliste, sur la philosophie, l'histoire, le théâtre, les pièces de poésie, les mélanges de littérature, les anecdotes littéraires, les langues et le style. — Conseils à Racine sur son poëme de la religion. — Utile examen des trois dernières épîtres du sieur Rousseau sur l'anti-Machiavel — Mémoire sur la satire à l'occasion d'un libelle de l'abbé Desfontaines contre l'auteur. — Le préservatif. — Petit commentaire sur l'éloge du dauphin de France, composé par Thomas. — Quelques petites hardiesses de Clair, à l'occasion d'un panégyrique de Saint Louis.

Tome XLVIII. Réfutation d'un écrit anonyme, contre la mémoire de Joseph Saurin. — Les honnêtetés littéraires. — Commentaire historique sur les œuvres de l'auteur de la Henriade. — Extrait d'un écrit périodique, intitulé : Nouvelle bibliothèque. — Observation sur plusieurs ouvrages de Maret, Stern, Guérin Du Rocher, de Noailles, etc. — Connaissance des beautés et des défauts de la poésie, et de l'éloquence dans la langue française. — Panégyrique de Saint-Louis, prononcé le 25 août 1749, par l'abbé d'Arty.

Tome XLIX. Sur la considération qu'on doit aux gens de lettres. — Lettres diverses.

Tomes L-LI. Commentaires sur Corneille.

Tome LII. Recueil des lettres de Voltaire (1715-1737).

Tome LIII. Recueil des lettres de Voltaire (1738-1743).

Tome LIV. Recueil des lettres de Voltaire (1744-1752).

Tome LV. Recueil des lettres de Voltaire (1753-1757).

Tome LVI. Recueil des lettres de Voltaire (1758-1760).
Tome LVII Recueil des lettres de Voltaire (1761-1762).
Tome LVIII. Recueil des lettres de Voltaire (1763-1764).
Tome LIX. Recueil des lettres de Voltaire (1765-1766).
Tome LX. Recueil des lettres de Voltaire (1767-1768).
Tome LXI. Recueil des lettres de Voltaire (1769-1771).
Tome LXII. Recueil de lettres de Voltaire (1772-1774).
Tome LXIII. Recueil des lettres de Voltaire (1775-1778).
Tome LXIV-LVI. Lettres du prince royal de Prusse et de Voltaire (1736-1778).
Tome LXVII. Lettres de l'impératrice de Russie (Catherine II) et de Voltaire (1763-1777). — Lettres de plusieurs souverains à Voltaire.
Tomes LXVIII et LXIX. Lettres de Voltaire et de d'Alembert (1746-1778).
Tome LXX. Vie de Voltaire, par le marquis de Condorcet, suivie des Mémoires de Voltaire, écrits par lui-même; des tables des œuvres, etc.

1155. Œuvres de Voltaire. Nouvelle édition, collationnée sur les éditions originales, avec des notes, préface, avertissements, par M. Beuchot. 72 vol. in-8. — Paris, 1829-1834-1841.

Tome I. Biographie de Voltaire.
Tome II-IX. Théâtre.
Tome X. La Henriade.
Tome XI. La Pucelle.
Tome XII-XIV. Poésies.
Tome XV-XVIII. Essai sur les mœurs.
Tome XIX-XXI. Siècles de Louis XIV et de Louis XV.
Tome XXII. Histoire du Parlement.
Tome XXIII. Annales de l'Empire.
Tome XXIV. Histoire de Charles XII.
Tome XXV. Histoire de Russie.
Tome XXVI-XXXII. Dictionnaire philosophique.
Tomes XXXII-XXXVI. Romans.
Tome XXVII. Commentaires sur Corneille.
Tomes XXXVIII-L. Mélanges.
Tomes LI-LXX. Correspondance.
Tomes LXXI-LXXII. Table analytique, par P.-A.-M. Miger.

WALCKENAER (Charles-Athanase, baron de), né en 1771, mort en 1852. Naturaliste, historien, géographe, romancier et biographe, M. Walckenaer a laissé quelques travaux consciencieux, qui lui ont valu son titre de membre de l'Académie des Inscriptions et Belles-Lettres, dont il a été le secrétaire perpétuel.

1156. Géographie ancienne, historique et comparée des Gaules cisalpine et transalpine, suivie de l'analyse géographique des itinéraires anciens, par Walckenaer. 3 vol. in-8 et atlas in-4.
Paris, 1839.

1157. Mémoires touchant la vie et les écrits de Mme de Sévigné, suivis de notes et d'éclaircissements, par le baron Walckenaer. 5 vol. in-12.
Paris, 1842-1852.

WATTEVILLE DE GRABE (Adolphe, baron de), né en 1799, inspecteur général de 1re classe des services administratifs du ministère de l'intérieur. La statistique des établissements de bienfaisance comprend les quatre ouvrages suivants, qui renferment chacun une bibliographie complète de la matière.

1158. Statistique des établissements de bienfaisance. Rapport à S. E. le ministre de l'intérieur sur le service des enfants trouvés, par le baron de Watteville. 1 vol. in-4. Paris, 1849.

1159. Statistique des établissement de bienfaisance. Rapport à S. E. le ministre de l'intérieur sur l'administration des monts-de-piété, par M. le baron de Watteville. 1 vol. in-4.
Paris, 1850.

1160. Statistique des établissements de bienfaisance. Rapport à S. E. le ministre de l'intérieur sur l'administration des des hôpitaux et des hospices, par M. le baron de Watteville. 1re partie, 1 vol. in-4. Paris, 1851.

1161. Statistique des établissements de bienfaisance. Rapport à S. E. le ministre de l'intérieur sur l'administration du bureau de bienfaisance et sur la situation du paupérisme en France, par M. le baron de Watteville. 1 vol. in-4. Paris, 1854.

WEISS (Charles), né en 1812. Successivement professeur d'histoire au collége de Toulouse en 1836, à celui de Strasbourg en 1838, suppléant d'histoire au collége Bourbon, professeur d'histoire au lycée Bonaparte depuis 1852. Lauréat de l'Institut.

1162. Histoire des Réfugiés protestants, par Ch. Weiss. 2 vol. in-12. Paris, 1854.

WEY (François-Alphonse), né en 1812. Ancien élève de l'École des chartes, ancien président de la Société des gens de lettres, a été nommé dernièrement inspecteur-général des archives départementales. Ses travaux philologiques sont estimés.

1163. Remarques sur la langue française au xixe siècle, sur le style et la composition littéraire. par F. Wey. 2 vol. in-8. Paris, 1844.

1164. Histoire des révolutions du langage en France, par F. Wey. 1 vol. in-8. Paris, 1848.

WOLOWSKI (Louis), né en 1810, à Varsovie, naturalisé Français en 1834, professeur de législation industrielle au Conservatoire des arts et métiers, docteur en droit de la Faculté d'Heinelberg, ancien député, directeur du crédit foncier de France.

1165. Études d'Économie politique et de statistique. — Le paupérisme des Flandres. — L'exposition agricole et industrielle de Bruxelles. — Le commerce des grains. — L'union douanière. — De la liberté commerciale. — De la statistique; par M. Wolowski, professeur au Conservatoire des Arts et Métiers. 1 vol. in-8. Paris, 1848.

1166. Revue de législation et de jurisprudence.
46 vol. in-8. Paris, 1834-1852.

Z

ZIEGLER (Claude-Jules). Le travail de cet artiste distingué mérite une mention toute particulière.

1167. Études céramiques; Recherches des principes du beau dans l'architecture, l'art céramique et la forme en général; théorie de la coloration des reliefs; par J. Ziegler. 1 vol. in-8 et atlas in-fol. Paris, 1848.

TABLE DES MATIÈRES

Les chiffres indiquent le numéro d'ordre donné aux ouvrages dans ce Catalogue.

ARTS ET MÉTIERS.

Collection, 229. — Description des machines, 331 et 332.

MANUFACTURES.

Villermé, 1144. — Dupin, 388.

COMMERCE.

Dictionnaire, 341. — Chevalier (M.), 179 et 180. — Dupin, 386.

ARCHÉOLOGIE.

Clarac, 187-188. — Montfaucon, 828. — Gailhabaud, 506.

TRAITÉS GÉNÉRAUX.

Caumont (de), 147-148. — Batissier, 41-42. — Viollet-Leduc, 1146-1147.

ARCHÉOLOGIE FRANÇAISE.

Agincourt (S. d'), 1. — Lenoir, 718-719-720. — Montfaucon, 829. — Laborde, 656. — Lenoir (Alb.), 236. — Collection des documents, 237-238-239 et 240.

ARCHÉOLOGIE ÉTRANGÈRE.

Champollion, 153. — Gau, 518. — Lebas, 699. — Mazois, 773. — Hittorf, 584-585-586. — Exploration, 434.

ICONOGRAPHIE

Didron, 234-349-350. — Guenebault, 55. — Duval (Am.), 398.

NUMISMATIQUE.

Mionnet, 843-814-845.

BEAUX-ARTS.

Mariette, 764. — Fortoul, 492. — Du Sommerard, 396. — Niel, 850. — Gavard, 523. — Gavarni, 524-525. — Brongniart, 111. — Ziegler, 1167. — Blanc (Ch.), 85.

ASTRONOMIE.

PROLÉGOMÈNES.

Delambre, 309-310-311-312. — Bailly, 25-26-27. — Connaissance des temps, 259.

TRAITÉS GÉNÉRAUX.

Lalande, 678. — Delambre, 308. — Francœur, 498. — Arago (voy. aux Polygr.).—Laplace, 692.

TRAITÉS PARTICULIERS.

Laplace, 694. — Biot, 76.

MÉTÉOROLOGIE.

Cotte, 267 et 269.

BELLES-LETTRES.

GRAMMAIRE GÉNÉRALE.

Sacy (S. de), 973. — Destutt de Tracy. (Voyez aux Polygraphes).

PHILOLOGIE COMPARÉE.

Eichoff, 402. — Klaproth, 654. — Balbi, 28. — Delatre, 315. — Etienne (H.), 415 et 416.

LANGUES ANCIENNES ET ÉTRANGÈRES.

Champollion, 152 et 154. — Renan, 932. — Sacy (S. de), 974. — Tassy (G. de), 513-514. — Pihan, 905. — Rémusat, 946 et 947. — Court de Gebelin (voy. aux Polygraphes).

LANGUE FRANÇAISE.

Histoire, Formation, etc.

Chevallet (A. de), 181. — Wey, 1164. — Genin, 526.— Ampère, 5. — Fallot, 446. — Etienne (H.), 417. — Palsgrave, 223. — Fauchet, 448. — Vaugelas, 1122. — Ménage, 780. — Genin, 527. — Wey, 1163. — Collection des anciens monuments de la langue française, 246.

GRAMMAIRE.

Poitevin, 913.

DICTIONNAIRE.

Pougens, 918. — Roquefort, 963. — Ménage, 779. — Dictionnaire de l'Académie, 339. — Boiste, 88. — Bescherelle, 57. — Poitevin, 914. — Guizot, 574. — Pihan, 904.

HISTOIRE LITTÉRAIRE.

La Harpe, 674. — Geruzez, 544. — Lalanne, 680. — Dacier, 297. — Ceillier, 149. — Dupin, 389. — Jarry de Mancy, 625.

Histoire littéraire de la France.

Histoire littéraire, 533. — Ampère, 4. — Nisard, 851. — Delarue, 314. — Villemain, 1139-1140-1141. — Chasles, 162. — Sainte-Beuve, 989. — Gautier (Th.), 521. — Sayous, 1016-1017.

Histoire littéraire des pays étrangers.

Nisard, 852. — Ginguené, 546. — Chasles (Ph.), 163-165-166-167-170. — Garcin de Tassy, 515.

RHÉTORIQUE.

Maury, 772. — Villemain, 1435.

ORATEURS.

Constant (B.), 261. — Périer (Cas.), 899. Voy. à la Théologie parénétique.

POÉSIE.

Fauriel, 450. — Dubos, 359. — Nisard, 852. — Petits poëtes, 902.

Poëtes du moyen âge.

Dinaux (A.), 352. — Legrand d'Aussy, 709. — Barbazan, 36. — Leroux de Lincy, 723. — Charles d'Orléans, 157. — Raynouard, 933.

Poëtes du XVIe siècle.

Ronsard, 962. — Marot, 766.—Malherbe, 758. —Regnier, 945.

Poëtes du XVIIe siècle.

Scarron, 1019. — La Fontaine, 669-670-671. — Boileau, 87. (Voy. aux Polygr.). — Chaulieu, 174.

Poëtes du XVIIIe siècle.

Boufflers, 92. — Rousseau (J.-B.), 967. — Thomas, 1111. Bernard (G.), 56. — Delille, 317. — Dorat, 353. — Bertin, 63. — Colardeau, 192. — Chénier, 177. —Malfilâtre,755. — Parny, 883. — Gilbert, 545. — Gresset, 554. — Bernis, 58. — Demoustier, 319. — Florian, 476.

Poëtes du XIXe siècle.

Legouvé, 708. — Millevoye, 806. — Reboul, 936 et 937. — Désaugiers, 325. — Soumet, 1067-1068. — Lebrun, 703. —Viennet, 1131.—Desbordes-Valmore, 327.—Sainte-Beuve, 987.—Lamartine (voy. aux Polygr.).—Houssaye, 92.—Hugo (V.), (voy. aux Polygr.) — Musset, 841-842. — Béranger, 54. — Girardin (Madame de), 547. — Gautier (Th.), 522. — Barthélemy, 39. — Vigny (voy. aux Polygr.)

LITTÉRATURE DRAMATIQUE.

Janin, 624. — Saint-Marc-Girardin, 789.

THÉATRE DU MOYEN AGE.

Monmerqué, 821. — Viollet-Leduc, 1148.

Tragédies.

Corneille, 265. — Racine, 928. — Quinault, 926. — Crébillon, 282. — Ducis, 363 et 364. — Ponsard, 915.

Comédies, Drames, Vaudevilles, etc.

Molière, 817 et 818. — Piron, 908. — Regnard, 943. — Rotrou, 966. — Marivaux, 762. — Destouches, 335. — Favart, 451-452. — Beaumarchais, 48. — Picard, 903. — Andrieux, 6. — . Collin d'Harleville, 251. — Duval, 397. — Etienne, 418. — Pixérécourt, 910. — Empis, 404. — Delavigne (Cas.), 316. — Mérimée, 782. — Musset, 844. — Scribe, 1021 et 1022.— Hugo (V.), (voy. aux Polyg.).

ROMANS.

Lorris (Guillaume de), 738. — Marguerite de Valois, 760. — Rabelais, 927. — Scarron, 1018. — Lesage, 726-727. — — Graffigny (madame de), 552. — Prevost (l'abbé), 920-

DES MATIÈRES. 427

921. — Marmontel, 764. — Rousseau, 969. — Saint-Pierre (B. de), 980. — Cottin, 270. — Genlis (madame de), 528-529-530-531-532. — Maistre (Xav. de). 752. — Jouy. 639. — Stael (madame de), 1069. — Beyle, 69. — Nodier (Ch.), 853-855. — Saintine (X.), 977. — Topffer, 1114-1115 et 1116. — Balzac, 33. — Karr (A.), 646-647-648-649-650. — Lamartine, 688. — Dumas, 370 à 376. — Gautier, 519 et 520. — Girardin (madame de), 548. — Mérimée, 781-783-784. — Empis, 405. — Méry, 789 à 791. — Musset, 840-843-845. — Vigny (de), 1132. — Reybaud, 957-958-959. — Sand (G.), 994 à 1004. — Sandeau, 1005 à 1011. — Soulié (Fr.), 1060 à 1065. — Sue (Eug.), 1072 à 1083.

CONTES.

Berquin, 76. — Galland, 512. — Marmontel, 765. — Perrault, 900. — Nodier, 853.

ÉPISTOLAIRES.

Lettres des rois et reines, 214. — Henri IV, 215. — Granvelle, 224 — Mazarin, 1037. — Richelieu, 225. — De Sourdis, 208. — Louis XIV, 209. — Fénelon, 457. — Sévigné (madame de), 1027-1028. — Patin (Guy), 889. — Graffigny, 552. Epinay (d'), 412. — Diderot, 348. — Jacquemont, 622.

MÉLANGES.

Chapelle, 155-156. — Dubos, 359. — Fénelon, 459. — Rousseau, 968-970. — Dupaty, 382. — Stael (madame de), 1070. — Brillat-Savarin, 109. — Leroux de Lincy, 724. — Cousin, 281. — Villemain, 1136-1137. — Sainte-Beuve, 988. — Chasles (Ph.), 168. — Lalanne, 680-682.

OUVRAGES POUR LA JEUNESSE.

Maintenon (madame de), (voy. aux Polygraphes). — D'Epinay, 411. — Filassier, 463. — Genlis (madame de), 533. — Guizot (madame), 572-573-574-575. — Martin (A.), 769. — Topffer (voy. aux Romanciers).

BIBLIOGRAPHIE.

GÉNÉRALITÉS.

Peignot, 895. — Lalanne, 681. — Brunet, 116. — Quérard, 923-924 et 925. — Barbier, 37.

BIBLIOGRAPHIE DE LA FRANCE. (1)

La Croix du Maine, 665. — Lelong, 710. — Girault de Saint-Fargeau, 550. — Bibliographie, 633.

BIBLIOGRAPHIE SPÉCIALE.

Duplessis, 390. — Moreau, 1055 et 1056. — Catalogue, 144.

BIBLIOGRAPHIE DES MANUSCRITS.

Montfaucon, 830. — Catalogues, 146. — Pâris (Paulin), 881. — Catalogue, 145. — Notices et Extraits, 858.

BIOGRAPHIES.

BIOGRAPHIE UNIVERSELLE.

Biographie Michaud, 75. — Biographie portative, 74. — Feller, 455.

BIOGRAPHIE SPÉCIALE.

Dezeimeris, 337. — Fétis, 462. — Haag, 576.

BIOGRAPHIE PARTICULIÈRE.

Littré, 733. — Montalembert (de), 823. — Rémusat (de), 948 et 949. — Brantôme, 106. — Artaud, 17. — Audin, 21-22-23. — Bausset (de), 43 et 44. — Taschereau, 1095. — Guizot, 569 et 570. — Chasles (Ph.), 169. — Walckenaer, 1157. — Cousin, 279-280. — Cuvier, 295. — Flourens, 481 et 482. — Pariset, 882. — Chasles (Ph.), 164-168-169. — Loménie, 737. — Labanoff, 654. — Mignet, 804 et 805. — Sainte-Beuve, 990-991-992-993. — Planche (Gust.), 911 et 912. — Mignet, 802 — Houssaye (Ars.), 591.

CHIMIE.

PROLÉGOMÈNES.

Fourcroy, 494. — Dumas, 378.

---

1. Pendant le cours de l'impression, le nouveau Catalogue de la Bibliothèque impériale est paru. Il forme un énorme volume in-4, et ne renferme que les titres d'ouvrages relatifs à l'histoire de France.

TRAITÉS GÉNÉRAUX.

Fourcroy, 495. — Pelouze, 897. — Despretz, 334. — Orfila, 868. — Regnault, 944.

CHIMIE ORGANIQUE.

Payen, 892. — Raspail, 929.

CHIMIE APPLIQUÉE.

Dumas, 377. — Berthollet, 61. — Chevreul, 182. — Boussingault, 103.

TRAITÉS PARTICULIERS.

Berthollet, 62. — Pelouze, 898. — Payen, 891. — Chevreul, 183-184. — Violette, 1145.

DICTIONNAIRES.

LANGUE FRANÇAISE.

Au moyen âge.

Pougens, 918. — Roquefort, 965. — Raynouard, 936.

Moderne.

Ménage, 779. — Dictionnaire, 339. — Boiste, 88. — Bescherelle, 64. — Poitevin, 914.

BASSE LATINITÉ.

Ducange, 360.

GREC.

Étienne (H.), 414.

HISTOIRE.

Bayle, 45. — Dictionnaire. 343. — Bouillet, 93.

GÉOGRAPHIE.

Expilly, 422. — Girault de Saint-Fargeau, 549. — Guibert, 561.

MARINE.

Jal, 623.

HISTOIRE NATURELLE.

Orbigny (d'), 865.

MÉDECINE.

Dictionnaire, 345 et 346. — Nysten, 860. — Tardieu, 1090.

ÉCONOMIE POLITIQUE.

Dictionnaire, 344.

ADMINISTRATION.

Dictionnaire, 340.

COMMERCE.

Dictionnaire, 341.

ICONOGRAPHIE.

Guenebault, 557.

ARCHITECTURE.

Viollet-Leduc, 1147.

ENCYCLOPÉDIE.

Encycl. méthodique, 408. — Encycl. moderne, 409. — Encycl. du XIXe siècle, 407. — Encycl. des gens du monde, 406. — Encycl. nouvelle, 410. — Dictionnaire de la conversation, 342. — Patria, 890. — Un million de faits, 1118. — Férussac, 460.

GÉOGRAPHIE.

GÉOGRAPHIE UNIVERSELLE.

Malte-Brun, 759. — Balbi, 29.

DICTIONNAIRE DE GÉOGRAPHIE UNIVERSELLE.

Guibert, 561.

ATLAS DE GÉOGRAPHIE UNIVERSELLE.

Lapie, 691.

GÉOGRAPHIE ANCIENNE ET DU MOYEN AGE.

Walckenaer, 1156. — Bergier, 55. — Guérard, 559.

GÉOGRAPHIE DE LA FRANCE.

Expilly, 422. — Girault de Saint-Fargeau, 549.

ATLAS DE GÉOGRAPHIE DE LA FRANCE.

Carte, 142. — Cassini, 143.

GÉOGRAPHIE DE L'ALGÉRIE.

Exploration, 424-425-428-431-433.

VOYAGE AUTOUR DU MONDE.

Dumont-d'Urville, 381. — Duperrey, 383. — Du Petit-Thouars, 384. — Freycinet, 504.

VOYAGES

En France.

Mérimée, 785-786-787. — Taylor, 1093.

En Espagne.

De Laborde, 657-658.

En Angleterre.

Dupin, 387.

En Morée.

Expédition, 420-421.

En Algérie.

Exploration, 430.

En Corse.

Mérimée, 788.

En Islande, en Groënland, en Laponie et en Scandinavie.

Gaimard, 508-509.

En Turquie et en Perse.

Hommaire de Hell, 590. — Flandin, 466.

En Crimée et dans la Russie méridionale.

Hommaire de Hell, 589.

En Égypte.

Denon, 320. — Volney, 1152.

Dans les Indes.

Julien (Stan.), 643. — Jacquemont, 621.

En Amérique.

Humboldt, 598-599. — Orbigny (d'), 864. — Volney, 1153.

En Océanie.

Dentrecasteaux, 321. — Dumont-d'Urville, 380.

HISTOIRE.

PROLÉGOMÈNES.

Court de Gebelin, 273. — Maistre (de), 748. — Volney, 1151. — Lenglet-Dufresnoy, 717. — Guizot, 562. — Mably (voy. aux Polyg.)

CHRONOLOGIE.

Art de vérifier les dates, 14-15-16.

HISTOIRE UNIVERSELLE.

Bossuet, 91. — Ségur, 1023. — Lenglet-Dufresnoy, 716.

HISTOIRE ECCLÉSIASTIQUE.

Orderic-Vital, 1040. — Lenain de Tillemont, 715. — Fleury, 470-472. — Hélyot, 581. — Merle d'Aubigné, 792.

HISTOIRE ANCIENNE.

Rollin, 961. — Fleury, 471. — Chasles (Ph.), 160. — Barthélemy, 38.

HISTOIRE ROMAINE.

Crevier, 283. — Dezobry, 338. — Montesquieu, 826. — Lenain de Tillemont, 744.

HISTOIRE MODERNE.

Michelet, 798. — Hubault, 595. — Villemain, 1138. — Chasles (Ph.), 161.

MÉMOIRES ET TRAVAUX HISTORIQUES.

Leclerc (Vict.), 704. — Lalanne, 679. — Pellisson, 896. — Mignet, 803-804. — Daniel, 302. — Félibien, 454. — Floquet, 474. — Lavallée, 698. — Vertot, 1129. — Weiss (Ch.), 1162.

HISTOIRE DE FRANCE.

Mézeray, 795. — Daniel, 301. — Monteil, 824. — Sismondi (de), 1033. — Michelet, 797. — Martin (H.), 770. — Hénault, 582. — Hubault, 593-594. — Lavallée (Th.), 697. — Dictionnaire d'histoire, 343. — Duruy, 395. — Anselme de Sainte-Marie, 40. — Pasquier (voy. aux Polygr.).

DES MATIÈRES.

Chroniques et Mémoires relatifs à l'histoire de France.

VIe siècle.

Grégoire de Tours, 553-1036.

VIIIe et IXe siècles.

Éginhard, 401-1043.

Xe siècle.

Richer, 1051.

XIe siècle.

Aimé (le moine), 1035.

XIIe et XIIIe siècles.

Benoist (le trouvère), 206. — Villehardouin, 1039, 1134. — Joinville, 628.

XIV et XVe siècles.

Guillaume de Nangis, 1049. — Cruvelier, 205. — Froissart, 505. — Religieux de Saint-Denis, 207.

XVe siècle.

Fenin (P. de), 1038. — Commines (Ph. de), 253, 1044.

XVIe siècle.

Journal d'un bourgeois, 1059. — Mornay (Ph. de), 839. — Aubigné (Agrippa d'), 20.

XVIIe siècle.

Sully, 1084. — Tallemant des Réaux, 1085. — Retz (. cardinal de), 953. — Fléchier, 469. — Coligny-Saligny, 1050. — Dan. de Cosnac, 1058. — Dangeau, 300. — Mémoires, etc., 248.

XVIIIe siècle.

Saint-Simon, 985. — Barbier (l'av.), 1054.

XIXe siècle.

Chateaubriand, 172. — Lamartine, 687. — Du Casse, 361. — Soult, 1066.

HISTOIRES PARTICULIÈRES. — TRAITÉS SPÉCIAUX, ETC., ETC., SUR L'HISTOIRE DE FRANCE.

Généralités.

Thierry (Aug.), 1102-1103. — Saint-Priest (de), 983. — Daunou, 307. — Lalanne, 682. — Dareste de la Chavanne, 304. — Fortoul, 494.

Moyen âge.

Thierry (Am.), 1099-1100. — Petigny (de), 901. — Dubos, 358. — Ozanam, 873-874. — Fauriel, 449.— Thierry (Aug.), 1104-1105. — Depping, 322. — Michaud, 796. — Le Nain de Tillemont, 713, 1053. — Beugnot, 67.—Chartier (Alain), 159. — Chasles (Ph.), 162.

XVIIe et XVIIIe siècles.

Bazin, 46. — Lacretelle, 664.

Révolution française.

Droz, 355. — Thiers, 1107, 1108. — Blanc (L.), 84. — Michelet, 799. — Lamartine, 685. — Barante (de), 35.

Consulat et Empire.

Ségur (de), 1024. — Norvins, 857. — Thiers, 1109-1110. — Gourgaud, 554. — Villemain, 1142.

Restauration.

Lamartine, 686. — Vaulabelle, 1423. — Blanc (L.), 83.

Histoire des provinces et villes de France.

Bretagne, 735-272. — Bourgogne, 34. — Lorraine, 132.— Languedoc, 1119. — Paris, 368-369-453-701-702-226.

HISTOIRE INTERNATIONALE.

Négociations.

Gaillard, 507. — Jeannin, 627. — Collection de documents inédits, 208-219-220-221-222-224-225-228. — Martens, 767.

HISTOIRE DES PAYS ÉTRANGERS.

Angleterre.

Thierry (Aug.), 1101. — Michel (Fr.), 1042. — Guizot, 563 à 567. — Carrel (Arm.), 141.

Italie

Simonde de Sismondi, 1032. — Daru, 305. — Saint-Priest, 982. — Saint-Réal, 984.

Morée.

Buchon, 118-119.

Asie.

Klaproth, 652-653. — Texier, 1097.

Afrique.

Expédition, 429.

DES MATIÈRES.

Algérie.

Expédition, 426 à 428.

Égypte.

Champollion, 151. — Letronne, 729.

Perse.

Quatremère, 248. — Mohl, 249. – Texier, 1098.

HISTOIRE DOCUMENTAIRE.

Ordonnances des rois de France, 866. — Baluze, 30. — Brequigny, 107-108. — Dachery, 296. — Les Olim, 230 — — Cocheris, 191. — Collection de documents inédits, 199-200-201-202-203-204-210-211-212-213 223-226-227-230. — Quicherat, 1046 — Leroux de Lincy et Douët d'Arcq, 1032. — Saint-Priest (de), 985.

COLLECTIONS DE MÉMOIRES, CHRONIQUE, DISSERTATION SUR L'HISTOIRE DE FRANCE.

Recueil des Historiens de France, 938. — Recueil des historiens des Croisades, 939 et 940. — Duchesne, 362. — Collection Guizot, 242. — Collection Buchon, 193. — Collection Petitot, 243-244. — Collection Michaud et Poujoulat, 859. — Bibliothèque des Mémoires anciens et modernes, 71. — Collection des Mémoires relatifs à la révolution française, 245. — Collection des documents inédits, 195 à 240. — Publications de la Société de l'Histoire de France, 1034 à 1059. — Archives curieuses de l'Histoire de France, 12. — Collection des meilleures dissertations, 194. — Mémoires de l'Académie des Inscriptions et Belles-Lettres, 604 à 607. — Mémoires de la Société impériale des antiquaires de France, 777-778.

PARALIPOMÈNES HISTORIQUES.

Mabillon, 740. — Montfaucon, 831. — Wailly, 198.

IMPRIMERIE.

Bernard (Aug.), 57. — Maittaire, 753.

JOURNAUX, REVUES ET ANNUAIRES.

JOURNAUX POLITIQUES.

Moniteur (le), 820. — Journal des Débats, 835.

JOURNAUX ILLUSTRÉS.

Illustration (l'), 600. — Artiste (l'), 18.

JOURNAUX SCIENTIFIQUES ET LITTÉRAIRES.

Journaux, 630, 631, 632, 634, 636, 637, 638. — Atheneum, (l'), 19.

REVUES HISTORIQUES ET ARCHÉOLOGIQUES.

Bibliothèque, 70. — Taschereau, 1092. — Revue, 954. — Didron, 351.

REVUES LITTÉRAIRES.

Revues, 955-956.

REVUES DE JURISPRUDENCE.

Wolowski, 1166.

REVUE RELIGIEUSE.

Cahen, 130.

ANNUAIRE HISTORIQUE.

Annuaire historique, 8. — Lesur, 728. — Taschereau, 1092. — Annuaire des Sociétés savantes, 7.

ANNUAIRE SCIENTIFIQUE.

Annuaire du Bureau des Longitudes, 9. — Connaissance des Temps, 259.

COLLECTION ACADÉMIQUE.

Institut de France, 602 à 618. — Mémoires de la Société des Antiquaires de France, 777-778. — Mémoires de l'Académie de médecine, 776.

JURISPRUDENCE.

PROLÉGOMÈNES.

Fleury, 473. — Camus, 136. — Comte, 255. — Lerminier, 721-722. — Montesquieu (de), 827. — Pastoret, 888. — Jouffroy, 629. — Laferrière, 666.

DROIT ECCLÉSIASTIQUE.

Pithou, 909.

ORGANISATION JUDICIAIRE.

Pardessus, 879.

DROIT CIVIL.

Droit romain.

Ortolan, 871-872. — Raynouard, 935.

Droit barbare.

Pardessus, 877.

Droit féodal.

Brussel, 117. — Le livre de jostice et de plet, 216.

Droit coutumier.

Beaumanoir (Ph. de), 47, 1047. — Loisel (Ant.), 736. — Boutillier, Somme rurale, 104.

DROIT MODERNE.

Laboulaye, 659.

ÉTAT DES PERSONNES.

Guérard, 560. — Dareste, 303. — Laboulaye, 659. — Depping, 324 — Beugnot, 68.

DROIT ADMINISTRATIF.

Cormenin, 263. — Cotelle, 266. — Laferrière, 666. — Macarel, 742. — Vauchelle, 1121. — Vivien, 1149. — Dictionnaire, 340.

CODE NAPOLÉON.

Demolombe. 348. — Duranton, 394.

DROIT PÉNAL.

Rossi, 965.

DROIT MARITIME.

Pardessus, 878.

DROIT POLITIQUE.

Lézardière (mademoiselle de), 730. — Laferrière, 667. — Mably (voy. aux Polygr.).

DROIT INTERNATIONAL.

Fœlix, 486. — Duvergier, 399. — Maistre (de), 751.

DROIT ÉTRANGER.

Biot, 79. — Laboulaye, 660. — Exploration, 432.

COLLECTIONS.

Duvergier, 400. — Isambert, 620. — Dalloz, 298-299. — Merlin, 793-794. — Bulletin des lois, 122.

LÉGISTES POLYGRAPHES.

Aguesseau (d'), 2. — Pothier, 916.

MATHÉMATIQUES.

Francœur, 499. — Legendre, 706.

ALGÈBRE.

Lagrange, 672. — Lalande, 677.

GÉOMÉTRIE.

Legendre, 707. — Monge, 819. — Biot, 77. — Delambre, 313. — Dupin, 385.

MÉCANIQUE.

Lagrange, 673. — Dupin, 385.

MÉDECINE ET CHIRURGIE.

GÉNÉRALITÉS.

Dictionnaire, 345 et 346. — Nysten, 860. — Fabre, 445. — Raspail, 931. — Mémoires, 976. — Pinel, 906.

MÉDECINE ANCIENNE.

Hippocrate, 734.

ANATOMIE.

Philosophie anatomique.

Geoffroy-Saint-Hilaire, 534-535.

Anatomie générale et comparée.

Bichat, 73. — Cuvier, 289. — Blainville, 82.

Anatomie descriptive.

Cloquet (H.), 189. — Cloquet (J.), 190. — Cruveilhier, 285. — Flourens, 479. — Sichel, 1029.

Anatomie chirurgicale et pathologique.

Cruveilhier, 286-284. — Malgaigne, 756. — Velpeau, 1127.

OSTÉOGRAPHIE.

Flourens, 478. — Blainville, 81.

NÉVROLOGIE.

Gall, 510-511.

PHYSIOLOGIE GÉNÉRALE ET COMPARÉE.

Bichat, 72. — Broussais, 113-115. — Flourens, 484. — Milne Edwards, 809-812. — Flourens, 477. — Geoffroy-Saint-Hilaire (Isid.), 536.

EMBRYOLOGIE.

Flourens, 483. — Velpeau, 1125.

HYGIÈNE.

Tardieu, 1085. — Exploration, 435.

PATHOLOGIE ET THÉRAPEUTIQUE.

Chomel, 186. — Grisolle, 555. — Tardieu, 1089. — Vidal, 1130. — Pinel, 906. — Valleix, 1120. — Trousseau et Pidoux, 1117.

CLINIQUE MÉDICALE.

Chomel, 185.

TRAVAUX SPÉCIAUX.

Grisolle, 556. — Broussais, 114. — Rayer, 932. — Pinel, 907. — Esquirol, 413. — Tardieu, 1086-1087. — Orfila, 870. — Tardieu, 1088. — Flourens, 483.

TOXICOLOGIE.

Orfila, 869. — Flandin, 466.

MÉDECINE LÉGALE.

Orfila, 867. — Tardieu, 1088.

CHIRURGIE.

PROLÉGOMÈNES.

Compendium, 254.

TRAITÉS GÉNÉRAUX.

Paré (Ambr.), 880. — Desault, 326. — Boyer, 405. — Gerdy, 543.

CLINIQUE CHIRURGICALE.

Dupuytren, 391.

MÉDECINE OPÉRATOIRE.

Lisfranc, 732. — Velpeau, 1126.

FRACTURES ET LUXATIONS.

Malgaigne, 757.

TOCOLOGIE.

Velpeau, 1128.

MÉDECINE VÉTÉRINAIRE.

Bourgelat, 101.

MYTHOLOGIE.

Lajard, 675-676.— Sacy, 975. — Burnouf, 123-124-125-126-250.

PHILOSOPHIE.

HISTOIRE GÉNÉRALE ET PARTICULIÈRE DE LA PHILOSOPHIE.

Cousin, 274-275-276. — Simon (J.), 1030. — Hauréau, 578. — Renan, 950-951. — Gerando (de), 538. — Ozanam, 875.

PHILOSOPHIE ANCIENNE.

Platon, 278. — Confucius, 641. — Lao-Tseu, 642.

PHILOSOPHIE MODERNE.

Traités divers.

Abélard, 231. — Montaigne, 822. — Pascal, 884. — Balzac (G. de), 31-32. — Descartes, 328-329-330. — Malebranche, 754. — Fontenelle, 490. — Condillac (voyez les Polygraphes). — Helvétius, 579-580. — Holbach, 587-588. — Condorcet (voy. les Polygraphes). — La Romiguière, 696. — Fleury, 473. — De Maistre, 747. — Cabanis, 128. — Gall, 511. — Maine de Biran, 743, 744. — Azaïs, 24. — Benjamin-Constant, 262. — Senancour, 1023. — De Gerando, 539. — Destutt de Tracy (voy. aux Polygraphes). — Droz, 356-357. — Aug. Comte, 256. — Jouffroy, 629. — Martin (A.), 769.— Potter, 917.

MORALISTES.

Pascal, 885. — Cousin, 879. — Bourdaloue, 100.— Vauvenargues, 1124. — Charron, 158. — Nicole, 849. — La Rochefoucauld, 695. — La Bruyère, 661-662. — Simon (J.), 1031.

ÉCONOMIE POLITIQUE.

Généralités.

Collection des économistes, 244. — Dictionnaire d'Economie, 344. — Blanqui, 86. — Droz, 354. — Rossi, 964. — Say (J.-B), 1013, 1014 et 1015. — Michel Chevalier, 178. — Garnier, 516.

TRAITÉS PARTICULIERS.

Gerando (de), 540. — Leber, 700. — Ch. Dupin, 386. — Fix, 464. — Bastiat, 40. — Faucher, 447.

DOCTRINES SOCIALES.

Reybaud, 960. — Saint-Simon, 986. — Fourier, 496. — Proudhon, 922.

POLITIQUE.

Généralités.

Constant (B.), 260. — De Maistre, 751. — Guizot, 568.

TRAITÉS DIVERS.

La Boétie, 655. — Maistre (de), 747-748-749-750. — Napoléon 1er, 846-847. — Custine, 287. — Périer (C.), 889. — Cormenin (de), 264. — Carrel (Arm.), 140. — Saint-Priest, 981. — Tocqueville (de), 1112. — Napoléon III, 848.

PHYSIQUE.

TRAITÉS GÉNÉRAUX.

Becquerel, 50. — Péclet, 893. — Euler, 419. — Despretz, 333. — Biot (I.-B.), 78. — Pouillet, 949.

MÉTÉOROLOGIE.

Cotte, 267-268 et 269. — Becquerel, 53.

ÉLECTRICITÉ. — MAGNÉTISME.

Becquerel, 49-51 et 52. — Exploration de, 444.

TRAITÉS DIVERS.

Fourier, 497. — Péclet, 894. — Exploration de, 443. — Biot, 78.

POLYGRAPHES.

Cicéron, 705. — Chartier (Al.), 159. — Pasquier, 886-887. — Fénelon, 457 et 459. — Palissy, 876. — L'Hospital, 731. — Scarron, 1020. — Maintenon (madame de), 743. — Bossuet, 90. — Fléchier, 467. — Marmontel, 763. — Le Sage, 725. — Florian, 475. — Montesquieu, 825. — Condillac, 257. — Court de Gébelin, 273. — Mably, 741. — Voltaire, 1154-1155. — D'Alembert, 3. — Rousseau, 971. — Diderot, 347. — Duclos, 365. — Fontenelle, 488-489. — Mirabeau, 846. — Condorcet, 258. — Chamfort, 150. — Cabanis, 117. — Laplace, 692. — Saint-Pierre (B. de), 979. — Chénier (M.-J.), 175-176. — Staël (madame de), 1074. — Bonald, 89. — Courier, 274. — Volney, 1150. — Chateaubriand, 171. — Destutt de Tracy, 336. — Fontanes, 487. — Jouy, 640. — Jay, 626. — Arago, 11. — Vigny (Alfred de), 1133. — Hugo (V.), 596. — Delavigne (Casimir), 316. — Villemain, 1143. — Lamartine, 684. — Mignet, 800.

PONTS ET CHAUSSÉES.

Dupin, 387. — Chevalier, 174.

SCIENCES NATURELLES.

PROLÉGOMÈNES.

Cuvier, 291-292. — Laplace, 693. — Duméril, 379. — D'Orbigny, 865. — Humboldt, 597. — Martin (Aimé), 768. — Depping, 323.

GÉOLOGIE.

Élie de Beaumont, 403. — Cuvier, 290. — Expédition, 430.

GÉODÉSIE.

Francœur, 540.

MINÉRALOGIE.

Brongniart, 112. — Daubenton, 306. — Dufrenoy, 366 et 367. — Combes, 252. — Beudant, 65-66.

BOTANIQUE.

Traités généraux.

Jussieu, 645. — Le Maout, 714.

SYSTÈMES.

Candolle, 139. — Jussieu, 644.

PHYSIOLOGIE VÉGÉTALE.

Candolle, 137 et 138. — Raspail, 930.

FLORES.

Redouté, 941 et 942. — Tollard, 1113.

TÉRATOLOGIE VÉGÉTALE.

Moquin-Tandon, 833.

BOTANIQUE FOSSILE.

Brongniart, 110.

ZOOLOGIE.

Milne Edwards, 811, 810, 808 et 807. — Cuvier, 288. — Geoffroy Saint-Hilaire, 537. — Flourens, 477, 480. — Buffon, 120, 121. — Exploration, 438, 439.

MAMMALOGIE.

Temminck, 1094. — Exploration, 440.

ORNITHOLOGIE.

Temminck, 1095 et 1096. — Le Maout, 712.

ICHTHYOLOGIE.

Cuvier, 294. — Exploration, 442.

ANIMAUX INVERTÉBRÉS.

Lamarck, 683. — Moquin-Tandon, 832.

MOLLUSQUES.

Férussac, 461. — Moquin-Tandon, 834. — Blainville, 80. — Exploration, 437.

TÉRATOLOGIE.

Geoffroy-Saint-Hilaire, 536.

PALÉONTOLOGIE.

Cuvier, 293. — Orbigny (d'), 862, 863 et 864.

AGRICULTURE.

Prolégomène.

Dareste, 303. — Maison rustique, 746.

TRAITÉS PARTICULIERS.

Serres (Oliv. de), 1026. — Gasparin, 517. — Mathieu de Dombasle, 774 et 775. — Noisette, 856.

ÉCONOMIE RURALE.

Boussingault, 102.

VÉNERIE.

J. du Fouilloux, 499.

STATISTIQUE.

Moreau de Jonnès, 835-836-837 et 838. — Watteville, 1158 à 1161.

THÉOLOGIE.

PROLÉGOMÈNES.

Chateaubriand, 173. — Frayssinous, 503. — Lamennais, 683.

ÉCRITURE SAINTE.

Sacy (Le Maistre de), 978. — Cahen, 129.

INTERPRÈTES.

Calmet (D.), 131. — Calvin, 135.

CONCILES.

Hardouin, 577.

LITURGIE.

Durand, 392-393.

ACTES DES SAINTS.

Mabillon, 739. — Ruinart, 972.

THÉOLOGIE DOGMATIQUE.

Gerbet, 541-542.

THÉOLOGIE MORALE.

François de Sales (Saint), 501-502.

THÉOLOGIE PARÉNÉTIQUE.

Bossuet, 91. — Massillon, 771. — Bourdaloue, 94, 95, 96, 97, 98, 99. — Fléchier, 468. — Maury, 772. — Saurin, 1012.

THÉOLOGIE POLÉMIQUE.

Arnaud, 13. — Bossuet, 90. — Fénelon, 456. — Guérin, 558. — Lamennais, 690.

THÉOLOGIE HÉTÉRODOXE.

Calvin, 133-135.

TABLE
DES NOMS D'AUTEURS

	Pages
Abbon	139
Abélard	135
Abou'lkasim Firdousi	151
Ackermann (Paul)	215
Adalberon, év. de Laon	139
Adelon	185
Adelung	189
Agiles (Raymond d')	140
Agincourt (Seroux d')	1
Aguesseau (d')	1
Aimé (Le moine)	391
Aimé (G.)	214
Al-Aliachi-Moula-Ahmed	212
Albert d'Aix	140
Alembert (d'),	3-4-5-6-7-205-254
Allou	9
Amar	72-374
Ameilhon	120
Amelgard	127
Amilaville (d')	5
Ampère	267
Ampère (J.-J.),	8
Amussat	308
André	307
Andrieux	8-151
Ange (Le père)	16
Angoulême (duc d')	143-335
Angoulême (la duchesse)	67
Anselme de Sainte-Marie	16
Arago,	11-12-13-14-15-16-17-155
Archambault	414
Argenson (le marquis d')	67-148
Argenson (René d')	448
Aristophane	362
Armet	263
Arnal (L.)	340
Arnauld (Antoine)	30-178
Arnauld (l'abbé)	144-336
Arnauld d'Andilly	144-336
Arnault (A.-V.)	108
Arnault de Bonneval	139
Artaud de Montor	42
Artigny (l'abbé d')	122-127
Astronome (Anonyme, dit l')	139
Aubergier	343
Aubert (L.)	340
Aubigné (Agrippa d')	43
Audigier	116
Audin	43
Audouin	166-298
Auger	191-217-300
Auguis	328
Auvert (Alex.)	397
Avenel	135
Aycard (J.)	403
Azaïs (P.-H.)	44

B

Bach	313
Bachaumont	67-101
Baillarger	309-311
Bailli (J.-S.)	44-147
Bailly	298
Balbi (Adr.)	45
Baluze (Et.)	45-168
Bally	306-311
Balzac (Guez de)	45-387
Balzac (H. de)	46-241
Barante (de)	47-48-132-148
Barbaroux (Charles)	147
Barbaroux (Ogé)	147
Barbazan (Étienne)	148
Barbier (l'av.)	393

Barbier (Ant. Alex.)	48	Bernard le trésorier	140
Barbier d'Aucourt	363	Bernard (Pierre-Joseph, dit Gentil)	55-352
Baron (Ch.)	344		
Barral (J.-A.)	17-267	Bernhard	60-61-62
Barré	73	Bernier (A.)	132-133
Barrière (Fr.)	67-147	Bernis (cardinal de)	55-56-194-352
Barthélemy (Ch.)	199		
Barthélemy (J.-J.)	49	Berquin	56
Barthélemy (A.)	63	Berson (Jacques)	24
Barthélemy (Marseille)	49	Bertall,	47
Basil-Hall	193	Berthod (le père)	336
Basin (de)	63	Berthollet	56-205-267
Bassompierre	144-336	Bertin (Antoine)	56-352
Bastard (de)	65	Bertrand (J.)	277
Bastiat (Fr.)	49-50-184	Berty (A.)	235
Bataillard (Paul)	62-65	Berville,	147
Batissier (Louis)	50	Berwick (le maréchal de),	146-337
Baudin	195		
Baudrillart (H.)	184-268	Bescherelle (Nic.)	57
Bausset (cardinal de)	54-249	Besenval	67-147
Bazin de Raucou	51	Bessa	334
Beaude (le docteur)	185	Beuchot	51-418
Beaudeau (l'abbé)	137	Beudant	57-348
Beaumanoir (Philippe de),	52-392	Beugnot (le comte)	52-58-60-64-67-131-135-367-392
Beaumarchais	52	Bèze (Théodore de)	20-92
Beaumont (Elie de)	192	Bibron	240
Beaurepaire (Ch. de)	66	Bichat (X.)	68-177
Beauzé	194-251	Biel, abbé de Saint-Léger, 417	
Beauveau (le prince de)	191	Biett	185
Beccaria	7	Binet (Cl.)	24
Béclard (P.-A.)	68-185	Biot (Ed.)	69
Becquerel	53-54	Biot (J.-B.)	69-267
Beffara	368	Bixio (Le dr)	267-298
Bégin	309-310	Blache	185
Bellaguet	132	Blainville (Ducrotay de), 69-70	
Bellemaure (de)	27	Blaise.	183
Belley,	117	Blanc (Ch.)	71
Belloc,	308	Blanc (L.)	70
Beneton de Peyrins	120-121-123-125	Blanchard	166-302-319
		Blanchet (L.)	284
Benoist (le trouvère)	131	Blanquart de Sept-Fontaines,	205
Béranger	54		
Bérard (P.-A.)	153-185	Blanqui (J.-A.), 71-137-183-184	
Bérard (A.)	185		
Berbrugger (Ad.)	212-213	Blandin	68
Berger de Xivrey	60-133	Blouet (Al.)	240
Bergeret	221	Bode	230
Bergier (Nic.)	54-205	Bœck	237
Bernard (Auguste)	55-131-133	Boileau (Etienne)	135
		Boileau (Nic.)	66-71-363
Bernard (Th.)	68	Bois-Guillebert	137

Boiste 72
Boleyn (Anne de) 149
Bolingbroke 337
Bolsee (Hierosme) 20
Bonafous 298
Bonamy 117-119-121-127
Bonastre 307
Bonald (de) 73
Bonchamps (la marquise de) 148
Bonivard (Fr. de) 64
Bonnard (de) 352
Bonne 205
Bonneville 12
Bordier 60-62-64
Bory de Saint-Vincent 205-210
Bossange (Adolphe) 413
Bossuet 74-75-76-77
Bossut 205
Botta 116
Bottée de Toulmont 9
Bouchardat 312
Bouchet (J.) 141-333
Boucher (le président) 275
Boucher d'Argis 93
Boucicaut (le maréchal de) 141-333
Boudot 96
Bougainville 195
Bougeant (le P.) 145
Bouillé (le marquis de) 147
Boulainvilliers (le comte de) 119
Bouley 308
Boulanger (Louis) 258
Boullay 306
Bouquet (D.) 365
Bourdaloue 78-79-226
Bourdieu (le P.) 178
Bourdon de Ligoris 138
Bourgelat 79
Bourgeois, dite Boursier (Louise) 26-335
Bourquelot 59-60-61-62-63-66
Boursier (Louise Bourgeois, dite). Voy. Bourgeois.
Bousquet 308-309-310-311-313
Boussingault 79-80

Boutillier (Jean) 80
Boutron 308
Bouvard 11-12-13
Bouvier 309-312
Boyer (Al.) 80-81
Boyer (Ph.) 81
Brantôme (P. de Bourdeilles seigneur de) 81-82
Bravais (A.) 237
Brequigny (F. de) 82-83-118-128-129-133-340-341
Breschet 185-306-307-308
Breton (S) 215
Brial (D.) 366
Bricheteau 309
Brienne (le comte) 144-336
Brierre de Boismont 198-310-311
Brillat-Savarin 83-84
Brissac (madame de) 144
Brisson 322
Broca 312
Brongniart (Ad.-Th.) 84-196-210
Brongniart (Al.) 84
Brullé 210
Brunet (J.-Ch.) 85
Brunet (J.) 361
Brussel (N.) 85
Buchanan 137
Buchon (J.-A.) 86-114-235
Buck (W.) 93
Budé (J.) 92
Buffon (comte de) 86-87
Bullet 116-118-119-120-123-124-127-128
Bullot (Max.) 254
Burat (J. et A.) 183
Burchard (Jean) 18
Burigny (de) 128
Burnouf 87-88-151
Bury 235
Busson (l'abbé) 249

C

Cabanis 88-89
Cadet de Gassicourt 320
Cahen (S). 89-90
Cailleux (Alphonse de) 398
Calamatta 241
Calmeil 185

Calmet (D.) 90-91-119-120
Campan (madame) 67-147
Campenon 191
Campion (Henri de) 145-336
Camps (l'abbé de) 120
Camus 11-96
Camus (J.-P.) 233
Camus (Arm.-Gast.) 36
Candolle (de) 93-94
Cap 313-344
Capilogni 22
Capilupi 127
Capperonier 96
Caraccioli 7
Carette (E.) 211-212
Carlier 126
Carnot 148
Carpentier 189
Carrel (Arm.) 94-161
Carrière 313
Cassagne (l'abbé) 46
Cassini de Thury 95-96-205
Castelnau (Michel de) 142-334
Castelnau (H. de) 311
Caseneuve (de) 314
Caterus 178
Catherine de Médicis 20
Catherinot (le sieur de) 130
Cauchy, 267
Caumont (de) 98-235
Caveyrac (de) 22
Cayet (Palm.) 143-335
Caylus (de) 127
Caylus (madame de) 146-337
Cazenave 185
Ceillier (D.) 98
Cerise 310
Certain (L. de) 66
Chabaille 133
Chambres (J. de) 61
Chamfort 99-100
Champollion (J.-F.) 100-101
Champollion-Figeac 133-391
Champollion (Aimé) 335-336
Chapelle 101
Charles VIII 65
Charles d'Orléans 102
Charrière 131-134
Charron (P.) 102
Chartier (Al.) 102

Chasles (Ph.) 103-104-105-106
Chastellain (G.) 115
Chateaubriand 106-229
Chaubard 210
Chaufepié 51
Chaulieu 107-352
Chaulnes (de) 20
Chénier (And.) 110-352
Chénier (Jos.) 107-108-109-352
Chennevières (de) 169-263-302
Cherbuliez 184
Chevalier (Michel) 50-110-111-183-184-268
Chevallet 111
Chevallier 307-349
Chevreul 111
Chladni 13
Chiniac (de) 45
Chiniac de la Bastide (de) 118
Choiseul (le duc de) 147
Choisnin (Jean) 143-335
Choisy (l'abbé de) 146-337
Choler 68
Chomel 111-112-185-307
Choniates (Nicétas) 114-115
Christine de Pisan 141-333
Cicéron 7-284
Cimber 18
Civiale 308
Clairon 67
Clopinel, voy. Méun (J. de).
Cloquet (Hippolyte) 113-185-205
Cloquet (Jules) 143-185
Clarac (de) 112-113
Clément XI 65
Clément (D.) 255
Clerq (Alex. de) 183
Clerselier 178
Cléry 67-148
Clicquot de Blervache 126
Collet (le P.) 233
Cluny (de) 224
Cocheris (Hippolyte) 97-113-269-379
Cohen (J.) 116
Colardeau 114-352
Colbert (J.-B.) 29

Coligny (Gaspard de) 142-334
Coligny-Saligny 392
Colin 258
Collé 67
Collin d'Harleville 151
Collineau 313
Colomb 255
Colson (A.) 309
Combes (Ch.) 152
Comines (Philippe de) 144-152-333-392
Comte (Ch.) 137
Comte (Louis) 153
Comte (Auguste) 153
Conan (Aug.) 127
Condillac 154
Condorcet 3-154-155-156-157-205-418
Confucius. Voy. Meng-Tseu.
Conrart (V.) 337
Constancio 138
Constant (Benjamin) 158
Cook 195
Coppier de Vellay (Jacq.) 22
Coquebert Montbret 42
Coquelin (Ch.) 184
Corbière (Ed.) 183
Corneio (Pierre) 25
Corneille (P.) 66-159-160
Cornuel 309
Cortambert (E.) 183
Cosnac (Jules de) 393
Cosnac (Daniel de) 393
Gossart (Gabr.) 252
Coste 85
Coste (Léon) 192
Cotelle 160
Cotte 160
Cottin (madame) 161
Cotty (H.) 204
Coucy (Mathieu de) 115
Coulanges (abbé de) 61
Coupvent-Desbois 195
Courcelles (de) 40
Courier (P.-L.) 161
Courson (Ant. de) 161-162
Court de Gébelin (Ant.) 462-163
Courtin 25
Cousin (V.) 64-66-135-163-164-178-297
Coutanceau 185
Crapelet 149-150
Crébillon 164
Crevier 164
Crusy (de) 263-264
Cruveilhier (J.) 165
Cullerier 307
Cumberland 9
Custine (le marquis de) 165
Cuvelier 131
Cuvier 165-166-167

D

D'Achery 168
Dacier 126-168
Daire (Eug.) 137-138
Dalloz 168-169
Dalmas 185
Damas (le comte de) 147
Damiens de Gomicourt 119
Damiron 53
Dance 185
Dangeau 169
Daniel (le père) 117-119-120-121-123-169-170
Danjou 18
Dantan 131
D'Anville 117
Dareste (A.) 62
Dareste (G.) 63-65
Dareste (Rod.) 67
Dareste de la Chavanne (Ch.) 170
Daru (comte) 170-171
Daubenton 171
Daunou 68-109-171-172-246
Davy (J.) 13
Decaisne 196
Deguise 309
Delafond (O.) 341
Delambre 172-262
Delarue (le P.) 77
Delarue 172
Delarue (J.) 339
Delatre (Michel) 173
Delavigne (Casimir) 173
Delavigne (Germain) 173
Delessert (Ed.) 43
Delille (J.) 174
Delioux 313
Delisle (Léop.) 63 64-65-66

Deloge	68	Dorat	114-187-352
Deloye	63-64-131	Double	306
Delpit (Martial)	59-61	Douet d'Arcq	62-65 66-392-393
Demante	62-67	Dreux du Radier	116-124-422
Démeunier	204		
Demolombe	174	Droz	188
Demoustier (Alb.)	175	Du Bellay (Guillaume)	142-333
Denis (Ferd.)	291		
Denon (Vivant)	175-204	Du Bellay (Martin)	142-333
Denonvilliers (C.)	153	Dubeux	235
Dentrecasteaux (d')	175	Dubois	38-63
Depaul	312	Dubois	363
Depping (G.-B.)	132-135-176	Dubois (P.)	185-306-307-308
Des Adrets (Henri)	20		
Désaugiers	176	Dubois (d'Amiens)	306-308 310-311-312-313-345
Desault (P.-J.)	176		
Desbordes-Valmore	177	Dubois (l'abbé)	115
Descartes (R.)	34-177	Du Bos	188-189
Deschamps (Eust.)	62-150	Du Cange	114-115-118-120-121-124-125-128 144-189
Deshayes	166-210-213-223		
Deshoulières (madame)	352	Du Casse	190-191
Deslon (le capitaine)	147	Duchalais	62-64
Desmarets	205	Duchesne aîné	9
Desmoulins (Camille)	149	Duchesne (André)	102-190
Desmay	20	Duchesne	306
Desnoyers (J.)	9-11	Ducis	190-191-352
Desormeaux	124	Duclercq (Jacques)	115-141-333
Desormeaux	185		
Desportes	403	Duclos	67-119-120-146-191-337
Despretz (C.-M.)	179-180		
Desrey (Pierre)	48	Ducloux	255
Destouches	180	Ducrest	211
Destutt de Tracy	89-181	Du Deffand (madame)	7
Des Ursins (Jean-Juvénal)	333	Dufey (P.-J.-J.)	293
		Dufour (A.-H.)	319
Desvergers (Noël)	43	Dufourny	16
Deuil (Odon de)	140	Dufrenoy	192
Devergie (Al.)	310	Dugès	166-306-307
Deville (Ach.)	136	Duguay-Trouin	146-337
Dezeimeris (J.-R.)	184-185	Du Guesclin	141-333
		Duhamel	204
Dezobry (Ch.)	184	Du Hausset (madame)	67-148
Diderot (D.)	186-207		
Didot (Firmin)	43	Dujardin	26
Didron	136-186-187	Du Jarry (l'abbé)	225
Dinaux (Arth.)	187	Dulaure	192-193
Diogène-Laerce	362	Dumas (Al.)	193
Dizé	307	Dumas (J.-B.)	193-194
Doin	205	Duméril	166-194
Dondis (Jacques de)	126	Dumont	418
Doppet (le général)	148	Dumont-d'Urville	194-195

Dumouriez (le général) 67-147
Dumoutier 195
Dunoyer (Ch.) 184
Dupaty 195
Duperrey 195-196
Du Petit-Thouars (Abel) 196
Dupin 295
Dupin (Ch.) 196-197-321
Dupin (Ellies) 197-198
Dupin aîné 93
Du Plessis (le maréchal) 145
Duplessis (Gratet) 198
Du Plessis-Mornay 24
Dupont (mademoiselle) 152-391-392
Dupont de Nemours 137
Du Puget (Antoine) 334
Dupuy 307-309
Dupuytren (G.) 198-306
Durand 122
Durand (G.) 198-199
Durand de Maillane 148
Duranton 199
Durocher (J.) 237
Duruy 199
Dusaulx 147
Dussard (H.) 137-183
Dussieux 169-263
Du Sommerard (Al.) 200
Du Tillet 122
Dutot 137
Duval 306
Duval (Amaury) 136-201
Duval (Alex.) 200
Duvergier 201
Duvillard 11
Du Villars (François de Boyvin, baron), 142-334
Du Verdier 275
Duvernoy 166
Duviquet 302

E

Eginhart 139-202-392
Eichoff 202
Elie de Beaumont 202
Empis 203
Epinay (madame d') 206
Ermold le Noir 139

Escoman (mademoiselle d') 26
Esquirol (E.) 207-306
Estienne (H.) 207-208
Estrées (le maréchal d') 144-336
Etienne (C.-G.) 208-209
Euler (L.) 209
Euripide 362
Eusèbe 362
Expilly 210-211
Eysenbach 61

F

Fabre (Hipp.) 214-215
Fabvre (le capit.) 236-237
Falconet 126-275
Fallot 215
Faraday 13
Faugère (Pr.) 347
Fauché 210
Faucher (Léon), 184-215-268
Fauchet (Cl.), 216
Fauconneau-Dufresne, 311
Fauriel 60-61-216-217
Fausse-Landry (le marquis de), 147
Favart (Ch.) 217
Favart (madame) 217
Félibien (D.) 217-218
Feller (de) 218-219
Fenel 117
Fénelon 142-219
Fenin (Pierre de) 141-333-394
Ferrus 185-309
Ferrières (le marquis de) 147
Ferry 205
Férussac (de) 222-223
Fétis 223
Feugère (Léon) 208-347
Feuillet de Conches 169
Fevret de Fontette 285
Filassier (J.-J.) 223
Firmont (Edgeworth de) 148
Fischer 307
Fix (Théodore) 183-224
Fix (Théobald) 208
Flachat (Eug.) 183
Flamel (Nic.) 126
Flandin (Ch.) 224

Flandin (Eug.) 224
Fléchier 29-224-225-226
Fleury (Claude) 118-226
Fleury (le docteur) 307-311
Fleuranges (Robert de La Marck, seign. de) 142-333
Flodoart 139
Floquet 59-61-227
Florent, sire d'Illiers 141-333
Florian 227-352
Flourens 16-87-166-227-228-229
Fodéré 307
Fœlix (F.-J.-G.) 228
Foncemagne 117-118-119-124-127-128
Fontanes (de) 107-229
Fontenay-Mareuil (le marquis de) 143-335
Fontenelle 229-230
Fonteyraud (Alcide) 137-138
Fontrailles 145-336
Forbin (le comte de) 146-337
Forbonnais (V. de) 138
Fortoul (H.) 230
Fougeroux de Bondaroy 204
Fouilloux (de) 230-231
Foulcher de Chartres 140
Fouquier (A.) 292
Fourcroy (A.-F.) 231-267
Fourier 231
Fourier (le baron) 281-282
Fournival (Richard de) 60
Foville 310
Francœur 183-232
François (A.) 209
François de Lorraine 334
François de Sales (saint) 232
Franklin 138
Frayssinous (Denis de) 233
Frédégaire, 139
Frédéric, roi de Prusse 7-418
Fremery 205
Fremy 350
Fréret 35-116-117
Fréron 148
Fréville (de) 40-61-62-63
Freycinet (de) 233-234
Friess (G.) 68
Froissart 115-234

G

Gaetani-Bey 310
Gaëte (le duc de) 149
Gagliani (l'abbé) 7
Gailhabaud (Jules) 235
Gaillard (H.) 235
Gaillard, 310
Gaillard 126
Gaimard 235-236-237
Galbert 139
Galet (l'abbé) 222
Gall (J.-F.) 237-238
Galland (Ant.) 238-239
Galland (Auguste) 120
Gallon 262
Gamon (Achille de) 142-334
Garcin de Tassy 239
Garnier 12
Garnier 65
Garnier 119
Garnier (Jos.) 137-183-184-239-268
Garnier de Pont-Ste-Maxence 61
Garrault (Fr.) 23
Garrick 67
Gasparin (Agénor, comte de) 131-239-240-298
Gassendy 178
Gaston, duc d'Orléans 144-336
Gau 240-305
Gaudichaud 196
Gaulle (de) 288-393
Gaultier de Claubry 309-311-312-313
Gautier (Th.) 240-241
Gautier de Metz 125
Gautier de Sibert 119-121-123
Gavard (Ch.) 240-241
Gavarni 47-241-388
Genest 112
Genin 131-135-242-320-392
Genlis (madame de) 148-242-243
Geoffroy 362
Geoffroy, moine de Clairvaux 139

Geoffroy Saint-Hilaire (Et.) 210-243
Geoffroy Saint-Hilaire (Isid.), 196-210-243-244
Georget 185
Gérando (de) 244
Gérard de Nerval 241
Gérard-Séguin 136
Gérardin 308
Géraud (H.) 60-64-134-135-392
Gerbet (Ph.) 245
Gerbier (Balthasar) 28
Gerdy 185-245
Gervais 403
Géruzez (Eug.) 245
Gibert 116-117-120
Gibert (C.-M.) 310-312-313
Gilles (Pierre) 114
Gillot (Jacques) 143-335
Gilbert (L.) 245-352
Ginguené 205-246
Gintrac 311
Girault de Saint-Fargeau (A.), 246
Girard 13
Girard 251
Girard 307
Girardin (madame de) 246
Giraud (Ch.) 65
Glaber (Raoul) 139
Godefroi de Paris 115
Godefroy (Théodore) 144-333
Goguelat (le baron de) 147
Goldoni 67
Gonod (B) 226
Gontier Saint-Martin 309
Gonzague (Louis de) 25
Gosselin (L) 153-312
Goujet (l'abbé) 125
Goujon 45
Gouvion Saint-Cyr (le maréchal de) 95
Gourcy (de) 119
Gourgaud 247-388
Gournay (Frédéric de) 210
Gourville (de) 145-337
Goyrand 308
Gozlan (Léon) 217-241
Graffigny (de) 247

Grammont (le maréchal de) 145-337
Grandmaison (Ch.) 66
Grandville 227-277
Granvelle (cardinal de) 134
Gréa (Adr.) 65
Grégoire de Tours 139-247-391
Gresset (L.) 247-248-352
Griffet 117-118-119-126-127-128
Grignon (madame de) 61
Grimarest (le Gallois de) 29
Grimm 186-207
Grisolle (A.) 248
Grosley 5
Groulard (Claude) 143-335
Guadet 247-391-392
Guasco (le comte de) 126
Guenebault 248
Guénée (Ant.) 248
Guérard 9-59-64-65-66-134-185-245-248-249
Guérin 210
Guérin (J.) 312
Guersant 185
Guessard 60-62-63-64-392
Guez (Gilles du) 135
Guiart (Guill.) 115
Guibert de Nogent 139
Guibert (Adr.) 249
Guichenet 213
Guignes (de) 126
Guillaume le Breton 139
Guillaume de Jumiège 140
Guillaume de Poitiers 140
Guillaume de Puy-Laurens 140
Guillaume, moine de Saint-Denis 139
Guillaume, abbé de Saint-Thierry 139
Guillaume de Tyr 140
Guillaumin 136-183-184
Guillon de Montléon (l'abbé Aimé) 148
Guisard 312
Guiscard (marquis de) 29
Guise (le duc de) 145-337
Guizot 159-249-250-251
Guizot (madame) 251-252

H

Haag (Eug.) 252
Hachette 267
Hæï-Li 271
Halle (Adam de le) 115
Hamon 307
Hardouin (J.) 252
Hase 96-207
Hauréau (B.) 253
Hauterive (le comte d') 114
Hauy 267
Helgaud 139
Helvétius 253
Helyot 253-254
Hénault (le président) 119-123-254
Hénot 312
Henri VIII 149
Henri de Valenciennes 332
Henry 307-308
Henschel 189
Hérodote 161
Hérouard (J.) 28
Herrade de Landsberg 59
Hervez de Chegoin 307
Himly (Aug.) 65
Hincmar 139
Hiouen-Thsang 274
Hippocrate 293
Hittorf 256
Hobbes 178
Holbach 256
Hombron 195
Homère 363
Hommaire de Hell 237
Houdart de La Motte 222-352
Houssaye (Arsène) 42-257
Hubault 257-258
Huet 72
Hugo (V.) 258
Hugues, moine de Fleury 139
Huguier (G.-P.) 312
Huillard-Bréholles 316
Humboldt (de) 43-258-259
Hume 414
Hume (David) 138
Huot 205
Huot (J.-J.-N.) 304
Husson 306-309
Huten 313
Hutin 312
Hurault, comte de Cheverny (Phil.) 143-334
Hurault (l'abbé Philippe) 143-334
Huzard (J.-B.) 79-298

I

Imbert 352
Innocent III 83
Isambert 263-264
Itard 185-306-308-309

J

Jacob (P.-L.) 351
Jacquemont 264
Jacquinot (M.) 195
Jal (P.) 264
Janin (E.) 68
Janin (Jules) 244-265-292-358
Jaubert (Am.) 14
Jault (A.-J.-P.) 314
Jarry de Mancy (Adr.) 265
Jay (Ant.) 265
Jean de Troyes 144-333
Jeannin (le président) 144-265-266-335
Jobert de Lamballe 309-314
Johannot (Tony) 46-258-292-378-388
Johnson 9
Joinville (sire de), 141-189-266
Jolly 314
Joly 51
Joly (Claude) 145-336
Joly (Guy) 145-336
Joret 312
Jouffroy (Théod.) 266
Jourdain 264
Jourdain (C.) 330
Jourdan (Gabriel-Aimé) 148
Jourgniac de Saint-Méard 147
Jouy 269-270
Jubainville (Darbois de) 65-66
Julien (Stan.) 270-271
Jullien 148
Jung 403

Jussieu (Ant.-L. de) 271
Jussieu (Adr.-L. de) 271-348
Justinien (l'emp.) 342-343
Juvénal 404

K

Karr (Alph.) 244-271-272
Kauffmann 183
Kéraudren 308-314
Kermoysan (de) 329
Khalil-ibn-ish'ah 242
Klaproth (J.-H.) 272-273
Kœmpfen 308
Kroyer (H.) 237
Krusenstern 12

L

Labanoff de Roscoff 273
Labbe (Ph.) 252
La Bletterie (abbé de) 222
La Boétie (Et. de) 273
Laborde (comte de) 273-274
Laboulaye (Ed.) 274-295
La Bruyère 274-275
Lacabane 59-60-62-65-234
Lacépède 87
La Châtre (de) 142-334
La Châtre 145
Lacretelle 205-275
Lacroix 267
Lacroix du Maine 275
La Curne de Sainte-Palaye (de) 125
Laestadius 237
La Fare (le marquis de) 146-337-352
La Fayette (madame de), 146-337
Laferrière 276
Laffemas (Barth. de) 26-129
La Fontaine 66-276-363
La Fontenelle de Vaudoré (de) 328
Lagneau 185
Lagrange 267-277
La Harpe 277-352
Lajard 277-278
Lalande 11-12-44-205-278
Lalanne (Ludov.) 43-62-66-68-278-389-393-403

Lalanne (Léon) 403
L'Allemant (Charles et Jérôme) 27
Lallier 127
Laloupe (Vincent de) 28
La Marche (Olivier de) 141-333
Lamarck (de) 204-278-279
La Marck (seigneur de Fleurange, Robert de) 141-333
La Mare (de) 123
Lamartine 279
Lamennais (de) 280
La Monnoye 51-275
Lamotte-Conflans (de) 421
Lancelot 126
Lancival (Luce de) 352
Landais 73
Landré-Beauvais 185
Lanjuinais (le comte de) 148
La Noue (François de) 142-334
Lao-Tseu 270
Lapérouse 195
Lapie (F.) 280
Laplace 12-13-195-267-280
La Porte (P. de) 146-337
La Porte du Theil 83
La Rive (de) 93
La Rivoire (Archambault de) 19
La Roche (de) 204
La Rochefoucauld (le duc de) 145-281-337
La Rochejacquelein (la marquise de) 148
Laroche Poncié (de) 237
Laromiguière 281
Larrey (le baron) 306-308
Larrey (Hipp.) 311-312
Lassus (J.-B.-L.) 136
Latouche (de) 110
La Tour-d'Auvergne, vicomte de Turenne (Henri de) 142
L'Aubespine (Sébastien de) 134
Laugier 15-16-185
Laumier 68
Laurent Jean 244
Laurière 339
Laurillard 166-67
Lauth 307-308

Lavallée (Th.) 281-297-298
Laverdy (de) 127
La Vieuville (de) 22
Lavoisier 138
Law (J.) 137
Lebas 60
Lebas (Ph.) 184-281-282
Lebel (le père) 29
Leber 116-282-283-312
Lebeuf 117-118-120-121-122-125-126-127-128-129-283
Lebey de Batilly 130
Lebon 22
Lebrun 283-352
Lecanu 309
Lecaron (L. Charondas) 80
Leclerc (L.-J.) 51
Leclerc (V.) 96-283-284-323
Leclerc-Thouin 298
Ledoyen (Guillaume) 66
Leduchat 51-361
Lefèvre, dit Toison d'Or (Jean) 115
Legentil (Ch.) 183
Leglay 134-392
Legouvé 284-285-352
Legendre 267-284
Leibnitz 30-116
Lekain 67
Le Laboureur (J.) 67
Lelong (J.) 285
Lemaire 306
Le Maout 287
Lemercier (Nép.) 108
Lemierre 352
Le Nain de Tillemont 287-288-289-393
Lenet (Pierre) 145-336
Lenglet du Fresnoy 127-289
Lenoir (Alb.) 136
Lenoir (Alex.) 289
Lenormant (Ch.) 59-60
Léonard 352
Lepelletier 308
Lepileur (A.) 40
Leprevost (Aug.) 391
Lereboullet 312
Lerminier (L.) 290
Leroux (P.) 206
Leroux de Lincy 60-61-63-65-135-291-392
Leroy d'Etioles 308

Lery (Jean de) 22
Le Sage (A.) 265
Lesage (R.) 291-292
Lespinasse (mademoiselle de) 156
L'Estoile (P. de) 143-335
Lesieur (P.) 351
Lessing 109
Lesueur 342
Lesur (Ch.-L.) 292
Letronne 62-292-357-372
Le Trosne 137
Leuret 309-310
Levaillant 213
Levesque de la Ravalière 117-125
Lévy (Michel) 312
Lézardière (mademoiselle de) 292
Lézardière (le vicomte de) 293
Lezeaux 26
L'Hopital de Bellesbat 119
L'Hospital (M. de) 293
Libri 96
Lieble 117
Lilliehook (G.-B.) 237
Linguet 147
Liouville 268
Liron (D.) 117-118-120-125
Lisfranc 293-306-307
Littré 60-95-185-293 294-338
Lobineau (D.) 218-294
Loisel 93-122 294-295
Loménie (De) 52-295
Longin 72
Longpérier (Adr. de) 43
Longuemarre (G. de) 121
Longueval (le P. Jacques) 118
Longueville (madame de) 61
Longus 161
Lorain 73
Lorin (Th.) 276-357
Lorraine d'Harcourt (A. H. de) 67
Lorraine, duc de Guise (François de) 20
Lorris (Guill. de) 295
Lottin (V.) 236-237
Louandre (Ch.) 321-347

Louis	185	Marchetti (J.)	226
Louis XI	64	Marchegay	60
Louis XIII	132	Maréchal (milord)	7
Louis XIV	29-67	Marguerin	257-258
Louis XV	67	Marguerite d'Autriche	392
Louis XVI	67	Marguerite de Valois	143-304 334-392
Louis de Bourbon, prince de Condé	334	Marie-Antoinette	67
Louise de Savoie	142-333	Mariette	301-302
Louvet de Couvray	68-148	Marillac (Michel de)	143-335
Lucain	82	Marion	61-62-63-64-65-131
Lucas	213	Marivaux	302
Lucien	362	Marjolin	185
		Marmier (X.)	236-237

M

		Marmontel	3-67-143-302-303-352
Mabillon	295-296	Marot (Cl.)	303
Mably	296	Marsolier (de)	233
Macarel	296-297	Martens	303
Macartney	308	Martene	168
Machault (Guill. de)	10-126	Martin (Aimé)	303-304-320-362-377
Mac-Culloch	137	Martin (F.)	310
Madame, mère du régent	67	Martin (H.)	304
Magdeleine de Saint-Agy	166	Martins	237
Magellan	195	Marty-Laveaux	66
Magendie	68	Marville	312
Magnin (Ch.)	10-60	Marx	198
Mahudel	122	Mascaron	226
Maillard (Olivier)	149	Mas Latrie (de)	60-62-63-64-65
Maillart	122		
Maine de Biran	297		
Maintenon (madame de)	297-298	Masselin (Jehan)	133
		Massillon	304
Maistre (J. de)	298	Masson (Papyre)	22
Maistre (Xav. de)	299	Mathieu (J.-B.)	27
Maittaire (M.)	299	Mathieu (P.)	26
Malebranche	299-300	Mathieu	14-15-172
Malfilâtre	300-352	Mathieu de Dombasle	305
Malgaigne	308-309-311-345	Maury (Alf.)	143
Malherbe	173-300-301	Maury (F.)	304-305
Malingre	116-118	Mauvais	15-16
Malle	309	Maximilien (empereur)	392
Malpeyre	298	Mazarin (le cardinal)	391
Malte-Brun	301	Mazois	305
Malthus	137-138	Méchain	172-262
Mangin	68	Meda (C.-A.)	149
Manne (de)	49	Meiffren-Laugier	399
Mantz	169-263	Meillan	148
Marbault	335	Meissonnier	46
Marc	185-307	Mélier	147
Marchand	313	Mélier	307-310-311
Marchand (Prosper)	51	Melon	137

Ménage 313-314
Ménestrier (le P.) 121-124-125
Meng-Tseu 270
Mentelle 205
Méon 48-149-295
Mérat 309
Mercier de la Rivière 137
Mercuri 241
Mergey (Jean de) 142-334
Mérimée 58-136-314
Merle (Mathieu) 143-335
Merle d'Aubigné 315
Merlet (Lucien) 66
Merlin 315
Méry 314-315
Méun (Jean de) 295
Mézeray 315
Michaud 68-315-316-332
Michea (F.) 310-311
Michel (Francisque) 131-322-392
Michelet 135-316
Michon 25
Middleton 359
Mignet 134-188-269-276-317
Mignot (A.) 183
Mill (J) 137
Millet (Aug.) 313
Millevoye 317-318-352
Milne Edwards 166-318-319
Milton 174
Mionnet 319
Mirabeau 319-320
Mirauld (G.) 307-309
Miron 25
Mohammed-el-Keïroani 212
Mohl (Jules) 151
Moll 298
Molard 298
Molière 320-321
Molinari (G. de) 138
Molinet (J.) 146
Monge 205-267-321
Mongez 204
Monjean (Maurice) 137
Monnier (H.) 47
Monmerqué (de) 82-140-322-392-396
Monstrelet 145
Montaiglon (Anatole de) 65-66-169-263-302

Montaigne 322-323
Montalembert 323
Montault 309
Monteil (Alexis) 323
Montesquieu 7-323-324-337
Montfaucon (Bernard de) 324-325-326
Montfort (Simon de) 140
Montigny 96
Montglat (le marquis de) 145-337
Montluc (Jean de) 335
Montluc (Blaise de) 142-334
Montluc (de) 21
Montmorency (maréchal de) 21
Montmorency (Henri, duc de) 28
Montpensier (mademoiselle (de) 145-337
Montpensier (Ant.-Ph. d'Orléans, duc de) 67-148
Montrésor 145-336
Montreuil (Mathieu de) 29
Montrond (de) 66
Montyon 138
Moquin-Tandon 326
Moreau (Elise) 251
Moreau (L.) 46
Moreau (Sébast.) 19
Moreau (C.) 393
Moreau de Jonnès 268-326-327
Moreau (de Tours) 313
Morellet 138
Moret 204
Morin 121
Mornay (Mauny de) 183
Mornay (Ph. de) 327-328
Moriscet 46
Morven (de) 204
Morville (Th. de) 183
Motteville (madame de) 144-145-336
Muntaner (Ram.) 115
Murat 185
Murhard 303
Musset-Pathay (V.-D.) 375
Musset (Alf. de) 328-329

N

Naigeon 205
Nangis (Guillaume de) 139-266-392
Napoléon Ier 329
Napoléon III 329
Naudet 88
Necker 138
Nemours (la duchesse de) 144-336
Neuré 123
Nicolaï 127
Nicolas de Bray 139
Nicole 330
Niel 330
Nisard (Désiré) 330
Nithard 139
Noailles (le duc de) 146-337
Noailles (le duc de) 297
Nodier (Ch.) 73-330-331-355-398
Noirot (C.) 122
Noisette 331
Norvins 331-332
Notta 313
Nysten 338

O

Obry 88
O'Connor 155
Odon, moine de Saint-Maur 139
Odon de Deuil 140
Olbers 13
Ollivier 185-307
Oltmans 13
Onslow 226
Orderic-Vital 140-391
Orfila 185-309-310-341-342
Oudet 185
Orbigny (Alcide d') 338-339
Orbigny (d') 164-339
Ortolan 342-343
Ovide 78
Ozanam 343
Ozanam 307

P

Pagès 158
Pajot (Ch.) 406
Paillard de Saint-Aiglan 59
Palissot 108
Palsgrave (Jean) 135
Palissy (Bern. de) 343-344
Panygroles (E. de) 23
Pape, seigneur de Saint-Auban (Jacques) 143
Paradis (Aug.) 66
Pardessus 2-60-61-64-341-344
Paré 344-345
Parelle 164-301-324
Paris (Louis) 134
Paris (Paulin) 9-60-61-65-97-345-394-396-408
Paris de l'Epinard (J.) 148
Pariset 306-307-308-309-310-311-345-346
Parisot (J.-T.) 163
Parny 101-346-352
Parrot 310
Partonopeus de Blois 150
Pascal 346-347
Pasquier (Nic.) 345
Pasquier (Théod.) 345
Pasquier (Etienne) 121-122-124-345
Pastoret (de) 344-348
Patin (Guy) 348
Pâtissier 312-313
Paulin (Nicolas) 143
Payan 311
Payen (Anselme) 183-298-349
Payen (J.-F.) 273-323
Péclet 349
Peignot (Gabriel) 149-150-349-350
Peisse (L.) 89
Peixoto 313
Pelet (le lieutenant-général) 95-134
Pelletan (J.) 309
Pelletier 185
Pellissier (E.) 212-213
Pellisson Fontanier 350
Pelouze 183-350

Perdonnet 192
Périer (Cas.) 350-351
Périer (J.-A.-N.) 213
Perrault 351
Perron 212
Pétigny (J. de) 59-66-351
Petit-Radel 204
Petitot 140
Pétrémol 21
Philadelphe (Eusèbe) 22
Philippi (Jean) 142-334
Philon 362
Picard 352
Pidoux 403
Piedvache 312
Piganiol de La Force 119-120-121
Pihan 353-354
Pindare 363
Pinel (Ph.) 308-354
Piorry 308-309
Piron 352-354
Pithou 354-355
Pixérécourt 355
Planche (Gust.) 110-355-356
Planche (le docteur) 307-308
Platon 164
Plancy (de Vienne) 127
Poilroux 310
Poirier (Dom) 126
Poirot (Achille) 210
Poitevin (Prosper) 352-356
Poisson 267
Polluche 121-123-127
Pompignan (Lefranc de) 101-352
Poncet 255
Pongerville (de) 318
Pontchartrain (Phélippeaux de) 144-335
Ponsard 356
Pontis (le sieur de) 144-336
Pougens 3-357-358
Poujoulat 332
Pouillet 358
Poulain (Nicolas) 124
Potel 277
Pothier 357
Pothier 237
Potter (de) 357

Pravaz 185-307-308
Prevost (l'abbé) 358-359
Prévost (P. et G.) 137
Prion 307
Priscien le philosophe 66
Prony 11-12-14-15-267
Proudhon 359
Prus (R.) 309-310
Pybrac (de) 24

Q

Quatrefages (de) 166-319
Quatremère 150-151
Quatremère de Quincy 204
Quérard 359-360
Quesnay 137
Quetelet 184
Quicherat (J.) 60-61-62-63-64-392
Quinault 360-361

R

Rabelais 361
Rabodanges (de) 20
Rabutin (François de) 142-334
Rabutin (N. de) 142
Racan 352
Raciborski 310
Racine 361-362-363
Racine (Louis) 352-362
Radonvilliers (l'abbé de) 190
Raffet 258-279
Raiger-Delorme 181-185
Raigecourt (le comte de) 147
Rambuteau (de) 298
Ramée (Daniel) 136
Ramon de la Sagra 183
Ramsai (le chev. de) 221
Ramus (P.) 20
Rapetti 133
Raschid-Eldin 150
Raspail 363
Ravenel 394
Ravergie 213
Ravin 308
Ravoisié (Amable) 210-213
Rayer 308-363-364
Raynouard 9-126-364-374
Read (Ch.) 252

Reboul (J.)	364-365	Robert (A.)	310-311
Redouté	367	Robert le Moine	140
Regnard	367	Robertet (J.)	63
Regnauld de Saint-Jean-d'Angely	12	Robin (Ch.)	338
		Rochechouart (Guillaume de)	142-334
Regnault (H.-V.)	368-369		
Regnier (Mathurin)	369	Rochoux	185
Reiffenberg (le baron)	115	Rodrigues (Olinde)	380
Reinaud	96	Roger	229
Rémusat	212	Rohan (le duc de)	144
Rémusat (Abel)	369-370	Roland de la Platière	205
Rémusat (Ch. de)	351-370	Rolland (le président)	124
Renan	370	Rolland (madame)	67-147
Renaudot (Théophraste)	28	Rollet	310
René (le roi)	124	Rollin	372
Rénée de France	20	Romey (Ch.)	95
Renier (Léon)	68-206	Rondet (Et.)	98-226
Renou	211-212-213	Ronsard	373
Requin	112	Roquefort	373
Retz (le cardinal de)	145-336-370-371	Rossel (de)	176
		Rossi	137-373-374
Rey	183	Rostan	185
Réveillé-Parise	307-348	Rotrou	374
Reybaud (L.)	45-183-184-234-268-371-372	Rouargue	195
		Roubaud	251
Reynaud	185	Roulin	166
Reynaud (A.-C.)	307	Rousseau (J. B.)	374
Reynaud (le baron)	278	Rousseau (J.-J.)	5-207-374-375
Reynaud (J.)	206		
Ribaud de La Chapelle	120	Roux	177-185-307-308-311
Ribauld de Rochefort	116-117-423	Rowe	9
		Royer-Collard	310-312
Ribemont (Jean de)	63	Rozière (Eug. de)	63-65-260
Ricardo	137-138		
Richard	185	Rubys (Claude de)	23
Richelieu (le cardinal de)	28-132-134-144-336	Rufz (E.)	310
		Rullier	185
Richet (A.)	312	Ruinart	375
Richer	392		
Ricord	306	**S**	
Rigoley de Juvigny	275		
Rigord	139	Sabbathier	119
Riouffe	67-148	Sacy (Le Maistre de)	376
Risueno d'Amador	308	Sacy (S. de) de l'Académie des Inscriptions et Belles-Lettres	239-375-376
Rivarol	148		
Rive (l'abbé)	123		
Rivet (D.)	125	Sacy (Silvestre de) de l'Académie Française	233
Rivet de La Grange (Ant.)	255		
		Saint-Aiglan (Paillard de)	64
Robert (Eug.)	236	Saint-Allais (de)	34
Robert (le docteur)	237	Saint-Auban (J. Pape, seigneur de), voyez J. Pape.	
Robert (A.-C.-M.)	276		

Saint-Auban	335
Saint Bernard	135
Saint-Gall (le moine de)	139
Saint-Gelais (Octavien de)	18
Saint-Lambert	352
Saint-Marc (de)	101
Saint-Marc Girardin	376-377
Saint-Maurice (Charles de)	405
Saint-Pierre (Bern. de)	377-378
Saint Polycarpe	362
Saint-Priest (de)	378
Saint-Réal	378
Saint-Sernin	401
Saint-Simon (le comte de)	379-380
Saint-Simon (le duc de)	67-169-378-379
Sainte-Beuve	46-158-159-171-177-216-251-276-380-381-382-383-384
Sainte-Croix (Prosper de)	21
Sainte-Marthe (de)	124
Saintine (X.-B.)	376
Saisset (Ém.)	209
Salcedo (Nic.)	23
Salli	246
Salgues	146
Salignac (Bertrand de)	334
Salto (de)	123
Salluste	362
Salmande	308
Salmon	62-63-66
Salmon (P.)	150
Sand (George)	384
Sandeau	385
Sapinaud (madame de)	148
Sarrasins (J.-P.)	333
Saucerotte	308
Saulcy (de)	43-61
Saulx (Guillaume de). Voyez Tavannes (Guillaume de Saulx, seigneur de).	
Saurin	385
Saussure (madame Necker de)	395
Sauval	119-120-121-123-124
Savaron	118
Say (Horace)	137-138-183-184-268
Say (J.-B.)	137-138-386
Sayous	386
Scaliger	189
Scarron	386-387
Schweighœuser (Alfred)	65-66
Scribe	367-388
Secousse	339-340
Sedaine	355
Sedillot	309
Sée	312
Ségalas	308-310
Segond (L.-A.)	312
Ségur (Philipp.-Paul)	388-389
Ségur (Louis-Philippe, comte de)	388
Segrais	352
Séguier (le chancelier)	64
Senebier	205
Senecé	352
Senancourt (de)	389
Sénèque	7-78-362
Serres (Oliv. de)	389
Sestié	112
Sévigné (madame de)	389-390
Sèze (le comte de)	167
Sicard (l'abbé)	148
Sichel (J.)	390
Siljestrom (P.-A.)	237
Silvestre	298
Silvy	308
Simon (J.)	178-300-390
Simplicien (le père)	16
Sinner (de)	208
Sismondi	137-390-391
Sixte V	24
Smith (Adr.)	137
Solon (Martin)	308
Sorbin, dit de Sainte-Foy	22
Souberbielle	309
Soubeyran	185-307
Souffrant (le R. P.	27
Soulié (E.)	169-263
Soulié (Frédéric)	393-394
Soult (le maréchal)	394
Soumet (Alex.)	394
Sourdis (Henri D'Escoubleau de)	132
Spon	123

Spon	123	Texier (Vict.)	113
Staal-Delaunay (madame)	67-337	Thégan	139
		Thenard	131-267
Stace	362	Thibaud de Marly	149
Stael (le baron de)	395	Thibaudeau (A.-C.)	148
Staël (madame de)	146-394-395	Thierry (Amédée)	399
		Thierry (Aug.)	66-131-132-400
Stahl	227		
Stendhal. Voy. Beyle.		Thiers	400
Stoltz	308	Thomas	2-178-401
Storch	137	Thomassy	60
Strauss	293	Thortensen (J.)	309
Sturm (J.)	67	Thou (J.-Aug. de)	143-335
Suard	275	Thouin	204
Sue (Eug.)	132-395	Tibérianus	61
Suger	139	Tiepolo (M.)	171
Sully (Maximilien de Béthune, duc de)	144-335-396	Tissot (P.-F.)	148
		Tocqueville (de)	401
Sundevall (C.-J.)	237	Tollard (Eug.)	402
Swedenborg	155	Tommaseo (N.)	135
		Topffer (Rod.)	402
T		Torcy (le marquis de)	146-337
Tabaraud	219	Torsay	23
Tacite	6	Toulmouche	307
Taillandier	171-263	Tournemine (le P.)	123
Tallemant des Réaux (Gédéon)	396	Tracy (de)	268
		Tranquille (le père)	28
Talon (Denys)	337	Trézel (Fél.)	210
Talon (Omer)	146-337	Trognon (Aug.)	138
Taranne	96-247-402	Trousseau	185-303-311-402
Tardieu (Ambroise)	397	Turenne (maréchal, vicomte de)	336
Tardif (Adr.)	66		
Tardif (J.)	66	Turenne (Henri de La Tour-d'Auvergne, vicomte de)	334
Taschereau	320-397-398		
Tastu (madame A.)	242-252		
Tavanne (Gaspard de)	142-334	Turgot	137-155
		Turreau (le général)	148
Tavannes (Guill. de Saulx, seigneur de)	143-334	Tyr (Guill. de)	367
Taylor (J.-J.)	398	**V**	
Teissier (l'abbé)	204		
Telier	128	Vahl (J.)	237
Temminck	398-399	Vaissette (Dom)	116-403
Temple (le chevalier)	146-337	Valenciennes	166-196
		Valenciennes (Henri de)	114
Tenant de Latour	101	Valleix	310-404
Tencé (Ulysse)	292	Vallet de Viriville	61-63-64-65
Teulet	61-202-392	Valory (de)	447
Tessan (de)	196	Varin	131
Tessier	298	Varro (Marcus Terentius)	64
Texier Charles)	399	Vauban	137

Vauchelle (André-Jean) 404-
Vaugelas (Claude-Fabre de) 404-405
Vaulabelle (Ach. de) 403
Vault (le lieutenant-général de) 134
Vaultier 172
Vaulx-Cernay (Pierre de) 139
Vauquelin 267-306
Vauvenargues (Luc de Clapiers de) 403
Velpeau 185-307-403-406
Vergé (Th.) 403
Vergier 352
Versoris (de) 347
Vertot 116-177-118-120-125-128-406
Vitry (Jacques de) 140
Vic (Dom Claude de) 404
Vicq d'Azyr 205
Vidal (A.) 226-407
Vieilleville (le maréchal de) 142-334
Viennet 174-407
Vigny (Alf. de) 407-408
Viguier (le père) 127
Vilate 149
Villars (le maréc. de) 146-337
Villegille (de la) 393
Villehardouin 114-140-332-408
Villemain 182-391-408-409
Villeneuve 307
Villeneuve (Guill. de) 141-333
Villermé 185-268-306-410-411
Villeroy 143-335
Villevault (de) 340-341
Villette (marquis de) 392
Villot 14
Vilmorin 298

Vincendon-Dumoulin 195
Viollet-Leduc 411
Viollet-Leduc 411-412
Violette 411
Virey 277
Virgile 174
Viscard (Rob.) 391
Vitalis (Ordericus) 64-391
Vitet 136
Vivien 184-412
Volney 413
Voltaire 145-155-159-405-413-414-415-416-417-418
Vulson de la Colombière (Marc) 125

W

Wailly (Nat. de) 10-61-62-63-65-131
Walckenaer 255-275-276-354-389-418-419
Wanizel 183
Watteville de Grabe (Ad.) 419
Weber 67
Weiss (Ch.) 134-218-385-420
Wey (Fr.) 420
Wolowski 184-268-420

Y

Yorck (duc de) 336
Yen-Thsong 271

Z

Ziegler 421
Zurbunlieux (le baron de) 128

TABLE

DES NOMS DES PERSONNES

CITÉES DANS L'OUVRAGE.

	Pages
Abeilard	61-63-114-370
Abeille (Gasp.)	5
Abeille	192
Achille	163
Adam (Jacq.)	5
Adanson	167
Agricola	7
Agrippine	6
Aguesseau (d')	62-382
Aguesseau (madame d')	62
Aiguillon (duchesse d')	235
Alary	6
Alembert (d')	3
Alençon (duc d')	23
Alexandre VII	32
Alphonse (comte de Poitiers)	59-66
Alibert (J.-L.)	346
Ampère (J.-J.)	60-384
Amontons (G.)	229
Amyot	383
Ancillon	317
Ancre (maréchal d')	27-335
Andrieux	384
Angoulême (le duc d')	143
Angoulême (la duchesse d')	383
Anjou (duc d')	24
Annat (le père)	31
Anne d'Autriche	130-144
Anne de Bretagne	65-129
Antin (le duc d')	383
Antoine	359
Apollonius	384
Arago	16-18-382-384
Arbrissel (Rob. d')	66-67
Argenson (d')	229
Argenson (marquis d')	7
Arétin (l')	105
Aristote	103-109-291
Arminius	6
Arnauld (Antoine)	30-144-383
Arnauld (Agnès)	33
Arnauld d'Andilly	33-144
Arnold (le général)	105
Arnoul, évêque d'Orléans	66
Arrode (Nicolas)	333
Artus III, duc de Bretagne	144-333
Asinus Gallus	6
Astrolabe	63
Aubeterre (madame d')	82
Aubigné (Agrippa d')	384
Augier (Em.)	356
Auguste (l'empereur)	6
Averroes	370
Azincourt (Regnaud d')	63

TABLE

B

Bacon (le chancelier) 3
Bailli (Is.) 16-384
Ballanche 380
Balue (le cardinal) 64
Balzac (H. de) 46-381-382
Balzac (Guez de) 46
Baude (H.) 64
Baudelocque 313
Banks 167
Barante 381
Barbeirac 417
Barberault (Ben.) 65
Barbier (l'avocat) 65
Barbier (Aug.) 356
Barnave 382
Barrière, dit La Barre (Pierre) 26
Barthélemy (l'abbé) 77-78-383
Bartholin 156
Basin (Thomas) 64
Basnage (H.) 75
Bassompierre (Christ. de) 129
Bastia 50
Bayard 19-141-142-333
Bayle 381-417
Bazin 382
Beauchêne 306-346
Beaufort (la duchesse de) 130
Beaumarchais (de) 52-148-295-383
Beaumelle (La) 415
Bentham (Jér.) 105-372
Bellini 156
Beausobre 222
Beauvois (Palissot de) 169
Bedford (duc de) 128
Béranger 356-380
Bergman 156
Bernard (Et.) 65
Bernis (l'abbé de) 383
Bernis (le cardinal de) 383
Bernoulli 5-156-229
Berger 229
Bergier 416
Bertaut (J.) 380
Berthollet 167-306-346

Bertin (mademoiselle) 381
Bertin 156
Bertrand (Aloysius) 381
Berwick (le maréchal de) 146
Bevis (le docteur) 156
Beyle (Henri) 58
Bezout 156
Bianchi 156
Bianchini 229
Bichat (Xav.) 346
Biett 309
Biez (Oudart de) 19
Bignon 317
Billaut (Adam) 64
Biron (maréchal de) 26
Blignières 383
Blondeau (Clavier) 161
Blondel 156
Blondin 229
Boerhave 230
Boileau (Nic.) 72
Boileau (Gilles) 72
Boileau (Charles) 5
Boileau 104-109-368-381-383
Boissy 5-7
Bolingbroke 416-417
Boleyn (Anne de) 149
Bonald 383
Bonaparte (Joseph-Napoléon) 330
Bonneval (le comte, pacha de) 383
Boniface VIII 126
Bonivard (François de) 63
Bonnet 167
Bogros 309
Bordenave 156
Bossuet 5-31-62-65-77-220-334
Bouchard, comte de Melun 139
Bouchet (Jean) 141
Boucicaut (le maréchal de), 144
Bouhier 5
Boulanger 417
Bourbon (le cardinal de) 24
Bourdaloue 384
Bourdeille (Fr. de) 82
Bourdeille (M⁰ de) 82
Bourdelin (C.-L.) 156-229

DES PERSONNES. 469

Bourdois de Lamotte 308-310-346
Bourgeois 307
Bourru 306-346
Boutillier (J.) 64
Bouvart 156
Boyer 312
Boyle 156
Brantôme (P. de Bourdeille, seigneur de) 82-104
Breschet (G.) 346
Brézé (J. de) 64
Brial (D.) 366
Brienne (le comte de) 144
Brienne (M. de) 145
Brinvilliers (marquise de) 29
Brisacier 33
Brisson (le président) 25
Britannicus 6
Brizeux 381
Broglie (madame de) 382
Brosse (de) 383
Broussais 85-311-317-346
Broussoneto 167
Brugnier 32
Brugnières 167
Brunier (J.) 59
Brunetto Latini 60
Bucquet 156
Buckingham (le duc de) 130
Budée (Guill.) 9
Buffon 109-154-156-228-383-384-399
Bulwer 356
Burke (Edm.) 104
Burnet 76
Burnouf 88
Burrhus 6
Bussy-Rabutin 382
Byron (lord) 105-414

C

Cabanis 89-317
Cadet 306
Cadet de Gassicourt 346
Calas (Jean) 416
Callières 5
Calvière 127
Calvin (Jean) 20-92-104
Cambon (Armand et Pierre du) 5
Camper 156
Campistron 5
Capet (Hugues) 126-128-366
Capuron 343
Caraccioli 7
Caractacus 6
Carrel (Arm.) 95-383
Carré 229
Carnot 18-148
Castelnau (Michel de) 142
Cassini 156-229
Catherine II 417
Catherine de Médicis 23
Caton d'Utique 7
Caumont 5
Cavalier, chef des camisards 29
Caylus (madame de) 146-382
Cavensdish 167
Cayet (Palma) 143
Cels 167
Cepio 6
Cerialis 7
Cériole (Amaut de) 128
César 6-82
Chalais (comte de) 28
Chambres 64
Chamfort 99-383
Chamillart 5-29
Chapelain 248
Charas 156
Charpentier 5
Charlemagne 127-130-139-343-365-415
Charles le Chauve 59-365-366
Charles le Hardi 333
Charles le Bel 128-366
Charles V 10-19-144-333-335
Charles VI 73-126-128-141-150-333-340-341
Charles VII 61-102-127-128-130-141-333-341
Charles VIII 18-132-133-141-334
Charles IX 20-22-242-328-335
Charles X 405
Charles XII 415
Charles-Quint 317-334
Charles d'Anjou 126-378

Charles, duc de Bourbon 30-127
Charles le Hardi, duc de Bourgogne 141
Charles le Bon, comte de Flandres 139
Charles de France (duc de Guienne) 127
Charlotte de Savoie (la reine) 128
Charrière (madame de) 384
Chartier (Al.) 103
Chateaubriand (de) 95-106-356-380-382-384
Chatel (Jean) 26
Chatelet (marquise du) 417
Chatillon (cardinal de) 20
Chaulieu 382
Chaumont (le chevalier de) 29
Chaussier 308-346
Chazelles (de) 229
Chénier (André) 356-380-381-383
Chervin 311
Cheselden 156
Chesterfield (lord) 104-382
Chevreul 311-346
Childebert Ier 59
Childéric 117
Chirac 230
Choisy (l'abbé de) 5-382
Choisnin (Jean) 143
Chosroës 66
Christine de Pisan 141
Christine, reine de Suède 4
Chuble (Thomas) 417
Cicéron 103-359-409
Cinq-Mars 28-336-407
Cisternay (de) 230
Claude (empereur) 6-32-76-186
Clément (Jacques) 25-127
Clément VIII 32
Clément IX 33
Clément XI 221
Cléopâtre 359
Clérembault 5-97
Clermont (comte de) 6
Clermont-Tonnerre (de) 5
Clèves (Fr. de) 142
Cloistre (Martin) 65

Clovis 119-365
Cœur (Jacques) 127
Colardeau 114
Colbert 6
Coleridge 105
Coligni (Gaspard de) 21-142
Collin d'Harleville 8-151
Collins 417
Comines (Philippe de) 141-382
Commendon (le cardinal) 225
Comte (Ch.) 317
Conches (Feuillet de) 384
Condé (prince de) 20-24-29-226-336
Condorcet 7-155-291 382
Constant (Benjam.) 158 291-356-381
Corneille 9-104-159-230-384-414-417
Cornuau 77
Corvisart 167-306-346
Cosnac (de) 383
Coste (Jean) 63
Coucy (Jacques de) 19
Coucy (le châtelain de) 149
Couplet 229
Courrier (P.-L.) 161-383
Courtanvaux 156
Courtivron (de) 156
Cousin (Louis) 5-382-383
Cowper 156
Crébillon 5-417
Cremetius Cordus 6
Cromwell 104
Cuvier 166-167-228-307-346
Cyrano de Bergerac 240

D

Dacier (madame) 384
Dagobert I 239
D'Alembert 156
Dammartin (le comte de) 18
Dangeau 6-229
Dante 103-343
D'Anville 156
Darcet (J.) 167
D'Arci 156
Daru (le comte) 171-384
Daubenton 167

Daunou 61-109-171-307-381
Delambre 167
Delarue 172
Delavigne (Cas.) 173-356-381
Delille (J.) 108-174-229-285-381
Delisle (Léopold) 63-64-65-66
Deneux 313
Denne-Baron 384
Desaugiers 381
Desbarreaux 417
Desbordes-Valmore (madame) 380
Descartes 4-34-154-178
Deschamps 228
Deschiens de Ressons 230
Desessarts 167
Desfontaines (l'abbé) 417
Desgenettes 309-346
Desguières (Ant.) 19
Deshoulières (madame) 381
Deslions 34
Desmarais (Regnier) 5
Desmarets 167
Desmoulins (Camille) 382
Desormeaux 313
Desperiers (Bonav.) 417
Desportes 380
Despréaux 5
Destouches 5-180
Destutt de Tracy 317
Des Ursins (la princesse) 383
Des Vertus (mademoiselle) 363
Droz 188-317
Drusus, fils de Tibère 6
Diderot 206-381-382
Dioclétien 288
Diogène le Cynique 362
Dodart 229
Dorat 188
Dorothée (Sophie), femme de George Ier 104
Double 310-346
Du Bartas 380
Du Bellay (Guill.) 142-380
Du Bellay (Jean, cardinal) 142
Du Bellay (Martin) 142
Dubois (cardinal) 5

Dubois (A.) 346
Dubos (l'abbé) 5
Du Bourg (Anne) 127-416
Du Breuil (Guill.) 60
Du Cange 60
Du Chatelet (madame) 382
Ducis 109-191-383
Du Clercq (Jacques) 141
Duclos 146-156-191-206-384
Du Deffand (madame) 7-382
Du Fay 230
Duguay-Trouin 146
Duguesclin (Bertrand) 131-141
Duhamel 156-167-229
Du Marsais 5
Dumouriez (le général) 147
Dunois (le comte de) 128
Dupetit-Thouars 15
Dupin 76
Du Plessis (le maréchal) 145-337
Dupont (Pierre) 383
Dupuytren 308-346
Duras (madame) 381
Du Rocher (Guérin) 417
Dutot 415
Du Vair 26
Duverney 229-230

E

Eboli (princesse d') 104
Egidius 117
Enghien (le duc d') 149
Entrecasteaux (d') 12
Epernon (d') 25
Epinay (madame d') 382
Eschyle 9-356
Escovedo 104
Esmenard 110
Espinasse (mademoiselle de l') 3
Esquirol 310-346
Estrées (cardinal d') 5
Estrées (Jean d') 5
Etienne (Robert) 60-66
Estrées (Gabrielle d') 61-383
Etienne 383
Euler 156

F

Fabbroni	167
Fabert (maréchal de)	29
Fabre (Vict.)	381
Fabre	63
Fagon	229
Fallot	245
Fantet de Lagny	230
Farcy (G.)	381
Fauriel	216-381
Favart (Ch.-Lucien)	217
Fayel (la dame de)	149
Feletz	382
Felleton	141
Fénelon	5-51-76-109-142-219-382-384-408
Fenin (P. de)	141
Ferdinand, roi d'Aragon	19
Ferret	15
Feydeau	32
Fezensac (de)	382
Fichte	291
Fielding	104
Fiesque (le comte de)	145
Fiévée	383
Filleau des Billettes	229
Flamstead	156
Fléchier	5-225-381
Fleuranges	141-142
Fleuriau	5
Fleury	5
Fleury (Ed.)	382-383
Fleury (cardinal de)	50
Florent, sire d'Illiers	333
Florian	382
Flourens	384
Foé (D. de)	104
Fontaine	156
Fontanes (de)	229-381
Fontenelle	5-229-382-417
Fontenay-Mareuil (le marquis de)	28-143
Fontrailles	145
Forbin (le comte de)	146
Foscolo (Ugo)	105
Fouchy (de)	156
Fougeroux	156
Fouques	26
Fouquet	6
Fourcroix (de)	156-167
Fourier (le baron)	18
Fourier (Fr.-A.-M.)	231-291-372
Francœur	232
François Ier	19-62-129-131-142-333-334-393
François II	134-142
Franklin (Benj.)	89-104-156-317-383
Franqueville	382
Frédéric, roi de Prusse	7-382-383
Frenicle	156
Freret	417
Fresnel	18
Froissart	384
Frorien (R.)	309
Fulcinius Trion	6

G

Gabrielli (le cardinal)	224
Gaimard	307
Galba	6
Galgacus	7
Galiani (l'abbé)	382
Galinier	15
Gallois	229
Gambey	15
Gamon (Achille)	142
Gassendi	123
Gaules, dit Gaulnet (le sire de)	64
Gautier (mademoiselle)	192
Gautier (Théoph.)	384
Gay (Sophie)	383
Gedoyn (Nic.)	5
Genest	5
Genin	63-65
Genlis (madame de)	382
Geoffrin (madame)	7
Geoffroy	230
Geoffroy de Saint-Hilaire	346
Georges IV	95
Géraud (H.)	62
Gerbet	383
Gergy (Languet de)	6
Germanicus	6
Getulicus	6
Gibbon	383
Gilbert	167
Gillot (Jacques)	143
Girard	6

Girardin (Em. de) 382
Giusti 356
Godefroi de Bouillon 60
Gœthe 106-382
Gondoin, archev. de Sens 33
Gourville (de) 145-383
Gozzi (Ch.) 104
Graffigny (madame de) 382
Grammont (le maréchal de) 145
Grandier (Urbain) 28
Gresset 384
Grimm 206-383
Groulard (Claude) 443
Gua (de) 156
Guettard 156
Guglielmini 229
Guiart (Guill.) 63
Guibert de Nogent 139-395
Guillaume le Conquérant 140-150-359
Guillaume III 481
Guise (duc de) 25-142-143-145-334
Guizot (F.) 356-382
Guizot (madame) 3-4
Guttenberg 103

H

Hallé 167-312
Haller 156
Halley 14
Harlay (Achille de) 26
Harrington 372
Hartsœker 229
Haüy 167
Havet 383
Hegel 291
Héloïse 64
Helvidius Priscus 7
Hénault (le président) 7
Henri I 366
Henri II 19-142-334
Henri III 23-24-25-142-143-328-335
Henri IV 9-24-25-26-130-133-142-143-144-328-335-336
Henriette, reine d'Angleterre 62-146-337
Hérodote 408
Herschel (Will.) 15

Hippocrate 89
Hobbes 294-372
Hoche (le général) 108
Holbach (le baron d') 206
Homberg 229
Homère 89-103-163-222-384
Horace 109
Hotman (Fr.) 67
Houdetot (madame d') 206
Houteville 5
Howel le Bon 150
Huber (mademoiselle) 417
Huet 6-382
Hugo (V.) 356-380
Hugues de Poitiers 139
Humboldt 17
Hunter 156
Hurault (Ph.) comte de Cheverny 143
Huyghens 156
Huzard (J.-B.) 340-346

I

Ingeburge de Danemarck 62

J

Jacques II 77
Jacques V, roi d'Écosse 64
Janin (Jules) 382-383
Jansénius 32-33-224
Janson (le cardinal de) 77
Jasmin 381-383
Jean (le roi) 340
Jean II, duc d'Alençon 18
Jean, duc de Bourgogne 127
Jean de Poitiers, seigneur de Saint-Vallier 19
Jean Sans Terre 64
Jeanne (la reine) 128
Jeanne d'Arc 64-62-63-115-127-141-333-382-392-394
Jeannin (le président) 384
Jenner 311
Jésus-Christ 149
Joinville 140-383
Joly (Claude) 145
Joly (Guy) 145
Joseph (le roi) 190
Joseph (le père) 28
Josèphe (Flavius) 103

Joubert 381-382
Jouy (de). 381
Joyeuse (duc de) 24
Julien 100
Junie 6
Jurieu 75-76
Jussieu 156

K

Kant 291
Keats 104
Klingenstierns 156
Kornman (Guill.) 53
Krüdner (madame de) 381

L

Labadie (Jean de) 33
Labhe (le père) 32
Labé (Louise) 381
La Blache (le comte de) 53
La Boëtie (Etienne de) 273-384
Laborde (de) 65
Laborde (Léon de) 382
La Bruyère 381
Lacépède 167
La Chambre 156
La Chapelle 5
La Chastre 142-145-336
La Chaussée (Nivelle de) 5
La Condamine 156
Lacordaire (le P.) 382
Ladibert 346
Laennec 309-346
La Fare (le marquis de) 146
La Faye (de) 5-229
Lafayette (le général) 381
La Fayette (madame de) 146-381
La Ferté-Imbault (madame de) 7
La Fontaine 66-99-381-383-384
La Harpe 114-383
La Hire (de) 229
Lalain (Jacq. de) 115
Lama (le père) 219
La Marche (Olivier de) 141

Lamark (le comte de) 383
Lamartine 173-329-356-380-382-383-384
Lambert (madame) 383
Lamennais (de) 380
La Métrie 417
Lami (le P.) 288
Lamoignon 225
La Monnoye 5
La Mothe-le-Vayer 415-417
Lamotte (de) 5
La Motte-Gondrin 20
La Noue (Fr. de) 142
La Place 15
La Porte (P. de) 146
La Rivière (Poncet de) 5
La Rochefoucauld (madame de) 381
La Rochefoucauld (le duc de) 145
Larrey (J.-D. baron) 311-346
Lascaris 414
Lassalle (le général) 383
Lassay (marquis de) 384
Lassone (de) 156
Lassus 167
La Touche (de) 382
La Tour (madame de) 382
Law 415
La Trémouille 5-141-333
Latude 355
Laurière (de) 339
Lauzun (le duc de) 383
Lavallée (Th.) 387
La Vallière (mademoiselle de) 382
Le Blanc 32
Lebrun 108-381-383
Le Cat 156
Leclerc 72
Le Clerc (V.) 381
Leclerq (Théod.) 382
Le Coq (Robert) 60
Lecouvreur (Adr.) 382-415
Lediguière 27
Le Fèvre 32
Leibnitz 229
Lemery 229
Lemonnier 167
Lenet (Pierre) 145
Léon X 44

Léonard 381
Leopardi 381
Lepidus 6
Lerminier 346
Lesage 382
Le Seur (le P.) 156
Lespinasse (mademoiselle de) 382
L'Estoile (P. de) 143
Lesueur 108
Letellier 225
Leuwenhoeck 156
L'Héritier 167
L'Hôpital (Michel de) 156-229
Liancourt (duc de) 33
Licinius 288
Lieutaud 156
Ligne (le prince de) 383
Lignerolles 24
Linné 156
Lisfranc (F.) 346
Littré 229
Livie 6
Livingston 317
Locke 291-417
Lodibert (J.-A.-B.) 310
Longueville madame de) 64-164-381
Lorraine (Charles de), duc de Mayenne 26
Louis le Débonnaire 59-139-365
Louis le Bègue 365-366
Louis V 365
Louis le Gros 139-366
Louis le Jeune 128-139-140-366
Louis VIII 139-366
Louis IX 135-366-417
Louis le Hutin 135-366
Louis XI 18-141-192-333-341
Louis XII 9-18-19-129-141-142-333-334-341-344
Louis XIII 27-28-52-143-144-328-335-336-337-407
Louis XIV 29-30-100-132-133-145-147-192-336-337-363-383-393-415-417
Louis XV 147-192-337-393-415-417

Louis XVI 147-148-157-188-416
Louis, duc d'Orléans 127
Louise de Savoye 142
Louville (de) 230
Louvois 229
Loyson 381
Lucrèce 109
Luther (Martin) 43-104
Lutorius Priscus 6
Luynes (cardinal de) 156

M

Machiavel 42-291
Macquer 156
Magnin 384
Mahaut d'Artois 66
Maine (duchesse du) 382
Maintenon (madame de) 297-383
Maisons (de) 230
Maistre (de) 291-384
Maistre (Xav. de) 381
Malebranche 34-219-229-416
Malesherbes 74-382
Malet 5
Malezieu (de) 229
Malherbe 383
Mallet 5-34
Mallet du Pan 383
Malouin 156
Manfredi 230
Maraldi 229
Marc (Ch.) 310
Marc (H.) 346
Maret 417
Marcel (Et.) 59
Marcellus 6-7
Maréchal (Milord) 5
Margraaf 156
Marguerite de Valois (la reine) 82-143-383
Marie d'Anjou 123
Marie-Anne-Christine-Victoire de Bavière 225
Marie-Antoinette 147-383
Marie-Stuart 273-283-317-375-383
Marie-Thérèse d'Autriche 225
Marillac 27-143

Marino	104	Montfort	229
Mariotte	156	Montglat (le marquis de)	145
Marivaux	5-384	Montgommery	22
Marmontel	109-383	Montigny	156
Marmont (maréchal)	383	Montluc (de)	21-62-142
Marsigli	230	Montmorency (le maréchal de)	21-65
Massillon	5-383		
Matignon	20	Montpensier (mademoiselle de)	145
Maucroix	384		
Maure (la comtesse de)	66	Montrésor	145
Maurepas	156	Moreau (Hégésippe)	383
Maury (l'abbé)	383	Morand	156
Mazarin (cardinal)	29-145-336	Morin	229
Médicis (Marie de)	335-336	Mornay (Pierre de)	62
Melon	415	Mornay (Philippe de)	26
Mélusine	127	Motteville (madame de)	144-383
Melville (H.)	105		
Mercadier	61	Mucien	6-7
Mergey (Jean de)	142	Muiron (le colonel)	108
Mérimée (Pr.)	356-384-383	Müller (Alfr.)	291
Mérindol	127	Muschenbroek	156
Merle (Mathieu) baron de Salavas	143	Musnier (A.)	59
		Musset (A. de)	381-382
Merlin de Douai	347		
Méry	229	**N**	
Mesmes (J.-A. de)	5	Nangis (Guillaume de)	60
Meslier (le curé)	417	Napoléon Ier	247-283-332-382-389
Messaline	6		
Mézeray (Euder de)	29-383	Nassau (Guill.-Henri de)	34
Michaud	383	Naudé (Gabr.)	384
Michelet	356	Necker	383
Mignet	381-383	Nemours (la duchesse de)	144
Millevoye	381	Néron	6-186
Milli (de)	156	Nesmond	5
Millin (A.-L.)	129	Newton	229-416
Milon	7	Ninon	383
Milton	414	Nisard	384
Mirabeau	6-89-100-108-320-383	Nivernais (le duc de)	334
		Noailles (le cardinal de)	221
Molé (comte)	381	Noailles (le duc de)	146-417
Molière	29-99-242-320-321-381-398-417	Nodier (Ch.)	381
		Noël (Eug.)	382
Monaldeschi (le prince)	29	Nonotte	415
Moncrif	6	Nostradamus	104
Mongin	5	Nouet (le p.)	33
Montagu (Jean de)	66		
Montaigne	383-408	**O**	
Montalembert	382		
Montanus	7	Olivet (d')	6
Montausier (duchesse de)	225	Olivier	167
Montausier (le duc de)	225	Ollivier (le P.)	346
Montesquieu	5-383-408-417	Orabio	417

Orfila 312
Orléans (le régent, duc d') 30
Othon 6
Owen (Robert) 372
Ozanam 229

P

Palafox (dom Jean de) 294
Pallas 167
Panckoucke 409
Pape, seigneur de Saint-Auban (J.) 143
Papillon (P.) 19
Pardessus 67
Paré (Amb.) 346
Parent 229
Paris 384
Pariset 311-345-382
Parmentier 167
Parny 384
Pascal 61-156-164-381-383-408
Pasquier 93-347-382
Patin (Gui) 383
Patru 383
Paul (Jean) 106
Paulmy (de) 156
Pautrincourt 26
Pedanius Secundus 6
Pepin 365
Pepin le Vieux 139
Pepys 104
Percy 306-346
Percy (Antoine) 104-317
Périer (Cas.) 354
Perrault (Ch.) 5-72-156-383
Pétrarque 356
Pétrone 6
Peysonnel 156
Philibert de Savoie (Emmanuel) 49
Philippi (Jean) 142
Philippe Ier 139-366
Philippe-Auguste 60-139-347-366
Philippe le Hardi 135-366
Philippe le Bel 126-135-366
Philippe le Long 135-366
Philippe de Valois 126-128-340
Philippe II, roi d'Espagne 334

Philippe de Navarre 60
Philippe, archiduc d'Autriche 18
Picard (l'abbé) 156
Pierre Ier 229-404
Pierre le Chantre 60
Pindare 383
Pinel 167-306-346
Pison 6
Pitcarne 156
Pixérécourt 355
Platon 294
Pline le Naturaliste 382
Plutarque 409
Poli 229
Polonius 384
Pompadour (madame de) 382
Ponsard 356
Pontivy (madame de) 381
Pope 414
Poppée 6
Portail (Antoine) 5
Portal 307-346
Portalis 383
Poujoulat 384
Poupart 229
Praslin (de) 156-342
Prévost (l'abbé) 356-381-384
Priestley 167
Pringle 156
Prony 15
Prye (Emard de) 19
Puissant 15
Pybrac (de) 24

Q

Quesnel (le P.) 221
Quinet (Ed.) 356

R

Rabelais 382
Rabutin, comte de Bussi 5-142
Racine (J.) 72-100-362-382
Rachel (mademoiselle) 356
Ragot 34
Raimond 384
Ramsay (de) 249
Ravaillac 26
Raynouard 60-383

Récamier (madame) 382
Régis 229
Regnard 368-383
Regnier (Math.) 380-381
Régulus 7
Rémusat (de) 384-383
Renau d'Eliçagaray 229
René (le roi) 123
Renouard 161
Retz (maréchal de) 22
Retz (le cardinal de) 145-336-383
Reyneau 229
Richard 167
Richard Cœur-de-Lion 130
Richardson 104
Riche 167
Riouffe 148
Richelieu (le cardinal de) 28-130-144-378-383
Richerand 312
Rivarol 383
Roannez (madame de) 61
Robert (le roi) 139
Robert d'Artois 126
Robert (Léopold) 384
Roberval 156
Robiquet (P.) 346
Rœderer 317-383
Rœmer 156
Rohaut 156
Rolland (madame) 147-381
Rolle 229
Rollin 383
Ronsard 24-381
Roquette 5
Rose (le président) 5
Rossi 317
Rousseau (J.-J.) 5-109-206-294-377-381-382-395-417
Rulhière 383
Rumfort (de) 167
Rustan 416
Ruysch 230

S

Sabinus 6
Sablé (la marquise de) 66-164
Sacy 5
Saint-Amant 104-240

Saint Ambroise 289
Saint Amphiloque 289
Saint-Ange (P.) 61
Saint Anselme de Cantorbery 370-383
Saint Antoine 225
Saint Athanase 288
Saint Augustin 31-33-34-225-288-289
Saint-Aulaire 55
Saint Basile 288
Saint Benoît 225
Saint Bernard 139-225
Saint Charles 225
Saint Chrysostôme 289
Saint Cyprien 288
Saint-Cyr (Vaux de) 5
Sainte Elisabeth de Hongrie 323
Saint Épiphane 289
Saint Évremont 383-417
Saint François de Paule 225
Saint François de Sales 225-233-383
Saint Germain d'Auxerre 289
Saint Grégoire de Nazianze 288-289
Saint Grégoire de Nysse 289
Saint Hilaire d'Arles 289
Saint Ignace de Loyola 225
Saint Jérôme 289
Saint-Just 383
Saint Lambert 206
Saint Léger 139
Saint Louis 128-140-141-145-189-225-332-333-393
Saint-Louis (Pierre de) 240
Saint-Marc Girardin 384
Saint-Martin (le philosophe) 289-384
Saint-Pierre (Bern. de) 384
Saint Paulin 289
Saint Philippe de Nérie 225
Saint-Pierre (Bernardin de) 377-383
Saint-Pierre (l'abbé de) 5-417
Saint-Pol (le connétable de) 127
Saint Polycarpe 362
Saint-Preuil (de) 28
Saint-Prosper 289

DES PERSONNES. 479

Saint-Priest (le comte de) 384
Saint-Réal 400
Saint-Simon (le comte de) 294-372-382
Saint Sulpice 225
Saint Thomas de Cantorbery 225
Saint Thomas 225
Saint Xavier 225
Sainte-Beuve 356
Sainte Thérèse 225
Salieri 53
Salignac (de) 5
Salluste 119
Sand (G.) 356-382-384
Sandeau (J.) 356
Samson 309
Sassenage (Jacques) 66
Saurin 230
Saussure (de) 167
Sauveur 229
Saulx (Gaspard de) 334
Saurin (Joseph) 417
Scarpa 308-346
Scarron (P.) 240-254-387
Shakspeare 409-415
Schelling 294
Schiller 104
Schœffer (Pierre) 65
Scott (W.) 105
Scribe (Eug.) 356-381
Scudéry (G. de) 240-383
Secousse 340
Ségeste 6
Segrais 5
Séguier 74
Séguy 5
Ségur (le comte de) 384
Séjan 6-7
Selve (M. de) 19
Senac de Meilhan 384
Senancour 380
Sénèque 6-7-100
Sévigné (madame de) 66-381-382-419
Shaftesbury (J.) 104
Shakspeare 105-254
Shelley 104
Siagrius 417
Sieyès 95-317-383
Silana 6

Silius 6
Siméon (le comte) 317
Simon dit Brion (Bernard de) 19-31
Sirmond 33
Sismondi (S. de) 317
Slick (Sam.) 105
Sophocle 414
Sorel (Agnès) 65-128
Soubise (cardinal de) 6
Souza (madame de) 381
Spaendonck (Van) 167
Spinosa 291-417
Spon 32
Staël (madame de) 74-146-384-395
Stanhope (Est.) 104
Stendahl (de) 384
Stern 417
Steynert 31-33
Strozzi (Phil. de) 23
Stuart (Marie) 105
Swift 417
Sue (Eug.) 356-381
Suétone 104
Suger 139
Sully 383
Surian 5
Surville (Clotilde de) 383

T

Tallard (de) 229
Talleyrand 317
Tancrède (le prince) 140
Talon (Omer) 146
Talon (Denis) 146
Tastu 381
Tauvry 339
Tavannes (Guill. de Saulx, seign. de) 143
Tavannes (Gaspard de) 142
Taylor 417
Temple (S. Will.) 104
Temple (le chev.) 146
Temple (Raimond du) 63
Tenon 167
Terentius 6
Terrasson (Jean) 5
Tessier 309-346
Testu de Mauroy (J.) 5
Testu 5

480 TABLE DES PERSONNES.

Théodore le Grand 225
Théophile 417
Thibaut, roi de Navarre 61
Thiers 95-381-382
Thomassin (le p.) 31
Thou (de) 28-104-143-167-336
Thouin 167
Thraséa 6-7
Tibère 6-7-409
Tigellinus 6
Timarchus 6
Tindal 417
Toland 417
Topffer 381-383
Torcy (le marquis de) 146
Tournefort (de) 229
Tressan (de) 5-156
Tronchin 156
Trousset de Valincourt (Ch.) 229
Trublet 6
Truchet 229
Trudaine 156
Tschirnhaus (W. de) 229
Tuillier (Adr.) 239
Turgot 156-416
Turpin (l'archev.) 127
Turenne (de) 225-226

V

Vaet (Gisbert) 178
Valon 5
Vandy (mademoiselle de) 66
Vanini 417
Varignon 229
Vauban 229
Vaucanson 156
Vauquelin 306-346
Vauréal 5
Vauvenargues 382
Velleius Paterculus 7
Vendôme (chevalier de) 27
Vendôme (François de) 65
Vendôme (Geoffroy de) 66
Ventenat 167
Verjus 5
Verneuil (la duchesse de) 130

Vert (l'abbé) 62
Vertus (mademoiselle de) 66
Vespasien 7
Vétus 6
Viau (Théoph. de) 104-240
Vicq d'Azyr 89-384
Viebleneau (Sc. de) 240
Vieilleville 142
Vigny (Alfr. de) 356-380-381
Villandrando (Rod. de) 62
Villars (le maréchal de) 5-146
Villehardouin 140-384
Villemain 381-382-383
Villeneuve 141
Villeroy (de) 26-143
Villon 240
Vinet 381
Virgile 103-109
Vitellius 7
Viviani 229
Vocula 7
Voisin (de) 31
Volney 383
Volta 18
Voltaire 4-74-108-110-156-248-382-383

W

Walckenaer 382-383
Walpole (Rob.) 304
Warburton 417
Wargentin 556
Watt (James) 15-18
Werner (Gottlieb) 167
Wolston 417

X

Ximenès (le cardinal) 225

Y

Young 18
Yvart 298

Z

Zumalacarreguy 95

FIN DES TABLES.

ERRATA

Page 171, n° 306.

Après 7e édition *ajoutez* 1 vol. in-8. Paris, 1801.

Page 192, n° 366.

Après 2 vol. in-8 *ajoutez* et atlas.

Page 195, n° 380.

Au lieu de 22 vol. et atlas *lisez* 22 vol. in-8 et atlas in-fol.

Page 203, n° 403.

Au lieu de vol. in-8 *lisez* 1 vol. in-8.

Page 206, n° 411.

Au lieu de les Conversations d'Émile *lisez* les Conversations d'Émilie.

Page 217, n° 452.

Au lieu de lord Pilgrinem *lisez* lord Pilgrim.

Page 222, n° 458.

Au lieu de 11 vol. *lisez* 1 vol.

Page 235, n° 506.

Au lieu de 1 vol. in-4 *lisez* 4 vol. in-4.

Page 242, n° 529.

Au lieu de 1 vol. *lisez* 1 vol. in-12.

Page 245, n° 544.

Après édition revue et corrigée *ajoutez* 1 vol. in-8.

Page 292, n° 728.

Après l'ouvrage se continue *ajoutez* et forme déjà 35 vol.

PARIS. — IMPRIMERIE DE J. CLAYE, RUE SAINT-BENOIT, 7.

www.ingramcontent.com/pod-product-compliance
Lightning Source LLC
Chambersburg PA
CBHW071619230426
43669CB00012B/1997